中国人力资源和社会保障
年　鉴
（工作卷）

CHINA HUMAN RESOURCES AND SOCIAL SECURITY YEARBOOK

2023

中国劳动社会保障出版社
中国人事出版社

图书在版编目（CIP）数据

中国人力资源和社会保障年鉴．2023．文献卷、工作卷/人力资源和社会保障部组织编写．-- 北京：中国劳动社会保障出版社：中国人事出版社，2023

ISBN 978-7-5167-6251-6

Ⅰ．①中…　Ⅱ．①人…　Ⅲ．①人力资源管理-中国-2023-年鉴②社会保障-中国-2023-年鉴　Ⅳ．①F249．21-54②D632．1-54

中国国家版本馆 CIP 数据核字（2023）第 248501 号

中国劳动社会保障出版社
中　国　人　事　出　版　社 **出版发行**

（北京市惠新东街 1 号　邮政编码：100029）

*

北京华联印刷有限公司印刷装订　　新华书店经销

880 毫米×1230 毫米　16 开本　70．25 印张　0．5 彩色印张　1688 千字

2023 年 12 月第 1 版　　2023 年 12 月第 1 次印刷

定价：498．00 元

营销中心电话：400-606-6496

出版社网址：http://www．class．com．cn

《中国人力资源和社会保障年鉴》
编辑委员会成员

《中国人力资源和社会保障年鉴》编辑部成员

主　　　编　李　忠

常务副主编　王明政

副　主　编　贾怀斌　卢爱红　张立新　张剑飞　张　斌　崔鹏程　陈东升

成　　　员　张　延　袁泽春　李　宏　陈　伟

编 辑 说 明

一、《中国人力资源和社会保障年鉴（2023）》是关于人力资源和社会保障工作的专业性史料工具书。本年鉴收录了2022年度我国人力资源社会保障工作重要文献、资料和数据，记录了2022年度我国人力资源社会保障事业发展概况，客观反映了人力资源社会保障工作改革发展成就、经验以及今后需要继续研究解决的问题。本年鉴是对党政机关领导干部和各部门工作人员、人力资源社会保障系统工作者、企业领导和人力资源管理者，以及人力资源社会保障科研理论工作者有价值的参考用书和工具书。

二、本年鉴分文献卷、工作卷两卷。文献卷包括人力资源和社会保障重要文献、工作大事记。工作卷包括人力资源和社会保障工作概览、全国人力资源和社会保障工作、地方人力资源和社会保障工作、人力资源和社会保障统计资料。

三、本年鉴中，全国人力资源和社会保障工作分为27个部分：促进就业，人力资源流动管理，职业能力建设，专业技术人员管理，事业单位人事管理，城镇职工养老保险，失业保险，工伤保险，城乡居民基本养老保险，社会保险经办管理，中央国家机关事业单位养老保险经办管理，社会保险基金监管，劳动关系，劳动人事争议调解仲裁，事业单位工资福利，农民工工作、促进家政服务业提质扩容和乡村振兴，人力资源和社会保障法治建设，劳动保障监察，国家表彰奖励，规划财务，信息化建设，科学研究，干部教育培训和系统评比表彰，行风建设，新闻宣传政务信息报刊与出版，国际交流合作及涉港澳台工作，社团活动；

地方人力资源和社会保障工作47篇。

《中国人力资源和社会保障年鉴（2023）》的编辑出版是在全国人力资源社会保障系统的共同努力下完成的。在此，向所有参加编辑出版工作的领导和同志表示衷心的感谢。

《中国人力资源和社会保障年鉴》编辑部

2023年12月

目　　录

工作卷

人力资源和社会保障工作概览

全国人力资源和社会保障工作

地方人力资源和社会保障工作

人力资源和社会保障统计资料

人力资源和社会保障工作概览

2022 年人力资源和社会保障工作综述

2022 年，面对严峻复杂的形势和艰巨繁重的任务，在以习近平同志为核心的党中央坚强领导下，全国人力资源社会保障系统紧紧围绕迎接党的二十大和学习宣传贯彻党的二十大精神这一主线，认真落实“疫情要防住、经济要稳住、发展要安全”的要求，坚持稳字当头、稳中求进，担当作为、真抓实干，全面完成各项目标任务，为经济社会发展大局贡献了积极力量。

一、就业局势保持总体稳定

（一）稳就业政策有效实施。

坚决扛起稳就业保就业政治责任，积极应对超预期因素冲击影响，完善就业优先政策，健全落实机制，切实稳住了就业基本盘。根据形势变化，进一步优化完善减负稳岗扩就业政策措施，会同有关部门印发《关于做好失业保险稳岗位提技能防失业工作的通知》（人社部发〔2022〕23 号）、《关于扩大阶段性缓缴社会保险费政策实施范围等问题的通知》（人社部发〔2022〕31 号）、《关于加快落实一次性扩岗补助政策有关工作的通知》（人社厅发〔2022〕41 号）等政策文件，释放政策红利近 5 000 亿元。全年城镇新增就业 1 206 万人，保持了就业局势总体稳定，为经济运行在合理区间和社会稳定提供了重要支撑。

（二）重点群体就业平稳有序。

坚持把高校毕业生等青年就业作为重中之重，高位推进部署。加强部门协作，实施 2022 年离校未就业高校毕业生服务攻坚行动，实施高校毕业生“三支一扶”计划，会同教育部、科技部等十部门印发《关于实施百万就业见习岗位募集计划的通知》（人社部发〔2022〕11 号），集中发布城乡基层就业和实习岗位，提供实名制服务和针对性措施，多措并举拓宽毕业生就业创业渠道，帮助 250 余万未就业毕业生实现就业。外出务工与就地就近就业两头发力，采取有力举措稳定农民工就业。会同相关部门印发《关于进一步支持农民工就业创业的实施意见》（人社部发〔2022〕76 号），举办全国劳务品牌发展大会，春节期间开展“春暖农民工”服务行动，集中送岗位、送服务、送政策、送温暖。全国农民工数量 2.96 亿人，比上年增加 311 万人。同时，统筹做好退役军人、就业困难人员等群体就业帮扶工作。

（三）人社帮扶工作持续推进。

保持原有帮扶政策、资金支持、帮扶力量总体不变，积极助力乡村振兴，促进脱贫劳动力就业增收。会同相关部门印发《关于做好 2022 年脱贫人口稳岗就业工作的通知》（人社部发〔2022〕13 号）、《关于进一步做好长江流域重点水域退捕渔民安置保障工作的通知》（人社部发〔2022〕28 号）等政策文件，深化东西部劳务协作，提升劳动力外出组织化程度，优化就业帮扶车间，发挥劳务品牌带动作用，年末脱贫劳动力外出务工规模达到 3 278 万人。深入开展专家人才服务基层活动，组织 80 个专家服务团，开展新疆、西藏和四省（四川、云南、甘肃、青海）涉藏州县少数民族专业技术人才特殊培养工作，选拔培养 640 名学员。继续为困难群众代缴城乡居民养老保险费，参保率超过99%。

（四）就业服务和技能培训扎实开展。

深入实施就业服务质量提升工程，加大就业创业公共服务供给。印发《关于实施人力资源服务业创新发展行动计划（2023—2025年）的通知》（人社部发〔2022〕83号），开展人力资源服务机构稳就业促就业行动。会同相关部门印发《关于加强零工市场建设　完善求职招聘服务的意见》（人社部发〔2022〕38号），全面推行零工“即时快招”对接服务模式。实施公共就业服务能力提升示范项目，发挥示范引领作用。深入实施“十四五”职业技能培训规划，加强培训基础能力建设，公布41个国家基本职业培训包，聚焦重点行业、重点群体开展补贴性培训超过1 600万人次。举办“10+N”就业服务专项活动，第五届“中国创翼”创业创新大赛、民营企业招聘月、百日千万网络招聘、金秋招聘月、残疾人就业帮扶等系列活动圆满开展。全年共举办招聘会12.7万场，累计帮助5.9万家重点企业解决用工215万人次。

二、社会保障体系更加健全

（一）社保制度改革迈出新步伐。

坚持以高质量发展、可持续发展为主题，全力推进完善覆盖全民的多层次社会保障体系建设。深入实施企业职工基本养老保险全国统筹，完善配套政策措施，积极稳妥做好规范统一费率、统一缴费基数、待遇项目清理规范等工作，全年共跨省调剂资金2 440亿元，有力均衡了省份之间基金负担。机关事业单位养老保险制度平稳运行。个人养老金制度试点顺利实施，国务院办公厅印发《关于推动个人养老金发展的意见》（国办发〔2022〕7号），会同有关部门印发实施《个人养老金实施办法》（人社部发〔2022〕70号）。截至2022年底，个人养老金开户人数近2 000万人。新就业形态就业人员职业伤害保障试点破冰启动、稳步推进。失业保险、工伤保险省级统筹加快推进。

（二）社保覆盖范围和待遇水平稳步提高。

夯实举措、持续发力，积极推进参保扩面工作。同步调整企业和机关事业单位退休人员基本养老金，提高城乡居民基础养老金最低标准。压实各方责任，确保了各项社保待遇按时足额发放。截至2022年底，基本养老保险、失业保险、工伤保险参保人数分别达到10.53亿人、2.38亿人、2.91亿人，全年基金收入7.16万亿元，支出6.61万亿元，年底累计结余7.42万亿元。

（三）基金监管和投资运营工作稳步开展。

强化基金风险防控，开展社保基金管理提升行动，印发《社会保险基金行政监督办法》（人力资源社会保障部令第48号）、《社会保险基金监督举报奖励暂行办法》（人社部发〔2022〕45号），基金管理监督制度机制不断健全。基金市场化投资运营工作扎实推进，年末基本养老保险基金委托投资规模1.62万亿元，企业年金投资规模2.8万亿元，职业年金投资规模2.1万亿元。

三、人才人事制度机制不断完善

（一）专业技术人才队伍建设取得新进展。

坚持“破四唯”与“立新标”并举，持续健全完善职称评审、职业资格等相关政策。印发《关于降低或取消部分准入类职业资格考试工作年限要求有关事项的通知》（人社部发〔2022〕8号）、《关于进一步做好职称评审工作的通知》（人社厅发〔2022〕60号）。优化实施政府特殊津贴制度，实施博士后创新人才支持计划和博士后国际交流计划，加大博士后自主培养和国外引进力度。颁布《中华人民共和国职业分类大典（2022年版）》。开展“山寨证书”专项治理。单独划定部分专业技术人员职业资格考试合格标准。出台新闻记者职业资格考试办法、审计专业技术资格考试实施办法等。向社会发布18个新职业信息，颁布90个国家职业（技能）标准。全年举办300期国家级高级研修班，新设30个国家级继续教育基地，创新开展数字技术工程师培育项目。

（二）技能人才发展取得新成效。

技能人才发展的制度体系进一步健全，中共中央办公厅、国务院办公厅印发《关于加强新时代高技能人才队伍建设的意见》，印发《关于健全完善新时代技能人才职业技能等级制度的意见（试行）》（人社部发〔2022〕14号），创新建立“新八级工”制度，扩大特级技师评聘范围，推行首席技师评聘试点，技能人才职业发展更加畅通。全面实施“技能中国行动”，加强部省共建，会同相关部门开展制造业技能根基工程、康养职业技能培训计划、国家乡村振兴重点帮扶地区职业技能提升工程。深化技工教育改革，企业新型学徒制、工学一体化技能人才培养模式全面推行。各级各类职业技能竞赛广泛开展，组团参加2022年世界技能大赛特别赛，获得21枚金牌、3枚银牌、4枚铜牌和5个优胜奖，位列金牌榜、团体总分第一名。

（三）事业单位人事管理和表彰奖励等工作稳步推进。

全面推行县以下事业单位管理岗位职员等级晋升制度。会同教育部出台《关于进一步完善中小学岗位设置管理的指导意见》（人社部发〔2022〕58号），共同做好2022年中小学幼儿园教师公开招聘工作。健全完善创建示范活动、及时性表彰、社会组织评比达标表彰活动等制度措施，会同相关部门开展国家级和省部级表彰奖励，圆满完成北京冬奥会冬残奥会总结表彰工作，组织开展第十六届高技能人才评选表彰活动。

四、工资收入分配制度更加完善

（一）企业工资宏观调控和国有企业工资分配等工作有序推进。

深化企业工资分配领域改革，健全工资决定、工资增长和支付保障机制，完善企业工资分配宏观指导制度。会同财政部、国务院国资委出台《国有企业工资内外收入监督管理规定》（人社部发〔2022〕57号）。分职业和岗位等级发布工资价位信息，推广技能人才薪酬分配指引，印发《国有企业科技人才薪酬分配指引》（人社厅发〔2022〕54号）。稳慎合理调整最低工资标准。

（二）事业单位工资制度改革积极推进。

会同相关部门，深化公立医院薪酬制度改革，落实高层次人才工资分配激励政策，保障义务教育教师工资待遇，体现不同事业单位特点的工资制度进一步健全完善。

五、劳动关系保持总体和谐稳定

（一）劳动关系协商协调扎实有效。

坚持把提升治理能力作为重点，深入实施劳动关系“和谐同行”能力提升三年行动计划，开展2022年全国和谐劳动关系创建示范活动，加强劳动关系协调员队伍建设，积极推行集体协商，扎实做好涉疫情劳动关系政策、新就业形态劳动者劳动保障权益政策的落实落地，利用多种渠道和方式加强宣传解读，指导企业规范用工和妥善处理劳动关系，防止和减少矛盾纠纷。

（二）调解仲裁和劳动保障监察有力开展。

加强劳动人事争议协商调解，全面摸排超审限仲裁案件，推广“互联网+调解”服务平台和仲裁在线庭审方式，大力推进青年仲裁员志愿者联系企业活动。全年办理争议案件316.23万件，调解成功率75.1%，仲裁结案率96.9%。加强重点领域监察执法，完善监察网络平台，畅通线上线下维权渠道，开展清理整顿人力资源市场秩序等专项行动，严肃查处各类侵犯劳动者合法权益的行为。

（三）根治欠薪工作持续深化。

深入贯彻《保障农民工工资支付条例》，推动农民工工资专用账户、实名制管理、总包代发、工资保证金等制度落实落地。坚持标本兼治，春节前在全国范围组织开展集中整治专项行动。开展2021年度省级政府工作考核。全年查处欠薪案件7.02万件，为84.5万名农民工追回工资95.4亿元。

六、人社系统行风建设深入推进

（一）行风建设制度机制更加健全。

坚持把解决群众办事的堵点痛点难点作为重点，持之以恒抓行风建设，着力打造群众满意的人社服务。印发《关于推进社会保险经办管理服务标准化规范化便利化的意见》（人社厅发〔2022〕59号），完善窗口服务制度、内部管理制度、风险防控制度，广泛推行告知承诺制、“好差评”等制度。推进人社领域“一件事”集成改革，深入开展快办行动，持续推进“清事项、减材料、压时限”，推行“一门办、一窗办、一网通办、跨省通办”。

（二）人社服务信息化水平进一步提高。

全国统一的社会保险公共服务平台不断完善，开通83项全国性、跨地区社会保险服务。社保卡持卡人数达13.68亿人，7.15亿人领用电子社保卡，全年累计访问量近113亿人次。以社保卡为载体建立居民服务“一卡通”工作取得新进展，在交通出行、旅游观光、惠民政策落实等更多领域得到广泛应用。

（三）经办服务能力建设持续加强。

深入开展“厅局长走流程”、青年干部暗访调研，发现窗口服务相关问题及时反馈和整改。强化业务培训学习，持续开展警示教育，常态化开展窗口经办队伍练兵比武，加强对基层一线服务队伍关心关爱，干部服务意识和服务水平得到新提升。

全国人力资源和社会保障工作

促 进 就 业

一、就业目标全面完成

2022 年全国城镇新增就业 1 206 万人，城镇失业人员再就业 517 万人，就业困难人员就业 177 万人，年末城镇调查失业率 5.5%，完成年初确定目标（城镇新增就业 1 100 万人以上，城镇失业人员再就业 500 万人，就业困难人员就业 130 万人，城镇调查失业率全年控制在 5.5%以内）。截至 2022 年底，全国脱贫人口务工总数 3 278 万人，超过上年规模。

二、深入实施就业优先政策

（一）落实完善政策稳就业。

牵头制定稳就业专项行动方案，实施 11 项行动，部署开展发力四季度就业再攻坚，推行就业政策“直补快办”“免申即享”，发布办事指南，优化办事流程，加大稳岗返还、留工补助、企业吸纳补贴等政策实施力度。2022 年中央财政预算安排就业补助资金 618 亿元，较上年增加 50 亿元，全年累计支出就业补助资金超 1 000 亿元。印发做好就业补助资金分配有关工作的通知、进一步加强就业补助资金使用监管工作的通知，加强政策落实和风险防控，防范资金使用风险。

（二）凝聚各方合力促就业。

充分发挥就业工作领导小组机制作用，年初印发工作要点和重点任务，定期调度进展、总结经验，全年共上报领导小组简报 15 期、各地快报 8 期、国际快报 7 期。以国务院办公厅名义表扬激励 2021 年促进就业先进地区，配合做好国务院大督查稳就业保民生专项督查，深入查找困难问题和短板不足，指导做好整改，及时推广地方稳就业保民生典型经验做法。

三、全力推进高校毕业生就业工作

（一）加强工作部署推进。

5 月，国务院召开全国普通高等学校毕业生就业创业工作电视电话会议，李克强总理作出重要批示。孙春兰、胡春华副总理出席会议并讲话，对做好 2022 年高校毕业生就业创业工作进行了全面部署。6 月，成立高校毕业生就业工作专班，召开专班工作会议部署推进高校毕业生就业工作，定期调度高校毕业生就业工作进展。9 月，召开高校毕业生等青年就业工作调度推进电视电话会，对做好下半年高校毕业生等青年就业工作进行再部署再推动。11 月，联合教育部召开 2023 届全国普通高校毕业生就业创业工作网络视频会议，深入学习贯彻党的二十大精神，对做好 2023 年高校毕业生就业创业工作进行部署。

（二）着力拓宽就业渠道。

出台一次性吸纳就业补贴等政策，实施企业吸纳就业社会保险补贴“直补快办”，助力企业稳岗扩就业。加大政策宣传，制作高校毕业生就业创业政策口袋书，发布就业政策导图、海报，推出就业指导系列视频，便利毕业生知晓政策、享受政策。会同民政部、教育部、财政部印发《关于做好 2022 年普通高校毕业生到城乡社区就业工作的通知》，引导毕业生到城乡社区、基层就业。实施百万就业见习岗位募集计划，开发适合高校毕业生的管理、技术和科研类岗位，全年共募集见习岗位超过 100 万个，帮助高校毕业生等青年增强工作经验，提升就业竞争力。

（三）着力优化就业服务。

接续开展百日千万网络招聘行动、大中城市联合招聘等活动，为毕业生与用人单位搭建岗位对接平台。组织实施公共就业服务进校园活动，指导各地围绕政策宣传、招聘服务、就业指导、创业服务、职业培训、困难帮扶“六进校园”，把好岗位送到毕业生身边。6 月，启动实施 2022 年离校未就业高校毕业生服务攻坚行动，发出致 2022 届毕业生公开信，指导地方普遍发布公开信，公布求助途径、招聘平台、服务机构目录和政策服务清单。提早与教育部门和高校对接，建立实名台账，提供有针对性的职业指导、岗位推介、培训见习机会。

（四）着力做好困难帮扶。

离校前向脱贫家庭、低保家庭、残疾等困难毕业生发放求职创业补贴。离校后聚焦困难毕业生和长期失业青年，实施结对帮扶，落实“一人一策”专项帮扶计划，优先推荐岗位信息、优先提供培训见习机会。对通过市场化渠道难以实现就业的，运用公益性岗位予以安置。会同国务院国资委、教育部等部门开展第十二届中央企业面向西藏、青海、新疆毕业生专场招聘活动，为少数民族毕业生提供更多就业机会。

四、做好脱贫人口就业帮扶

人力资源社会保障部会同国家乡村振兴局等部门，坚决贯彻习近平总书记关于巩固拓展脱贫攻坚成果同乡村振兴有效衔接重要论述，按照党中央、国务院决策部署，把脱贫人口就业帮扶作为重大政治任务，持续用力，扎实推进，牢牢守住不发生规模性失业返贫底线。截至 2022 年底，全国脱贫人口务工 3 278 万人，完成年度目标任务的 108. 6%。

（一）强化部署推动。

按照务工规模保持稳定的总要求，及时明确 2022 年脱贫人口务工规模不低于 2020 年底水平，中西部省份脱贫人口务工数量和东部地区吸纳脱贫人口务工数量不少于 2020 年。与国家乡村振兴局召开两次全国脱贫人口稳岗就业工作视频会议，部署推进脱贫人口外出务工、稳岗支持、重点地区倾斜等各项工作，通过月调度、季通报工作机制，加大督促指导力度，全力稳定脱贫人口务工规模。

（二）拓宽政策范围。

5 月，会同国家发展改革委、财政部、农业农村部、国家乡村振兴局等部门印发《关于做好 2022 年脱贫人口稳岗就业工作的通知》（人社部发〔2022〕13 号），将就业帮扶政策对象拓展至防止返贫监测对象，深化省内省际劳务协作，拓宽就地就近就业渠道，开展“雨露计划+”就业促进行动，推动就业帮扶政策落实落地。

（三）优化就业服务。

春节前后，组织开展春风行动，将脱贫人口作为重点服务对象，指导各地因地制宜稳岗留工，引导有序返乡返岗，努力实现留岗有关怀、就业有帮扶、用工有支持。与国家乡村振兴局等部门组织开展“雨露计划+”就业促进行动，为雨露计划毕业生就业创业搭建供需对接平台。组织开展百日千万网络招聘专项行动，设立脱贫人口招聘专场，持续发布适合的就业岗位，帮助人岗精准匹配。实施企业吸纳就业社会保险补贴“直补快办”行动，鼓励支持企业更多吸纳脱贫人口就业，帮助脱贫人口稳在岗位、稳在企业。

（四）加大重点支持。

依托东西部协作、对口支援、省内协作机制，面向国家乡村振兴重点帮扶县和易地搬迁万人安置区常态化开展就业协作帮扶，密集开展岗位投放和招聘活动，援建产业项目、企业实体和帮扶车间，促进当地脱贫人口就业。将国家乡村振兴重点帮扶县作为中央就业补助资金分配的考虑因素，加大资金倾斜支持力度。对脱贫地区特别是重点帮扶县，在“中国创翼”创新创业大赛参赛名额上予以倾斜，支持培育一批创业项目，带动脱贫劳动力增收。截至2022年底，160个重点帮扶县脱贫人口务工人数达到644万人，全国易地搬迁脱贫人口务工人数达到407万人，均超过去年底水平。

五、大力促进群体就业和推进公平就业

（一）巩固长江禁捕退捕渔民转产安置成果。

会同有关部门印发进一步做好长江流域重点水域退捕渔民安置保障工作的通知，聚焦大龄困难人员、零就业家庭退捕渔民等重点帮扶对象，倾斜支持江心岛湖心岛等重点地区，强化重点帮扶。优化调度事项，跟进了解安置保障工作进展，激励先进，督促后进。截至2022年底，长江流域重点水域12.8万名有劳动能力、就业意愿的退捕渔民实现转产就业，符合条件人员实现应保尽保，安置成果进一步巩固。

（二）促进残疾人就业。

与中国残联等有关部门制定并报请国务院办公厅印发《促进残疾人就业三年行动方案（2022—2024年）》（国办发〔2022〕6号），进一步明确2022—2024年促进残疾人就业任务目标、主要措施和保障条件，推动形成理解、关心、支持残疾人就业创业的良好社会环境。

（三）强化困难人员就业援助。

2022年元旦、春节期间，会同国家乡村振兴局、中国残联在全国范围内组织开展就业援助月专项活动，以“就业帮扶　真情相助”为主题，聚焦就业困难人员和城镇零就业家庭成员、残疾登记失业人员、脱贫人口等重点帮扶对象，通过开展走访摸底、精准服务、集中帮扶等系列活动，让困难群众感受到党和政府的温暖关怀，不断增强获得感、幸福感、安全感。8—10月，会同民政部、中国残联在全国范围内组织开展就业援助“暖心活动”，以“援助暖民心　就业解民忧”为主题，以长期失业、困难家庭毕业生、残疾人等困难人员为重点服务对象，集中送岗位、送服务、送政策、送温暖，帮扶一批困难人员实现就业。

（四）做好其他群体就业。

配合退役军人事务部加强退役军人及随军家属就业创业，会同科技部启动开展北京等6个城市外籍高精尖缺人才地方认定标准试点，推动修订妇女权益保障法，将《关于进一步规范招聘行为促进妇女就业的通知》（人社部发〔2019〕17号）有关内容纳入其中。同时，统筹做好退役军人、刑释解教和吸毒康复者等群体就业。

六、深入推进创业带动就业和多渠道灵活就业

（一）启动实施重点群体创业推进行动。

11月9日，人力资源社会保障部联合国家发展改革委、教育部、工业和信息化部、财政部、农业农村部、中国人民银行、市场监管总局等8部门，印发《关于实施重点群体创业推进行动的通知》（人社部发〔2022〕81号），实施创业环境优化、创业主体培育、创业服务护航、创业培训赋能、创业政策扶持、金融产品助力、创业载体筑巢、灵活就业支持等8项计划，完善落实扶持政策，优化提供创业服务，支持更多重点群体投身创业活动。计划到2024年底，力争实现每年创业培训规模不少于200万人次、离校5年内高校毕业生新创业不少于30万人，返乡入乡创业人数累计超过1 400万人，就业困难人员能够以更加灵活方式实现就业增收。

（二）推动加强零工市场建设。

6月22日，人力资源社会保障部联合民政部、财政部、住房城乡建设部、市场监管总局印发《关于加强零工市场建设　完善求职招聘服务的意见》（人社部发〔2022〕38号），明确了加强零工市场建设的系列重点工作。一是强化零工市场信息服务，将零工信息纳入公共就业信息服务范围。二是强化零工快速对接服务，建立零工“即时快招”服务模式，促进供需匹配对接。三是强化就业创业培

训服务，提供符合市场需求、易学易用的培训信息。四是强化困难零工帮扶服务，对符合就业困难人员条件的，按规定开展个性化就业援助。五是完善零工市场秩序维护，依法监管职业中介机构，严厉打击违法违规行为。六是完善服务场地设施支撑，引导求职招聘双方有序开展对接洽谈。七是完善信息化应用支撑，提供在线匹配对接、应聘报名、结果确认等“一网通办”服务。八是扩大零工服务多元化供给，鼓励人力资源服务机构、社会资本和优质服务资源参与零工市场建设和运营管理。九是开展零工市场动态监测，建立零工市场动态管理名录，为供求双方对接提供指引。

（三）举办第五届“中国创翼”创业创新大赛。

2022 年 1 月，人力资源社会保障部联合国家发展改革委、科技部、共青团中央、中国残联、国家乡村振兴局印发通知，启动第五届“中国创翼”创业创新大赛。本届大赛赛制为“1+3”，即 1 个主体赛（制造业、服务业 2 个组别）加 3 个专项赛（青年创意、劳务品牌、乡村振兴）。活动期间，全国共举办各级选拔赛 2 225 场，共有 73 274 个创业项目、20 多万名创业者报名参赛。经层层选拔，最终有 150 个项目晋级全国总决赛。12 月 10 日，大赛总决赛在山东省青岛市举行。因疫情防控需要，总决赛在青岛市西海岸新区设置主赛场、各省结合实际设分赛场，采取远程连线方式路演评审进行，最终决出一等奖 10 名、二等奖 30 名、三等奖 50 名、优秀奖 60 名，150 个获奖项目被授予“全国优秀创业项目”称号。

七、加强完善公共就业服务

（一）实施提升就业服务质量工程。

持续巩固提升覆盖全民、贯穿全程、辐射全域、便捷高效的全方位公共就业服务。截至 2022 年底，区（县）以上均建有公共就业服务机构，95%以上街道、乡镇建有劳动保障服务平台，90%以上社区、行政村配备有劳动保障人员。2022 年，各级公共就业和人才服务机构共办理登记招聘 6 086 万人次、登记求职 3 648 万多人次，提供职业指导近 2 807 万人次、职业介绍 4 156 万人次、创业服务 587 万人次。推进就业服务信息化建设应用，加强中国公共招聘网建设工作。2022 年，中国公共招聘网日均发布招聘岗位信息 26 万条。

（二）加强企业招聘用工服务。

印发《关于加强企业招聘用工服务的通知》（人社部函〔2022〕32 号），明确把加强企业招聘用工服务作为稳就业保就业重要任务，提出优化信息发布服务、招聘组织服务、重点企业用工保障服务、涉企事项办理服务、加强企业用工指导、加强求职人员引导等 10 条举措，帮助企业缓解招聘用工困难，支持企业生产经营，助力做好“六稳”“六保”工作。

（三）持续开展重点企业用工常态化服务。

不断完善重点企业用工常态化服务机制，设立人社服务专员，组织跨区域招聘，开展省内外劳务协作，搭建用工余缺调剂平台，定期调度重点企业用工常态化服务情况，2022 年累计帮助约 5.9 万家重点企业解决用工需求约 215 万人次。同时，在中国公共招聘网开设重点企业用工专区，归集发布用工缺口千人以上的企业招聘信息，以及地方紧缺急需用工的企业招聘信息，更好服务各类用人单位和劳动者。

（四）培育建设劳务品牌。

联合中央广电总台、国家乡村振兴局举办全国劳务品牌发展大会。活动上线了劳务品牌云展厅，启动了“千行百品就业行”劳务品牌大型融媒体云推介活动，举办了劳务品牌工作全国赛、劳务品牌发展高峰研讨会、劳务品牌形象代言人征集展示活动，媒体报道访问阅读量近 2 亿人次。开展劳务品牌工作调度、实地调研，电话访谈部分区县政府部门、行业协会、从业人员，对百家劳务品牌进行了典型调查。

（五）加强示范创建活动。

为落实党中央、国务院就业优先战略决策

部署，推动公共就业服务质量和水平全面提升，经报请国务院同意，会同财政部启动实施公共就业服务能力提升示范项目。2022 年评选出首批 20 个公共就业服务能力提升示范城市。根据《关于开展第五批国家级充分就业社区推荐认定工作的通知》（人社厅函〔2021〕72 号）要求，组织开展了第五批国家级充分就业社区推荐工作，确定北京市东城区安定门街道交北头条社区等 387 个社区为第五批国家级充分就业社区。根据中央批准的全国创建示范活动项目目录，按照《创建示范活动管理办法（试行）》要求，2022 年 10 月出台《人力资源社会保障部关于开展公共就业创业服务示范城市创建活动的通知》（人社部函〔2022〕133 号），部署各地开展公共就业创业服务示范城市创建，目的是以点带面、示范引领，推动全国健全就业服务体系，助力实现高质量充分就业。

（六）开展公共就业服务专项活动。

针对各类劳动者和用人单位不同时段就业需求，印发《关于开展 2022 年全国公共就业服务专项活动的通知》（人社部函〔2021〕163 号），在全国范围内部署开展 10+N 公共就业服务专项活动，为劳动者求职就业和用人单位用工招聘搭建供需对接平台。1 月，会同国家乡村振兴局、中国残联以“就业帮扶、真情相助”为主题举办了就业援助月专项服务活动。1 月 21 日至 3 月 31 日，会同工业和信息化部、民政部、交通运输部、国家乡村振兴局、全国总工会、共青团中央、全国妇联以“春风送温暖　就业送真情”为主题开展了春风行动。4 月 15 日至 5 月 15 日，会同教育部、退役军人事务部、全国总工会、全国妇联、全国工商联组织开展了以“‘就’在民企，‘职’向未来”为主题的民营企业招聘月活动，并在中国公共招聘网设立“2022 年全国民营企业招聘月”网络主会场，共组织 35.6 万家企业参加活动，提供岗位信息 438.9 万条。8 月至 10 月，会同民政部、中国残联在全国范围内组织开展以“援助暖民心　就业解民忧”为主题的就业援助“暖心活动”。9 月 1 日至 9 月 30 日，会同民政部、退役军人事务部、全国总工会、全国工商联组织开展了以“‘就’在金秋，‘职’面未来”为主题的金秋招聘月活动，组织 25.7 万家企业参加此次活动，举办招聘活动 6 828 场次，提供岗位信息 573.7 万条。

八、做好就业形势监测和分析

（一）做好就业统计监测工作。

继续做好城镇新增就业、失业人员再就业、困难人员就业等数据统计汇总工作，定期进行数据分析，形成就业数据分析报告。开展大数据监测，做好 20 省 2 000 个行政村农村劳动力转移就业监测工作，分析农村劳动力外出、返乡人数变化情况。持续做好重点企业用工常态化监测，了解经济形势变化对企业用工影响情况。加强网络招聘市场大数据监测，跟踪市场供求变化。

（二）定期开展就业形势分析研判。

依托部内及相关部门组织开展的多个项目，运用统计、调查、监测以及实地调研、课题研究等多种手段，从就业失业总体状况、劳动力市场运行、企业用工、重点群体就业等多个维度，分析研判就业形势。

人力资源流动管理

2022年，人力资源流动管理工作坚持以习近平新时代中国特色社会主义思想为指导，深入学习贯彻党的二十大精神，贯彻落实党中央、国务院决策部署，以促进就业和人才顺畅有序流动为主线，围绕中心、服务大局，开拓创新、积极作为，各项工作取得新成效。

一、人力资源市场建设稳步推进

坚持促进发展与规范管理相结合，加快推进高标准人力资源市场体系建设。

一是推进人力资源市场法规建设。研究制定《人力资源服务机构管理规定》，指导河北、河南、广西3省份出台地方人力资源市场条例，已颁布地方性法规的省份达13个，以人力资源市场条例为统领、配套规章和地方法规为支撑的人力资源市场法规体系基本形成。

二是深化人力资源市场“放管服”改革。印发《人力资源社会保障部办公厅关于进一步做好人力资源服务许可告知承诺制工作的通知》（人社厅发〔2022〕51号），全面推行人力资源服务许可告知承诺制，进一步简化优化人力资源服务许可审批事项，持续优化人力资源市场营商环境。

三是加强人力资源市场管理。贯彻实施《网络招聘服务管理规定》，规范网络招聘等市场活动，开展清理整顿人力资源市场秩序专项执法行动，依法打击虚假招聘、“黑中介”等违法违规行为，维护人力资源市场良好秩序。开展网络招聘风险宣传，提升各类求职群体防范意识和自我保护能力。强化风险防控，制定人力资源市场秩序失范风险应急处置预案。

四是夯实人力资源市场管理基础。加快建设全国人力资源市场管理信息系统，推动实现人力资源服务许可备案全流程网上办理，提升市场管理工作信息化水平。推进行业标准化建设，发布《人力资源供求信息收集和发布基本要求》等行业标准，加强标准宣贯和实施推广工作。

五是加强专业性行业性人力资源市场建设。积极发展海洋、旅游、数字经济等专业性人力资源市场，推进金融、先进制造业等人才市场建设，国家级人才市场达36个。

六是加强人力资源市场信息监测和协同发展。优化实施人力资源市场“一线观察”项目，及时准确反映就业形势。在内蒙古、广西、西藏等省份实施西部和东北地区人力资源市场建设援助计划，推动解决人力资源市场发展不平衡不充分问题。

二、人力资源服务业蓬勃发展

坚持产业引导、政策扶持和环境营造相结合，有力推动人力资源服务业持续健康发展。截至2022年底，全国共有各类人力资源服务机构6.31万家，从业人员104.23万人，营业收入2.54万亿元，为3.13亿人次劳动者提供就业、择业和流动服务，为5 268万家次用人单位提供专业支持，有力促进就业大局稳定。

一是完善行业发展政策。印发《人力资源社会保障部关于实施人力资源服务业创新发展行动计划（2023—2025年）的通知》（人社部发〔2022〕83号），培育壮大市场主体，强化服务发展作用，建强集聚发展平台，增强创新发展动能，提升开放发展水平。推动修订《产业结构调整指导目录》。

二是创新市场化就业服务行动。印发《人力资源社会保障部办公厅关于发挥人力资源服务机构作用助推劳务品牌建设的通知》（人社厅发〔2022〕9号）、《人力资源社会保障部办公厅关于开展人力资源服务机构稳就业促就业行动的通知》（人社厅函〔2022〕105号），为促进劳务品牌高质量发展、稳就业促就业提供优质高效人力资源服务。开展全国人力资源市场高校毕业生就业服务周、“国聘行动”、“百日千万网络招聘专项行动”人力资源服务产业园专场等市场化就业服务品牌活动，发动人力资源服务产业园、人力资源服务机构持续开展优质高效的市场化就业服务。

三是强化平台建设。会同商务部评选认定首批12家人力资源服务出口基地，搭建人力资源服务业对外开放和“走出去”重要平台。推动新建青岛、柳州两个国家级人力资源服务产业园，指导各地加强人力资源服务产业园建设。

四是营造良好环境。推动2022年中国国际服务贸易交易会、第五届中国国际进口博览会举办人力资源服务主题活动，充分展示行业风采。指导山东举办黄河流域人力资源服务业高质量发展推进会等活动。创办《人力资源服务》杂志，举办人力资源服务业发展能力建设高研班和2022年中国人力资源服务业博士后学术交流会，提升行业理论水平，加强行业队伍建设。

三、引导和鼓励高校毕业生到基层工作深入推进

坚持项目引领和典型示范相结合，不断健全引导和鼓励高校毕业生到基层工作的长效机制，进一步引导高校毕业生到基层工作，为助推乡村振兴提供有力的基层人才支撑。

一是围绕全面实施乡村振兴战略，印发实施《人力资源社会保障部办公厅　财政部办公厅关于做好2022年高校毕业生“三支一扶”计划实施工作的通知》（人社厅发〔2022〕22号），全年新招募“三支一扶”人员4.1万名，为国家乡村振兴重点帮扶县招募5 094人。开展能力提升专项培训8 000人次。组织开展全国“三支一扶”人员新春慰问调研活动。

二是推动基层服务项目统筹实施。召开统筹实施基层服务项目工作协调小组会议，加强部门间沟通协作，凝聚引导鼓励高校毕业生到基层工作合力，西部计划、教师特岗计划等共选派13.7万名高校毕业生到基层服务。

三是开展“最美基层高校毕业生”学习宣传活动。印发《人力资源社会保障部办公厅　教育部办公厅　共青团中央办公厅关于深入开展“最美基层高校毕业生”学习宣传活动的通知》（人社厅发〔2022〕19号），会同中央宣传部在中央广电总台举办先进事迹发布仪式，举行“奋进新征程　建功新时代”系列中外记者见面会，开展“新时代先进典型进校园宣讲党的二十大精神”宣讲活动，编印《2021最美基层高校毕业生》事迹读本，纳入全国高校思政教育平台，讲述在基层青春奋斗的“最美”故事，引导高校毕业生树立正确的择业观、成才观，营造引导高校毕业生扎根基层成长成才的良好氛围。

四、人力资源流动公共服务持续优化

坚持完善制度与优化服务相结合，进一步健全人力资源流动公共服务体系，不断提升人力资源流动公共服务水平。

一是完善流动人员人事档案管理服务政策。会同财政部完善国务院所属部门档案机构管理政策，进一步理顺授权机制和经费保障渠道，联合国家邮政局印发规范档案转递、做好高校毕业生档案接收的通知，进一步规范档案转递管理。

二是持续推进流动人员人事档案信息化建设。建设推广全国档案管理服务平台和档案基础数据库，31个省份和新疆生产建设兵团均已建成省级集中系统，档案转递等高频事项实

现业务协同、跨省通办。截至2022年底，全国人社部门所属流动人员人事档案管理服务机构3 643家，保管流动人员人事档案9 887万份，全年提供档案服务2 990万次，其中在线办理服务1 092万次。

三是区域人才交流合作扎实开展。围绕国家重大发展战略，采取部省合作形式，编制发布雄安新区、粤港澳大湾区、海南自由贸易港、成渝地区双城经济圈等急需紧缺人才目录。指导地方推进急需紧缺人才目录成果转化运用工作，依托目录举办人才智力交流大会、人才引进等活动，引导人才合理流动、优化配置。

五、调配工作管理服务能力不断提高

坚持精准调配与优化服务相结合，持续提升人员调配工作效能。

一是完善调配政策，制定人员调配立户备案、重大专项管理等制度，进一步规范人员调配立户备案、重大专项计划实施工作，提高调配工作科学化水平。

二是配合做好第十批援藏、第五批援青干部人才选派培训送行工作，从中央单位选派干部人才到西藏、青海工作，推动受援地区经济社会发展。

三是实施重大专项支持计划，加大对重大工程、重点项目倾斜力度，集中为国家经济社会发展重点领域提供科学、精准、有力的干部人才支撑。

四是不断提升调配工作服务水平。升级管理系统，优化业务流程，为中央单位从京外选调干部人才和接收高校毕业生提供更加高效的人才服务。

职业能力建设

2022年，职业能力建设工作贯彻落实党的十九大及十九届历次全会精神，认真学习贯彻党的二十大精神，落实中央经济工作会议部署，深入实施人才强国战略、就业优先战略，贯彻落实《关于加强新时代高技能人才队伍建设的意见》，健全终身职业技能培训制度，推进技能中国行动，加快建设国家战略人才力量，努力培养造就更多大国工匠、高技能人才，带动技能人才队伍整体发展，为全面建设社会主义现代化国家提供有力人才支撑。

一、健全技能人才工作政策制度体系

一是牵头起草并提请中共中央办公厅、国务院办公厅印发《关于加强新时代高技能人才队伍建设的意见》，全面贯彻习近平总书记关于技能人才工作重要指示精神，坚持党管人才原则，从培养、使用、评价、激励等环节全链条构建高技能人才队伍建设政策制度体系。

二是组织开展第十六届高技能人才评选表彰活动，突出政治标准，选树高技能人才典型，评选并表彰马小光等30名中华技能大奖获得者、赵会连等295名全国技术能手；评选出北京首都旅游集团有限公司等63家国家技能人才培育突出贡献单位和刘宏等72名突出贡献个人。

三是大力实施“技能中国行动”，推进部省共建技能省市。

二、大力推进技工教育高质量发展

一是加强党组织领导，在技工院校实行党组织领导的校长负责制。

二是在全国技工院校大力推进工学一体化技能人才培养模式，确定363所工学一体化第一阶段建设院校。成立技工教育和职业培训教学指导委员会，开发完成31个专业的工学一体化课程标准和课程设置方案，并组织开发第二批72个专业的工学一体化课程标准和课程设置方案。确定50所技工院校为工学一体化教师培训基地（2022—2025）。开展骨干技工院校校长高级研修活动和师资能力提升活动。

三是完善政策举措，部署实施新修订的职业教育法，会同教育、财政、发展改革等部门研究基于专业大类的职业教育差异化生均拨款制度政策试点，共同实施教育强国推进工程和职业学校办学条件达标工程，提升技工院校办学质量。

四是扎实开展招生和培训工作，优化学生支持保障，启用新版技工院校毕业证书。做好学生资助、奖学金评审和“技能雏鹰”奖（助）学金评定发放工作。2022年，全国技工院校实现招生166万人，开展职业培训616万人次。在校生规模达445.4万人，实现7年连续增长。毕业生就业率稳定在96%以上。

三、大规模高质量开展职业技能培训

一是主动适应就业优先战略、人才强国战略、创新驱动发展战略需要，深入推进《“十四五”职业技能培训规划》（人社部发〔2021〕102号）落地实施，聚焦高校毕业生、农村转移劳动者、失业人员等重点群体和制造业、康养等重点领域，大规模高质量开展就业创业培训，全年开展补贴性职业技能培训2 200多万人次。

二是联合工业和信息化部、国务院国资委印发《制造业技能根基工程实施方案》（人社部发〔2022〕33号），启动实施制造业技能根基工程，指导各地建设国家技能根基工程培训基地，加快培养制造业高质量发展急需的高素质技能人才。

三是实施国家级高技能人才培训基地和技能大师工作室建设项目，打造综合型高技能人才培养培训载体。推动发挥国家级（康养）高技能人才培训基地示范引领带动作用，服务"一老一小"，提升民生领域技能人才培养培训能力。

四是印发《加强和改进新时代中国特色企业新型学徒制工作方案》（人社厅发〔2022〕62号），推动学徒培养规范化、标准化，培育优质学徒培养单位和师徒，开发遴选优质培训课程和教材数字资源，促进学徒培训规模和质量有效提升。

五是印发《关于进一步加强职业技能培训规范管理工作的通知》（人社厅发〔2022〕15号）、《关于加快推进职业技能培训信息化建设有关工作的通知》（人社厅函〔2022〕68号），在全国推广补贴性培训实名制信息管理，促进职业技能培训高质量发展。

四、健全完善技能人才评价体系

一是完善职业技能等级制度，印发《关于健全完善新时代技能人才职业技能等级制度的意见（试行）》（人社部发〔2022〕14号），扩大特级技师评聘范围，推动首席技师评聘试点工作。

二是大力推行职业技能等级认定，畅通技能人才职业发展通道。推动各类企业自主开展技能人才评价，持续征集遴选社会培训评价组织。截至2022年底，全国共有职业技能等级认定机构超过3万个，当年有1 160多万人次取得职业技能等级证书。

三是加强技能人才评价监督管理，开展技术技能类"山寨证书"专项治理工作。关停或删除违法违规网站247个、网页链接1 392个、微信公众号4个以及一批视频账号。及时向社会公布一批假冒国家有关部门的"山寨网站"。

四是健全国家职业分类和职业标准体系，审定颁布《中华人民共和国职业分类大典（2022年版）》，向社会发布18个新职业信息，颁布90个国家职业（技能）标准。

五、广泛深入开展各级各类职业技能竞赛活动

一是组团参加2022年世界技能大赛特别赛并取得优异成绩。组建中国代表团分赴德国、瑞士、芬兰、法国、奥地利、日本、韩国等7个国家参加2022年世界技能大赛特别赛34个项目的比赛，共获得21枚金牌、3枚银牌、4枚铜牌和5个优胜奖，金牌榜、团体总分再次位居世界第一，实现了为国争光的目标。

二是中国上海获得第48届世界技能大赛主办权。2022年9月26日，世界技能组织在线召开全体成员大会，经投票表决，中国上海直接获得2026年第48届世界技能大赛主办权。

三是组织开展全国行业职业技能竞赛。2022年，计划会同相关部门行业全年组织开展一类职业技能大赛5项、二类职业技能竞赛55项。受疫情影响部分未完成的一类职业技能大赛和二类职业技能竞赛统一纳入2023年全国行业职业技能竞赛继续举办。

专业技术人员管理

2022 年，专业技术人员管理工作认真贯彻落实党的二十大精神和习近平总书记关于做好新时代人才工作重要思想，全面贯彻落实中央人才工作会议各项部署要求，深入实施新时代人才强国战略，全方位做好专业技术人才培养、引进、使用等各项工作，推动专业技术人才工作创新发展。

一、学习贯彻党中央关于人才工作各项决策部署

一是党的二十大闭幕后，部党组立即召开专题会议，传达学习会议精神特别是关于人才工作的重要精神和重点任务，深刻领会教育、科技、人才工作一体部署、协同配合的系统思维，深刻领会人才的基础性战略性地位，研究部署贯彻落实工作思路。

二是召开学习贯彻党的二十大精神人才人事专题会，围绕国家高水平人才高地和吸引集聚人才平台建设、加快建设国家战略人才力量等重点任务，研究提出贯彻落实措施。

三是对标对表中央要求，立足部门职能职责，印发有关工作方案，细化任务举措，明确责任分工。

四是大力支持国家高水平人才高地和吸引集聚人才平台建设，坚持试点先行、改革牵引，研究制定针对性政策措施。

五是组织部属媒体深入宣传中央人才工作会议精神，做好重大政策、重点工作的新闻发布工作，加强宣传各地人社部门人才工作经验做法和典型案例。

二、高层次人才选拔培养、发挥作用等工作扎实推进

以党中央、国务院名义印发实施新一轮政府特殊津贴制度文件。举办“提升种业创新能力　助力种业振兴发展”专家创新大讲堂和 3 期高层次专家国情研修班。深入实施专家服务基层行动，组织开展 60 个专家服务基层示范团项目，新建 16 家国家级专家服务基地，为全面推进乡村振兴、助力基层发展提供人才智力支撑。开展专家春节慰问等联系服务活动。

三、持续深化职称制度和职业资格制度改革

一是进一步加强和改进职称评审工作。印发《关于进一步做好职称评审工作的通知》（人社厅发〔2022〕60 号），提出进一步“破四唯”、“立新标”和优化职称评审监管服务的新举措。

二是持续深化职业资格制度改革。经国务院同意，印发《关于降低或取消部分准入类职业资格考试工作年限要求有关事项的通知》（人社部发〔2022〕8 号），缩短或取消了 13 项专业技术人员准入类职业资格考试工作年限。

三是开展“山寨证书”专项治理工作，协调有关部门关停或删除违法违规网站、“山寨证书”查询网站等，在部门户网站开设“职业资格和职业技能等级认证证书查询”专栏。

四、留学人员回国工作不断加强

实施中国留学人员回国创业启动支持计划和高层次留学人才回国资助项目，遴选资助一批高层次留学回国人才创新创业。实施海外赤子为国服务行动计划，聚焦乡村振兴和地方特色产业发展等，组织开展34项留学人员服务活动。召开留学回国服务工作部际联席会议暨留学人员创业园建设工作电视电话会议。与云南省人民政府共建中国昆明留学人员创业园，开展省部共建留创园系列宣传，推动带动全国留创园建设发展。开发建设留学人员回国服务管理信息系统，依托中国留学人员回国服务联盟和中国留学人员回国创业专家指导委员会，组织留学人员回国创业高级研修班，举办回国创业训练营、创业导师走进留学人员创业园、留学人员创业企业推介等活动，支持留学人员创新创业。

五、博士后工作创新发展

一是全年共招收博士后32 896人，出站20 370人。

二是博士后创新人才支持计划资助400人，博士后国际交流计划引进项目资助456人、派出项目资助75人、学术交流项目资助50人，中德博士后交流项目资助30人，香江学者计划资助50人，澳门青年学者计划资助25人。

三是印发《关于开展2022年博士后科研工作站新设站工作的通知》，部署开展博士后科研工作站新设站备案工作，全年共备案新设博士后科研工作站410个。

四是部署开展博士后揭榜领题常态化活动，搭建全国博士后揭榜领题交流对接平台。在安徽省合肥市开展全国博士后揭榜领题优秀方案评选，经专家评审，共评选出金奖4个、银奖12个、铜奖25个。

五是在全国分专业领域开展了25场博士后学术交流活动。活动涉及理学、工学、农学、医学、管理学、哲学社会科学等领域的30个一级学科，来自全国1 000余家博士后设站单位的6 600余名博士后研究人员参加了活动，近500名专家应邀到会交流。

六、专业技术人员继续教育深入开展

一是稳步实施专业技术人才知识更新工程。调整知识更新工程指导协调小组成员名单，制定小组议事规则，召开小组会议，印发工程2022年任务计划，遴选举办300期高级研修班，新设30家继续教育基地，举办基地负责人能力建设高研班。

二是印发稳步推进数字技术工程师培育项目实施工作的函，组织开发数字技术类国家职业标准，组织编写新职业培训教程，遴选公布首批培训和评价机构目录，举办数字技术工程师培训评价质量提升高研班，筹备数字技术技能新职业大赛。

三是扎实开展新疆、西藏和四省（四川、云南、甘肃、青海）涉藏州县少数民族专业技术人才特殊培养工作，组织召开四省涉藏州县特培工作电视电话会议，印发做好特培工作若干事项的函，选拔培养640名特培学员，开展特培专家服务团活动。

四是完善继续教育政策体系，会同国家新闻出版署等部门印发《新闻专业技术人员继续教育暂行规定》，指导各地各部门落实好《专业技术人员继续教育规定》。征集共享公需科目课件78学时，推广应用继续教育管理系统，升级知识更新工程网站功能和网络安全等级保护。

七、人才综合协调工作统筹推进

一是召开专业技术人才工作座谈会视频会，深入学习贯彻中央人才工作会议精神，研究部署加强新时代专业技术人才队伍建设。

二是围绕实施创新驱动发展战略、全国科创中心建设、制造强国建设、交通强国建设和新材料、集成电路等国家重大战略和新兴产业发展，研究完善专门人才支持政策，做好国家重大战略人才支撑工作。

事业单位人事管理

2022年，事业单位人事管理工作以习近平新时代中国特色社会主义思想为指导，贯彻落实党的十九大、二十大精神，以加强制度建设和队伍建设、推进国家治理体系和治理能力现代化为主线，以深化“放管服”改革、激发事业单位活力和调动事业单位工作人员积极性主动性创造性为重点，进一步深化事业单位人事制度改革，推进事业单位人事管理法规体系建设，规范人事管理。认真落实中央部署，全面实施县以下事业单位管理岗位职员等级晋升制度，继续开展哲学社会科学领域专业技术一级岗位设置试点工作。深入贯彻习近平总书记关于教育和退役军人工作的重要论述，落实党中央、国务院“六稳”“六保”工作要求，拓宽高校毕业生和退役军人就业渠道，做好基层教师队伍建设工作。

一、落实党中央、国务院决策部署，进一步深化事业单位人事制度改革

一是全面实施县以下事业单位管理岗位职员等级晋升制度。贯彻落实中央《关于县以下事业单位建立管理岗位职员等级晋升制度的意见》，2022年1月，中央组织部、人力资源社会保障部联合召开会议部署实施县以下事业单位管理岗位职员等级晋升制度，指导各地按照规定的条件、程序和权限做好管理岗位工作人员晋升并及时兑现工资待遇等工作。截至2022年底，县以下事业单位管理岗位职员等级晋升制度实施平稳有序，共有41万人得到晋升，各地已基本完成首批职员等级晋升工作，取得明显成效。

二是人力资源社会保障部会同中央组织部、中央宣传部等部门在试点院校和科研院所部署开展了事业单位哲学社会科学专业技术一级岗位试点工作。

二、深入贯彻习近平总书记关于教育和退役军人工作的重要论述，落实党中央、国务院“六稳”“六保”工作要求，拓宽高校毕业生和退役军人就业渠道，做好基层教师队伍建设工作

一是2022年6月6日，印发《人力资源社会保障部办公厅　教育部办公厅关于做好2022年中小学幼儿园教师公开招聘工作的通知》（人社厅发〔2022〕21号），深入贯彻习近平总书记关于教育的重要论述，落实党中央、国务院“稳就业”“保就业”的决策部署，促进高校毕业生就业和基层教师队伍建设，推动教育事业高质量发展。

二是2022年6月14日，印发《退役军人事务部　教育部　人力资源社会保障部关于促进优秀退役军人到中小学任教的意见》，深入贯彻落实习近平总书记关于教育和退役军人工作的重要论述，拓宽退役军人就业渠道，加强中小学教师队伍建设，落实立德树人根本任务，努力培养担当民族复兴大任的时代新人。

三、推进事业单位人事管理法规体系建设

贯彻落实党的二十大关于“完善干部考核评价体系”的决策部署，人力资源社会保障部会同中央组织部组织修订事业单位工作人员考核规定，进一步丰富完善考核内容标准，

健全改进考核方式程序，强化考核结果运用，规范事业单位工作人员考核工作。贯彻落实《中华人民共和国公职人员政务处分法》，人力资源社会保障部会同中央组织部研究修订《事业单位工作人员处分暂行规定》。

四、其他重点工作

进一步完善中小学岗位设置管理。2022年9月，人力资源社会保障部会同教育部印发《关于进一步完善中小学岗位设置管理的指导意见》（人社部发〔2022〕58号），健全教师岗位等级设置，优化岗位结构，探索符合中小学自身特点和管理需求的岗位设置管理模式，推动中小学人事制度改革。

城镇职工养老保险

2022年，城镇职工养老保险工作认真贯彻落实习近平总书记关于养老保险工作的重要指示批示精神和党中央、国务院决策部署，深入学习党的二十大精神，聚焦启动实施企业职工基本养老保险全国统筹制度、推动个人养老金发展等重点任务，统筹推进各项工作，制度运行总体平稳，各项工作取得积极进展。

一、启动实施养老保险全国统筹

1月1日起，按照党中央、国务院部署，启动实施企业职工基本养老保险全国统筹制度，进一步提升制度保障能力，增强制度统一性和规范性。

一是统一规范全国政策，更好保障劳动者和退休人员的养老保险权益。

二是调拨2022年全国统筹调剂资金。全年共跨省调剂2 440亿元，均衡了地区间基金当期余缺，有力支持了基金困难省份养老金按时足额发放。

三是建立了中央和地方养老保险责任分担机制，中央财政补助力度进一步加大，地方财政养老保险投入机制更加完善。

四是完善与全国统筹相适应的经办管理服务体系，推进全国统筹信息系统建设。

二、推动个人养老金制度落地实施

按照国务院办公厅《关于推动个人养老金发展的意见》（国办发〔2022〕7号），会同财政部、税务总局、银保监会、证监会联合印发《个人养老金实施办法》（人社部发〔2022〕70号），协调相关部门制定出台个人养老金税收、金融机构和产品规范等配套政策，并通过多种途径广泛开展宣传。11月25日，个人养老金制度在36个先行城市（地区）启动实施。截至2022年底，先行城市（地区）个人养老金开户人数1 954万人，制度运行平稳有序。

三、组织调整退休人员基本养老金

统一安排、同步调整企业和机关事业单位退休人员基本养老金，总体调整比例为2021年退休人员月人均基本养老金的4%，7月底前将调整增加的养老金发放到位，惠及1.31亿名退休人员。

四、实施阶段性缓缴养老保险费等助企减负政策措施

按照党中央、国务院决策部署，为帮助企业应对疫情影响，会同相关部门印发文件，对部分困难行业企业以及受疫情影响严重、生产经营出现暂时困难的中小微企业实施阶段性缓缴养老、失业、工伤三项社会保险费政策。截至2022年底，全国阶段性缓缴社会保险费共计1 361亿元，切实发挥了社保政策支持效果。

五、持续推进机关事业单位养老保险制度改革

一是全面梳理和检查评估各地制度运行情况，总结各地创新做法和先进经验，明确下一步工作方向和需要研究完善的相关政策。

二是研究推动解决重点难点问题。解决了

国家综合性消防救援队伍养老保障、从事生产经营活动事业单位改革过程中养老保险关系转续等问题。

三是指导开展中央本级退休人员待遇调整工作。

六、其他工作有序开展

一是建立全国统一的企业职工基本养老保险待遇项目清单，规范地方待遇项目。

二是实施遗属待遇政策。组织培训讲解政策，严格要求地方执行国家统一政策。会同社保中心研究处理各地落实过程中遇到的问题。

三是配合财政部下达 2022 年中央财政补助资金共计 7 954 亿元，提前下达 2023 年中央财政补助 7 753 亿元。

四是扎实做好企业年金工作。全年共为 73 家中央企业 622 家下属单位进行了企业年金方案备案。启动企业年金线上备案，为中央企业提供“不见面”的便利服务。

失 业 保 险

2022 年，失业保险工作以习近平新时代中国特色社会主义思想为指导，全面贯彻党的二十大精神，认真落实党中央、国务院决策部署，在部党组的坚强领导下，充分发挥应急保障功能，全力以赴做好稳就业保民生工作，超额完成政府工作报告赋予失业保险硬任务，为高效统筹疫情防控和经济社会发展作出积极贡献。

一、政策红利持续释放，制度总体运行平稳

2022 年，应对疫情影响，先后出台一系列阶段性、组合式稳岗位保生活提技能政策举措，打出“降缓返补扩提”组合拳，全年释放政策红利 3 600 亿元。截至 2022 年末，全国有 23 807 万人参加失业保险，比上年末增加 849 万人。失业保险基金运行平稳，全年失业保险基金收入 1 596.1 亿元，同比增长 9.4%；基金支出 2 017.8 亿元，同比增长 34.5%，其中用于保障失业人员基本生活支出 887.8 亿元，同比减少 13.7%；用于职业培训、技能提升补贴支出 41 亿元，同比增加 27.3%；用于其他各项预防失业促进就业支出 1 089 亿元，同比增长 147.9%。累计结余 2 890.8 亿元。

二、降费缓缴有效减压，支持企业纾困解难

落实《政府工作报告》“延续执行降低失业和工伤保险费率等阶段性稳就业政策”要求，在延续实施阶段性降低失业保险费率 1 年的基础上，叠加实施对 5 个特困行业企业、17 个困难行业的困难企业、疫情影响严重地区生产经营出现暂时困难的中小微企业和个体工商户，阶段性缓缴失业保险单位缴费部分。会同国家税务总局印发特困行业缓缴社保费政策操作细则，明确办理流程、资格认定、补缴费款、待遇处理等经办重点问题，推动降费“直兑直达”、缓缴政策“即申即享”。2022 年通过降费率和缓缴，共减收失业保险费 1 622 亿元。

三、稳岗扩岗靠前发力，保市场主体稳就业

落实《政府工作报告》“使用 1 000 亿元失业保险基金支持稳岗和培训”和国务院稳经济一揽子政策要求，加大援企稳岗支持力度，通过稳市场主体稳就业。支持疫情期间不裁员少裁员的参保企业，大幅提高稳岗返还标准，中小微企业最高至 90%，大企业调整为 50%，持续扩大范围，有力降低门槛。2022 年共向 786.9 万户企业返还资金 487.9 亿元，惠及职工 1.5 亿人，受益企业和返还资金分别是 2021 年的 1.9 倍和 2.2 倍。应急实施一次性留工培训补助政策，对中高风险疫情地区的所有参保企业，以及未出现中高风险疫情地区的 5 个特困行业的参保企业，按每名参保职工不超过 500 元的标准发放补助，支持参保企业挺过难关、留住岗位。2022 年共向 530.3 万户企业发放留工补助 304 亿元，惠及职工 6 338.6 万人。创新实施一次性扩岗补助政策，对招用毕业年度高校毕业生、离校两年内未就业高校毕业生和 16～24 岁登记失业青年的参保企业，按每人不超过 1 500 元的标准发放补助。2022 年，共向 52.2 万户企业发放扩岗资

金 27.8 亿元，惠及高校毕业生 192.4 万人。

四、扩围保障积极有力，扎实兜牢民生底线

落实国务院关于“加大困难群众救助帮扶力度”要求，扎实做好失业保障工作。

一是延续实施扩围政策。对城镇失业人员发放失业保险金或失业补助金，对失业农民工发放一次性生活补助或临时生活补助，实现城乡参保人员全覆盖。

二是增加保障项目。对大龄失业人员继续发放失业保险待遇至退休，对女性失业人员增加代缴生育保险费，对退役军人取消申领待遇应有实际的参保缴费启动条件，拓宽技能提升补贴受益范围至领取失业保险金人员，拓宽价格临时补贴受益范围至领取失业补助金人员，实现重点人群精准帮扶。

三是提高保障水平。指导各地健全失业保险金动态调整机制，19 个省份和新疆生产建设兵团已提至最低工资标准的 90%。全国月人均失业保险金 1 711 元，比上年增长 7.9%。

四是紧盯重要时点。年初年末两次发文延长申领期限，指导各地做好元旦春节、“两奥”、“两会”期间失业保障工作衔接，确保工作不断档、申领不扎堆。2022 年共为 1 058 万名失业人员发放不同类型失业保险待遇 887.8 亿元。

五、提技赋能加力加效，增强就业稳定性

落实中央关于人才强国战略部署，支持参保人员提升技能，从源头上预防失业。拓宽技能提升补贴受益范围，由参保职工扩大到领取失业保险金人员，提高再就业竞争力；继续降低政策门槛，参保缴费年限由 3 年降至 1 年。创新推广“见证发钱”经办模式，凭职业资格证书或职业技能等级证书即可领取补贴。允许备付期限 2 年以上的省份划转 4%基金结余至技能提升专账，用于职业技能培训。2022 年支出技能提升资金 296 亿元，其中 20 个省提取 83.8 亿元。

六、创新“四免”经办服务，推动政策直达快享

落实习近平总书记关于“深入推进社保经办数字化转型”要求，创新经办模式，以“不见面”为特点的经办服务体系基本形成。

一是深入开展失业保险待遇“畅通领、安全办”行动，全面推广“免跑即领、免证即办、免登即发”经办新模式，取消证明材料、申领时限、捆绑条件和附加义务；全面推广稳岗返还“免申即享”，精准筛查符合条件参保企业，推动政策、资金、服务主动送达。

二是畅通失业保险待遇申领全国统一入口，开展网上申领审核超期“清零”行动，失业人员随时随地可以申领，统一入口上线运行两年多来累计申领 7 500 万人次。

三是上线运行失业保险关系跨省转移接续平台，推进“跨省通办”，为 3.8 万人提供转移接续服务。

四是印发扎实做好待遇发放工作通知，畅通待遇申领渠道，建立申领信息推送机制，健全审核结果及时反馈机制，提升经办服务便捷性。

七、风险防控抓实抓细，筑牢基金安全防线

落实习近平总书记关于“防范化解重大风险”重要指示精神，从数据核查、风险研判上着力，切实抓好风险防控。

一是抓比对核查。完善全国参保领金数据跨省比对核查平台，每月向各地发送疑似违规数据，督促核实整改。

二是抓全量监测。以参保单位、参保职工实名数据为基础开展全国范围监测分析，精准研判规模性失业风险。

三是抓重点监测。每月对全国 6.5 万户企业、3 000 万个岗位变化情况开展动态监测，密切关注重点行业、用工大省、不同规模企业，及时预警区域性失业风险。

工 伤 保 险

2022年，工伤保险工作坚持以习近平新时代中国特色社会主义思想为指导，深入学习贯彻党的二十大精神，落实党中央、国务院决策部署，坚持围绕中心、服务大局，着力推进重要改革任务，各项业务工作取得积极成效。

一、持续推进工伤保险职业人群广覆盖

贯彻落实公务员法和公务员工伤保险管理办法相关要求，会同中央组织部等部门制定印发文件，指导各地做好政策落实和与抚恤待遇衔接工作，全面推进公务员及参公事业单位工作人员纳入工伤保险统筹；落实习近平总书记指示批示要求，会同有关部门持续指导各地推进基层快递网点快递员优先参加工伤保险工作。巩固工程建设领域按项目参保长效机制，做好建筑业农民工工伤权益保障工作。截至2022年底，全国工伤保险参保人数达到2.91亿人，其中农民工参保人数9 127万人。

二、强化工伤保险省级统筹

按照党中央、国务院决策部署，会同财政部、国家税务总局制定印发关于进一步推进完善工伤保险省级统筹制度的通知，有力推动工伤保险省级统筹制度提质增效。

三、做好工伤保险费缓降工作

服务助企纾困、保就业大局，延续实施阶段性降低工伤保险费率，扩大缓缴政策范围，结合基金运行情况，印发通知指导地方稳妥做好降费缓缴工作。截至2022年12月底，工伤保险累计降费182.75亿元；4月至12月，累计缓缴工伤保险费29.7亿元。

四、规范工伤认定和劳动能力鉴定

印发通知提出“七个切实”，指导地方提升工伤认定工作质量。在全国开展劳动能力鉴定专项行动，启动《劳动能力鉴定管理办法》和《因病和非因工伤残劳动能力鉴定标准》修订工作，加强劳动能力鉴定规范管理。

五、大力推进工伤预防

指导各地落实工伤预防五年行动计划(2021—2025年)，实施危险化学品企业工伤预防能力提升培训工程，切实提升职工的工伤预防意识和能力。

六、加强工伤康复顶层设计

适应工伤保险事业发展和工伤职工康复需求，会同有关部门研究起草《工伤康复高质量发展指导意见》，为下一步完善和推进工伤康复事业发展，指导地方强化工伤康复工作奠定基础。

城乡居民基本养老保险

一、城乡居民基本养老保险取得新进展

贯彻落实城乡居民基本养老保险待遇确定和基础养老金正常调整机制，统一提高城乡居民基本养老保险全国基础养老金最低标准。北京、天津、河北、山西、辽宁、上海、江苏、浙江、安徽、福建、江西、山东、湖北、广东、海南、四川、贵州、西藏、宁夏 19 个省份提高了省级基础养老金标准。2022 年底，全国 23 个省份和新疆生产建设兵团制定了丧葬补助费政策和标准。

2022 年底，全国城乡居民基本养老保险参保人数 54 952 万人，其中 60 周岁以上实际领取待遇人数 16 464 万人，比上年底净增 251 万人。

二、困难群体基本养老保险应保尽保

各地持续落实城乡居民基本养老保险帮扶措施，减轻困难群体缴费负担，为参加城乡居民养老保险的低保对象、特困人员、返贫致贫人口、重度残疾人等缴费困难群体代缴部分或全部最低缴费档次养老保险费。2022 年，全国共为 2 687 万名困难人员代缴了城乡居民基本养老保险费，困难群体基本养老保险参保率保持在 99%以上，基本实现应保尽保。

三、被征地农民社会保障工作持续推进

贯彻落实新修正土地管理法及其实施条例，指导各地按照土地管理法要求做好被征地农民参加基本养老保险工作，很多省份出台了被征地农民基本养老保险缴费补贴政策。2022 年底，全国 7 300 多万名符合条件的被征地农民参加基本养老保险。

四、长江退捕渔民参加基本养老保险工作稳步推进

积极引导退捕渔民按时缴费、长期缴费、有条件的按高标准缴费，及时足额支付养老保险待遇。将退捕渔民养老保险缴费补贴政策落到实处，鼓励有条件的地区可结合实际适时加大补贴力度。持续跟踪退捕渔民基本养老保险参保缴费情况，做好相关服务和政策落实。对退捕渔民中属于低保对象、特困人员、返贫致贫人员、重度残疾人等缴费困难群体的，按规定为其代缴城乡居民基本养老保险费。2022 年底，长江重点水域符合条件的 17.2 万名退捕渔民全部参保，为 11.3 万名符合条件退捕渔民落实了养老保险缴费补贴，持续巩固符合条件的长江退捕渔民基本养老保险应保尽保，为长江退捕渔民老年基本生活提供了制度保障。

社会保险经办管理

一、切实兜牢民生底线

（一）确保养老金按时足额发放。

会同财政部印发企业职工养老保险全国统筹调剂资金调拨方案，全年共调拨调剂资金2 440亿元，有效缓解困难省份保发放压力。按月调度，确保疫情情况下和重大时间节点养老金发放，明确要求各地制定预案，确保即使在场地被封控、人员活动受限、系统操作困难的情况下仍能做到养老金发放不晚一天、不漏一人、不差一分。完成企业和机关事业单位养老保险待遇调整，惠及1.3亿退休人员。落实城乡居民养老保险待遇调整政策，人均待遇标准不断提高。

（二）持续扩大社保覆盖面。

持续做好全民参保工作，开展灵活就业人员参保扩面专项行动。超额完成2022年城镇职工养老保险扩面计划指标，参保人员数量达到10.5亿人。推进尘肺病重点行业未参保企业参保，推动快递员优先参加工伤保险政策落地，工伤保险参保人数达2.91亿人。持续指导各地做好困难群体城乡居民养老保险费代缴工作，巩固社保扶贫成效。

（三）社保基金征缴收入实现平稳增长。

基本养老、失业、工伤保险基金运行整体平稳，征缴收入同比增幅呈现平稳增长态势，基金总体收大于支。全年社保基金总收入7.16万亿元，总支出6.61万亿元，当期结余5 461亿元，累计结余7.42万亿元，均继续增长。

（四）落实阶段性缓缴社保费政策。

指导地方做好社保费缓缴经办工作。2022年4—12月，全国企业职工基本养老保险、失业保险、工伤保险实施阶段性缓缴社会保险费共计1 360.9亿元，对保市场主体、稳就业发挥了积极作用，促进了宏观经济大盘稳定。

二、扎实推进重点改革任务

（一）企业职工基本养老保险全国统筹稳步推进。

规范财务管理。统一基金财务经办规范和基金会计科目明细等基金管理规则，实现全国“一盘棋”。搭建全国统筹基金管理系统，集中基金数据资源，监测各地基金运行情况，实现“一本账”。实施业务管控。依托全国统筹信息系统，设置360余项管控规则，实施全业务、全流程、全地域、全时段风险管控，帮助地方筛查社保经办管理深层次问题，初步构建起全国统筹业务管控大格局。夯实配套基础。开展基本养老保险“小政策”清理，组织开展全国统筹基金财务、业务管控线上培训。优化完善全国统筹系统建设，制定数据评审流程，逐省规范系统上线前数据准备，有效支撑全国统筹信息系统平稳运行。

（二）深入推进数字化转型专项工作。

研究制定2022年推进社保经办数字化转型工作措施，加强对地方工作的指导。持续完善国家社会保险公共服务平台，2022年访问量超过16.01亿人次。截至2022年底，可提供83项全国性、跨地区社会保险服务，累计访问量突破43.47亿人次，实现更多社保服务事项“网上办”“掌上办”“一次办”。开展“清数”专项行动，制定数据治理工作指引，指导全系统规范有序并深度开展数据质量提升工程。修订社会保险核心业务数据质量规范。积极推动跨层级、跨部门、多场景数据共享。持续推进认证数据比对应用，向各地共享出行数据1 386万条。首次完成与市场监管总局全量涉企数据比对，探索了跨部门数据联动分析工作机制。以电子档案应用试点为抓手，指导有条件的地区探索推进业务档案单套制归档应用，支撑社保业务档案在线服务。

（三）开展新就业形态就业人员职业伤害保障试点。

制定新就业形态就业人员职业伤害保障业务经办和征收管理规程，规范和统一业务操作和征收管理程序。依托全国统一运行平台开展数据监测分析，跟踪指导试点省份和平台企业，保障试点工作平稳运行，为解决平台就业人员社会保障这一国际性难题进行了有益探索。

三、全面加强社保经办风险防控

坚持问题导向，以“社保基金管理提升年行动”为主线，以“数据稽核”为抓手，着力遏制增量、消减存量，不断织密扎牢社保经办内控管理安全网。建立长期暂停待遇人员常态化清理机制、待遇发放失败数据核实机制。制定社保经办内部控制规范行业标准、社保经办审计办法、社保领域严重失信主体名单管理办法。印发社保数据稽核规程，下发规则库2.0版。开展“社保经办管理内部控制”专题调研和“追缴违规社保基金”课题研究。组织部分省份开展省本级企业职工养老保险交叉互查，开展工伤保险协议机构专项检查，配合开展提升年行动中期评估调研督导、年度总结评估及虚构劳动关系骗取失业保险待遇专项整治行动。

四、深入推进系统行风建设专项行动

深入开展行风建设提升行动，持续推进“清、减、压”。推动“一件事”打包办扩面，落实“一件事一次办”集成改革。加强标准化工作，发布2项国家标准和1项行业标准，启动3项国家标准制定工作。组织开展“暖心贴心社保服务窗口”主题活动，推出370余篇“社保抗疫日记”，组织学习宣传“最美公务员”“人民满意的公务员”先进事迹，积极弘扬新风正气。聚合3 000多个微信公众号、视频号等新媒体资源，构建四级联动的社保宣传网络矩阵。组织“敬老助老　暖心社保”等主题宣传活动。

五、协调推进各项工作取得成效

（一）推动养老保险关系转移接续工作转型升级。

研究起草企业职工基本养老保险关系转移接续经办规程，建立养老保险关系转移接续定期清算机制。研究起草退役军人养老保险关系转移“总对总”政策和经办规程。开展养老保险关系转移接续超期业务清理工作，共完成21万多笔业务清理，清理后超期业务下降64%。

（二）推动失业保险、工伤保险经办服务提质增效。

修订完善2012版工伤保险经办规程，进一步规范和统一工伤保险经办管理，启动工伤保险异地就医结算工作。参与研究制定社保费缓缴、失业保险一次性扩岗补助等政策文件。参与精准推进失业保险参保扩面、失业保险数据筛查规则研究论证等工作。

（三）积极稳妥开展好职业年金有关工作。

印发关于加强职业年金代理人风险控制的指导意见，推动完善职业年金代理人风险控制机制。起草全国职业年金投资策略委员会组建方案和章程，规范职业年金投资运营工作。起草退役军人年金方案、计划管理合同，积极推进退役军人年金转移接续工作开展。加强对各地职业年金经办管理的业务指导，发布全国职业年金工作动态。

（四）做好精算统计工作，提供决策支持。

按时完成养老保险、失业保险、工伤保险统计报表，开展月报、季报、年报动态分析，完成2021年社保运行分析报告。积极开展专题统计和精算分析，开展新业态从业人员参加职业伤害保障与基本养老保险情况等专项分析，充分发挥其对宏观决策的支撑作用。

（五）不断深化国际交流及与港澳地区合作。

深度参与国际社会保障协会（ISSA）治理，稳步做好中欧社保合作项目。执行双边社会保障协定，全年共为出境工作人员办理参保证明5 128份。积极与港澳地区有关机构接触，推进社保跨境合作机制。

中央国家机关事业单位养老保险经办管理

2022年是党的二十大胜利召开之年，是全面建设社会主义现代化国家、向第二个百年奋斗目标进军新征程的开局之年，也是机关事业单位养老保险制度改革的关键之年。中央国家机关事业单位养老保险经办管理工作在人力资源社会保障部党组的正确领导下，在人力资源社会保障部内外有关单位的支持和配合下，紧紧围绕迎接党的二十大和学习宣传贯彻党的二十大精神这一主线，认真落实“疫情要防住、经济要稳住、发展要安全”的要求，坚持稳字当头、稳中求进，扎实推进中央单位社会保险经办工作。

一、大力推进超编单位参保，业务经办服务提质增效

截至2022年12月底，在中央国家机关事业单位养老保险管理中心（以下简称央保中心）参保的中央单位1 932家，参保人员65.72万人（在职39.06万人，退休26.66万人）。超编单位参保工作取得积极进展，原91家超编单位中，有62家已通过自然消化、增编、编制实名制等方式解决了超编问题，陆续完成参保；29家未参保的超编单位中，19家高校和医院均已办理了单位参保登记，并有序进行人员信息采集工作；10家其他类型的超编单位正积极进行增编、人员消化、编制实名制落实、机构改革情况梳理、事业单位分类改革等工作，待符合政策要求后方可纳入参保范围。开展2022年度工资申报工作，及时启用新一年度缴费基数及上下限，严格执行事业单位绩效工资限高线有关政策及要求。积极落实证明事项告知承诺制，进一步梳理实行证明事项告知承诺制事项清单，完善《中央国家机关事业单位养老保险证明事项告知承诺制经办流程（暂行）》，组织参保单位于线上开展2022年度承诺书签订工作。全力保障前台业务经办，严格规范经办流程，加强咨询服务和业务交流，优化窗口服务，助力经办管理服务提质增效。

二、全面确保应发尽发，保障养老待遇按时足额发放

2022年12月，为1 677家参保单位26.23万退休人员发放基本养老金。完成2021年退休中人养老金计发，落实2022年基本养老金调整工作。夯实数据基础，配合部养老保险司做好调待数据测算工作。做好宣传解释，跟进调待发放情况，确保调待平稳落地。配合政策部门做好对基本养老保险待遇变化趋势的分析。推进养老保险配套政策落地落实，落实公务员实行职务职级并行后养老保险有关政策要求，印发经办工作通知，组织参保单位维护退休中人信息，完成待遇重核和补发。按照违纪违法人员养老保险待遇有关问题处理口径的要求，指导单位办理违纪违法退休人员待遇调整业务并完成待遇重核。

三、扎实开展养老保险关系转移接续，规范个人账户档案管理

参加北京市企业保险的中央单位养老保险关系衔接工作取得显著进展，新增77家符合条件的单位完成央保参保登记。开展人员数据

采集，将530家单位1.6万人纳入央保。做好央保当期征缴和发放工作，审核人员数据确认业务309家。截至12月底，当期征缴单位74家，新增在职人员1 482人，当期待遇发放单位37家，新增退休人员497人。持续推进转移接续业务跨省通办，截至12月底，办理完成转移业务9 296人次，涉及金额7.9亿元。部署“模拟机器人录入系统”，实现26个省信息表机器人模拟录入。做好转出准备，汇总待转出人员名单，测算转出人数及资金。推进经营类中央单位转企改制转移接续工作。推进特殊单位及特殊人员经办管理，完成特殊单位按月征缴、当期发放及待遇调整、职业年金估值等工作，完成机关劳动合同制工人参保。夯实个人账户及业务档案管理，完成2022年个人账户记账利率维护。印发个人账户一次性支付有关问题的处理办法，做好调待冲减个人账户工作。根据单位及个人需求寄递2021年度纸质权益单。做好业务档案管理工作。

四、强化基金收支管理，准备期结算工作取得积极进展

2022年全年基本养老保险基金总收入277亿元，基金总支出291亿元，累计结余90亿元。职业年金基金总收入60亿元，总支出10亿元，期末累计结余597亿元。全年基金总体运行平稳有序。准备期结算工作取得积极进展，建立准备期工作周调度机制，成立准备期专项审核小组；起草《央保中心基本养老保险准备期基金结算方案》，配合财政部出台相关制度文件；做好到账状态维护基础准备工作；推进资金流启动，与财政部门保持密切沟通，申请资金支持，试点部分准备期并账结算数据无误的单位进行资金收付。不断提升基金管理水平，上线大额支付预警功能，开通支出户短信提醒功能。优化财务工作基础管理，做好基金会计核算工作，全年编制会计凭证2.6万余份，扎实做好记账、对账等工作。做好基金报表编制、年度决算及基金分析、基金预算编制及执行和票据、印章及档案管理等工作，全年开具票据4万余张，整理银行回单4.9万份。

五、继续发挥示范引领，提高职业年金委托投资管理水平

自2019年2月末职业年金启动投资运营以来，累计收益率达21.9%。研究制订新增职业年金计划和组合方案，提升投资管理水平。研究设计投资收益归因分析，加强对受托直投养老金产品监督和约束，加强风险防控和投资监督。开展职业年金投资运营风险排查工作，提前发现高风险资产。组织中央单位职业年金各计划管理机构投资监督研讨会。规范开展日常监督工作，形成月度投资监督情况报告。加强职业年金基金投资运营情况分析研究，连续第3年起草中央单位职业年金年度委托投资情况分析报告。推动各计划审计工作，对中央单位职业年金财务报表和合规性进行审计，合规性审计内容为年金行业首创，被多个省份作为参考。做好日常职业年金归集和转移接续工作，全面开展职业年金转入和转出相关业务，2022年全年办理转移业务1 770笔。准确计算并完成职业年金待遇支付4.7亿元，支付人数7.1万人，基本实现职业年金定期待遇发放全覆盖。

六、全力推进工伤保险经办筹备，基本完成工伤保险参保预登记

制定筹备工作方案，成立工作领导小组，建立周调度机制全力推进工伤保险经办筹备。召开调度会，集中讨论《关于启动中央本级工伤保险统筹区有关工作的请示（征求意见稿)》。持续推进配套政策制定，完善《中央在京国家机关单位工伤保险实施办法》。制定配套制度清单及进度表，分工负责起草协议机构管理、职工就医及医疗费用结算、经办规程、浮动费率管理等系列规章制度，为加快启动工伤保险经办工作夯实制度基础。着眼长远推动增处增编增职责，修改完善央保中心工伤保险工作职责。积极推进组建劳动能力鉴定委

员会，劳动能力鉴定委员会主任人选、工作职责等事宜已与部内相关单位基本达成一致意见。征求部内外相关单位有关病退鉴定工作意见，完成劳动能力鉴定委员会工作规则初稿，分步考察协议机构，完成3家辅具配置机构初步考察，对2家工伤康复协议机构开展初步考察。基本完成参保预登记，制定工作方案，印发预登记通知及操作指南，梳理答复口径32条，接听咨询电话近400人次。截至12月底，累计审核通过单位236家，约占应参保预登记单位的98%。做好宣传引导，印发《致单位的一封信》，通知有关单位按要求进行工伤事故备案，已收到工伤事故备案42起。

七、加大稽核风控力度，深入推进社保基金管理提升年行动

建立层层抓落实的工作推进和双周督导机制，狠抓“提升年”工作落实。按照社保基金管理提升年行动方案要求，统筹考虑社保基金安全专项整治、审计整改要求以及部社会保险基金监管局到央保中心检查发现的问题，自查央保经办136条风险点和薄弱点，归纳总结8方面工作任务、23项主要措施。强化数据核查，对相关单位启动重点稽核。建立死亡冒领及服刑人员疑点数据电子台账，加强多口径疑点数据的核查，依托部信息中心开展待遇超高风险数据情况核查。开展待遇领取资格认证工作，与全国人口库数据开展比对，对核查出不具备领取待遇资格的退休人员均已按要求办理定期待遇暂停。探索通过12333平台开展待遇领取资格认证，截至12月底，105名参保人员通过平台完成待遇领取资格认证，117名参保人员通过中国领事App完成2022年度待遇领取资格认证工作。持续跟进欠费单位缴费情况，制作追缴台账，对重点单位实施上门催缴。大力推进审计清欠工作，截至12月底，审计口径欠费已全部结清。加大追回冒领待遇力度，完成延伸审计死亡冒领待遇追缴。开展社保基金安全警示教育月活动，梳理近期社保领域相关典型违法违规案例，组织开展社保基金管理相关违规案例青年干部座谈会，分享典型案件，提升依法经办能力和水平。

八、推进经办数字化转型，持续优化信息系统建设

截至12月底，央保“不见面服务”网厅访问352.69万次，业务办理11.35万笔。优化完善信息系统功能，定期召开信息系统运维月例会和周例会，联合开发公司解决测试用例不足、数据库冗余、系统架构方案陈旧等问题。推进央保经办系统与部级平台的应连尽连，完善自主一体机功能开发，做好财务系统、职业年金投资监督系统、工伤保险经办系统、“金保二期”基金监管系统、机器自动录入等系统的建设规划与保障工作。保障信息系统安全，严格落实网络安全要求，及时排查处理系统网络安全隐患。推进央保系统安全等保测评、中心机房维保、话务系统运维等项目的年度验收和政府采购，做好通信线路、密码机等设备的日常运维管理，确保系统安全稳定运行。深入推进数据管理应用，不断加强中央经办数据统计和运行分析。召开数据统计和运行分析研讨会议，建立统计报告定期发布机制，按时编发中央经办主要业务数据统计月报、央保运行分析季度报告。完善业务系统数据基础模板和数据统计相关功能。加强学习，组织开展数据统计分析专题讲座，提高数据挖掘、分析和展示水平，让数据更好服务于政策制定、风险防控和管理服务能力提升。开展智能客服系统建设，搭建智能客服系统知识库，收录标准问答口径110条、口语化问答1 791条。

九、深耕精细化管理，建立高效内部运转机制

切实提高政治站位，严格落实疫情防控管理，从严从紧从速落实疫情防控各项举措。根据疫情防控形势及工作要求，及时调整经办大厅疫情防控管理要求，科学精准做好应急处置工作，坚决营造安全健康的经办环境。做好预算财务工作，编制各类预算和决算。完成各项

办公费用的核算支付。做好政府采购工作，修订报送大额资产管理办法。做好内部运转工作，及时运转文件，按时梳理报送工作小结、统计重要工作安排表，做好工作信息报送工作。做好信访和政策咨询人员接待和沟通工作。核定涉密人员，做好文件销毁工作。

十、巩固行风管理机制，全面提升行风建设水平

持续开展“厅局长走流程”、青年干部调研暗访活动。央保中心领导带队赴福建厦门、内蒙古呼和浩特、辽宁沈阳等地区社保经办机构开展调研，借鉴地方经验做法，改进中央经办工作。青年干部利用出差、培训学习等机会开展调研暗访，听取基层反映的问题，吸收先进地区经验，助力提升中央经办管理服务水平。完成“好差评”系统对接工作，全面梳理首批纳入事项清单，采买线下评价终端设备，完成本地系统改造和联调联试，开通经办大厅和线上查询业务评价功能。常态化开展“我为群众办实事”活动，结合央保工作实际组织制定2022年“我为群众办实事”清单，按要求报送上年度“我为群众办实事”活动总结报告，及时调度最新进展。

十一、持续做好定点帮扶，积极助推乡村振兴

坚持党建引领，深化党建共建。将定点帮扶村作为央保中心党建工作基层联系点，建立联学联建微信群，与帮扶村干部共同围绕习近平总书记最新重要讲话精神和党中央最新决策部署开展理论学习，收集推送《乡村建设行动实施方案》、精品农业品牌培育案例、乡村振兴典型做法等供学习参考。加强沟通联系，开展针对帮扶。央保中心领导召开线上座谈会，与帮扶村干部共同学习党中央和部党组关于乡村振兴和定点帮扶工作有关精神，全面了解近况和帮扶需求，建立定点帮扶村工作台账，提供有针对性帮扶。保持消费扶贫，拓宽销售渠道。采购帮扶地区农副产品，促进帮扶地区产品的销售力度，激发帮扶地区脱贫致富的内在动力。

社会保险基金监管

2022年，人力资源社会保障系统坚决落实习近平总书记关于社会保险基金安全的重要批示精神和党中央、国务院决策部署，践行“两个维护”，突出抓好社保基金管理提升年行动，社保基金监管各项工作取得明显成效。

一、再紧一扣，牵头开展社保基金管理提升年行动

一是认真部署实施。印发社保基金管理提升年行动方案，在全国层面明确工作任务，制定具体举措，逐项明确牵头单位和完成时限，召开全国会动员部署。

二是开展督导评估。开展中期评估和总结评估，组织各级人社部门对标对表100项评估标准开展中期评估和年度评估，并对部分省份开展现场调研督导和交叉互查，对中央国家机关事业单位养老保险管理中心开展检查；建立双周调度工作机制，传导责任压力。

三是加快制度建设。出台《社会保险基金行政监督办法》（人力资源社会保障部令第48号），明确基金监督主体、内外部协同机制、监督职责范围、法律责任等内容，推动基金监督工作法治化、规范化。会同财政部印发《社会保险基金监督举报奖励暂行办法》（人社部发〔2022〕45号），鼓励社会公众参与社保基金监督，完善“群防”工作机制。

四是提升监督水平。开展数据比对筛查，组织对企业职工基本养老保险、失业保险、工伤保险开展生产库数据筛查。继续核查跨省重复领取、死亡冒领、“假人”骗领、服刑人员违规领取待遇疑点数据，全国合计追回基金7.78亿元。部署安装“金保二期”社保基金监督系统，依托系统推进社保基金要情直报和共享，研究完善系统中央国家机关和事业单位养老保险基金监督模块功能。

五是推动问题整改。赴7省调研督导案件查处和基金追缴；调度敦促整改挤占挪用养老保险基金问题、社保基金管理问题和“三个全面取消”落实问题；推进问题整改，加大对社保基金重大案件和舆情反映典型案件的督导力度。截至2022年末，2021年度全国风险排查发现问题整改完成率99.6%，追回基金4.5亿元。

六是加强警示教育。召开警示教育大会，在全国部署开展警示教育月活动；制作下发警示教育片，对重大案件进行通报，对典型问题开展风险提示，开展社保基金要情剖析、形势分析；编写《社会保险基金管理职务犯罪案件警示录》和《社会保险基金监管工作简报》印发各地，充分发挥典型案例“活教材”的警示作用。

二、守正创新，做好基本养老保险基金委托投资等工作

一是常态化扩大基本养老保险基金委托规模。印发通知，汇总各省份基本养老保险基金委托投资年度签约计划，定期调度工作进展，指导首批资金到期的省份完成资金处置工作。截至2022年末，基本养老保险基金委托投资规模约1.62万亿元。其中，城乡居民基本养老保险基金合同规模超过6 000亿元，到账资金超过5 000亿元，已提前完成“十四五”规

划目标。

二是不断完善基本养老保险基金投资监管制度。印发《人力资源社会保障部 财政部关于印发基本养老保险基金风险基金管理办法的通知》（人社部发〔2022〕77号），为规范养老保险基金风险基金管理，更好地防范养老基金投资运营风险提供了制度遵循，有效弥补基本养老保险基金投资监管制度短板。

三是做好基本养老保险基金投资运营日常监管。依规履行审核和备案职责，指导社保基金会开展合同签署、资金划付、资产配置、投资运作、风险管理、内部控制、信息披露等工作，不断强化合规意识，提高投资能力，防范投资风险。会同财政部完成2021年度基本养老保险基金受托运营报告审核，研究调整养老基金投资范围，推动委托模式创新研究。

三、多措并举，推动年金事业健康有序规范发展

一是推进审计整改。牵头实施双周调度和台账式管理。组织开展三轮风险排查整改，年金基金管理机构所涉违规问题能立行立改的已整改完毕。加强跨部门协调沟通，健全职业年金基金投资管理和监管机制等长期整改任务向前推进。会同财政部开展职业年金代理人风险自查，现场检查甘肃省职业年金代理人。

二是加强合规监管。组织对2家年金基金管理机构5个资格开展现场检查，督促合规运营。完成企业年金基金管理机构资格延续评审扫尾工作，约谈10家机构，提出整改要求，并加强定向业务指导，定期调度整改情况。做好中央单位职业年金投资运营日常监督，加强对地方职业年金基金监管工作的指导。

三是强化风险防控。根据市场发展情况和审计指出相关风险问题，向年金基金投资运营各参与主体下发风险提示函。完善年金基金投资运营应急处置预案。指导地方统筹推进疫情防控和职业年金投资运营工作，先后就职业年金计划管理合同到期续签备案问题进行风险提示并下发处理意见的通知。对日常监管发现问题分类采取监管措施，加强窗口指导。

四是完善行政许可。结合国务院关于全面实行负面清单、证照分离、电子证照等工作要求，更新发布《补充保险经办机构资格（延续）认定服务指南》，完成企业年金基金管理机构资格证书电子证照标准化规范编写。加快推进年金基金监管系统建设，推动实现年金基金管理合同和养老金产品备案事项“一网通办”。全年部本级完成企业年金计划管理合同备案135个，变更养老金产品备案97只，确认养老金产品终止15只。

五是规范数据管理。印发《关于规范和加强年金基金投资运营数据管理的意见》。探索建立年金业务数据月报制度。完善分类披露口径，依规披露职业年金基金运营情况、企业年金基金和养老金产品业务数据。截至2022年末，职业年金、企业年金基金积累规模近5万亿元，覆盖人群超过7 600万人。

四、加强协调，做好全国社会保障基金监管等工作

一是配合财政部做好全国社会保障基金2021年年度报告审核，就其中部分股权投资基金财务数据调整等问题提出审核意见。

二是研究落实中央第四巡视组巡视全国社会保障基金理事会党组时对人力资源社会保障部提出的建议。就全国社会保障基金理事会章程（修订稿）、全国社会保障基金境内投资管理办法和境外投资管理规定、全国社会保障基金事业发展“十四五”规划纲要等研提意见。

三是参与制定划转充实社保基金国有股权和现金收益运作管理暂行办法。就划转国有资本现金收益投资境内股票市场和对中粮集团项目开展股权投资等事项进行深入研究并提出建议。

劳动关系

一、持续推进构建和谐劳动关系改革创新

总结评估深化构建和谐劳动关系综合配套改革试点成果。天津滨海新区、江苏苏州工业园区、福建福州市、江西景德镇市、山东济宁市、广东深圳盐田区、重庆九龙坡区、四川成都新都区8个改革地区，在完善和创新党委领导、政府负责的劳动关系工作体制、劳动关系风险监测预警和矛盾化解机制、构建和谐劳动关系基层党建引领和社会协同机制以及劳动关系公共服务等方面创造了一批可复制、可推广的经验。江苏苏州昆山市构建和谐劳动关系综合试验区建设取得积极成效。汇编党的十八大以来构建中国特色和谐劳动关系改革实践，在全国进行推广。重庆九龙坡区改革经验被纳入中央组织部网络通识课程，新都改革经验被中央有关机构信息采用并推广，有力带动了全国构建和谐劳动关系工作创新发展。

二、全面推进劳动关系协调员队伍建设

将《中华人民共和国职业分类大典》中的“劳动关系协调员”职业修改为“劳动关系协调师”，组织开展职业标准修订。举办全国劳动关系协调员示范培训班，覆盖全国省市系统1 200余名干部。各地认真贯彻落实劳动关系“和谐同行”三年行动计划和《关于加强劳动关系协调员队伍建设的指导意见》要求，积极培育金牌劳动关系协调员，扩大劳动关系协调员工作覆盖面，探索发挥作用的有效方式方法。天津、河南、江西等地开展了劳动关系协调员职业技能竞赛，有力促进了劳动关系协调员队伍的发展，提升了社会对劳动关系协调员的认知度。

三、深入推进和谐劳动关系创建

召开国家协调劳动关系三方会议第二十七次会议，分析研判劳动关系形势，部署2022年工作任务。国家协调劳动关系三方开展全国和谐劳动关系创建示范活动。召开第一届全国和谐劳动关系创建示范经验交流会，表彰了350家全国和谐劳动关系创建示范企业与50个工业园区。会后，开展劳动关系创建示范单位巡回演讲活动，线上观看超过1 000万人次。国家协调劳动关系三方与国家标准委联合印发《关于培育推树第一批基层劳动关系公共服务样板站点的通知》，推进基层劳动关系公共服务站点标准化规范化建设。

四、加强新就业形态劳动者权益保障

积极推动维护新就业形态劳动者权益政策落实落地，指导各地通过召开行政指导会、开展专项行动、强化纠纷处置等，督促平台企业畅通劳动者诉求表达渠道，完善制度规则，优化平台算法，加大对用工合作企业的监督，强化侵害劳动者权益突出问题的整改。配合最高人民法院出台司法政策，明确涉新就业形态案件确认劳动关系的考量因素。各级积极探索完善新就业形态劳动者权益保障机制。广州荔湾区率先打造全国实体化综合性新业态劳动者权益监测服务保障中心，浙江、广东佛山等地探索打造新业态权益保障监测智慧化平台。

五、推广应用电子劳动合同

实施电子劳动合同百城覆盖行动，推动各地优化人力资源社会保障公共服务，支持企业和劳动者依法规范订立电子劳动合同，助力企业降低用工管理成本、提高用工管理效率。各地结合本地实际积极探索，创新方式方法，加快电子劳动合同信息化建设，推广电子劳动合同应用。宁夏、浙江、云南、江苏苏州、山东淄博、广东佛山等地在电子劳动合同信息系统建设、扩大电子劳动合同覆盖面、便利企业和群众、加强数据应用等方面取得积极成效。

六、继续加强企业工资宏观调控

2022 年，全国 6 个省份调整了最低工资标准。截至 2022 年底，全国月最低工资标准最高的是上海的 2 590 元，小时最低工资标准最高的是北京的 25.3 元。全国 15 个省份发布了企业工资指导线，基准线在 6.5%左右。企业薪酬调查持续开展，覆盖全国 31 个省（区、市）18 个行业门类，约 8 万余户企业。在国家层面继续公开发布分职业中类、分岗位等级企业从业人员工资价位信息。25 个省份通过不同方式发布了省本级调查信息。推动《技能人才薪酬分配指引》落实落地，引导企业建立健全符合技能人才特点的工资分配制度，科学确定和合理提高包括一线劳动者在内的技能人才薪酬待遇。

七、积极推进国有企业工资分配制度改革工作

持续推进中央企业负责人薪酬制度和国有企业工资决定机制改革，按要求向党中央、国务院报送了 2020 年中央企业负责人薪酬分配和工资总额情况报告。制定印发中央企业负责人 2022 年度基本年薪基数、2022 年中央企业工资指导线和调控线等，指导各地各部门做好国有企业负责人薪酬审核和工资总额预算管理工作。制定出台国有企业工资内外收入监督管理规定、国有企业新设企业或机构增人增资有关政策规定意见、2022 年国有企业招聘高校毕业生增人增资意见等政策。继续会同财政部、国务院国资委开展国有企业工资内外收入监督检查。

劳动人事争议调解仲裁

在人力资源社会保障部党组坚强领导下，2022年劳动人事争议调解仲裁工作以习近平新时代中国特色社会主义思想为指导，紧紧围绕迎接党的二十大和学习宣传贯彻党的二十大精神这一主线，深入学习贯彻习近平法治思想和经济思想，坚持和发展新时代“枫桥经验”，以提升争议办理效能为主线，依法高效办理争议案件，不断提高调解成功率、仲裁结案率、仲裁终结率，在助力稳定就业、构建和谐劳动关系、保障劳动者合法权益、维护社会稳定中发挥了应有作用。

一、提升风险防控能力

（一）全国争议办理形势总体平稳有序。

近年来，由于市场主体总量增长、劳动者维权意识增强、调解仲裁维权渠道畅通、调解仲裁办案效率提高和公信力增强等因素，加之新冠肺炎疫情和经济下行因素影响，劳动人事争议案件数量增长较快。2022年，全国各级劳动人事争议调解组织和仲裁机构共办理争议案件316.2万件，调解成功率75.1%，仲裁结案率96.9%，仲裁终结率72.5%，没有发生因争议办理不当引发的群体性事件和极端事件。

（二）持续加强争议监测预警。

落实季报告、月监测、实时专报制度，及时分析研判争议案件发展趋势，排查风险隐患，完善应对预案。完成4期争议办理形势分析报告，指导调度各地做好重大时点风险防控工作。

（三）重点案件办理力度进一步加大。

快办妥处劳动报酬类争议，其中办理拖欠农民工工资争议案件48.9万件。稳慎办理解除和终止劳动合同类争议，纠正企业不当用工管理行为，及时修复破损的劳动关系。加强新就业形态劳动争议案件办理工作，各地调解仲裁机构规范适用法律政策文件，坚持“事实优先”原则认定劳动关系。落实“属地管辖、依法依规、调解为主、裁审一致”原则，稳妥办理重大集体争议案件。

（四）办案质效监管机制逐步完善。

加大行风、信访、舆情等渠道反映问题的核查办理力度，及时纠正问题案件。针对企业职工一次性补缴养老保险引发的确认劳动关系案件，明确仲裁机构应当防范当事人以谋取非法利益为目的，通过虚构事实、规避法律政策等方式侵害国家利益、社会公共利益或他人合法权益的不当仲裁行为，不得为无相关争议的当事人出具确认劳动关系类仲裁文书。

二、加大制度创新力度

（一）争议多元处理机制进一步健全。

劳动人事争议办理工作普遍纳入地方各级党委、政府议事日程，部分地区将其常态化纳入平安建设考评范围，为不断完善党委领导、政府负责、人社部门牵头和有关部门参与、司法保障、科技支撑的争议多元处理机制奠定了良好工作基础。指导部分地区依托劳动人事争议仲裁机构，整合人民调解委员会、法律援助中心、工会职工维权中心、人民法院诉讼服务中心等力量，打造劳动争议“一站式”办理窗口，保障争议多元处理机制有效运行。

（二）协商调解工作取得新进展。

联合中央政法委等九部门出台加强争议协

商调解意见，持续加强协商调解制度机制和能力建设，不断提高以协商调解方式解决争议案件数量在案件总量中的比重，从源头上减少争议发生。各地积极出台落实意见，结合实际不断推出具体举措，效果初步显现。

（三）调解仲裁与诉讼衔接取得新突破。

落实《关于加强劳动人事争议仲裁与诉讼衔接机制建设的意见》（人社部发〔2017〕70号），与最高人民法院建立“总对总”在线诉调对接机制，构建互联网时代争议在线多元化解新格局，1.6万家调解组织、2.4万名调解员入驻人民法院调解平台，线上调解成功率达到81.3%。首次联合印发裁审衔接有关问题意见，为统一裁审法律政策适用、规范程序衔接、畅通当事人维权渠道提供了新路径、新方法。联合起草第三批典型案例，及时回应争议办理热点难点问题，持续发挥典型案例示范引领作用。

三、提高办案指导能力

（一）仲裁标准化建设持续推进。

首个劳动人事争议仲裁术语国家标准实施，界定机构、人员、场所、程序、文书等基本概念，为细化各项仲裁制度、深入推进实体化建设奠定了基础。

（二）工作领域得到拓展。

以“我为群众办实事”实践活动为依托，会同共青团中央印发推进青年仲裁员志愿者联系企业活动常态化长效化通知，指导各地开展多种形式人力资源社会保障法律政策服务，强化争议源头预防的同时，重点帮助中小微民营企业梳理解决劳动用工管理中的重点难点问题。指导有条件的地区建立健全调解仲裁与就业帮扶联动机制，在争议办理过程中积极协调岗位招聘、职业指导、技能培训等服务窗口，助力劳动者就业、创业。

（三）理论支撑不断强化。

指导中国劳动学会劳动人事争议处理专业委员会完成换届，充分发挥专家学者理论研究优势，广泛吸纳一线工作人员办案经验，加强理论研究的系统性、专业性、可行性，进一步发挥理论研究对政策制定和办案实践的支撑作用。

四、夯实基础保障

（一）调解组织建设持续加强。

通报表扬2021年度、2022年度工作突出基层争议调解组织219家，积极选树第三批金牌调解组织，着力打造制度机制全、专业程度高、服务能力强的基层调解组织，以点带面促进争议预防调解效能整体提高。部分地区落实调解员办案补助，调解激励机制不断完善。会同全国工商联等部门印发培育培优商会调解组织通知，部分行业、地区试点建立新就业形态劳动争议调解组织，打造更专、更精的调解员队伍。

（二）智能化建设稳步推进。

加大“互联网+调解”服务平台推广使用力度，继续在部分地区开展在线仲裁视频庭审试点，有效提升群众维权便利度。建设调解员仲裁员能力提升平台，组织开发法律政策库、类案检索数据库，增强队伍专业化水平。调解仲裁办案系统、监测系统完成升级改造，“智慧仲裁”概念更加成熟。

（三）行风建设取得显著成效。

对信访、行风、舆情等集中反映的案件问题线索应查尽查，并就有问题的持续跟踪整改落实，努力做到发现一个短板，就解决一类问题、完善一套机制，实现调解仲裁服务能力和人民群众满意度双提升。黑龙江省齐齐哈尔市仲裁院、山东省烟台市仲裁院荣获全国“人民满意的公务员集体”称号，江苏省泰州市海陵区仲裁院杨君副院长荣获全国“人民满意的公务员”称号，多家调解仲裁机构和工作人员被评为全国人社系统优质服务窗口和先进个人。

（四）宣传工作扎实开展。

在部门户网站开设调解仲裁专栏，综合运用“一网一刊一号”持续开展法律政策解读、重点工作宣传，引导劳动者与用人单位自觉守法、合理维权；以经验做法、突出成果为重点推出“推进四化建设、打造特色品牌”等系列主题宣传，为各地提供学习交流平台；积极培育调解仲裁网评员队伍，主动融入全媒体宣传矩阵，加强舆论正面引导，坚决守好意识形态阵地，努力为构建和谐劳动关系营造良好舆论环境。

事业单位工资福利

2022年，事业单位工资福利工作深入贯彻落实习近平新时代中国特色社会主义思想，认真领会党的二十大精神，围绕贯彻党中央、国务院决策部署和部党组确定的重点工作安排，扎实推进各项工作，取得明显成效。

一、研究制定高校、科研院所薪酬制度改革试点意见

落实《中共中央　国务院关于新时代加快完善社会主义市场经济体制的意见》关于推进高校、科研院所薪酬制度改革，扩大工资分配自主权等要求，会同有关部门研究起草了高校、科研院所薪酬制度改革试点意见稿。多次征求地方和有关部门意见，完成相关课题并做好研究论证和数据测算，经部党组会审议通过后，按程序报批。

二、全面推进公立医院薪酬制度改革

一是指导各地落实深化公立医院薪酬制度改革文件，做好组织实施工作。

二是积极协调相关部门，加强调研论证，研究在央属公立医院尽快落实薪酬制度改革要求。

三是落实完善医务人员临时性工作补助有关政策规定，落实核增一次性绩效工资总量政策，指导医疗卫生机构优化内部分配办法、安排医务人员休息休假，切实保障医务人员工资待遇。

三、全面落实义务教育教师工资待遇

一是指导各地和有关部门落实相关政策，确保义务教育教师平均工资收入水平不低于当地公务员（以下简称“不低于”）。

二是研究调整教龄津贴标准。

三是研究完善落实“不低于”目标比较口径等问题。

四、加强中央事业单位绩效工资管理

一是加强规范管理和监督工作，开展2018—2021年绩效工资执行情况备案工作。

二是落实并完善高层次人才工资分配激励政策，推进部分中央事业单位先行落实。

三是研究调整中央事业单位绩效工资水平有关方案。

五、统筹推进各项工作

一是深化课题研究，推进研究改革完善事业单位工资制度工作。

二是做好常态化院士退休工作。

三是研究制定北京冬奥会、冬残奥会奖金标准和一次性特别奖励标准。

四是调整文物考古职工野外工作津贴。

五是完善消防员工资福利政策，研究相关转隶单位工资问题。

六是配合相关部门研究调整艰苦边远地区津贴标准、范围和类别，设立海南自贸港建设津贴。

七是落实和完善职务科技成果转化现金奖励政策，推动科技成果加快转化为现实生产力。

八是完成2021年全国事业单位工资年报统计工作。

农民工工作、促进家政服务业提质扩容和乡村振兴

一、农民工工作

（一）农民工就业形势总体稳定。

积极应对疫情和经济下行双重影响，坚持就业优先战略，狠抓稳就业政策落实，加强政策支持助企稳岗纾困，拓宽农民工外出就业渠道，优化就业服务，强化返乡创业支持，大规模开展农民工职业技能培训，农民工就业保持总体稳定，收入持续提高，未发生大规模失业和二次返乡现象。2022 年，全国外出农民工 1.72 亿人，比上年增长 0.1%，月均收入 4 615 元，比上年增长 4.1%，脱贫人口务工规模达 3 278 万人，比上年增加 133 万人。

（二）农民工劳动权益保障不断加强。

推动落实《关于维护新就业形态劳动者劳动保障权益的指导意见》（人社部发〔2021〕56 号），指导部分地区试点建立平台企业劳动争议调解组织，维护以农民工为主体的新就业形态劳动者权益。指导地方调整最低工资标准，保障农民工在内的低收入劳动者劳动报酬权益，采取多种措施维护超龄农民工权益。住房城乡建设部、人力资源社会保障部联合印发《关于修改〈建筑工人实名制管理办法（试行）〉的通知》，将超龄农民工纳入建筑工人实名制管理范围。大力推动农民工参保扩面，放开灵活就业人员参加城镇职工社会保险的户籍限制，截至 2022 年底，全国农民工参加城镇职工基本养老保险、职工医疗保险、失业保险、工伤保险人数分别为 8 007 万人、5 539 万人、5 765 万人和 9 127 万人。

（三）农民工市民化质量进一步提高。

人力资源社会保障部组织开展县域农民工市民化质量提升行动研究，进一步落实落细农民工市民化相关政策，提升县域农民工市民化质量。户籍制度改革不断深化，推进放开放宽除个别超大城市外的城市落户条件，持续推进以县城为重要载体的农民工市民化，进一步扩大居住证办证规模，推动农民工平等享有基本公共服务。做好进城农民工随迁子女就学工作，2022 年进城农民工随迁子女在公办学校（含政府购买民办学校学位）就读比例超过 95%。扩大保障性租赁住房供给，将符合条件的农民工纳入当地公租房保障范围，稳妥推进灵活就业人员参加住房公积金制度试点。

（四）组织开展全国农民工工作督察。

国务院农民工工作领导小组办公室牵头，会同有关成员单位开展全国农民工工作督察，总结成效、查找问题，推动农民工就业创业、权益保障、公共服务等重点工作落实。创新督察方式，在各地自查、实地督察基础上，随机选取江苏等 6 省的 12 个县，与近 40 名县政府分管负责同志及人社、发改、住建、农业农村等部门主要负责同志进行“一对一”视频访谈，全面了解各地农民工工作进展情况，分析突出问题，提出对策建议。

（五）加强农民工工作信息化建设和监测分析。

印发《关于开展农民工综合信息系统应用工作的通知》（人社厅发〔2022〕11 号），开展农民工信息数据摸底，组织开展系统应用

工作线上培训，全面做好信息系统部署使用。做好农民工动态监测分析和信息报送工作，定期开展网络问卷调查，加强农民工动态监测和形势研判。建立重点数据部门定期通报制度，推动部门间、省部间信息共享。

（六）打造农民工服务品牌。

人力资源社会保障部会同公安部、交通运输部等相关部门联合开展“春暖农民工”服务行动，重点做好春节期间农民工服务保障工作，强化就业和培训工作，开展农民工返乡返岗“点对点”运输服务，加强困难农民工兜底帮扶，做好关心关爱农民工等工作。

二、促进家政服务业提质扩容工作

2022 年，人力资源社会保障部围绕贯彻落实《国务院办公厅关于促进家政服务业提质扩容的意见》（国办发〔2019〕30 号）要求，按照促进家政服务业提质扩容 2022 年工作要点部署，积极开展促进家政服务领域就业、提升家政服务人员职业技能、保障家政服务人员合法权益等工作，助力家政服务行业健康发展。

（一）强化就业政策支持。

认真贯彻落实党中央、国务院关于稳就业工作决策部署，鼓励家政企业吸纳脱贫人口等重点群体就业，指导各地对符合条件的家政企业按规定落实创业担保贷款、社保补贴等政策。

（二）加强家政劳务品牌建设。

会同国家发展改革委、商务部等 4 部门印发《关于进一步加强家政劳务品牌建设的通知》（人社厅函〔2022〕90 号），指导各地大力培育发展家政劳务品牌，充分发挥家政劳务品牌带动作用，引导更多农村劳动力到家政服务领域就业。

（三）持续深化家政劳务对接助力乡村振兴行动。

指导各地按照《关于开展家政服务劳务对接助力乡村振兴行动的通知》（人社厅发〔2021〕46 号）要求，不断完善对接工作机制，进一步加大政策支持力度，多渠道搭建家政劳务对接平台，持续推进省际、省内对接活动。

（四）加强家政服务从业人员职业技能培训。

会同相关部门指导各地持续实施康养职业技能培训计划，加强包括家政服务在内的康养服务从业人员职业技能培训，提升从业人员职业技能水平。

（五）加强企业薪酬指导，规范家政行业用工。

指导各地深入落实《技能人才薪酬分配指引》（人社厅发〔2021〕7 号），引导家政企业完善体现技能价值激励导向的工资分配制度。组织开展包括家政服务行业在内的企业薪酬调查，在国家层面发布了“居民服务人员”职业从业人员工资价位信息。指导和督促包括互联网家政服务平台在内的头部平台企业依法合规用工。

（六）保障家政服务人员社会保险权益。

促进灵活就业人员参保，指导各地放开灵活就业人员在就业地参加职工基本养老保险的户籍限制。加大失业保险参保扩面力度，延续保障扩围政策。深入开展失业保险待遇“畅通领、安全办”行动，为家政服务从业人员在内的服务对象提供优质经办服务。推进新就业形态就业人员职业伤害保障试点工作。

（七）加大劳动保障监察执法力度。

指导各地人力资源社会保障部门加大对家政服务企业的劳动保障监察执法力度，指导和督促家政服务企业依法签订劳动合同，以工资、社会保险、休息休假等权益为重点，强化维权保障工作，特别是将员工制家政服务企业从业人员纳入“全国根治欠薪线索反映平台”受理范围，为家政服务从业人员提供方便快捷的执法维权服务。

三、人社领域乡村振兴工作

（一）贯彻落实《中共中央　国务院关于做好 2022 年全面推进乡村振兴重点工作的意见》（以下简称 2022 年中央一号文件）要求，抓好人社帮扶工作统筹协调和落实。

制定印发 2022 年中央一号文件涉及人力

资源社会保障部分工方案，抓好牵头和负责的9项任务贯彻落实。组织实施人社帮扶专项行动，制定印发2022年实施人社帮扶专项行动重点任务及分工的文件。强化工作调度，组织召开人社帮扶工作推进会，督促抓好重点任务落实。根据中央农办统一部署，赴地方开展2022年度巩固拓展脱贫攻坚成果同乡村振兴有效衔接综合核查工作。参加2022年中央一号文件书面督查等有关工作。

（二）聚焦重点区域，倾斜政策支持。

推动《关于加强国家乡村振兴重点帮扶县人力资源社会保障帮扶工作的意见》（人社部发〔2021〕94号）落实，组织开展国家乡村振兴重点帮扶县人社帮扶政策评估。深入贯彻党中央、国务院关于深化东西部协作的决策部署，会同国家发展改革委、国家乡村振兴局印发《关于进一步推进东西部人社协作的通知》（人社厅函〔2022〕173号），推动健全人社协作帮扶体制机制。

（三）抓好人社帮扶专项行动重点任务落实。

一是坚持把促进就业作为首要任务，着力稳定外出务工规模，健全劳务协作机制强化有组织输出。截至2022年底，脱贫人口务工就业规模达到3 278万人，超过全年3 000万人的目标任务。二是扎实推进重点帮扶地区职业技能提升工程，全国组织农民工参加补贴性职业技能培训700万人次（含新生代农民工）。三是全面落实对困难群体参加城乡居民养老保险帮扶政策，截至2022年底，全国共为2 687万名困难人员代缴了城乡居民养老保险费。四是支持县以下基层开展职称评审“定向评价、定向使用”，对10项职业资格考试在国家乡村振兴重点帮扶县等地区施行单独划定合格标准，组织实施80个各类专家人才服务团。

（四）扎实推进定点帮扶。

2022年，年初制定的74项帮扶措施全部落实到位。金寨县被农业农村部、国家乡村振兴局评为2022年国家乡村振兴示范县创建单位；人力资源社会保障部依托“四心行动”助力天镇县劳动力就业的做法，入选国家乡村振兴局推介社会帮扶助力巩固拓展脱贫攻坚成果同乡村振兴有效衔接典型案例（第一批）；天镇县李二口村被山西省评为“清廉村居”、山西省先进基层党组织、大同市示范党组织、乡村振兴示范村。一是指导天镇人社技能培训基地向公共实训基地转型，实现劳务收入200余万元。二是指导金寨县打造“金凤还巢”综合就业服务平台，建成试点14个“三公里就业圈”，累计登记求职4.5万人，发布岗位需求7 922个，向企业送工10 042人。指导金寨技师学院建成2万平方米创业人才大厦，开展各类培训、技能鉴定3 580人次。持续推进“金寨-昆山”战略合作。三是指导札达县持续跟进“强边固边工程”搬迁移民进展，针对性提供就业服务指导；探索开展流动技能培训模式，协调广东无偿捐赠中式烹调培训车一台。

（五）做好脱贫人口务工动态监测和形势研判。

加强与国家乡村振兴局等部门的横向沟通协调，积极参与防止返贫和低收入人口动态监测和帮扶机制，推进部门信息共享，加强脱贫人口动态监测分析和形势研判，按季度对脱贫人口务工情况开展分析。

人力资源和社会保障法治建设

2022年，人力资源社会保障系统坚持以习近平新时代中国特色社会主义思想为指导，深入学习贯彻习近平法治思想，全面贯彻党的二十大精神，认真落实党中央、国务院关于法治政府建设的决策部署，法治人社建设取得了新进展。

一、深入学习贯彻习近平法治思想

一是召开人力资源和社会保障法治工作电视电话会议，对全系统学习贯彻习近平法治思想、落实《人力资源和社会保障法治建设实施方案（2021—2025年）》重点任务进行了部署。

二是印发通知对部属各单位学习贯彻习近平法治思想进行再动员、再部署，通过购买权威读物、“人社学与行”平台等组织部属各单位认真开展学习。

三是部党组举行理论学习中心组集体学习，邀请全国人大常委会有关同志围绕深入学习贯彻习近平法治思想作专题辅导报告。

四是认真落实《中央全面依法治国委员会2022年工作要点》中由人力资源社会保障部牵头的任务。

二、围绕中心工作推进立法

一是配合国务院办公厅、司法部做好《社会保险经办条例（草案）》提请审议有关准备工作。

二是公布《人力资源社会保障部关于修改部分规章的决定》（人力资源社会保障部令第47号）、《社会保险基金行政监督办法》（人力资源社会保障部令第48号）。

三是做好《社会保险基金监督举报工作管理办法》《人力资源服务机构管理规定》《社会保险领域严重失信主体名单管理办法》《外籍教师聘任和管理办法》等规章草案的审查修改工作。

四是结合巡视整改，对人社领域需要修订的法律法规进行一次全面摸排，在此基础上研究起草人社领域中长期立法规划。

三、加强行政执法监督

一是坚持复议为民宗旨，依法及时处理行政复议案件。全年共办理行政复议申请196件，加强沟通协调和调解，努力做到定分止争、案结事了。

二是积极稳妥做好行政应诉工作，支持配合司法机关受理和审理行政案件，自觉接受司法监督。全年共办理行政应诉案件66件、检察院监督案件7件。

三是加强规范性文件合法性审核，全年共审查规范性文件草案40件次，办理规范性文件附带性审查、公民审查建议等10件次。

四是积极推动公职律师和外聘法律顾问工作开展。

四、推进行政审批制度改革

一是按照国务院办公厅要求，及时更新公布《法律、行政法规、国务院决定设定的行政许可事项清单（2022年版）（人社部门）》，就人社领域11项行政许可事项分列了32个子项、81个办理项，逐项制定实施规范并汇集至“全国行政许可管理系统”。

二是修订公布部本级2项行政许可事项服务指南，持续优化行政审批服务。

三是开展人社领域涉企经营许可事项“证照分离”改革涉及暂时调整适用法律、行政法规有关情况中期评估。

五、深入开展法治宣传教育

一是会同全国总工会，研究谋划全国性法治知识竞赛活动。

二是会同应急管理部、司法部、全国普法办，做好全国职业院校学生法治知识竞赛的有关准备工作。

三是在全国人社系统组织开展了2022年“宪法宣传周”活动。

六、其他工作有序推进

一是起草人力资源社会保障部2021年法治政府建设情况的报告，经部党组会讨论通过后上报党中央、国务院，并按要求向社会公开。

二是制定《2022年人力资源和社会保障法治工作要点》，对年度重点工作进行了部署。

三是进一步做好证明事项清理工作，梳理了新取消的证明事项清单、实行告知承诺制的证明事项清单，调整了保留的证明事项清单，经部领导审定后报司法部。

四是办理全国人大议案、建议和全国政协提案30多件。

五是配合做好科学技术普及法、乡村振兴促进法等法律执法检查工作。

六是组织开展部本级行政执法人员核定、培训、考核、发证工作。

七是办理部外立法征求意见120件次。

劳动保障监察

2022年，全国各级劳动保障监察机构认真贯彻习近平总书记重要指示批示精神，落实党中央、国务院决策部署，在持续深化根治欠薪、服务稳就业保就业大局、维护劳动者合法权益等方面取得积极成效。

一、强化政治引领，深化根治欠薪

（一）组织领导更加有力。

深入学习贯彻习近平总书记重要指示批示精神，2月18日召开持续深化根治欠薪工作调度会，要求思想不松、行动不停、要求不降、力度不减，以实际行动迎接党的二十大胜利召开。12月29日召开国务院根治拖欠农民工工资工作领导小组全体会议，系统分析形势，部署重点任务。开展2021年度省级政府保障农民工工资支付工作考核，约谈欠薪问题集中的地市政府，压紧压实属地治欠责任。各地高度重视维护农民工合法权益，相关部门积极履行职责，形成根治欠薪“一盘棋”的工作格局。

（二）法治体系更加健全。

持续推进《保障农民工工资支付条例》（以下简称《条例》）落实落地，促进欠薪治理体系系统集成、紧密耦合、协同高效。围绕加大制度落实力度、加强欠薪问题源头预防，印发专门文件，促进各项工资支付保障制度全覆盖、实运转。各地通过出台实施细则、开展落实制度专项行动等举措，确保农民工工资专用账户、实名制管理、总包代发、工资保证金、失信惩戒等法定制度落地见效。

（三）专项治理更加扎实。

从8月下旬开始，开展集中整治拖欠农民工工资问题专项行动，提早部署2023年春节前特别是党的二十大期间欠薪治理工作，多次召开会议部署调度，系统推进集中排查、集中处置、集中督导、集中整改、集中攻坚，逐省制发欠薪风险提示函，建立日调度、周报告和重大事项随时报告机制，为社会大局稳定作出积极贡献。

（四）信用监管更加完善。

《拖欠农民工工资失信联合惩戒对象名单管理暂行办法》（人力资源社会保障部令第45号）于1月1日起正式施行，全年将1 055个用人单位列入失信名单。各地依法开展认定和信用修复，充分发挥失信惩戒教育震慑作用，让欠薪失信者“一处违法、处处受限”。全年公布重大欠薪违法案件1 836件。

（五）案件处置更加高效。

坚持把功夫下在平时，强化日常巡查检查，公布省市县三级欠薪维权渠道，落实首问负责制，优化运行“全国根治欠薪线索反映平台”，推动欠薪问题快立快处快结。完善行刑衔接机制，打击拒不支付劳动报酬犯罪行为，全年向公安部门移送案件3 092件。

（六）宣传引导更加深入。

在人力资源社会保障部官方微信公众号和《中国劳动保障报》开设“劳动监察为您护航”栏目，“七一”和党的二十大前夕进行根治欠薪工作先进事迹展播。会同中央广电总台制播欠薪入罪十周年专题片，发布《条例》适用典型案例，取得良好社会反响。

二、服务就业大局，做好权益保障

（一）助力企业稳岗。

围绕稳就业大局保劳动权益，就进一步加强劳动保障监察执法工作进行专门部署，提出具体要求。6月24日，会商住房城乡建设部、交通运输部、水利部、银保监会等部门印发《关于阶段性缓缴农民工工资保证金有关事项的紧急通知》（人社厅函〔2022〕99号），助力建筑企业纾困稳岗。

（二）治理就业歧视。

认真落实国务院常务会议要求，7月29日联合国家卫生健康委印发《关于坚决打击对新冠肺炎康复者就业歧视的紧急通知》（人社部明电〔2022〕8号），8月10日联合最高人民法院印发《关于加强行政司法联动保障新冠肺炎康复者等劳动者平等就业权利的通知》（人社部函〔2022〕108号）。开展明察暗访，搜集就业歧视问题线索，责成有关地方依法查处，要求发现一起、严肃处理一起。

（三）净化市场环境。

6月至7月，联合市场监管总局开展清理整顿人力资源市场秩序专项行动，重点整治虚假招聘、“黑职介”、非法劳务派遣等问题，对相关违法行为进行严肃查处，为稳就业保就业守住法律底线。

（四）化解热点难点。

针对超时加班、灵活就业和新就业形态劳动者权益保障、高温作业劳动保护等社会关切问题，全面依法履行监察执法职责，切实维护广大劳动者合法权益。

三、着力强基固本，提升能力水平

（一）加强规范化建设。

印发人力资源和社会保障领域随机抽查事项清单（第三版），落实“双随机、一公开”要求，深入推进严格规范公正文明执法。

（二）加快信息化赋能。

推进监察大数据平台、智慧监察系统开发和全国农民工工资支付监控预警平台建设，开展依托全国一体化在线监管平台支撑根治欠薪试点工作。

（三）加力执法服务提升。

对各地劳动保障监察维权渠道进行多轮抽查暗访，确保劳动者维权“最初一公里”畅通，打造监察执法良好行风形象。面向一线执法人员，加强多层次业务培训，夯实执法服务能力基础。

国家表彰奖励

2022年，在人力资源社会保障部党组领导下，在党和国家功勋荣誉表彰工作委员会办公室具体指导下，国家表彰奖励办公室认真学习贯彻习近平新时代中国特色社会主义思想，深入学习贯彻党的二十大和二十届一中全会精神，坚持“围绕中心、服务大局”，圆满完成北京冬奥会、冬残奥会等表彰，持续推进表彰奖励制度建设，依规做好部级表彰审批管理，不断加强表彰奖励获得者管理和待遇落实，严厉打击违规评选评比表彰活动，较好地完成各项工作任务。

一、扎实完成各项国家级表彰工作

（一）圆满完成北京冬奥会、冬残奥会表彰。

2022年2月、3月，北京冬奥会、冬残奥会圆满举行，在筹备举办过程中，涌现出一大批事迹突出的集体和个人。为隆重表彰先进典型，激励全党全国各族人民为全面建设社会主义现代化国家而努力奋斗，党中央、国务院决定，开展北京冬奥会、冬残奥会总结表彰。3月19日，中共中央办公厅、国务院办公厅印发《关于做好北京冬奥会、冬残奥会突出贡献集体和突出贡献个人推荐评选工作的通知》，北京冬奥组委、人力资源社会保障部、体育总局、中国残联、北京市、河北省等单位承担具体工作。各推荐单位按程序和要求，组织开展推荐工作，经初审、复审，所在单位公示、省级公示、全国公示等推荐评选程序，4月8日，党中央、国务院隆重召开北京冬奥会、冬残奥会总结表彰大会，表彰148个“北京冬奥会、冬残奥会突出贡献集体”，148名“北京冬奥会、冬残奥会突出贡献个人”。习近平总书记出席总结表彰大会并发表重要讲话。

（二）完成全国“人民满意的公务员”和“人民满意的公务员集体”表彰。

经报党中央批准，全国“人民满意的公务员”和“人民满意的公务员集体”表彰升格为国家级表彰，以党中央、国务院名义开展，由中央组织部、中央宣传部和人力资源社会保障部承办，表彰周期为3年。2022年3月，中共中央办公厅、国务院办公厅印发《关于做好全国“人民满意的公务员”和“人民满意的公务员集体”推荐评选工作的通知》，部署推荐评选等相关工作。各推荐单位按程序和要求，组织开展推荐工作，经初审、复审，所在单位公示、省级公示、全国公示等程序，8月30日，党中央、国务院召开全国“人民满意的公务员”和“人民满意的公务员集体”表彰大会，表彰397名全国“人民满意的公务员”、198个全国“人民满意的公务员集体”。习近平总书记亲切会见会议代表。

（三）完成“全国模范公安单位”表彰。

经报中央领导同志同意，2022年以党中央、国务院名义开展“全国模范公安单位”表彰。根据党中央批准的工作方案，人力资源社会保障部会同公安部部署全国公安机关开展了评选推荐工作。在各地各单位推荐申报的基础上，经报党中央同意，确定了表彰对象。2022年5月25日，党中央、国务院举行全国公安系统英雄模范立功集体表彰大会，授予20个集体“全国模范公安单位”称号。习近平总书记亲切会见会议代表。

二、稳步推进省部级表彰奖励各项工作

（一）持续推进省部级表彰工作。

按照“坚持标准、从严掌握”原则，集中批复12家中央单位的部级表彰奖励计划，人力资源社会保障部会同中央纪委机关、公安部等单位完成16项部级表彰工作，严格履行评选程序，认真落实“两审三公示”制度，共表彰1 431个先进集体，2 273名先进个人。

（二）强化对中央各有关部门表彰奖励工作的指导。

9月初，会同党和国家功勋荣誉表彰工作委员会办公室秘书组举办了面向中央单位的功勋荣誉表彰奖励工作业务培训班，共有来自中共中央办公厅、国务院办公厅、全国人大常委会办公厅、全国政协办公厅、最高人民法院、最高人民检察院等98家中央单位从事表彰奖励工作的103位同志参加。本次培训班围绕表彰奖励获得者管理服务有关工作、国家表彰奖励制度体系政策及实践、评比达标表彰活动和创建示范活动规范管理实操等方面进行了系统讲解。

（三）组织全国先进模范代表参加北京冬奥会、冬残奥会有关活动。

为体现党中央对先进模范的关心关爱，充分展现先进模范的精神风貌，根据北京冬奥组委任务安排和部领导指示要求，国家表彰奖励办公室积极协调中央组织部、中央宣传部、中央军委政治工作部等11家中央单位和各地人力资源社会保障厅（局），在充分考虑先进模范所获荣誉类型、性别、民族，确保先进模范代表性、广泛性的基础上，提出了人选建议名单，经报党中央同意后，扎实做好信息采集、背景审查、身体评估、疫情防控、演练彩排和组织接待，共有57名先进模范代表参加了为期3天的冬奥会火炬传递，51名先进模范代表参加了为期3天的冬残奥会火炬传递，104名先进模范代表参加了冬奥会开幕式国旗传递。另外，还派人参加了冬奥会、冬残奥会传递起跑仪式。

三、认真做好评比达标表彰系列工作

（一）着力制度创新，完善政策体系。

经报中央领导同志批准，2022年4月，以中共中央办公厅、国务院办公厅名义印发《创建示范活动管理办法（试行）》，填补了创建示范活动管理的制度空白，为规范开展创建示范工作提供了制度遵循。参与修订印发《社会组织评比达标表彰活动管理办法》，进一步规范社会组织评比达标表彰工作。印发《评比达标表彰项目目录管理办法（试行）》，进一步完善表彰项目管理方式。

（二）加强统筹管理，严格审批项目。

坚持“严格审批、总量控制、合理设置、注重实效”等原则，从严审核各类表彰奖励和创建示范项目。研究审核18个省份和24家中央单位申请新设、调整或撤销的139个表彰项目和11个创建示范项目。经党中央批准，批复同意124个表彰项目和5个创建示范项目。支持有关部门大力表彰科技人才、高技能人才、医务工作者等，项目涉及乡村振兴、就业创业、营商环境、碳达峰碳中和等领域，确保表彰工作围绕中心、服务大局。

（三）坚持长效机制，强化日常管理工作。

切实做好统筹协调和政策指导工作，审核备案各地区各部门年度表彰计划和工作方案。梳理完善《全国评比达标表彰项目目录》，包括省部级常设项目1 046个、临时项目369个和社会组织项目206个。加强全国创建示范活动目录管理，严格审核新设项目和保留项目工作方案，指导创建示范活动主办单位压实主体责任，深入参与创建培育过程，持续改进考评指标体系和测评办法，确保创建示范活动取得实效，将贯彻落实中央层面整治形式主义为基层减负精神落到实处。

（四）强化基础研究，为健全规范管理提供支撑。

委托国家图书馆开展我国历代功勋荣誉表彰制度论述研究，梳理我国历代功勋荣誉表彰制度规定，研究功勋荣誉表彰思想发展脉络及历史意义，为完善表彰奖励制度提供参考借鉴。委托中国人事科学研究院开展创建示范活动监督检查和评估课题研究，系统梳理创建示范活动监督检查和评估工作现状，深入分析重点、难点问题，拟在此基础上形成一套有效管用、操作性强的评估工具。赴部分地方开展国家表彰奖励工作专题调研，深入了解当地表彰奖励和创建示范工作情况，挖掘经验做法，听取基层干部群众意见建议。

（五）严肃正风正纪，加大对违规设奖颁奖和创建示范活动的监管与惩处。

通过表彰奖励和创建示范活动查询公示平台及 12333 热线，持续监督查处违规开展的评选评奖及创建示范活动。2022 年，共接到相关举报信息 20 条，叫停 50 余家全国性社会团体违规举办的评选评奖活动，分别移交公安部、民政部、市场监管总局等部门核查处置；将违规评选评奖活动纳入中央预算执行审计和中央部门党政主要领导干部经济责任审计，发现问题纳入审计报告并督促整改，严格整肃违规开展评选评奖和创建示范活动不正之风。

规划财务

2022年，规划财务工作坚持以习近平新时代中国特色社会主义思想为指导，深入贯彻党的十九大和十九届历次全会精神，认真学习贯彻党的二十大精神，坚决贯彻落实党中央、国务院决策部署，坚持稳中求进工作总基调，围绕中心，服务大局，踔厉奋发，攻坚克难，积极发挥规划引领、决策支撑、服务保障作用，各项工作取得新的进展。

一、规划计划工作

（一）推进“十四五”规划实施。

一是加大“十四五”规划宣传力度。编印《人力资源和社会保障事业发展“十四五”规划解读》《“十四五”时期人力资源和社会保障事业发展规划汇编》。梳理总结“十四五”规划编制实施亮点，在《中国组织人事报》《中国劳动保障报》《人力资源和社会保障工作信息》上刊发规划专刊。二是开展规划实施进展动态监测，调度重点指标和重大任务进展情况。三是组织落实国家“十四五”规划纲要，配合国家发展改革委等部门推进专项规划的实施。

（二）落实国家重大区域发展战略及对口支援工作。

一是学习贯彻习近平总书记重要讲话精神，推进落实国家重大区域发展战略和区域协调发展规划中涉及人社部门任务部署。二是分别与安徽省、云南省人民政府签署战略合作协议，共同推进人社事业高质量发展。三是组织召开京津冀人社事业协同发展第四次部省市联席会议，组织提出人社领域新一轮支持京津冀协同发展和雄安新区建设的政策举措。四是与广东省人民政府共同印发了部省共同支持横琴、前海合作区政策举措清单，推动《横琴粤澳深度合作区建设总体方案》《全面深化前海深港现代服务业合作区改革开放方案》在人社领域落实落地。五是贯彻落实《国务院关于新时代支持革命老区振兴发展的意见》（国发〔2021〕3号），会同水利部制定印发了《“十四五”时期对口支援江西省宁都县振兴发展实施方案》。六是贯彻落实习近平总书记在海南考察时的讲话精神，制定印发了落实习近平总书记重要讲话精神推动海南省人力资源和社会保障事业高质量发展支持举措。七是贯彻落实《国务院关于支持贵州在新时代西部大开发上闯新路的意见》（国发〔2022〕2号），在与贵州省签署部省合作协议的基础上，制定印发了支持贵州在西部大开发上闯新路的实施方案。八是针对吉林严重疫情、四川泸定地震等，及时组织制定人社帮扶政策举措。九是贯彻落实第三次中央新疆工作座谈会、中央第七次西藏工作座谈会及第三次对口支援西藏工作会议精神，部署推进新一轮人社对口支援工作。

（三）编制实施2022年人力资源和社会保障事业发展计划。

加强年度计划与“十四五”规划的有机衔接，编制下达2022年人力资源和社会保障事业发展计划。强化责任落实，加强监测分析，定期通报计划执行情况，加强计划工作调度。经过各级人力资源社会保障部门的共同努力，克服疫情等超预期因素冲击，完成全年计划目标。组织编制 2023 年人力资源和社会保障事业发展计划草案。

二、统计工作

（一）学习贯彻中央关于统计工作决策部署。

持续深入学习习近平总书记关于统计工作的重要讲话指示批示精神和党中央、国务院关于统计工作的重大决策部署，建立健全常态化、长效化学习机制，不断推动中央决策部署在人力资源社会保障系统落实落细。

（二）初步建立人社统计监督制度。

贯彻落实中央《关于更加有效发挥统计监督职能作用的意见》，结合工作实际，制定印发《贯彻落实〈关于更加有效发挥统计监督职能作用的意见〉工作方案》（人社部函〔2022〕34 号）和《关于建立人力资源社会保障统计监督制度的通知》（人社部函〔2022〕130 号），推动人力资源社会保障系统提高政治站位、强化责任担当，压紧压实防范和惩治统计造假、弄虚作假责任，加快构建系统完整、协同高效、约束有力的统计监督体系。

（三）深入开展统计监测分析。

制定社保经办管理服务数字化转型基本情况统计调查制度和阶段性实施缓缴企业社会保险费统计调查制度，完善并组织实施人力资源社会保障政策满意度调查和基本情况统计调查（“社区直报”）等调查制度。撰写《党的十八大以来社会保障主要发展成就报告》等高质量统计分析报告。

（四）充分发挥统计数据服务保障作用。

推进人力资源社会保障各项定期统计报表和专项调查工作，及时获得高质量的统计数据并定期印发统计资料，确保工作不断档、数据不断流。按时对社会发布《2021 年度人力资源和社会保障事业发展统计公报》及相关统计年鉴。

三、信息化标准化工作

（一）加快信息化工作。

金保工程二期（中央本级）项目建设加快推进。组织完成社会保险管理信息系统开发等 29 个项目最终验收、10 个项目初步验收，举办 2 期培训班。截至 2022 年底，工程已完成总投资的 96.4%，工程建设效益不断显现。完成了部数据中心机房改造，建成了同城和异地灾备中心，系统支撑、数据处理和安全防护能力显著增强；全国统一应用软件在人社系统逐步推广应用，业务工作效能和管理服务数字化水平明显提升；人社政务服务平台、全国社保公共服务平台正式上线运行，与国家、各省级政务服务平台实现对接；内部业务协同平台、外部数据交换平台高效稳定运转，全国社保、就业等相关数据归集处理能力不断增强，为业务监管和宏观决策提供了信息化支撑。

按照《“十四五”推进国家政务信息化规划》及国家发展改革委统一部署，编制完成《人社政务服务信息化工程（金保工程三期项目）框架方案》。

（二）推进标准化工作。

印发《人力资源社会保障部 2022 年度标准制修订计划》。加强标准制修订工作，发布《社会保险经办内部控制规范》等 9 项行业标准。向市场监管总局申报《养老保险精算数据指标体系规范》《招聘会服务规范》等 5 项国家标准。印发《贯彻实施〈国家标准化发展纲要〉行动计划》有关任务部内分工方案。开展人社领域基本公共服务标准化试点，全面宣传报道试点进展情况、成效和典型案例，推广试点特色经验。推进社会保险标委会、人力资源服务标委会、劳动定额定员标委会换届等工作。

（三）加强科技项目管理。

编制《项目申报指南》，指导部属科研院所开展 2022 年度部科技项目申报，下达 2022 年度科技项目计划。完成 28 个部科技项目验收评审工作。加强科技成果共享应用，编制科技项目成果摘要汇编，部分成果信息在部官网发布。印发人力资源社会保障部2022年度委托研究项目计划。

四、预算管理工作

（一）科学合理编制预算。

不折不扣落实过“紧日子”要求，严控一般性支出，加强“三公”经费管理。坚持有保有压，优化支出结构，加强资金统筹，有效保障重大任务、重要改革和重点工作任务的落实。主动公开年度预决算，接受社会监督。组织编制养老、失业、工伤保险基金预决算。

（二）加强预算执行管理。

硬化预算执行约束，强化预算执行主体责任，统筹调度当年预算和结转资金的使用。切实加快预算执行进度，提升预算执行质量，强化所属单位当年预算执行和下年预算安排挂钩机制的执行，提高财政资金使用效率。

（三）加强预算绩效管理。

强化预算绩效管理，实现项目绩效目标、绩效执行监控、绩效自评、绩效责任全覆盖。推进绩效管理与预算管理紧密结合，实行预算编制、执行、监督全过程的绩效管理工作机制，强化绩效评价结果应用，将评价结果作为完善政策、安排预算、改进管理的重要依据。

五、资产管理工作

（一）进一步规范资产管理。

根据国务院印发的《行政事业性国有资产管理条例》（国务院令第738号），结合实际，对2008年印发的《人力资源和社会保障部国有资产管理暂行办法》（人社厅发〔2008〕91号）进行全面修订，印发《人力资源社会保障部行政事业性国有资产管理办法》（人社厅函〔2022〕131号），进一步明确国有资产管理部门、使用部门、经办单位职责，加强资产使用管理，落实资产使用责任，加强资产配置、使用、处置全生命周期管理，切实提高国有资产配置处置、日常运行、服务保障等方面的管理效能，推进部国有资产规范化管理。

（二）持续推进老旧小区综合整治。

为改善老旧小区居住环境，提升老旧小区居民居住的便利性、宜居性、安全性，消除老旧小区安全隐患，有序组织部1990年后老旧小区综合整治各项工作，涉及7个老旧小区，惠及居民790户。紧盯全年计划目标，明确时间表、细化任务书，加强施工过程中质量、安全、环保、文明施工等全方位监管，推进部老旧小区综合整治提速增效，保障惠及百姓的民生工程圆满完成。

（三）进一步规范政府采购行为。

严格遵循公开透明、公平竞争、公正和诚实信用的原则，不断规范政府采购程序，创新采购方式，合理安排政府采购行为，提高政府采购资金使用效益；严格按照政府集中采购目录及分散采购限额，科学编制政府采购预算，做到应编尽编、编实编细，并纳入预算一体化系统统一管理；严格按照政府采购预算编报政府采购计划和开展采购活动，强化政府采购预算执行的组织管理，实施政府采购计划管理，建立“无预算不采购”的约束机制，严禁无预算、超预算采购。

信息化建设

2022年，人力资源社会保障信息化建设工作坚持以习近平新时代中国特色社会主义思想为指导，认真贯彻落实党中央、国务院关于网络强国、数字中国等战略部署，紧紧围绕人力资源社会保障事业发展中心工作，全力推进人社网络安全和信息化工作。

一、实施重点任务和重大工程

推进人社信息化便民服务创新提升行动，全面落实“全数据共享”“全服务上网”“全业务用卡”三大重点任务，部级开通了73项跨层级跨部门共享服务、76项“一网通办”服务。各级人社部门实现普遍用卡，居民服务“一卡通”应用成效初显。基本完成金保工程二期主体实施任务。开展国家“区块链+人社”创新应用试点，建设人社区块链基础支撑服务平台，与试点省份做好对接应用。完成国际劳工组织、欧盟国际合作项目“中国社会保险的数字化转型”研究工作。

二、推进社保卡居民服务“一卡通”

加快发放社保卡，推进居民服务“一卡通”应用。截至2022年12月底，全国持卡人数13.68亿人，覆盖96.8%人口。其中，30个省份和新疆生产建设兵团的333个地区已发第三代社保卡，累计持卡人数达2.67亿人。推进电子社保卡签发及应用，电子社保卡领用人数超过7.1亿人，覆盖50.5%人口；电子社保卡服务渠道达485个，已开通全国服务86项，属地服务千余项，全年累计访问量达112.85亿人次。在全国范围内开展电子社保卡同步申领。配合国务院办公厅依托全国一体化政务服务平台开展社保卡居民服务“一卡通”应用试点方案，联合12个部门在9个省份及雄安新区开展试点工作。全面开通社保卡申领补换等5项“跨省通办”服务，全年社保卡跨省申领20.8万张、启用6.5万张、临时挂失4.7万张，得到了持卡人的广泛肯定。全面推进以电子社保卡为载体的职业培训券推广工作，全年累计发券1 097.01万张，用券394.89万张。夯实“一卡通”基础支撑能力，建成全国“一卡通”应用平台，开通居民服务“一卡通”服务专区，完善社保卡持卡人员基础信息库数据归集机制。发布社保卡生物特征识别应用系统国家标准，以及基础信息指标集等行业标准。

三、全力保障社会保险领域重点改革任务

建成企业职工基本养老保险全国统筹系统，所有省份完成基金财务系统部省对接，全国基金“一本账”基本形成；29个省份和新疆生产建设兵团完成业务系统部省对接上线，业务“大管控”效能逐步显现。建成全国集中的个人养老金信息管理服务平台，有力保障了个人养老金制度实施。建成全国集中的新就业形态就业人员职业伤害保障信息平台，与7家试点平台企业完成“总对总”对接，与7个试点省份实现部省联动，实现全业务流程的经办服务衔接和全量业务数据的全国集中管理，有效保障新就业形态人员合法权益。建设工伤保险异地就医结算系统，与全国性服务平台实现对接，组织各省份开展技术准备工作。

做好社会保险关系转移、社会保险待遇资格认证、社会保险信息比对查询、社会保险稽核内控、全民参保登记库、特殊工作岗位人员信息库等全国性跨地区系统运维保障和应用工作，取得了良好成效。

四、统筹推进人力资源领域信息化建设

加强“就业在线”推广应用，持续完善和扩展服务渠道，开展“名企‘云招聘’就业‘直通车’”直播带岗活动，先后举办百日千万、金秋招聘月等20余场大型专项招聘活动。225家人力资源服务机构入驻“就业在线”平台，全年提供求职招聘服务6 516.5万人次，发布岗位信息2 296.7万条。“就业在线”被评选为2022年数字政府“创新成果与实践案例”“党政信息化最佳实践标杆案例”等。建设电子劳动合同和欠薪监测预警平台，分类实施部省对接工作，开通部省共享服务、“一网通办”服务。与最高人民法院建立劳动人事争议“总对总”在线诉调对接机制，实现诉调对接和数据共享。开通农民工综合信息系统，完成全国28个省份的农民工数据归集工作。完成未就业高校毕业生求职登记小程序和用工对接平台技术服务，做好2022届未就业高校毕业生信息服务保障工作。利用大数据助力一次性扩岗补助政策落地，对接教育部“普通高校应届毕业生身份核验接口”，支持各地人社部门共享调用。

五、强化便民服务能力

持续完善全国人社政务服务平台、国家社会保险公共服务平台服务功能，与国家政务服务平台做好对接，开通全国性服务百余项，累计访问量超过百亿人次。完成全国性线上服务平台的适老化改造、用户体系对接等工作。全力落实国办“跨省通办”要求，扩展服务事项范围，2022年开通灵活就业人员企业职工养老保险参保登记、社会保险参保缴费记录查询、城乡居民养老保险参保登记、城乡居民养老保险待遇申请等事项，完成“跨省通办”任务。提升线上服务成效，失业保险待遇申领、企业职工基本养老保险关系跨省转移、职称评审服务、在线调解申请等广泛应用。推进“好差评”数据归集与分析应用，与部本级系统平台完成对接，支持部属单位开展“好差评”。全国12333热线年来电总量超1.3亿次，综合接通率保持在80%以上。部本级12333提供行风监督举报、中央单位社保卡、国家表彰奖励业务咨询及全国信息平台技术咨询等服务，综合接通率97.3%。落实国家优化政务服务热线任务，指导各地12333做好与12345政务服务热线归并优化和服务衔接，确保平稳过渡。

六、推进数据分析应用

与20多个部门实行常态化的数据共享，支持部属单位及地方人社部门开展数据核查比对和分析应用。依托国家数据共享平台共享人社数据，配合国务院办公厅落实第五批共享责任清单。依托部省业务协同平台和专项业务系统，向各地人社部门提供73项跨层级跨部门的数据共享查询和比对核验服务。集中开展社会保险基金管理风险排查，与公安部、司法部等开展跨部门数据比对，有力支持了基金监管及风险防控工作。加强人力资源市场信息监测，开展市场职业供求分析、宏观经济主要指标监测数据分析、就业景气指数分析，为分析就业形势提供决策支持。做好常规统计、抽样调查技术支持和信息服务，开展数据综合分析应用，为宏观决策提供数据支撑。

七、保障网络数据安全

根据国家数据安全协调机制工作部署，制定人社行业加强数据安全工作方案，制定人社行业数据分类分级规范，开展重要数据目录编制工作。印发监测预警、应急处置、信息共享、联防联控等方面的技术方案和实施指南，以及人社系统网络安全监测和应急处置规范、电子印章体系等行业标准。落实信创项目实施任务，完成综合网信创基础环境改造工作。建

成部本级生产中心和同城灾备中心基础网络安全平台，开展部省主干网络设备替换升级工作。开展关键信息基础设施建设和安全保护工作，完成等保评测、灾备演练等工作。开展人社行业网络安全专项工作，发现整改网络数据安全的风险隐患，落实安全防护措施。组织开展网络安全专项活动。

科学研究

一、人事科学研究

2022年，中国人事科学研究院（以下简称人科院）以习近平新时代中国特色社会主义思想为指导，全面贯彻落实党中央和部党组的决策部署，深入学习贯彻党的二十大精神，围绕中心、服务大局，各项工作取得较好成绩。

（一）深化政策研究。

一是国家级课题研究。2022年，人科院成功申报国家社科基金重大项目1项，题目为"实施新时代人才强国战略关键问题研究"（22ZDA037）；有序推进社科青年课题"企业双元创新的影响因素、演化过程和策略选择研究"（21CGL023）的研究工作。

二是部级课题研究。2022年，人科院共立项12个部级课题，分别为人社事业"十四五"规划（人事人才、工资收入分配）实施面临的问题与对策建议、基层人社公共服务机构人员管理制度、人社系统行风建设实践探索及长效机制、我国零工市场发展现状、国际法视角下我国劳动争议处理法律适用问题、劳动保障监察体制改革趋势、事业单位领导人员工资制度、人力资源服务业创新发展的统计指标体系、人才表彰奖励制度、青年科技人才培育机制、继续教育制度法制化可行性研究、战略科学家培养问题。

三是司局课题研究。2022年，人科院承担了部规划财务司、就业促进司、专业技术人员管理司、农民工工作司、工资福利司、人事司、国家表彰奖励办公室等司局委托的9项课题研究工作。研究内容包括国家乡村振兴重点帮扶县人力资源社会保障帮扶政策评估、事业单位领导人员培训、农民工返乡创业抽样调查、推进落实部省合作机制、专业技术人才发展指标、符合事业单位特点的福利制度、创建示范活动监督检查和评估、改革完善体现岗位绩效和分级分类管理的事业单位薪酬制度、促进青年就业等。与有关司局合作，组织力量开展金砖国家绿色就业、高校毕业生就业失业情况问卷调研及统计分析等研究。部分成果获上级领导肯定性批示。

四是中央单位委托课题研究。受科技部、民政部、应急管理部、退役军人事务部、市场监管总局、国家海洋局、中国科协等中央单位所属部门委托，人科院开展绩效分配考核改革、规范薪酬制度优化绩效工资分配方案、绩效工资分配和绩效考核方案、信息时代技术转移复合型人才开发策略、"双碳"人才的能力素质要求及开发策略、退役军人就业困难援助服务机制、新时代科研型事业单位绩效薪酬管理体系建设、军民融合风险防范与应对人才专题研究、自然灾害防治领域专业人才队伍建设、符合科研规律和人才成长规律的科技人才管理方式创新、中国特色的人才创新生态系统等课题研究工作，产生了较好的效果。

五是地方单位委托课题研究。受广西和石家庄、无锡、苏州、深圳、三亚、连云港等地方组织、人社部门委托，人科院开展"十四五"期间人才发展规划编制、建设国家级高水平人才平台可行性方案、高水平人才平台建设、干部工作体系创新、科技创新人才引育

"陆海空工程"实施方案、"一带一路"区域人才中心和创新高地建设、绩效管理体系建设等课题研究工作，为地方人才及人社工作的推进提供了智力支持。

六是合作课题研究。2022 年，共有 27 家单位与人科院合作开展课题研究工作。研究主题包括高校毕业生就业状况调查、数字经济人才、新型研发机构创新与发展问题、职业院校专业链与产业链对接、京津冀区域人才资源共享、人力资源生态的政策支持体系优化、高层次青年人才培养与引进政策优化、猎头机构助力海外引才的障碍因素与政策建议、完善公益二类科研事业单位激励机制研究、人力资源流动分析及市场化配置机制、促进员工制家政企业从业人员队伍发展、全球视角下人工智能人才成长规律、人力资源服务业助力现代产业集群发展、推进产教高质量融合的路径、民办职业培训机构发展调查等。各项课题均通过结项评审，总体质量进一步提高。

在国际合作课题方面，人科院开展了 2022 年度亚合资金项目"工业 4.0 背景下澜湄地区劳动力技能提升合作路径探索"研究。该项目于 2021 年 5 月申报，2022 年初获财政部、外交部批准通过。人科院还开展 APEC 基金项目申报工作，项目建议书已通过 APEC 人力资源工作组审核。

（二）做好调研专报、专题报告及其他材料报送。

一是《调研专报》。2022 年，人科院累计上报《调研专报》31 篇，内容涉及人社公共服务、人才政策、人才开发、人力资源市场、人才分类、劳动保障监察体制、高层次人才薪酬激励、专业技术人才流动等。其中，10 余篇获人力资源社会保障部领导肯定性批示，多篇被部办公厅选为报中共中央办公厅、国务院办公厅的材料，报送中央领导参阅。

二是专题报告。2022 年，人科院承担多项人力资源社会保障部及中央组织部临时交办的专题研究任务，并以专题报告的形式报送研究成果。由人科院专家执笔、以部名义报送的多篇有关就业问题的分析报告，获得中央领导的批示。人科院还直接承担中央组织部交办的多项工作任务，如关于"干部"概念问题专项调研、艰苦边远地区工资倾斜政策的理论探讨及国外相关制度政策评述等。人科院按要求委派干部直接参与中央组织部人才局牵头的"十四五"人才规划的编制工作。由人科院组织力量撰写的"事业单位领导人员培训研究报告"，经部人事司报送中央组织部，获得好评。

三是就业形势快报。2022 年，人科院每月不定期向部就业促进司提供 2~3 条国际就业形势分析快报，按照要求向部就业促进司报送高校毕业生就业有关问题研究成果，为中心工作贡献了力量。

（三）持续推进基础研究。

一是基础性研究课题。本着加强基础性、前瞻性研究的精神，继续开展院级课题研究。2022 年，人科院共设立院级课题 18 项，包括人才研究重要命题辨析、博士后科研工作站培养青年科学家、事业单位工作人员规模与结构、人力资源和社会保障系统干部队伍建设、劳动保障监察执法队伍建设、新时代人才强国战略理论基础与逻辑构架、新时代人才流动的影响因素与基本动向、干部选拔的发展源流与制度建构、事业单位人事制度改革重点问题、新时代企业人力资源的基本状况与管理变革、新时代职业技能培训制度建设、事业单位领导人员任期目标责任制和考核评价、事业单位工资制度改革关键问题、劳动权益保护实践与制度建设、国际组织职员管理规章制度等。

二是学术文库出版。2022 年，人科院组织出版了《社会力量动员机制探索》《人才发展治理体系研究》《英国文官制度文献选译》《企业用工灵活化研究》《中国福利制度发展解析》《外国公务员分类制度》《国有企业人事制度改革与发展》《大学生实习中的权益保护研究》《乡村人力资源开发研究》《数字化转型与工作变革》10 部学术著作。

三是基础文献编纂。人科院系统梳理了建

党百年来干部人事制度、人才队伍建设的历史脉络，对基础文献、基础理论、基本制度、基础数据等进行归纳、提炼和总结，形成了《人事制度基础文献选编》《人才工作基础文献选编》。

（四）办好学术期刊与年度报告。

一是《中国人事科学》月刊。2022 年，期刊编辑部收到来稿 700 余篇，刊载文章 106 篇，按月出版发行，完成全年期刊在知网等 7 个数据库平台的电子化出版，每期对外赠阅、发行 2 000 册。在“第二届新时代人力资源管理创新与发展高端研讨会”上举办《中国人事科学》专场研讨会，进一步提升刊物学术影响力。在媒体融合建设方面，人科院建立期刊网站、期刊数据库、期刊编辑系统，实现公众号与期刊网站和期刊数据库联动，不断提升期刊信息化建设水平。

二是《国际行政科学评论》季刊（中文版）。人科院完成 2021 年第 1~4 辑的出版工作；组织力量开展了 2022 年第 1~3 辑的翻译和审校工作，翻译和审校字数均达到 100 余万字。2022 年，人科院共有 42 名同志参与翻译工作，翻译工作质量不断提升，翻译队伍得到了有效锻炼。

三是系列蓝皮书。人科院完成了 2022 年《中国人力资源发展报告》《中国人力资源市场分析报告》《中国事业单位发展报告》《中国企业人力资源发展报告》《中国培训事业发展报告》《全球基础研究人才指数报告》等年度报告的组稿和编写工作。由人科院编撰的系列蓝皮书得到相关领域实践与理论工作者的广泛关注，大大提升了人科院的学术影响力。在中国社会科学院主办的第二十三次全国皮书年会上，人科院两项蓝皮书成果分别荣获第十三届“优秀皮书奖”和“优秀皮书报告奖”。

四是《中国人才研究》。继续编印《中国人才研究》集刊，已出版第五辑。《中国人才研究》集刊的出版，为学界的同仁提供了长篇幅作品的发表平台，已产生良好学术效果。

五是学术报告集和获奖论文集。连续第 8 年编纂出版的《中国人事科学研究报告》，汇集了人科院 2021 年课题研究成果 54 项，分上下两册，共 110 余万字。连续第 7 年编纂出版的《全国人才与人事研究主题征文获奖作品集》，共收录 2021 年 77 篇获奖论文，分为上下两册，共 97 万余字。

（五）开展国内国际学术交流。

一是组织国内较大型学术交流。人科院与中国社会科学院大学合作举办了“第二届新时代人力资源管理创新与发展学术研讨会”。会议以视频形式召开，以“数字经济时代与人力资源管理变革”为主题，着重探讨“人力资源管理的理论与创新发展”和“人力资源管理的实践与挑战应对”两个方面的问题。来自高校、科研院所及企业的 100 余名专家和学者参会。

二是主办小型专题研讨会。2022 年，人科院举办了多场小型学术研讨活动，主要有高校毕业生就业专题研讨会、高校毕业生应届生身份及招录考试等问题专题研讨会、“数字时代全域经营助力新职业发展与高质量就业”报告发布暨专家研讨会、“数字时代职业发展与高质量就业”研讨会等。

三是举办国际学术会议。2022 年，人科院开展了国际行政科学大会、东部地区公共行政组织年会主题征文活动，参加了国际行政科学学会大会及理事会会议。在欧洲公共行政组织年会期间，以视频会议形式举办亚洲公共行政联合专场会，主题为“促进可持续发展的人力资源开发”。与华东政法大学联合召开国际行政科学大会“数字时代公共行政创新与治理效能提升”专场会。与中国人民大学、东部地区公共行政组织共同主办“数字化赋能公共组织人力资源管理发展”国际研讨会。主办“工业 4.0 背景下澜湄地区劳动力技能提升合作”国际论坛。

（六）系统整理建院 40 年来的文献资料。

2022 年正值人科院建院 40 周年，人科院以系统整理历史资料为重点，组织力量开展系列纪念活动：编辑整理了《中国人事科学研究院四十年大事记》《中国人事科学研究院四十年影集》；收集整理人科院专家学者的重要研究成果，编辑成《中国人事科学研究院文章索引》《中国人事科学研究院报告摘要》《中国人事科学研究院著作提要》；制作了《中国人事科学研究院建院四十周年纪录片》《中国人事科学研究院四十周年纪念册》和成果展示屏。集中回顾、展示了人科院建院40年来的发展历程和辉煌成就。

二、劳动和社会保障科学研究

2022年，中国劳动和社会保障科学研究院（以下简称劳科院）紧紧围绕人力资源和社会保障中心工作开展科研，作为高端智库，形成一批高质量研究成果，为党和国家积极建言献策，为人力资源社会保障部有关决策提供有力支撑。全院共承担各类课题项目177项，其中，国家高端智库课题1项、国家社科基金青年项目1项、部司局课题41项（包括部科技项目16项）、其他部委和政府部门课题46项、事业和社团课题10项、国际合作课题3项、基科课题51项、企业委托课题24项。有47项优秀科研成果获批示采纳，其中2项获中央领导批示、5项被中共中央办公厅和国务院办公厅采用、33项获得部领导肯定批示。

（一）加强高端智库建设。

人力资源社会保障部党组高度重视智库建设工作。劳科院全力推进国家高端智库建设，一是起草《劳科院高端智库建设培育工作方案》，征求部有关司局意见。二是做好高端智库规章制度的建设，起草《劳科院高端智库建设管理办法》等9项规章制度初稿。三是开展智库调研工作，到国家发展改革委宏观院、财政部财科院等5家高端智库单位进行调研并完善工作方案。四是承接高端智库交办的人口方面研究任务，做好研究报告、动态稿的撰写和报送工作，积极为党和国家建言献策，为人社领域科学决策提供有力支撑。

（二）为党和国家建言献策。

劳科院专家参加习近平总书记出席的3月6日全国政协十三届五次会议农业界、社会福利和社会保障界委员联组会，就完善我国社会保障体系作专题发言，推动社保体系和“一卡通”工作进一步完善。劳科院专家参加国务院领导在京主持召开的就业形势座谈会，对就业形势作出客观研判。“多措并举促进高校毕业生就业”“职业技能提升行动实施效果评估”两份报告获得国务院领导批示。

（三）完成领导交办任务和相关重大研究。

按照国务院领导同志的批示以及部领导有关批示，完成“春节后企业经营用工状况调查分析报告”和“春节后农民工外出就业调查分析报告”。就国务院领导批转的有关“招工难用工贵技工荒”报告，会同部有关司局进行回应，完成“关于我国制造业人工成本的报告”。

开展“人口老龄化对劳动力供给影响研究”，根据第七次人口普查数据分析我国人口老龄化情况和未来趋势，研究人口老龄化对我国劳动力总量和结构的影响，从深化人力资源供给侧改革角度提出应对策略。开展职业技能提升行动实施效果评估研究、高技能人才引进问题研究。完成“2021年制造业人工成本监测分析项目”报告和“关于2022年一季度制造业人工成本监测情况的报告”。

开展“2021年度民营企业劳动关系状况监测项目”，共形成8篇信息专报报送中央，中共中央办公厅采用2篇、中央财办采用2篇。2022年一季度、三季度开展的民营企业春季开工用工调查分析结果报送中央，分别被中共中央办公厅、中央财办采用。与部农民工工作司开展第三季度农民工外出务工情况问卷调查，撰写分析报告成果摘编报国办被采用。开展“新一轮科技革命和产业变革对就业的影响及对策建议”研究，课题报告被中共中央办公厅秘书局专报信息采用。开展劳动关系重大风险事件分析研究，对2000年以来劳动关系领域发生的重大风险事件进行梳理，总结出带有规律性的事件起因、经过、处置，并进行系统分析，为今后处理劳动关系重大风险事件提供经验参考。

（四）开展就业创业政策研究。

加强就业形势分析研判，总共获得18万多份农民工问卷数据，撰写完成各季度调查分析报告，由部农民工工作司报呈部领导参阅；会同阿里研究院共同开展平台中小微企业经营与用工状况调查，共获得2.5万多份调查问卷，撰写的调查分析报告获部领导批示。参加全国人大财经委、国务院政研室等部门召开的宏观经济形势分析会，部就业促进司组织召开的就业形势分析专家研讨会，汇报相关研究成果。加强就业评价体系研究，开展新时代我国高质量就业评价体系研究等3项相关课题。开展高校毕业生就业研究，《多措并举促进高校毕业生就业》和《2022届高校毕业生就业状况调查分析报告》获得领导批示。针对一些重点群体、特殊群体就业权益保障开展研究工作。此外，还开展了海南、昆明等人力资源服务产业园建设发展规划项目，为地方建设国家级人力资源服务产业园提供智力支持。

（五）开展社会保障政策研究。

围绕养老保险、工伤保险、医疗保险等多项重大课题开展研究，承担“城镇职工基本养老保险预算管理重点问题研究”等养老保险课题研究。与部工伤保险司共同牵头完成“新就业形态就业人员职业伤害保障试点基线调研和评估研究”。开展系列调研活动，就社会保险促进共同富裕、职业年金风险控制、养老保险制度衔接、灵活就业人员参保等问题对浙江省、四川省的人社厅、社保局开展线上调研；围绕个人养老金政策出台，向国家电网19家系统内单位职工了解对个人养老金需求情况，回收有效问卷7 059份；到行业协会、金融机构调研二、三支柱养老金投资者教育情况，了解现状及问题。

（六）开展劳动法治与劳动关系政策研究。

分析2021年全年劳动关系总体情况，对2022年全国劳动关系风险进行研判，首次利用大数据分析方法，对2022年劳动关系重大舆情话题进行分析，提出相应对策建议。围绕劳动争议形势分析和调解仲裁制度机制建设，完成2021年度劳动人事争议处理情况、2022年一季度劳动争议案件统计分析、民营企业劳动争议、劳动人事争议处理中有关劳动基准法律适用等相关研究报告。开展部劳动关系司委托的“典型新业态行业用工示范文本”研究，制定网约车司机、网约配送员两个行业的6份用工示范文本及相关文件。开展“劳动合同法实施情况调研项目”“2022年数字经济劳动者劳动保障研究”“灵活就业人员及高龄农民工劳动权益保障情况报告”等课题研究。完成中华全国总工会女工部、国务院妇儿工委委托项目“《女职工劳动保护特别规定》实施评估”。完成《不忘初心　践行宗旨——中国共产党领导下的劳动关系工作百年历程》《构建和谐劳动关系创新实践》《改革增活力　和谐促发展——构建中国特色和谐劳动关系改革创新实践》等书稿。

（七）开展工资收入分配政策研究。

完成国企改革三年行动计划重要课题“国有企业科技人才薪酬分配指引”“中国特色国有企业工资分配制度研究”“国有企业市场化薪酬分配指引”。完成“关于建立健全技能人才薪酬分配制度的意见”“2021年上市公司人工成本及薪酬数据分析”“2022年制造业人工成本监测分析”等课题，按季度撰写制造业人工成本监测报告，由部办公厅摘报中共中央办公厅、国务院办公厅。协助部有关司局完成有关失业保险金标准、最低工资标准、最低生活保障标准三线比例研究，《技能人才薪酬分配指引》解读有关材料撰写，起草17部委联合发文《关于进一步完善和落实积极生育支持措施的指导意见》的人社领域政策风险评估报告。首次参与新就业形态劳动者的薪酬调查工作。参与部劳动关系司联合调研，撰写的《国有企业市场化薪酬分配机制调研报告》获领导圈阅。

（八）开展综合性问题研究。

开展人社领域风险问题研究，组织就业、社保、劳动关系等领域科研人员完成“当前人社领域风险分析报告”并呈报部领导参阅。开展人口发展对就业和社会保障影响与对策分析研究，成果经部规划财务司呈报部领导参阅。

开展职业标准研究工作，参与《中华人民共和国职业分类大典（2022版）》修订、审定工作。完成国家职业标准《工业视觉运维员职业标准》和《工业机器人系统操作员》职业培训包的编制工作。开展《信息系统行业劳动定额标准框架体系研究》项目，对我国军用/民用信息系统行业企业实施劳动定额管理的情况开展调研，提出行业劳动定额标准框架体系建议。

开展有关国际研究，组织完成部国际合作司委托的“我国履行相关国际劳工公约情况报告和相关未批准公约进展报告”研究。翻译国际劳工组织《新冠肺炎疫情后重塑有韧性的劳动世界》《国际劳工组织发布〈新冠肺炎疫情和劳动世界最新评估和分析〉（第九版）》。承担部劳动关系司委托的“世界银行营商环境评估工作材料”翻译任务，负责为部参与世界银行营商环境评估工作提供磋商意见和改革建议。开展国际统计监测，及时编译美国、英国、日本月度人力资源市场情况。

为赣南等原中央苏区人社事业发展提供智力支持，开展“赣州市乡村振兴中就业政策创新和服务体系完善”课题研究，组织开发有关职业技能标准。

（九）加强交流和成果推广。

中国劳动和社会保障科学研究院成立40周年暨劳动保障科研工作座谈会于2022年9月7日在北京成功召开。部党组高度重视，部领导出席会议并充分肯定了劳科院40年来在就业培训、社会保障、劳动关系、工资分配等研究领域，为各个时期人社事业制度设计、改革创新、政策制定和工作推动作出的积极贡献，并对进一步做好科研工作提出了殷切期望和明确要求。部有关司局和单位，在京部分高校、科研院所等机构的50多人在现场参会，150多名专家代表在线上参会。

加大新闻宣传和政策解读工作力度。按照部办公厅和有关领导要求，完成向国务院办公厅提供信息工作。接受中央广电总台、新华社、人民网和《光明日报》《经济日报》《学习时报》《工人日报》《瞭望》《中国劳动保障报》等媒体采访，解读相关政策。

注重成果转化。继续编辑出版《中国就业发展报告（2022年）》《中国薪酬发展报告（2022）》《中国家政服务业发展报告（2022）》等蓝皮书，编辑出版第一本《中国人工智能人才发展报告（2022）》。编印40期《内刊》送部领导和部有关司局参阅。

（十）加强国际交流与合作。

组织线上线下国际交流活动36场600余人次。主办“中国劳动世界的未来”“东北亚劳动论坛”“金砖国家劳动研究网络会议”3个品牌性国际会议，参加国际合作项目会议4次、国际合作项目（亚合项目）培训2次，举办国际学术讲座2场，参加国际培训7次。参加24次由金砖国家劳动研究机构网、G20、国际劳工组织、OECD等机构举办的国际会议。在线召开主题为“新冠肺炎疫情背景下的就业和收入政策”金砖国家劳动研究机构网络研讨会。

劳科院专家撰写的《通过技术手段保障农民工工资支付》英文研究报告在国际劳工组织官网发表；实施国际劳工组织委托的新业态用工相关争议案例研究、消除贫困与促进公平就业和中欧第三期社会保障等国际合作项目。

作为国际社会保障协会（ISSA）就业与失业保险专业技术委员会副主席单位，参加专业技术委员会线上会议（2次），向专业技术委员会提交经有关部门审核后的我国平台劳动就业简要国别报告并被采用，组织有关研究人员多次参加ISSA线上会议。

干部教育培训和系统评比表彰

2022年，干部教育培训和系统评比表彰工作坚持以习近平新时代中国特色社会主义思想为指导，全面贯彻落实党的十九大和二十大精神，按照部党组部署要求，围绕中心服务大局，以建设堪当民族复兴重任的高素质人社干部队伍为目标，持续提升干部队伍理论水平、党性修养和专业本领，激励干部担当作为，为推动人社事业高质量发展提供有力支撑。

一、深入开展习近平新时代中国特色社会主义思想教育培训

一是系统研究谋划。坚持将学习贯彻习近平新时代中国特色社会主义思想作为人社干部教育培训的首要任务，做到设计班次时重点安排、课程开发时重点保障、配置资源时重点倾斜。坚持主课必修课地位，举办各类培训班均把学习习近平总书记重要指示批示精神作为重点内容，深入辅导阐释；组织开发人力资源社会保障干部履职通识网络课程，将学习习近平总书记关于人社工作的重要论述作为首要教学模块，专题阐释解读；谋划安排司处级干部调训、研修等计划，重点参加学习党的创新理论培训班次，强化入脑入心。

二是重点组织实施。对开展党的二十大精神集中轮训作出安排，及时印发轮训通知，明确培训对象、内容和具体要求，组织司处级干部全员参加中国干部网络学院“学习贯彻党的二十大精神”网上专题班，组织举办学习贯彻党的二十大精神轮训示范培训班，在全部范围内迅速掀起学习贯彻党的二十大精神热潮。以处级以上人员为重点，开展党的十九届六中全会学习轮训，部内处级以上干部完成了专栏全部15门课程的学习，实现全员覆盖。

三是坚持统筹推进。把新时代党的创新理论学习培训与马克思主义基本原理学习培训结合起来，与党性教育、专业化能力培训结合起来，与人社工作的具体实践结合起来，运用“人社学与行”“人社系统干部在线学习平台”等线上学习资源，开设学习专栏，编制学习试题，帮助干部职工学在日常、学在经常。

二、落实重点任务要求，不断夯实教育培训基础建设

一是组织开发人社领域履职通识系列课程。按照中央组织部统一安排，围绕习近平总书记关于人社工作的重要论述和就业、养老保险、专业技术人才、劳动关系等重点领域工作，组织开发9门履职通识课程，在中国干部网络学院专区上线。课程坚持通识定位，注重展现人社工作亮点，并配以地方典型案例，发挥学习辅导作用。

二是系统总结干部教育培训规划贯彻落实情况。开展2018—2022年人社系统干部教育培训规划落实情况调查研究，围绕五年来干部培训的主要做法、经验成效等进行系统总结，分析存在的突出问题，结合人社干部培训工作实际，提出有针对性的意见建议，形成总结评估报告。

三是强化教育培训理论研究。会同人科院完成课题立项、调研分析等研究任务，形成事业单位领导人员培训研究课题报告。

三、突出青年干部重点，持续加强理论学习和实践锻炼

一是贯彻落实习近平总书记关于年轻干部的重要指示精神，梳理分析系统年轻干部违纪违法典型案例，研究制定印发加强人力资源社会保障系统年轻干部教育管理监督的意见，教育引导年轻干部强化理论武装、树牢宗旨意识、坚守思想防线。

二是组织举办部内青年干部培训，重点学习领会习近平总书记关于人社工作的重要论述和对青年干部的重要讲话精神，突出政治意识和党史学习教育，注重提升履职能力，部属各单位52名青年干部参加。

三是举办新入部人员培训。针对新入部人员工作特点和岗位职责要求，围绕机关工作文稿起草、会议组织、沟通协调、廉洁纪律等“基本功”和“关键事”开展入部教育，促进其尽快转变角色，适应岗位要求。

四是组织开展青年干部调研暗访，围绕灵活就业人员参保、失业保险待遇申领等主题加强培训，系统介绍开展调研暗访工作的背景考虑、基本方法、具体案例，讲解具体业务流程和暗访注意事项，推动干部暗访走深走实。

四、强化先进典型引领，充分发挥“双先”表彰示范带头作用

组织开展人社系统先进集体和先进工作者评选表彰，激励各级人社部门和广大干部职工进一步干事创业、担当作为。

一是周密组织。研究制定评选表彰工作方案，印发评选通知，明确表彰条件、名额、流程和时限等要求，精简申报材料，不给基层增加负担。

二是严格评审。严格把握评选条件、评选程序和级别层级，坚持以政治表现、工作实绩和群众评价作为衡量标准，坚持面向基层一线，经“两审三公示”程序，经部党组审议，评选出系统先进集体100个、先进工作者100名。

三是加强宣传。召开全国人力资源社会保障系统先进集体和先进工作者表彰大会，印发表彰决定，通过门户网站和部属“两报”持续宣传先进典型事迹，在全系统营造学先进当先进的良好氛围。

行风建设

2022年，全国人力资源社会保障系统坚持以习近平新时代中国特色社会主义思想为指导，全面贯彻落实党的十九大、十九届历次全会和党的二十大精神，围绕构建“12333”行风建设工作格局，完善常态化长效化工作机制。从国家统计局第三方调查情况看，人社服务满意度再次提升，由2020年的80.02分提高到2022年的82.02分，已连续3年保持在“满意”区间。

一、持续提升人社服务便利化水平

（一）深入实施“人社服务快办行动”。

历经3年的推动，全国97%的地市已实施失业、高校毕业生就业、创业、职工退休等“一件事”打包办，实现打包事项更融合、证明材料更精简、服务流程更规范、窗口平台更优化、办事指南可查询。95%的地市实现20个高频事项在法定或规定基础上提速50%以上。修订人社审批服务事项清单，制订修订30个“跨省通办”事项办事指南。

（二）打造人社便民服务圈。

坚持以人社自主经办为主体、相关机构合作经办服务为补充的“一主多辅”网点化、规范化发展主线，基本形成城区步行15分钟、乡村辐射5公里的人社便民服务圈。探索推进“免申即办”“跨省通办”“全程代办”“上门帮办”等服务模式，全力打通“一窗通办”“一网通办”服务渠道，满足企业群众专业化、个性化服务需求。充分考虑服务对象覆盖地域、人口密度、办事频次、城乡差异等因素，引入银行、邮政、基层平台、供销社等力量，建立并完善筛选、指导、考核、激励和退出等管理机制，广泛开展人社服务合作办理或委托办理，满足企业群众“就近可办”“多点可办”需求。动态维护全国人社政务服务电子地图信息，上线服务网点已达20万个。

（三）打造优质服务“样板间”。

借助在吉林、浙江、湖北、海南、四川、重庆、云南等7省（市）先行开展人社领域基本公共服务标准化试点的有利契机，紧紧围绕人社工作特点和服务对象需求，从场所上优化区域划分、窗口设置、设施设备等要素，从制度上优化人员配置、服务行为、考核奖励等要素，从服务上优化服务意识、人员素质、业务能力等要素，形成了一批场所优、制度优、服务优、队伍优、特色优的人社优质服务“样板”。

（四）推动“一件事一次办”实施。

聚焦加快推进“一件事一次办”打造政务服务升级版的统一要求，推动企业开办、员工录用两个涉企“一件事”，以及新生儿出生、灵活就业、扶残助困、军人退役、企业职工退休、公民身后等6个涉个人“一件事”集成办理。

（五）推动“便民惠民利企任务清单”落实。

督促调度优化流动人员人事档案转递服务、优化养老保险关系转移服务模式、优化社保卡医疗功能、推广职业培训券“免垫付”模式、推进“就业在线”应用等11项人社领域任务落实。

（六）推动“关键小事”落地。

推动简化优化大学毕业生就业流程、就业

相关事项集成化办理、拓展社保卡服务功能、深化全国性跨地区社保服务等10项人社领域“关键小事”落地。

二、持续提升窗口单位服务能力

（一）持续开展练兵比武活动。

印发《关于组织开展2022年度全国人社窗口单位业务技能练兵比武活动的通知》（人社厅函〔2022〕31号），推动各地自下而上开展多种形式练兵比武活动。更新题库大纲，制作精品案例集，建立由347名全国“人社知识通”“岗位练兵明星”组成的“能手库”。持续开展在线学习平台“日日学、周周练、月月比”活动，平台注册76万人，基本实现窗口单位全覆盖。

（二）开展人社政务服务“好差评”。

全面实施人社政务服务“好差评”。将好评率指标实现96%以上纳入人社事业发展年度计划，2022年，全国平均好评率在99%以上。对差评事项，推动做好核查整改。

（三）开展“厅局长走流程”。

印发《人力资源社会保障部办公厅关于印发〈2022年持续开展人社“厅局长走流程”工作实施方案〉的通知》（人社厅函〔2022〕87号）。聚焦企业群众关切的“企业职工基本养老保险关系跨省转移接续”“失业保险稳岗位提技能防失业政策落实”“申请工伤认定、劳动能力鉴定和待遇核定”“调解仲裁、劳动保障监察等维权事项首问负责制”等10个场景，各级人社部门负责同志深入基层、深入窗口、深入企业、深入群众，走流程、摸情况、查堵点、问需求、抓整改。

三、持续加强宣传力度

（一）开展“学标兵、当能手、创一流服务”主题活动。

鼓励人社服务标兵和练兵比武优秀选手在全系统发出倡议书，采取宣讲交流、风采展示等多种形式，讲好人社为民服务的生动实践，讲好人社系统坚持不懈增进人民福祉的初心，讲好人社干部职工奋发有为的精神风貌，推动全系统干部职工争创一流服务。

（二）推动政策措施“四进两知晓”。

进一步加强和创新政策待遇“看得懂算得清”宣传解读力度和形式。在重要政策措施出台后，第一时间进企业、进社区、进学校、进大厅，第一时间让企业群众知晓、让经办机构知晓。

（三）开展政策待遇“看得懂算得清”。

重点围绕稳就业保民生政策举措，2022年推出系列短视频25期。持续挖掘行风建设“土特产”“一招鲜”，在部属两报、网站、公众号刊发千篇报道。

新闻宣传政务信息报刊与出版

一、宣传工作

2022年，人力资源社会保障宣传工作坚持以习近平新时代中国特色社会主义思想为指导，突出迎接党的二十大和学习宣传贯彻党的二十大精神主线，坚持人社宣传为人民，围绕党和国家人社工作大局，主动做好统筹策划、正面宣传和工作创新，讲好人社故事，唱响人社好声音，为推动人社事业高质量发展营造良好舆论氛围。组织中央主要媒体召开专题策划会10余次，《人民日报》、新华社、中央广电总台等中央主要媒体采访230余次，刊发稿件4 400余篇。

（一）扎实做好迎接党的二十大宣传，推进人社系统深入贯彻落实党的二十大精神。

一是把推动习近平新时代中国特色社会主义思想深入人心作为首要政治任务，坚决做到“两个维护”。组织人社系统深入做好习近平总书记关于人社工作的重要讲话和指示批示精神宣传，唱响主旋律。将习近平经济思想宣传解读融入人社宣传工作，重点组织人社系统做好《促进我国社会保障事业高质量发展、可持续发展》重要文章宣传和根治欠薪、技能人才、社保卡居民服务“一卡通”宣传，组织中央媒体和部所属媒体通过刊发综述、厅局长署名文章、专家解读和开设专栏等推出系列深度报道。二是做好党的十八大以来人社成就宣传，坚定“四个自信”。围绕“奋进新征程 建功新时代”主题，组织中央和部所属媒体开辟专题专栏，配合办好主题成就展、“我们这十年”人社专题新闻发布会，在《人民日报》、新华社、中央广电总台《新闻联播》等中央主要媒体重要版面、重要栏目连续推出人社成就系列深度报道，充分展示新时代人社系统自信自强改革创新的精气神。三是深入开展党的二十大精神宣传解读，凝聚奋进新征程的强大精神动力。组织落实部领导中央广电总台《焦点访谈》《新闻联播》栏目权威采访，组织部所属新闻出版单位及互联网平台在重要版面、重要栏目、显著位置及时转载宣传中央媒体重要报道和人社系统学习贯彻党的二十大精神情况，多渠道呈现人社系统学习贯彻党的二十大精神的有力举措和热烈反响。部所属媒体平台共刊发稿件1 100篇（次）。

（二）突出助企纾困稳就业，推动政策宣传应知尽知应享尽享。

一是开展权威解读，广泛凝聚共识。围绕高校毕业生就业创业、失业保险稳岗位提技能防失业、企业阶段性缓缴社保费等政策措施，协调部领导及司局负责人参加国务院例行政策吹风会、接受集体采访，引导合理预期。相关报道10.9万篇，阅读量超过49亿人次。二是加强新媒体产品制作，提升宣传实效。加大长图、小视频、动漫等新媒体产品制作力度，组织人民网、中国政府网和部政务微信、抖音号制作推出《高校毕业生就业创业导图》和政策讲解员、政策连连看、《求职有道》系列短视频22期，转发量和阅读量屡创新高。三是组织专题专栏，回应群众关切。围绕稳经济一揽子政策活动和新就业形态就业人员职业伤害保障、个人养老金制度、新八级工等政策出台，协调《人民日报》、新华社、中央广电总台等在重要栏目、重要版面播发稿件400余篇。

（三）加强典型引导，讲好人社故事。

一是加强高校毕业生基层就业典型宣传，引导高校毕业生转变就业观念。紧密结合“最美基层高校毕业生”学习宣传活动、“激昂青春　筑梦基层”记者见面会，组织媒体讲好人社系统服务就业先进事迹和新时代高校毕业生基层成长成才故事。二是大力弘扬“技能成才、技能报国”理念，技能人才宣传持续掀起热潮。结合7·15世界技能日特别是世界技能大赛特别赛，组织媒体深入挖掘获奖选手的先进事迹，中央广电总台晚间新闻推出8期《青春匠心》节目，中央广电总台多频道多栏目多时段组合式推出获奖选手系列报道60多条，《人民日报》《工人日报》刊发获奖选手特写，《人民日报》《光明日报》《经济日报》《科技日报》《环球时报》《参考消息》推出6个专版。各级各类报道3.2万篇（条），全网总浏览量超过22.5亿人次。三是深度挖掘宣传，不断扩大劳务品牌影响。协调中央广电总台制作《劳务树品牌　就业有保障》公益广告并在全频道投放，中央广电总台农业农村频道制播“劳务品牌响当当”专题报道，开展“千行百品就业行”劳务品牌大型融媒体云推介活动，营造“匠心树品牌，劳动创未来”的社会氛围。

（四）开拓创新，网络新媒体宣传取得新成效。

一是加强部门户网站新闻发布、政策解读功能。围绕聚焦重点人社工作，加大首发新闻的篇数，政策发布更及时，解读形式更加多样，2022年共发稿2 660篇，推出重大活动报道合集15个。二是加强部政务微信宣传。积极打造部政务微信“人社日课”“人社政能量”政策宣传品牌栏目，每工作日推送一条人社政策问答，及时回应群众“急难愁盼”的人社政策问题，进一步解决政策宣传“看不懂算不清”的问题，受到网民广泛好评。2022年，部政务微信共发稿2 081篇，被中央网信办评为“走好网上群众路线百个成绩突出账号”。三是拓展新媒体宣传。加强分众化传播和精准化推送，2022年9月开通部抖音号，全年部入驻的6个客户端同步推送稿件8 400余篇，抖音号开通3个月播放量近3 000万人次。

二、新闻发布

2022年，新闻发布工作取得积极成效。紧紧围绕迎接党的二十大和学习宣传贯彻党的二十大精神，坚持团结稳定鼓劲、正面宣传引导，积极回应关切、科学设置议题，及时解读政策、准确发布数据，把成绩讲足讲透，合理引导预期。2022年共举办新闻发布活动13场，取得良好发布效果。

（一）重大新闻发布活动成效突出。

积极参加中央宣传部、国务院新闻办公室新闻发布会，坚定正确政治方向，发出权威声音。1月7日，汤涛副部长及部职业能力建设司、国家发展改革委就业收入分配和消费司负责人出席国务院政策例行吹风会，介绍《“十四五”职业技能培训规划》有关情况，并答记者问。2月18日，部失业保险司负责人出席国务院新闻办公室新闻发布会，介绍促进工业经济平稳增长和服务业特殊困难行业纾困发展有关措施，并答记者问。4月25日，李忠副部长及财政部、人力资源社会保障部、银保监会、证监会有关司局负责人出席国务院政策例行吹风会，介绍《国务院办公厅关于推动个人养老金发展的意见》相关情况，并答记者问。5月12日，俞家栋副部长及部失业保险司、税务总局社会保险费司负责人出席国务院政策例行吹风会，介绍失业保险基金稳岗位提技能防失业政策有关情况，并答记者问。5月31日，李忠副部长出席国家发展改革委新闻发布会，解读国务院常务会议部署的扎实稳住经济一揽子政策措施有关情况，并答记者问。6月17日，李忠副部长出席国务院政策例行吹风会，介绍困难群众帮扶有关工作，并答记者问。8月25日，李忠副部长及部就业促进司、养老保险司负责人出席中央宣传部“中国这十年”系列主题新闻发布会，介绍党的十八大以来就业和社会保障工作进展与成效，并答记者问。部领导及相关司局负责人出席重大新闻发布活动，解读稳就业保就业政策、职业技能培训规划、社会保险制度改革、困难群众帮扶相关工作，宣传新时代十年就业和社会保障事业发展成就。媒体充分报道、广泛转载，引起社会热烈反响，展示了人力资源社会保障部门围绕中心、服务大局，不断增进民生福祉的良好形象。

（二）专题新闻发布工作有力有效。

聚焦中心工作，围绕高校毕业生扎根基层、职业分类大典修订等主题组织专题新闻发布会。7 月 21 日，组织相关人员参加中央宣传部“奋进新征程　建功新时代”系列中外记者见面会，“最美基层高校毕业生”围绕“激昂青春　筑梦基层”与中外记者见面交流。9 月 28 日，举行《中华人民共和国职业分类大典（2022 年版）》网上新闻发布会，部政策研究司、职业能力建设司、专业技术人员管理司、中国就业培训技术指导中心负责人出席，介绍大典修订相关情况，并答记者问。部属有关单位负责人权威解读政策，有针对性回应热点问题，“最美基层高校毕业生”分享走进乡村，扎根老区，去到边疆，在基层一线带头创业、在关键时刻逆行出征、在三尺讲台教书育人的感人故事，展示了人力资源社会保障部门适应新职业发展改革创新、鼓励引导人才向艰苦边远地区和基层一线流动的工作成效。

（三）例行新闻发布工作稳步开展。

积极回应社会关切，把握舆论导向，邀请部属有关单位负责人参加发布会，加强政策解读和宏观经济数据发布，提振信心、稳定预期。2 月 22 日，举行 2021 年四季度例行新闻发布会，介绍 2021 年人力资源和社会保障工作情况和下一步工作安排，并回答记者关于基本养老保险全国统筹、人力资源社会保障领域行风建设、2021 年就业工作总体情况和 2022 年工作打算、加强社保基金监督管理、社保卡“一卡通”、“10+N”公共就业服务专项活动、“厅局长走流程”等提问。4 月 27 日，举行一季度例行新闻发布会，介绍工作进展情况和下一步工作安排，并回答记者关于高校毕业生就业、失业保险援企稳岗、畅通技能人才晋升发展通道、一季度就业形势、社保卡“一卡通”、技工院校一体化技能人才培养模式等提问。7 月 22 日，举行二季度例行新闻发布会，介绍工作进展情况和下一步工作安排，并回答记者关于稳就业保就业有关工作、人力资源服务机构稳就业促就业行动、社保费缓缴政策、离校未就业毕业生帮扶、失业保险稳就业保民生、“三支一扶”计划招募等提问。按照要求，10 月 26 日，在部门户网站、部微信公众号等平台发布三季度人力资源和社会保障工作主要进展情况。例行新闻发布会后，媒体对发布内容进行全方位、多角度挖掘，凝聚社会共识，为人力资源社会保障事业改革发展营造了良好舆论氛围。

三、政务信息

2022 年，政务信息工作立足自身职能职责，逐步完善工作机制，充分发挥政务信息决策参考的作用，加强对新情况新趋势的收集、归纳、研判，加大信息上报下发力度，不断提高政务信息服务水平，有效服务了党中央、国务院科学决策，也为全系统业务工作顺利开展提供了重要信息支撑。全年共向党中央、国务院报送专报信息稿件 457 篇、《人力资源社会保障部简报》19 期、《人力资源社会保障要情快报》25 期，向全系统编发《人力资源社会保障工作信息》56 期。

（一）提高信息工作政治属性，有效发挥及时报告作用。

制定《信息办理工作办法》，对上报信息的收集、处理、报送等全链条进行了进一步规范和明确，完善了信息工作的制度体系。始终将政治性作为信息工作的第一属性，紧紧围绕习近平总书记重要指示批示和党中央重大决策部署，聚焦中央关心、社会关切、群众关注，高效权威地反映了人社重大专项工作落实情况，经济社会发展中出现的重要情况，本部门和本系统工作中具有推广价值的经验做法，重要工作部署、推进成效、存在困难和意见建议等，确保人社重大事项、重点工作以信息形式及时准确上报。

（二）开拓信息广度深度，有效发挥辅助决策作用。

拓宽信息来源，主动从文件简报、调研报告、重大活动中挖掘信息点，广泛收集部属科研机构的研究成果，及时反映人社领域重点工作的新进展和面临的新情况。2022 年上报信息涵盖高校毕业生就业、农民工务工、人才队伍建设、企业职工养老保险全国统筹、提高养老保险待遇水平、深化公立医院薪酬制度改革、新就业形态劳动者权益保障、根治欠薪等人社各方面业务。组织业务司局围绕重点工作设置调研题目，开展针对性专题调研，进一步挖掘信息深度。调研信息“国有企业市场化薪酬分配制度改革成效明显，仍存分配管理不规范、行业差距大等问题”被中共中央办公厅评为 2022 年度优秀调研信息，为党中央科学决策提供了参考。

（三）强化系统信息交流，有效发挥业务指导作用。

加强与业务司局沟通合作，精选专题，编辑专刊，围绕人社事业发展计划目标完成情况、企业用工服务、企业和职业年金管理运营、行风建设、公共服务标准化试点、工伤预防、人社信息化便民服务创新提升行动等业务编发专刊，发挥督促检查引领作用，实现了业务司局通过信息对全系统的业务指导，促进了工作顺利开展。加大采纳各地人社部门信息力度，紧盯人力资源和社会保障重点业务工作推进情况，及时推广好经验好做法，供各地在工作中借鉴参考。同时加强与各地人社部门沟通交流，要求各地及时向部里反映重要工作进展，找准工作切入点和着力点，发挥好信息主渠道作用。

四、部属报刊

（一）中国人事报刊社。

2022 年是党的二十大胜利召开之年，是进入全面建设社会主义现代化国家、向第二个百年奋斗目标进军新征程的重要一年，也是报刊社稳步发展的一年。在部党组的正确领导下，中国人事报刊社坚持以习近平新时代中国特色社会主义思想为指导，以迎接党的二十大和学习宣传贯彻党的二十大精神为主线，围绕全国组织部长会议和全国人社工作会议确定的各项任务，突出宣传重点，狠抓报刊质量，深化媒体融合，坚持从严治社，报刊质量不断提升，发行量再创新高，为组织人社工作改革发展提供了有力舆论支持。

《中国组织人事报》紧密围绕中心，高质量服务组织人社工作大局。

一是高举旗帜，深入宣传习近平新时代中国特色社会主义思想。及时全面充分报道了习近平总书记内政外交活动，确保重大时政报道不延误、不遗漏；突出对总书记重要讲话、指示批示精神的言论阐释、宣传解读，围绕习近平总书记关于社会保障重要文章精神、在省部级主要领导干部专题研讨班上的重要讲话精神等撰写系列评论、反响，统一思想、凝聚共识。

二是突出特色，全力做好党的二十大精神宣传报道。会前起草撰写 13 篇综述，推出就业、社保、专业技术人才、技能人才 4 篇重大述评，全面展示了党的十八大以来组织人社工作取得的各项成就；会中及时、准确、充分地对党的二十大精神进行了全方位的报道；会后及时刊发党员干部人才反响的报道，刊发组织部长、人社厅局长谈贯彻落实会议精神署名文章，报道各级组织人社干部对党的二十大的反响及学习贯彻情况。

三是围绕中心，积极营造组织人社工作良好舆论氛围。“两会”宣传主要报道了习近平总书记有关重要讲话精神，开设专栏刊发深度报道、代表专访 8 篇，紧跟热点进行舆论引导；组织部长会、人社工作会宣传集中刊发了一批组织部长、人社厅局长谈贯彻落实署名文章，撰写本报评论员文章，加强会议精神解读。推出“抓党建促乡村振兴”“人社工作助推乡村振兴”“人才发展体制机制改革进行时”“推进职业能力建设”“深入推进人社系统行风建设”等系列专题报道，生动反映各地组织人社工作的火热实践。完成了党旗在一线高高飘扬、卓越工程师、最美高校毕业生、全国五一劳动奖章、“七一”系列人物专访、全国人民满意公务员等近百篇采写报道，展现了基层党组织、党员干部、人才奋进新征程、建功新时代的先进事迹。

四是完善体制，加快推进融媒体建设。出台推进媒体融合向纵深发展行动方案，制定新媒体绩效考核办法，对全媒体采编流程进行体制、机制再造，克服“两张皮”现象；在人员力量上继续向新媒体倾斜，补充了1名工作人员，开展媒体融合发展系列培训，提升全体采编人员新媒体制作能力。开展“党旗在乡村振兴一线高高飘扬”主题征文活动。开设抖音号、强国号等，用群众喜闻乐见的形式加大传播力度。

2022年出版《中国组织人事报》243期、1 548版，发行超过42万份。

《中国人才》突出重点，全力服务人才工作大局。

一是深入宣传习近平总书记关于人才工作的重要论述。每期跟踪报道习近平总书记关于人才工作的最新讲话、最新指示批示精神。在“深入学习贯彻习近平新时代中国特色社会主义思想”栏目，连续刊发专家学者学习习近平总书记重要讲话精神的体会、思考。

二是深入开展党的二十大精神宣传。推出“奋进新征程，建功新时代”系列报道，邀请83个城市围绕不同主题共同开展调研，用生动的事实展现党的十八大以来，人才工作服务国家战略所取得的辉煌成就。推出“深入学习贯彻党的二十大精神”系列栏目《聚焦》，解读党的二十大对人才工作作出的新谋划新要求。

三是深入宣传中央人才工作会议精神。策划“开创新时代人才强国新局面”“面向经济主战场，谋划人才新发展”等选题，连续报道各省市贯彻落实中央人才工作会议精神的新思路新举措。

四是继续做好人才发展体制机制改革的宣传。就如何发挥高校基础研究人才培养主力军作用、如何培养更多高水平博士人才、如何把企业打造成强大的创新主体等问题，组织专题报道，探索深化人才体制机制改革，推动人才工作迈向更高水平。

五是开展“人才工作四个面向的生动实践”“全国人才工作新闻摄影暨短视频比赛”两项征文活动。收到全国28个省、自治区、直辖市稿件765篇，图片作品750余幅，短视频作品250余个，反映了广大人才奋进新征程、建功新时代的动人风采，展现了各地各部门推进新时代人才强国战略实施的工作风貌，在各地组织部门产生良好反响。

六是媒体融合工作持续推进。“大国人才”微信公众号增加了发布频次，实现重要新闻随时发布，开设了“中国人才杂志”学习强国号、“中国人才杂志”今日头条号。在喜迎党的二十大之际，制作了“人才颂歌献给党”系列视频，“大国人才”微信公众号粉丝进一步增加，社会影响日益扩大。

2022年出版《中国人才》12期，发行超过8.6万册。

（二）中国劳动保障报社。

2022年，在部党组的正确领导下，中国劳动保障报社以习近平新时代中国特色社会主义思想为指导，围绕党的二十大和人力资源社会保障中心工作开展宣传报道，提高宣传报道质量；以党的政治建设为统领，以加强干部队伍建设为抓手，认真落实巡视整改任务，圆满完成全年各项目标任务。

一是全力做好党的二十大宣传报道。会前报道进行热身。开设“奋进新征程　建功新时代·非凡十年”栏目，对各省份和就业、社保等7大领域人力资源社会保障工作取得的非凡成就进行全方位、巡礼式报道，推出“地方篇”和“系统篇”共计70余篇重点报道。推出长篇评论《增进民生福祉的阔步行进——人社事业这十年》，宣传党的十八大以来人力资源社会保障事业历史性成就。新媒体制作《解码人社十年巨变》视频进行叠加宣传。《中国社会保障》杂志推出《逐梦十年》融媒体专刊，加载300多个视频、10余组社保卡通宣传形象和近百篇征文，移动端阅读量突破150万人次，纸媒端阅读量约20万人次。会中报道掀起高潮。开设“二十大时光”等栏目，多角度报道人力资源社会保障部、人力资源社会保障系统干部、技能人才和农民工代表收听收看开幕盛况和学习体会。会后报道突出反响。策划推出20篇反响性报道、5篇综合性报道、6篇评论，开设“认真学习宣传贯彻党的二十大精神”等栏目，报道人力资源社会保障部党组成员、地方人力资源社会保障部门、基层工作人员学习宣传贯彻党的二十大精神的认识体会和做好下一步工作的思路和举措。

二是大力改进时政新闻报道。全年突出报道习近平总书记重要讲话、重要文章、重要活动、重要考察、重要指示批示的新闻160余篇。采取“标题新闻”“新闻简报”等方式，增加报道总书记外事、国防军事等新闻。开辟“沿着总书记的足迹”栏目，刊发报道近20篇。围绕习近平总书记《促进我国社会保障事业高质量发展、可持续发展》重要文章精神进行选题策划，刊发人力资源社会保障部党组文章《进一步织密社会保障安全网》；开设专栏刊发人力资源社会保障部相关司局长和地方厅局长学习笔谈和知名专家署名文章；策划推出全国人力资源社会保障系统学习贯彻总书记重要文章综述和5篇社保制度改革成就报道，配发4篇系列评论。

三是创新开展全国“两会”报道。“两会”报道获得《中国记协简报》表扬。主要有三个特点。热点话题选题精准：围绕人力资源社会保障重点工作和社会关注热点话题策划选题，如聚焦稳就业、新业态从业人员社会保障、社保制度改革等，引起社会关注。纸媒和新媒体各展所长、互相引流：报道内容实行移动先行，扩大传播效果和影响力；新媒体以读报的方式，集中呈现“两会”观点，产生读者引流效果。报道形式丰富多样：在进行图文报道的同时，大大增加了视频、音频报道数量，取得较好效果。

四是突出抓好人力资源社会保障重点工作报道。突出稳就业报道。围绕“稳就业”这个最大民生，推出《克难奋进稳住最大的民生》长篇评论。策划就业创业专版45期，重点报道应届高校毕业生、就业服务攻坚行动、粤港澳大湾区人社工作等重点政策和地方经验做法。创新社保报道。结合失业保险扩围保障政策，策划失业保险系列报道之“政策5张纸”（即5个专版），其中，“明白纸”展示政策脉络；“答疑纸”“解惑纸”解答企业群众疑惑；“展示纸”报道纾企解困温馨故事；“效果纸”报道各地做法成效。同时，配套推出“政策连连看”“今日读报”等视频栏目。加强职业能力建设报道。结合中共中央办公厅、国务院办公厅印发的《关于加强新时代高技能人才队伍建设的意见》，推出长篇评论《锻造大国工匠　筑梦复兴之路》；聚焦高技能人才培养、评价、使用、激励四个重点环节推出专版。深入报道和谐劳动关系。围绕新业态从业人员劳动权益保障、根治欠薪冬季专项行动、十年企业薪酬调查、“创金牌促和谐”、农民工维权普法等话题策划报道。大力报道行风建设。开设“全国人社系统优质服务窗口和优质服务先进个人”栏目，策划行风建设专版，报道各地“厅局长走流程”“四进两知晓”和优化人社服务等亮点经验。系列报道“2021年春季用工形势一线调查”获评第32届中国新闻奖三等奖。现场报道《“水晶鞋”背后的“技能奥秘”》获评“2022年‘新春走基层’活动中央新闻单位优秀作品”。

五是持续加大舆论引导力度。围绕重要会

议、重要文件、重要工作，以及社会关注的热点焦点等撰写评论 30 余篇。坚持“大事不失语、热点不缺位”，准确、深入解读阐释重大人力资源社会保障工作部署和重点政策。尤其是聚焦十年人力资源社会保障事业成就、就业和高技能人才队伍建设创新推出长篇评论，提高了评论影响力。

六是推动新媒体宣传迈上新台阶。新媒体各平台刊发的 16 篇稿件阅读量达到“10 万+”，数篇稿件被中国政府网等转载。新开设“今日读报”“人社小剧场”“小保辟谣”“小保的朋友圈”“快问快答”等栏目，以视频、图解等形式解读政策。承办的人力资源社会保障部政务微信用户数为 784.6 万人，增长近 200 万人，阅读总量达 4 150 万人次，累计发布稿件 2 000 余条，提供在线互动服务 413.6 万人次，被国务院办公厅政府信息与政务公开办公室列为“国务院部门优质账号”。辟谣文章《社保卡不升级就要被注销？关于这张卡，这些谣言都别信！》获评中央网信办“2021 年度中国互联网优秀辟谣作品”。报社官微累计关注人数达到 33.9 万人，总阅读量 467 万人次，全年推送文章约 2 100 篇，“今日读报”视频栏目获得 2022 年中国行业媒体融合发展创新提名案例。微博总阅读数达 545.9 万次，发文 1 660 篇。报社网站发稿 7 800 余篇，总浏览量 246.6 万。全年累计完成视频作品近 300 部、抖音作品 200 部、音频作品 365 个。

七是聚焦巡视反馈问题，坚决压实意识形态工作责任。做好意识形态领域巡视整改各项工作。落实巡视整改要求。分析报社意识形态责任落实情况，制定落实意识形态专项整改台账，逐一明确具体措施、整改责任人、责任部室及完成时限。提高责任意识。将意识形态工作纳入重点学习内容，贯穿采编发工作全链条，全方位全时域压实意识形态责任。每半年形成报社意识形态分析报告。将意识形态工作纳入每月选题策划会内容，从策划阶段就把好关。建立健全制度。制（修）订《报社贯彻落实意识形态工作责任制实施细则》和任务清单、《时政要闻报道工作手册》《融媒平台三年发展规划》《采编差错防范办法》等。加强要闻报道。组建要闻报道工作小组，强化时政要闻报道。

八是报刊发行量保持稳定。《中国劳动保障报》发行 20 万份，《中国社会保障》杂志发行 16 万份（其中包含 4 万电子刊），《政策法规专刊》发行 2.3 万份，《中国人力资源社会保障》杂志发行 1.2 万份。

五、出版工作

2022 年是极不寻常、极不平凡的一年，是党的二十大胜利召开之年，是实施“十四五”规划承上启下的重要一年，也是中国人力资源和社会保障出版集团站在历史新起点、构建发展新格局的关键一年。出版集团深入学习宣传贯彻落实党的二十大精神，切实用习近平新时代中国特色社会主义思想武装头脑、指导实践、推动发展。在部党组的坚强领导下，在部里相关司局的大力支持下，出版集团坚持围绕中心、服务大局，坚持聚焦主业、守正创新，坚持融合发展、提质增效，全面贯彻新发展理念，着力推动高质量发展，克服疫情造成的严重不利影响，各项经济指标再创历史新高，实现销售码洋 8.17 亿元，销售实洋 5.48 亿元，营业总收入 5.72 亿元，净资产 24.06 亿元，在中央出版单位总体经济规模综合评价排名中继续保持领先地位。

（一）加强党的全面领导，坚定不移全面从严治党，切实履行社会责任。

以习近平新时代中国特色社会主义思想为指导，坚持把学习贯彻党的二十大精神作为首要政治任务，持续加强政治理论学习，党委理论学习中心组发挥领学促学作用，带动党支部、党小组、青年理论学习小组开展分层分类学习，引领全体干部职工把思想和行动统一到党的最新精神上来。压实“两个责任”，推进全面从严治党，定期开展全面从严治党形势分析，切实履行“一岗双责”，充分发挥纪委作用，落实廉政“八严禁”“九提醒”制度，开展落实中央八项规定及其实施细则精神和部党组九项规定情况自查，推动全面从严治党向纵深发展，营造风清气正的政治生态。突出社会责任，服务乡村振兴，2022年向帮扶地区捐赠图书、办公设备63.32万元，发放“技能雏鹰”助学金60万元，采购农副产品89万余元；组织“技工教育网”和“职业培训数字资源云服务”平台针对安徽金寨、山西天镇、西藏札达等地区开展免费课程资源服务和线上师资培训活动，积极发挥出版专业优势和教育教学资源服务优势，为推动帮扶地区发展提供智力支持。

（二）严格落实意识形态工作责任制，以高度的政治责任感对待出版事业。

以落实意识形态工作责任制为抓手，始终坚持把党管宣传、党管意识形态原则落实到工作全过程各方面，牢牢把握正确的出版方向。定期分析研判人社出版领域意识形态有关情况，落实意识形态主体责任，坚持以社会主义核心价值观引领出版工作。制定相关文件和管理办法，持续加强对期刊、图书、网站、新媒体等意识形态阵地的管理，严把政治导向关和出版质量关。严格执行国家新闻出版署质量管理相关规定，落实四级选题论证制度和重大选题备案制度，规范编校生产流程、开展编校业务培训、强化奖惩力度，多措并举提高全员风险防范意识和质量意识，层层压实主体责任。组织开展出版物“质量管理2022”专项工作和教材及普及性读物自查工作，对近两年出版的图书内容质量和编校质量进行全面自查和集中抽查，均未发现相关问题，守住了意识形态阵地。

（三）聚焦主责主业，内容生产亮点纷呈，品牌建设取得新成果。

坚持以社会主义核心价值观为引领和以人民为中心的工作导向，坚持把社会效益放在首位，努力实现社会效益和经济效益相统一。坚持围绕中心、服务大局，高质量完成人社主题系列产品开发。《中华人民共和国职业分类大典（2022年版）》获得国家出版基金立项并当年出版，被《人民日报》《光明日报》和中央广电总台等权威媒体宣传，引起社会广泛关注；组织出版《新就业形态就业人员职业伤害保障手册》《中国人力资源和社会保障年鉴（2021）》《人力资源和社会保障政策法规汇编（2021）》等系统重点宣传图书；推进重点项目“中国劳动关系研究丛书”“新中国医疗保障史研究丛书”等编写工作。制作发布技能提升行动三年总结宣传片、社保警示教育系列短片、全国劳务品牌发展大会宣传片、世赛主题宣传片、个人养老金宣传系列动画视频等，全力服务人社事业发展。《职业》《中国人事科学》《人力资源服务》杂志搭建起了技工院校、人力资源管理、服务单位形象展示的平台。围绕精品建设，全面做好劳动保障、人才人事、职业教育和职业培训领域教材开发和使用工作。编辑出版技工院校“开学第一课”教材《技能成就精彩人生》《匠心逐梦》《绝技人生》，全力推动技工院校工学一体化工作，公布31个专业课程标准和课程设置方案。开发和出版经济师初级中级高级教材28种、教辅59种，中国特色企业新型学徒制培训教材17种，积极推进健康照护师、无人机驾驶员等紧、大、新职业的职业技能等级认定教材开发工作。完成全国重点院校人力资源和社会保障专业核心课程系列教材、电气自动化维修专业教材、中职汽车类基础课教材等的改版修订工作。

（四）推动数字化出版转型升级，逐步构建融合出版引领新发展的业务格局。

通过在顶层设计、制度保障、资金支持、考核方式上进行完善和革新，持续推动出版融合纵深发展。出台了《贯彻落实〈关于推动出版深度融合发展的实施意见〉的工作方案》《2022年数字出版业务规划及资金预算》《2022年各部门目标管理实施办法》等制度文件，进一步健全组织机制，规范业务流程，不断加大资金支持力度，完善绩效考核指标体系，推动出版融合发展取得新成效。2022年“职业培训数字资源云服务”平台新上线126

个职业（工种）的教学资源和学习资源，课程总时长超过 8 232 小时，平台累计访问量 10.85 亿人次，公众号累计关注人数 161 万余人。“技工教育网”拥有注册用户 38 万人，日均网站点击量 15 万次，2022 年组织开展免费线上师资培训 28 期，培训教师 5.53 万名，建设运营“工学一体化改革工作专区”，推动参与院校交流改革经验、共享改革成果。建立事业单位公开招聘数字产品服务平台，上线了 210 余个小时的数字课程，开发经济师等数字课程 8.8 万分钟，优质数字资源供给量稳定增长，用户黏性不断增强。

（五）大力推进改革创新，不断提升国有企业法人治理水平。

坚持破立并举、攻坚克难，坚持用创新思维解决发展道路上的痛点、难点、堵点，为可持续、高质量发展奠定坚实基础。组织制定了党委、董事会、总经理办公会、纪委、监事会、编委会六项工作规则和“三重一大”决策制度实施办法，建立起各司其职、运转协调、有效制衡的现代企业治理机制，搭建起出版集团全面深化改革的“四梁八柱”。构建并完善以岗位价值为基础、以业绩贡献为依据的薪酬管理制度，畅通专业技术人员发展通道，强化激励作用，激发干部职工干事创业活力，为高质量发展提供有力人才支撑。持续提升管理效能，财务管理方面，严格预算编制和执行工作，不断提高投资收益和资金使用效益；信息化建设方面，升级改造编务信息系统和协同办公系统，依托信息化手段，加强对编辑出版、排版印装、招标采购等出版业务全流程管理；市场营销方面，创新营销工作思路，渠道建设和渠道管理水平进一步提高，推进营销体制机制改革，充分释放营销活力。

国际交流合作及涉港澳台工作

2022年，国际交流合作及涉港澳台工作以习近平新时代中国特色社会主义思想为指导，深入贯彻落实党中央、国务院决策部署，坚持服务国家总体外交和人力资源社会保障中心工作，努力克服新冠肺炎疫情带来的不利影响，深度参与全球劳工治理，务实开展多边技术合作，持续推进双边交流合作，积极服务港澳台工作大局，各项工作取得新进展。

一、深度参与全球劳工治理

参与世界技能组织内部治理，牵头2022年第46届世界技能大赛外事组工作，举办竞赛准备周会议，国务院副总理胡春华视频致辞，张纪南和汤涛同志分别致开闭幕辞。因疫情原因无法如期举办第46届世界技能大赛后，成功争取不经申办由上海主办第48届世界技能大赛。按照中央决策部署，全力推进批准两项强迫劳动公约，张纪南同志参加全国人大常委会会议并作说明。落实领导人会晤要求，办好金砖国家劳工就业部长视频会，周祖翼同志主持会议，俞家栋同志参加。提高政治站位，发扬斗争精神，积极参加第110届国际劳工大会并妥善处理涉我国有关问题。通过在线和现场参会方式开展人社领域多边交流合作，周祖翼同志以录制视频形式出席二十国集团劳工就业部长会并发言，李忠同志视频出席国际社会保障协会亚太区域会并发言，俞家栋同志现场出席国际劳工组织第17届亚太区域会并发言。全力推进向国际劳工组织推送高级别官员工作，成功争取我国推荐人员担任该组织助理总干事。做好国际劳工组织总干事参加李克强总理与主要国际经济组织负责人“1+6”圆桌对话会工作。

二、务实开展多边技术合作

汤涛同志与欧盟就业、社会事务与融合总司总司长（副部级）乔斯特·科特出席中欧第十次就业与社会事务高层对话会，重申对中欧就业与社会事务政策对话会机制的高度重视，共同探讨绿色转型对人力资源社会保障政策的影响。俞家栋同志在京出席“新就业形态与社会保障的未来：中国与欧盟经验”国际研讨会并致辞，介绍中国社会保障体系建设成就以及为保护新就业形态劳动者权益采取的政策措施。俞家栋同志在线出席东盟与中日韩职业技能发展线上论坛，论坛主题为“制定有效政策促进以人为中心、包容性和有韧性的复苏：完善终身学习制度确保所有人公平参与”。俞家栋同志以录制视频形式出席第十二届东盟与中日韩劳工部长会，围绕“团结一心：在东盟区域内重塑劳动世界，实现数字化、包容性、可持续复苏与增长”的会议主题进行发言。俞家栋同志与国际劳工组织总干事吉尔伯特·洪博签署《通过就业领域南南合作推动全球发展倡议合作协议》，开启新一轮面向东盟国家的南南合作项目。

三、持续推进双边交流合作

周祖翼同志与柬埔寨劳动和职业培训大臣毅森兴签署《中华人民共和国人力资源和社会保障部与柬埔寨王国劳动和职业培训部在劳动和社会保障领域的合作谅解备忘录》。周祖翼同志会见沙特驻华大使阿卜杜拉赫曼·本·艾哈迈德·哈勒比、日本驻华大使垂秀夫。俞家栋同志会见塞尔维亚驻华大使玛亚·斯特凡诺维奇。俞家栋同志赴新加坡出席国际劳工组织第 17 届亚太区域会议期间会见新加坡人力部兼教育部政务部长颜晓芳，与新加坡人力部长兼贸工部第二部长陈诗龙、巴勒斯坦劳工部部长阿布扎什、蒙古劳动和社会保障部部长阿尤尔赛汗、日本厚生劳动省劳动审议官小林洋司等进行交流。围绕中心工作开展专题国际调研。

四、积极服务港澳台工作大局

贯彻落实党中央对港澳台工作大政方针和决策部署，支持和鼓励港澳台居民到内地（大陆）事业单位就业，落实港澳台居民同等参加内地（大陆）社会保险、职业资格考试和职称评审、职业技能等级认定等政策，便利港澳台居民在内地（大陆）工作和生活。与香港特区政府财经事务及库务局和强制性公积金计划管理局举行视频交流，探讨下一步合作。

社 团 活 动

一、中国人才研究会

2022年，中国人才研究会在人力资源社会保障部的指导下，深入开展党的二十大精神学习，完成理事会换届工作，加强管理制度建设，开展人才理论研究和举办学术交流活动。通过上述工作，研究会的管理规范化水平、研究水平和服务水平均得到了提高。

（一）坚持政治引领，深入开展党的二十大精神学习。

深刻认识“两个确立”的决定性意义，增强“四个意识”、坚定“四个自信”、做到“两个维护”。加强党组织建设，发挥党组织的政治核心作用，切实以高度责任感和强烈紧迫感抓实抓好各项工作，推动研究会在经济社会发展中积极发挥正能量。

党的二十大闭幕后，及时部署学习党的二十大精神。11月17日，召开会长办公会，第七届理事会的领导围绕党的二十大有关人才工作的精神开展深入研讨。大家认为，教育、科技、人才是全面建设社会主义现代化国家的基础性、战略性支撑，要深入实施人才强国战略，到2035年建成人才强国。党的二十大报告将关于人才问题的阐述位置提前，并提升到一级标题标示，更加强调了人才在经济社会发展中的战略地位；将教育、科技、人才系统谋划、一体部署，更清晰地界定了人才工作的重点领域；强调要着力造就拔尖创新人才、加快建设国家战略人才力量，为做好新时代人才工作指明了主攻方向。

（二）完成换届工作，新的理事会开始履职。

6月，经过精心筹备，召开了第七次会员代表大会。会议审议通过了中国人才研究会第六届理事会工作报告和财务工作报告，审议通过了中国人才研究会章程修改报告，选举产生了第七届理事会。在筹备第七次会员代表大会期间，研究会在全国的组织、人社、科技等部门征集理事，提高了理事的代表性和研究会服务的覆盖面。第七届理事会成立后，研究会积极联络和服务会员，邮寄研究会组织编写的《中国人才研究辑刊》等材料，征集理事对研究会工作的意见和建议等。

（三）加强管理制度建设，着力提升管理规范化水平。

着眼于完善管理制度，在第七届理事会产生后，组织修订了《固定资产管理办法》《课题管理办法》《会议管理办法》《差旅费管理办法》，制定了《意识形态管理办法》。

按照民政部要求和部署，对分支机构开展专项整治工作。从摸底和自查的情况来看，研究会各专业委员会总体较为规范，没有发现违反民政部《关于开展全国性社会团体、国际性社会团体分支（代表）机构专项整治行动的通知》中所列专项整治的20种主要情形。此外，研究会还配合开展专项审计工作，配合开展在研究会兼职、任职的理事的核查工作，配合开展有关培训情况的专项检查工作。

（四）组织开展学术研究工作，提高研究会学术影响力。

作为全国性学术团体，积极组织各地方团

体、高校、研究机构开展人才研究工作。起草了《中国人才研究会 2022 年课题指南》，完成 2021 年课题的结题和评审工作。组织编写《中国人才研究辑刊》，印刷出版第 5 期并赠送有关部门和理事。《中国人才研究辑刊》已经成为我国人才理论和人才政策宣传普及的重要平台，受到有关部门、地方和有关专家的高度肯定。

（五）举办学术交流活动，探讨人才研究新动向。

2022 年，研究会共举办 2 场学术交流活动。

8 月 25 日，研究会汽车人才专业委员会在湖北省武汉市举办“中国人才研究会汽车人才专业委员会 2022 年年会暨工作研讨会”，来自 100 多家整车及零部件企业、相关政府部门、行业组织及汽车院校的领导、专家以及第三方服务供应商、新闻媒体代表等 200 多名嘉宾参加了此次活动。作为国内坚持关注人才、致力于为产业发展和汽车人才工作提供智力支持的研讨活动，此次会议以“聚力新人才 笃行新征程”为主题，通过行业报告、企业实践、青年对话 3 个环节，围绕汽车产业与人才发展趋势、汽车人才工作实践探索、新汽车人才吸引等内容展开观点与智慧的交流和碰撞，深切回应行业人才问题的痛点与难点。会议通过展示视频和报告汇编两种形式简单呈现了 2018—2021 年开展的 22 项行业人才研究报告，内容涵盖战略思考、行业对标、智能网联人才、新能源人才、国际人才、技能人才、大学生人才、设计人才、共享经济人才，以及产业基地建设与人才发展等领域，展现出汽车人才专业委员会对变革之下汽车人才问题、汽车人才发展动态与趋势的洞察和思考。

11 月 26 日，研究会人才学专业委员会在四川省宜宾市举办“学习贯彻二十大精神，探讨新时代人才规律与人才高地建设研讨会暨 2022 年学术年会”。会议采用线上和线下同步直播的方式进行。来自全国 50 多所高校和研究机构的人才学研究者近 200 人参加了会议。在大会报告环节，有关领导、专家作了“人才聚集规律与人才高地建设”“人才规律研究的现状与对策”“新时代人才强国建设新征程”等报告；在大会发言环节，有关高校和研究机构的专家围绕高校党建与人才培养深度融合的探索与实践、华人精英科学家成长规律研究、把握新时代人才成长规律之理与术等主题发言，展示了人才规律、人才聚集、人才高地研究的新成果，体现了研究的专业性、丰富性、启发性。

二、中国继续工程教育协会

2022 年，中国继续工程教育协会坚持以习近平新时代中国特色社会主义思想为指导，全面学习贯彻党的二十大精神，认真落实中央和国家机关行业协会商会党委的党建工作部署，立足协会章程，围绕专业技术人员继续教育重点工作，积极参与实施国家专业技术人才知识更新工程，着力开展专业技术人员网络培训，进一步深化国际交流与合作，稳步推进协会业务健康发展。

（一）认真落实协会党建工作部署。

一是深刻把握“两个确立”，切实做到“两个维护”，增强“四个意识”，坚定“四个自信”，坚持用习近平新时代中国特色社会主义思想武装头脑。协会党支部定期召开专题会议研究党建工作，对党建工作进行月调度、月研究、月部署，不断丰富学习内容和形式，召开主题教育动员部署会，传达上级有关会议精神，把拥护“两个确立”、做到“两个维护”贯彻党建工作始终。协会要求各党员注重对标对表，与党中央保持一致，坚决贯彻党的理论和路线方针政策，坚定不移沿着习近平总书记指引的航向砥砺前行。

二是积极推进党建工作质量攻坚行动，完善党组织设置，落实党建工作责任。协会狠抓党建责任制落实，制定党建主体责任管理办法，确立和完善基本原则、责任主体、责任内容。协会党组织积极落实“双向进入、交叉任职”工作，把加强党的领导和完善协会治理统一起来，设定符合协会实际情况的管理模式。党组织认真履行对协会的各项业务活动的政治把关监督工作，健全监督工作体系，强化监督的全面覆盖和精准落实，推进协会政治监督具体化常态化，营造风清气正的政治环境及工作环境。

三是积极推进党建工作和协会业务工作双融合双促进，充分发挥党组织和党员的模范带头作用。围绕协会中心工作，寻找党建与业务的融合点，提高业务工作的政治站位，贯彻落实人力资源社会保障部关于专业技术人员继续教育的政策法规，推动专业技术人员国家继续教育项目的稳步发展。

（二）积极参与实施新一轮专业技术人才知识更新工程。

一是在人力资源社会保障部有关职能单位的指导和支持下，组织开展2022年知识更新工程高级研修项目选题征集、申报遴选、财务报销等具体实施工作。统筹疫情防控与高级研修项目组织实施，对接联系项目申报和承办单位，动态调度全年高研班实施进度。

二是协同中国生物发酵产业协会、中华环保联合会、中国人民大学、北京理工大学、华北电力大学、苏州市高级人才太湖培训中心、中华文化促进会等单位，获批举办“虚拟现实领域技术人才知识更新”“生物技术与未来食品前沿技术”“数字技术赋能能源电力绿色低碳发展”“双碳战略下碳排放管理与实施能力提升”“数字经济背景下数字资产管理及应用”“乡村振兴战略下农村社会工作能力提升”等10期国家级高研班，累计培训重点领域高层次专业技术人才500人次左右。

三是受人力资源社会保障部有关职能单位委托，开展新一轮专业技术人才知识更新工程实施方案的落实和支撑服务工作。除高研班项目外，围绕工程重点领域，针对专业技术人才职业发展和工作需要，在专业技术人员能力提升项目上赴东三省和相关国家级基地开展专题调研，推动实施大规模、广覆盖、高质量的知识更新继续教育。完成知识更新工程公共服务平台全新改版，配合有关单位加强国家级基地建设的动态管理、推进培训项目和专家师资、教材课程、在线学习平台建设等工作。协同各地政府部门、社会组织、培养培训基地（机构）、用人单位和专业技术人才，推动建立多层次、多渠道、多类别、多形式的培养培训格局。

（三）持续推进专业技术人员网络培训。

一是推进国家级专业技术人员继续教育基地资源共享服务平台建设发展。以课程体系和重点领域培训项目建设为重点，完善平台板块和功能设计。截至2022年，累计有近40家专业技术人员继续教育基地单位入驻基地资源共享服务平台，整合重点行业领域专业课2 000多门。

二是联合全国商业消防与安全协会、中国职工发展基金会和部分国家级继续教育基地，围绕智慧消防、智能建造、建筑信息模型等新职业和重点领域，开展急需紧缺和岗位专业技术人才在线培训，累计培训近1万人次。

三是组织交流实施脱钩改革后各地继续（工程）教育协会运作情况，推动各省级协会在新一轮专业技术人才知识更新工程中发挥更大的作用，从而促进省级协会间资源共享、协同合作。

四是对接人力资源社会保障部有关职能单位，积极参与专业技术类新职业标准开发和培养培训规划工作，组织国内虚拟现实领域高校、科研院所及龙头企业的专家、学者编写开发虚拟现实工程技术人员培训大纲和培训教程，为实施规范化培训、社会化评价，提升从业人员数字技术水平做好铺垫。

（四）稳步推进协会换届筹备工作。

脱钩完成后，按照民政部、中央和国家机关工委党建工作部对社团管理的有关要求，向各省（自治区、直辖市）印发了《关于做好中国继续工程教育协会第七届会员代表大会准备工作的通知》。筹备换届相关文件向中央和国家机关工委进行“二上”汇报，相关工作稳步推进，预计2023年完成换届工作。

（五）深化继续教育国际交流与合作。

组织进行第18届世界继续工程教育大会论文摘要的征集工作。

三、中国人才交流协会

2022年，是党的二十大胜利召开之年，也是抗击疫情最困难的一年。中国人才交流协会努力克服疫情影响，认真贯彻党的二十大和习近平总书记系列重要讲话精神，深入落实人才强国、就业优先和创新驱动战略，立足新发展阶段，贯彻新发展理念，构建新发展格局，以推动人力资源服务行业高质量发展为主线，践行“服务会员，服务行业，服务政府，服务社会”宗旨，发挥好“四个作用”，打造“四个平台”，在中央和国家机关工委、民政部、人力资源社会保障部的领导下，团结带领广大会员，打基础、建机制、搭框架，围绕会员和行业发展需求，积极开展各项服务工作，推动行业改革创新，加强行业交流合作，提升行业服务水平，取得积极成效。

（一）着力加强党建引领，开展特色党建活动。

始终把党的建设贯穿协会工作全过程。按照中央和国家机关工委的要求，协会党支部把学习贯彻党的十九届历次全会和党的二十大精神放在各项工作的首位，自觉同党的基本理论、中央决策部署对标对表，提高政治站位。探索开展丰富多样的学习活动，通过专题党课、支部书记领学、谈心谈话、互动交流等多种形式深化理论学习，进一步统一思想，提高认识。严格落实“三会一课”制度，原文学习党的二十大精神，集中学习《习近平谈治国理政》（第四卷），学习贯彻《民政部办公厅印发关于充分发挥行业协会商会作用　为全国稳住经济大盘积极贡献力量的通知》精神，支部书记领学《毛泽东选集》（第三卷）重点篇章，并以“加强学习，改造思维，提高能力”为主题讲党课。与会员单位组织联合党建活动，参观古北口长城抗战纪念馆和承兴密联合县政府旧址纪念馆。组织网上参观“奋进新时代”主题成就展。收集会员单位党建活动信息，在协会网站公众号和会刊上宣传推广。

（二）着力服务就业优先战略，举办就业服务活动。

针对人力资源服务行业促进就业扩大和优化人力资源配置的职能定位，协会积极响应号召，有针对性地开展就业服务活动。响应教育部、民政部“稳就业”“保就业”的号召，在教育部高校学生司和民政部社会组织服务中心指导下，协会指导下属汽车人力资源分会联合清华大学、北京理工大学等28所高校共同开展了教育部“24365校园招聘服务”汽车产业专项人才对接会，22家大型汽车企业参与，发布了近5 000个招聘岗位，线上收到简历18 000多份；响应民政部的号召，承办全国社会组织专场招聘会，通过网络和直播招聘的方式，搭建社会组织供需对接平台，探索将社会组织作为解决就业问题的一个新领域。

（三）着力为会员单位赋能，开展人力资源服务机构能力指数测评工作。

针对会员和行业对于人力资源服务机构评级评定的需要，协会开展了人力资源服务机构能力指数测评工作。协会贯彻《人力资源服务机构能力指数》国家标准要求，开发了线上测评系统，在27个副秘书长以上的会员单位中开展了人力资源服务机构能力指数测评，会员线上自测，协会再组织专人进行审查，最后协会发布机构能力等级通报，颁发能力等级牌匾，遴选出优秀的人力资源服务机构，集中进行宣传推介，为人力资源服务机构参与招标、入住产业园等提供有力支撑。这是协会的创新项目，也是一项民心项目，重在为会员提供有针对性的服务。

（四）着力提升从业人员能力水平，开展行业培训项目。

针对行业高管和从业人员能力水平亟待提升的需求，协会积极发挥职能作用，设计开发了一系列培训项目。举办了第一期人力资源服务行业领军人才培训班，这是工业和信息化部的项目，是《国家中长期人才发展规划纲要》中部署的企业经营管理人才素质提升工程的重要组成部分，由工业和信息化部人才中心和协会共同主办，来自全国知名人力资源服务机构的46位董事长、总经理以及高管成为第一期领军班学员，在北京举办了开班式，在内蒙古赤峰、山西太原等地分别开展了线下课程，通过领军班平台，学员们开展了一系列交流合作，有的项目已落地见效；开展了3期人才测评师培训班，分别在青岛、广州等地推广，培养一批人才测评师；研发了人力资源服务企业高管培训、求职实用技术培训项目，提升从业人员的实用技能，提高其服务能力水平。

（五）着力提升行业职业技能水平，参与职业技能建设工作。

针对行业职业技能建设亟待加强的需求，协会努力参与行业职业技能建设工作。受国家职业分类大典修订工作委员会办公室的委托，梳理人力资源服务行业职业技能体系，组织大典修订专家和人力资源服务行业专家进行了认真的研究，提出了一整套切实可行的人力资源服务行业职业体系建设意见，得到了大典修订工作委员会办公室的认可和采纳，使得人力资源服务业在新版国家职业分类大典中有了较为完整的职业体系。协会作为行业社会组织，在大典修订过程中，认真汇集行业机构意见，积极建言献策，为行业发声，根据行业发展实际需要，积极申报人力资源服务行业新职业，提出了5个新职业的修订建议，其中，1个职业——招聘师，1个工种——人才测评师被纳入《中华人民共和国职业分类大典（2022年版）》。协会向人力资源社会保障部申请人力资源服务行业职业技能第三方评价机构资格，将开展企业人力资源管理师（薪税师、人才测评师）、劳动关系协调师、劳务派遣管理员等社会第三方评价工作。协会研究制定了薪税师、人才招聘师、人才测评师、劳动定员定额师4个国家职业技能标准，还参与了劳务经纪人国家职业标准的制定。协会举办了第二届全国薪税师职业技能大赛，来自北京、上海、深圳、辽宁、山东、湖南等地的薪税师选手通过线上线下相结合的方式参加了全国薪税师职业技能大赛决赛，最终6名选手分获一二三等奖。

（六）着力搭建行业交流合作平台，举办人力资源服务活动。

针对会员和行业对交流合作平台的需求，协会带领会员单位、分支机构举办了一系列服务活动。开展了雄安新区人力资源服务业高质量发展论坛，山西省人力资源服务业发展论坛、太原人力资源服务产业园招商推介会等服务活动。国家机关分会完成了更名，在原有的事业单位的基础上，吸收各类国有企业加入分会；高级人才寻访专委会完成了换届，选举产生了新一届专委会主任和秘书长，继续组织高级人才寻访趋势大会；产业园专委会开展了人力资源服务机构诚信建设“清朗”行动，引导人力资源服务机构诚信经营，举办人力资源服务产业园区协同发展线上研讨活动；人力资源外包服务专委会举办了线上专家讲座、行业直播招聘等活动，帮助会员单位了解政策、招聘人才；数研会举办了“一切皆可量化”技术共享论坛，邀请行业专家学者共同研讨行业数字化发展问题；培训专委会举办成立大会和第一届一次会议，确定了培训专委会的职能定位和工作项目。

（七）着力强化社会责任，参与助力乡村振兴工作。

协会积极响应党中央、国务院号召，广泛发动会员单位积极参与，深入挖掘资源，积极开展志愿帮扶、捐赠帮助、产业帮扶、医疗帮扶、消费帮扶等活动。通过协会一刊一网两号及微信工作群，为安徽省金寨县桃岭乡牌坊村宣传推广当地农特产品，发动人力资源服务机构购买农副产品；响应中央和国家机关工委的号召，研究制定助力乡村振兴工作的四条举措，包括在协会组织的各类培训中提供免费培训名额、帮助宣传推广农特产品、组织协会会员单位开展红色研学游活动等。此外，协会发挥人力资源服务机构在提高劳务组织化程度中的重要作用，抓实就业服务，搭建供需对接平台，继续在安徽省金寨县开展“好工行动”，帮助金寨县解决企事业单位招工和劳务输出难题，促进金寨县经济发展和新农村建设。

（八）着力加强自身建设，提升服务本领。

协会建立民主决策机制，充分发挥副会长、副秘书长单位的职能作用，参与协会的重大事项决策，加强对协会的集体领导。建立分支机构+省级行业协会的组织体系，推动落实各项重点工作和服务项目，打造共建共治共享的工作机制新格局。强化队伍建设，组织秘书处人员参加民政部、中央和国家机关工委的各类培训，学习行业新政策、新知识、新技能，提升服务能力水平。发挥信息平台作用，对协会网站进行了升级改版，围绕人力资源服务机构和从业人员两个主体的实际需求，完善了服务功能，将协会网站由一个单纯的宣传平台转变为一个综合的服务平台。申请了抖音号，加强公众号的日常运维，把会刊改成纸质版和电子版同步发行，形成了一刊一网两号及微信工作群的信息化服务平台。

四、中国博士后科学基金会

2022 年，中国博士后科学基金会在人力资源社会保障部党组、全国博士后管理委员会的正确领导下，在中央和地方有关部门的大力支持下，在各级博士后工作管理和服务部门的紧密配合下，深入贯彻落实党的二十大和中央人才工作会议精神，紧贴国家科技和人才战略，坚持以提高博士后培养质量为核心，不断提升中国博士后科学基金资助工作水平，优化博士后人员管理和服务，拓展博士后国际交流和博士后科技、人才服务内容，推进我国博士后事业高质量发展取得新的成绩。

（一）中国博士后科学基金资助工作。

2022 年，国家财政投入博士后科学基金 9.16 亿元，共开展面上资助两批次，特别资助两批次，开展“博士后创新人才支持计划”资助和博士后优秀学术专著出版资助各一批次，累计资助博士后研究人员 9 420 人。

2022 年初，中国博士后科学基金会发布了《中国博士后科学基金资助指南（2022）》，明确 2022 年度博士后科学基金资助类型、申报条件、申报流程以及全年资助工作时间安排。完成第 71 批、第 72 批面上资助工作，申报面上资助的总人数 46 900 人，获资助 7 799 人，资助比例为 16.6%，资助总额 60 941 万元。完成第 4 批特别资助（站前）和第 15 批特别资助（站中）工作。第 4 批特别资助（站前）申报人数 2 030 人，获资助 399 人，资助比例为 19.7%；第 15 批特别资助（站中）申报人数 4 384 人，获资助 792 人，资助比例为 18.1%，资助总额 21 168 万元。经“博士后文库”编委会初审、“博士后文库”专家评审会议复审、科学出版社选题论证，2022 年度资助出版博士后优秀学术专著 30 部，资助总额 240 万元。

2022 年“博士后创新人才支持计划”资助 400 人，资助经费总额 25 200 万元（其中，博士后日常经费资助 16 000 万元，博士后基金资助 9 200 万元）。

编印《2021 年度中国博士后科学基金资助者选介》，总结和宣传中国博士后科学基金资助成效，展示获资助优秀博士后的风采。

（二）中国博士后科学基金会理事会工作。

按照民政部要求，完成中国博士后科学基金会 2021 年度年检工作。根据《中国博士后科学基金会章程》，召开了中国博士后科学基金会第六届理事会第十一次、第十二次会议。筹备中国博士后科学基金会第七届理事会换届工作。

（三）博士后日常管理和服务工作。

2022 年，全国共进站博士后研究人员 3.3 万余人，出站博士后研究人员 2 万余人，在站博士后人数达到 10 万余人。其中，北京地区招收 6 448 人，占比 19.6%，在所有省份中招收人数最多；博士后研究人员进站最多的学科门类为工学、理学和医学，共占比 83.1%；外籍博士后招收 1 364 人，比上一年度增长 23.9%，留学回国（含港澳台）博士进站

2 959 人，与上一年度基本持平，其中博士毕业于发达国家的人员占比 79.9%。

按照《2021 年全国博士后管委会关于实施博士后科研工作站新设站工作备案制改革的通知》《关于开展 2022 年博士后科研工作站新设站工作的通知》有关要求，搭建全国博士后科研工作站新设站申报备案信息系统模块。配合全国博士后管理委员会办公室 3 月和 12 月启动第一批和第二批申报工作，第一批备案新设博士后科研工作站 395 家。

全国博士后进出站服务窗口持续加强行风建设，积极应对新冠肺炎疫情影响，及时调整和细化窗口工作，积极利用“中国博士后微服务”微信服务号、机器人 24 小时语音电话、电子邮件、微信工作群等多种形式进行常态化服务工作。全年共推送信息 100 余条，智能回复咨询信息 6 万余条，为 5 000 多人提供智能在线和人工咨询服务。

2022 年，国家财政投入博士后日常经费 11.78 亿元，资助 6 101 人开展博士后研究工作。

（四）博士后国（境）外交流项目。

2 月，配合全国博士后管理委员会办公室编写和印发《2022 年博士后国（境）外交流项目申报指南》，积极开展博士后国（境）外交流项目，资助博士后人员来华或赴国（境）外开展研究工作，全年共资助经费 2.191 亿元。其中，博士后国际交流计划派出项目资助 73 人，引进项目资助 456 人，学术交流项目资助 50 人；“香江学者计划”资助 50 人；“澳门青年学者计划”资助 25 人；“中德博士后交流项目”资助 30 人。

配合全国博士后管理委员会办公室撰写《我国博士后工作的现状分析及亟待解决的问题报告》。9 月和 11 月分别组织召开了第四届博士后国际交流计划派出项目青年学者学术交流活动和第三届博士后国际交流计划引进项目全国博士后学术交流活动，共计 200 多所高校、科研院所的近 400 名历届派出、引进项目入选博士后参加，线上约 5.7 万人次观看直播。

（五）博士后揭榜领题常态化工作。

为推进博士后科研成果与企业需求深入对接，按照博士后揭榜领题常态化工作的部署，在中国博士后网站搭建全国博士后揭榜领题交流对接平台。全年共有 789 家单位、团队和个人进行了张榜，其中技术攻关类 693 个、成果转化类 96 个；揭榜总数 407 个，其中技术攻关类 396 个、成果转化类 11 个。11 月，配合全国博士后管理委员会办公室首次组织相关专家进行优秀方案评选，共评选出 41 个优秀方案，其中金奖项目 4 个、银奖项目 12 个、铜奖项目 25 个。

（六）博士后学术、人才与科技服务。

在全国分专业领域举办了 22 场博士后学术交流活动。活动涉及理学、工学、农学、医学、管理学、哲学社会科学等领域的 30 多个一级学科，来自全国 600 余家博士后设站单位的 3 000 余名博士后研究人员参加了活动，近 370 名专家应邀到会交流。活动评选优秀论文 270 余篇。

与全国博士后管理委员会办公室共同印发《关于举办 2022 年博士后科技服务基层活动的通知》（博管办〔2022〕41 号），全年组织 9 批次博士后科技服务团，深入东北和中西部贫困地区等地开展科技和人才服务，向湖北宜昌、安徽金寨、湖南娄底、河南新乡、云南昆明、黑龙江鸡西、重庆永川、甘肃张掖、辽宁葫芦岛等地共派出博士后研究人员及有关专家 90 余人，对接项目近 140 个。

编印《2022 博士后人才科技服务掠影》《2022 全国博士后学术交流活动巡礼》，展示博士后人员服务地方发展、助力乡村振兴、开展学术交流、推进成果转化的风采。

指导北京博士后联谊会积极组织开展各项活动。2022 年，北京博士后联谊会与之江实验室等多个博士后设站单位博士后联谊会共同组织多场博士后学术沙龙活动，搭建了博士后人员间自主交流的平台。

出版《中国博士后工作年报（2021）》。

编印 6 期《中国博士后》内部刊物。发布 96 期“中国博士后”微信公众号、34 期“中国博士后微服务”微信服务号。

五、中国劳动学会

2022 年是中国劳动学会成立 40 周年。改革开放之初，顺应我国劳动制度改革发展研究需要，联合劳动科研各界的中国劳动学会应运而生。学会的 40 年，是在改革开放大潮中创立，经历了探索劳动保障制度改革发展的 40 年；是一代代学会人勤奋努力调查研究、一批批创新性劳动研究成果不断积累的 40 年；是一份份具有真知灼见的意见报告、为劳动政策制定作出突出贡献的 40 年；是举办“政产学研”高峰论坛，探索新业态劳动、数字技能劳动获得突破性成效，走向奋进新征程上劳动创新时间节点上的 40 年。

（一）不忘初心、尊重劳动，40 年来劳动事业波澜壮阔，劳动科学创新发展，劳动学会积极作为。

40 年来，学会在各个发展阶段积极参与劳动法律法规的研究和制定修订，深入调查研究提出政策建议，大力组织开展学术交流活动。特别是 2019 年学会第八届理事会换届以来，各理事会员单位深入调查劳动领域尤其是防疫复工中重大实践问题，创新研究数字经济下新业态劳动法规和政策措施，凝聚劳动研究多方力量，积极建设劳动研究智库，搭建“政产学研”交流大平台，努力提升学会影响力，开拓学会工作新局面。集中反映在以下十个方面。

一是围绕中心工作，创出“六劳”品牌，形成全国主要劳动研究机构联合矩阵，连续四年举办规格高、分量重、影响大的主题研讨年会。2019 年 6 月举办“中国农民工发展”高峰论坛、2019 年 12 月举办“新中国 70 年中国劳动发展座谈会”；2020 年举办“防疫与劳动创新”高端研讨会；2021 年举办“党与劳动发展”高端研讨会；2022 年开展“新时代技能劳动”高端研讨。历次会议都得到人力资源社会保障部、中华全国总工会、全国工商联和有关部门、重点企业、高等院校、科研机构的大力支持，科研工作者、企业管理者、劳动实践者的积极参与，收到主题论文和鲜活案例 1 020 篇，其中的优秀论文和优秀案例向社会发布后，获得了广泛的社会反响。

二是紧紧围绕防疫与复工“两不误”开展“百企万人”快速调查。在防疫特殊时期，学会积极发挥“政产学研”人才多、联系广的优势，创新开展“百企万人”系列快速调查，撰写先进制造业、新型建筑业、现代服务业等 15 篇调查报告，通过“上报”“外推”取得了超预期的效果。研究报告通过国务院参事室报送或有关刊物发表，得到中央领导批示 11 次、部领导批示 15 次。人民网、新华社新华财经、中央广电总台、《中国劳动保障报》等主流权威媒体和今日头条、抖音等新媒体报道 100 余次。外地农民工就地过年调查报告登上“热搜”，点击量突破 1.7 亿。课题组撰写的疫情防控与农民工复工调查报告，获第四届“费孝通田野调查奖”征文一等奖。

三是组织会员单位开展劳动一线典型案例调查，中国劳动社会保障出版社出版《七十年七十位农民工口述历史》《奇迹的“切片”——2020 位农民工口述脱贫》。以“切片式”方式，记录了不同行业、不同地区的老一代、中生代和新生代农民工口述的鲜活生动的就业创业故事，多角度反映农民工发展、脱贫攻坚伟大历程、技能工匠成长等重大主题。

四是深入开展农民工等重点课题研究和学术活动。积极承担国务院参事室、国家发展改革委、人力资源社会保障部、农业农村部、中国科协等部门委托的农民工发展、“城归”创业、技能提升、精准脱贫、收入与消费、住宿变化、新业态网约劳动、劳动权益保障等多项重要研究课题，与有影响的企业合作开展创新性研究课题。确定了“十四五”时期 32 个重点研究课题，已形成一批高质量的研究成果。

受邀参与商务部世贸谈判咨询课题，受邀参加北京金融街论坛、新华社博鳌企业家论坛、太原能源低碳发展论坛等国家部委与省市政府举办的重要学术研究和交流活动。

五是集合优势资源，由有影响力的专家牵头，联合有代表性的企业、院校，探索搭建创新性“智汇”研究平台，探索创新研究方式。搭建“新业态智汇”项目组，研究新就业形态劳动用工和技能提升中的热点难点问题。与美团合作开展网约配送员职业发展研究，联合召开“新业态发展与劳动保障研讨会”；与贝壳找房合作开展居住服务者就业研究；与阿里巴巴集团联合开展“快递拓展就业的社会价值与群体关怀”学术研讨。搭建“职教智汇”项目平台，与退役军人事务部培训中心合作开展退伍军人复员就业技能提升研试项目，推进退役军人就业创业示范项目。

六是全体理事会员单位积极投身抗疫复工。面对前所未有的疫情，学会坚决贯彻落实党中央部署，向全体理事发出战疫情的倡议，广大理事会员单位积极响应、同心协力做好疫情防控。从生产疫情防控急需物资的企业、复工生产的企业，到保障城市副食品供应的企业、交通物流保障企业，都在战疫情中相互支持、共克时艰。疫情严重时，互助口罩等防疫物资，有理事单位向西藏捐赠 15 万只 N95 口罩等防疫物资；有序复工时，相互交流经验、互通信息。

七是劳动融媒体活跃，劳动创新的影响力提升。多次就疫情防控与农民工复工接受中央广电总台、人民网、新华社新华财经等媒体采访，抖音、腾讯等新媒体纷纷在显著位置进行滚动式播出报道。与新华社新华财经在上海市共同启动“工匠 100”技能提升活动，与中国科学院管理研究院开展劳动就业闭门研讨。劳动融媒体界理事会员与有关媒体单位合作编辑“劳动新征程”专题片。凤凰卫视专访抗击疫情中的农民工复工、向中央广电总台“大年初一”黄金档推送会员单位农民工就地过年等新鲜案例引起热烈反响。在《中国劳动》《中国劳动保障报》等刊登农民工防疫与复工双兼顾的实践创新文章。

八是各专业委员会吸纳一批中青年优秀人才。学会近年来不断吸纳新生力量，既有各级政府劳动政策的制定者，又有从事劳动管理与服务的基层工作者；既有劳动创业成为行业内颇具影响力的企业家，又有实践中涌现出来的高技能人才；既有居于国内乃至世界前列的特大型企业领军人才，又有根植劳动一线的杰出代表；既有劳动业界的权威专家，又有崭露头角的中青年学者；既有世界一流大学的知名教授，又有根植本土潜心钻研的研究人员，为学会带来了新的生机和活力。一批有研究水平、有组织能力，对学会工作有热情的优秀中青年进入学会及专业委员会秘书处，勇于担当，善于组织，创出成果。人力资源专委会、薪酬专委会、劳动监察专委会、劳动争议调解专委会换届，陆续吸纳 200 多名新理事、新会员。

九是富有特色的开展专项活动。人力资源专委会举办“疫情影响下人力资源管理创新发展研讨会”。劳动监察专委会举办“新时代劳动保障监察研讨活动”。薪酬专委会举办“第十六届中国薪酬管理论坛”，召开收入分配消费养老、应对人口老龄化专题研讨会。劳动科学教育分会先后举办“后疫情时代的劳动科学展望”“高质量发展与劳动力市场建设”等研讨活动。劳务经济专委会组织起草劳务派遣管理员国家职业标准，启动“灵活就业用工”课题研究，举办“新经济业态下灵活就业人员用工和社保管理”研讨等活动。劳动争议调解专委会组织全国争议调解仲裁系统开展研讨。劳动大数据领域理事会员与黄河交通学院联合开展数字高技能人才研讨。高技能人才领域理事会员与新华财经组织名匠大师座谈会，承担百名工匠口述案例征集编辑工作。冶金分会在吉林长春召开矿山企业专题报告研讨会，等等。

十是积极参与各地“中国农民工博物馆”建设。参与重庆“中国农民工博物馆”建设，组织权威专家审议修订陈列大纲，协助收集部分实物展品；实地调研指导四川“中国农民工博物馆”建设，提供广州“中国农民工博物馆”有关资料。通过文字、图片、实物等，全景式展示中国特色农民工发展历程，反映农民工对经济社会发展所作出的卓越贡献。

（二）深入调查分析“热点”、创新研究攻克“难点”、凝练思想升华“亮点”，将论文写在劳动“一线”大地上。

一是坚持学习贯彻党对劳动工作的指示精神。党的二十大报告强调，坚持尊重劳动，弘扬劳动精神，使人人都有通过勤奋劳动实现自身发展的机会。学会深入学习贯彻落实以习近平同志为核心的党中央关于劳动工作的系列指示精神，紧密联系实际，推动劳动科研取得新成果。

二是坚持围绕人力资源社会保障中心工作。针对劳动保障领域的热点、难点问题，特别是劳动者最关心最直接最现实的利益问题，开展深入研究并提出有建设性的对策建议，形成有理论创新价值、有决策参考作用、有实践指导意义的研究成果。

三是坚持突出“政产学研”交流平台作用。平台是一种资源，汇聚有关劳动领域的人才开展交流，才能更好发挥作用。借鉴国际智库有益做法，学习相关学会改革发展经验，搭建好劳动科研创新发展平台。

四是坚持深入调查开展创新性研究。劳动实践变动不居，劳动研究创新不止。要坚持守正创新，紧贴劳动实践，及时掌握鲜活的一手资料。积极建设劳动创新研究调查点、实践基地，把论文写在劳动管理创新实践的大地上。

五是坚持与媒体融合宣介劳动领域新成果、新经验。积极与主流媒体和新媒体开展深度合作及时将劳动创新研究成果快速传播出去，已成为学会活动的特色。

（三）踔厉奋发、勇毅前行，引领全体理事会员迈向劳动发展新征程。

数字经济正深刻改变着人力资源的组织方式，我们已进入技能劳动新时代，在劳动发展新征程上，劳动科学研究翻开了崭新的一页。学会要创新理念、搭建平台、广聚人才、丰富活动、多出成果，保持生机和活力。

一是加强党的二十大报告中有关劳动方面的研究。在建设中国式现代化新征程中，推动劳动保障学术交流工作高质量发展。围绕稳增长、稳就业，提振信心，创造就业，扩大内需，发展数字经济与实体经济等方面，将32个重点课题落实到位，力争课题接“地气”、研究成果冒“热气”。

二是加强高质量发展中技能劳动研究。持续发力开展劳动者特别是农民工技能提升研究、分产业技能人才需求结构与劳动力技能水平分布比较等。筹备举办技能人才论坛，研究创建工匠网。联合地方政府和地方劳动学会，积极申办技能竞赛。探索申报社会培训评价组织资格。

三是开展“五个百名”劳动发展口述史系列编辑工作。包括《百名工匠口述》《百名劳动政策法规起草者口述》《百名劳动科学理论研究者口述》《百名企业劳动管理者口述》《百名劳动融媒体人口述》。

四是拓展“智汇”项目创新研究平台。探索创建“家服智汇”“新职业智汇”“新技能智汇”“工匠智汇”“技师院校智汇”等创新性平台，灵活运用优势资源，力争取得突破性成果。

五是加强分支机构建设，激励各专业委员会活动。加快部分届满的专业委员会换届筹备工作，积极物色新一届专业委员会领导机构人选，将优秀人才纳入理事会领导机构。加快部分行业分会更名工作，推进先进制造业、新型建筑业、现代服务业、劳动融媒体委员会的筹划发展。探索农民工研究委员会特约研究员制度。

六是加强与地方劳动学会的联系合作。搭建“长三角”“珠三角”“京津冀”三大经济圈、“成渝”城市群等区域沟通合作机制，针对区域性劳动热点、难点问题，与省市学会联合，分区域开展小型专题研讨活动和课题研究工作，深入开展专题理论研究，提出政策建议。

六、中国社会保险学会

（一）课题研究。

一是抓好重点课题研究。开展4项重点课题研究。其中，完成1项，新启动2项，继续推进1项。

完成“社会养老保险立法研究”，形成1个主报告和3个分报告。课题研究报告以理论与实践相结合、当前与长远相结合，论述了社会养老保险立法的重要性、必要性、紧迫性，立足我国实际和现行法律法规政策规定，结合国际有关标准和相关国家立法实践，对我国社会养老保险立法结构作了具体描述，为社会养老保险立法建议做了论证，为开展养老保险立法提供了理论参考依据。

启动“社会保障促进共同富裕研究”和“从党的十八大到二十大——新时代中国社会保障的改革发展研究”。前一课题于5月启动，研究重点是深入理解社会保障制度在促进实现共同富裕过程中的地位、使命和作用，探索如何在现有社会保障制度发展基础上进一步实现惠及全体居民、贯穿公众全生命周期的更高质量、更公平、更全面的社会保障体系，阐释共同富裕背景下中国式社会保障发展的理论内涵与科学路径。课题从“共同富裕科学内涵”“共同富裕指数构建”“社会保障促进共同富裕机制”和“不同社会保障项目促进共同富裕路径”4个方面开展研究工作，形成了部分研究成果。后一课题于6月启动，课题总体思路是“以史为鉴，开创未来”，从党的十八大以来党领导社会保障改革发展取得的历史性成就和成功实践出发，总结社会保障体系建设的基本经验，探寻社会保障体系建设的一般规律，提炼中国式社会保障体系建设的智慧，为促进我国社会保障事业高质量可持续发展提出政策建议。确定了研究报告框架和基本内容，整理了党的十八大至二十大10年间的社会保障重要政策，研究和分析了新时代社会保障的发展基础、面临的经济社会环境和挑战等。

继续推进“城镇企业职工基本养老保险全国统筹推进路径研究”，深入开展课题调研，完成课题两阶段研究任务，形成了课题报告初稿。

二是推进常规课题研究。开展9项常规课题研究。其中，完成2项，新启动6项，继续推进1项。

完成“长江三角洲区域社会养老保险一体化研究”和“社会保险生命表与养老保险制度改革研究”。前一课题梳理了长江三角洲区域社会养老保险制度发展的现状，揭示了该区域社会养老保险一体化所面临的问题和挑战，提出了目标、路径和重点。后一课题是对中国社会保险学会所编制的《中国社会保险经验生命表（2020）》的实证研究，是该社会保险经验生命表编制研究的拓展和延续。课题报告在对社会保险生命表详细研究的基础上，指出了社会保险生命表运用的重大意义，提出了社会保险生命表运用的具体方案。

新启动的常规课题情况：

“雄安新区社保创新政策研究”于3月启动。课题聚焦雄安新区企业职工养老保险，研究在国家制度框架内对新区政策、经办服务等进行适度创新。课题组对雄安新区社保现状进行了全面摸底，多次召开课题研讨会和座谈会，形成了课题报告初稿。

“企业年金制度研究”与“创设简易年金计划研究”于4月启动。这两项课题共同聚焦企业年金领域，基于基本相同的宏观数据和微观调研，梳理与分析企业年金政策和业务情况，进而提出各自所对应的政策建议或计划方案。为合理分配研究力量，两个课题组之间相互穿插安排研究人员，共享研究资源，同步推进研究工作，分别就企业年金制度发展历程、运作现状和现实问题等组织了多次调研与座谈；编制调查问卷，面向部分企业年金受托机构收集了企业年金缴费、参与和投资管理等情况。

“城乡居民养老保险制度运行与发展分析框架研究”于6月启动。该课题根据人力资源社会保障部城乡居民养老保险工作需要，以城乡居民养老保险制度为研究对象、以运行中存在的问题及现阶段发展难点为重点、以联网监测数据和统计数据为主要分析对象、以城乡居民养老保险制度发展现存问题破解与路径完善为目的，探索与我国国情及多层次多支柱养老金体系特征相符的城乡居民养老保险制度发展路径，并形成常态化、机制化的运行与发展分析框架，力求为科学决策提供数据支撑、为精确管理提供技术支持、为严格监管提供技术保障。课题对参保人员、缴费和待遇情况进行了初步分析，利用相关数据对未来一段时间内的待遇领取人数、领取水平、待遇支付规模等进行了预测分析。

“年金基金及养老金产品估值指引研究”和“企业年金和职业年金计划管理合同指引修订研究”分别于7月和9月启动。这两项课题的研究目的是根据最新的政策法规和行业标准，结合业务实践，为年金基金和养老金产品制定估值指引及修订企业年金和职业年金计划管理合同指引提供理论参考和可行性方案，促进年金基金管理和投资运营更加规范。两项课题均形成了课题报告初稿。

继续推进“《中国社会保险管理服务发展报告（2020—2021)》研究”，完成《中国社会保险管理服务发展报告（2020—2021)》的撰写工作。

（二）学术活动。

一是开展《中国社会保险文献目录（从十八大到二十大)》和《新时代社会保险改革发展重大实践》的编撰活动。为全面、准确记录和展示党的十八大以来10年的社会保险改革发展进程和成就，为人力资源社会保障部相关司局和单位梳理、扩展业务信息资源助力，为深化对新时代社会保障基本经验和内在规律的认识助力，为持续书写第二个百年中国社会保障新篇章助力，下半年，组织开展了《中国社会保险文献目录（从十八大到二十大)》和《新时代社会保险改革发展重大实践》的编撰活动。经前期准备，该活动于9月正式启动，收集和整理了有关文献和重大实践的素材。

二是组织观摩养老保险经办服务工作。为实地了解和学习基本养老保险全国统筹系统运行情况和经办服务工作，组织部分会员到人力资源社会保障部社会保险事业管理中心、中央国家机关养老保险管理中心，就基本养老保险全国统筹系统运行和中央国家机关养老保险经办服务进行观摩与学习。活动参与者以亲身体验增加了对基本养老保险全国统筹系统和社会保险经办服务的切身感受，更为深入地了解和认识了社会保险管理服务一线工作的具体情况。

三是参加有关学术活动，扩大学会影响力。2022年，多次参加有关单位组织的学术研讨活动。通过参与活动，既宣介了学会的学术观点与见解，分享了学会的研究成果，扩大了学会的学术影响力，也增进了学会与学界、业界的交流和互动，为学会做好研究工作开阔了视野、拓展了思路。

（三）境外交往。

学会一直同香港退休计划协会、澳门社会保障学会、台湾退休基金协会保持着学术交流与合作，已共同举办过11届养老保险研讨会。受疫情影响，2022年继续推迟举办“第十二届养老保险研讨会”。为保持正常的学术交流，10月下旬，中国社会保险学会、香港退休计划协会、澳门社会保障学会和台湾退休基金协会第3次以线上方式召开了“养老保险视频交流会”，分享了一年来各地养老保险新情况、新进展，并就各地关注的养老保险问题和课题研究情况进行了交流和讨论。

2022年，中国社会保险学会与香港退休计划协会、澳门社会保障学会、台湾退休基金协会共同开展了“养老保险第二支柱：功能定位、制度设计与政策支持研究”。该课题研究报告于10月完成，阐述了养老保险第二支柱在四地养老保障和社会发展中的作用，分析了四地养老保险第二支柱的特征，提出了四地养老保险第二支柱发展所关注的共性问题及相关建议。

（四）组织建设。

为统筹利用工伤保险研究资源，组织开展工伤保险理论政策研究，促进工伤保险事业高质量可持续发展，经研究决定设立中国社会保险学会工伤保险专业委员会。2月，人力资源社会保障部人事司批复同意中国社会保险学会设立工伤保险专业委员会及有关负责人人选。

（五）党建工作。

党的二十大胜利闭幕后，学会及时召开会议学习贯彻党的二十大精神，做好学习工作的部署和安排。学会把深入学习贯彻党的二十大精神作为当前和今后一个时期的首要政治任务，要求党员在各自党组织内自觉深入学习贯彻党的二十大精神，认真研读党的二十大报告，深刻领悟党的二十大提出的新思想新论断，特别是关于民生和社会保障的重要内容，贯彻落实好有关重大战略部署，明确学会今后的研究方向与重点。

（六）其他工作。

协助做好社会保险基金监管有关工作；承担企业年金、养老金产品报表统计及信息披露工作，按要求如期编制并发布《全国企业年金基金业务数据摘要》和《企业年金基金信息披露工作情况简报》；继续做好养老保障基金投资运营监管系统相关子系统的功能新增优化工作。

七、中国职工教育和职业培训协会

2022年，面对疫情防控常态化以及协会脱钩工作的影响，中国职工教育和职业培训协会（以下简称中国职协）在会员单位的支持配合下，克服种种困难，高质量完成了全年工作任务。

（一）夯实党建基础，促进支部建设。

2022年，中国职协在中央和国家机关工委协会商会党建部的带领和指导下，进一步完善组织建设，推动党建工作开展。在建立健全制度方面，中国职协将党建内容正式写入《中国职协章程》，并印发《中国职协党支部“三会一课”制度》。在规范组织生活方面，党支部严格落实“三会一课”等组织生活制度，一是按时召开支部党员大会；二是以“党的十九届六中全会决议解读”“落实意识形态工作责任制”等内容为主题，开展讲党课活动；三是开展“追寻红色记忆，重温辉煌党史”——走进中国共产党历史展览馆、“领航强军向复兴”——参观中国人民革命军事博物馆等主题党日活动。

（二）多方合作组织活动，增强会员服务能力。

一是技工教育助力乡村振兴产教融合专项课题工作。此项工作是中国职协与农夫山泉（安吉）智能生活有限公司合作，面向中国职协会员单位的研究项目，于2022年7月启动，11月4日公布了首批立项的6个课题。其间，分别在杭州和北京召开了课题工作会。印发了《技工教育助力乡村振兴产教融合专项课题研究工作指南》，并编制了工作信息，通报了专项课题的阶段性工作进展。

二是技工院校产业学院建设研究课题。此项目主要是开展产业学院理论研究与创新实践，于2022年10月底启动，共收到190余项课题申请。经专家评审，于11月底公布了首批立项的7个课题，其他课题将于后期逐批立项。此项目的研究周期为2~3年。

三是常态化疫情防控下技工院校校园安全及后勤管理线上经验分享活动。6月12日，组织召开“常态化疫情防控下技工院校校园安全及后勤管理线上经验分享活动”。本次活动主题为“严守校园防疫阵地　提升安全保障效能”，邀请校园安全和后勤管理方面工作成效突出的院校代表，做专题主旨交流，助力打赢常态化疫情防控攻坚战。活动期间，共有561个分会场组织观看活动直播，累计8 598人次登录平台观看直播。

四是《关于加强新时代高技能人才队伍建设的意见》研讨会。10月26日，由中国职协技校委员会、“技能中国”联合举办的《关于加强新时代高技能人才队伍建设的意见》

研讨会在线举行。研讨会上，部职业能力建设司相关领导深入解读了有关政策，针对《关于加强新时代高技能人才队伍建设的意见》出台的背景、意义和下一步工作重点等方面提出了指导性意见，相关企业、院校代表在会上发言。本次研讨会设立北京和杭州两个线下会场，采用线上直播和线下座谈相结合的方式开展，共有1.4万余人在线观看了研讨会现场直播。

五是高技能人才培养模式研讨会。2月21日，在安徽省合肥市召开高技能人才培养模式研讨会。研讨会上，与会专家研讨了技工院校高技能人才培训基地建设方案，介绍了“技工教育助力乡村振兴”课题研究试点工作和数据中心行业发展以及人才需求情况、数据中心人才发展管理组工作成果等。其间，新能源行业企业的代表介绍了企业高技能人才培养情况，与会代表还到数据中心和新能源企业进行了参观考察。

（三）构建业务交流平台，加强宣传引导工作。

充分利用中国职协网站、官方微信公众号、《中国培训》杂志等自有媒体资源，通过开设专栏、组织主题策划系列文章等方式，积极宣传国家和地方相关政策，介绍职业技能提升行动实施进展，报道技能扶贫先进事迹，推广技能人才培养先进经验。组织业内资深专家撰写政策解读文章，推荐到人力资源社会保障部门户网站、《中国劳动保障报》、“技能中国”微信公众号等媒体发表，及时宣传国家政策和地方的做法经验。

八、中国就业促进会

2022年，中国就业促进会（以下简称就促会）在人力资源社会保障部、中央和国家机关工委指导支持下，继续秉持“围绕中心、服务大局”工作理念，在积极应对疫情影响同时，充分发挥参谋助手和桥梁纽带作用，致力搭建交流平台，助力稳就业保就业工作取得积极成果。

（一）聚焦就业热点难点，组织政策理论研究。

一是联合海南智源就业创业研究院在线举办首届聚焦中国就业创业高峰论坛。以“新起点·新挑战·新征程——深入学习贯彻二十大精神，推动中国就业创业实现新发展”为主题，学习领会党的二十大报告关于人力资源和就业创业工作的新要求，研究分析实现高质量充分就业的问题和挑战，提出对策主张和推动措施。成果编印文集，报国务院领导、部领导，送行政部门、有关专家和地方同志。

二是联合湖北省厅与有关单位完成“抗击疫情复工复产——中国就业确保稳定创新发展之路”研究。以中国在复工复产中就业确保稳定创新发展为主线，简述攻坚克难历程，分析面对的问题与挑战，列述重大决策部署和实施举措，总结取得的成果，提炼经验和启示，供行政部门和一线工作者参考，也为世界各国提供“中国方案”。成果编印成书，报国务院领导、部领导，送有关部门、专家学者和地方同志。

三是联合麦斯特、中国劳动和社会保障科学研究院启动“数字经济与就业研究——基于当前灵活就业形式”研究。开展线上大规模问卷调查和平台企业调研，分析就业在数字经济时代面临的机遇与挑战，研究提出促进数字经济与就业健康发展的对策建议，取得阶段性成果。

四是积极建言党的二十大。围绕进一步做好疫情常态化防控下稳就业保就业工作，结合纪实研究成果，从讲好中国故事、开展主题宣传、组织评先表彰等方面提出《讲好中国方案　谱写就业新篇——为党的二十大建言献策》建议案，得到人力资源社会保障部党组的高度重视。

五是组织完成《抗击疫情复工复产——中国就业确保稳定创新发展之路》《全国创业孵化示范基地风采录》《优秀劳务品牌发展之路》及《聚焦中国就业（2021—2022）》等系列书稿编写工作，为政策理论研究和工作实践探索提供重要史料参考。

六是动员会员和合作单位积极开展研究，加强就业形势跟踪分析，关注就业领域风险变化，提出对策建议和工作举措。按季度组织编写《多维角度下的就业观察》，适时编发就业动态信息，以促进信息交流分享和参考借鉴。

（二）服务就业中心工作，深入开展实践探索。

一是组织完成职业指导师和劳动保障协理员两个国家职业技能标准修订工作。新修订的标准紧密结合新形势下就业服务的创新发展和工作实际，充分体现提高全方位就业服务水平和质量的总体要求，从更新职业名称到明确从业人员应掌握的技能水平和知识水平等方面，建立新的标准规范。

二是组织编写职业指导师国家职业技能等级认定培训系列教程，以帮助从业人员更好地理解和掌握新标准，提升专业水平和服务质量。作为职业技能等级认定培训推荐教材，也为职业技能等级认定题库开发提供重要依据，为提高基层职业指导人员队伍素质，开展能力培训，提供重要的基础培训资料。

三是配合部就业促进司、中国劳动和社会保障科学研究院举办劳务品牌发展高峰研讨会。作为“千行百品就业行”大型融媒体云推介重要延伸活动，交流理论研究成果，分享新经验新做法，为推动劳务品牌高质量发展进行深入探索。

四是与中国就业培训技术指导中心联合举办第三届马兰花全国创业培训讲师大赛和第二届公共就业服务专项业务竞赛，为一线骨干队伍和基层工作者搭建展示技能、分享方法、交流经验和展现风貌的舞台，推动以赛促学、以赛促练、以赛促干。

五是配合中国劳动和社会保障科学研究院组织编写《中国就业制度改革》相关史料，纪实就业改革发展历程，向党的二十大献礼。

（三）发挥共建平台作用，助力就业创业发展。

一是与麦斯特共同发起筹建海南智源就业创业研究院，并与中国劳动和社会保障科学研究院结成战略合作单位。构建由就业领域杰出专家学者和资深就业工作者组成的高端智库，启动人力资源和就业创业领域战略和政策顶层设计，开展研讨交流活动和政策业务咨询，并为海南自贸区人力资源发展提供智力支持等。

二是发挥与麦斯特共建的“一带一路”人力资源智库平台作用，联合大湾区5G产业联盟举办“中国九八贸治会·人力资本论坛”。以“数字经济与就业·新机遇和新挑战”为主题，从宏观层面、实际工作和政策角度三方面对引领推动数字经济与就业发展进行探索与交流。

三是发挥与首都经济贸易大学共建的中国新就业形态研究中心平台作用，联合全国普通高校毕业生就业创业指导委员会举办“新就业形态与大学生就业研讨会”，以贯彻落实党的二十大精神为主线，分析新形势，分享新研究和实践成果，对促进新就业形态发展与大学生高质量充分就业提出建议。

四是与中国品牌战略研究院达成战略合作意向，助力劳务品牌实现高质量可持续发展。计划开展劳务品牌专题调研、相关标准制定、培训基地遴选、创新品牌宣传推广等方面合作。

五是继续加强与部有关单位协同，依托创业、公共就业服务和失业保险专委会，提供创业师资培训、职业指导、失业保险等专项领域技术服务。加强与地方、会员单位合作，指导支持成渝地区双城经济圈就业创业活动周、中国（丽水）超市创业创新高峰论坛等活动。

（四）强化就业交流分享，促进成果转化推广。

一是推荐专家参加国务院参事室召开的“双创带动就业”座谈会，以及全国人大社会委召开的新形势下促进充分就业座谈会，分享就促会最新政策理论研究成果，为促进就业创业发展积极建言。

二是积极参加民政部组织的全国性行业协会商会助力高校毕业生就业工作座谈会，并推动专家围绕积极就业政策和就业优先政策作专题讲座，进一步提升社会组织对就业工作的认识。

三是积极参加中国劳动和社会保障科学研究院组织的建院 40 周年工作座谈会、中国劳动世界的未来国际研讨会，以及有关合作单位组织的数字经济与就业和职业研讨会等活动，促进就业领域横向交流。

四是继续做好中国就业十件大事和地方就业创新事件推荐评选活动，全面反映年度稳就业保就业工作成果和突出亮点。结合党的二十大新要求，改版发行 2023 版就业创业指南宣传品，助力乡村振兴和农村劳动者就业创业。

五是多维度强化就业宣传推广。持续发挥微信公众号、《就业工作通讯》和《中国就业》杂志三位一体平台作用，及时跟进报道稳就业保就业最新政策和成果经验。持续强化专项领域微信群交流，促进研究和工作成果的交流与分享。

（五）创新融合工作模式，不断夯实组织建设。

一是同步推进就促会与智源研究院建设，促进业务工作融合发展。协助完成研究院注册登记手续，以及专家智库建设和系列制度办法制定工作，定期组织召开理事会监事会，在为研究院顺利启动奠定坚实基础的同时，也有力推动了研发工作的深度融合。

二是创新工作模式方法，确保规范有序运行。研究制定《网络办公管理办法》《秘书处岗位职责要求》等制度办法，动态调整网络办公机制，在有效应对疫情影响的同时，保证工作效率。

三是定期召开线上会议，强化工作统筹协调。及时以通信形式召开理事会、常务理事会，对人员调整、新会员吸纳等重大事项进行审议。以网络形式定期组织办公会、会长办公会、秘书处例会、专项工作研讨会等，有序推进工作。

四是强化会员管理服务，及时反映会员诉求。强化会员动态管理，按期审议新会员，加强会员“点对点”服务沟通，准确高效传达工作动态，深入挖掘会员单位在稳就业保就业中的亮点做法和意见建议，并及时反映会员遇到的问题和诉求。

五是发挥党支部堡垒作用，加强党建引领。结合业务工作组织网络“微”课堂、“云”研讨，并专题开展“迎七一”主题党日、学习贯彻党的二十大精神主题学习和深度研讨等系列活动，将党建质量攻坚行动落在实处，实现支部党建与业务发展的双向赋能同步推进。

工作卷

地方人力资源和社会保障工作

北 京 市

2022年，北京市人力资源社会保障系统坚持以习近平新时代中国特色社会主义思想为指导，认真学习宣传贯彻党的二十大精神及中央经济工作会议精神，全面贯彻党中央、国务院决策部署和市委市政府工作要求，坚决落实“疫情要防住、经济要稳住、发展要安全”要求，牢固树立以人民为中心的发展思想，以新时代首都发展为统领，坚持“五子”联动融入新发展格局，坚持稳中求进，坚持党建引领，突出稳就业保民生工作主线，统筹做好人社各项工作，圆满完成各项目标任务，有力服务和保障全市统筹疫情防控和稳定经济增长大局。

一、全力以赴稳就业保就业，就业局势保持总体稳定

（一）着力助企纾困稳保就业。

实施社保费缓缴扩围政策，推行“即申即享”经办服务模式，全年累计缓缴135亿元，惠及3.5万家企业。强化岗补社补等政策支持，全年失业保险促进就业支出85.9亿元，发放创业担保贷款36.8亿元，新增参保创业单位5万户，带动就业岗位25.3万个。挖掘重大项目及“专精特新”等重点企业岗位，开发疫情防控和社区生活服务类岗位，支持多渠道灵活就业，全年城镇新增就业26.1万人。

（二）强化重点群体就业帮扶。

落实《北京市支持高校毕业生就业创业若干措施》，出台《关于用人单位招用毕业年度本市高校毕业生给予一次性扩岗补助的通知》《关于小微企业招用本市离校2年内未就业高校毕业生享受社会保险补贴有关事项的通知》以及“稳就业30条”举措，推出一系列“政策包”、集成一揽子纾困帮扶措施，加大社会保险补贴、就业见习补贴、扩岗补助等政策支持力度。开展进校园送服务和离校未就业高校毕业生服务攻坚行动，全市1.7万余家单位依托市区两级人社部门信息化平台，累计提供就业岗位25.3万余个；深化困难家庭高校毕业生“一人一档”“一生一策”精准帮扶，确保对有就业意愿的困难家庭毕业生100%帮扶。落实农村就业服务、培训和帮扶，促进农村劳动力就业参保6.5万人。开展就业援助“暖心活动”，送岗位、送服务、送政策、送温暖，综合运用鼓励用人单位招用、支持灵活就业、公岗安置等措施，帮扶城乡就业困难人员就业19.9万人，确保零就业家庭动态清零。扎实推进京蒙人社东西部协作，持续做好脱贫劳动力就业帮扶工作，圆满完成京蒙东西部协作劳务协作任务。强化农民工就业服务保障，建成北京特色的“1+N”务工人员之家服务体系，截至2022年底，全市共建成务工人员之家240个，提供就业、维权、便民等服务63.9万人次。

（三）持续开展大规模技能培训。

牢固树立职业技能培训为就业服务理念，制定实施首都技能人才“金蓝领”培育行动计划，采取定岗培训、订单式培训等方式，面向城乡各类人员开展大规模培训，完成补贴性技能培训142.8万人次。

（四）全方位优化就业创业服务。

实施提升就业服务质量工程，创新公共就

业服务模式，实行走访企业和“服务包”制度，推行直播带岗、专场招聘等形式多样的服务，发布招聘岗位信息 60.4 万个。出台推进人力资源服务业高质量发展 17 条措施，成功举办中国国际服务贸易交易会人力资源服务主题活动，中国北京人力资源服务产业园朝阳园区开园，并获批国家人力资源服务出口贸易基地，市场配置人力资源决定性作用有效发挥。开发外籍人才配偶求职信息采集专属 App，建立外籍人才配偶就业信息库，为有就业需求的外籍人才提供一对一精细化就业服务。

（五）加强就业风险监测预警防范。

运用社保大数据加强就业失业监测预警，强化互联网平台企业裁减员情况监测预警、政策指导和跟踪服务。加强事中监管，在职业技能培训机构和经营性人力资源服务机构实施“6+4”一体化综合监管。

二、持续深化改革创新，社会保障安全网进一步织密扎牢

（一）扎实推进社保制度改革。

落实企业职工基本养老保险全国统筹政策，按要求上解全国统筹资金 364 亿元。深化“年金政策进企业”宣传工作机制，持续扩大企业年金覆盖范围，北京市成为第三支柱个人养老金先行城市。推进工伤预防五年行动计划落实，推动基层快递网点优先参加工伤保险。7 月 1 日起，启动新就业形态就业人员职业伤害保障试点。

（二）稳步提高社保待遇标准。

按照国家部署，制定发布北京市 2022 年社会保障待遇标准集中调整方案，稳步提高各项社保待遇水平，于 7 月底发放到位。

（三）持续强化社保基金管理和经办服务。

开展社保基金管理提升年行动，组织推进社保基金安全警示教育月活动，持续推进社保基金管理问题专项整治，健全“六查”“四防”机制，守好群众“养老钱”“保命钱”。优化社保经办流程，持续推进“智慧人社”一体化平台建设，印发社会保障卡管理办法，电子社保卡人口覆盖率达到 64.9%。

三、高标准做好人才人事工作，人才创新创造活力持续激发

（一）加强人才培养培育。

制定出台首都专业技术人才“登攀”计划实施方案和首都技能人才“金蓝领”培育行动计划实施方案，加大人才自主培养力度。实施新一轮专业技术人才知识更新工程，聚焦新一代信息技术等重点领域人才培养；加强人才培养平台建设，市级专业技术人员继续教育基地达 50 家。稳步推进博士后工作，优化站点布局，北京市共有博士后流动站 51 个、工作站 148 个、园区分站 390 个、创新实践基地 28 个；实施国际博士后引进计划，为 166 个科研项目、7 个国际交流培养项目和 107 名优秀博士后提供经费资助 2 110 万元。印发推进技工院校高质量发展实施意见等多个政策文件，强化技能人才培养，全市新增技能人才 6.3 万人次，其中高技能人才 1.5 万人次。

（二）优化人才评价机制。

出台深化经济、会计、艺术、新闻、高校教师等 10 个系列职称制度改革办法，增设经济、会计正高级职称，在全国率先建立应急、创意设计等职称评价体系，向北京协同创新研究院、北京石墨烯研究院等新型研发机构下放职称评审权。积极推进社会化职业技能等级认定工作，强化行业企业在技能人才评价工作中的主体地位，全市共有 219 家备案企业开展等级认定，55 家机构开展第三方职业技能等级认定。开展新职业技能等级认定工作，探索实施“一岗双认”评价模式，拓宽技能人才职业发展通道。

（三）畅通人才流动渠道。

发布境外职业资格认可目录（2.0 版），共认可 110 项含金量高的境外职业资格，增加科技、金融、卫生等领域境外职业资格；搭建首个省级境外职业资格查询验证平台，平台访问量已达 14 万人次，为 322 家单位提供 610 人次查验服务，吸引鼓励更多领域国际专业人

才来京创新创业。制定“两区”［国家服务业扩大开放综合示范区和中国（北京）自由贸易试验区］建设人力资源开发服务实施方案，以市级上账任务、自选任务、市区联动项目“三张清单”为抓手深化任务落实。发布职业资格考试目录（2.0版），支持境外人员在京申请参加的职业资格考试达到40项，涵盖金融、建筑、规划等“两区”建设多个领域，为“两区”建设吸引使用境外人才提供支持。发布“两区”建设人力资源开发目录（2022年版），将脑科学研究、作物育种、直播电商等领域急需紧缺岗位和职业列入目录，为用人单位、劳动者、人力资源服务机构和教育培训机构提供指引。制定出台《关于进一步做好流动人员人事档案公共管理服务工作的通知》，提供“同事同标”的便利化档案管理服务，以档案改革提升促进人才资源有效配置。推动联动共享，实现京津冀三地流动人员人事档案服务“同事同标”。平稳推进积分落户工作，6 006人获得落户资格。

（四）强化人才激励保障。

开展县以下事业单位职员等级晋升改革，完成308个乡镇（街道）职员的等级套转和等级晋升。完善事业单位工资制度体系，进一步激发事业单位人员队伍生机活力。实施技能人才薪酬分配指引，推行“新八级”岗位绩效工资制，合理提高技能人才薪酬待遇。完成第十六届高技能人才评选表彰和北京市有突出贡献的高技能人才的推荐选拔工作。有序组织开展人事考试，做好冬奥会表彰奖励、冬奥会组委工作人员赛后安置等工作。

（五）开展专技类和技能类培训机构监管工作。

印发《北京市营利性外商投资职业技能培训机构办学管理办法》，降低外商投资准入门槛，规范引导外商投资办学。印发《北京市专业技术类职业资格考试培训机构单用途预付卡预收资金监管细则（试行）》，在全国率先开展专技类培训机构发行预付卡备案监管和预收资金监管，已解决培训退费投诉8 119件，协调退费3 201万元。

四、着力提升劳动关系治理能力，维护劳动关系和谐稳定

（一）完善根治欠薪体系。

坚持把国务院保障农民工工资支付工作督察考核作为检验提升北京市根治欠薪工作的有利契机，严格落实欠薪突发事件“两小时快速响应、指挥调度、落位管控”机制，强化联动处置，确保欠薪案件线索动态清零。2022年，为2.7万名劳动者追发工资3.3亿元。

（二）加强用工指导和风险监测。

强化劳动用工指导，推动新就业形态领域头部企业开展集体协商，推行电子劳动合同，覆盖员工近100万人，在自贸区内探索建立协调劳动关系“三方”实体工作站，扩大劳务派遣员工使用范围。发挥协调劳动关系三方机制作用，落实“和谐同行”能力提升三年行动计划。发挥劳动用工风险监测预警平台功能，紧盯受疫情影响较大的重点行业，监测劳动用工风险企业4 168家，预警2 839家，涉及职工227.6万人。

（三）提升矛盾纠纷化解效能。

稳慎调处劳动人事争议案件，推进新就业形态调解组织建设，开展“百名调解员联千企”专项行动，引入社会力量加大基层调解力度，推行“案前调解+速裁”工作模式。北京市调解仲裁机构全年受理劳动人事争议案件17万余件，其中，仲裁立案13万余件。常态化推进信访维稳工作，提升12333热线咨询服务系统智能化水平，电话解答群众满意率保持在99%以上。

（四）加大企业工资收入分配调控力度。

健全工资决定、合理增长和支付保障机制，发布企业工资指导线和行业指导线，开展企业薪酬调查，发布人力资源市场薪酬大数据季度报告和年度报告，促进一线劳动者薪酬合理增长。

五、深入推进全面从严治党，大力提升人社公共服务效能

（一）持续加强政治思想建设。

深入学习领会习近平新时代中国特色社会主义思想，把学习宣传贯彻党的二十大精神作为首要政治任务摆上重要议事日程全面学习、全面把握、全面落实，巩固拓展党史学习教育成果，严格落实意识形态工作责任制，夯实事业发展思想根基，引导党员干部深刻领会“两个确立”的决定性意义，自觉增强“四个意识”、坚定“四个自信”、做到“两个维护”。创办“学理论悟思想作表率”微信群，采用主题学习+日常学习模式，开展“一日学一日悟一日评”活动，深化理论学习效果。

（二）坚持抓基层强基础固基本。

牢固树立党的一切工作到支部的鲜明导向，加强对基层党组织的全面领导，突出政治功能和组织功能，着力加强基层党组织标准化规范化建设和党务干部特别是书记队伍建设，切实抓好“三会一课”、民主评议党员等制度落实，层层压实全面从严治党主体责任。

（三）大力加强党风廉政建设。

认真落实中央八项规定精神及市委要求，坚决破除形式主义、官僚主义，深化整治“四风”顽疾。抓好权责清单动态化管理，围绕社保基金和就业培训资金监管、人事考试、非北京生源高校毕业生引进等重点领域和环节，规范权力运行机制，做到用制度管权管事管人。扎实抓好“以案为鉴、以案促改”警示教育，从严管理监督党员干部，一体推进不敢腐、不能腐、不想腐，营造风清气正政治生态。

（四）着力推进系统行风建设。

坚持管行业必须管行风的工作指向，严格落实“接诉即办”工作要求，持续深化“局处长走流程”专项活动。深入践行“我为群众办实事”，面向社会发布民生实事清单并接受群众监督，圆满完成13件重点民生项目。创新推出“深入一线”“青年干部”“清单式”“派单式”“打包式”5类走流程，举办“青年干部走流程”汇报会，市区两级累计走流程达5 612人次，梳理形成问题清单904个，实现问题整改1 185个。建立政策文件“四必须三同步两到位一评估”机制，推进“政策出台前培训辅导到位，政策发布时宣传解读到位”，先后组织16个部门累计56名业务骨干，开展两轮市区街三级集中培训辅导，覆盖人员达3 900余人次。全面梳理市区街三级服务事项，对服务事项的名称、受理标准、办理流程、解答口径等12个要素进行统一规范，编制、发布和实施涵盖214个服务事项的《北京市人力社保服务规范》，初步实现人社服务“全城办同标办”。把相关联的“单项事”整合为企业群众视角的“一件事”，通过再造业务流程，制定联办规则等措施，实现灵活就业、失业服务等11个“一件事一次办”，为企业群众提供了便捷的“主题式”“套餐式”服务。在2022年度全国窗口单位业务技能练兵比武活动中，北京市首次获得团体一等奖，丰台区仲裁院的1名同志个人成绩位列全国第一，北京市有4人荣获全国“人社知识通”称号、3人荣获全国“岗位练兵明星”称号，取得历史最好成绩。

（五）统筹抓好疫情防控和事业发展。

选派4个批次47名干部下沉社区一线支援疫情防控，组织机关干部到天桥街道太平街社区参加抗疫值守。积极落实行业监管职责，切实加强职业技能培训、人力资源服务、劳务派遣等行业的疫情防控工作，组建督导组，对相关企业进行监督检查，落细落实疫情防控要求。

北京市人力资源和社会保障局

天　津　市

2022年是党的二十大召开之年，也是踏上全面建设社会主义现代化国家、向第二个百年奋斗目标进军新征程的开局之年。天津市人力资源社会保障系统坚持以习近平新时代中国特色社会主义思想为指导，全面贯彻落实习近平总书记对天津工作“三个着力”重要要求和对人社工作一系列重要指示批示精神，在天津市委、市政府坚强领导下，在人力资源社会保障部具体指导下，坚持把党的领导作为根本政治保证，把增进民生福祉作为出发点和落脚点，尽力而为、量力而行，全力以赴防疫情、保民生、促发展、优服务、强基础，攻坚克难、真抓实干，人社事业不断展现新气象、迈出新步伐、取得新成效。

一、就业形势保持总体稳定

深入实施就业优先政策，千方百计稳岗位、保就业。牢固树立“想就业，找人社”的工作理念，持续加大援企纾困力度，主要指标运行平稳，全年城镇新增就业36.05万人，城镇调查失业率全年均值5.8%，就业形势保持总体稳定。

（一）助企纾困稳就业。

实施“稳就业14条”，打出“降、缓、返、补”政策组合拳。阶段性降低失业保险费率，为企业减负达15.15亿元；缓缴养老、失业、工伤3项社保费14.59亿元；向13.72万户企业返还失业保险费14.93亿元；发放一次性扩岗补助9 605.4万元，惠及企业1.38万户，涉及毕业生等青年群体6.4万人。启动“想就业，找人社”主题宣传服务活动，各级公共就业服务机构公布就业政策清单、服务事项清单、机构名录和咨询服务电话，编印政策服务指南10万册、就业政策汇编5 000本，开发求职登记小程序。

（二）帮扶重点促就业。

深入实施“百万见习岗位募集计划”，认定630家就业见习基地，募集见习岗位3万个，组织2.4万人参加就业见习，发放就业见习补贴1.64亿元。实施离校未就业毕业生就业服务攻坚行动，对2.8万名在津求职未就业毕业生进行“一对一”实名帮扶。向21 941名困难毕业生发放一次性求职创业补贴6 582.3万元。出台《天津市劳务品牌建设实施意见》，发现培育天津特色劳务品牌25个，宁河“七里海河蟹面师”被人力资源社会保障部评为“全国劳务品牌特色形象代言人”。修订《天津市就业困难人员认定办法》，帮扶3.18万名就业困难人员、9.08万名失业人员实现就业，零就业家庭动态清零。

（三）强化培训提技能。

出台职业技能培训补贴实施办法，面向企业职工、失业人员、农村富余劳动力等重点群体开展职业技能培训，完成补贴性职业技能培训15万人次、线上培训42万人次，完成技能等级认定7.08万人。扩大技能提升补贴享受范围，对企业参保职工和领取失业保险金的失业人员取得技能人员资格证书或技能等级证书的最高给予2 000元技能提升补贴，向5.59万人发放补贴0.84亿元。认定创业培训机构68家、创业孵化基地7家，组织4万人参加创业培训，发放创业担保贷款8.14亿元。

（四）服务企业保用工。

实施提升就业服务质量工程，建立重点企业用工服务保障专班，为390家重点企业协调解决用工2.6万人。实施“10+N”专项公共就业服务活动，举办直播带岗、网络招聘等各类招聘活动1 976场，6.2万家企业提供岗位125.8万个。出台《关于加强零工市场建设的通知》，指导各区建成14家规范化零工市场。

二、社会保障稳步推进

全民参保计划深入实施，制度改革取得新进展，社保待遇水平持续提高。截至2022年底，全市基本养老、失业、工伤保险参保人数分别达到971.62万人、392.2万人、410.53万人。

（一）落实全国统筹要求。

严格落实企业职工基本养老保险全国统筹要求，规范新成立用人单位和个体工商户养老保险缴费比例，规范养老保险待遇项目，首批完成全国统筹信息系统切换上线工作。将扩面征缴列入全市绩效考核，确定考核指标、明确考核办法、压实各区责任。

（二）完善惠企惠民政策。

允许疫情期间延后办理退休手续并补发待遇，允许符合条件的单位和灵活就业人员缓缴社会保险费，维护职工参保权益。将职业学校实习生、超龄从业人员和基层快递网点快递员纳入优先参加工伤保险保障范围。推动多层次养老保险制度建设，天津作为首批先行城市启动实施个人养老金制度。

（三）稳步提升保障水平。

调整退休人员基本养老金、城乡居民基础养老金和老年人生活补助标准，惠及320万人。提高失业保险金标准，月人均提高90元，惠及14万人。提高工伤保险长期待遇标准，增幅达到4.2%，惠及工伤职工及其供养亲属近万人。调整部分工伤职工辅助器具配置项目与支付限额标准，项目总数调整至83项。

（四）全面强化基金监管。

严格落实“社会保险基金管理提升年”专项行动要求，持续推进违规一次性补缴专项检查，稳慎高效开展待遇追回及缴费清退。开展“社会保险基金安全警示教育月”活动，召开全市基金安全警示教育大会。深化与公安机关合作，进一步做好行政执法与刑事司法衔接工作，严厉打击欺诈骗保、套取或挪用贪占社会保险基金的违法行为。

三、人才引育成效显著

深入贯彻落实中央和市委人才工作会议精神，持续唱好“引育用留”四部曲，筑牢高质量发展人才基础。积极搭建以“会、展、赛、盟”为主体的引才聚才平台，“海河英才”行动计划累计引进各类人才44.9万人，战略性新兴产业从业人员占比达到26%。

（一）延揽各类英才。

组织“海河英才”系列招才引智活动，通过各类渠道引进人才10.6万人。大力集聚高层次和急需紧缺人才，重点围绕12条产业链，生物医药、航空航天等十大产业人才创新创业联盟需求，征集发布岗位需求3万余个。举办第三届天津市“海河英才”创新创业大赛海外人才赛，征集海外优质创业项目500余个，其中信创、生物医药等天津市重点产业领域项目占比38.2%，吸引海外创业人才708人，拥有博士学位518人。完成186名“三支一扶”高校毕业生招募工作。

（二）培育两支队伍。

新设立博士后科研工作站、科研流动站、实践基地56个，招收博士后632人。选拔表彰天津市有突出贡献专家80名，累计达到240名。全年新增高级职称人员1.76万人，培训高精尖缺专业技术人才1.3万人。克服疫情影响，完成30万人次职业资格考试。举办2022年“天津技能周”活动，组织第三届“海河工匠杯”技能大赛，选树第三届“海河工匠”10名，1人获得“中华技能大奖”、8人评为“全国技术能手”，全面筹备中华人民共和国第二届职业技能大赛。新认定企业培训中心43家，新增市级高技能人才培训基地10

家、市级大师工作室10家。

（三）畅通发展通道。

全面完成职称制度改革，发布卫生、艺术等最后10个系列职称改革意见，增设航空航天、轨道交通、物联网等6个新职称专业。出台专业技术人才与高技能人才职业发展贯通政策。率先出台数字经济人才培育落地政策，在全国首次公布大数据等10个数字经济新职业的培训补贴标准。“科创企业评职称”服务模式入选国家深化科技体制改革典型案例，累计评价企业74家、人才1 195名。发布境外职业资格认可目录（2022年版），明确规划、金融2个领域的国际专业人才，可按照相关规定在天津自贸试验区开展专业服务。

（四）提升服务水平。

推出“海河英才”卡制度，完善配套服务功能，打造人才在津生活工作“一卡通”。依托市级人才工作矩阵，实行“一小时反应、一天内对接、一周内反馈”工作机制，主动帮助用人单位和人才解决问题诉求。圆满完成流动人员人事档案信息化、标准化、数字化建设，实现跨省市转档“零跑动”。加快推进人力资源服务业发展，中国天津人力资源服务产业园入选国家首批人力资源服务出口基地，中智、万宝盛华等30余家知名机构入驻。成立京津冀人力资源服务与发展联盟，三地20余家人力资源服务机构加盟。截至2022年底，天津人力资源服务机构数量近3 000家，规上人力资源服务业营业收入432.65亿元，增速15.1%，高于全市规上服务业重点行业平均增速7.2个百分点。

四、劳动关系和谐稳定

坚持抓源头、重治理，深入实施根治拖欠农民工工资，高效开展劳动人事争议调解仲裁，全力创建和谐劳动关系新局面。

（一）加大案件查处力度。

全年检查各类用人单位1.4万户，涉及劳动者78.2万人。查处劳动保障违法案件696件，责令用人单位补签劳动合同127份，督促补缴社会保险费224.6万元，追发拖欠劳动者工资2 198.8万元，其中，农民工工资1 453.6万元。劳动保障监察案件结案率100%。在国务院对各省级政府2021年度保障农民工工资支付工作考核中，天津考核等级为A级，并获得国务院领导小组通报表扬。开展清理整顿人力资源市场秩序专项行动，天津市人力资源和社会保障综合行政执法总队等6家人社执法机构获评清理整顿人力资源市场秩序专项行动取得突出成绩单位。

（二）有效化解矛盾争议。

加强劳动人事争议调解组织建设，武清区劳动人事争议调解中心、北辰区经济技术开发区人民调解委员会、新天钢联合特钢有限公司劳动争议调解委员会被人力资源社会保障部、中华全国总工会、全国工商联、中国企联通报表扬为第二批“百家金牌劳动人事争议调解组织”。审结劳动人事争议案件2.94万件，涉及劳动者3.05万人，结案率为96.4%，为劳动者挽回经济损失5.77亿元。调解受理案件1.98万件，涉及劳动者2.01万人，调解成功率73.1%，为劳动者挽回经济损失1.49亿元。

（三）开展和谐创建活动。

新命名市级劳动关系和谐企业43户。津药达仁堂集团股份有限公司等13户企业和1个园区被命名为全国和谐劳动关系创建示范企业、工业园区。组织全市劳动关系协调员技能竞赛，1 200余家企业、2 700余人参赛。推进和谐同行百企培育计划，新增培育企业40户。落实新就业形态劳动者权益保障政策，服务平台企业及其合作用工企业204户，解决问题232个。疫情期间第一时间发布企业常见劳动用工问题解答，及时回应群众关切问题。

（四）规范工资分配机制。

促进居民人均可支配收入保持与经济增长基本同步，发布企业工资指导线，基准线6.5%、下线3%，同时发布住宿和餐饮业等7个行业工资指导线，引导企业和职工开展集体协商，促进工资合理增长。发布技能人才薪酬分配指引（岗位评价篇），对企业岗位评价开展专题引导，促进技能人才薪酬合理增长。推进国有企业工资决定机制改革，发布非充分竞争国有企业工资调控水平和增长调控目标。落实国有企业负责人薪酬制度改革要求，发布2022年度基本年薪基数。

五、行风建设持续向好

牢固树立“行风即是作风”的理念，把工作出发点、落脚点聚焦到民意民情民盼上，政策制定、经办管理与行风工作深度融合，系统行风建设持续向好，人社部门为民服务、保障民生形象深入人心。

（一）跑出“加速度”。

不断创新窗口经办模式，大力推行“一窗通办、一网通办、全城通办、跨省通办”。在各区人社局、社保分中心设立42个“打包办”窗口，企业员工招用、高校毕业生就业、社会保障卡申领等9个人社服务事项实现打包快办。实现10个“一件事”线上集成办理。人社服务事项办理时限平均压缩84.4%，即时办结事项124个，占比71%。创新“社银一体化”经办模式，服务网点总数达306个，部署人社自助设备622台，16家社保卡智能体验中心对外服务。

（二）织密“信息网”。

扎实推进社保卡“一卡通”应用建设，社保卡持卡人数达1 346.69万人，累计制发第三代社保卡466.48万张，加载轨道交通学生票、老年票功能，8项惠民惠农财政补贴通过社保卡发放，涉及396.5万人、19亿元。天津人社App对接天津市政务服务一体化平台，在部市两级公共服务平台开设“人社旗舰店”，实现40项应用进驻。社保缴费查询、灵活就业参保登记等事项实现“跨省通办”。推进政务数据共享，先后与市公安局等26个部门建立数据共享机制。

（三）突出“办实事”。

健全完善联系服务基层长效机制，组织“局处长走流程”和“我为群众办实事”实践活动，完成年度办实事清单事项672项、群众诉求清单事项1 203项。开展向服务对象“问需求找差距提效能”活动，活动开展以来，全市人社系统共向企业群众问需求7 483次，收集各类需求和意见建议1 882件，其中企业856件、群众1 026件。对照企业群众实际诉求共查摆问题210个，已全部整改到位。

六、基础工作扎实开展

深入落实京津冀协同发展战略，主动服务北京非首都功能疏解，全力服务雄安新区建设。持续巩固拓展脱贫攻坚成果，帮助甘肃省结对地区9.9万名农村劳动力实现就业，向天津输转农村劳动力5 414人，分别完成目标任务的381%和541%。中西部省份在津就业农村劳动力15.6万人。会同甘肃省人社部门联合印发2022年“津甘技工”东西部劳务协作品牌建设9项活动计划，涵盖职业工种推广、“海河工匠”涵养、技工院校和实训基地建设、技能大师工作室交流、技能等级证书互认等内容，打造东西部劳务协作样板工程，全年累计为结对地区开展技能培训266场，培训劳动力11 769人次。出台天津市职业技能培训规定，完成全国首部职业技能培训领域省级政府规章立法。发挥表彰评选示范引领作用，向全国推荐42个先进集体、70名先进个人；配合市有关单位表彰39个先进集体、229名先进个人。聚焦党的二十大，着力抓好人社宣传，“天津人社”公众号传播力影响力位居全市前列。畅通群众诉求反映渠道，12333来电总量353.88万次。天津市人力资源和社会保障局信访处被评为全国信访系统先进集体，天津市社保中心1名同志荣获全国“人民满意的公务员”称号，天津市社保中心南开分中心、滨海新区人社局就失业管理室、津南区人社局荣获“全国人力资源社会保障系统先进集体”称号，3名同志荣获“全国人力资源社会保障系统先进个人”称号。

天津市人力资源和社会保障局

河 北 省

2022年，河北省人力资源社会保障系统坚持以习近平新时代中国特色社会主义思想为指导，坚决落实党中央、国务院和河北省委、省政府决策部署，深入践行以人民为中心的发展思想，坚持稳字当头、稳中求进，围绕服务抓投资、上项目、促发展，念好“实、考、保、包、促、评”六字经，深化“稳就业、强保障、引才智、严管理、优服务”活动，建设应用人社一体化公共服务平台，统筹做好就业创业、社会保障、人才人事、劳动关系协调、行风建设等各项工作，圆满完成全年目标任务。

一、聚焦稳定经济大盘，千方百计稳企稳岗稳就业

坚持把稳就业作为人社系统第一位工作和服务大局的关键之举，积极应对经济下行和疫情等不利因素影响，扎实推动国家和河北省稳经济一揽子政策落实落地，稳住了河北省就业大局。全省城镇新增就业89.69万人，完成年度目标任务的104.3%，提前超额完成全年86万人目标任务。城镇调查失业率保持在合理区间。

（一）助企纾困政策加快释放。

打出“降、缓、返、补、扩”组合拳，全面推行“即申即享”“免申即享”“直达快享”，推动降低失业保险费率、阶段性缓缴社会保险费等系列政策快落地、早见效。阶段性降低失业保险费率为企业减负46.2亿元，缓缴社会保险费26.7亿元，发放稳岗返还资金18.5亿元、失业保险金12.4亿元、失业补助金4.7亿元、一次性留工培训补助19.1亿元、一次性扩岗补助0.5亿元。

（二）重点群体就业稳中向好。

出台促进高校毕业生就业创业19条政策，开展离校未就业高校毕业生服务攻坚行动，深挖就业渠道，加强实名制动态管理，做实做细就业指导服务，高校毕业生就业保持平稳。强化农民工就业服务，健全结对帮扶和劳务协作机制，促进1 275万名农民工劳动力外出务工和就地就近就业。大力开展就业援助、暖心帮扶，推动92.02万名脱贫人口（含防止返贫监测对象）务工。

（三）职业技能培训提质增效。

出台河北省“十四五”职业技能培训规划，成立职业技能培训攻坚行动专班，健全包联、督导、考核评比机制。加强与腾讯等数字产业头部企业合作，大力开展线上培训。2022年开展补贴性培训65.9万人次，超额完成全年54万人次目标任务。

（四）创业带动就业成效明显。

持续实施创业帮扶工程，加大金融助创力度。创业担保贷款规模持续扩大，创业就业良性互促。河北省新发创业担保贷款17.67亿元，扶持自主创业5 057人，带动（吸纳）就业1.62万人。会同农业银行河北省分行深度融合双方职能优势，创新“人社+金融”工作模式，在全国首创研发推广“人社惠农贷”促进农民群众就业创业，助力全面推进乡村振兴。“人社惠农贷”自2022年4月28日实施以来，已累计投放贷款10.28万笔共139.63亿元，惠及农村居民10.09万人次、小微企业

1 891 家，打造出具有河北特色的“人社+金融”服务“三农”新品牌。

（五）就业服务质量不断提升。

接续开展春风行动、就业援助月等“10+10+N”就业服务活动，做到招聘日日有、活动月月新。选树省级劳务品牌 30 个，“河北福嫂”被人力资源社会保障部推荐为全国家政护工类劳务品牌代表。河北省劳务品牌 230 个，带动就业 300 万人。参加全国劳务品牌发展高峰研讨会，作为唯一省级代表交流发言。接续开展寻找最美农民工活动，评选河北省 2022 年最美农民工 50 名。

二、聚焦构建多层次社保体系，持续深化社保制度改革

坚持以深化改革为重点，着力提层次、提质量、提待遇，不断织密扎牢社保安全网。

（一）社保制度改革深入推进。

河北省企业养老保险实现全国统筹，河北省规范待遇项目方案高质量通过部级初审。城乡居民基本养老保险实现新老系统切换。工伤保险省级统筹制度进一步完善，组织开展 2021 年度工伤保险省级统筹绩效考核。失业保险省级统筹加快推进，出台失业保险经办规程、省级统筹绩效考核办法和省级统收统支基金管理办法。2023 年 1 月 1 日正式实施失业保险省级统筹。

（二）社保覆盖范围持续扩大。

加强与税务等部门信息比对和业务协同，依法依规精准扩面。截至 2022 年底，河北省企业职工基本养老保险、城乡居民基本养老保险、失业保险、工伤保险参保人数分别为 1 535.28 万人、3 568.52 万人、795.43 万人、1 105.92 万人。

（三）社保待遇水平稳步提高。

在国家提高城乡居民基础养老金最低标准 5 元基础上，河北省再提高 5 元，由 113 元提高到 123 元，惠及 1 123.66 万人。同步调整企业和机关事业单位退休人员养老金。

（四）社保卡应用更加充分。

河北省社保卡持卡人数 7 391 万人，基本做到人手一卡。全力服务乡村振兴，与农业银行河北省分行联合推出“人社惠农贷”，瞄准巩固脱贫成果和乡村振兴工作，充分发挥部门职能作用，构建“人社+金融”服务模式，降低了小微企业融资成本，提高了授信调查和精准营销效率，促进了社会保险参保扩面，形成多方共赢局面，得到人民群众和社会各界广泛赞誉，打造出具有河北特色服务“三农”新品牌。

（五）基金风险防控不断强化。

积极开展社保基金管理提升年行动，建立健全社会保险基金监管制度机制，常态化开展警示教育，持续推进社保经办风险防控数字化转型，进一步完善稽核风控系统，制定社保经办岗位权限管理实施细则，落实电子社保卡扫码登录，取消用户口令访问，积极探索推进虹膜识别技术，有效确保基金安全。

三、聚焦人才发展体制机制改革，持续激发人才创新活力

坚持党管人才原则，深入实施人才强省战略，紧紧围绕产业发展需求，以深化人才引进、培育、评价、激励机制改革为重点，大力加强技能人才和专业技术人才队伍建设，为河北省经济社会发展提供智力支持。

（一）技能人才队伍建设持续发力。

全面抓好党中央、国务院《关于加强新时代高技能人才队伍建设的意见》的学习贯彻，研究制定落实举措。出台健全完善新时代技能人才职业技能等级制度 17 条措施，形成“新八级工”职业技能等级（岗位）序列，拓宽技术工人晋升渠道。持续健全技能人才评价体系，严格评价标准。扎实开展“山寨证书”专项治理。大力发展技工教育，出台实施河北省“十四五”技工教育规划、深化技工教育改革大力发展技工教育等政策文件，积极推进技师学院扩容提质，新设立技师学院 2 所，河北省技工院校达到 207 所，在全国排名前列。

做好第十六届高技能人才评选表彰推荐。

（二）专业技术人才选拔培养力度不断加强。

坚持“破四唯”与“立新标”并举，持续深化职称制度改革，修改完善系列专业职称申报条件，优化升级职称评审系统，持续向用人单位放权、为人才松绑。全面推行职业技能等级认定制度，将高技能人才与专业技术人才贯通领域扩大到8个系列。加强青年科技人才培养，新成立博士后科研工作站8个，河北省博士后站点累计达424个（新增31个博士后创新实践基地）。充分发挥现有专家人才作用，开展专家延退自主审批试点，为84名专家办理延退。接续开展专家服务基层助力乡村振兴工作，获批专家服务基层工作项目2个，国家级专家服务基地1个。

（三）创优人才服务发展环境。

开展人才人事工作大调研大服务大提升活动，全力推动人才人事工作提档升级。充分学习借鉴福州人才工作经验做法，研究起草河北省吸引高层次人才政策。组织开展京津冀招才引智大会、高层次人才引进高校行、第十二届河北省沿海经济崛起带高层次人才交流大会等60余场活动，为人才优质发展搭建更多平台。

（四）事业单位人事薪酬制度改革取得新突破。

聚焦搞活事业单位各类人才，规范和改进公开招聘、岗位管理、薪酬激励等政策。全面实施县以下事业单位管理岗位职员等级晋升，打破基层事业单位工作人员晋升的“天花板”。事业单位高层次人才薪酬激励成效突出，实施高层次人才薪酬激励计划，河北省属12所高校实行年薪制、协议工资。强力推进公立医院薪酬制度改革，义务教育教师待遇保障、事业单位补充绩效工资等工作扎实推进，人才发展活力进一步加强。

四、聚焦构建和谐劳动关系，着力维护企业和劳动者合法权益

强化底线思维，注重标本兼治，坚持促进企业发展和维护劳动者权益相统一，持续健全制度机制，注重用法治思维和法治方式积极防范化解劳动关系领域突出风险，河北省劳动关系保持总体和谐稳定。

（一）根治欠薪取得实效。

出台农民工工资保证金实施办法等政策文件，建成河北省级农民工工资支付监控预警系统。严密组织实地考核，圆满完成省考和国考任务。紧盯雄安、北京冬奥会等重点地区重点项目，压茬开展系列专项行动，共办结欠薪案件1.86万件，为6.25万名农民工追发工资8.03亿元，实现欠薪案件随出随清、动态清零，欠薪态势得到有效遏制。

（二）积极构建和谐劳动关系。

以推动新形势下劳动关系和谐稳定为重点，全面开展“和谐同行”千户企业培育共同行动，持续健全完善劳动关系三方协调机制。认真落实维护新就业形态劳动者劳动保障权益和快递行业集体协商工作指导意见等文件。持续加强各级仲裁院标准化、制度化、规范化建设，劳动人事争议调处效能不断提升，处理劳动人事争议5.0万件，涉及劳动者5.7万人，仲裁结案率99.6%、调解成功率71.5%，位列全国第二。

（三）国有企业工资分配制度改革积极推进。

发布2021年度河北省属国有企业负责人基本年薪基数，对最低工资标准执行情况开展评估研究，发布2021年部分职业工资指导价位和全省最低工资标准。

（四）做好就业市场动态监测、社保基金、信访稳定等风险防控工作。

召开河北省人社系统安全维稳调度推进会，深入开展安全生产大排查大整治专项行动，全力防范化解人社领域风险隐患。妥善处理中央和河北省信访联席办转办交办的重复信访事项251项，全年化解信访事项7 399件，全省人社系统在北京冬奥会、党的二十大期间驻京协访确保了人社领域安全稳定。

五、聚焦行风建设打造良好营商环境，全面推广应用人社一体化公共服务平台

坚持把一体化平台建设应用作为“解放思想、奋发进取”的重要抓手，落实国家和河北省“放管服”改革和优化营商环境部署要求，以数字技术赋能转作风优服务提效能，大幅减环节、减材料、减时限，有效解决了群众办事“大包、小包”问题，着力打造优质高效的人社政务环境，让市场主体和群众依规办事不求人、方便快捷少跑腿。

（一）举河北省人社全系统之力建设应用一体化公共服务平台。

完成开发46个系统上线运行，纵向与人力资源社会保障部83项跨层级跨部门数据实现共享，横向与17个部门数据共享。建成省市县乡村“五级八统一”的公共服务标准化体系，将人社业务延伸到河北省所有乡镇和村级综合政务服务平台。规划河北省就近办清单186个，自助办82个，全力打造城区步行15分钟、乡村辐射5公里的人社便民服务圈。

（二）“放管服”改革持续深化。

梳理规范河北省公共服务事项365个，减少办事环节286个，精简证明材料152种。全面推行人社服务综合柜员制，让企业和群众“进一门，能办人社所有事”。开展“人社服务快办行动”，全面推进政务服务事项“一门办、打包办、简便办、就近办、自助办”，群众满意度和幸福感不断提升。

（三）窗口服务质量不断提升。

持续加强系统行风建设，深入开展窗口单位比武练兵，涌现出一大批人社服务标兵，河北省人社服务质量持续提升。

河北省人力资源和社会保障厅

山 西 省

2022年，山西省人力资源社会保障系统坚持以习近平新时代中国特色社会主义思想为指导，深入贯彻落实人力资源社会保障部和山西省委、省政府决策部署，认真落实全面从严治党主体责任，圆满完成全年工作任务。山西省人力资源和社会保障厅被评为山西省精神文明标兵单位和社会主义核心价值观建设示范点。

一、强化就业优先战略，促进高质量充分就业

（一）实施就业优先政策。

召开山西省稳就业工作推进会议，山西省委省政府主要领导出席会议并讲话，并以山西省委省政府两办名义出台稳就业保就业25条。2022年，山西省城镇新增就业46.28万人，完成国家下达计划的115.7%，完成山西省定计划目标的102.84%。就业困难人员就业、失业人员再就业等目标任务均超额完成。

（二）狠抓重点群体就业。

千方百计促进高校毕业生就业创业，2022年度高校毕业生就业任务完成良好。全省农民务工就业规模突破600万人。做好困难人员就业帮扶，落实公益性岗位兜底措施，保持零就业家庭动态清零。

（三）鼓励创业带动就业。

落实实施市场主体倍增工程部署，加大创业扶持力度，强化创业载体建设。2022年，各类创业园区、孵化基地共吸纳创业实体1.47万户，吸纳就业6.1万人。

（四）开展职业技能培训。

扎实办理山西省政府“实施职业技能提升培训工程”民生实事。面向跨省务工人员提供适应性培训，面向重点群体提供4 000元补贴的订单式、项目制培训，面向太忻一体化经济区、综改示范区和各开发区产业集群提供8 000元补贴的定向式培训。2022年，完成补贴性职业技能培训60.69万人。

（五）健全就业服务体系。

大力建设“三场三站一平台”，推广零工市场经验。不间断组织“惠民生促就业”等活动，推广云招聘、直播带岗，全省线上线下举办招聘活动5 203场，提供岗位240.74万个。加强劳务品牌建设，打造“吕梁山护工”等特色劳务品牌，并受到国务院第九次大督查通报表扬。

二、健全社会保障体系，织密安全网建好稳定器

（一）实施全民参保计划。

推动全省26.9万名公务员参加工伤保险，将基层快递网点快递员纳入工伤保险保障范围。截至2022年末，全省参加城镇职工基本养老保险、城乡居民基本养老保险、失业保险、工伤保险人数分别为1 065.84万人、1 628.19万人、531.45万人、664.96万人。

（二）推进社保统筹层次提高。

推进企业职工基本养老保险全国统筹，最早接入全国信息系统，制定贯彻落实意见。出台失业保险、工伤保险统收统支的省级统筹办法。引导符合条件的企业建立企业年金。在晋城市开展个人养老金试点。实施重点行业工伤预防行动，山西省政府审议通过《山西省实

施〈工伤保险条例〉办法》。

（三）破解社保领域难题。

清理规范养老保险待遇项目，解决退休人员“取暖费”列入待遇项目清单外的问题。全面梳理社保历史遗留问题，形成15条具体举措。编制2022版社保公共服务事项清单和办事指南，整合省市县三级社保经办机构，推动经办标准化。

（四）提高社保待遇水平。

调整企业和机关事业单位退休人员基本养老金，总体增幅4%，惠及291.21万人。提高城乡居民基本养老保险基础养老金标准，月人均待遇水平达到147.43元。提升失业保险金计发标准和工伤待遇水平。优化退休待遇核定流程，提高退休人员临时待遇水平。

（五）强化基金监督管理。

山西省人力资源和社会保障厅把2022年作为社保基金管理提升年，印发了12条举措，深化专项整治。2022年，新划拨88.55亿元基金委托社保基金理事会投资，对2017年委托到期的200亿元资金经省政府同意继续委托投资。截至2022年底，累计划拨委托投资477.95亿元，年均投资收益率6.49%。

（六）全力助企纾困解困。

顶格执行稳岗减负各项政策。2022年，为企业减负近106亿元。其中，阶段性降低失业保险费率，为企业减负23.89亿元；阶段性缓缴养老保险费40.99亿元、失业保险费1.94亿元；采取免申即享方式，发放失业保险稳岗返还13亿元；发放一次性扩岗补助5 342.55万元、失业补助金3.83亿元；为经确认为中高风险疫情地区的县（市、区），对因新冠肺炎疫情严重影响无法全员到岗、暂时无法正常生产经营的参保企业和全省所有餐饮、零售、旅游、民航、公路水路铁路5个特困行业参保企业，按每名参保职工500元的标准发放一次性留工培训补助，共计12.47亿元；提取2021年底累计结余失业保险基金的4%（约6.5亿元）至省级职业技能提升行动资金中，为16.09万名符合条件人员发放职业技能提升补贴2.85亿元。

三、落实人才强省战略，激发人才创新创造活力

（一）壮大专业技术人才队伍。

聚焦“六新”发展，服务山西省“一群两区三圈”城乡区域发展战略和三大创新工程。实施专业技术人才知识更新工程，举办国家级、省级高级研修项目40期，培训高层次急需短缺人才3 200余人。加大博士后科研流动站、工作站建设力度，新设立4个博士后科研工作站。深化职称制度改革，推动用人单位自主评审。

（二）建设高技能人才队伍。

落实《关于加强新时代高技能人才队伍建设的意见》，建成省级高技能人才培养基地5个，技能大师工作室20个。2022年，全省新增技能人才43.04万人，新增高技能人才12.9万人，技能人才占从业人员比例超过31%。

（三）优化事业单位人事管理服务。

圆满完成2022年山西省事业单位公开招聘工作，支持用人单位多方式招聘优秀人才。会同山西省委组织部完成全省事业单位管理岗位首批职员等级晋升工作。提高省属三甲医院和山西省疾控中心专业技术高级岗位比例执行标准，支持国家区域医疗中心建设。

四、构建和谐劳动关系，积极有为促进共同富裕

（一）多渠道促进居民增收。

发布企业工资指导线，研究提高山西省最低工资标准。2022年，山西省城镇居民人均可支配收入39 532元，增长5.6%，高于全国平均增速（3.9%）1.7个百分点，高于山西省经济增速（4.4%）1.2个百分点。

（二）推进非营利性服务业增长。

规范全省事业单位工资津贴补贴，深化公立医院薪酬制度改革，落实非营利性服务业提质增效18条举措。2022年，全省非营利性服

务业实现增加值 3 328.4 亿元。

（三）维护职工合法权益。

出台促进国有企业劳动关系和谐稳定 16 条、煤矿智能化建设中富余职工安置举措。推动新就业形态劳动者权益保护列入地方立法计划，开展维护新就业形态劳动者权益专项行动。

（四）深化欠薪治理工作。

在全国率先颁布实施省级政府规章《山西省保障农民工工资支付办法》。会同相关部门建立根治欠薪行政司法联动机制。2022 年，全省累计解决欠薪案件 1.89 万起，为 9.28 万名农民工追发工资等待遇 14.37 亿元。在国务院保障农民工工资支付工作年度考核中，山西省名列全国第三位，省政府受到国家通报表扬。

五、聚焦服务意识和能力提升，持续加强系统行风建设

（一）强化系统行风意识。

常态化发挥行风建设三个机制作用（窗口单位业务技能练兵比武，线上线下全业务、全覆盖、多层级“厅局长走流程”，青年干部调研暗访）。深入推进“人社服务快办行动”，人社政务服务好评率保持在 99%以上。贯彻《国家标准化发展纲要》，推进人社领域基本公共服务标准化建设。

（二）推进法治人社建设。

完善立法工作制度，严格行政规范性文件制定管理。落实《重大行政决策程序暂行条例》，做好山西省人力资源和社会保障厅重大决策社会稳定风险评估工作。落实重大行政执法决定法制审核制度，加强行政执法层级监督，组织开展行政执法案卷评查工作。创新普法宣传手段，开展“送法进企业、劳动者法治护航”活动，推进法治文化阵地建设。

（三）持续优化营商环境。

贯彻落实山西省委省政府关于优化营商环境的部署，深化“放管服”改革，提供高效率、便捷化服务，提升企业和群众的满意度。更新调整行政许可事项办事指南，按照“最小颗粒度”情形再造流程。深入推进“证照分离”改革，压减审批时限，拓展网上办事广度，提高审批事项即时办理比率和效率。深化“一枚印章管审批”改革，扩大职称电子证书实施范围。

（四）广泛开展政策法规宣传。

充分利用宣传矩阵平台，全方位、立体化开展政策法规宣传。推动“四进两知晓”惠民服务，政策法规出台后第一时间进企业、进社区、进学校、进大厅，让群众知晓、让经办机构知晓。持续开展“看得懂、算得清”政策法规解读，用通俗易懂的语言、灵活多样的方式，最大限度方便群众了解熟悉。

六、用心用情抓帮扶，巩固脱贫攻坚成果，推进乡村振兴

（一）巩固“两不愁三保障”成果，确保不返贫不致贫。

坚持每半月入户走访监测户、脱贫户，每月通过各种方式走访其他农户，逐条逐项、逐户逐人开展排查，认真填写收支测算表、信息采集表、风险排查表和走访台账。疫情防控期间，千方百计减少疫情对群众外出务工、春耕备耕、项目复工等影响，想方设法调动群众增收的积极性，确保不发生新的返贫致贫问题。联系协调省级三甲医院入村开展义诊，受益村民累计达 200 余人次。开展专项招聘活动，将 5 000 余个就业岗位送到百姓家门口。严格落实光伏发电收益分配方案，将光伏发电收益的 100%用于脱贫户。积极开展消费扶贫，累计销售农产品 18 万余元。协调山西省民政厅，拨付专项资金 7 万元用于补充安心超市物资和慰问困难群众。为 8 户特别困难群众申请每人 3 000 元特别救助金。拨付 5.8 万元用于改善驻村工作队住宿条件及购买生活物资。

（二）改善人居环境，推进基层治理。

协助当地开展“六乱”整治活动，改善村容村貌，环境和谐优美。完善村规民约，加强群众法律意识、社会公德、家庭美德、个人

品德修养。依托爱心超市，发放积分兑换物资，形成自立自强、勤劳致富、遵纪守法、孝老爱亲、友善诚信良好风气。开展星级文明户评比，提升基层治理能力和治理水平。

（三）真心融入乡村，真情为民办事。

开展“六一”慰问村小学老师和学生活动，联系社会力量，为西建安小学捐赠162本价值5 000余元的图书。为行动不便村民购买所需物资，为村民提供免费法律咨询。通过各种渠道向村民宣传国家扶贫优惠政策，千方百计激发群众自主致富内生动力，确保群众稳中增收。

山西省人力资源和社会保障厅

内蒙古自治区

2022年，面对严峻复杂的经济形势、多轮疫情的冲击和艰巨繁重的工作任务，全区各级人力资源社会保障部门坚持以习近平新时代中国特色社会主义思想为指导，紧紧围绕迎接宣传贯彻党的二十大这一主线，认真落实“疫情要防住、经济要稳住、发展要安全”的要求，以推进“人力资源社会保障工作提质增效年”为牵引，部署实施党建引领提质、就业扩容提质、社会保障改革提质、技术技能人才引育提质、劳动关系治理提质、政务服务创优提质、风险防控筑堤提质7项工程，抓专项整治、抓品牌创建，就业创业、社会保障、人才人事、劳动关系等各项工作取得明显成效，年度重点指标均圆满完成，为全区经济社会发展做出了积极贡献。

一、深入实施就业创业扩容提质工程，就业局势保持总体稳定

积极应对超预期冲击影响，坚决扛起稳就业、保就业政治责任，顶住巨大压力、付出艰辛努力，年度城镇新增就业20.5万人，完成国家下达任务的113.8%。促进农村牧区劳动力转移就业等5项就业创新举措入选全国地方就业创新事件。

（一）就业优先政策有效落实。

启动“优化营商环境就业扩容提质工程”，实施“创业内蒙古行动”“技能内蒙古行动”“就业服务质量提升行动”“促进重点群体就业行动”“重点项目助推就业行动”五项行动，密集出台42个配套政策文件。顶格执行“降、缓、返、补、扩”组合式助企纾困政策，兑现“真金白银”政策红利78.7亿元，全力支持企业稳岗扩岗。深入开展“走基层、送政策”等精准宣传活动，实行“免申即享”“即申即享”“直补快办”经办服务模式，扩大政策知晓面，提升办理便捷度。

（二）重点群体就业稳中有升。

坚持把高校毕业生等青年就业摆在突出位置，启动实施了高校毕业生政策性统筹就业计划和促进市场就业计划，加大岗位征集力度，落实离校未就业高校毕业生实名服务帮扶“131”举措，顶住疫情压力组织了两次全区范围的事业单位公开招聘笔试，尽快释放优质岗位资源，促进毕业生及早就业，离校未就业高校毕业生就业去向落实率达93.3%。扎实开展“春暖农民工”专项活动和“春风行动”，健全劳务协作机制，多渠道促进农牧民工转移就业259.3万人，超额完成年度计划；特别是克服10月份疫情影响，会同公安、交通等部门组织了农牧民工返岗或返乡“点对点”服务保障工作，通过包车接送等“绿色通道”帮助5.4万名农牧民工返岗返乡。精准做好困难群体兜底帮扶，失业人员再就业人数10.7万人、就业困难人员就业人数6.8万人，分别完成年度计划的215.2%、137.6%，零就业家庭持续保持动态清零。

（三）创业带动就业倍增效应充分显现。

深化“创业内蒙古”行动，落实创业场地扶持、创业激励等7个方面、22条具体措施，组织实施创业培训“马兰花计划”，强化创业培训后续服务工作，着力扶持重点群体创业就业。优化简化经办流程，加大力度落实个

人担保贷款 10 万元以下免除反担保政策，发放创业担保贷款 16.4 亿元，完成年度计划的 137%；创业培训 2.8 万人，完成年度计划的 140%。指导各地完善创业园（孵化基地）的功能，提高服务效能，累计培育创业园（孵化基地）344 家，其中，国家级创业孵化示范基地 7 家、自治区级示范性创业园（孵化基地）69 家。

（四）劳动者技能不断提升。

深化“技能内蒙古行动”，强化重点群体就业技能培训，完成城乡就业技能培训 14.9 万人次，其中城镇就业技能培训 6.3 万人次，农村牧区劳动力转移就业技能培训 8.6 万人次。以“技兴北疆　能创未来”为主题，成功举办自治区第一届职业技能大赛，是自治区举办的规格最高、规模最大、竞技项目最多、覆盖领域最广的综合性集中职业技能赛事，选拔出 485 名优秀高技能人才。

（五）公共就业服务更加精准。

积极推广应用“四位一体”公共就业服务云平台，广泛组织线上线下公共就业招聘活动，促进求职招聘、技能培训精准对接，年内单位注册 1.3 万个，用人单位累计发布岗位数 35.1 万个；个人注册 7.9 万人。组织全区夏季招聘会、云端招聘会等各类招聘活动，融合开展人力资源社会保障部规定的系列活动，累计提供岗位 152.7 万个。

二、深入实施社会保障改革提质工程，民生保障网越织越密

深入学习习近平总书记关于社会保障工作的重要论述精神和《促进我国社会保障事业高质量发展、可持续发展》的重要文章，全面领会内涵要求和精神实质，狠抓贯彻落实。

（一）制度改革顺利推进。

全面落实企业职工养老保险全国统筹，经办信息系统顺利接入国家中台，初步完成了企业职工基本养老保险待遇支付项目清理工作。机关事业单位养老保险制度改革稳步推进，实现了新老办法计发待遇的平稳衔接。呼和浩特市列入全国首批个人养老金先行城市。

（二）扩面工作成效明显。

制定自治区“十四五”期间基本养老保险扩面工作方案，加强与公安、医保等部门信息共享，及时更新全民参保信息系统数据，持续加大参保扩面力度。截至 2022 年底，全区基本养老保险参保人数达到 1 693.8 万人，较上年末增加 79 万人，其中参加城镇职工基本养老保险人数 895.2 万人，完成国家下达计划的 105.3%。参加工伤保险 349.9 万人，较上年末增加 11.7 万人，完成国家下达计划的 102.9%；新开工工程项目 1 907 个，工伤保险参保率 99.6%，高于国家年度目标 9.6 个百分点。参加失业保险 308.4 万人，较上年末增加 17.6 万人，完成国家下达计划的 103.5%。

（三）各项待遇按时足额发放。

全力均衡基金收支、缓解支付压力，强化预算刚性约束，落实基金支出计划申报和预警报告制度，2022 年全区企业职工、机关事业单位职工和城乡居民基本养老保险以及工伤保险收入分别达到 1 054.3 亿元、415.4 亿元、84.3 亿元、13.4 亿元，为 277.6 万名企业离退休人员、57.7 万名机关事业单位退休人员、266.4 万名城乡居民待遇领取人员，按时足额发放了养老保险待遇。城镇退休人员养老金、城乡居民基本养老保险基础养老金标准进一步提高。

（四）基金管理更加严格。

扎实开展人社领域基金资金管理问题专项整治行动和管理提升年行动，制定经办内控管理办法、经办岗位管理权限实施细则和违规基金追缴流程等制度，联合民政、司法、税务等 14 部门印发《关于建立自治区社会保险基金管理风险防控数据共享比对工作机制的通知》，有力维护了基金安全。

（五）经办服务高效便民。

推行不见面服务，基本建成覆盖全区五级的标准化、现代化社保经办线上线下网络服务体系，待遇资格认证、参保缴费等实现了掌上办、网上办，网办率达到 95%，117.4 万名待遇领取人员实现静默认证。

三、深入实施技术技能人才引育提质工程，人才创新创业活力进一步激发

坚持党管人才原则，充分发挥人社部门职能优势，突出人才培养、评价选拔、使用激励机制改革创新，技术技能人才队伍不断壮大。

（一）人才政策进一步完善。

持续深化职称制度改革，完善职称评价标准，新修订32个职称评审条件，全面下放职称评审、人才引进、岗位聘用自主权，自治区本级人才引进、高级专家延聘不再审批（改为事后备案），并且即收即办。围绕人才引育、薪酬改革、人才评价、公开招聘等制定了9个创新政策，实施非公有制领域专业技术人才、专精特新中小企业和制造业冠军企业职称评审倾斜政策。创新事业单位岗位设置方式，开辟高层次人才岗位聘用“直通车”，事业单位可通过特设岗、定向岗、创新岗、流动岗引进、用好、留住人才。在旗县及以下实行高级职称“定向评价、定向使用”，鼓励更多人才扎根基层。

（二）人才引育进一步加强。

启动新一轮专业技术人才知识更新工程，实施“新世纪321人才工程”等人才培养计划，组织实施少数民族地区专业技术人才特培计划。实施“草原英才”工程青年创新创业人才培养计划，加强博士后工作，新建9家博士后科研工作站。加强人才引进，全区引进高层次人才3 385名，围绕自治区重点产业链，首次开展企业引育人才奖励并给予25家企业资金支持。壮大技能人才队伍，新增社会化职业技能等级评价机构85家和技能人才23.1万人，其中高技能人才5.6万人。在全国搭建了首家事业单位公开招聘云笔试、云面试平台，实现“送考上门、居家竞岗”，“开启‘云招聘’新模式搭建促进就业便利化通道”入选自治区党委深改委2022年度改革优秀案例。

（三）人才激励保障进一步强化。

落实事业单位高层次人才工资分配激励政策，指导11家高等院校实行年薪制、项目工资制。打通8个领域技能人才等级认定与专业技术职称评审通道，推进职称评审信息区内在线查验、地区间职称互认，录入职称评审证书信息117万条。组织开展人才座谈和专家休假等活动，真心关怀人才。持续完善符合事业单位特点的薪酬激励政策体系，与公务员建立绩效奖金同步建立事业单位工作人员绩效奖金。扎实开展义务教育教师工资待遇专项整治行动，有力保障义务教育教师工资按时足额兑现。

四、深入实施劳动关系治理提质工程，劳动者合法权益得到有力维护

坚持把和谐劳动关系作为社会稳定的重要基础，密切关注劳动关系领域新情况、新问题，创新维权举措，提高治理效能。

（一）和谐稳定的劳动关系不断夯实。

出台内蒙古自治区维护新就业形态劳动者劳动保障权益的实施意见，健全新就业形态用工保障机制，补齐政策短板。深入开展劳动关系“和谐同行”能力提升三年行动计划，不断加强和谐劳动关系创建，持续健全和培育协调员队伍和调解组织，全区累计认定和谐劳动关系单位2 454家、工业园区21个；累计培养劳动关系协调员7 138人，其中金牌劳动关系协调员213人；培育金牌协调劳动关系社会组织24家、金牌劳动人事争议调解组织43家，其中6家调解组织受到人力资源社会保障部通报表彰。

（二）企业工资宏观调控和指导不断加强。

强化企业工资宏观调控和指导，加强工资指导线和企业薪酬调查与信息发布制度的衔接，为企业合理确定工资水平提供更具针对性的信息引导。鼓励企业采取年薪制等办法，提高高技能领军人才薪酬水平。

（三）调解仲裁效能得到新提升。

依法高效办理劳动人事争议案件，强化预警研判和信访维稳，确保将风险隐患发现在伊始、化解在萌芽。处理争议案件3.7万件，调解成功率、仲裁结案率分别达到76.8%、98.7%。国家和自治区信访、巡视等多渠道交办、转办的信访事项，全部化解结案。

（四）根治欠薪工作有力有效。

启动实施贯穿全年、覆盖工程建设始终的拖欠农牧民工工资问题专项整治行动，健全人社劳动监察、行业主管部门工作人员包片包项目的常态化“双驻双查”联合监管模式，制定工程建设领域工资保证金管理、专用账户管理2个实施细则，与纪委监委建立联动问责机制，畅通与工信、信访等部门的案件线索信息共享，开通自治区根治拖欠农牧民工工资线索反映平台，全年办结全国和自治区平台线索3.7万条，为1.2万名农牧民工追发工资1.4亿元，涉及人数、金额同比下降78.9%和79.3%。根治欠薪工作在国家考核排名由第32位提升到第24位，前进了8位。

五、深入实施政务服务创优提质工程，人社公共服务能力显著提升

坚持“把群众当亲人、让群众少跑腿、办事不折腾、不求人就能办”，人社领域优化营商环境70条举措落地见效，服务事项网办率达到93%，“掌上办”85项、“一窗办”164项、“跨省通办”30项，线上经办服务占比提升到60%，企业参保缴费、稳岗返还等高频业务线上经办率达到80%以上。扎实开展“两优”专项行动，主动对标先进地区服务标准，最大限度“减材料、减环节、减时限、放权力”，梳理各类服务事项321项，30项服务实现“零材料”办理，113项服务办事材料压减到2个以内，109项服务压缩办理时限1 267个工作日，做到“放”出活力、“服”出成效。常态化开展练兵比武，自治区获得全国赛团体三等奖，1人荣获全国“人社知识通”。组织开展人社干部“走流程优服务”活动，聚焦人社领域重点政策落实、高频服务事项，查堵点、解难点、治痛点，各级人社部门开展走流程417次。

六、深入实施人社风险防控筑堤提质工程，发展基础不断夯实

坚持问题导向，部署开展“人社领域基金资金管理问题”“基本养老保险参保率低问题”等12项重点专项整治和34项配套整治，有力推动问题大起底、大整治，发现的社保经办规程不健全、内部管理不规范和就业补助资金管理不严格等问题全部完成整改，基本养老保险参保率提升3.8个百分点，企业职工养老保险基础数据治理通过国家验收，专项整治成效明显。开展人社领域信访突出问题专项治理，在自治区本级、盟市、旗县（市、区）三级信访局接访大厅增设人社业务接待服务窗口，从源头上依法分类处理人社领域信访突出问题，中央信访工作联席办交办自治区人社系统重复信访事项和信访积案化解率100%。抓好12345工单办理和12333电话咨询工作，落实首办责任，12345热线响应率、解决率、满意率均达到90%以上，高于自治区本级平均水平。

七、坚决扛起政治责任，助力乡村振兴展现人社新作为

紧紧围绕“一个强化、两个不变”要求，全面开展就业、社保、人才、技能等人社全领域、全维度帮扶，持续助力脱贫人口、低保、特困等困难群体稳定脱贫、稳定就业。深化京蒙协作，通过建立健全对口帮扶协作机制，推进区域间数据共享、信息共享，协同举办线上线下专场招聘会，搭建供需对接平台，为脱贫劳动力就业和稳定就业提供帮扶。联合自治区乡村振兴局印发村级就业帮扶协管员管理办法、就业帮扶车间管理办法、乡村公益性岗位开发与管理办法等7个政策举措文件，促进脱贫人口稳定就业增收。2022年，帮助脱贫人口务工就业20.6万人，完成年度计划的106.9%；为54.2万名低保对象、特困人员等困难群体代缴城乡居民基本养老保险费，代缴率达100%；培训和现场技术指导服务农牧民和基层专业技术人才2.6万人次。

内蒙古自治区人力资源和社会保障厅

辽　宁　省

2022年，辽宁省各级人力资源社会保障部门坚持以习近平新时代中国特色社会主义思想为指导，全面学习贯彻落实党的二十大精神，深刻领悟“两个确立”的决定性意义，坚持人民至上、发扬斗争精神、勇于担当作为，采取了一系列惠民生、暖民心的举措，在发展中保障和改善民生，全年目标任务圆满完成，各项工作取得积极成效，2次在国务院就业工作会议上做典型发言，10次在人力资源社会保障部专题会议上做经验交流，国务院两轮督查均给予充分肯定，在省级以上主流媒体发布人社新闻1 700余篇。

一、就业创业工作

（一）主要目标完成情况。

坚持就业是最大民生，努力实现更加充分和更高质量就业。实施就业优先战略和就业优先政策，全年不松气不歇脚，就业局势总体稳定。全省城镇新就业人员79.2万人，新增就业46.2万人，完成年度计划的102.7%；城镇失业人员再就业43.5万人，完成年度计划的124.3%；就业困难人员就业8.1万人，完成年度计划的134.4%；新增青年就业见习岗位2.79万个，完成年度计划的139.7%；扶持创业带头人1.3万人，完成年度计划的126.7%。

（二）人社领域助企纾困情况。

全年累计释放惠企红利103.11亿元。实施阶段性降低社会保险费率政策减征失业保险费21.68亿元、工伤保险费1.63亿元。落实阶段性缓缴社会保险费政策，为6 804户次企业（项目）缓缴企业职工基本养老、失业、工伤保险费单位缴费部分27.85亿元。继续实施失业保险稳岗返还政策，全面实行“免申即享”，累计为14.7万户企业拨付失业保险稳岗返还资金16.1亿元，稳定岗位341.3万个。为17.97万名灵活就业困难人员发放社保补贴3.64亿元。加强对全省创业孵化载体建设的指导，对6户全国创业孵化示范基地给予奖补0.08亿元，鼓励为初创企业提供场地支持服务。支持职业技能提升，全省106.1万人次参加职业技能培训，发放培训补贴4.2亿元。

（三）高校毕业生就业创业情况。

2022届全省普通高校毕业生38.84万人中离校未就业高校毕业生5.8万人，回访率和服务率达到100%，有就业意愿的2 362名困难毕业生帮扶就业率达100%。开展“心系辽宁·情注家乡”、“百校千企”人才对接计划、大中城市联合招聘等活动1 166场，发布岗位51.34万个次。优化就业服务，开展省情宣讲、政策解读、招聘服务10项“公共就业服务进校园”活动1 185场，提供就业指导、创业服务、职业培训16.5万人次。组织发布青年见习岗位需求2.79万个，参加见习1.24万人，拨付见习补贴资金7 895.1万元。针对性开展就业指导，举办“同心战疫、就在云端——就业指导专题活动”主题宣讲13期，参与毕业生近10万人次。开展辽宁省“奋斗正青春·筑梦在辽宁”高校毕业生等青年群体就业“双百日”攻坚行动。开展直播带岗，创建省级“融媒体就业服务工作室”，推动人社厅局长“直播带岗”、省市高校联动直播常态化，省本级全年直播60场。

（四）重点群体就业情况。

办好“帮助6万名以上就业困难人员实现就业”纳入省政府工作报告“十件民生实事项目清单”，全省各级人社部门和公共就业服务机构通过稳岗扩岗支持就业创业、提供有针对性帮扶措施、强化就业服务保障举措，全年累计帮扶8.1万名就业困难人员实现就业。实施“精准服务促就业·暖心援助惠民生”重点群体就业创业服务攻坚季行动，全力促进困难群体就业，全省登记失业人员实现再就业43.5万人，2102名脱贫劳动力享受就业援助政策，零就业家庭至少一人实现就业。开展就业援助“暖心活动”、就业援助月、民营企业招聘月和金秋招聘月等公共就业服务专项活动，累计举办招聘会2 307场次，发布岗位信息43.7万个次，达成就业意向4.6万人次。开展“春暖农民工行动”，组织专车118次，为2 998名农民工提供“点对点”服务，全省农村劳动力成功转移就业113.5万人。沈阳市“舒心就业”平台成为首批全国20个公共就业服务能力提升示范项目之一，获得国家1亿元支持。

（五）职业技能培训情况。

深入实施职业技能提升行动，全年共开展各类职业技能培训41.1万人次，完成计划的136.9%；开展以工代训65万人，职业技能培训资金支出4.21亿元；培训企业新型学徒1.4万人，完成计划的140%；技工院校招生2.9万人，完成计划的122.4%，圆满完成各项任务指标。支持企业普遍建立“八级工”职业技能等级（岗位）序列，不断畅通技能人才成长通道。建立急需紧缺技能人才职业（工种）参考目录发布制度。会同省财政部门编制发布4批209项急需紧缺技能人才职业（工种）参考目录，有针对性地培养培训市场急需各类技能人才。

（六）公共就业服务情况。

创新开展“春暖辽沈·援企护航”专项行动。全年累计开展招聘18 127场次，发布岗位需求信息363.01万个次。开展“百日千万”网络招聘专项活动1 655场，发布岗位需求56.9万个次，达成就业意向1.5万人次。省级集中公共就业服务信息化建设提档升级，支持全省56项就业主体业务全流程、全过程经办管理与服务。实现15大接口共计110余项信息共享应用，公共就业服务效能大幅提升。

二、社会保障工作

（一）养老保险情况。

全省企业养老保险参保人数达到1 896.4万人，其中，在职职工1 117万人，离退休人员779.4万人。加快发展企业年金，扩大企业年金覆盖面，全省3 422户企业建立企业年金，覆盖41.4万名职工。积极推动沈阳、大连两市开展个人养老金先行城市试点，启动以来已开立个人养老金账户63万余个。全省机关事业单位养老保险参保人数达到218万人，其中在职职工123.5万人，退休人员94.5万人；全省城乡居民基本养老保险参保人数为1 041.3万人，其中，领取待遇人员459.4万人。持续做好脱贫人口、困难群体社会保险帮扶，全省126.1万名符合条件的困难群体中有126万人参加基本养老保险，完成国家规定的不低于99.9%的任务。

（二）失业保险情况。

全省失业保险参保人数677.9万人，完成年计划的100.1%。坚持保生活为根本，全省共计发放各项失业保险待遇52.93亿元。延续实施阶段性提高失业保险金标准政策，全省月人均失业保险金达到1 605元，较上年底增加47元。全省累计为40.2万人发放失业保险金38.16亿元，代缴基本医疗保险费11.85亿元。继续实施扩大失业保险保障范围政策，将2022年新产生失业人员纳入保障范围，为13.9万人发放失业补助金2.73亿元。指导符合条件的地区及时为领取失业保险金、失业补助金人员发放价格临时补贴，全省86.4万人次享受价格临时补贴0.19亿元。

（三）工伤保险情况。

全省工伤保险参保人数810.3万人（其中农民工58.5万人），为11.38万名工伤职工及其供养亲属按时足额支付各项工伤保险待遇，有效保障了工伤职工的合法权益。全年落实阶段性降费和缓缴政策措施，抚顺、丹东等7个市和省本级以现行费率为基础下调20%。落实工伤预防五年行动，指导各市针对危化品行业“三类人员”进行全覆盖工伤预防培训，全省工伤事故发生率同比下降3.2%。出台《辽宁省公务员工伤保险实施办法》，将全省公务员（参公单位人员）全部纳入工伤保险保障范围。印发《关于做好基层快递网点参加工伤保险工作的通知》，全省有1 007家基层邮政网点2.2万名快递员已纳入工伤保障范围。调整工伤保险待遇水平，标准较上年提高4%。一级工伤人员及工亡供养亲属三项待遇最低标准分别达到2 831元/月、2 215元/月、1 325元/月，充分保障了工伤职工权益。

（四）社会保险基金监管情况。

以“社会保险基金管理提升年”行动为主线，开展全险种风险核查，细化21项具体任务，明确措施和时限，项目化工程化清单化推进。出台省社保基金第三方审计指导意见，起草省社保基金监督投诉举报奖励实施细则，夯实群防基础。持续开展社保基金安全和廉政纪律警示教育，引导全省社保工作人员严守纪律规矩“底线”，远离违法乱纪“红线”，坚决不碰贪腐“高压线”。

（五）社会保险经办服务情况。

加快推进社保卡普及，全省持卡人数达到3 900万人。实现社保卡异地网上申领和补换，并通过EMS快递到家。“全业务用卡”工作持续推进，人社领域95项应用均已在省内开通。与市场监管、公安等部门开展常态化数据比对，第一时间对疑似问题数据核实整改。全省各级经办机构以加强行风和“党建+营商环境”建设专项行动为载体，从关注度高、办理频次多、办理量大的业务出发，梳理为群众办实事624件，中人待遇计发、社保卡发放跨省通办等“关键小事”290件，向参保企业和群众推送告知信息等事项222项，参保企业和群众满意度进一步提升。

三、人才人事工作

（一）专业技术人才开发情况。

坚持党管人才原则，坚持人才是第一资源，全省新增专业技术人才13.6万人，完成计划的151.1%；新招收博士后839人，出站481人，出站留辽率77.8%；引进高层次人才2 334人，完成计划的233.4%。落实部省战略合作协议，获批国家级高研班5个、国家级专业技术人员继续教育基地1个、首批国家数字技术工程师培训机构2个、国家级专家服务团资助项目2个、中国博士后科技服务项目1个，将223名博士后纳入国家资助计划，涉及资金2 793万元。实施“兴辽英才计划”，制发博士后储备、优秀工程师等人才项目实施细则，以及科技创新平台建设资助、博士后培养平台奖励、学术交流平台奖励、引才荐才平台奖励、科研人员创新创业职称评审评定“绿色通道”等人才政策操作细则，启动优秀工程师举荐遴选工作，确定34家举荐单位，征集人选400余名。加强博士后培养储备，新建博士后科研工作站11家、博士后创新实践基地20家。推动人才与就业融合，实施“三支一扶”计划，招募335人；开展博士后揭榜领题活动，2个项目获得铜牌。实施专业技术人才知识更新工程，组织572人参加国家高研班；建立中省直事业单位高层次人才流失预防预警机制，汇总、监测99家单位1.1万名高层次人才信息。开展人力资源服务业促就业行动，举办招聘会6 750场次，提供岗位201万个次；开展国聘行动，组织4 746家单位提供岗位5万个。

（二）专业技术人才供给侧改革情况。

人才分类评价体系进一步完善。坚持“破立并举”，以激发人才活力为目标，着力克服“四唯”倾向，修订9个系列实施意见和8个行业或专业评审标准条件。持续深化

“放管服”改革力度，充分发挥用人单位职称自主评价权，根据需要和实际向用人主体充分授权。深入推进职称信息化改革，调试职称评审信息系统，搭载至人力资源社会保障厅公共服务平台。充分发挥人才评价“指挥棒”的导向作用，扎实推动乡村振兴、支持县域经济发展，拓展提出 5 项人才新政，鼓励退休技术人员服务乡村振兴。精准实施人才服务，对高校、科研院所以及大型事业单位“带土移植”的科研团队和柔性引进人才，加强职称政策倾斜。升级职称评审“直通车”服务，组织全省民营企业、中小型科技企业职称评审“直通车”服务周活动，累计服务 446 家企业、5 600 余人。

（三）技能人才队伍建设情况。

加强高技能人才队伍建设，新增技能人才 15. 32 万人，其中高技能人才 6. 35 万人，全省技能人才达到 524. 5 万人（其中高技能人才 133. 5 万人）。实施技能辽宁行动，明确 12 项重点工作，采取切实有力措施，塑造辽宁工匠品牌。开展高技能人才举荐遴选工作，经资格审核，向省委人才办推荐“兴辽英才计划”优秀高技能人才拟支持人选 170 人。成功举办辽宁省第一届职业技能大赛，设立 108 个大赛项目，涵盖了全省优势产业和新兴产业，实现了企业职工、大学生、农民工等参赛群体全覆盖，带动全省百万人次技能练兵比武，进一步弘扬了劳动精神、劳模精神、工匠精神，在全社会营造出劳动光荣、技能宝贵的良好氛围。铁岭技师学院 1 名选手获得 2022 年世界技能大赛特别赛工业控制项目比赛金牌，实现辽宁省世界技能大赛金牌零的突破。

（四）事业单位人事管理情况。

深化事业单位人事制度改革，组织实施县以下事业单位管理岗位职员等级晋升制度，全省 83 个涉改的县（市、区）管理岗位职员等级确认和首次晋升工作全部完成，累计晋升 7 675 人。积极做好公开招聘工作，全年办理招聘备案 2 298 人；整合除省属高校、公立医院、科研院所外的其他事业单位 594 个招聘岗位，用于招聘 2022 届高校毕业生。深入贯彻落实省委省政府对人才人事工作的要求，印发《关于进一步支持我省退休技术技能人才发挥作用若干措施的通知》，为实现辽宁全面振兴全方位振兴贡献力量。

（五）工资福利和表彰任免情况。

及时落实基本工资标准正常调整机制，高效、准确完成事业单位人员工资（津补贴）标准调整工作。破解发展难题，制发《关于省直事业单位绩效工资总量核定工作有关问题的通知》，科学确定省直事业单位绩效工资总体水平。全面推动深化公立医院薪酬制度改革工作，指导全省各地区制定实施方案。聚焦评比达标表彰质量提升，推动 6 项省级、20 项省级工作部门、61 项市县年度表彰活动有序开展，全年辽宁省获得部委联合表彰 237 名个人、139 个集体。准确高效完成省政府部分领导人员行政职务任免事项 141 件 196 人次。

四、和谐劳动关系建设工作

（一）和谐劳动关系建设情况。

坚持汇聚三方力量，共同推动全省和谐劳动关系创建水平不断提升，在全国和谐劳动关系创建活动中 13 家企业和 2 个工业园区被评为全国和谐劳动关系创建示范企业和工业园区，3 家企业成功入选国家宣讲团。会同省协调劳动关系三方组织为 189 家企业延续了“辽宁省 AAA 级模范劳动关系和谐企业”称号。推动劳动关系“和谐同行”能力提升三年行动深入落实，选树 100 名金牌劳动关系协调员和 50 家金牌协调劳动关系社会组织。开展“新就业形态劳动者温暖服务季”，指导 15 家快递行业重点企业开展集体协商。建立完善省级企业薪酬调查和信息发布制度，落实国有企业科技人才薪酬分配指引，发布 2022 年国有企业负责人基本年薪基数。

（二）劳动保障监察情况。

开展劳动保障专项执法检查，累计检查单位 4. 26 万户，涉及劳动者 69. 26 万人，查处案件 171 起，整改 76 起，行政处罚 21 起，为

2.47 万名劳动者追偿工资 4.03 亿元。印发“三走进”“四季行动”“进一步做好欠薪案件的督办函”等通知，全省累计缓缴工资保证金 6.67 亿元，返还工资保证金 20.02 亿元。案件化解稳步推进，办理省督办案件 781 件，为 2.85 万名农民工追回工资 6.53 亿元。优化欠薪预警系统建设，系统已收录工程建设项目 12 642 个，累计发放农民工工资 301 万笔，金额达 240 亿元。严格落实失信惩戒制度，向社会公布欠薪严重违法企业 27 户，列入欠薪“黑名单”9 户，辽宁省在国家召开的集中整治专项行动调度会上做典型经验发言。

（三）仲裁调解情况。

全省劳动人事争议仲裁机构立案受理争议案件 3.65 万件，涉及劳动者 3.79 万人，涉案金额 94 957 万元，当期结案率 97.43%。深入开展打造“金牌劳动人事争议调解组织”活动，4 家调解组织被评为国家级金牌调解组织，20 家被评为省级金牌调解组织，人力资源社会保障部等相关部门予以通报表扬。全国首家新就业形态劳动者权益保障中心、全国首家网约车行业协会调解组织做法被人力资源社会保障部作为典型经验刊发。

五、行风建设情况

（一）优办快办情况。

全力推进“只提交一次材料”改革，积极培育优质服务“样板间”，选树省社保中心等 6 个“样板间”，引领带动人社服务提质增效。大力推行“10+X”个“一件事”打包办理，支持鼓励各地推出更多“一件事”打包办。12345 省本级共受理诉求问题 1 637 件，好评率 99.99%。全系统“办不成事”反映窗口受理各类诉求 3 904 件，办结 3 896 件，办结率 99.8%，满意率 100%。

（二）开展“厅局长走流程”情况。

全省各级人社部门累计开展走流程近 1 524 人次，收集问题 350 余个，提出整改措施 390 余条，全部完成整改。省本级“厅长走流程”活动在全覆盖 10 个事项的基础上，多渠道检验人社工作开展情况，先后深入沈阳市走访“舒心就业进社区”、基层政务服务大厅、基层行政审批大厅体验办事流程，纵深推进“厅局长走流程”活动。

（三）业务技能练兵比武情况。

以“练兵比武强技能，人社服务树新风”为主题，依托“日日学、周周练、月月比”在线学习平台开展常态化练兵，开展失业保险业务能力专项竞赛，组织“展人社窗口风采 树优质服务标杆”主题活动，举办全省人社系统行风建设培训暨先进事迹宣讲会，邀请人社业务专家及全国优质服务先进个人宣讲人社政策措施和先进典型事迹，引起热烈反响。

辽宁省人力资源和社会保障厅

沈 阳 市

2022年，面对疫情反复影响冲击和艰巨繁杂形势任务，沈阳市人力资源社会保障部门紧紧围绕市委、市政府中心工作，锚定建设国家中心城市目标，深入学习宣传贯彻党的二十大精神，积极投身“振兴新突破、我要当先锋”专项行动，始终以奔跑者的姿态，坚持主动作为迎着上，解放思想求突破，突出抓好稳就业、惠民生、促发展、保稳定各项任务，重点工作取得新成效，改革创新实现新突破，为民服务实现新提升，为沈阳市经济社会发展做出了积极贡献。

一、守护最大民生，“舒心就业”品牌稳步确立

把稳定和扩大就业作为工作主线，深入实施“舒心就业”民生工程，就业局势保持稳定。2022年7月，沈阳市“舒心就业”项目成功入选全国公共就业服务能力提升示范项目，获得1亿元中央财政补助资金。

（一）强化就业优先政策。

全面推进《沈阳市促进高质量就业三年行动计划（2021—2023）》《沈阳市推进实施“舒心就业”工作方案》，深入实施降、缓、返、补等一系列助企纾困政策，助力稳市场主体稳就业。建立就业工作目标责任制，压紧压实各级政府就业工作主体责任，全市城镇新增就业12.9万人，创历史新高。

（二）着力促进高校毕业生在沈就业。

推进实施“沈阳市高校毕业生倍增计划”，深入落实购房补贴、生活补贴、人才驿站等引才宜居政策，新增引导3 969名高校毕业生等失业青年到企业参加就业见习，搭建“政府-高校-企业”三位一体对接平台，组织实施“高校毕业生基层公共服务岗位计划”“三支一扶”等基层项目，全年吸引高校毕业生15万人，实现历史性突破。

（三）加大就业帮扶力度。

通过走访排查、岗位推荐、政策扶持、兜底安置等方式精准帮扶就业困难人员，精准帮扶就业困难人员实现就业1.93万人，零就业家庭实现就业58户，城镇失业人员再就业9.3万人，农村劳动力转移就业4.2万人。帮扶有就业意愿的脱贫劳动力100%实现就业。

（四）大力推进创业带动就业。

在“政府+银行”创业担保贷款模式基础上，小微企业首次首年贷款利息由财政给予全额补贴。沈阳市选手获得“中国创翼”创业创新大赛省选拔赛一、二、三等奖各一个，3个项目代表辽宁省参加全国决赛。全年扶持创业带头人3 106人，发放创业担保贷款40.5亿元，比上年增长1.5倍。

（五）加大就业公共服务力度。

推动人力资源服务行业健康发展，全市经营性人力资源服务机构达到1 400家；组建就业创业服务志愿团，开展就业创业政策宣讲服务40余场；就业人才服务专员“点对点”提供政策咨询、活动推送、招才引智等服务1万余家（次）；建设“沈阳业市”舒心就业服务平台，一站式提供用工招聘、个人求职、档案查询等70余项服务。

（六）首创“舒心就业社区”建设。

用“两邻”理念赋能社区就业，用家与

家是“邻”，企业和社区是“邻”，人与人、人与社区、人与企业都是“邻”的理念创建“舒心就业社区”，划分了就业引导型、就业充分型、转移就业型、新兴就业型、定向就业型、混合就业型6种类型，打造110个舒心就业示范社区；制定了20个政策服务包，通过入户送、云端送、自助送、场景送直达群众。

二、筑牢保障功能，城乡社保体系持续完善

坚持把确保发放、深化改革、规范管理、基金安全摆在突出位置，稳步提高各项社保待遇水平，推动建立覆盖城乡的社保体系。

（一）深入实施全民参保计划。

不断扩大特殊群体参保覆盖面，鼓励企业为农民工缴纳职工养老、工伤、失业等社会保险费。企业职工养老、工伤、失业保险参保人数分别达到556.3万人、211.1万人、172.3万人。

（二）各项制度改革稳步实施。

顺利完成企业职工基本养老保险全国统筹，全国统筹信息系统平稳上线运行；稳步推进工伤保险省级统筹；机关事业单位养老保险制度有序推进，养老金准确计发工作取得新进展。沈阳市成为全国首批36个个人养老金制度试点城市之一。

（三）严格基金支出管理。

企业退休人员养老金实现“十八连涨”，退休人员月平均养老金达到3 166元。全市138万企业离退休人员待遇全部实现按时足额发放。进一步加强社会保险基金管理体系和管理能力建设，扎实开展社会保险基金管理提升年行动，有效防范社保基金风险。

（四）精准实施助企纾困政策。

对部分行业阶段性实施缓缴社会保险费政策，三个险种累计缓缴社会保险费2.77亿元，助力企业复工复产；延续实施阶段性降低失业保险费率政策，累计为11.8万户参保单位减轻资金负担6.26亿元；采取“免申即享”方式为4.6万户参保单位返还稳岗资金5.7亿元，稳定就业岗位109.6万个。

（五）经办服务持续创新优化。

广泛宣传和推广电子社保卡，推动核酸采样数据与社保信息实时共享；推进“工伤一件事”改革，将工伤认定、劳动能力鉴定、工伤待遇支付“三件事”集成“一件事”，将原来所需的12份材料融合简化为5份材料；针对涉及老年人的高频服务事项，推出便捷化、简约化、温情化服务举措。

三、聚焦“引育留用”，人才发展生态持续优化

认真贯彻落实沈阳市委人才工作会议精神，精准实施“兴沈英才计划”，聚焦“引育留用”，突出政策供给和人才工程，着力打造集聚高水平人才的创新平台和发展生态。

（一）优化升级政策体系。

按照“兴沈英才计划”工作部署，出台《沈阳市产业急需紧缺人才奖励实施细则》等15个实施细则和操作办法。

（二）深入开展重大人才工程。

实施沈阳市博士后培养工程，新增国家级博士后科研工作站8家；举办全国重点高校“博硕人才沈阳行”活动，296名来自清华、上海交大等国内26所一流高校的博硕士毕业生来沈开展交流洽谈；评选25名人才享受市政府特殊津贴，对43人实施急需紧缺人才需求目录奖励。

（三）深化人才评价改革。

深化非公领域专业技术人员职称评审，涵盖城市规划、机械、安全、环境保护等22个专业；推进技能人才职称评审，50余名一线技能人才报名参加；开通职称评审“直通车”服务，224人获得相应专业技术资格；全面推进职业资格和职称互通互认，落实区域、行业间职称资格互认。

（四）创新实施人才自主认定。

坚持向用人主体授权，向企业大力倾斜，让企业唱主角，赋予10家“链主”单位、195家企业和25家重点院校和科研院所人才自主认定权限，构建“企业认可、市场评价、政府支持”的人才认定新模式。2022 年，累计认定人才 2 180 人。

（五）大力加强技能人才队伍建设。

全年新增高技能人才 12 393 人。开展各类技能培训 1.2 万人次，采取“一企一策”开展新型学徒制培训，开展“技能大师签约带徒”活动，并给予带徒津贴。开展高技能人才培养项目建设，评选“兴沈大工匠”10 名、市级高技能人才培育基地 6 个、“双元制”校企合作项目 3 个、大师工作室 5 个，圆满承办辽宁省第一届职业技能大赛，沈阳市参赛规模、金牌奖牌数均位列全省第一。

（六）完善人才服务保障。

开设高层次人才服务窗口，推出高层次人才认定材料预审、“高层次人才卡”制发和管理、代办申报服务以及其他个性化服务等 18 个高层次人才服务项目，全年线上线下为高层次人才提供各类服务 2 万余人次。

（七）优化事业单位管理。

建立县以下事业单位管理岗位晋升制度，全年完成事业单位公开招聘 9 次，招聘工作人员 4 768 人；制定出台《沈阳市事业单位补充工作人员审核暂行办法》等管理政策，做好事业单位改革后续工作。

四、加力矛盾化解，劳动关系保持和谐稳定

强化系统治理、依法治理、综合治理、源头治理，加大劳动关系治理力度，深化劳动关系领域改革创新。

（一）加大劳动关系协调力度。

推进劳动合同制度和工资集体协商，规范劳务派遣和特殊工时审批管理，指导企业妥善处理疫情期间劳动关系。扎实推进和谐劳动关系创建工作，华晨宝马等 3 户企业获得全国和谐劳动关系创建示范企业称号。

（二）突出抓好根治欠薪工作。

以落实《保障农民工工资支付条例》为主线，开展工资保证金追缴缓缴、集中整治拖欠农民工工资问题、工程建设领域“三包一靠”违法行为专项整治行动，全年处理农民工欠薪案 675 件，为 1.92 万名农民工追偿工资等劳动报酬 5.89 亿元。

（三）扎实做好信访维稳工作。

以万无一失的鲜明态度和坚定决心为党的二十大保驾护航，以政策突破全力化解人社领域共性信访问题，以领导包案等多措并举化解重复访案件，以定期发布信访分析报告排查预警风险隐患，针对排查出的个体信访案件和重点信访人，积极做好政策解答和教育疏导，确保了各类群体相对稳定。

（四）建立新就业形态劳动者维权新模式。

成立辽宁省首家新就业形态劳动者劳动权益保障中心，变“串联”为“并联”，实现劳动监察、劳动仲裁、劳动争议巡回法庭、法律援助一体化运行，破解了新就业形态劳动者投诉无门和维权时间长、成本高难题，劳动者维权效率提高了 80%。

五、夯实基础建设，人社服务质效持续升级

不断夯实各项工作基础，提升人社服务质量，持续优化营商环境，为百姓提供更便捷的服务。

（一）持续优化营商环境。

创新实施“网上办”“掌上办”“窗口办”“登门办”“免审直返补不用办”等便民举措，坚持“五办”相结合，群众怎么方便怎么办；推行“业务上门办　服务零距离”，27 个服务事项实现“上门办”；开展“人社业务　政策直达”活动，使各类政策精准化送达企业，使企业快速获得政策红利；深化“只提交一次材料”改革，对全局行政职权事项进行优化调整，调整后各类政务服务事项 127 项。

（二）大力加强窗口建设。

深入开展“人社服务快办行动”，开通“办不成事”反映窗口，实行服务事项清单管理、业务标准化操作，推行首问负责制、预约服务等方式，为参保单位提供规范、高效、便捷的经办服务。着力拓展经办智能化，依托国家社保公共服务平台、辽宁省政务服务网、微

信公众号、移动终端 App 等渠道，提供高频事项快速查询和办理。

（三）全面夯实机关党建。

认真组织学习宣传贯彻党的二十大精神，全年组织中心组学习 12 次，讲授专题党课 4 次，常态化开展党史学习教育、“两学一做”，不断提高政治判断力、政治领悟力、政治执行力。严格落实意识形态工作责任制，及时有效应对各类舆情，全年开展专题培训 2 次、专题研究 2 次，开展专题督查 1 次、对标检查 1 次，全年未发生意识形态领域重大问题和重要事件。深抓党风廉政建设，召开专题会议及警示教育党课，开展“作风建设再提升”活动，签订责任书，建立廉政工作台账，推进窗口作风纪律巡察，深入落实巡视巡察整改工作，充分运用好监督执纪“四种形态”，压实全面从严治党政治责任。17 支红色“特遣队”践行“两邻”理念深入社区开展“共联共享共建共促”活动，112 名党员组建先锋队勇赴抗疫第一线，153 名应急点长全面叫响“党派我来的”，让党旗在抗疫一线高高飘扬。

（四）扎实推进依法行政。

完善《行政执法证件管理办法》《重大行政执法决定法制审核办法》等相关制度，落实“谁执法谁普法”责任，制定实施“八五”普法方案。加强执法监督，落实行政执法责任制度，完善执法行为程序规范和案卷管理，对“双随机一公开”工作实施动态监管。积极化解矛盾，复议应诉法治化水平不断提高。加强规范性文件、重大行政决策合法性审核，深入开展公平竞争审查，确保政策性、规范性文件合法依规。

沈阳市人力资源和社会保障局

大 连 市

一、就业创业

2022年，深化“春暖辽沈·援企护航”行动，发放就业补助和培训补贴4亿元。出台促进高校毕业生就业创业新政“30条”，创新实施“十大行动”和“万岗计划”，“一对一”帮扶就业困难人员实现就业。制定技工教育、职业技能培训“十四五”规划，发布新版政府补贴培训职业工种目录。成功举办第十三届大连市职业技能竞赛。组团参加辽宁省首届职业技能大赛，勇夺奖牌65枚。规范技工院校管理，5个工学一体化项目获得人力资源社会保障部立项支持。统筹实施“2+10+N”系列行动，创新推出“职抒梦想看大连”，直播带岗270场，举办招聘325场。做强“15分钟公共就业服务圈”品牌，创建省级以上充分就业社区18个。全年城镇新增就业12.25万人，完成省指标11.8万人的103.8%，指标完成率全省第一；城镇失业人员再就业9.7万人，再就业人数全省第一；帮扶就业困难人员就业1.72万人；扶持创业带头人2 475人；大规模开展补贴性职业技能培训7.8万人；零就业家庭保持动态清零。

（一）持续完善就业优先政策体系。

5月26日，大连市政府办公室印发《大连市促进高校毕业生就业创业政策措施》，围绕促进毕业生多渠道就业、提升毕业生就业能力、鼓励创业带动就业、完善毕业生生活保障等5个方面的内容，升级实施30条政策措施，提出更加普惠的学费补助政策，推出针对困难毕业生的个人社保补贴，新增一次性购房补贴，提高创业场租补贴标准，为基层服务人员提供了就业出口政策。

6月17日，大连市就业工作领导小组办公室印发《关于进一步做好青年就业见习工作的通知》，实施大连市青年见习岗位拓展计划，全年募集青年就业见习岗位7 700个，新增上岗2 100人。

8月25日，大连市人力资源和社会保障局印发实施《大连市“精准服务促就业·暖心援助惠民生”重点群体就业创业服务攻坚季行动实施方案》，面向就业困难人员等6类重点群体，开展贯穿三、四季度的就业创业服务攻坚行动，提升就业创业服务精准度和匹配度，畅通政策直达和服务落地渠道，帮扶1.72万名就业困难人员实现就业。

9月22日，大连市人力资源和社会保障局、大连市财政局印发《关于进一步促进高校毕业生等青年群体就业创业有关工作的通知》，新实施一次性吸纳就业补贴、一次性扩岗补助政策，大幅提高高校毕业生一次性求职创业补贴标准。

10月13日，大连市人力资源和社会保障局等17个部门联合印发《关于劳务品牌建设的实施方案》，计划用3年左右的时间，基本健全劳务品牌发现培育、发展提升、壮大升级的促进机制和支持体系，建设一批知名度、认可度、美誉度较强的劳务品牌，当年评选认定2家市级劳务品牌、5家区级劳务品牌。

12月29日，大连市人力资源和社会保障局等4个部门联合印发《关于进一步做好支持多渠道灵活就业有关工作的通知》，围绕拓宽灵活就业形式和渠道、强化灵活就业指导服务、提升灵活就业职业技能、加大灵活就业保障支持、加强灵活就业组织实施5个方面提出18条举措，加大对个体经营、非全日制以及新就业形态等灵活多样就业方式的支持力度，拓宽就业渠道，培育就业增长点。

12月29日，大连市人力资源和社会保障局出台《关于印发〈大连市进一步支持中小微企业和个体工商户克服新冠病毒感染疫情影响健康发展促进就业的若干措施〉的通知》，围绕降低社会保险费负担、降低生产经营成本、发挥金融服务优势、促进人才供需对接、加强企业权益保障、优化经办服务6个方面汇总形成25条举措。全市共缓缴社会保险费3.4亿元、减征失业保险费5.92亿元、支出就业补助资金2.6亿元、失业保险稳岗返还4.66亿元。

（二）高校毕业生就业。

4月26日，大连市政府成立由人社等22个部门组成的高校毕业生就业工作专班，高位推动高校毕业生就业工作。统筹实施精准就业服务、市情政策宣传、入连引才聚才等“十大行动”；推出高校毕业生高质量就业“万岗计划”，开发征集毕业生优质岗位14 243个、招募9 365人；连同市场化征集就业岗位4万余个，按学校类别、专业层次，点对点向在连高校推送。

（三）加强规范技工院校管理。

11月16日，大连市人力资源和社会保障局印发《大连市技工院校推进工学一体化技能人才培养模式实施方案》，大连市1所院校的一体化建设项目、5所院校5个专业的一体化课程标准开发项目获人力资源社会保障部立项。

（四）持续构建职业技能竞赛体系。

8—11月，举办辽宁省第一届职业技能大赛大连选拔赛暨第十三届大连市职业技能竞赛，31个决赛赛项中，27个赛项对标世赛国赛项目，1 391人通过万人选拔进入决赛，320名选手获奖。

10月27日，组织大连市412名技能选手参加辽宁省第一届职业技能大赛105个赛项的比赛，获得65枚奖牌（17枚金牌、17枚银牌、31枚铜牌）。在此期间，成功申办辽宁省第二届职业技能大赛。

二、社会保障

2022年，坚持在发展中保障和改善民生，实施企业职工基本养老保险全国统筹工作，深化机关事业单位养老保险制度改革，规范管理城乡居民基本养老保险，实施个人养老金先行工作，稳步提高养老保险待遇标准，多层次多支柱养老保险体系日趋完善。

（一）养老保险。

1月，大连市启动实施企业职工基本养老保险全国统筹工作，7月接入企业职工基本养老保险全国信息系统，出台《大连市贯彻实施企业职工基本养老保险全国统筹制度工作方案》，落实统一的养老保险政策，梳理规范待遇项目，强化基金管理，基本养老金按时足额发放。

11月25日，大连市被确认为国家首批个人养老金先行城市，大连市人力资源和社会保障局会同多部门制定《关于印发〈大连市个人养老金先行行动方案〉的通知》，编印《个人养老金政策问答》宣传手册，通过线上线下等多种渠道，积极做好个人养老金宣传推介工作，引导符合条件的劳动者自愿参加个人养老金，更好地满足多层次养老保障需求。建立多部门“数据联动为主，社区走访认证为辅”的待遇资格认证体系，利用大数据实现养老保险待遇资格精准认证。推进档案数字化工作，累计完成人事档案数字化8.2万册。

（二）退休人员基本养老金调整。

7月12日，大连市出台《转发关于2022年调整退休人员基本养老金的通知》，落实2022年退休人员基本养老金调整工作。大连市自2005年以来连续第18年调整企业退休人员基本养老金，也是连续第7年同步调整企业和机关事业单位退休人员基本养老金，惠及退休人员122.1万人。

（三）失业保险稳岗返还。

全年实施失业保险稳岗返还政策，通过“主动检索、智能比对”的方式，符合条件的参保单位“免申即享”。享受失业保险稳岗返还参保单位4.28万户，发放资金4.66亿元，稳定岗位90万人。

（四）工伤保险。

1月26日，大连市人力资源和社会保障局印发《关于印发大连市危险化学品企业工伤预防能力提升培训工程实施方案的通知》，实施危险化学品企业工伤预防能力提升培训工程，通过3年时间（2022—2024年），对需要应急管理部门许可的危险化学品生产企业、储存设施构成重大危险源的经营企业、使用危险化学品从事生产的化工企业，以及涉及重点监管危险化工工艺、构成重大危险源的精细化工企业和化学合成类药品生产企业安全生产分管负责人、专职安全管理人员和班组长等重点对象开展全覆盖、高质量培训，提升工伤预防能力和安全生产基础保障水平。

5月26日，大连市人力资源和社会保障局印发《关于印发大连市做好基层快递网点参加工伤保险工作方案的通知》，将全市经邮政管理部门许可或备案的基层快递网点职工纳入工伤保险范围，切实维护快递行业职工工伤保障权益，分散用人单位用工风险。

三、人才人事

2022年，全面推动全市技术技能人才“引育用留”（引进、培育、使用和保留），新增专业技术人才5.1万人、高技能人才1.1万人，引进高层次人才535人，引进具有博士学位或副高级及以上职称人才498人，支持高级研修班30期，在线培训专业技术人才1.5万人。

（一）人才创新创业创造活力激发。

推进职业技能等级评价改革，遴选新一批社会培训评价组织，全年开展职业技能等级评价2.3万人。推动社会培训评价组织发挥行业自律作用，规范27个职业题库建设。开展“山寨证书”网络治理活动。分工落实大连市人才新政策，配合出台《兴连英才计划》及15个配套实施细则，依托市人才大数据综合服务平台，实现人才项目网上办。印发《大连市技工教育“十四五”规划》《“技能大连行动”实施方案》《关于进一步做好技工院校改革发展技工教育有关工作的通知》《大连市政府补贴培训职业（工种）目录（2022年版）》等文件，技能人才政策体系持续健全。

（二）高精尖缺人才“引育用留”。

组织开展2022年度人力资源社会保障部海外赤子为国服务行动等3个计划推荐工作，2个项目（人选）获资助。组织开展2021年度中国籍海外高层次人才资助，为22人发放资金560万元。组织实施2020年度留学回国人员创新创业支持计划，为32个入选项目发放资金799.53万元。实施市博士后创新人才集聚、高技能人才进修资助等工程，为28个博士后设站单位424名博士后研究人员发放资助2 662.53万元。选树2021年度“大连工匠”20名，选拔大连市高技能人才16名。新入选国家博士后科研工作站3家、省级博士后创新实践基地6家，新建市级技能大师工作室15家、市级公共实训基地5家。开展补贴性职业技能培训71 892人次。

（三）人才公共服务保障。

依托大连市人力资源市场，全年举办各类招聘会180场，服务用人单位9 959家次，提供岗位23.6万个次，求职14.2万人次。大连市人力资源市场微信公众号累计关注22万人，直播平台累计关注8.8万人。主动融入全市创建中国软件名城工作，解决行业新技术新岗位人员职称评审问题，经省人力资源社会保障厅批准同意大连市先行先试，开展大数据智能分析与应用、工业互联网、物联网、区块链技术4个专业的副高级及以下职称评审。

（四）事业单位人事管理。

调整教育医疗卫生事业单位招聘权限，将教育医疗卫生事业单位人员招聘权限由市级人社部门统一组织调整至主管部门和区市县统一组织，全年共招聘 1 215 人，其中教育事业单位 1 201 人、医疗卫生事业单位 14 人。

四、劳动关系

2022 年，制定构建和谐劳动关系工作年度要点、重点工程项目清单、三年行动计划年度方案、“三航促和谐”（依托 3 个体系启航、突出 3 个重点领航、完善 4 个机制护航）专项行动等，清单化项目化工程化落实任务，重点实施企业培育、用工指导、薪酬指引等 7 个专项计划，以及和谐劳动关系创建、劳资纠纷排查化解等 19 项重点任务，全市劳动关系领域保持总体平稳。迎接国务院、省政府保障农民工工资支付工作年度考核，连续两年“省考”第一名、“国考”零扣分。

（一）维护新就业形态劳动者劳动保障权益。

联合市直 11 家单位制定《大连市贯彻落实维护新就业形态劳动者劳动保障权益若干措施实施方案》，从规范平台企业用工、保障劳动者权益、创新优化服务模式、加强监督完善制度 4 方面，提出 50 项举措。

（二）企业工资分配宏观调控。

扩大工资集体协商覆盖范围，落实《技能人才薪酬分配指引》，指导企业以岗位和业绩为价值导向，协商合理确定职工工资增长幅度，提高一线产业工人和技能人才待遇。签订有效工资专项集体合同 1 665 份，覆盖企业 6 626 户、劳动者 553 443 人。推进国有企业工资决定机制改革，分类确定工资效益联动指标，建立工资与效益联动机制，完善内部工资分配管理，健全工资分配监管体制机制。全年 17 家市属国有企业已全部开展工资决定机制改革，在岗职工 5.9 万人，平均年工资为 9.97 万元。

（三）劳动人事争议调解仲裁。

推出“人民调解+法律援助+劳动仲裁”一站式服务模式，建立人社、法院在线诉调对接机制。

五、行风建设

以“抓队伍、抓业务、抓宣传，加强党的政治建设”即“三抓一加强”工作要求为抓手，充分发挥党建引领作用，在全市人社系统深入开展“党建+营商环境建设”专项行动，以群众关切的“急难愁盼”和痛点堵点问题为出发点和落脚点，大力推进行风建设工作，高质量完成练兵比武、“人社服务快办行动”等专项工作，人社窗口服务能力和服务水平有效提升，群众办事满意度进一步提高。大连市人社系统荣获全国人社系统先进集体称号 1 个、全国练兵明星 1 人，获评全省人社系统“示范窗口”5 个、“服务明星”5 人。

（一）建成“百年人社文化墙”。

7 月 1 日，以百年党史下的百年人社征程为主线，建成“百年人社文化墙”。文化墙共分 7 个楼层，分别按照 4 个历史阶段和未来 5 年工作任务展示 5 个业务板块主题，成稿 2 万余字、图片 194 张。

（二）持续推动作风行风转变。

全年开展行风工作调度 35 次，市、区两级人社部门“局长走流程”391 人次，副处级以上领导干部巡查服务窗口 347 次，推进问题整改和需求解决 240 余个。组织 79 名领导深入 780 余家企业服务，向企业宣传政策，推动解决问题。发挥行风建设社会监督员作用，发放调查问卷，邀请部分社会监督员进行座谈，听取意见与建议。转办行风投诉 649 件，答复满意度 91%。会同驻局纪检监察组开展“热线难打”专项整治，咨询电话综合接听率提升 20 个百分点至 80%。优化 27 个“办不成事”窗口服务效能，服务满意率 100%。

（三）打造便民服务新模式。

深化“人社服务快办行动”，发挥部、省“服务快办”联系点作用，精简失业登记、养老保险关系转移、工伤认定等重点服务事项流程，服务效能整体提升。优化政务服务事项 197 项，行政许可事项审批时限压缩至法定时限的 40%。社保卡常规业务下沉至 144 个合作银行网点办理，在辽宁省内率先实行社保卡“邮寄到家”。在银行网点累计投放50台自助设备，实现参保居民就近、自助办理业务。灵活就业人员参保实现全程网上办。仲裁办案试点“云庭审”、文书“云送达”。探索优化部分区级业务，推出工伤认定“即来即办即出件”；实行社保、医保、税务经办一窗征缴模式；开展社银合作，设立人社服务驿站；将部分高频事项向社区延伸，实行“网格化”管理。

（四）常态化开展练兵比武。

推进常态化练兵比武，分层级组织开展练兵比武及“日日学、周周练、月月比”在线答题活动。全市人社系统参加练兵比武1 317人，选出“人社知识通”区级150人、市级32人。21名选手入围参赛“2022年度全国人社窗口单位业务技能练兵比武统一在线笔试”，人数全省排名第一。组织开展全市劳动人事争议专兼职仲裁员业务技能练兵比武专项赛和就业工作专项赛。在省级失业保险业务专项赛上获团体和个人一等奖。

大连市人力资源和社会保障局

吉 林 省

2022年，在吉林省委省政府正确领导下，吉林省人力资源社会保障系统深入学习贯彻习近平新时代中国特色社会主义思想和党的二十大精神，坚决贯彻党中央、国务院的决策部署，严格落实省委省政府的工作要求，认真履行人社部门职责，圆满完成了各项任务，为新时代吉林全面振兴贡献了人社力量。

一、实施就业优先政策，全力稳住就业“基本盘”

在疫情不断加剧“就业难”“招工难”矛盾的严峻形势下，全省人社系统创新实施“想就业找人社、缺人才找人社”服务创新提升工程，密集出台系列稳岗促就业政策举措，为全省经济快速企稳回升提供了重要支撑。加快推广“96885 吉人在线”平台，“两员一师”队伍达到9 000余人。对重点企业、重点群体实行任务工单式帮扶，办结工单超过8万个。开展高校毕业生就业创业服务专项行动，多措并举帮助留吉就业创业达到11.8万人，比上年增长17.7%。支持青年积极参与创业创新，吉林代表队位列第五届“中国创翼”创业创新大赛全国第六位、东北三省一区第一位。坚持就地就近就业和外出务工同时发力，农民工转移就业近300万人。出台就业困难人员公益性岗位帮扶措施，城镇零就业家庭动态清零。全年累计开展各类职业技能培训46.6万余人次，人力资源服务有效供给，市场匹配效率不断提升。经过全省人社系统共同努力，在2022年3月、4月就业因疫情遭受重创的情况下，全年城镇新增就业25.17万人，超额完成全年任务。“两找一服务”工程也荣获人民日报社“2022民生示范工程”案例和全国第二届公共就业服务专项业务竞赛优秀就业服务项目一等奖。

二、兜住民生保障底线，全力织密社保“安全网”

全省人社系统全面贯彻落实习近平总书记关于社会保障工作的重要指示批示精神，全力推进社会保险事业高质量发展。全面落实企业职工基本养老保险省级统筹，有效对接全国统筹。启动了长春市个人养老金先行城市建设。深入推进实施失业保险、工伤保险基金统收统支省级统筹制度。顶格落实社会保险“降、缓、返、补、扩”助企纾困政策，全年释放政策红利287亿元，惠及企业53万余户次、职工1 400余万人次。养老金和工伤保险待遇水平等持续提升，群众的获得感、幸福感和安全感不断增强。“全险种一体化省内通办”服务模式进一步构建，社保经办数字化转型取得阶段性进展。组织实施社会保险基金管理提升年行动，深入开展基金安全警示教育活动，挽回基金损失3 000余万元。

三、激发创新创业活力，全力建强人才“磁力场”

全省人社系统深入贯彻落实中央及省委人才工作会议精神，积极统筹协调相关部门，扎实推进人才政策完善落实。升级出台人才政策3.0版，享受人才评定、子女入学、安家补贴、医疗保障等政策超过1.6万人次，识才爱才扶才氛围持续营造。推进高层次人才“收入倍增”计划，激励投身“卡脖子”关键核心技术，已完成首批初步人选申报。职称评审放权力度不断加大，推动一批重点领域和人力智力密集单位开展“自主评审”。启动事业单位工作人员基础绩效奖金发放，为事业单位稳人留人提供了基础性保障。县以下事业单位管理岗位职员等级晋升制度全面落实，公立医院薪酬制度改革进一步深化。成功举办了吉林省首届职业技能大赛。吉林代表团在全国博士后揭榜领题大赛上荣获一银三铜，位居全国第四位、东北三省一区首位。经过全省人社系统共同努力，全省人才工作形势持续向好，实现高级职称人才从净流出转向净流入、高端人才连续两年进大于出。

四、健全长效政策机制，全力构建劳动关系“稳定器”

全省人社系统以规范企业用工行为和促进劳动者权益保障为目标，推进全省和谐劳动关系建设稳定向好。妥善做好涉疫情劳动关系政策、新就业形态劳动者劳动保障权益实施办法的落实。持续加大根治欠薪力度，强化督查考核，加大执法惩戒力度，为近3万名劳动者追发劳动报酬6亿多元。依法调解仲裁劳动人事争议，全省劳动人事争议案件结案率超过95%。狠抓信访治理，维护了安全稳定。

五、接续奋斗巩固成果，全力助力乡村振兴

坚持行业帮扶与驻村帮扶两手抓，多措并举助力乡村振兴。2022年，全省脱贫人口务工11.99万人，完成年计划的111.74%。推进就业帮扶车间建设，降低准入条件，全省共创建就业帮扶车间205个，比上年增加1倍多，带动脱贫人口就业1 296人。实施易地搬迁人口就业帮扶行动，全省3 915名有就业意愿的搬迁劳动力，实现务工就业3 910人，就业率近100%。大力开发乡村公益性岗位，安置就业困难脱贫人口5 300余人。评选出第二批乡村振兴人才高级职称获得者300名，落实每年评审2 000名乡村人才职称的任务目标。引导高校毕业生到边境农村公共管理、医疗教育、农业现代化岗位就业，发布“三支一扶”500个岗位。继续强化社保兜底功能，为全省50余万名符合条件的困难群众代缴城乡居民基本养老保险费。

六、扎实推进行风建设，全力打造群众满意的人社服务

开展行风建设提升行动，在市县两级开展公共就业服务标准化试点，深化人社政务服务“好差评”，大力推进“人社服务快办行动”和“一件事一次办”相关工作，培树出一批先进典型。1名同志当选党的二十大代表、入选人民日报社全国“2022最美奋斗者”案例，3个基层单位和3名同志分别荣获全国人社系统先进集体和先进工作者称号，30个基层单位和100名同志分别荣获全省人社系统“星级”优质服务窗口和优质服务先进个人称号。组织开展“人人都当服务员、人人争做于砚华”服务质量提升专项行动；推进“吉林好人·最美人社服务标兵”评选发布活动；做好“吉林好人”“吉林好人标兵”候选人推荐工作；在全省9个赛区组织124支代表队、480名选手开展业务技能练兵比武；组建“平凡的荣耀听我说——薪火传承　人社标兵基层行”宣讲团在全省开展巡回宣讲活动。《中国劳动保障报》2022年9月14日头版以《坚持不懈转作风　真抓实干惠民生——吉林省努力打造人民群众满意的人社服务》为题对吉林省做法进行了专题报道。

吉林省人力资源和社会保障厅

长 春 市

2022年，面对复杂严峻的发展形势、多重超预期因素冲击和艰巨繁重的工作任务，长春市人力资源社会保障系统深入学习贯彻习近平新时代中国特色社会主义思想，在长春市委、市政府的坚强领导下，紧紧围绕迎接党的二十大和学习宣传贯彻党的二十大精神，高效统筹疫情防控和人社事业发展，圆满完成预期目标和工作任务。

一、就业形势保持稳定

在遭受疫情严重冲击、就业形势异常艰难的情况下，坚决贯彻“六稳”“六保”决策部署，全力保市场主体稳就业，全年全市城镇新增就业10.2万人，农村劳动力转移就业102.1万人。打造长春市“安心就业”特色品牌，构建起行政推动、政策引领、社会参与“三位一体”就业工作新格局。制定出台长春市促进就业“53条”政策，全年开发就业岗位16.4万个。建立24小时用工调度保障机制，组建374名“两员一师”（就业服务专员、人才服务专员和创业就业指导师）队伍，摸排重点企业75户、物流企业251户、“四上企业”5 822户，帮助16万员工复工返岗。开展民营企业招聘月、“百日千万”网络招聘、金秋招聘月、“就业创业四季春”等系列活动。完善重点人群精准帮扶机制，帮助2.1万名就业困难人员和1.5万名城镇失业人员实现就业。实施“创富助业”专项行动，开展“马兰花”创业培训扩容提质专项行动，组建396人创业导师人才库，为1.3万人提供免费创业培训课程指导。发放创业担保贷款5.5亿元，直接扶持创业1 767人，带动就业6 110人。承办“技能中国行2022——走进吉林”技能展示交流暨吉林省第一届职业技能大赛，长春市代表队获得21块金牌、22块银牌、18块铜牌，位居金牌榜、奖牌榜、总积分榜第一位。开展技能培训21万人次。拿出近3亿元资金，支持建设市级职业技能公共实训基地20家、项目39个。“就业链与产业链协同发展”项目成功入选国家公共就业服务能力提升示范项目。长春市作为哈长城市群唯一入选城市，获中央财政1亿元资金支持。

二、社会保障更加有力

连续第18年调整企业职工养老保险基本养老金，连续第7年调整机关事业单位养老保险基本养老金。城乡居民基本养老保险基础养老金由原来的每人每月153元调整为163元。修订被征地农民基本养老保险制度实施方案细则，彻底解决被征地农民基本养老保险参保审核难题。成立工龄折算专班，完成16 865名特殊工种提前退休人员档案重审。完成市管开发区参保登记单位200家，应参保备案总人数1.4万人。支持新业态发展，推动快递网点优先参加工伤保险，市本级许可企业参保率达90%以上，有效保障“快递小哥”工伤权益。调查办结工伤认定案件2 354件，鉴定工伤职工1 896人、因病退休人员538人。开辟绿色通道，为134名在救治过程中感染新冠肺炎的医护人员办理工伤认定。社会保障卡综合服务大厅增至66家，持卡人数达到787万人。

三、人才人事工作扎实推进

深入落实中央人才工作会议精神，主动融入“3+N”国家人才战略布局，推进“人才强市”。出台《长春市人才发展促进条例》《关于实施新时代人才振兴工程激励人才助力“六城联动”发展的若干政策（试行）》，制定实施《长春市人才分类评价认定实施细则（试行）》《长春市人才分类评价标准（试行）目录》，为各类人才提供1.7万余人次政策兑现服务，兑现资金超1亿元。实施百万大学生留长工程，出台大学生留长“20条”政策，开发高校毕业生就业岗位16万个次，实现高校毕业生来（留）长10.4万人。加强专业技术人才队伍建设，破解长春市五县（市、区）事业单位岗位分级聘用和待遇兑现难题，惠及7.9万余人。全市2022年度职称信息化申报人员2.3万人，吉林省人力资源和社会保障厅授权评审1.2万人，通过6 369人，正高级170人、副高级2 475人、中级3 724人。落实各项职称激励政策，35名一线人员提前1年参评职称，89名疫情一线医务人员通过绿色通道取得高级职称，31名县乡工作累计满30年、聘任中级职称满10年人员直接认定高级职称。瞄准产业升级发展需要，加强高技能人才队伍建设。评选长春市大师工作室、师徒工作间各10个，长春技能大奖、长春技术能手各10人。为638名高级技师、510名新成长技师发放一次性补贴293.4万元。出台《长春市事业单位公开招聘工作人员办法》，优化完善事业单位公开招聘制度，多渠道开发事业单位就业岗位13 480个。着眼基层所需，招聘社区治理专干578人、乡村振兴专干755人。66名“三支一扶”大学生充实到基层一线。“强师计划”招聘539人，“强医计划”招聘26人，再创历史新高。市直部门继续教育培训覆盖约2.7万人，首次开办事业单位处级干部培训班。成立人才服务局，建立“一站式”人才服务平台。举办首届长春人才节（企业家节），制发人才尊享卡，建立联系服务专家制度，帮助解决人才安居创业、子女入学、医疗保健等问题。举办“六城联动”现代企业家高级研修班暨人力资源高级管理人才培训班，帮助企业家增智赋能。全市全年新增经营性人力资源服务机构68家，市属人力资源服务企业超过400家，从业人员超过4 650人，实现营业额22亿元。入统人力资源服务企业达到53家。中国长春人力资源服务产业园获批成为全国12个人力资源服务出口基地之一。

四、行风建设持续优化

狠抓人社系统行风建设。深入实施“人社服务快办行动”，推行政务服务事项动态管理，压减政务服务事项办结时限300余天。理顺“受审分离”模式下政务服务事项审理流程，202项事项达到进入政务服务大厅办理要求。加强法治政府建设，劳动保障监察执法进一步优化和提升，法制审核和合法性审查进一步强化，法律顾问制度有效落实。首次在全市经营性人力资源服务机构中推行包容审慎监管，人力资源市场竞争环境更加公平公正。推动将12333咨询服务热线咨询员由30人增至42人，资金预算由164.8万元增至235.5万元。12333热线全年接听群众来电82.1万个，其中人工接听34.3万个，咨询服务总量、人工电话接听量均居吉林省第一位。长春市所有社保卡综合服务网点均实现补换卡快速发卡，社保卡业务“一次办好”。

五、劳动关系和谐稳定

和谐劳动关系“四进四服务”主题活动、“百日要约”专项行动、“和谐同行”千户企业培育等取得积极成效。编印《长春市疫情防控期间劳动关系处理指导手册》，妥善落实涉疫劳动关系和新就业形态劳动者劳动保障权益政策，创造良好从业环境。长春一东离合器股份有限公司、国网吉林省电力有限公司长春供电公司获评“全国和谐劳动关系创建示范企业”，长春绿园经济开发区获评“全国和谐劳动关系创建示范工业园区”。建立劳动关系协调员数据库，试点在劳动关系协调员队伍中开展持证上岗。被评为省级首批金、银、铜牌劳动关系协调员 150 人，推荐参评省级、国家级金牌调解组织 2 家。对长春市 1 170 余家劳务派遣机构加强事中事后监管，规范劳务派遣经营秩序。扎实开展企业薪酬调查，实现专业化、准确性、覆盖面三个创新突破。积极推进市管国有企业负责人薪酬基数确认工作，不断强化企业薪酬分配指引。贯彻落实《保障农民工工资支付条例》，开展根治欠薪陈欠清零攻坚战、动态清零阵地战、安薪长春持久战“三大战役攻坚”专项行动，去存量、遏增量、提质量，全年处理国家欠薪平台线索案件 1.5 万件，为 2.9 万名劳动者追回工资 9.7 亿元。组建吉林省首家“三方六家”劳动争议多元调处中心，实现“职能部门+企业代表+劳动者代表”三方联调，“人社+法院+司法+工会+企联+工商联”六家联动，打造“资源共用、信息共享、疑难共商、争议共解”新模式，实现劳动争议“预防、协商、调解、仲裁、诉讼”高效衔接。积极做好敏感时期信访维稳，筑牢信访维稳防线，维护社会和谐稳定。

六、机关建设不断加强

持续巩固党建工作成果，完善各项制度措施。坚持用习近平新时代中国特色社会主义思想武装头脑，严格落实局党组理论中心组集中学习制度，成立青年宣讲团，用青年话语讲述党的理论。严格落实意识形态及网络意识形态工作责任制，加强网络舆情监测、应对、处置，意识形态阵地始终安全稳定。狠抓党风廉政建设，强化执纪监督，完成巡察整改“回头看”问题整改。召开抗疫工作暨创先争优表彰大会，选树先进典型，激发榜样力量。统筹推进基层党组织标准化规范化建设，建成五星级党支部 8 个、四星级党支部 12 个。高质量开展党建引领“幸福小区”建设活动。积极衔接乡村振兴战略，巩固脱贫攻坚成果，配齐配强包保帮扶驻村干部，积极落实各项帮扶举措，就业扶贫“星火站”、就业帮扶车间、就业帮扶基地等发挥较好作用。严把选人用人政治关、廉洁关、能力关，选拔的干部做到领导认可、群众公认、人岗相适。

长春市人力资源和社会保障局

黑 龙 江 省

2022年，黑龙江省人力资源社会保障系统坚持以习近平新时代中国特色社会主义思想为指导，深入学习贯彻落实党的十九大、十九届历次全会精神和党的二十大精神，以及“疫情要防住、经济要稳住、发展要安全”的要求，全面落实全国人社工作会议精神和黑龙江省委省政府决策部署，全面贯彻新发展理念，坚持稳字当头、稳中求进，迎难而上、真抓实干，主动对标对表、保障改善民生、大力引才育才，全面完成各项目标任务，人社事业发展呈现良好态势。

一、就业形势总体稳定

（一）稳就业工作机制更加完善。

坚决贯彻“六稳”“六保”决策部署，持续强化稳就业工作机制，充分发挥省市县三级稳就业工作专班作用，构建起工作组织支撑、就业政策协同、公共就业服务、统计分析预测、失业动态监测预警和劳动关系调处“六大体系”，形成了高位推动、横向互动、纵向联动的工作格局。2022年，全省实现城镇新增就业37.4万人，完成年计划的124.6%。

（二）政策协同体系持续发力。

出台延续实施部分减负稳岗扩就业等政策措施，聚焦支持市场主体稳岗扩岗、促进重点群体就业创业等方面，延续稳岗返还、以工代训以及支持重点群体创业就业税收等阶段性政策，持续落实好社会保险补贴、创业补贴和公益性岗位补贴等长期政策，全方位做好减负稳岗扩就业支持。2022年，全省缓缴社会保险费16.9亿元，降低失业、工伤保险费率为企业减负43.2亿元，稳岗返还10.5亿元，发放各类补助3.5亿元，稳定岗位204万个。全年全省使用就业资金30.3亿元，发放企业社会保险补贴2.8亿元、灵活就业社会保险补贴7.9亿元。

（三）促进就业与经济发展同频共振。

实施创业带动就业、大项目拉动就业、支持新就业形态发展“三大计划”，全年全省新登记市场主体56.5万户，同比增长3.7%；500个省级重点项目拉动就业32万人；全省网络零售店铺数量达21.5万家，带动就业49.1万人；扶持创业孵化基地116家，在孵企业2 571户。

（四）重点群体就业保持稳定。

开展岗位扩容、政策赋能、创业引领、精准服务、留省就业和民企高校携手促就业“六大行动”，全省2022届离校未就业高校毕业生就业去向落实率达97.5%。2022年7月，黑龙江省作为8个代表省份之一，首次在全国人社工作调度推进会议上就促进高校毕业生就业工作做经验交流发言。各类重点群体就业保持稳定，2022年，全省农民转移就业582.7万人，脱贫人口和监测对象务工就业21.6万人，超额完成国家下达的目标任务。开发1.05万个公益性岗位兜底帮扶就业困难人员，全年全省失业人员实现再就业31.7万人，完成年计划的186.2%；帮扶就业困难人员实现就业10.1万人，完成年计划的200.6%；消除零就业家庭438户，零就业家庭保持动态清零。

（五）职业技能提升行动深入实施。

深入落实黑龙江省职业技能培训计划行

动，持续推进制造业技能根基工程、青年职业技能培训计划等专项培训，大力开展企业新型学徒制培训，积极推行订单定向和“揭榜挂帅”的项目制培训，引导培训资源向产业急需、生产必需、就业刚需领域集中。2022 年，全省开展补贴性培训 37.4 万人次，发放培训补贴资金 6.2 亿元，完成年度培训任务的 124.6%。

（六）公共就业服务水平进一步提升。

全年全省举办“校园行、乡村行、边境行、煤城行、矿区行”等专场招聘会 6 154 场，发布招聘岗位 105.1 万个，登记求职 112 万人，达成就业意向签订协议 12.1 万人。开展“千名人社专员服务招商引资行动”，2022 年，全省 1 848 名人社服务专员共对接和服务企业 2 万余次，帮助企业解决实际问题 4 511 个。

二、社会保障工作稳步推进

（一）社会保险覆盖面不断扩大。

深入推进全民参保计划，通过全面宣传动员、持续完善经办服务、狠抓精准扩面等举措，推动参保覆盖面进一步扩大。2022 年，全省企业职工基本养老保险、机关事业单位养老保险、城乡居民基本养老保险、失业保险和工伤保险参保人数分别为 1 310.2 万人、197.1 万人、889.2 万人、332.2 万人、448.8 万人。

（二）兜底保障能力持续增强。

落实职工基本养老保险待遇水平调整机制，平稳完成退休人员基本养老金待遇调整，统一企业和机关事业单位退休人员调待政策，确保全省 635 万退休人员新增养老金全部发放到位。落实待遇确定和基础养老金正常调整机制，完成提高基础养老金最低标准工作，全省城乡居民基础养老金最低标准达到每人每月 118 元。印发《关于增加边境地区老年居民城乡居民养老保险基础养老金的通知》，为边境县（市）65 岁以上参保对象每人每月提高城乡居民基础养老金 5~10 元。稳步实施城乡居民基本养老保险基金委托投资，累计委托投资基金达 76.5 亿元。

（三）健全完善社会保障制度。

落实企业职工基本养老保险全国统筹制度，全国统筹制度在全省平稳实施。全省退休人员待遇平稳衔接，印发《黑龙江省规范企业职工基本养老保险待遇项目实施方案》，经黑龙江省人民政府同意后，报人力资源社会保障部、财政部备案。建立全省城乡居民基本养老保险丧葬补助金制度，填补了全省政策的空白，增加政策吸引力。全力推动失业保险省级统筹，印发《关于失业保险省级统筹的实施意见》《黑龙江省关于规范统一失业保险政策的若干意见》等一系列政策措施，在失业保险政策、基金收支管理、基金预算管理、经办服务管理和集中信息系统等五个方面实现全省规范和统一。巩固完善工伤保险省级统筹政策体系，统一规范全省缴费基数、缴费核定和缴费费率有关规定。持续扩大工伤保险覆盖范围，将公务员和参公单位工作人员纳入制度范围，推进工伤保险制度向职业劳动者广覆盖。印发《黑龙江省推进基层快递网点优先参加工伤保险工作实施方案》，保障快递员群体工伤保险合法权益。继续实施工伤预防五年行动计划，印发《黑龙江省危险化学品企业工伤预防能力提升培训工程实施方案》，启动危险化学品企业重点人员培训，提高从业人员工伤预防能力。

（四）社保基金监管持续加强。

创新组建由分管副省长为主任委员，26 个相关部门组成的社会保险监督委员会，推动市（地）建立独立的社保基金监督机构。构建社保基金人防、制防、技防、群防“四防协同”机制，夯实社保基金政策、经办、信息、监督“四位一体”风险防控体系。深入开展管理提升年专项行动和安全警示教育活动，建立社保基金智慧监管信息系统，基金监管能力得到进一步提升。

三、人才人事工作取得新成效

（一）加强专业技术人才队伍建设。

以省委办公厅、省政府办公厅名义印发《关于优化黑龙江省政府特殊津贴制度的通知》，进一步明确选拔人才类型，提高津贴标准，优化选拔程序，完善管理服务措施。推进省级领军人才梯队建设，为385位梯队带头人拨付津贴，支持17个省级梯队开展基础设施建设，支持59名后备带头人开展创新研究。设立全省杰出专业技术人才和专业技术人才先进集体表彰项目。加强博士后创新人才培养，将博士后支持政策纳入省委新时代人才政策体系。印发博士后经费管理办法和创新实践基地实施办法，初步构建了“建站、进站、在站和出站”的“全链条、全周期”博士后培养支持体系。2022年招收博士后763人，择优资助318名优秀博士后人才从事科学研究工作；首次设立博士后创新实践基地40家。持续实施专业技术人才知识更新工程，全年培训各领域高层次专业技术人员1 900人次。

（二）职业技能培训质效持续提升。

制定印发《黑龙江省职业技能培训行动计划（2022—2025年）》，以省乡村振兴重点帮扶县职业技能提升工程、青年技能培训计划等专项培训为依托，大规模、多层次开展职业技能培训。2022年开展补贴性职业技能培训37.4万人次，完成年度目标的124.6%。

（三）建强技能人才队伍。

在全国范围内率先以省委、省政府名义出台《关于加强新时代高技能人才队伍建设的实施意见》，抢抓《新时代龙江人才振兴60条》机遇，配套印发《“技能龙江行动”实施方案》。2022年全省新增技能人才4.6万人，其中，高技能人才2.1万人；全省技工院校实现招生2.81万人，完成全年计划的127.7%。新建数字经济等4个引擎产业“政校企”技能人才培养联盟，在智能制造等领域新建4个省级高技能人才培训基地和20个省级技能大师工作室。在第十六届高技能人才评选表彰活动中，黑龙江省2人荣获中华技能大奖，13人荣获全国技术能手。黑龙江省1人代表国家参加2022年世界技能大赛特别赛，荣获手工木工项目优胜奖。

（四）事业单位改革持续推进。

规范完善省直事业单位岗位管理和聘用制度，将本科高校高级岗位比例提高到55%～60%，高职高专、成人高校、省属科研院所高级岗位比例提高到40%～50%，加大高级职称结构比例。统筹调整优化不同层级类型医疗卫生机构专业技术岗位结构比例，高级岗位结构比例提高5～10个百分点。推进县以下事业单位管理岗位职员等级晋升制度，全面实施县以下事业单位管理岗位职员等级晋升制度，惠及125个县（市、区）6 915名事业单位管理人员，人均每月增资额约313.15元。实施事业单位人事管理“一件事”服务改革，将事业单位公开招聘、岗位聘用等（13+1）项业务整合。全面完成省、市两级层面改革，启动县以下层面改革，累计办理业务7 615笔、服务7.8万人次。推进人才评价机制改革。提前完成职称制度改革，会同35个省直部门累计出台工程技术、高校教师等24个系列职称制度改革实施方案、46个专业领域职称评价标准和45个配套政策文件，为科学公正评价专业技术人员提供了制度保障。

四、劳动关系总体和谐稳定

（一）构建和谐劳动关系体制机制更加健全。

积极发挥协调劳动关系三方机制作用，开展和谐企业培育行动，共培育40户企业全部达到用工管理规范、民主协商制度健全、和谐理念融入企业文化的培育标准。全省选拔推荐的10户企业和1个工业园区荣获“全国和谐劳动关系示范企业（园区）”称号。成功举办“全国和谐劳动关系示范企业”巡回宣讲（黑龙江站）活动。印发《关于开展维护新就业形态劳动者劳动保障权益专项行动的通知》，提升新就业形态劳动者权益维护水平。加强工资分配指导服务，发布企业薪酬调查和工资指导线等信息，为企业协商确定工资水平提供有效参考。强化工资的技能导向激励，制发《黑龙江省技能人才薪酬分配指引宣传落实方案》，为企业打通技能人才发展通道并建立薪酬激励机制提供借鉴参考。

（二）根治欠薪工作力度不断加强。

加强劳动保障监察执法，着力整治就业歧视、“黑职介”、超时加班等重点领域突出违法行为，保障新就业形态劳动者合法权益。健全根治欠薪长效机制，推动实名制管理、工资专用账户等保障工资支付制度对在建工程项目全覆盖。深入开展根治欠薪专项行动，畅通维权渠道，加强督导考核，强化行政司法联动，推动欠薪案件动态清零。

（三）调解仲裁维权能力持续提升。

全省各级仲裁办案机构受理劳动人事争议案件 22 290 件，仲裁结案率 98.3%，各类调解组织受理案件 10 454 件，调解成功率 70%，切实维护劳动者权益涉及金额达 5.77 亿元。深入推进基层调解组织建设，7 家基层调解组织被人力资源社会保障部等四部门评为金牌调解组织，10 家调解组织被评为第二批龙江金牌调解组织。

五、系统行风建设水平取得新提升

（一）构建标准规范的人社服务体系。

深入梳理、不断优化人社领域服务事项，精简办事材料 70 件；优化办事流程、压缩办理时限，102 项人社服务可当日办结，实现 171 项人社服务“网上办”“掌上办”，人社领域服务标准化水平进一步提升。

（二）打造高效便民的人社服务。

推进高校毕业生就业等 10 个以上关联服务事项“打包办”，补贴申领等 20 个高频服务事项“提速办”，流动人员人事档案管理等 34 个异地事项“跨省办”。大力推进特殊情况“上门办”、特殊群体“我帮办”、社银合作“就近办”等便民服务新方式，2022 年度全省人社服务好评率达 99.99%。

（三）持续推进人社练兵比武。

常态化开展“日日学、周周练、月月比”活动，全系统 1.6 万名干部职工参与学习答题。举办县级赛、市级赛、全省赛，自下而上搭建比武平台，激发全省人社干部学习热情。2022 年度全国人社系统统一在线比试中，黑龙江省获团体第 4 名，荣获一等奖，5 名同志获评全国“人社知识通”。

黑龙江省人力资源和社会保障厅

哈尔滨市

2022年，哈尔滨市人力资源社会保障系统坚决贯彻落实国家和省市部署要求，积极践行以人民为中心的发展思想，突出稳就业保民生工作主线，努力为美好生活赋能、为共同富裕助力，人民群众的获得感成色更足、幸福感更可持续、安全感更有保障。

一、突出就业优先，实现更加充分、更高质量的就业创业

坚持就业优先战略，全力稳就业保就业，有力支撑经济发展和社会稳定。

一是稳岗政策精准落实。精细实施“降、返、缓、补、贴、投”政策组合工具，发放稳岗补贴3.95亿元、创业担保贷款1.9亿元、技能提升补贴1 175万元、一次性扩岗补助186万元，减征5万余户企业失业保险费3.7亿元、工伤保险费1.4亿元，办理企业社保费缓缴7 420万元，确保各项利民惠企政策红利应享快享、应享尽享，全力助企纾难解困减负、支持市场主体发展。全市发放《就业失业登记证》和《就业创业证》10 597本（累计42.8万本）；督促指导九区九县线上办理省金保网络申报审核模块中就业登记审核116人，省内失业人员审核1 559人，部转失业人员审核6 827人；全市累计办理就业登记21 027人，办理失业登记14 209人；九区九县在哈尔滨人社云综合管理平台中办理企业开办直通车就业登记业务61件；全市累计认定就业困难人员11 327人，零就业家庭始终保持动态为零；全市发放创业担保贷款435笔、9 639.9万元，其中，个人422笔、7 110万元，小微企业13笔、2 529.9万元，发放笔数同比增长55.4%、金额增长20.9%，完成市政府6 000万元目标的160%；全年发放公益性岗位补贴、社保补贴资金10 127.8万元。

二是重点群体就业稳定。深入开展“充分就业社区”建设，登记入户调查137.2万户、调查人数272.9万人，建立就业服务微信群4 052个，组织政策宣传1万余次，推送岗位信息11.1万个，为失业人员提供“一人一档、一人一策”包保就业服务，遴选推荐18个省级充分就业社区和270个市级充分就业社区。组织创业培训7 340人，提供就业见习岗位2万个，开发“三支一扶”基层岗位160个，离校未就业高校毕业生就业率99%。搞好农民工帮扶，实施“点对点”返岗复工服务保障工作。春节前后，返乡农民工总流量为116 344人，其中节后返岗人数87 999人，共计使用铁路客运专厢2节85人，专车9辆267人，保障了农民工顺利返岗。利用农民工微信群平台共计发布政策及用工信息2 861次，参与企业5 253家，发布用工岗位91 288个，带动农民工实现就近就地就业21 229人。开展“农民工综合信息系统”上线工作，选定上线运行试点，完成相关信息录入355 045条。

三是服务体系日趋完善。健全就业公共服务体系，拓展升级“就业地图”“零工平台”“王科长就业服务热线”“抖音带岗直播”“农民工带头人微信群”等就业服务特色品牌，组织招聘活动500余场，提供就业岗位35.3万个，为用工企业和劳动者提供不断线就业服务。全年城镇新增就业10.7万人，失业人员再就业5.2万人，就业困难人员实现就业1.6万人，分别完成全年目标的129.3%、125%、128.1%，在多轮疫情冲击影响下，保持了全市就业形势总体稳定。在云聘会上组织“返乡创业孵化创业服务专场”，进行创业补贴政策宣传，通过“哈就业”抖音号直播，访问量达到3 000多人次，实现创业带动就业。做好第二届“龙创杯”创业创新大赛哈尔滨赛区选拔赛相关工作，报名参赛项目173个，审核469人次，审核合格的项目共计132个，其中，主体赛制造业项目组18个，主体赛服务业项目组10个，青年创意专项赛95个，劳务品牌专项赛2个，乡村振兴专项赛7个。完成对创业项目征集补贴申报者的相关申报要件的核实，经第三方机构评审公示后有15个项目符合申报要求，发放创业项目征集补贴共计45 000元。利用“来活儿”小程序拓宽灵活就业渠道，实现LBS（基于位置的服务）智能对接；依托智慧就业大数据对用工人员和务工人员进行精准画像，为政府制定就业服务政策提供科学支撑，为用人单位提供管家服务，为个人用户提供定制化服务，实现灵活就业服务智能化、专业化，为更多的灵活就业人员提供了就业岗位。零工平台总访问人数10万余人，点击量达100.6万人次，总用户量达17.6万。完善升级“淘宝式”就业地图3.0版。推出“傻瓜式、关爱式”智能就业新模式，通过自动获取求职者浏览查询的就业行为和个人需求爱好，进行需求画像精准推送岗位信息，实现只要一部手机，就能轻松找到工作，切实打造出“全方位、全自动、高效率”的智能就业新模式。

二、突出民生为本，建立更加完善、更可持续的社保体系

坚持强化兜底保障，深化社保改革，防控基金风险，努力实现人民群众老有所养、失有所助、伤有所保。全市养老、失业、工伤保险参保人数分别达到587万人、103.4万人、149.1万人。

一是制度改革稳步推进。顺利完成与国家养老保险全国统筹系统对接，企业职工基本养老保险全国统筹信息系统正式上线运行。启动机关事业单位养老保险试点制度参保人员养老保险关系规范衔接。

二是待遇水平大幅提高。高质量完成全市2022年退休人员基本养老金调整及发放工作，企业退休职工基本养老金人均月增加112.2元，实现“18连涨”，机关事业单位退休人员基本养老金人均月增加155.9元，实现“8连涨”。关心关注困难群体基本生活，代缴城乡居民基本养老保险976.7万元；发放失业补助金3 898.2万元、价格临时补贴199.6万元，惠及失业人员4.9万人。

三是基金运行安全平稳。建立社保基金风险研判防控体系，开展社保基金管理提升年行动，组织社保基金管理风险排查整治、社会保险疑点数据核查整改，追缴违规待遇1 867万元。

四是服务水平明显提升。开展“业务清零百日攻坚行动”，最短时间办结积压业务近60万笔。推行社保“减免要件”办理，以共享公安、民政等数据信息替代申报要件，通过“刷脸”关联相关数据，免去“找、拍、传”要件操作，涉及业务网办超5万笔。拓展“社银合作”服务，深化与工商银行、哈尔滨银行的合作，实现31个银行营业网点“就近办”。在全省率先开展劳动能力远程视频鉴定，实现从申报到结论推送全程“零跑路”，全年开展鉴定服务251人次。积极应对疫情冲击影响，迅速打好稳企惠民政策落实组合拳。切实扛起“保发放”政治责任，各项社保待遇实现100%按时足额发放。持续落实社保费阶段性缓缴政策，184户企业缓缴养老保险费5 074万元，138户企业缓缴失业保险费522.7万元，115户企业缓缴工伤保险费44.7万元。持续落实阶段性降低失业保险费率政策，直接从后台修改降低保险缴费比例，使企业享受红利于无形。继续实施失业保险稳岗返还政策，采取“免申即享”经办模式，助力中小微企业和以单位形式参保的个体工商户发展，共为符合条件的2.6万户企业发放补贴金3.7亿元。落实困难群体社保帮扶政策，对9.8万名符合条件的参保人员代缴城乡居民基本养老保险费达976.7万元。深入开展“能力作风建设年”活动，不断满足参保对象“掌上办、多点办”实际需求。优化“办事不求人”举措，为老弱病残孕等群体开通绿色通道，实施“处级领导带班、处长咨询作答、设立潮汐窗口”等制度，市级窗口日均服务1 300人。坚持目标导向、问题导向，扎实推进“基金安全年”活动，社保基金管理体系不断健全。在综合分析、要情报告、外部审计的基础上，完善政策、经办、信息、监督“四位一体”运行机制。及时承接国家和省下发的疑点信息，对5.7万条数据进行比对核查。通过“刷脸”“指纹”“手工”“上门”等多种服务方式，开展全市养老保险领取待遇资格认证，确保退休职工按月领取养老金。

三、突出人才导向，打造更加开放、更具活力的发展环境

坚持多措并举吸引留住用好人才、用心用情用力服务人才。

一是强化政策引领。用足用好鼓励来哈就业创业落户等人才政策，发放奖补资金1.3亿元。围绕专业技术人才、高技能人才“两支队伍”，配合市委组织部研究起草《关于新时代吸引集聚人才的若干措施》。

二是着力建强队伍。大规模开展职业技能培训，组织职业技能提升培训97 141人次，技工院校招生11 592人，培养高技能人才11 911人。全年新增中高级职称8 907人，新建5个市级重点领军人才梯队、10个市级领军人才梯队和3个高技能人才培训基地、7个技能大师工作室，选拔7人参加全国技能高技能人才评选，选拔认定20名全市首席技师。

三是优化人才服务。与哈尔滨医科大学、黑龙江八一农垦大学等14所高校签订合作协议，“高校人才工作站”规模扩大到25个，服务引才触角辐射全省。全年组织人才招聘活动46场，发布岗位需求5.5万个。举办第十三届哈尔滨大学生创业大赛，吸引全国56所高校、1 604个项目参赛。顺利完成7项涉及10万余名考生的大型人事考试考务工作，严格组考流程，严密组织实施，真正做到了万无一失。

四是坚持创新驱动。加快推动哈尔滨人力资源服务产业园创新发展，引进第三方运营机构市场化运作，成功举办开园仪式，扩大了社会影响和知名度，年内核心园区组织各类活动35场次，服务各类人员43.6万人次，20家入驻企业实现营收55亿元。坚持把高校毕业生就业创业服务工作作为重点工作，多点发力，精准实施，有效促进高校毕业生实现就业。依托“高校人才工作站”工作群等线上平台优势，及时推送《高校毕业生就业指导服务手册》和“2022年百日千万网络招聘专场”等招聘信息。“哈尔滨市全面提升高校毕业生就业创业质效”工作信息被省人力资源社会保障厅内刊转载。编制政策清单和服务手册，通过“哈尔滨人社综合服务平台”等线上平台和各区、县（市）基层服务平台及时推送给毕业生。印发《2022年度区、县（市）离校未就业高校毕业生就业服务成效考核标准》，明确省市人社部门年度考评标准，指导各区、县开展“提供1次政策宣讲、推送3次就业信息、开展1次就业指导、推荐1次技能培训或就业见习机会”等就业服务工作；按照“月通报、周调度、日报表”等工作制度，先后开展了电话抽查、实地督导和视频调度会，对全市高校毕业生就业服务工作进行调度督导。年内哈尔滨全市离校未就业毕业生16 915人，实现就业15 611人（含应征入伍、升学、出国人数），超额完成省人力资源社会保障厅“就业去向落实率不低于90%”的工作目标。充分发挥各类“招才引智”服务平台的功能作用，大力推行“云”端招聘不打烊服务，全年开展各类网络招聘活动46场，其中组织县（市、区）开展专场招聘会18场，累计参会企业2 433家，提供岗位7 073个，需求人数58 718人，意向性签约11 880份，入场人数（浏览量）245 504人次。落实就业见习“放管服”，采取集中培训、现场指导、实时帮带等措施，帮助六区掌握政策和经办流程；完善网办功能，实现就业专项资金申报全程网上受理，将全市363个见习基地信息纳入省网管理，发布20 137个见习岗位，完成全年8 000个见习岗位目标的252%，组织就业见习4 081人，完成任务目标的115%。

四、突出锐意改革，形成更加规范、更加高效的人事管理

坚持深化事业单位人事和薪酬制度改革，不断提高事业单位人事管理水平。

一是深化事业单位人事改革任务。采取定向选择、双向选择等方式，积极妥善安置撤销全额事业单位、非财补事业单位涉改人员558人。完成全市2 405家事业单位近5万个岗位设置方案备案和市直37家事业单位、11个县（市、区）教育系统3.5万个岗位设置方案备案变更工作。全面推行县以下事业单位职员等级晋升，受益面达到10%，人均月增资342.9元，打破了基层管理岗位晋升“天花板”。事业单位人事管理“一件事”上线运行，实现了岗位设置方案备案、交流调动等13项业务办理集约化、规范化、便利化。

二是稳慎提高事业单位工资待遇。高效落实调整事业单位工作人员工资标准工作，人均月增资478元。平稳有序完成事业单位工资津贴补贴清理规范工作，并与公务员同步增设了绩效奖金，调动了事业单位职工干事创业积极性。实施关爱“抗疫一线”行动，核准发放医务人员临时工作补助和特殊补助859.8万元。

三是全面加强表彰奖励活动管理。严密组织开展哈尔滨市“三八”红旗手（集体）和第38届劳动模范评选推荐。

五、突出标本兼治，构建更加和谐、更趋稳定的劳动关系

坚持强化底线思维，着力强治理、保权益、优分配，有力维护了劳动者合法权益。

一是创新劳动关系协调机制。深入开展劳动关系“和谐同行”能力提升三年行动，开展集体协商要约行动，全市培育“和谐同行”企业63户，涉及职工13 659人，黑龙江禾丰牧业有限公司、黑龙江航天信息有限公司和黑龙江五常经济开发区被评为“全国和谐劳动关系创建示范企业”和“全国和谐劳动关系创建示范工业园区”。

二是强化风险预警监测研判。动态掌握用工单位劳动合同签订、解除情况，及时排查、监测、研判劳动关系风险隐患，提前介入并全程指导麦凯乐商超、新世界百货等企业规模性裁员，维护了职工合法权益。

三是深化企业收入分配改革。完成国家级企业薪酬调查任务，发布2022年企业工资指导线和国有企业工资调控水平、调控目标，保障劳动者工资水平合理稳步增长。

四是有效化解矛盾纠纷隐患。劳动社保领域信访突出问题整治工作成效明显，办理劳动争议案件8 324件，办结率97.2%，调解成功率63.9%。完成7件重复信访事项的终结退出，省交办的116件“治重化积”信访事项全部化解，人社系统承办信访事项657件，化解率100%。狠抓根治欠薪长效机制建设，开展根治欠薪冬季攻坚、夏季联查等专项行动，追讨拖欠工资2.8亿元。

哈尔滨市人力资源和社会保障局

上 海 市

2022年，上海市人力资源社会保障系统坚持以习近平新时代中国特色社会主义思想为指导，认真学习贯彻落实党的二十大和上海市第十二次党代会精神，在人力资源社会保障部关心指导下，全面落实人力资源社会保障部和上海市委、市政府决策部署，弘扬伟大建党精神，践行人民城市理念，围绕助力打赢大上海保卫战、经济恢复和重振攻坚战等中心任务，保持战略定力，强化使命担当，狠抓工作落实，千方百计稳就业、保民生、揽人才、促和谐、强党建，多项重点工作提前超额完成目标任务，上海人社事业高质量发展取得显著成效。

一、闻令而动、同心协力，助力打赢大上海保卫战

（一）全力兜牢民生保障底线。

第一时间出台上海人社领域抗疫16条举措，加快落实临时性工作补助、工伤保障等一线抗疫人员保障措施，密集出台疫情期间劳动关系工作指引，统筹兼顾企业发展与劳动者权益维护。克服封控不利因素，千方百计确保养老人员、失业人员等各类群体待遇按时足额发放。主动对接涉疫保供等单位，做好用工保障服务。妥善处置涉方舱等各类劳资纠纷矛盾，第一时间抽调执法力量进驻市区两级方舱及隔离点，维护特殊时期用工稳定。大力优化线上服务，采取居家坐席服务确保12333民生热线不断线、服务不降质。整建制组建8批次、336人驰援基层，全面落实“双报到”，报到率达100%。

（二）跨前服务经济社会发展大局。

围绕国家和上海市稳经济、稳就业总体部署，成立支持经济恢复重振行动工作专班，及时提请上海市人民政府出台做好上海市当前和今后一个时期稳就业工作意见。积极落实社保缓缴等政策，全年累计缓缴单位约5.5万家，缓缴社保费（含医疗保险费）约212.8亿元，其中缓缴养老保险费约124.9亿元，阶段性降低失业、工伤保险费约78.2亿元。困难行业企业稳就业补贴发放3.3亿元，惠及1.7万家单位；吸纳重点群体一次性就业补贴发放资金1亿元，惠及2万家单位；一次性扩岗补助发放资金1.88亿元，惠及3.8万家单位。发挥人才政策助力复工复产和促进经济复苏的积极作用，进一步实施人才特殊支持举措，得到人才与市场主体广泛好评。

二、提高站位、倾注全力，就业创业形势回稳向好

（一）就业指标任务提前超额完成。

坚持把稳就业摆在人社工作的重中之重，2022年上海市城镇调查失业率从最高的16.7%回落到12月的4.3%，低于全国平均水平。全年正规就业人数1 082.25万人，恢复至较高规模；新增就业岗位56.35万个，超过55万个的年度目标；户籍城乡登记失业人数14.56万人，控制在17万人以内；提前完成年度上海市政府实事项目任务，共帮助长期失业青年就业创业10 167人，支持企业培养新型学徒14 769人。全力推进对口支援，帮助云南劳动力转移来沪就业，其中农村劳动力转

移来沪就业1.07万人，脱贫劳动力转移来沪就业6 361人。

（二）就业帮扶援助扎实推进。

主动跨前做好应届高校毕业生就业实名跟踪服务，着力推动3.2万名离校未就业毕业生尽快实现就业，全年离校未就业毕业生帮扶就业率达93.4%。鼓励用人单位招用应届毕业生和离校未就业毕业生，实施上海市“三支一扶”计划。对困难家庭毕业生发放一次性求职创业补贴，惠及1.2万人。加强青年就业创业见习工作，面向失业人员开展“人人乐业”专项行动，全年上海失业人员实现再就业人数达14.52万人。

（三）创业带动就业深入实施。

发挥创业孵化示范基地作用，市级创业孵化示范基地达125家。231家创业孵化示范基地向创业者减免租金6.5亿元。全年发放创业担保贷款642笔，金额13.7亿元。开展2021年特色创业型社区创建评估，全市特色创业型社区达93家。成功举办第五届“中国创翼”创新创业大赛上海选拔赛，上海5个项目全部获得国家奖项。全年帮扶引领成功创业12 963人。

（四）技能培训力度持续加强。

出台落实国家“十四五”职业技能培训规划方案，拓宽职业技能提升补贴受益范围，落实企业职工线上培训补贴，完善企业新型学徒制政策，全年开展补贴性职业技能培训162.13万人。加强上海市职业技能培训规范管理，加快推进“互联网培训监管平台”建设。开展“职业技能培训综合监管一件事”试点。

三、放权松绑、激发活力，人才人事管理稳中有进

（一）海内外人才引进力度不断加大。

积极研究提出上海市人社领域加快建设高水平人才高地的改革举措，配合制定上海市高水平人才高地和核心区建设方案。持续推进重点区域人才引进特殊支持举措落地，对南北转型核心区域予以政策保障。完善人才引进政策，修订上海市居住证积分管理办法及实施细则。做好上海市人才统计调查分析工作，加快紧缺急需人才目录编制管理进度。完成“浦江人才计划”评审。成功举办第三届“留·在上海”全球留学人员创新创业大赛。

（二）高技能人才队伍建设显著加强。

深化技能人才评价改革，全年新增取得高级工及以上证书31 190人，支持用人单位评聘特级技师53人。遴选公布首批10家新型技师学院。做好高技能人才评选表彰和工作资助。发布2021年上海市企业技能人才市场工资价位。圆满完成2022年世界技能大赛特别赛参赛工作，上海选手在参加的6个项目中全部获奖（3金2铜1优胜），取得了历史性突破。完成2026年世界技能大赛申报工作。

（三）专业技术人才培养评价机制更加健全。

组织开展第二届上海市博士后创新创业大赛。新增博士后科研工作站3家、创新实践基地5家，实现了博士后创新实践基地在上海市16个区的全覆盖。优化“超级博士后”激励机制，面向全球发布5 157个博士后岗位。完善职称评审制度，开展25个系列职称评审。支持浦东新区建立国际职业资格证书认可清单制度，开展长三角示范区职称联合评审试点。优化中小学、体育、农业和科技事业单位岗位设置管理。全年组织开展78项人事考试，确保了58.8万名考生考试安全。

（四）人力资源服务业迈向高质量发展。

出台上海市促进人力资源服务业高质量发展的23条实施意见。增设中国上海人力资源服务产业园区虹桥园，人力资源服务产业“一园多区”发展格局进一步完善。成功申报首批国家级人力资源特色服务出口基地。人力资源服务“伯乐”奖励力度进一步加大。

（五）事业单位人事管理和评选表彰成果显著。

完成街镇事业单位管理岗位职员等级首次晋升。出台上海市事业单位工作人员考核办

法。制定落实 2022 年事业单位绩效工资总量调整方案，深化公立医院薪酬制度改革。进一步提高上海市事业单位自主认定高层次人才的比例。规范创建示范活动和社会组织表彰活动，全年共开展市级表彰 8 项、市级工作部门表彰 19 项、区级表彰 31 项。

四、慎始敬终、精准发力，社会保障事业行稳致远

（一）社会保障体系建设更加健全。

落实企业职工基本养老保险全国统筹政策，推进机关事业单位养老保险制度改革，启动实施个人养老金制度。研究完善灵活就业人员参保方案。平稳落实企业职工基本养老保险遗属待遇。落实被征地人员就业和社会保障工作，助力乡村振兴。研究制定港澳台居民在上海市参加城乡居民基本养老保险办法。持续推进企业年金扩大覆盖面。开展新就业形态就业人员职业伤害保障试点，扎实推进基层快递网点优先参加工伤保险。修订上海市劳动能力鉴定管理办法。全面开展工伤预防，推进落实上海市工伤预防五年行动计划，修订完善工伤预防费使用管理办法。

（二）社会保障待遇标准稳步提升。

严格执行国家养老金调整规定，做好养老金调整发放工作。提高一次性节日补助费标准。对失业人员和领取失业金人员发放 5 次临时价格补贴，涉及资金 8 472 万元。持续提高工伤保险待遇。稳步调整社区工作者和政府聘用辅助人员薪酬水平。

（三）社会保险基金监管力度不断增强。

完善上海市社会保险基金监管制度建设，持续加强社会保险基金管理问题专项整治。全面实施上海市社会保险基金管理提升年行动，开展社会保险基金安全警示教育月活动，推进社会保险欺诈案件查处和防范。建立政策、经办、信息、监督全环节社会保险基金要情分析机制和要情报告制度。建立职业年金计划监督管理系统，完成职业年金计划审计和受托人合同期考评。

五、多措并举、凝聚合力，劳动关系总体和谐稳定

（一）根治欠薪工作成果持续巩固拓展。

深入开展和谐劳动关系创建，上海全市和谐劳动关系达标企业超 1 万家。持续提升欠薪治理能力，市、区、街镇三级联动、条块协同的欠薪治理新格局逐步形成。完成农民工工资支付监控预警平台建设并投入运行，信息化信用监管体系进一步健全。制定完善上海市工资保证金制度措施。扎实开展集中整治拖欠农民工工资问题专项行动。在 2021 年度国务院保障农民工工资支付工作考核中取得全国第一的好成绩，实现了历史性突破。

（二）劳动关系矛盾纠纷调处机制不断健全。

做好疫情防控下的争议处置工作，与上海市高级人民法院联合出台政策解答，印发调解仲裁工作指导意见。开展积案清理专项行动，积极应对突发集体争议。开展市级劳动人事争议仲裁专家评选及金牌调解组织评选活动。上海市劳动人事争议仲裁院首个巡回庭在临港新片区挂牌成立。推进监察仲裁一口受理，推动纠纷调处与就业帮扶联动。全年全市各级调解组织和仲裁机构共受理案件 16. 86 万件，劳动人事争议综合调解率达 74. 32%，仲裁结案率达 94. 07%。

（三）劳动保障监察执法效能持续增强。

集中力量化解岁末年初重点行业企业欠薪矛盾纠纷，持续清理整顿人力资源市场秩序。稳妥推进基层劳动关系队伍整合，协同处置化解劳动关系矛盾工作合力进一步增强。完善劳动保障守法信用管理系统智能化建设。依法依规开展失信联合惩戒，做好重大劳动保障违法行为的社会公布和信息共享等工作。全年全市人社执法机构办结立案案件 31 693 件，举报投诉案件按期结案率达 100%。

六、夯实基础、提升能力，管理服务效能稳中提质

（一）信息化便民服务质效齐增。

推进“数字人社”建设，深化“一网通办”改革，全年通过“一网通办”平台办理人社业务总量达 1 604.28 万件，推动 2 项人社政策实现“免申即享”。优化推进企业职工退休“一件事”、企业招用员工（稳就业）“一件事”、事业单位人员管理“一件事”平台建设。社保卡“一卡通”实现人社领域 95 项应用场景全覆盖。编制实施 2022 年人力资源社会保障事业发展计划，完善项目计划管理。开展“人社服务快办行动”，9 个“打包办”事项在全市人社窗口落地实施，20 个“提速办”事项和 27 个“跨省通办”事项全面完成。健全“好差评”工作机制，全年好评率达 99.995%。

（二）人社公共服务持续优化。

整合上海户籍和来沪人员用工备案办理，优化港澳台人员用工备案登记。开通市、区两级人才服务中心档案调转及远程数字档案阅档，人才落户提速办理。主动实施重点行业、领域企业引才“一对一”专员“上门办”。持续保障国家、市级高层次人才待遇落地“点对点”专窗“一口办”。社保服务便民举措不断优化，线上线下“帮办”服务持续开展。人社政务服务大厅建设加快启动，适老化改造全面推进。

（三）法治政府建设有力提升。

开展《上海市促进就业若干规定》立法修订，积极推动重大行政决策规范管理。制定年度人社系统行政争议案件白皮书，发布法治建设情况通报，全面打造人社领域法治引领主阵地。规范政府法律顾问、公职律师和执法人员管理。深入推进“放管服”改革，推进人社事中事后监管落到实处。

（四）全面从严治党走深走实。

全面迎接和学习宣传贯彻党的二十大精神，迅速推动党的二十大精神在上海人社系统落地见效。健全理论学习联动机制，落细落实意识形态工作责任制。认真做好巡视整改后半篇文章，推动巡视整改与局内巡察有机联动。落深落细“四责协同”机制，健全全面从严治党责任体系和制度体系，实施模范机关建设深化年“六大工程”。制定加强年轻干部教育管理实施方案，深入开展人社“局长走流程”和大走访、大排查活动，多措并举防范化解上海人社各领域风险矛盾。扎实开展“守纪律、强制度、抓作风、树形象”专项行动，全覆盖健全廉政风险防控机制，政治生态更加风清气正。

上海市人力资源和社会保障局

江　苏　省

2022年，江苏省人力资源社会保障系统坚持以习近平新时代中国特色社会主义思想为指导，认真落实“疫情要防住、经济要稳住、发展要安全”的重大要求，加强协同联动打好组合拳、推动数字化转型把握主动权，圆满完成全年目标任务，各项工作实现稳中有进。

一、聚力攻坚，就业形势稳定向好

坚持把稳就业作为首要任务，以超常规举措应对超预期困难，全年城镇新增就业132万人，占全国总量的11%；城镇调查失业率月均值为5%，低于全国0.6个百分点。

（一）制度体系更加健全。

推动出台《江苏省就业促进条例》，长短结合制定“稳定和扩大就业27条措施”。优化就业资金支出结构，全面消除地方财政“零投入”地区。制定实施“人社助企纾困12条”，首创“苏岗贷”稳就业金融产品，全面落实“降、缓、返、补、扩、贷”政策超620亿元。高效运行省市县稳就业工作专班，压实就业优先责任。

（二）重点群体保障有力。

提请省政府办公厅出台《促进高校毕业生等青年就业创业若干政策措施》，协同省国资委、省工商联开展“云聘直播”，组织近5万名高校毕业生等青年参加见习，应届高校毕业生去向落实率达94.43%。开展就业富民助力乡村振兴行动，培育雨花“码农”等60个省级劳务品牌，深化南北合作、东西部协作，中西部脱贫人口在苏就业近100万人。健全就业困难人员精准认定、精准帮扶和精准退出机制，帮扶26.7万名困难人员实现就业。建成22个线下规范化零工市场支持灵活就业。

（三）技能培训整合升级。

构建大培训格局，出台《加强和改进政府补贴性职业技能培训的若干意见》，重点开发数字职业、制造产业、健康照护等市场急需紧缺培训项目，提高就业培训上岗率、职工培训稳岗率、创业培训合格率。

（四）就业服务优化高效。

协同省就业工作领导小组成员单位建好用好省就业运行监测分析系统，联手教育、民政、国资等部门共建“就在江苏”云服务平台。出台《推进新时代江苏人力资源服务业高质量发展的意见》，开展省级人力资源服务骨干企业评选。深入推进全民创业行动计划，发放富民创业担保贷款、创业补贴135.34亿元，支持成功自主创业42.84万人。

二、深化改革，社保体系不断完善

（一）重大改革有序实施。

落实企业职工基本养老保险全国统筹，会同财政部门建立养老保险基金地方财政投入长效机制。巩固机关事业单位养老保险改革成果，2021年前退休“中人”计发待遇总体落地。出台《失业保险省级统筹实施方案》，完善工伤保险省级统筹机制，制度运行更加平稳规范。会同相关部门出台《被征地农民社会保障办法实施意见》，确保被征地农民应保尽保。

（二）覆盖范围不断扩大。

全省城乡基本养老、失业、工伤保险参保

人数分别达 6 014.63 万人、2 027.14 万人、2 401.01 万人。率先开展新就业形态就业人员职业伤害保障试点，将 103 万名出行、外卖、即时配送、同城货运从业人员纳入保障体系。开展个人养老金工作试点。

（三）社保惠民成效显著。

全省退休人员养老金人均上调 4%，城乡居民基本养老保险基础养老金省定最低标准提高到每人每月 192 元，高出国家标准 94 元。推进失业保险扩围提标，失业保险金人均每月超过 1 900 元。伤残津贴提高 6.13%。

（四）基金运行安全平稳。

稳妥开展养老保险基金和职业年金投资运营。2022 年企业职工基本养老保险基金当期结余 624.52 亿元。开展社保基金管理提升年行动，构建基金风险“人员防、制度防、技术防、机构防、数据防、资金防”综合体系。

三、服务发展，产才融合成效显著

深入贯彻中央、省委人才工作会议精神，在省委人才工作领导小组领导下，实施“新时代人才工作十大专项行动”，全省专业技术人才、高技能人才分别达 977 万人和 475 万人。

（一）战略人才加快培育。

创新实施卓越博士后计划并遴选产生 900 名卓越博士后，打造全国博士后青年科技人才扬子江论坛，参加全国博士后揭榜领题活动并独揽所有金牌。授权省实验室“自主引才、自主设岗、自主聘任、自主评价、自主定薪”。出台《全省人社系统服务数字经济发展若干措施》，联合省教育厅制定《数字经济人才引培专项行动实施方案》，新建 6 家首批省级数字经济专业技术人才继续教育基地，创新设立数字经济人才职称评价制度，实施数字技能提升行动，评审数字经济高级工程师 1 329 人，培养数字技能人才 18.62 万人。

（二）体制机制改革持续深化。

出台职称评价破“四唯”政策举措。制定《完善全省事业单位公开招聘人员工作的意见》《事业单位引进人才直接备案办法》，提升事业单位招才引才质效。健全“新八级工”制度，评选产生 87 名特级技师。深化产教融合、校企合作，推动全省 112 所技工院校与 1 830 家企业合作开设订单班、新型学徒班 2 005 个，指导江苏省交通技师学院、常州技师学院、盐城技师学院开办全国首个全日制高级技师班。

（三）人才发展环境不断优化。

开展人才交流系列活动、人才创新创业大赛、百名海外博士江苏行、“百校千企万岗”送工等活动，举办第六届江苏技能状元大赛，盐城技师学院 1 名选手在 2022 年世界技能大赛特别赛上勇夺金牌。新建 6 家省级专家服务基地，建设 100 家省级乡土人才大师工作室、30 家示范工作室和 10 家传承示范基地，做好“三支一扶”工作，助力乡村振兴。高标准构建以“一网、一窗、一线、一卡”为主要内容的“苏畅”人才服务体系。健全评比达标表彰项目目录管理机制。顺利完成 185 万人、385 万科次人事考试任务。

四、标本兼治，劳动关系保持和谐

（一）和谐创建持续深入。

实施劳动关系“和谐同行”能力提升三年行动计划，推进和谐劳动关系综合配套改革试点，获评 17 家全国和谐劳动关系创建示范企业和 2 家示范园区，选树 200 家全省优秀劳动关系和谐企业、38 家金牌劳动人事争议调解组织、115 名金牌劳动关系协调员。

（二）制度机制不断完善。

牵头发布长三角地区劳务派遣合规用工指引，制定劳务派遣单位信用等级评价规范。全面推进市县劳动人事争议联合调处中心建设全覆盖，探索打造智能仲裁院、智慧仲裁庭。开展维护新就业形态劳动者权益专项行动，加快培育新就业形态行业性协调劳动关系三方组织和调解组织，推动快递、外卖等行业开展集体协商。

（三）根治欠薪扎实推进。

深入贯彻《保障农民工工资支付条例》，出台《工程建设领域农民工工资专用账户管理细则》《工程建设领域农民工工资保证金管理办法》，开展“不欠薪”城市试点，系统联动开展集中整治拖欠农民工工资问题专项行动和根治欠薪百日攻坚战，实现了春节前全省欠薪案件、线索动态清零。

（四）收入分配规范有序。

加强工资收入分配调控，推进技能人才薪酬分配指引，深化国有企业工资收入分配制度改革，出台事业单位工作人员病假待遇政策，推动公立医院和公共卫生机构薪酬制度改革政策落实，调整事业单位工作人员基本工资标准，兑现县以下事业单位管理岗位职员等级晋升绩效工资待遇。

五、数字赋能，人社服务提质增效

（一）数字治理深入推进。

安全高效运行省人社一体化信息平台，深度挖掘开发就业运行监测分析、“就在江苏”智慧就业服务、职业技能培训评价服务、职业技能培训评价信用管理、人才服务、新就业形态就业人员职业伤害保障、农民工工资支付监控预警、社保基金四方对账管理、社保风险防护、人事考试等10个数字化应用场景，深入推进数据共享和集成应用，提升人社数字化智治能力。

（二）经办服务全面升级。

出台《全省人力资源社会保障部门优化营商环境实施意见》，编制实施人社政务服务事项办事指南和延伸基层服务事项清单，持续推进“清减压”工作，人社全业务365个事项、116个查询服务实现“一网通办”。推动长三角区域社保卡居民服务一卡通协同立法，发行第三代社保卡1 467万张，全面加载交通、文旅等功能，加快拓展惠民惠农补贴发放、就医购药等更多应用。出台全省银行办理社保经办业务规范，与16家社保卡合作金融机构拓展1 786个社银合作网点，推动形成以人社自主经办为主体、相关机构合作经办为补充的“一主多辅”网点化服务格局。

（三）人社行风持续优化。

出台《开展行风建设提升行动持续优化人社政务服务实施意见》，举办业务技能练兵比武，组织“厅局处长走流程”“青年干部调研暗访”等活动，全面实施人社政务服务“好差评”。

2022年全省人社系统坚持把学习宣传贯彻党的二十大精神作为首要政治任务，在全系统举办学习会、集成项目专题研讨会，邀请党的二十大代表、全国人社领域知名专家辅导授课，把党的二十大战略部署转化为推动人社事业高质量发展的工作思路和实际行动。组织开展“支部建设强化年”以及“青春向党担使命　服务发展当先锋”和“身边的榜样　前行的力量”等活动，实施干部素质培优工作，有力提振了党员干部干事创业的精气神。同时，疫情防控、安全生产、信访维稳精准有效，依法行政、政务公开、新闻宣传扎实开展，调研统计、老干部工作、对口支援和协作有序推进。

江苏省人力资源和社会保障厅

南 京 市

2022年，南京市人力资源社会保障系统以习近平新时代中国特色社会主义思想为指导，全面学习贯彻党的二十大精神和国家、省市决策部署，坚持正确政治方向，弘扬伟大建党精神，践行以人民为中心的发展思想，坚持稳中求进工作总基调，立足新发展阶段，完整准确全面贯彻新发展理念，服务构建新发展格局，全力以赴稳就业保民生促发展，奋力推动南京人社事业高质量发展。

一、多措并举稳就业保用工

有效应对疫情影响和经济下行压力，成立运行市、区稳就业工作专班，统筹做好稳就业促创业防失业工作，城镇新增就业21.85万人，城镇调查失业率控制在省定标准以内，成功入选人力资源社会保障部公布的创建全国公共就业创业服务示范城市名单，再获省政府促进就业先进地区督查激励以及市场权威机构认定发布的“中国年度最佳促进就业城市”称号。

（一）助企纾困稳岗成效显著。

实施阶段性降低失业保险费助企减负27.8亿元，为1 230家企业办理社保费缓缴6.35亿元；审核发放扩岗补助等10.15亿元，发放“苏岗贷”25.1亿元，惠企585家。建立运行稳就业保用工部门联席会议，采用人社专员“一对一”助企、服务企业群实时联企、主播“沉浸式”探企、帮助企业免费拍摄推送招聘小视频等方式提供“全景式”招工服务，线上线下开展招聘2 278场次。

（二）重点群体就业亮点频出。

聚焦高校毕业生就业打造全过程全链条政策服务体系，以市政府文件出台《关于促进高校毕业生等青年在宁就业创业的若干政策措施》，应对“最难毕业季”创新开展“宁聚”十项行动，首创校园“面试直通车”、“玻璃屏”隔屏“面对面”、网络面试间等“见面不接触”方式有效破解高校封控堵点难点，获央媒及学习强国平台关注肯定。深入开展“就业援助月”“春风行动”等，定向举办退役军人、随军家属、女性群体等专场招聘，援助就业困难人员就业2.73万人，劳动年龄段退捕渔民100%转产就业，零就业家庭保持动态清零。深化劳务协作实现对口地区农村劳动力来宁转移就业1 670人，培育认定区域性劳务品牌20个，省（市、区）共建规范化零工市场，全面推进街镇“零工驿站”建设。

（三）扶持自主创业逆势上扬。

聚焦大学生等重点群体加大资金、场地、税收、投融资等全链条创业扶持，遴选226个优秀大创项目资助3 980万元。成功举办第十届“赢在南京”青年大学生创业大赛、第四届“南京创业潜力新星”评比、“创聚金陵”创业服务主题活动等，全市建成大创园、留创园等各类载体135家，支持成功自主创业5.09万人，青创实体累计达8.37万户。

（四）源头预防失业兜牢底线。

构建“大培训”工作格局，政府补贴培训职业工种达402个，开展企业职工培训、项目制培训、重点群体专项技能培训等30.97万人次，不断提升培训精准性和有效性。落实失业保险扩围政策，按时足额发放失业保险金和失业补助金，切实保障失业人员基本生活。强化企业用工和失业预警监测动态分析，常态化做好政策储备和应急准备，坚决兜牢防失业底线。

二、统筹城乡全覆盖强保障

深入学习贯彻习近平总书记关于社会保障体系建设重要论述，按照国家、省部署要求，围绕强统筹、优服务，不断织密兜牢社会保障安全网，群众获得感幸福感安全感再提升。

（一）巩固完善社保制度。

贯彻落实养老保险省级、全国统筹相关工作，巩固机关事业单位养老保险制度改革成果，“中人”待遇全面落实。稳妥做好被征地农民社会保障政策调整衔接实施，及时提报市政府出台贯彻意见。聚焦村（社区）干部等持续扩大年金制度覆盖面，新增备案62家，累计达524家。深化“三位一体”工伤保险体系建设，紧抓重点领域开展工伤预防培训，推进早期康复试点工作。第一时间贯彻落实新就业形态人员职业伤害保障试点，实现全省首例办结，截至年底累计办结职业伤害确认申请561件。

（二）深入推进“宁保无忧”行动。

全市社会保险累计参保1 192.8万人次，其中职工养老、失业、工伤参保1 125.08万人次。持续推进各行业领域工伤保险应保尽保，新开工建设项目100%参保，超过法定退休年龄人员和实习生有序参保，基层快递网点参加工伤保险人数居全省前列。精准落实社保扶贫，3.05万名困难人员享受政府代缴养老保险费，退捕渔民参保率保持100%。稳妥做好各类群体社保待遇调整工作，企业退休人员月均养老金达3 351元，居全省前列。

（三）优化提升经办管理服务。

深入开展社保基金管理提升年行动，跨领域对接建立判刑人员、死亡人员数据共享机制，健全社保基金安全运行风控管理系统，优化经办流程制度机制，不断提升基金安全运行水平。加快整合退休“一件事”集成服务，依托合作银行网点拓展经办服务，积极推进预约办、自助办、一网通办等“不见面”办理，用人单位高频业务网办率85%以上。率先实现企业退休人员社会化管理服务市级统筹，全年健康体检服务40.83万人。

三、深化改革聚人才促创新

紧扣引领性国家创新型城市建设，坚持尊重知识、尊重人才、尊重创造，加快推进国家区域科技创新中心建设，打造世界重要人才中心和创新高地，为全面建设人民满意的社会主义现代化典范城市提供有力人才支撑。

（一）深化人才评价机制改革。

在全省率先修订发布档案专业等22个系列初、中级专业技术资格条件，紧贴产业发展新增生物医药工程、网络安全工程等职称评审，启动数字经济相关专业中高级职称评委会组建，新增专业技术人才12.25万人，总量达181.5万人，增量与总量均位居全省第一。优化实施高层次人才举荐制，大力选拔非共识性人才，新举荐人才39名。深化职业技能等级评价认定改革，支持企业自主评价，新增备案机构113家。有序推进事业单位职员等级晋升等工作，拓宽基层体制内人才发展通道。

（二）加大“双高”人才引育力度。

克服疫情影响首次以线上为主成功举办第十四届南京留交会，服务“海智湾”国际人才街区发放研习补贴1 638.3万元，全年新增留学回国人员7 306人，再创新高。持续发挥“南京人才驿站”国内外站点和校园服务部引才前哨作用，拓展硕博类人才引进交流。实施数字技能提升行动，全面推进新型学徒制培训，完成市有突出贡献高技能人才评选，9人入选省特级技师，15人获评省企业首席技师，新增高技能人才2.37万人，总量达52.72万人。

（三）建强各类育才载体平台。

大力加强博站（博士后科研工作站）建设，再增39家市级准博站，136人入选省首批卓越博士后计划，居江苏各市之首。加强企业专家工作室建设，市级企业专家工作室累计达 80 家、区级 173 家，聚才效应和成果转化能力进一步增强。大力推进以赛促训选拔培育高技能人才，高质量承办第六届江苏技能状元大赛，举办首届新就业形态从业人员技能大赛、网约配送员职业技能竞赛。新增 4 家省级、7 家市级技能大师工作室。统筹做好技工院校招生办学管理等工作，力促高质量发展。

（四）优化人才发展生态环境。

加快人力资源服务业发展，国家级人力资源服务产业园创建扎实推进，雨花台区建成全省首个数字经济人力资源服务产业园。加强人才安居保障，发放住房租赁补贴 5.3 亿元，“尚贤”人才服务热线上线试运行。严格规范开展表彰奖励工作，积极稳妥落实一线医务人员、事业单位高层次人才等群体待遇保障。因疫情等影响动态调整组织 28 项、33.78 万人次、73.73 万科次人事考试，确保安全无事故。

四、防治结合保稳定促和谐

紧扣劳动关系领域新形势新挑战，健全劳动关系协调机制，源头防范和执法维权并重构建和谐共赢劳动关系。

（一）持续深化和谐创建。

推进实施“和谐同行”能力提升三年行动计划，4 家企业和徐庄高新区获评全国和谐劳动关系示范企业（园区），数量居全省首位。探索创新新业态行业集体协商，率先谋划成立快递行业协调劳动关系三方委员会，推进快递行业、网约配送行业开展集体协商。加强企业工资宏观调控，开展南京支柱产业、特色行业企业薪酬调查和制造业人工成本监测工作。持续做好重点行业领域劳动关系预警监测和隐患排查化解，应对产假新政及时发布相关口径，有效回应社会关切。

（二）强化协同执法维权。

进一步加强治欠工作协同联动，高效运行“两办一班”（设在人社部门的根治拖欠农民工工资工作领导小组办公室、设在建设部门的清理拖欠工程款和农民工工资领导小组办公室、跨部门领域的治理欠薪问题工作专班），出台工程建设领域工资保证金实施办法，突出抓好线索接处和矛盾隐患排查化解，省对市保障农民工工资支付工作考核实现 A 级“五连冠”。聚焦农民工、女职工、未成年工、残疾人、新就业形态劳动者等群体开展专项排查整治和用工指导，共为 2.69 万名劳动者追讨工资等待遇 1.99 亿元。

（三）推进矛盾多元调处。

广泛开展“送法上门”，首创“劳动法百集系列微课”普法，强化源头预防。优化仲裁办案机制，深化“互联网+调解仲裁”，积极推行“不见面”调解仲裁服务，超半数案件通过线上立案。全面建成市、区劳动人事争议联合调处中心，创成 1 家全国、5 家省级、15 家市级金牌调解组织，深入构建具有南京特色的劳动人事争议纠纷多元共治格局。

五、便民惠企优服务增供给

聚焦服务对象“急难愁盼”，持续简流程、优服务，不断提高人社公共服务的便利性和可及性。

（一）深化合作拓展服务广度。

积极主动融入长三角一体化、南京都市圈等重大战略实施，聚焦“共建、共享、一体化”拓展人社各领域合作，召开年度都市圈人社局长联席会议，都市圈公共就业创业网上服务平台启动运行，区域一体化社保服务、人才交流、劳动维权等进一步联通畅达。立足基层所站，深化政银合作共建“15 分钟人社服务圈”，覆盖 13 家合作银行近千家网点，就近提供约 30 项人社服务。

（二）优化整合提升服务精度。

深化改革创新，放管结合做好企业年金备案等下沉业务指导服务，细化实施基本公共服务标准清单，加快推进“人社服务快办行动”与“一件事”改革，就近办、提速办、打包办持续拓展，“一部门一主题”改革项目评估结果列全市部门第二。推进人社政策服务惠企直达，企业技能培训补贴申领等 10 个事项上线“宁企通”平台。用好市、区人社 144 个服务企业群，与数万家入群企业实时互动、精准对接提供服务。

（三）“智慧升级”更增服务深度。

积极推进社保卡在文旅、交通、养老、医疗等各领域实现居民服务“一卡通”，建成全国首个社保卡体验中心，迭代发行三代卡 180 万张，签发电子社保卡 1 287 万张。优化实现 12333 人社服务热线 7×24 小时全天候工作模式，综合咨询服务满意度达 93. 1%，走在全省前列。

六、凝心铸魂重党建强队伍

把迎接党的二十大、深入学习宣传贯彻党的二十大精神贯穿全年工作始终，以政治过硬引领事业发展。

（一）强化思想理论武装。

深化习近平新时代中国特色社会主义思想学习领悟，推进党史学习教育常态化长效化，全年召开 22 次局党组（扩大）会议跟进学习贯彻习近平总书记系列重要讲话指示精神，以新思想武装头脑、领航定向、指导实践、推动工作。党的二十大召开后，迅速组织学习宣传贯彻，深刻认识把握精神要义和对人社工作的战略部署，找准定位、明确方向，坚决有力落细落实。

（二）扎实推进基层党建。

开展庆祝建党 101 周年“七个一”系列活动，选派党员志愿者下沉社区（村）支援抗疫，培育创建“六个先锋”党支部，开展支部书记轮训，严格标准选优配强党务干部，进一步夯实党建基层基础。深化“共学共建”和“共学攻坚”，推进“一社区一案例”助力基层治理探索创新，促进党建业务融合发展。

（三）力行全面从严治党。

严格落实党风廉政建设责任制，组织实施局党组巡察“回头看”和新一轮巡察，认真抓好意识形态、安全生产责任制等落实。打造“清廉人社”文化长廊，创新开展“五个一”廉政教育，线上线下廉政活动 40 余场。加强廉政风险点排查，从严监督执纪问责，有力促进队伍清正廉洁、事业健康发展。

（四）锤炼本领建强队伍。

坚持党管干部原则，立足事业发展需要开展干部选任、职级晋升和轮岗交流，分级分类加强干部培训，有序组织年轻干部实践锻炼。持之以恒强作风优行风，深入推进系统行风建设“12333”行动，持续开展技能练兵比武和“人社学思行”活动，不断提升队伍整体素质和履职能力。

七、立足人社赋能乡村振兴

进一步强化政治担当，持续发力巩固拓展脱贫攻坚成果，助力全面推进乡村振兴。

（一）建强乡土人才队伍。

不断夯实基础人才队伍建设服务乡村振兴，获评省级乡土人才大师工作室 10 家、乡土人才大师示范工作室 2 家，遴选认定市级乡土人才传承示范基地 8 个、乡土人才大师工作室 5 家。启动乡土人才专业技术资格申报工作，24 名乡土人才获评高级、正高级乡村振兴师。高质量举办第五届乡土人才传统技艺技能大赛，设置民居陈设、民族器乐演奏、招贴设计、陶艺、制茶、乡村振兴创业（数字经济）、水产养殖技能等 7 个竞赛项目，各设一等奖 1 名、二等奖 2 名、三等奖 3 名，各项目一等奖选手获颁“南京市乡土人才技能大师”证书，享受优先推荐申报乡土人才大师工作室、乡村振兴师专业技术职称等资格。

（二）深化对口劳务协作。

全力以赴助力商洛、西宁贫困劳动力赴宁转移就业，加大劳务协作跨地区引进和输入力度，定向推送就业岗位 5. 3 万个。帮助商洛农村劳动力转移到江苏就业 1 569 人，其中脱贫劳动力 892 人；帮助西宁农村劳动力转移到江苏就业 101 人，其中脱贫劳动力 16 人。深入推进东西部职业培训对口支援协作，面向重庆万州符合条件的适龄劳动者开展船舶运输技能培训并给予资金和技术支持，完成培训 140 人；围绕乡村振兴、康养服务等线上开展西宁、商洛对口协作就创业能力提升研修活动。精心选派139名支教、支医、支农专业技术人才赴西宁、商洛对口支援，助力对口协作地区推进乡村振兴。

（三）加强渔民安置保障。

持续跟进做好长江流域禁捕退捕渔民个性化帮扶，巩固禁捕退捕渔民安置保障成果。针对禁捕退捕渔民开展“就业援助月”“就业援助暖心活动”和大排查专项行动暨安置保障“暖心行动”，推动实现“家门口就业”，劳动年龄段有劳动能力和就业意愿的退捕渔民100%完成转产就业、100%参保。

南京市人力资源和社会保障局

浙 江 省

2022年，浙江省人力资源社会保障系统坚持以习近平新时代中国特色社会主义思想为指导，深入学习贯彻党的二十大精神和“疫情要防住、经济要稳住、发展要安全”的重要要求，认真贯彻落实省第十五次党代会精神和省委省政府实施经济稳进提质攻坚行动决策部署，纵深推进全面从严治党，着力构建完善高质量就业创业体系，探索构建共富型大社保体系，扎实开展稳就业惠民生攻坚行动，深化人社数字化改革，各项工作取得积极成效，为全省经济社会发展大局贡献了力量。2022年，浙江省就业工作获得国务院督查激励，浙江省在国务院保障农民工工资支付工作考核中连续五年获得A等次，浙江省人力资源和社会保障厅获评高质量发展建设共同富裕示范区绩效考核评价优秀等次、全省全面深化改革考评优秀单位、2022年度平安建设工作优秀单位。

一、围绕打造共同富裕示范区建设标志性成果，构建完善高质量就业创业体系，探索构建共富型大社保体系

以省就业工作领导小组名义印发《构建高质量就业创业体系工作方案（2022—2025年）》，围绕“劳有岗位、劳有技能、劳有优得、劳有体面、劳有保障”愿景，制定系统架构图，以打响“就业创业在浙江”品牌为总牵引，努力打造数智就业服务全贯通、就业困难人员动态清零、山区26县就业创业促进机制等7个标志性成果，谋划提出“37+8”突破性抓手，实行系统化、项目化、清单化推进，着力夯实共同富裕示范区建设的最基本民生根基。围绕“人人享有更加公平更高质量的全生命周期社会保障”总体目标，积极探索构建以社会保险为主体，社会救助、社会福利、社会优抚和住房保障共同发展，覆盖全民、统筹城乡、公平统一、安全规范、层次分明、持续健康的大社保体系，谋划提出“1+5+10”标志性成果体系和“1+9+9+N”重点工作体系。牵头拟订《关于共富型大社保体系建设的实施意见》，同步建设“浙里共富大社保”数字化应用，共富型大社保体系建设取得积极进展。

二、牵头实施稳就业惠民生攻坚行动，确保全省就业形势总体平稳

及时成立工作专班，部署开展“千名干部联万企、服务企业渡难关”活动，定期召开工作推进例会，实施晾晒督导，全力稳定和扩大就业。全年城镇新增就业115.6万人，城镇调查失业率4.7%，为东部省份最低。出台实施社会保险助企纾困政策及操作细则，大力推行“无感智办、免申即享”，全年为企业减负685亿元，为企业缓缴基本养老、失业、工伤保险费37亿元，切实帮助企业减负担、渡难关。率先出台稳岗留工政策，2022年春节期间省外劳动力留浙率达52%，有效保障了企业生产用工需求。完善企业用工监测，建立用工快速调查机制，对重点缺工企业进行清单式管理。制定出台《浙江省“十四五”就业促进规划实施意见》以及支持高校毕业生就业创业和支持山区26县就业创业高质量发展等政策文件。落实“稳岗十条”，全力做好高

校毕业生等重点群体就业帮扶，推广“重点群体就业帮扶在线”应用，实现省市县乡村五级贯通，开展就业援助“暖心活动”，全年认定重点群体109.77万人，帮助94.5万人实现就业。全年发放创业担保贷款42.3亿元，扶持创业5.1万人，累计建成省级创业孵化基地109个。深入推广“1+3+N（n）”返乡入乡合作创业组织模式，举办首届返乡入乡合作创业大赛暨项目对接会，助力乡村振兴。持续办好“奇思妙想浙江行”等创业大赛，全省创新创业氛围进一步浓厚。深化东西部劳务合作，2022年底在浙省外劳动力2 176万人，22个中西部省份在浙稳定就业脱贫人口230万人，为全国稳就业大局和巩固脱贫攻坚成果作出了浙江贡献。

三、健全完善制度体系，推进社会保障高质量可持续发展

认真贯彻落实企业职工基本养老保险全国统筹制度，在人力资源社会保障部的大力支持下，全面梳理规范浙江省地方性待遇项目，研究待遇项目清理规范方案，做好与全国统筹政策衔接，顺利完成企业职工基本养老保险全国统筹信息系统上线运行。指导杭州、宁波开展个人养老金先行工作。出台关于进一步加强工伤保险工作的意见，完成《浙江省失业保险条例》修改工作，制定失业保险省级统筹方案。加强跨部门数据比对，建立基本养老保险参保基础数据库，全面摸清全省基本养老保险参保底数，稳妥推进企业职工基本养老保险提标扩面，全省企业职工基本养老保险参保缴费人数净增60万人。开展企业职工基本养老保险工作考核，压实地方政府养老保险工作主体责任。平稳完成2022年退休人员基本养老金调整，惠及全省916万名退休人员。稳步提高城乡居民基本养老保险基础养老金最低标准，从180元/月提高至190元/月，全省城乡居民基本养老保险人均待遇408元/月，一级至四级工伤职工伤残津贴增加额提高到198元/月，将失业保险金标准从最低工资标准的80%提高到90%。完成职业年金投资监管系统建设，基金投资运营监管、风险控制、绩效考核的及时性和有效性显著提升。制定下达2022年城乡居民基本养老保险基金省级归集计划并开展委托投资，促进基金保值增值。部署开展社保基金管理提升年行动，深入开展社保基金安全警示教育月活动，协同纪检监察机关部署开展社保政策落实不到位及行风方面问题专项治理，进一步扎牢社保基金安全运行网。

四、推动完善人才发展体制机制，人才引育取得新成效

全力克服疫情对引才工作的影响，创新引才模式，坚持线上线下齐发力，全年引进35岁以下大学生124万名。加强博士后工作站设立和博士后招收，全年新设省级博士后工作站324家，招收培养博士后研究人员2 967名，设站数和招收数均创历史新高。制定出台进一步推进高技能人才和专业技术人才职业发展贯通的实施办法和专业技术人才知识更新工程实施方案（2022—2030年），新授权甬江实验室等3家单位科研系列职称自主评聘，出台轨道交通等职称系列（专业）评价标准。克服疫情影响，安全组织实施各类人事考试，全年考生超160万人次，人事考试试卷保密库房建设实现县（市、区）全覆盖。会同省委组织部牵头实施县以下事业单位管理岗位职员等级晋升制度，于2022年9月底完成首批人员晋升，有效拓展基层事业单位管理人员发展通道。调整全省事业单位工作人员和机关工勤人员的基本工资标准，制定深化公立医院薪酬制度改革的实施意见，赋予地方更大的自主分配权。印发省属事业性质文艺院团薪酬制度改革方案（试行），出台疫情防控新阶段关心关爱医务人员待遇保障政策。联合七部门出台文件，推进事业单位工资数据全归集，进一步加强工资数据管理应用。制定人力资源服务业高质量发展政策意见，编制发布2022年度省人力资源服务业发展白皮书，2022年底全省人力资源服务机构达8 020家，全年营业收入超过

4 200 亿元。印发关于做好国家级和省部级表彰奖励获得者享受待遇资格认定工作的通知（试行）等政策文件，进一步做好评比达标表彰工作。

五、聚力打造“浙派工匠”金名片，推动技能人才队伍建设进入快车道

深入贯彻习近平总书记关于技能人才工作的重要指示批示精神，以打造“浙派工匠”金名片为抓手，从职业技能培训、技工教育发展、技能人才评价和技能竞赛等方面系统重塑技能人才工作体系，推动技能人才队伍建设进入快车道。截至 2022 年底，全省技能人才总量达到 1 195 万人，占就业人员的 30.7%，其中，高技能人才 395.2 万人，占技能人才的 33.1%。《人民日报》专题报道浙江省高质量打造“浙派工匠”金名片的创新实践，人力资源社会保障部充分肯定并要求推广。国家支持浙江高质量发展建设共同富裕示范区工作专班专门刊发简报《大力培育“浙派工匠”促进产业工人“增技又增收”》，相关做法被国家发展改革委列为浙江高质量发展建设共同富裕示范区第一批典型经验。

（一）实施新时代工匠培育工程，强化高素质技能人才供给。

结合浙江产业发展布局和趋势，浙江省人力资源和社会保障厅等 12 部门联合印发《高质量打造“浙派工匠”金名片　助力共同富裕示范区建设行动计划（2022—2025 年）》，制定涵盖 900 个职业、36 个系列的浙派工匠目录，健全与产业发展相适应的技能人才全方位、全链条培育体系。2022 年，全省精准开展职业技能培训 224.8 万人次，新增技能人才 99.8 万人，其中高技能人才 41.2 万人。遴选“浙江杰出工匠”60 名、“浙江工匠”600 名、“浙江青年工匠”1 997 名，最高给予每人 50 万元财政经费支持。积极备战世界技能大赛，累计获得 4 金 2 银 6 优胜，在 2022 年世赛技能大赛特别赛上，“刮腻子”冠军事迹引发巨大社会反响。

（二）实施技工教育提质增量行动，筑牢技能人才培养主阵地。

以省委办公厅、省政府办公厅名义印发《关于实施技工教育提质增量行动的意见》，在资金支持、人员编制、社会资本参与等长期困扰技工教育发展的关键问题上大胆改革突破，遴选建设 10 所一流技师学院和 69 个高水平专业群，“十四五”期间省级财政累计投入 12 亿元，地方投入配套资金 173 亿元。出台浙江省技工院校专业建设、教学研究、教材管理、师资培训等 7 个管理办法，进一步夯实技工教育发展基础。联合省委编办等部门出台《浙江省省属公办技师学院机构编制管理标准》，在省属技师学院实施报备员额制管理。

（三）完善新时代技能人才评价激励体系，拓宽技能人才成长通道。

出台《关于深化技能人才评价制度改革的意见》等政策文件，进一步扩大用人单位评价自主权，推动技能人才评价标准与企业用人标准精准对接。探索建立“新八级工”职业技能等级制度，在吉利控股集团等 15 家企业开展试点，遴选产生首批 3 名首席技师和 26 名特级技师，打破技能人才成长“天花板”。出台《技能人才薪酬分配指引》，推动企业建立与职业技能等级序列相匹配的岗位薪酬分配制度，促进技能人才收入水平稳步增长。推动以省政府名义设立“新时代浙派工匠”表彰项目，进一步提高技能人才政治待遇和政治地位，不断增强技能人才的获得感和认同感。

（四）试点推进技能型社会建设，探索“技能创富”新路径。

围绕以人的全面发展为核心的现代化，瞄准“社会崇尚技能、人人享有技能”的技能型社会建设目标，在台州市率先开展技能型社会建设试点，深度探索“以技增收”机制创新，推动技术工人股权激励改革，建立技能型企业评价和激励制度，将技术工人比例和薪资待遇与企业用地、用能、亩均评价、技改补贴等挂钩，打通“职工增技—企业增效—职工增收”的共富链条，实现“企业出效益、职工得利益”的共赢局面。

六、有效应对外部环境对劳动关系的冲击，全力维护劳动关系和谐稳定

适应疫情形势变化和防控政策优化调整，及时出台稳定劳动关系工作指导意见、劳动关系风险监测预警制度，开展“保稳定 促和谐”预防化解劳动关系风险专项行动。持续推进劳动关系“和谐同行”三年行动计划，选树全国和谐劳动关系创建示范企业（园区），加强新就业形态劳动者权益保护，迭代完善“新就业形态劳动者在线”应用，推广电子劳动合同，着力夯实劳动关系源头治理基础。出台关于建立和完善企业薪酬调查和信息发布制度，深入推进工资集体协商要约行动，会同省协调劳动关系三方印发《关于深化推进集体协商要约行动助力高质量发展建设共同富裕示范区的意见》。率先出台《浙江省技能人才薪酬分配指引》，引导企业参考市场工资价位通过集体协商确立本企业、本行业、本领域的技能人才最低工资标准，推动完善符合技能人才特点的工资分配制度。完善国有企业负责人薪酬管理体系，会同相关部门出台《省属企业领导人员受党纪政务处分薪酬扣减执行办法》。持续深化“浙江无欠薪”行动，组织开展市级政府保障农民工工资支付工作考核暨“无欠薪”县（市、区）复核，对存在欠薪发案率高、化解率低、突发事件风险较大等问题的市县政府进行约谈，切实压实属地责任。全面推进劳动人事争议调解仲裁标准化建设，制定《基层劳动争议调解工作规范》《劳动人事争议仲裁服务规范》两个省级地方标准，全面提升劳动人事争议仲裁效能，2022 年全省共立案劳动人事争议调解仲裁案件 17.2 万件，结案率 95.3%。加强对涉浙人社领域舆情开展全方位多维度全天候监测，全年共处置网络舆情预警信息 6 689 条，全省人社系统网络舆情总体平稳。扎实开展信访积案化解清零行动，全省人社系统信访积案主办件 5 月底前全部化解。推进基层人社监察执法“一科一中心”和劳动保障督导员、劳动保障管理员、劳动关系协调员“三支队伍”建设，提升基层人社现代化治理水平。中央全面深化改革委员会办公室《改革情况交流》专题介绍浙江省根治欠薪经验做法，并在全国推广。

七、以建设“人社大脑”为抓手，推进人社数字化改革取得新突破

坚持推动数字化改革、全面深化改革、共同富裕示范区重大改革一体融合，强化顶层设计，迭代形成“1+5+1+N”人社数字化改革 3.0 架构和“人社大脑+N 应用”体系。推动落实 2022 年度“对标争先、改革创新”竞争性试点任务，组织开展全省人社系统路演，评选出 20 个最佳应用。持续深化“浙里就业创业”综合应用，创新建设“浙里共富大社保”应用，各项重点应用建设持续推进。围绕“1612”体系构架，推动重点应用省市县三级贯通、地方改革成果全省共享，“基层欠薪隐患排查”和“劳动纠纷调解”纳入“1612”体系贯通第一批事项清单；“义乌 i 人才”“钱塘技工”“灵活就业”等地方应用入选全省“一地创新、全省共享”“一本账”S_0。围绕重大需求，建设完成“人社大脑”基座（数据中心），为全省人社数字化改革提供强大的能力支撑。“人社大脑”入选浙江省 2022 年数字化改革“最强大脑”。

八、纵深推进全面从严治党，为人社事业高质量发展提供坚强保障

坚持把学习贯彻习近平新时代中国特色社会主义思想和党的二十大精神作为重大政治任务，深入学习贯彻习近平总书记关于人社领域的重要指示批示精神，切实增强贯彻落实的思想自觉政治自觉行动自觉。深入学习贯彻习近平总书记关于全面从严治党重要论述精神，坚持以党的政治建设为统领，全面加强党建和全面从严治党工作。持续深化人社系统行风建设，大力开展“厅局处长走流程”活动，广泛开

展窗口单位技能练兵比武活动，优化完善人社公共服务，不断提升人民群众的获得感、幸福感和满意度。贯彻新时代党的组织路线，加强系统干部队伍建设，教育引导全系统党员干部牢固树立整体人社理念，强化系统观念，加强系统联动、工作协同，推动形成全省人社“一盘棋”的工作格局。与派驻纪检监察组密切配合，常态化沟通有关情况，自觉主动接受监督，形成“四责”同向发力的良好格局。从严加强干部管理，积极运用监督执纪“四种形态”。教育引导机关干部自觉对照“八个够不够”（学懂弄通够不够、以史为鉴够不够、格局胸怀够不够、用心用情够不够、精益求精够不够、团队合作够不够、担当作为够不够、清正廉洁够不够）的标准检视自己、改进提高，系统干部奋发有为、团结拼搏、争创一流，形成干事创业的氛围和风清气正的良好政治生态，为推进人社事业高质量发展提供了坚强保障。

浙江省人力资源和社会保障厅

杭　州　市

2022年，杭州市人力资源社会保障部门认真贯彻落实中央和省、市关于统筹疫情防控和经济社会发展决策部署，围绕稳就业、保民生、促发展工作重点，系统推进就业创业、人才人事、社会保障、劳动关系等各项工作。

一、就业创业

（一）就业形势保持稳定。

杭州市城镇新增就业32.7万人，人力资源社会保障部门引进毕业一年内大学生19.3万人，其中研究生学历毕业生2.2万人；失业人员实现再就业10.7万人，其中帮扶就业困难人员实现就业3.2万人。

（二）实施稳就业保就业政策。

杭州市发挥失业保险稳就业作用，对不裁员或少裁员的参保企业实施失业保险稳岗返还政策，向29.6万家企业返还失业保险费22.6亿元，惠及职工558.5万人。实施就业援助精准服务计划，举办就业援助专场活动138场。发放用工社保补贴、自主创业社保补贴、公益性岗位社保补贴和岗位补贴、灵活就业社保补贴等各类补贴10.8亿元。实施应届毕业生生活补贴政策，对来杭工作的应届毕业生发放生活补贴6.9万人次、金额5.6亿元。落实高校毕业生求职创业补贴政策，全年发放补贴9 205人、金额2 761.5万元。新增大学生见习基地126家，组织见习训练大学生8 579人，发放见习补贴4 350.1万元。全市新认定市级高质量就业社区（村）100个。12月，制定出台《杭州市人民政府关于推进高质量就业工作的意见》，紧扣党的二十大关于“实施就业优先战略”部署的新任务、新要求，围绕重点人群、市场主体、创新创业三大着力点，实施以帮扶就业困难人员、高校毕业生等重点群体为主体的就业创业政策，构建完善具有杭州特色的高质量就业创业政策体系。

（三）引导创业带动就业。

上线“浙里好创业”创业服务综合应用平台，实现一站式创业资源供给。全年发放创业担保贷款15.3亿元，惠及企业2 969家，带动就业1.8万余人。举办“钱投·2022杭州创业马拉松”等活动，营造创新创业浓厚氛围。资助大学生创业项目971个、资金8 025.2万元，毕业5年内的全日制大学生新创办企业7 762家，带动就业1.5万人。12月，启动第八届中国杭州大学生创业大赛，国内外共1 047所高校4 655个项目报名参赛，参赛高校数、项目数分别同比增长127.1%、24.4%。杭州市发布全国首个《大学生创业园服务规范》地方标准，认定杭州市大学生创业园（西湖·之江创意园）、杭州市大学生创业园（浙江传媒学院）2家市级大学生创业园。实施创业陪跑品牌化建设，全市44家创业陪跑空间统一视觉标识、标准化管理制度和孵化服务台账，全年新认定市级创业陪跑空间11家，首期星级评定创业陪跑空间20家。

二、社会保障

（一）社会保险参保。

截至2022年底，杭州市职工基本养老保险、工伤保险、失业保险参保人数分别达786.6万人、712.4万人、576.3万人，比上年末分别净增参保 23.0 万人、5.0 万人、12.8 万人，全市基本养老保险参保率 99.6%，基本实现“人人享有社会保障”。

（二）社会保障体系完善。

从 1 月起，杭州市企业职工基本养老保险政策落实全国统筹制度要求，统一缴费比例、统一缴费基数、统一计发基数、统一待遇项目、统一待遇调整。11 月，杭州市作为全国 36 个先行试点城市（地区）之一，启动实施个人养老金先行试点工作，积极推动多层次养老保险体系建设。根据国家、省要求实施社会保险费缓缴政策，对 22 个困难行业企业、中小微企业等实施养老保险、失业保险和工伤保险单位缴费缓缴，惠及企业 4 318 家，缓缴金额 12.8 亿元。实施阶段性降低工伤保险费率政策，惠及企业 38.2 万家，减征社会保险费 3.5 亿元。2022 年 11 月，杭州市启动《现场互动与持续跟进式工伤预防培训》项目，以“携手工伤预防，安康伴您同行”为主题，重点推进现场互动与持续改善式工伤预防和危化品企业工伤预防两个培训项目。至年末，纳入杭州市实行社会化管理的企业退休人员达 180.8 万人。

（三）社会保险待遇水平提高。

继续提高全市退休人员基本养老金，根据国家、省统一部署，对 2021 年 12 月 31 日前已按国家和省有关规定办理退休、退职手续的人员，从 2022 年 1 月 1 日起调整基本养老金待遇，调整比例为 4%，惠及全市机关企事业单位退休人员 177 万人，调待金额于 2022 年 7 月底前发放到位。其中，杭州市区企业退休人员调整后人均基本养老金水平为 3 240.2 元/月。调整城乡居民基本养老保险基础养老金标准，全市统一调整至人均 330 元/月，其中，市区每人每月提高 20 元，桐庐县、淳安县、建德市每人每月提高 55 元。

（四）社会保险经办管理。

5 月，杭州市企业职工基本养老保险切换上线全国统筹系统，各项社会保险业务均按全国统筹规程开展经办。市社会保险管理服务中心打造内部数字化应用平台杭州“人社通”，实现辖区内人员信息摸底、政策话术查询、缴费额待遇额计算等功能，助力基层社会保险经办能力提升。在建德市试点推行“社保易窗”零距离智办，作为特色场景在全省人社系统数字化改革成果路演中展示。

（五）社会保险基金管理。

促进改善经办管理风险防控，开展社会保险基金管理提升年行动、社会保险政策落实不到位及行风方面问题专项治理、工伤保险基金管理风险专项排查、社会保险经办岗位权限管理专项检查、社会保险基金疑点数据核查。实施社会保险基金安全评估和第三方审计工作，开展社会保险基金安全警示教育月活动和社会保险基金监督业务培训，加强社会保险基金风险警示教育。制定出台《杭州市社会保险经办机构待遇追回内部指引》《杭州市工伤保险基金先行支付及追偿工作内部操作指引》，依责加强追偿工作。

三、人才人事

（一）人才政策环境持续优化。

2022 年，杭州市开展高层次人才分类认定工作，新认定 A～E 类高层次人才 22 568 人，其中，A 类 1 人、B 类 121 人、C 类 409 人、D 类 1 554 人、E 类 20 483 人。举办“历史文化名城　现代服务高地”2022 杭州人力资源服务机构招才引智群英榜·猎手榜发布暨人力资源服务和产品创新创优路演，发布“群英榜”和“猎手榜”，20 家机构、10 位猎手上榜，8 个项目获创新创优项目资助，对在助力乡村振兴、稳就业、双招双引等重大发展战略中发挥积极作用的 8 家人力资源服务机构分别给予 20 万元资助。举办第十届中国（浙江）人力资源服务博览会、2022 大运河人力资源峰会等品牌活动。至年末，全市共集聚各类人力资源服务机构 1 506 个，从业人员 3.4 万人，实现产值 897.3 亿元。

（二）海外引才质量提升。

5—11 月，杭州市举办“创客天下·杭向未来 2022 杭州海外高层次人才创新创业大赛”，设置留学人员项目和外国人项目两个专场，遴选引进世界各地创新创业人才项目，1 446 个项目进入海选，其中外国（非华裔）人才项目 424 个，19 个项目在杭州签约落户。举办“2022 杭州国际人才交流与项目合作大会”，27 个国家和地区的 7 100 余名高层次人才代表参会，累计签约项目 162 个、金额 95 亿元。杭州连续 12 年入选外籍人才眼中最具吸引力的中国城市。杭州市入选“2022 年中国留学人员回国创业启动支持计划”项目 3 个，其中，重点类项目 1 个、优秀类项目 2 个；2 名海外人才入选“2022 年度高层次留学人才回国资助”项目，获人力资源社会保障部资助 60 万元。评审资助 2022 年度高层次留学回国人员在杭创新创业项目 54 个，资助金额 1 051 万元。

（三）加大人才培养培育力度。

杭州市以高层次青年人才为重点加快专业技术人才队伍建设，16 人入选浙江省高层次人才特殊支持计划青年拔尖人才，5 人入选省有突出贡献中青年专家，选拔享受市政府特殊津贴人员 50 名，结合杭州市重点发展产业领域选聘钱江特聘专家 100 名。实施博士后倍增计划，新建国家级博士后工作站 17 家、省级博士后工作站 74 家，新进站博士后 686 名，获浙江省博士后科研项目择优资助 42 项，评选认定杭州市杰出博士后 10 名、典型博士后工作站 10 家。实施新时代工匠培育工程，培养高技能人才 5.02 万人，开展职业技能培训 28.87 万人次，新建市级技能大师工作室 25 个，认定杭州市技术能手 72 人。8 月，制定印发《杭州市人力资源和社会保障局关于公布杭州市技能类紧缺职业（工种）目录（2022 版）的通知》，养老护理员、电工、钳工、保育师、育婴员、汽车维修工等 25 个职业（工种）列入《杭州市技能类紧缺职业（工种）目录（2022 版）》，自 2022 年 9 月 15 日起施行。12 月，制定《杭州市人力资源和社会保障局关于印发杭州市职业技能竞赛管理办法（试行）的通知》，规范推进杭州市职业技能竞赛，进一步完善优秀高技能人才选拔机制。全市组织技能竞赛 130 场，带动岗位练兵超过 9 万人次。杭州轻工技师学院 1 名教师获 2022 年世界技能大赛特别赛美发项目银牌。

（四）事业单位人事管理和工资福利。

杭州市开展事业单位统一公开招聘，全年公开招聘事业单位工作人员 7 980 人。推广使用浙江省事业单位人事管理服务系统和事业单位“一件事”平台，全市通过系统办理公开招聘、交流调动、岗位聘任、政策性安置等事业单位人事管理业务 6.3 万件，通过平台受理社保、公积金、编制等事业单位“一件事”业务 6.4 万件。稳步推进事业单位收入分配制度改革，按照国家统一部署，调整事业单位工作人员基本工资标准和增加离休人员离休费，自 2021 年 10 月起执行；落实抗击新冠肺炎疫情关心关爱医护人员系列工资待遇政策。继续组织开展事业单位绩效工资专项审计，加强绩效工资监管。

四、劳动关系

（一）夯实和谐劳动关系建设。

杭州市深入推进劳动关系“和谐同行”三年行动计划，开展企业劳动用工体检和劳动关系协调员培训，培育选树和谐劳动关系创建企业（园区），5 家单位被授予全国和谐劳动关系企业（园区）称号。5 月，市人力资源和社会保障局、市发改委、市交通运输局等 10 部门联合制定印发《杭州市维护新就业形态劳动者劳动保障权益实施办法（试行）》，加强从业管理，兜牢就业、劳动报酬、社会保险、职业培训等权益底线，切实维护新就业形态劳动者劳动保障权益。

（二）完善企业工资收入分配。

9 月，市人力资源和社会保障局会同市总工会、市工商联、市企联研究制定并发布《杭州市技术工人薪酬分配指引》，探索推进技术工人薪酬激励机制改革实践，通过“政府、企业、工会”三方共推模式，推动企业建立健全技术工人薪酬分配体系。开展工资集体协商“集中要约行动”，以健全产业工人薪酬激励机制为主要内容，促进劳动者薪酬水平合理增长。发布 2022 年杭州市人力资源市场部分职位工资价位，为企业开展工资集体协商、合理确定职工工资收入提供参考。

（三）加大劳动保障监察力度。

杭州市各级劳动保障监察机构监察检查用人单位 17.9 万户（次），协调处置各类劳动保障违法案件 7 830 件，其中，立案查处各类劳动保障违法案件 255 件，结案率 100%。组织实施开展护航亚运、工时和休息休假权益维护、人力资源市场秩序整顿、漠视群众利益、超时加班问题、根治欠薪百日攻坚、根治欠薪冬季行动等专项治理行动 10 次，共检查各类用人单位 1.5 万余户。深入开展“杭州无欠薪”专项治理行动，健全政府负责、部门主管、企业主抓、人社牵头“四个责任”体系，构建完善市、区县、镇街、网格、劳资专管员 5 级欠薪治理体系，组织欠薪投诉集中接访，常态运行根治欠薪实体化专班，提升根治欠薪工作成效。全年为 1.6 万余名劳动者追发工资待遇 1.45 亿余元，向公安机关移送涉嫌拒不支付劳动报酬犯罪案件 31 件，公安机关立案 29 件。全市人社系统共办理各类信访件 4.2 万余件，同比下降 16.5%；大力推进信访积案化解，全市 95 件人社系统积案全部化解清零。

（四）推进基层劳动纠纷多元化解。

杭州市实施“一窗式”即接即办工作标准化和规范化，提升基层劳动纠纷化解率。全市办结劳动纠纷 4.2 万件，其中基层调解办结 3.4 万件，占 79.8%，调解成功率 90.8%。全市受理劳动人事争议案件 2.7 万件，结案 2.6 万件。

五、行风建设

（一）开展行风查纠整治。

加强系统行风建设，开展行风问题警示教育和行风建设专项督查，以持续开展“局处长走流程”活动为抓手，以窗口工作人员服务态度、服务效率、服务能力为重点，督促落实首问责任制、一次性告知制、限时办结等服务制度，组织开展常态化业务技能练兵比武活动，提升窗口工作人员服务水平和效能。推行告知承诺制，实现“减证便民”。梳理公布局行政执法清单 162 项，组织开展全市人社系统行政执法案卷评查，抽查行政许可、行政处罚、行政强制、行政确认等行政执法案卷 205 件。聘任行政执法监督员 4 名，赴人社服务窗口开展“走流程”行政执法监督活动，重点检查行政执法三项制度、服务质量等落实情况。

（二）推进数字化改革。

2022 年，杭州市人社部门承接完成“浙里就业创业”“浙里和谐劳动”“浙派工匠”“浙里猎头”“人力资源产业协同”等 5 个省人社领域数字化改革试点任务。建设“人社共富云”“大学生就业创业数智服务”“桑榆 e 服”“社会保障卡利民惠民服务”“就业基金（资金）风险智控”等 5 个应用场景，迭代“数智就业”“社保易窗”“杭云签”等特色场景。“杭云签”电子劳动合同平台在浙江省推广应用。“浙里就业创业”入选浙江省数字社会系统 2022 年度“最佳应用”。“人力资源数字经济产业协同平台”“浙里猎头”“真薪数智”“钱塘技工”“劳资 E 治理”等 5 个应用入选浙江省人社系统 2022 年“最佳应用”。“钱塘技工”应用入选浙江省数字社会第七批最佳案例集、浙江省“一地创新、全省共享” “一本账” S_0 应用项目，被评为 2022 年浙江省数字化改革“最佳应用”。创新实施企业退休人员全市域就近体检数字化改革，建设多跨协同、精准高效、全市贯通的系统平台，实现自主选院选时、凭卡参加体检、上传电子报告、自动结算费用。推进社保卡“居民服务一卡通”，完成身份识别、缴费及待遇领取、自助查询、就医结算四大功能 151 项应用。至年末，发放社保卡 1 390 万张，签发电子社保卡 1 268.78 万张。

杭州市人力资源和社会保障局

宁 波 市

2022年，宁波市人力资源社会保障系统坚持以习近平新时代中国特色社会主义思想为指导，深入贯彻落实党的十九大、十九届历次全会和党的二十大精神以及省第十五次党代会、市第十四次党代会精神，在市委、市政府的坚强领导下，按照“疫情要防住、经济要稳住、发展要安全”的要求，扎实推进稳就业惠民生攻坚行动，统筹做好就业创业、社会保障、人才人事、劳动关系等工作，为现代化滨海大都市建设筑牢民生之基。

一、就业创业

深入实施“甬上乐业”计划2.0版，努力促进更加充分和更高质量就业，为共同富裕示范先行市和现代化滨海大都市建设贡献力量。

2022年，全市城镇新增就业24.4万人，完成全年目标任务的122%；城镇登记失业率1.77%，继续保持低位。集成打造“灵活就业在线”应用，推出全国首创、政府引导推动的灵活就业专属普惠保障——“灵活保”，有关做法获央视报道点赞；2022年“灵活保”项目累计投保超过20万人，并于10月获评宁波市共同富裕首批最佳实践案例。

（一）快速落实助企纾困稳定就业政策。

积极推动数字化改革、智配直享改革在就业领域的落地，持续探索补贴政策“无感智办”“免申即享”，提高服务对象获得感、幸福感。2022年，全市发放失业保险稳岗返还、一次性留工培训补助、一次性扩岗补助等各类补贴资金20.8亿元，惠及28.1万家企业（用人单位）；实施失业保险降费10.3亿元，惠及31.1万家企业（用人单位）。全省率先出台春节期间留工优工政策，省外员工节前留甬率和节后返甬率分别居全省第二和第一；累计发放留甬专项补贴和返岗交通补贴3.4亿元，惠及个人超79万人次。

（二）突出抓好重点群体跟踪帮扶援助。

推广重点群体帮扶数字化应用，落实分级分类就业帮扶机制，通过应用对各类重点群体实施帮扶援助累计超40万人次，整体帮扶指数超90%。高质量完成农民工信息采集任务，完成信息采集人数（225万人）居全省首位。及时足额发放失业保险待遇，2022年全市累计发放失业保险金12.6亿元，惠及126 172人；发放失业补助金1.1亿元。以就业援助月、春风行动等活动为抓手，提升重点群体帮扶成效，高标准落实离校未就业高校毕业生跟踪帮扶任务，及时提供“131”就业服务，累计组织专场招聘584场，提供岗位49.1万个次，免费就业服务39.5万人次。2022年，全市实现失业人员再就业13.8万人，同比增长186.4%；困难人员再就业2.6万人，与上年度基本持平；离校未就业高校毕业生帮扶覆盖率达100%，帮扶就业10 817人，就业率99.9%。

（三）用心优化完善企业用工服务保障。

深化“十省百城千县”劳务协作机制建设，市县联动组成55支“小分队”赴安徽、江西、贵州、四川、湖北、河南等13省（市）30多个市（州），签订各类协议79份，专列包车等点对点接返1.2万余人，通过线上推送13批次岗位需求13万余个次，平均月薪达5 500元。进一步强化与结对地区劳务协作，精准高效有组织输送来甬稳定就业人员4 452人，同比增幅89.7%。不定期开展线上招聘服务和校企合作对接，指导各地积极开展余缺调剂招聘活动，强化劳动力资源高效合理配置，2022年全市共举办线上线下相结合的余缺调剂招聘会984场，推出岗位40万个次，达成意向5.1万人次。

（四）积极营造鼓励创业创新良好环境。

稳步实施创业政策，2022年发放各类创业补贴1.9亿元，扶持各类实体2.8万余家次；发放各类创业担保贷款5亿元，继续保持全省前列。积极发挥“四有”创业服务品牌实效，2022年累计举办创业沙龙59期、创业集市11期，服务创业者超7 500人次，线上观看近12万人次。2021—2022中国宁波青年大学生创业大赛向全国征集创业项目300余个，实现落地60余个；累计建成各级创业孵化示范基地36家。

（五）不断提升公共就业服务能力水平。

深化开展高质量就业社区（村）建设，2022年新认定高质量就业社区（村）109个，2个社区获评第五批国家级充分就业社区。大力发展劳务品牌，推荐的“红帮裁缝”劳务品牌作为全省唯一入选全国劳务品牌发展大会进行交流展示对接。

二、社会保障

稳步推进企业职工基本养老保险全国统筹，进一步提升社保统筹层次；稳步提高城乡居民基本养老保险基础养老金标准；树牢为民服务理念，便民服务举措推陈出新。

（一）推进企业职工基本养老保险全国统筹。

完成78.6万名中断缴费人员集中处理，将721项养老保险待遇项目归并到省统一的63个项目中，高质高效完成四轮数据整理和集中测试，实现340余个数据规则分析整改清零目标。全国统筹信息系统于5月16日全面上线以来，全市各级窗口平稳有序、经办顺畅，社会面平稳，累计办理社保业务480万件，其中“窗口办”128.2万件、“网上办、掌上办”351.7万件、“自助办”0.1万件。

（二）扎实推进参保扩面，稳步提升待遇水平。

截至2022年底，全市户籍人口养老保险参保率99.4%。全市企业职工基本养老保险、城乡居民基本养老保险、被征地人员养老保障、机关事业单位养老保险、工伤保险参保人数分别为526.7万人、99.4万人、28.6万、29.8万人、451.5万人，企业职工基本养老保险缴费人数净增7.9万人，居全省前列。推动户籍人口中未参保的低保、残疾人等困难群体“应保尽保、应补尽补”，对2.7万余名低保、特困、残疾人等困难群体给予缴费政府补助。42 651名非本市户籍灵活就业人员新参加职工养老保险，28家新业态企业2 568名灵活用工职工新参加工伤保险。全市城乡居民基本养老保险基础养老金标准提高到330元/月，继续保持全省领先，全市企业退休人员社会化管理服务经费标准统一为每人每月10元。完成144.5万退休人员基本养老金待遇调整，人均增加121.3元/月，补发待遇12.2亿元。

（三）着力提升便民服务举措。

退休“一件事”办结量居全省第一，社保高频事项网办率超90%。因病劳动能力鉴定频次由季度改为月度，830名重症人员提前享受因病退休待遇。试行因工劳动能力鉴定预结论公示惠及2 394名职工。深化社保“看得懂、算得清”咨询志愿服务，入选市直机关工委主题党日百大“红点案例”。依托协会、商会、园区，通过“企业下单、内部流转、上门服务”，为中石化园区、高新区软件园、研发园、创新园、建筑行业和金华、义乌、金东商会提供“点单式”服务。

（四）不断推进社保卡集成应用。

拓展社保卡应用，创新服务模式。全省首创推出社保卡“同号换卡”业务。全市累计发放社保卡1 002.5万张，签发电子社保卡

651.6万张，社保卡服务网点1 387家，基本实现社保卡业务全城就近通办、即时办结。实现凭卡办理人社业务、乘坐公交地铁、图书馆借还书、进出A级景区和博物馆、享受特约商户优惠、养老金等待遇和惠民惠农补贴发放等172项应用。助力杭甬“双城记”，实现两地异地办理社保卡业务。

三、人才人事

（一）加大人才引进力度。

2022年全年新引进大学生22.7万人，创历史新高，其中博士1 130人，硕士超万人；新增省级以上博士后工作站数量全省第一；新增高技能人才7.17万人，实现世界技能大赛宁波金牌零的突破；成功获批全国首批国家级人力资源服务出口基地。

（二）推进技能人才培养。

积极推进宁波新时代工匠培育工程，2022年遴选宁波杰出工匠10名、宁波工匠100名、宁波青年工匠297名。及时总结技能提升3年行动经验，实施“金蓝领”技能提升行动，全年累计完成职业技能培训38万人次，其中补贴性培训27.6万人次，累计发放培训补贴2亿元。深入实施职业资格鉴定、技能等级认定、专项职业能力考核等多种形式的技能人才评价，鼓励企业开展技能等级认定，截至12月底，全市累计备案技能等级认定机构900余家，开展技能人才评价184 890人次。新建市级技能大师工作室15家，总数达到130家。截至12月底，全市新增技能劳动者13.8万人，总量达到209.6万人；新增高技能人才7.17万人，总量达到70.4万人，高技能人才占技能劳动者比重达到33.6%。

（三）深化人事管理改革。

推进实施县以下事业单位建立管理岗位职员等级晋升制度，市县两级成立实施协调小组，全面统筹协调等级晋升各项工作，下设工作专班，建立部门联动机制，确保平稳有序推进落实。指导各县（市、区）和相关经济开发区（园区）制定实施方案，研究制定市级有关政策答复口径并实施。全市平稳完成首轮共计1 067名管理人员的职员等级晋升。

（四）做好招聘培训工作。

2022年，宁波市事业单位共公开招聘工作人员5 451名。开展宁波市2022年事业单位专业技术二级岗位审核认定工作，聘任了22名专家。提升高层次人才选聘工作质量，会同市委组织部干部综合处，完成面向2022届优秀高校毕业生选聘高层次紧缺人才活动，为219名高层次紧缺人才办理了聘用手续，98名来自国内“双一流”A类高校，占44.7%，54名来自世界排名前100的国（境）外高校。会同市委党校、市人才培训中心，全面推进事业单位工作人员分类培训，分期对50名处级领导干部、100名事业单位中层干部、160名事业单位新进人员、120名人事干部进行专题培训，突出政治训练，强化专业能力，加强从严管理，提升政治业务素质。

四、劳动关系

（一）持续开展劳动关系“和谐同行”能力提升三年行动。

1月，高规格召开全市劳动关系“和谐同行”推进会，进一步查找差距，明确任务，压实责任，并向全市企业、企业家发出倡议，全力推进“和谐同行”向纵深发展。全年累计完成企业用工体检6 256家，劳动关系协调员培训6 581名，签订电子劳动合同超30万份，培育评估金牌调解组织30家，第二批劳动关系和谐企业（园区）30家、金牌劳动关系协调员100名。9月，雅戈尔集团股份有限公司、舜宇集团有限公司、国网浙江宁波市鄞州区供电有限公司3家企业荣获“全国和谐劳动关系创建示范企业”。

（二）扎实做好重点人员、重点时段劳动权益保障。

一是落实新就业形态劳动者劳动权益保障工作。5月6日，牵头10部门联合出台《宁波市维护新就业形态劳动者劳动保障权益实施办法》（以下简称《实施办法》），进一步明确新就业形态劳动者的适用范围和10部门的职责分工，规范了新就业形态劳动者应遵守的职业道德和服务规范，并对新就业形态劳动者劳动保障权益保护进行了逐条明确。同时将宁波市现行成效较好的公共服务方面经验做法，写入《实施办法》形成制度规范。积极发挥协调劳动关系三方会议机制优势，联合印发《推进集体协商“凝共识　助发展　促共富”三年行动计划》，计划到2024年，各县（市、区）开展新就业形态和灵活就业集体协商企业不少于5家，全市开展新就业形态行业集体协商不少于5家；全市市级产业工人队伍建设改革试点企业“能级工资”集体协商全覆盖，非公企业“能级工资”集体协商普遍开展。二是突出落实疫情期间劳动者劳动权益保障。针对镇海、北仑疫情连续突发，借鉴2020年初疫情防控经验，对企业职工重点关注的薪酬、工时、假期等权益问题进行梳理汇总，及时发布《疫情期间劳动关系政策十问十答》，利用各类媒体和传播渠道，做好宣传报道和舆论引导，指导各地人社部门妥善做好劳动者劳动权益保障问题解答和诉求处理。三是着力抓好高温天气劳动者劳动权益保障。针对夏季持续高温天气，及时印发《关于认真做好高温天气劳动者权益保障有关工作的通知》，督促各县（市、区）人社部门深入企业、工地，加大监督检查力度，指导落实高温天气作业劳动者劳动权益保障措施，切实保障劳动者身体健康和生命安全。全市共检查加工制造、快递物流、建设施工等各类用人单位2 086家，涉及10.5万劳动者，对存在用工不规范等轻微问题的285家单位进行了业务指导，向1 060人补发95.4万元高温津贴，取得明显成效。

（三）持续做好年度企业薪酬调查及信息发布。

11月，发布《宁波市2022年度人力资源市场部分职位工资价位及2021年度行业人工成本信息》，该报告是在宁波市经营正常、工资分配制度较完善的2 812家不同经济成分企业人工成本数据及348 425名全年正常上班职工工资报酬数据基础上，经过技术归类、汇总、审核、处理和分析后形成的。

（四）持续推进“宁波无欠薪”行动。

2022年，全市努力克服疫情防控、经济下行压力加大等因素影响，持续擦亮“宁波无欠薪”品牌，组织开展建设领域“六项制度”落实情况、清理整顿人力资源市场秩序、护航二十大百日攻坚、“绿色治欠”除险保安行动、根治欠薪冬季行动等专项治理行动和联合检查督查共计17次，主动检查服务企业19 067家，处理欠薪矛盾纠纷18 776件，对237家企业作出行政处罚（处理），通报函告67家欠薪问题高发、频发的用人单位，列入欠薪“黑名单”8家，移送公安机关涉嫌拒不支付劳动报酬罪案件42件，为3.3万名劳动者追回工资报酬5.3亿元。

五、行风建设

（一）抓改革强服务。

推进人社业务“智配直享”改革，全面启用宁波人社“智配直享”平台，实现“问、办、享”三大功能上线运行，累计为10万用户提供咨询引导、服务；完成信息推送85万人次。开展“局处科长走流程”活动和“五问五破、五比五先”专项行动，解决企业群众办理人社业务中的操心事、烦心事。全市系统完成“走流程”5 552人次，发现问题166个，制定整改措施143项。组织开展全市系统窗口“喜迎二十大·暖心服务月”活动，受到社会的欢迎。

（二）抓比武促行风。

深入开展“日日学、周周练、月月比”活动，指导各地组织学习和开展比赛。组队参加全省系统比武竞赛，获得团体特等奖，6名同志获评浙江省“人社知识通”称号、3名同志获评“岗位练兵明星”称号。宁波市行政服务中心人社窗口获评“2022年度宁波市政务服务中心先进进驻单位”。1名同志获评“2022年度宁波市巾帼建功标兵”称号，1名同志获评“2022年度宁波市政务服务中心

‘十佳’服务标兵”称号。

六、乡村振兴

（一）落实城乡平等就业制度。

实现城乡劳动力同等享受就业创业服务，同等参加失业保险和享受失业保险待遇，在全市所有县（市、区）、街道（乡镇）、社区（行政村）建立社会保障和公共就业基层服务平台，为农村劳动者提供均等化的公共就业服务。全市累计建成高质量就业社区（村）632家。

（二）鼓励返乡入乡创业。

优化创业扶持政策，支持农民工、大学生等群体返乡入乡创业。举办2021—2022中国宁波青年大学生创业大赛，创新设立“乡村振兴”专项赛，项目涉及农牧渔业、医药、电商等多个行业领域，有效整合农村闲置资源，累计吸引60余个项目落地宁波。

（三）优化乡村人才资源配置。

配合教育部门，深入实施“县管校聘”管理改革，积极引导优秀教师向农村学校、薄弱学校流动，推进教育公平。充分发挥专家智力资源引领支撑作用，组织进基层、进乡村、进企业开展“专家服务工程活动”330余场，参与专家1 100余人次。倾斜乡村振兴领域专家评选，17名涉农专家入选2022年领军拔尖人才培养工程。

宁波市人力资源和社会保障局

安　徽　省

2022年，安徽省各级人力资源社会保障部门喜迎党的二十大胜利召开，全面学习贯彻党的二十大精神，衷心拥护“两个确立”，忠诚践行“两个维护”，认真落实省委、省政府和人力资源社会保障部的决策部署，完整、准确、全面贯彻新发展理念，积极应对疫情延宕反复、经济下行压力加大和超预期因素冲击等多重考验，统筹做好稳就业、促创业、保民生、缓降费、强人才、治欠薪等工作，圆满完成各项重点任务，为促进全省经济社会发展做出了积极贡献。

一、就业创业工作

落实落细就业优先政策，组织实施就业促进暖民心行动，大力推进充分就业社区建设。全省城镇新增就业69.0万人，完成年度任务的106.2%。失业人员再就业24万人，就业困难人员实现就业6.4万人，均超额完成年度任务。全省失业保险稳岗返还21.2亿元，稳岗返还企业受益率居全国第1位。城镇调查失业率从高位持续回落至12月的5.1%，低于控制线0.4个百分点。

全力推进重点群体就业，积极应对疫情冲击，创新实施“53353”拓岗举措（即青年见习岗5万个、短期见习岗3万个、机关事业单位招录3万个、公益性岗位5万个、临时性专岗3万个），开发岗位39.5万个。实施百万大学生兴皖行动、离校未就业毕业生就业服务攻坚行动，高校毕业生去向落实率94.9%。农民工就业达1 996.6万人，规模稳中有增。出台脱贫人口稳岗就业政策，脱贫人口、防止返贫监测对象务工规模达195.8万人。实施“放心家政”行动，举办第三届家政服务职业技能大赛。推进长三角农民工权益保障一体化发展。

精准保障服务企业用工，开展“三级三方服务千企”行动，为“白名单”重点企业解决用工16.3万人。召开长三角人力资源服务协作暨全省“两保五对接”工作推进会，74家重点用工企业与人力资源服务机构、培训机构达成1.5万个季节性用工需求合作意向。建立结对合作帮扶城市劳务协作联盟。出台企业员工录用、灵活就业等“一件事一次办”工作方案。全省共发布“2+N”招聘会5.3万场，达成就业意向95.8万人。

务实推进创业安徽建设，以省政府名义印发《关于印发创业安徽行动方案的通知》，推出“皖创22条”，将创业安徽工作纳入对各市政府目标管理绩效考核。牵头组织省政府创业安徽推进会、督查调度会，举办创业安徽建设专题研修班。“科大硅谷”启动运行，中国科大科技商学院开班授课。全省新增培育省级创新创业孵化载体255个，争创国家级创新创业孵化载体35个。全年支持科研人员、高校毕业生、返乡人员、退役军人等创业者14余万人次，培育省、市专精特新企业1 418家。组织遴选认定首批10家省级创业研究院和6家省级创业指导大师工作室。成功举办全国“双创”活动周合肥主会场活动，举办首届创业安徽大赛、第五届“中国创翼”创业创新大赛安徽省选拔赛等系列创新创业大赛。举办“未来新徽商”特训营科大硅谷班等特色主题班，实施创业安徽训练营工程，累计培训 15 万人次。打造《创业安徽故事汇》《创业在安徽》系列节目，营造支持创业氛围。全省新登记各类市场主体 118.5 万户。

二、社会保障工作

精准落实社保费缓缴政策，在全国率先实现社保费缓缴政策落地，通过数据比对建立企业“白名单”，实现线上办理、“即申即享”。全省累计减征失业、工伤保险费 46 亿元，缓缴养老、工伤、失业三项社保费 18.2 亿元。

不断强化制度保障能力，落实企业职工基本养老保险全国统筹制度，实现系统全面对接。统一规范个体工商户缴费比例，开展全省待遇项目清理归类。调整退休人员养老金水平，提高定额调整标准，完善高龄倾斜政策，圆满完成全省 380 万名退休人员养老金调整工作。城乡居民基本养老保险国家和省分别提高基础养老金最低标准 5 元，月人均养老金水平 157 元，同比增长 13.5%。为全省 123.8 万名特殊困难人员代缴养老保险费 2.1 亿元。落实失业保险金与最低工资标准挂钩动态调整机制，调整后人均增加 384 元。全省认定工伤人数 50 181 人，作出鉴定人数 36 397 人。

持续扩大社保覆盖范围，2022 年全省参加城镇职工基本养老保险 1 580.9 万人、城乡居民基本养老保险 3 428.8 万人、工伤保险 818.1 万人、失业保险 663.6 万人。全省基金总量持续扩大，全省职工养老、城乡居民养老、工伤、失业保险基金累计结余分别达到 2 345.7 亿元、932.1 亿元、32.3 亿元、81.7 亿元。全省职业年金参保职工 149.7 万人，已领取待遇人员 18.5 万人，职业年金基金投资资产净值达到 607.8 亿元。制定企业年金政策口径，扩大政策覆盖范围。合肥市被确定为首批个人养老金先行城市，参加人数达到 44.3 万人。加强新业态从业人员职业伤害保障，全省邮政基层快递网点从业人员工伤保险参保率 99.2%。

全面提升社保经办服务，出台实施“企业职工退休一件事一次办”工作方案。开通灵活就业参保人员“无障碍”网上参保缴费和申请养老保险待遇“一键办”。促进社银合作“就近办”，全省社银合作网点达 2 272 个，25 项社保业务功能在银行落地；全省开通社区（行政村）服务平台村级平台 2 786 个。推进工伤保险跨省异地就医直接结算。2022 年，全省社会保障卡持卡人数 5 941 万人，覆盖常住人口的 97.2%，其中第三代社会保障卡持卡人数 2 385 万人，居全国第 1 位，电子社会保障卡签发人数 3 792 万人。

持续加强社保基金监管，开展社保基金管理提升年行动，完成 47 项重点任务，实现 90 余项管理提升目标。先后分 6 批核查 12 万余条基金疑点信息，核实确认并纠正整改了一批违规问题。组织开展基金安全警示教育月活动，覆盖社保工作人员和社会群众 172 万人次，持续夯实基金风险防控基础。推进风险防控“进规程、进系统”工程，建立 12 个部门间数据共享比对机制，完成 56 项风控规则进系统，切实防范化解基金风险。全省职业年金基金投资收益率处于全国靠前位次。

三、人才人事工作

实施新时代人才强省战略，壮大专业技术人才队伍，新增专业技术人才 26 万人，其中高层次人才 2.2 万人。出台“筑梦九条”“种粮九条”等 7 项人才新政。用好人才评价“指挥棒”，修订 8 个职称系列标准条件，新增技术经纪等职称专业，实现职称评审、人才选拔“一网通办”。评选带头人及后备人选、博士后、留学人员等人才科研项目 246 个，资助经费 1 760 万元。承办全国博士后揭榜领题现场交流活动。新建国家和省级博士后科研工作站 71 家，招收博士后 1 219 名，将企业博士后生活补助提升至 16 万元。实施新一轮专业技术人才知识更新工程，培训各类专业技术人员 104.6 万人。

大力推进技工强省建设，落实《安徽省人民政府关于印发支持技工强省建设若干政策的通知》，筹集 4.8 亿元充实职业技能提升行动专账资金，累计开展补贴性职业技能培训 80.7 万人次。新增技能人才 53.6 万人，其中高技能人才 12.8 万人。7 人获评全国首批首席技师，30 人在全国较早获评特级技师。成立全省技工教育和职业培训教学指导委员会，组建技工院校思政课教研组，16 所院校 15 个专业列为工学一体化改革全国试点、1 所院校入选国家级师资培训基地，全年技工院校累计招生 8.9 万人。出台国（境）外技能比照认定办法。印发《安徽省职业技能竞赛实施办法》，构建更高水平的职业技能竞赛体系。举办省级职业技能竞赛 43 项，荣获全国人工智能、智能制造大赛一等奖 6 个。推进“新徽菜·名徽厨”暖民心行动，组织专项技能竞赛和进基层活动 281 场，开展技能培训 3.7 万人次。全省累计备案评价机构 785 家。首次开展社评组织质量评估，长效推进“山寨证书”治理，破解技能竞赛取证难题做法作为解决“一类问题”案例，被《安徽政务交流》推广。

进一步优化人才发展生态，修订江淮优才卡管理办法，推进 27 项优待服务落地。完成全国首批县以下事业单位管理岗位职员等级晋升制度实施工作，1.2 万人实现职员等级晋升，晋升受益面 32.8%。全年发布事业单位招聘岗位 3 万个，招募“三支一扶”人员 1 222 名。出台事业单位特设岗位设置管理实施办法，开发专业技术高级岗位 1.5 万个。完善高校院所绩效工资政策，深化公立医院薪酬制度改革，鼓励企业和高校院所科技人员双向兼职并依规取酬。加强表彰奖励和创建示范规范化管理，全省全年共完成 179 项表彰奖励活动评选表彰（推荐）工作，实现全省 395 项创建示范活动目录管理。安全稳妥组织人事考试 78 项，服务考生 105 万人次。

四、劳动关系工作

积极创建和谐劳动关系，加强疫情期间用工指导，开展劳动关系风险隐患排查，全年排查企业 4 139 户次、服务新办企业等市场主体 2 631 户次。推进和谐劳动关系创建活动，12 户企业、2 家园区获评全国和谐劳动关系创建示范企业（园区），培育 886 户非公企业达到和谐劳动关系创建示范标准，全年培训 1.3 万名劳动关系协调员。牵头印发《关于维护新就业形态劳动者劳动保障权益的实施方案》，实施维护新就业形态劳动者权益专项行动。完善国有企业工资内外收入监督管理制度，创新开展新就业形态、养老等领域薪酬调查。

着力提升仲裁办案质效，组织开展积案清理专项行动，加大 50 人以上集体争议处理监测，积极防范化解劳动关系风险。指导亳州市建立全省首家新就业形态行业协会调解组织。开展第二批百家金牌调解组织活动，培树 50 家金牌调解组织，3 家金牌调解组织受到人力资源社会保障部等部门通报表扬。推行“互联网+调解仲裁”，与法院建立“总对总”诉调对接机制，引导当事人开展在线调解、在线庭审，规范在线证据认定，完善在线送达机制。加强省仲裁委规范化建设，出台仲裁案件速裁和办理流程报批规范。全省共受理劳动人事争议案件近 6 万件，调解成功率 76.1%、仲裁结案率 98.4%。

深入推进根治欠薪工作，2021 年度保障农民工工资支付工作考核，安徽省位列 A 级。健全根治欠薪工作协调联动十项机制，出台工资专用账户管理、工资保证金两个实施办法，开展根治欠薪集中接访活动，推动欠薪问题线索“月月清”，落实欠薪问题销号闭环管理。开展超时加班问题摸排整治，规范人力资源市场秩序，开展劳动保障书面审查和守法诚信等级评价。依托全国一体化在线监管平台支撑根治欠薪试点工作现场会在阜阳召开。2022 年，全省共检查用人单位 1.2 万户，查处工资类案件 885 件，为 1.8 万名劳动者追发工资等待遇 3.4 亿元。

五、行风建设工作

认真总结三年行风专项行动建设工作成

效，常态化长效化推进全省人社系统行风建设。聚焦服务窗口的标准化建设、集成事项办理、优质服务水平等，4次组织明察暗访。开展“学标兵、当能手、创一流服务”和人社系统窗口单位业务技能练兵比武活动，继续打造人社服务安徽品牌。持续开展人社“厅局长走流程”活动、“人社服务快办行动”电话调研，牵头组织参加《政风行风热线》节目。加快推进“一件事一次办”打造政务服务升级版工作部署，完成企业员工录用等5个“一次办”任务。开展“为民惠企争模范”行动，制定营商环境评议办法和细则，高标准完成32项劳动力市场监管举措。在处理中科大某外籍教授参保问题时，举一反三完成49名外籍高层次人才参保手续。全年人社政务服务好评率稳定在99.99%以上。“省集中”系统建设不断完善，实现与养老保险全国统筹系统对接。人社综合服务平台、专业技术人员综合管理服务平台、事业单位人事管理系统投入使用或升级完善。推进长三角区域协同立法，三省一市同步审议通过《推进长三角区域社会保障卡居民服务一卡通规定》，2022年10月1日起正式实施。拓展场景应用，省居民服务“一卡通”服务目录开通率达100%，实现长三角居民服务“一卡通”20项任务清单落地实施。

六、乡村振兴工作

积极落实“两强一增”行动计划，发挥好公益性岗位的就业保障作用，延续支持就业帮扶车间发展优惠政策，鼓励发展共享用工、多渠道灵活就业，稳定农村劳动力就业形势。开展2022年“春风行动”，为农村劳动力等服务对象因地制宜实施“稳岗留工”“接您回家”“送您上岗”等活动。加大劳务输出力度，举办皖江地区与皖北地区劳务对接活动。加强劳务品牌建设工作，全省累计开发乡村公益性岗位26.16万个。鼓励农民工、脱贫劳动者等根据需求参加就业技能培训，全年开展农民工职业技能培训45.8万人次。认定省级农民工返乡创业示范园23个，认定安徽省农民工“优秀创业项目”18个、“返乡创业之星”47个，为返乡创业农民工提供创业指导、工商登记、税费减免、创业担保贷款、场地租赁费用、水电费减免、专家服务等创业服务，扶持返乡人员创业近3万名。

不断完善农村养老保险制度，城乡居民可以灵活就业人员身份在户籍地、就业地或居住地参加企业职工基本养老保险，或按规定参加城乡居民基本养老保险。省级基础养老金由115元增长到125元。建立致贫返贫、特困、重残、低保、计生特别扶助对象等“五类”缴费困难群体信息共享机制，全省为“五类”缴费困难群体代缴约2.1亿元。深化根治欠薪工作，健全根治欠薪工作协调联动十项机制，扎实开展根治欠薪全省集中接访、保障农民工工资支付执法月等活动，切实保障农民工工资支付。

加快培育乡村振兴人才队伍，出台《关于加强农村实用人才队伍建设若干措施的通知》等文件。围绕习近平总书记给安徽省太和县种粮大户的回信，制定《关于发挥职能作用大力支持粮食生产的若干措施》，为粮食生产提供真金白银政策支持。深入贯彻落实职称制度改革实施意见，在农业、林业、水利和医疗卫生系统乡镇基层单位，试点高级职称“定向评价、定向使用”的职称评聘制度。实施国家“专业技术人才知识更新工程”，开设10个“三农”领域高级研修班。在县域建设技师学院3所、高级技工学校3所，建设国家和省级高技能人才培训基地14个，依托县乡龙头企业建设国家和省级技能大师工作室11个。合理开发“三支一扶”计划招募岗位，招募1 222名高校毕业生到基层支教、支医、支农和从事乡村振兴等领域工作。

安徽省人力资源和社会保障厅

福　建　省

2022年，福建省各级人力资源社会保障部门坚持以习近平新时代中国特色社会主义思想为指导，全面贯彻党的二十大精神，深入学习贯彻习近平总书记重要讲话和重要指示批示精神，认真落实党中央、国务院决策部署和省委、省政府工作要求，打造“民生为本、人才为先、严实为要、服务为上”的新风正气福建人社“名片”，各项目标任务圆满完成，有力促进了新福建建设。

一、就业创业

全省城镇新增就业51.97万人，完成全年任务的109.4%；城镇调查失业率全年均值5.1%，控制在5.5%目标以内；失业人员再就业13.19万人；就业困难人员实现就业3.5万人。

（一）就业创业支持。

健全完善稳就业政策体系。通过“降、缓、返、补、扩”政策组合拳，助企渡过难关。举办线上线下招聘活动3 107场，为2.88万家（次）企业提供171.8万个岗位信息。保障企业的生产用工需求，通过包车、包列、包机精准运输1.88万名务工人员返闽返岗。继续安排创业支持资金5 000万元，助力创业带动就业。扎实开展“促进高校毕业生就业创业十大专项行动”。引导鼓励毕业生面向基层就业，省级、市级“三支一扶”计划招募派遣毕业生982人、425人，志愿服务欠发达地区计划和服务社区计划各招募派遣300人。加强毕业生就业公共服务，实名登记2022届离校未就业高校毕业生10.3万人，提供就业服务21.3万人次，实现就业9.9万人。强化困难毕业生就业援助，共为4万多名2023届困难毕业生发放求职创业补贴8 116万元；开展“就业红娘”帮扶行动，帮助2 756名困难毕业生实现就业。

（二）职业技能培训。

全年累计开展各类补贴性职业技能培训64.46万人，完成全年30万人任务的214.87%。开展“线上+线下”结合的创业培训，累计培训3 069人，同比增长384%。

（三）就业管理服务工作。

开通“福建省流动人员人事档案公共服务平台”，实现全省143家档案服务机构经办系统“全覆盖”，366万份流动人员人事档案基础信息“全集中”，实现部省平台对接和档案跨省转递通办。建立零工市场数据库，推动全省零工市场的信息归集、挂牌，截至2022年底，全省共建设零工市场41家。

二、社会保障

（一）企业职工基本养老保险。

截至2022年底，福建省企业职工基本养老保险参保人数1 521.69万人，其中在职1 342.78万人，退休178.91万人。企业职工基本养老保险基金收入854.37亿元，支出644.42亿元（不含上解调剂金）；净上解全国统筹调剂资金81.18亿元。贯彻落实企业职工基本养老保险全国统筹制度，稳妥提高缴费基数下限，完成全国统筹信息系统部省对接并正式上线运行。自2022年起厦门市企业职工基本养老保险单位缴费费率统一按规定的标准

（16%）执行。连续 24 年为企业退休人员增加养老金，全省共有 168.56 万名企业退休人员受益，月人均增加养老金 123.39 元。顶格落实阶段性缓缴社会保险费工作部署，全年累计缓缴社会保险费 9.05 亿元，惠及企业 1.10 万户。按照国家部署启动实施个人养老金制度，福建省是唯一一个全省全域纳入试点的省份。

（二）机关事业单位基本养老保险。

截至 2022 年底，福建省机关事业单位基本养老保险参保人数 152.7 万人，其中在职 100.23 万人，退休 52.47 万人。机关事业单位基本养老保险基金收入 366.37 亿元，支出 370.42 亿元；职业年金累计结余 500.3 亿元。连续 7 年与企业退休人员同步同办法调整养老金，50.4 万名机关事业单位退休人员受益。退役军人养老保险转移接续完成率位居全国前列。

（三）城乡居民基本养老保险。

截至 2022 年底，城乡居民基本养老保险参保人数达 1 598.77 万人，同比增加 1.34 万人。待遇领取人数 517.08 万人，月人均养老金 182.78 元。城乡居民基本养老保险基金收入 144.89 亿元，支出 114.95 亿元；基金当期结余 29.94 亿元，累计结余 291.53 亿元；上解委托投资基金累计 104.86 亿元。印发《关于调整提高城乡居民基本养老保险基础养老金省定最低标准的通知》，2022 年度基础养老金省定最低标准调整后为 140 元。全省共有 82.09 万困难群体参加城乡居民基本养老保险，其中享受政府代缴保费 39.56 万人，代缴金额 8 052.26 万元。制定福建省社保待遇资格认证规则，为全省 409.17 万待遇领取人员进行“静默认证”，占比 84%。大数据“静默认证”工作被列入全省“放管服”改革优化政务服务典型经验做法。

（四）失业保险。

截至 2022 年底，全省失业保险参保人数 761.34 万人，完成全年 758 万人任务的 100.44%；共为 12.95 万名失业人员发放失业保险金 10.44 亿元，为 10.55 万名失业人员发放失业补助金 2.64 亿元。全年共发放失业保险稳岗返还资金 12.48 亿元，惠及企业 28.40 万家。

（五）工伤保险。

巩固工伤保险参保扩面基础，积极拓展扩面新增长点，持续抓好建筑业按项目参保长效机制，推进基层快递网点快递员优先参加工伤保险，推动民营企业、小微企业和有雇工的个体工商户参保。截至 2022 年底，工伤保险参保人数为 1 040 万人，同比增加 55.61 万人，增长 5.65%。全省工伤保险基金收入 30.24 亿元，支出 32.97 亿元。印发《关于调整全省工伤保险定期待遇的通知》，从 2022 年 1 月起，进一步调整提高全省参保工伤职工三项定期待遇。全省阶段性降低工伤保险费率政策延续实施至 2023 年 4 月 30 日。

（六）社会保险基金监督。

全面开展社保基金管理提升年行动，问题整改率、资金追回率均超过 90%，得到人力资源社会保障部督导组充分肯定。落实社保基金行政监督办法，全方位梳理社保基金管理风险点，出台社保基金举报奖励办法实施细则，防范和化解社保基金安全风险。审慎开展基金投资运营与监管，全省职业年金资产净值超 480 亿元。

三、人才人事

（一）高层次人才选拔与培养。

选拔培养“雏鹰计划”青年拔尖人才，新增第三批人才 52 名，累计共 149 名，其中 22 人获得国家级人才（科技）项目支持。开展国家级、省级博士后创新实践基地建设工作，新设博士后科研工作站 9 家、博士后创新实践基地 47 家。下发全省在闽 22 名“两院”院士及 101 名百千万人才工程国家级人选科研补助经费共计 495.6 万元。

（二）人才智力引进。

全省新增省级高层次人才（含引进人才及现有人才）2 239 人，工科青年人才支持对象 2 149 人；认定省直部门及山区地市紧缺急需人才630人。举办中国福建人才创业周云上展会，促进51位人才意向落地福建，52个项目与单位达成合作意向，促成收徒落地项目67项。打造“人才项目赶集日”云平台，形成“师带徒”引凤项目大赛的永春模式、人才项目“揭榜挂帅”赶集日的三明模式。实施“海外优秀青年人才来闽学术交流计划”，依托“赴闽网”常态化受理海外青年人才简历，举办“福建省2022年海外人才云对接”线上活动。

（三）专业技术人才队伍建设。

截至2022年底，全省专业技术人才达301万人，其中高级专业技术人才达30万人。会同有关部门出台《福建省技术经纪专业技术职务任职资格评审条件》《关于特殊教育教师职称评聘有关事项的通知》；修订会计、卫生、竞技体育教练员、群众文化、播音主持等5个系列职称评价标准。开展27个系列（专业）职称评审工作，评审通过高级资格1.06万人；35位高层次特殊人才经认定（评审）取得高级职称；开展首次“考评结合”后高级经济师和首届正高级工程师评审。指导各设区市做好中等职业学校教师系列下放高级职称评审权后的首次评审工作。建设全省职称信息系统，在工艺美术、审计、冶金、汽车船舶等4个专业开展网络申报试点。新增直接采认台湾地区计量技术人员职业资格，全省可直接采认的台湾地区专业技术职业资格达11项。保障24项专业技术职业资格考试安全，考生总数超53万人；首次组织二级造价工程师考试，探索“纸笔考试+机考”并行的二级建造师执业资格考试新模式。

推动专业技术人才继续教育工作。印发《福建省专业技术人才知识更新工程实施方案》，组织实施专业技术人才知识更新工程高级研修项目，入选国家级研修项目2期，遴选省级研修项目87期，其中省级示范项目10期。中国海峡人才市场入选第十一批国家级专业技术人员继续教育基地，厦门大学入选首批数字技术工程师培育项目培训机构。

（四）技能人才队伍建设。

全省共组织21.2万人次参加职业技能鉴定及技能等级认定，取证15.49万人次，其中国家职业资格或职业技能等级三级（高级工）以上取证4.37万人次（高级工38 773人次、技师3 432人次、高级技师1 529人次）；全省共有15.05万人次参加专项职业能力考核，12.85万人次取得专项职业能力考核证书。全省新增17家企业、19家职业院校（技工院校）、21家社会培训评价组织为职业技能等级认定单位。9名台湾同胞通过直接采认台湾地区职业技能资格取得相应职业技能等级证书。实施高技能人才振兴计划，全省新增建设省级技能大师工作室60个，4名技能人才获评“全国技术能手”，62名竞赛优秀选手获评“福建省技术能手”。组织开展省级职业技能竞赛20场次46个项目，做好中华人民共和国第二届职业技能大赛参赛筹备工作。全省技工院校招生人数52 840人，完成全年计划的120%；131名学生荣获国家奖学金，5名学生获“技能雏鹰”奖学金。福建技师学院与石狮市人民政府共建福建技师学院石狮校区，并正式招生办学。开展全省机关事业单位工勤人员岗位考核工作，1 693人取得资格证书，其中高级工以上790人（高级工495人、技师246人、高级技师49人）；另有99人经复核认定取得证书。

（五）人才服务。

组织举办专家休假活动3期。发放高层次人才生活津贴5 907人次、5 899.07万元，发放国务院政府特殊津贴1 284人次、435.66万元。开展2020—2021年度专家服务基地建设评估工作，评选优秀等次基地16家，并给予共计80万元经费补助。发放省级高层次人才证书4 145份。推动全省各地创建各具特色的“人才驿站”，累计达560家。

（六）事业单位人事制度改革。

继续开展省直、中直事业单位招聘工作，共招聘2 254人。组织开展面向西藏籍高校毕业生公开招聘工作。配合有关部门完成地方高校上收省属改革等工作，完成省属事业单位人员调动和人员转隶身份审核共计 7 890 人。稳妥推进县以下事业单位管理岗位职员等级晋升制度，截至 2022 年底，全省 88 个县（市、区）已完成首次职员等级晋升工作，占比 97.8%［全省共 90 个县（市、区）纳入工作范围］，涉及 1 531 个事业单位 2 366 人。联合省教育厅制定省属公办高校职称评聘检查方案，指导设区市开展市属高校和民办高校交叉检查。

（七）事业单位工资分配。

落实基本工资标准正常调整机制，完成事业单位基本工资、文物考古事业单位职工野外工作津贴调整工作。做好省属事业单位绩效工资总量、省属公立医院工资总额核定工作。延长常态化疫情防控期间医疗卫生机构临时性工作补助政策期限，制定实施支援异地疫情防控医务人员绩效工资总量核增方案。

四、劳动关系

（一）和谐劳动关系创建。

深入实施劳动关系“和谐同行”能力提升三年行动，截至 2022 年底，全省共培育和谐企业 842 家，服务指导新办企业和重点企业分别为 6 907 家、1 863 家；选树省级金牌协调劳动关系社会组织 6 家，金牌劳动关系协调员 93 名。深入推进和谐劳动关系创建活动，评选认定省级劳动关系和谐企业 149 家、工业园区 11 个、乡镇（街道）22 个；获评全国和谐劳动关系创建示范企业 13 家、工业园区 2 个。开展维护新就业形态劳动者劳动保障权益“3+2”专项行动，加强新就业形态劳动者权益保障工作。部署开展以新就业形态领域集体协商为重点的集体协商“要约行动月”活动，共向 8.63 万家企业发出要约，应约企业 7.72 万家，应约率 89.45%，覆盖职工 382.42 万人。配合修订《福建省人口与计划生育条例》，推动育儿假从鼓励引导到刚性约束。

（二）劳动人事争议调解仲裁。

推广实施“仲裁+法援”“仲裁+工会”“仲裁+妇联”等“仲裁+X”调解一站式服务模式，与省总工会等部门联合打造“园区枫桥”机制，推进新就业形态企业劳动争议调解组织建设，构建立体化调解网络。全面推广使用福建省智慧调解仲裁信息管理系统，积极推进数字仲裁庭建设，开展线上调解仲裁服务。全省各级劳动人事争议调解仲裁机构共受理争议案件 62 281 件，涉及劳动者 76 333 人，涉案金额 313 997 万元；调解成功率 67.71%，仲裁结案率 96.09%。

（三）劳动保障监察。

全面落实《保障农民工工资支付条例》，出台农民工工资保证金实施办法、根治欠薪工作约谈制度等配套政策。推动劳动监测预警大数据平台覆盖所有工程建设领域。组织开展铁路领域欠薪问题专项整治、欠款欠薪问题“点题整治”、集中整治欠薪问题等专项行动。全省各级劳动保障监察机构共检查用人单位 11 312 户，督促补签劳动合同 5 481 人，办结协调处理案件 27 945 件，办结立案处理案件 613 件，为 47 305 名劳动者追发工资等待遇 4.71 亿元。在国务院 2021 年度保障农民工工资支付工作考核中福建省位列第二名。

（四）劳动能力鉴定。

全省完成劳动能力鉴定 29 467 人，其中，因工伤残鉴定 28 862 人，因病或非因工鉴定 605 人；省级再次鉴定完成 1 190 人，改变市级等级 254 人，改变率 21.34%。出台《福建省劳动能力鉴定工作专项行动实施方案》，进一步提升劳动能力鉴定管理水平。

（五）工资收入分配。

深入实施城镇职工、农民、困难群体、高端人才“四大群体”增收计划，多渠道促进城乡居民增收。印发《关于推动国有企业做好技能人才薪酬激励相关工作的通知》，促进技能人才获得技能与待遇“双提升”。全省居民人均可支配收入 43 118 元，同比增长 6%，增速居全国第 7 位，东部 10 省市第 1 位。深入推进国有企业负责人薪酬制度改革和工资决定机制改革，开展 2021 年度国有企业工资内外收入情况检查。调整最低工资标准，各档平均值调增至 1 865 元/月，增幅为 14. 59%。发布 2021 年企业薪酬调查信息；发布 2022 年企业工资指导线和省属企业工资指导线（全省企业工资指导线基准线为 6. 5%、下线为 3%，省属企业工资指导线为 6. 5%，调控水平为 26. 5 万元，调控目标为 3. 5%）。印制福建省技能人才薪酬分配指引案例和相关政策汇编，开展国有企业技能人才薪酬分配指导服务。

五、行风建设

印发全省人社系统行风建设工作方案。开展“厅局长走流程”活动，确定省本级 10 个重点项目，全省人社系统领导干部带头“走流程”共计 1 260 人次，线上体验 850 次，解决问题 330 个。全面实施人社政务服务“好差评”，完善人社服务评价标准体系，加强“差评”事项处置工作，全省人社政务服务全年好评率稳定在 99. 99%。以“人社服务快办行动”为载体，推动人社服务“打包办”“提速办”“简便办”“跨省办”，特殊情况“上门办”。开展“学标兵　当能手　创一流服务”主题活动，全省组织宣讲 113 次，推出优秀典型 24 个。组织“日日学、周周练、月月比”在线练兵，在线学习答题 30 多万人次；逐级开展窗口单位业务技能练兵比武活动 130 多场次。组织参加全国赛事，福建省代表队获团体二等奖，2 人获评全国“人社知识通”，3 人获评全国“岗位练兵明星”。省人力资源社会保障厅《实施“行风效能长效行动”全面推进全省人社政务服务提质提速》在第五届“推进机制活、建设新福建”全省机关体制机制创新优秀案例征集评选活动中荣获二等奖。

六、人社工作助力乡村振兴

持续跟踪脱贫人口就业情况，动态保持有就业意愿、有培训意愿脱贫人口 100%实现就业、培训的“双百”目标。截至 2022 年底，全省劳动年龄段内有劳动能力脱贫人口实现就业 16. 82 万人，组织培训 7. 01 万人，公益性岗位安置 1. 2 万人。续签、新签一批省际劳务协议，全省累计签订省际劳务协议 317 份，其中省级 16 份。完善“省际劳务协作对接服务平台”，建立 68 万中西部脱贫人口来闽就业的实名台账，发放跨省就业补助资金 8 291 万元，覆盖中西部脱贫人口 13. 85 万人，涉及企业 2. 46 万家。

开展系列专家基层帮扶活动。实施“智惠八闽”专家服务乡村振兴专项行动、“海归英才八闽行”活动，分别组织 14 批 92 人次专家、7 批 30 人次留学回国专家深入全省基层一线开展各项帮扶活动。组织 7 名福建专家帮扶宁夏灵武市，组织 4 名留学回国专家帮扶宁夏贺兰县，组织 11 名福建专家线上帮扶新疆昌吉州，开创帮扶新模式。

福建省人力资源和社会保障厅

厦 门 市

2022年，厦门市人力资源社会保障系统坚持以习近平新时代中国特色社会主义思想为指导，以迎接党的二十大胜利召开和学习宣传贯彻党的二十大精神为主线，以“情暖人社”党建品牌创建引领推动人社事业全面发展。全年城镇新增就业17.69万人，新增就业人数和增幅均列福建省第一；接收高校毕业生7.81万人，同比增长10.7%；国家级、省级高层次人才数量福建省第一，全国前列；新引进留学人才2 018人，同比增长10.8%；根治欠薪工作在福建省对市考核中获A级第一名；人社服务“好差评”群众满意率提升至99.998%。

一、精准施策，力促全市就业局势稳定

坚持把促进就业作为重大政治责任，实施就业优先战略，优化精准就业帮扶，稳定和扩大就业容量，实现了全市就业形势总体平稳。成功竞选财政部、人力资源社会保障部公共就业服务能力提升示范项目，获得中央财政补助资金1亿元。在市人大常委会促进就业和破解企业“用工难”满意度测评中，获得全票满意。

（一）全力稳市场主体稳就业。

全面顶格落实国家和省级政策，落地落实“降、缓、返、补、扩”等助企纾困政策，助力企业稳岗稳就业。全年为市场主体释放红利21.56亿元；全市登记用工企业24.16万家，同比增长9.61%；登记在职职工277.56万人，同比增长4.55%。企业用工需求率为3.57%，总体保持稳定。

（二）千方百计促进高校毕业生就业。

组织实施“市领导送岗留才进校园”“人社公共就业服务进校园”“高校书记校长访企拓岗”等活动，发布《致在厦高校和厦门籍毕业生的一封信》，加快兑现就业补贴、社保补贴、创业贷款等优惠政策，先后四批次集中征集发布岗位需求近8万个。厦门市离校未就业高校毕业生就业去向落实率98%。促就业、提高大学生就业见习补贴标准等做法获中央广电总台等媒体报道。

（三）持续健全公共就业服务体系。

优化就业服务智慧平台，推动“免申即享”“一网通办”服务，继续实施失业保险保障扩围政策，帮扶重点群体促就业。全年全市失业人员再就业4.29万人、就业困难对象就业1.14万人，均超额实现年度目标。

（四）倾情推进闽宁劳务合作。

春节后开展15批次“点对点”输转甘肃等地2 327名农民工返厦来厦；向宁夏帮扶县镇推送企业岗位需求1.33万个，赴宁夏举办招聘会15场，组织结对地区脱贫人口技能培训和来厦就业员工以工代训46期，全年帮扶结对地区劳动力转移就业8 064人。相关做法获中央广电总台、人民网、新华网等集中报道。

二、引育结合，保持人才集聚强劲势头

积极贯彻中央、省委、市委人才工作会议精神，推动实施人才强市战略，深化人才体制机制改革，强化招才引智工作合力，巩固职业技能提升行动成果。截至2022年12月末，全

市人才总量达 155 万人，2022 年厦门再度获评“中国年度最佳引才城市”。

（一）强化国际化人才引育。

持续推进“i 海归”全球引才行动，打造“i 海归”掌上综合服务平台，成功举办“金砖+”“九八”等留学人才项目对接洽谈会和全国留学人员回国创业高级研修班项目路演对接洽谈会，全年评定高层次留学人才 187 人。截至 2022 年 12 月末，全市留学人才总量 3.58 万人，每万人常住人口留学人才数量持续位居副省级城市前列，国际化引才创新做法获《人民日报》报道及驻英国、比利时等使领馆关注推荐。

（二）积极打造区域人才高地。

组织赴成都、福州、龙岩等省内外城市开展引才推介和招聘活动，创新开展“选择厦门·书写精彩人生”系列直播送策带岗引才活动，举办 2022 年“赢名企·淘未来”全球大学生竞职大赛。兑现新引进人才生活补贴 3.87 亿元，惠及 1.39 万名人才，补贴力度和覆盖面在全国同类城市中均处于领先位置。牵头完成 2022 年市级高层次人才两批次 1 819 人的认定工作，认定人数翻番。加快建设人力资源服务产业园，完成火炬园、海沧园两家市级产业园验收。

（三）创新推动人才体制机制改革。

持续开展在厦台湾地区人才职称认定工作，积极推进台湾地区人才职业资格直接采认工作。在自贸区率先试点集成电路职称评审改革，相关做法被评为厦门市 2022 年度“十佳”营商环境创新举措。推进中小学（幼儿园）教师职称试点改革，探索各区和市直属学校自主评审、按岗聘任。优化博士后服务，对出站留厦博士后大幅提高补贴。

（四）持续推进技能提升行动。

统筹实施职业技能培训，全年开展技能培训 5.88 万人次、技能人才评价 4.02 万人次，兑现各类补贴资金 7 180.59 万元。成功举办首届全市综合性职业技能竞赛，竞赛项目和参赛人数创历史新高。举行省、市两级技能大师工作室集中授牌仪式，金砖智能制造实训基地于年底正式投入使用。继续规范支持技工教育，全市技工院校在校生规模扩容 5 100 人，厦门技师学院在校生总数突破 8 000 人。

三、统筹兼顾，兜牢社会民生保障底线

积极推进全民参保登记计划，稳妥推进社会保险制度改革衔接，落实国家社保优惠政策，更好发挥社会保障兜底功能。截至 2022 年 12 月末，全市养老保险、工伤保险、失业保险参保人数分别为 536.91 万人、290.5 万人、287.3 万人，同比分别增长 10.76%、6.32%、6.28%。

（一）扎实推进各项社会保险工作。

稳妥实施企业职工基本养老保险全国统筹制度，大力推进失业保险、工伤保险省级统筹，完善厦门市被征地人员养老保险政策，规范企业职工基本养老金计发办法，扎实推进特殊工种岗位人员信息入库工作。提高城乡居民基本养老保险基础养老金至每人每月 330 元，居福建省第一、全国副省级城市第三。深化机关事业单位基本养老保险制度改革，调整企业和机关事业单位退休人员基本养老金，平均调整幅度 4%。

（二）落实阶段性降费及缓缴工作。

对全市 22 个困难行业实施缓缴三项社会保险费政策，全年共有 1.03 万家单位 49.36 万人缓缴三项社会保险费 3.16 亿元，以个人身份参加企业职工基本养老保险的 12.58 万人缓缴 0.99 亿元。对企业实施阶段性降低失业保险费率，为企业减负共计 14.34 亿元。

（三）加强社会保险基金监管。

扎实推进社保基金管理提升年行动和社保基金安全警示教育月活动，在福建省率先建成外挂系统模式的厦门社保基金内控系统，实时对社保业务经办全过程、全方位进行监测。严格社保基金要情管理，加强疑点数据核查，加大违规领取社保待遇追讨力度，社保基金管理问题专项整治取得阶段性成果。

四、主动创稳，促进劳动关系和谐稳定

积极构建和谐劳动关系，加强矛盾纠纷调处，积极维护劳动者合法权益，全市劳动关系保持总体和谐稳定。全市劳动保障监察机构共立案查处涉嫌违法案件292件，通过立案查处或协调处理追发劳动者工资等待遇2.25亿元。厦门市劳动保障监察支队荣获“全国根治拖欠农民工工资工作先进集体”“福建省平安建设先进集体”。

（一）坚持源头治理。

积极构建新时代和谐劳动关系，加强劳动关系风险常态化监测及形势分析研判，开展预防化解劳动关系风险专项行动。联合七部门出台维护新就业形态劳动者权益相关措施，组织实施“3+2”专项行动。联合市邮政管理局推动基层快递网点从业人员工伤保险全覆盖，探索开展外卖平台“骑手”职业伤害商业保险工作，全市共有8家快递企业1 561名快递员单独参加工伤保险。

（二）提升治理能力。

全流程使用“智慧调解仲裁”信息系统，“劳动关系调节数字云”荣获全国政法智能化建设创新案例。联合构建调裁诉衔接机制，成立福建省首家工会驻市仲裁委调解工作站，推进劳动争议案件诉源治理工作。开展集中整治拖欠农民工工资问题专项行动，全年妥善处理涉薪类举报投诉3 085件，协调处理2.47万件，处理劳动人事争议案件1.7万件。在国务院考核2021年度保障农民工工资支付工作中，厦门市代表福建省接受国务院实地考核，为福建省获得全国第二的历史最佳成绩做出贡献。

（三）促进居民增收。

牵头推进居民增收行动计划，构建工资稳定增长机制，将全市最低工资标准提高至2 030元/月，测算发布企业工资指导线。稳妥实施国有企业负责人薪酬制度和工资决定机制改革，加强和改进政府对国有企业工资分配的宏观指导和调控。完成企业薪酬调查工作，指导4家试点企业建立健全技能人才薪酬分配制度，相关经验做法被《中国劳动保障报》报道。

五、守正创新，提升事业单位服务管理水平

创新发展事业单位人事管理体制机制，顺利组织各类考试与人事招录活动，依规落实工资福利及表彰工作，事业单位管理科学规范。

（一）认真做好事业单位人事管理。

贯彻实施县以下事业单位管理岗位职员等级晋升制度改革，出台事业单位工作人员转岗聘用管理办法等文件，联合开展全市编外人员调查清理，规范实施事业单位培训制度，首次开展工作人员初任培训。协同做好厦门市援渝（万州）、援藏、援宁等110多名专业技术人才和90名科技特派员的选派工作。发挥厦门经济管理学院市属干部教育培训基地作用，首次在古田干部学院设立教学培训基地，与遵义干部学院建立合作关系，开展人才教育培训39期。积极推进人事考试面试培训基地建设，初步搭建系统化、标准化、信息化人事考试工作管理体系。周密组织人事招录工作。

（二）认真做好工资福利和表彰工作。

稳慎完成全市事业单位工作人员津贴补贴和机关事业单位退休人员生活补贴规范工作，调整优化事业单位编内工勤身份人员退休待遇计发办法，认真开展事业单位绩效工资“1+X”专项督查工作，审核兑现市直医疗卫生事业单位医务工作者防疫期间各类待遇4 019.18万元。指导完成首轮（2018—2022年）市、区级党委和政府表彰项目组织实施工作，积极推进第二轮表彰项目调整规范工作，着手研究探索事业单位工作人员奖励工作。

六、党建引领，推动人社事业提质增效

深入学习宣传贯彻党的二十大精神，组织汇编和学习贯彻党的十八大以来习近平总书记关于人力资源社会保障工作的系列重要论述，结合“提高效率、提升效能、提增效益”活动推动人社事业全面发展。1名人社系统干部荣获全国“人民满意的公务员”称号，1名荣

获“全国人力资源社会保障系统先进工作者”称号，1名优秀农民工当选党的二十大代表。

（一）强化机关政治建设。

采取党组中心组专题学习研讨、组织专题培训班等形式，深入学习宣传贯彻党的二十大精神，深刻领悟“两个确立”的决定性意义，增强做到“两个维护”的高度自觉。深入学习贯彻习近平总书记关于人力资源社会保障工作的重要指示批示精神，确保党中央决策部署和省委省政府、市委市政府工作要求落地落实。修订完善党组工作规则，进一步规范和改进党组工作。积极配合市委巡察监督，对巡察反馈的3个方面42个问题制定131条整改措施并完成集中整改，对25名负有责任的干部进行批评教育或问责处理。认真落实市委组织部、市直机关工委开展的“比创造力，争当改革先锋；比模范力，争当敬业先锋；比执行力，争当实干先锋”实践活动，推动局系统各党支部标准化、规范化建设。认真落实意识形态工作责任制，印发实施意识形态工作3项任务清单，积极宣传惠民惠企政策、讲好人社故事，牢牢掌握意识形态工作主导权。

（二）提升人社服务质效。

在全市人社系统开展“非常满意年”主题活动和向全国“人民满意的公务员”学习活动，深化“局处长走流程”等活动，180项审批服务事项承诺时限压缩至法定时限的6.3%，“即来即办”事项占比达74.4%，外来人员落户、学历人才落户等实现“秒批秒办”，“人策匹配机器人”平台政策配置如期完成，12333智能机器人客服正式上线运行。

（三）推动法治人社建设。

深入学习贯彻习近平法治思想，注重加强对法治人社建设工作的领导，研究制定《法治人社建设实施方案（2021—2025）》《2022年法治人社建设工作要点》。配合市人大常委会做好5部法规实施情况、立法需求、存在问题及意见建议调研，做好失业保险省级统筹相关法规的调整适用工作。不断完善规范性文件管理，清理规范性文件59份，严格按规定程序印发规范性文件2份。继续推动行政首长出庭应诉常态化。2022年行政诉讼案件一审开庭59件，行政首长出庭率100%。

（四）切实强化安全防范。

坚决贯彻落实国务院安委会关于加强安全生产十五条硬措施和省、市细化措施，深入开展4轮安全生产大检查，确保全市人社系统安全稳定。严格抓好疫苗接种、重点人群核酸检测、大型活动疫情防控等措施落实，上海发生疫情期间，周密组织678名赴沪劳务人员的返厦处置，积极助力防疫大局，获市领导批示肯定。

（五）加强干部队伍建设。

成立“人社习苑”青年理论学习小组，先后组织开展名家讲坛、现场考察、i跟学等活动11场次。加快推进年轻干部培养，积极选派干部参与挂职驻村、对口帮扶和一线抗疫，制定出台培养锻炼工作方案，建立年轻干部信息库，实行动态跟踪培养。新提任干部中年轻干部占比37.38%，机关干部平均年龄和学历层次实现“一降一升”。

厦门市人力资源和社会保障局

江 西 省

2022年，江西省各级人力资源社会保障部门坚持以习近平新时代中国特色社会主义思想为指导，坚决贯彻落实党中央、国务院和江西省委省政府以及人力资源社会保障部决策部署，聚焦“作示范、勇争先”目标要求，按照“政策集成、要素集聚、集团作战”工作思路，对标对表、尽职尽责、真抓实干，扎实做好就业创业、社会保障、人才人事、劳动关系、公共服务、行风建设等工作，圆满完成了各项目标任务。

一、就业形势稳中向好

（一）全面完成就业目标任务。

2022年，全省实现城镇新增就业45.19万人，完成年计划的112.98%；失业人员实现再就业15.02万人，完成全年任务的115.54%。新增转移农村劳动力58.29万人，完成年计划的121.4%，其中省内转移39.9万人，完成年计划的120.9%。城镇调查失业率从最高峰6.2%回落至5.4%，低于全国平均水平。

（二）持续实施稳岗惠企政策。

延续实施减负稳岗扩就业政策，持续落实支持多渠道灵活就业、促进农民工就业创业等政策措施，政策红利持续释放。2022年，全省共为7.79万家企业发放普惠性稳岗返还资金7.83亿元，惠及职工198.2万人。为4.58万名参保人员落实技能提升补贴0.8万元。为4.72万家企业发放一次性留工培训补助5.28亿元，惠及职工106.17万人。为1.3万家企业发放一次性扩岗补助0.6亿元，惠及职工3.97万人。

（三）重点群体就业保持稳定。

以“1+4”稳就业政策体系为牵引，全力帮扶重点群体就业。全年开发政策性岗位5.95万个，募集就业见习岗位6.12万个，累计拨付见习补贴资金6 948.35万元；招募“三支一扶”人员1 963人，超额完成人力资源社会保障部下达计划；帮扶59万名返乡未就业农民工实现再就业，全省170.1万名脱贫劳动力已就业137.6万人，超额完成国家下达任务；全省5.09万需转产就业退捕渔民实现转产就业；全省8.28万监测对象劳动力已就业5.44万人，有就业意愿未就业的困难群体实现动态清零。上线江西省“农民工地图”，搭建覆盖全省的农民工实名制数据库。

（四）创业带动就业活力迸发。

积极推动全省创业孵化基地建设，截至2022年底，全省共有创业孵化基地285家，新增11家，入驻实体1.32万个；带动就业11.6万人，带动就业人数净增8 000余人。全省新增发放创业担保贷款再创历史新高，达到245.21亿元，稳居全国前列。全年扶持个人创业9.67万人次，稳定和带动就业52.47万人次。累计发放创业担保贷款1 825亿元，在全国位居第一；累计扶持个人创业145万人次，稳定和带动就业586万人次。成功举办全省创业担保贷款政策实施20周年展示活动。

（五）人力资源服务业加快发展。

制定出台《关于推动江西省人力资源服务业高质量发展的若干措施》，为人力资源服务业发展注入新动力。截至2022年底，全省有人力资源服务机构 2 637 家，从业人员 3.5 万人，年营业收入达到 600 亿元。全省建成人力资源服务产业园 17 个，其中国家级 1 个、省级 9 个。

二、社保体系不断健全

（一）制度改革稳步推进。

以江西省政府名义出台全国首个贯彻落实习近平总书记关于社会保障重要论述精神的综合性制度文件《关于加快完善覆盖全民的多层次社会保障体系的意见》。颁布实施地方性法规《江西省社会保障一卡通条例》，省政府办公厅印发《关于贯彻企业职工基本养老保险全国统筹制度实施方案的意见》。印发《关于 2020 年机关事业单位退休人员养老保险待遇平稳衔接有关问题的通知》，推动全省机关事业单位基本养老保险制度平稳落地。出台《江西省统一社会保险费征收模式实施方案》，作为全国第一批社保费税务统征模式改革试点省份，建立税务、财政等多部门工作协调机制。确定南昌市作为全国 36 个先行城市（地区）之一开展个人养老金制度试点工作。启动景德镇市职业伤害保障试点和赣州市补充工伤保险试点，弥补新业态劳动者工伤权益缺失的制度短板。

（二）参保扩面持续推动。

成立由人社、发改等部门组成的跨部门参保扩面联动协作机制。截至 2022 年底，全省基本养老、失业、工伤保险参保人数分别达到 3 443.03 万人、357.51 万人、558.05 万人，其中企业职工基本养老保险新增参保人数 110 万人，抚养比从 2021 年底的 1.82∶1 上升至 2022 年底的 1.89∶1。全省城乡居民基本养老保险参保人数 2 081.05 万人，待遇领取人数 537.55 万人，实现全省统一时间发放待遇；基金总收入 161.85 亿元，总支出 120.47 亿元，累计结余 392.48 亿元。

（三）待遇水平不断提高。

连续 18 年调整企业职工基本养老保险待遇，连续 7 年调整机关事业单位基本养老保险待遇。全省失业保险基金待遇支出达 27.62 亿元。城乡居民基本养老保险基础养老金最低标准从 2021 年的 115 元提高到 128 元。以江西省政府名义出台被征地农民参保新政策《关于切实做好被征地农民参加基本养老保险相关工作的通知》，实现被征地农民参加基本养老保险制度全覆盖。全省累计筹集社保费用 679.8 亿元，237.97 万名被征地农民享受政府缴费补贴参加基本养老保险。建立全省统一的丧葬补助金制度，对符合条件的城乡居民基本养老保险参保对象一次性发放不低于 1 000 元的丧葬补助金，覆盖全省所有县区。

（四）基金安全有效保障。

建立健全“政策、经办、信息、监督”四位一体风险防控机制，坚持“人防、制防、技防、群防”四防协同，在全国首个联合司法机关发布敦促退回违法违规领取骗取社会保险待遇通告。2022 年，全省共 4 617 人主动退回违法违规领取社会保险待遇 3 358.45 万元。开展基金管理提升年行动，全省共发现违规基金 9 352.85 万元，追回基金 8 833.86 万元，追回率约 94%。通报外省和省内查处的社保基金违法重大案件，督促指导各地开展警示教育。

（五）经办服务持续优化。

不断扩大“网上办”“掌上办”“自助办”“一次办”惠及面，上线 129 个网厅服务事项、40 个掌端、自助端服务事项，全省社保业务线上办件率达 79%。城乡居民基本养老保险并入省级集中社保信息系统。推行失业保险免跑即领、免证即办、免登即发、免申即享的“四免”经办模式。开展“暖心贴心省心”社保服务主题活动，组织实施社保服务“百千万行动计划”。

三、人才人事稳步推进

（一）人才队伍持续壮大。

截至 2022 年底，全省专业技术人才总量 311.6 万人，全年新增引进各类高层次和急需紧缺人才 3.3 万人，其中博士等高层次人才

1 300余人，赣籍人才1.5万余人。全省共有技能人才521.02万人，其中高级工以上技能人才158.77万人，中华技能大奖获得者7人、全国技术能手147人；享受国务院政府特殊津贴52人、享受省政府特殊津贴46人，赣鄱工匠36人、江西省能工巧匠160人、江西省技术能手3 459人。全省建有省级及以上高技能人才培训基地112家、技能大师工作室223家，省级及以上职业技能竞赛集训基地28家。

（二）政策措施逐步优化。

以江西省委人才工作领导小组名义发布《江西省高层次人才引进实施办法（修订）》，优化升级引才优惠政策。印发《江西省高层次高技能领军人才培养工程人选服务管理办法》，在全省范围构建一支层次分明、有序衔接、梯队合理的高层次高技能人才队伍。出台《江西省职称评审管理办法》，基本形成以职称制度改革实施意见为龙头，以职称评审管理办法为主干，以各系列（专业）改革政策为配套的职称制度框架体系。以江西省政府名义出台《江西省专业技术人才继续教育办法（修订）》，印发《江西省专业技术人才知识更新工程实施方案》，推进全省专业技术人员知识更新。出台《江西省职业技能等级认定工作管理办法》，形成覆盖学徒工、初级工、中级工、高级工、技师、高级技师、特级技师、首席技师的“八级工”评价制度体系。出台《关于优化人事人才政策支持高校和科研院所高质量发展的通知》，明确高校和科研院所全部实行自主招聘，授权高校对高级职称自主定评审标准。印发《关于深化公立医院薪酬制度改革的实施意见》，提出合理确定公立医院薪酬水平、充分落实公立医院内部分配自主权、健全公立医院负责人薪酬激励约束机制等改革举措。印发《关于进一步规范机关事业单位工勤技能岗位考核晋升工作的通知》，在机关事业单位首次设置高级技师岗位。

（三）人才事业全面推进。

组织实施“双高”人才选拔，全年评选产生94位“双高工程”人选。发展博士后事业，首次面向海内外发布江西省引进博士后人才公告，全省238家博士后设站单位共发布博士后人才需求1 023个，新增招收博士后217人，在站博士后达850人；全年新增博士后科研工作站9家、博士后创新实践基地30家。推动职业技能竞赛，江西省1名选手代表中国在瑞士举办的2022年世界技能大赛特别赛家具制作项目中获得中国代表团首枚金牌。以“人人成才，技兴江西”为主题，举办江西省第一届职业技能大赛。

（四）技工教育加快发展。

实施技工教育“1+11+N”行动计划，推动设区市建设技师学院，人口大县、经济强县和重点园区建设技工院校。2022年，全省新设技工学校18所，升格高级技工学校7所，升格技师学院2所；招生突破10万人，再创历史新高。截至2022年底，全省技工院校达134所，在校生达25万人，学校数量、在校生人数分别居全国第6位、第5位，中部第1位、第2位。深化技工院校工学一体化技能人才培养模式改革，系统推进课程标准、教学资源、教学方法、教学场地、教师队伍等“五个一体化”建设，18所技工院校入选全国技工院校工学一体化第一阶段建设院校及建设专业名单，宁都技师学院入选全国一体化师资培训基地。

四、劳动关系和谐稳定

（一）积极构建和谐劳动关系。

完成全国和谐劳动关系创建示范企业与工业园区推荐评选工作，江西省推荐的12户企业、2个工业园区获得国家创建示范命名。在全省范围内选树表彰13家金牌协调劳动关系社会组织、103名金牌劳动关系协调员和37家金牌劳动人事争议调解组织，以江西省政府名义举办首届全省劳动关系协调员技能竞赛。建成上线江西省电子劳动合同平台。制定2022年度“和谐同行”企业培育行动计划，建立个性化培育工作台账，年度新增32户培育企业。

（二）保护新就业形态劳动者。

深入贯彻落实《新就业形态劳动者权益维护实施意见》，健全就业社保、劳动报酬、劳动安全等方面的规章制度，形成“1+10”政策体系。鼓励新就业形态建会入会，率先成立零工经济工会联合会，吸纳40多万人加入工会，建设服务站点1 300余家，走访慰问4.2万人，为3.3万人赠送大病意外险，10人荣获五一劳动奖章。印发《关于加强劳务派遣和灵活用工人员安全管理工作的通知》，加强劳务派遣和灵活用工人员安全管理。印发《关于做好建筑企业农民工服务保障的通知》，提出15条关爱建筑企业农民工服务举措。

（三）推进争议调解仲裁工作。

推进基层劳动人事争议调解组织建设，评选出2022年度金牌劳动人事争议调解组织37家。大力推广全国“互联网+调解”服务平台和江西省“智慧仲裁”信息系统，提升案件处理智能化水平和服务社会能力。全年全省各级劳动人事争议调解仲裁机构共依法受理劳动人事争议案件59 288件，依法调处案件58 929件，仲裁结案率为99.3%，调解成功率为89.1%，仲裁终结率为83.1%，涉案金额达16亿元。

（四）加强劳动关系监察执法。

开展“劳动用工大排查大起底大整治”行动和“根治欠薪集中整治专项行动”，全省劳动保障监察机构共检查用人单位9 597户，立案办结拖欠农民工工资案件1 160件，依法为1.73万名农民工追回工资待遇2.8亿元。通过社会保障卡发放农民工工资10.52万人次，金额达13.68亿元。开展人力资源市场秩序、禁止使用童工专项整治、女职工产假等权益保护执法行动，劳动监察案件结案率100%。完成2 818家单位的劳动保障守法诚信等级评定。

五、行风建设深入开展

（一）公共服务转型升级。

全国第一个在人社领域出台政务服务便利化审核办法，行政许可事项办理材料精简78%。率先推动9个事项接入“惠企通”平台，推出28个“无证明”事项，推出失业、高校毕业生就业等10个“一件事”打包办，139个事项“异地通办”，线上办件量占办件总量的80%。养老保险待遇领取资格实现“静默认证”人数811.3万人，占已认证人员的90.92%，全省认证率达98.09%，经验做法入选全国人力资源社会保障系统行风建设创新案例。

（二）信息化建设加快推进。

优化人社一体化系统，集成接入一批业务信息系统，统一对接部省平台，统一共享公安、教育、民政等11个部门的61项类数据和国家平台50余类数据，提供47项人社内部共享数据，相关办事信息由系统自动共享、自动填报、自动核验，真正实现业务通、数据通、材料通。累计制发社保卡4 774万张，签发电子社保卡3 075万张；新余市、鹰潭市创建全国社保卡“一卡通”创新应用综合示范区。开通12333自助服务、老年专属服务，电话接通率提高到90%以上。

（三）系统行风持续改善。

扎实开展练兵比武活动和“人社服务标兵万里行”主题宣讲活动，带动系统上下学政策、钻业务、强技能、优服务，获评12个全国人社系统优质服务窗口和6名优质服务先进个人。继续开展“厅局长走流程”活动，推动解决一批办事堵点问题。全面推行政务服务“好差评”，政务服务好评率不断提升。积极开展“我为群众办实事”实践活动，重点民生实事项目圆满完成。宜春市社保中心企业养老保险科科长获评全国“人民满意的公务员”，江西省社保中心经办大厅获评全国“人民满意的公务员集体”。首次以江西省委省政府名义对100个社会保障工作先进集体和200名个人进行表彰。

江西省人力资源和社会保障厅

山　东　省

2022年，山东省人力资源社会保障系统以习近平新时代中国特色社会主义思想为指导，全面贯彻党的二十大精神，践行以人民为中心的发展思想，坚持稳中求进工作总基调，锚定“走在前、开新局”，系统上下奋力担当作为，全面完成各项目标任务，有力推动人力资源社会保障事业高质量发展。

一、强化就业优先，就业局势保持总体稳定

（一）就业创业。

2022年，山东省实现城镇新增就业120.2万人，失业人员实现再就业53.9万人，就业困难人员实现就业10.3万人。山东省人民政府印发《关于全力做好高校毕业生等重点群体稳就业工作的通知》，从5个方面提出20项政策措施。山东省人力资源和社会保障厅等三部门制定《关于贯彻落实失业保险稳岗位提技能防失业政策的通知》，落实社会保险“降、缓、返、扩、补”政策，全力稳就业保就业。实施“创业齐鲁·乐业山东”十大行动，支持22个县（市、区）创建“山东省就业环境友好型城市”。支持多渠道灵活就业，落实社保补贴、意外伤害保险补贴等政策，支持劳动者多渠道灵活就业，全年共为154.1万名灵活就业人员发放社保补贴7.42亿元。支持创业带动就业，落实创业扶持政策，实施“百校万企”高校书记校长访企拓岗促就业专项行动，累计走访用人单位1万多家，开拓优质岗位20万个。高校毕业生总体就业率达到90%以上，2022届非师范类高校毕业生留鲁率达到80%以上。稳定扩大农民工就业，打造设施农业、村党组织领办劳务合作社模式促进就地就近就业，全省脱贫劳动力务工规模40.6万人，吸纳中西部脱贫人口来鲁就业22.9万人。深化鲁渝、鲁甘东西部劳务协作，打造劳务协作“鲁渝135模式升级版”“鲁甘人力”品牌，设立劳务协作专项贷款，超额完成帮扶目标任务。截至2022年底，全省农民工总量达到2 359万人，同比增长1%。加强困难人员就业援助，实施城乡公益性岗位扩容提质行动，坚持“大幅增岗、精准设岗、规范上岗、待遇优岗、严格管岗”，分配下达专项资金16.81亿元，全年开发疫情防控、齐长城巡护、小型水库巡库、“帮富帮扶”残疾人等城乡公益性岗位64.31万个，组织上岗63.04万人。加强困难群体就业帮扶，开展就业援助“暖心活动”，灵活运用社保补贴等政策，鼓励企业吸纳就业、支持灵活就业，零就业家庭实现动态清零。制定“十四五”职业技能培训规划，加大重点行业和重点群体职业技能培训力度。开展公共就业服务助力“山东手造”工程、“鲁菜师傅”创业能力提升培训试点，组织重点群体开展补贴性职业技能培训122.9万人次，培养一批符合社会发展需要的技能人才。深入开展“稳岗留工”、企业用工保障服务、服务农民工“春暖行动”等专项行动，积极引导城乡富余劳动力有序转移就业和就地就近就业。春节前后通过“点对点”方式组织返乡返岗服务专车3 000余趟次，运送农村劳动力等务工人员近5万人。培育认定省级乡村振兴劳务合作社20个、省级特色劳务品牌5个，品牌劳务规模200余万人。组织

脱贫享受政策人口等农村转移劳动力开展补贴性职业技能培训 24.6 万人次，实现就业近 10 万人次。实施“创业齐鲁十大推进行动”，发放创业担保贷款 8.55 万笔、190.53 亿元。举办第六届山东省创业大赛、第四届山东省“十大返乡创业农民工”大赛，选树 110 个省级创业典型，为获奖选手提供资金奖励和“一揽子”政策支持。

（二）就业服务。

2022 年，山东省推进就业人才信息化建设“跨省办”“集中办”“掌上办”“免证办”，服务能力进一步提升，山东省就业人才服务平台全年提供服务 872.5 万人次。依托山东省公共就业和人才服务大数据平台进行实时数据动态监测，聚焦重要节点、重点行业企业、重点群体，开展多频次多维度监测，防范规模性失业风险。提质高校毕业生就业服务，开展“才聚齐鲁·职面未来”就业服务进校园、“就选山东”校园集中招聘活动，举办大学生职业生涯规划大赛，上线 8 期高校毕业生公益就业指导课，累计参与人数超 700 万人次。实施十万就业见习岗位募集计划，提供见习岗位超 16 万个，较上年扩大一倍。实施离校未就业高校毕业生服务攻坚行动，实名登记毕业生 14.78 万人，联系服务率达 99.64%，帮助 12.79 万名未就业毕业生实现就业。健全全方位公共就业服务体系，制作发布覆盖全省的就业服务机构和公益性零工市场“E 地图”，添加全省 3 400 处公共就业服务机构和 158 处公益性零工市场。推动完成全省 161 家县级智慧就业服务大厅创建，推荐潍坊市成功入选全国首批 20 个公共就业服务能力提升示范项目，申报创建 8 个全国公共就业创业服务示范城市。开展企业用工服务保障，制定出台援企稳岗政策 13 条，探索建立规模以上工业企业急需紧缺职业（工种）目录调查发布制度，设立用工服务专员 2 600 余名，对接服务重点企业 5.6 万家，帮助 2.3 万家企业解决用工 82.7 万人次。加强人才引育创新，形成以“山东-名校人才直通车”为主，“百校千企”和“山东城市行”活动为辅的“一体两翼”引才格局，省市联动举办线上线下直通车活动 1 000 余场，签约人数近 5 万。优化流动人员人事档案管理，全省管理流动人员人事档案 920 余万份，全年累计提供档案管理服务 155 万余人次。在全省范围组织开展春风行动、民营企业招聘月、金秋招聘月等专项活动，累计举办线上线下招聘 1 万余场次，参加企业 28.3 万家次，提供就业岗位 758 万余个。建设高质量零工市场，全省共建成线上线下零工市场 500 余处，其中公益性质零工市场 204 处。开展东西部劳务协作和对口支援，组织“鲁甘人力”系列交流，协助设立甘肃省政府劳务办驻山东劳务处，赴重庆、甘肃开展劳务协作对接活动。

（三）创业服务。

2022 年，山东省共为个人发放创业担保贷款 8.31 万笔、137.45 亿元，为小微企业发放创业担保贷款 2 433 笔、53.08 亿元，发放总量持续保持全国前列。疫情期间，联合齐鲁银行股份有限公司开展省本级稳就业“复工复产创业担保贷”专项行动，共发放贷款 108 笔、1.03 亿元。进一步完善创业机制，创新推出“创业服务 12 条”，加强创业典型后续帮扶力度，强化典型示范引领，优选 2 个项目参加全国双创周活动展示，完成 20 家省级创业创新示范综合体绩效评价。举办第四届山东省“十大返乡创业农民工”大赛，选树 10 个创业典型，给予奖励资金 50 万元；举办第六届山东省创业大赛及配套活动，选树 70 个创业典型，给予奖励资金 554 万元。完成第五届“中国创翼”创业创新大赛承办和参赛工作，山东省 12 个创业项目入围全国总决赛，一等奖项目数量全国第一，总成绩全国第一，创下历届“中国创翼”大赛省级比赛和山东省参赛历史最好成绩。实施创业培训，组织开展高校学生等创业者创业培训 20.36 万人次，开展“鲁菜师傅”创业能力提升培训。加强创业培训师资队伍建设，新增“创办你的企业”培训讲师 305 名、网络创业培训讲师 56 名、“改善你的企业”培训讲师30名。

（四）人力资源流动管理。

2022年，山东省人力资源和社会保障厅等六部门制定出台《关于加快推进新时代人力资源服务业创新发展的实施意见》，实施人力资源服务行业促就业“引航助跑”行动、人力资源服务行业助力乡村振兴行动。全省共有10 123家人力资源服务机构，实现营业收入1 338亿元，全年累计为205万家次用人单位提供人力资源服务，帮助实现就业、择优和流动1 297万人次，成功猎聘人才9.1万人。举办黄河流域人力资源服务高质量发展推进会，沿黄九省区签署黄河流域人力资源服务创新协同发展框架协议书，建立黄河流域国家级人力资源服务产业园联盟。组织开展基层人才挂职研修，选派500名全省农、教、文、卫系统基层业务骨干，赴101家省市对口业务单位进行为期1年挂职研修。

二、提质扩面并举，社会保障体系建设稳中有进

（一）基本养老保险。

2022年，山东省深入实施全民参保计划，在全省开展企业养老保险“精准扩面”专项行动。全省参加养老保险总人数达7 969.8万人，较上年底增加129.0万人。其中，参加企业职工基本养老保险人数达3 333.6万人，较上年底增加106.9万人；参加居民养老保险人数达4 636.2万人，较上年底增加22.1万人。落实企业职工基本养老保险全国统筹，完成部省信息系统对接上线。作为样本省份，率先启动待遇项目清理试点。健全企业职工基本养老保险省市责任分担机制，开展省级统筹评价奖惩，保障待遇按时足额发放。完善养老保险制度体系，出台《关于完善居民养老保险政策有关问题的通知》《规范养老保险待遇领取有关问题的处理意见》《关于公安机关执法勤务、警务技术职级序列养老保险有关问题的通知》等一系列政策。完成退休人员基本养老金调整工作，总体调整水平按照山东省2021年退休人员月人均基本养老金的4%左右确定，惠及全省788万退休人员。居民养老保险基础养老金最低标准由每人每月150元提高至160元，全省居民养老保险月人均养老金水平达206元，比上年增加13元、增长6.74%。推动个人养老金工作在山东省落地落实，11月25日青岛、东营两市作为先行城市率先开展个人养老金业务。全省职业年金基金规模达1 348.93亿元，其中收益额131.92亿元，累计收益率21.45%。居民养老保险基金投资规模657亿元。推进阶段性缓缴社会保险费政策，创新“秒批”“秒办”模式，全省落实1.6万户企业缓缴社保费59.5亿元。

（二）失业保险。

2022年，山东省失业保险参保人数1 593.5万人，较上年底增加50.9万人，增长3.3%。全省失业保险基金收入108.9亿元，其中征缴收入104.1亿元。失业保险基金支出104.9亿元，为15个市拨付失业保险省级调剂金5亿元，期末累计结余182.4亿元。建立失业保险省级统筹制度，山东省人民政府印发《山东省人民政府关于失业保险省级统筹的实施意见》，山东省人力资源和社会保障厅会同有关省直部门印发《山东省失业保险基金省级统收统支归集管理办法》《山东省失业保险基金省级统收统支预算管理办法》《关于进一步统一失业保险有关政策的通知》，山东省人力资源和社会保障厅印发《山东省失业保险省级统筹经办规程（暂行）》，形成“1+4”失业保险省级统筹政策体系。山东省人力资源和社会保障厅等三部门印发《关于贯彻落实失业保险稳岗位提技能防失业政策的通知》，推动新一轮失业保险政策落实落细。延续实施阶段性降低失业保险费率政策，执行1%的阶段性失业保险费率。完善失业保险金发放、代缴基本医疗保险费政策，继续实施失业保险保障扩围政策，保障范围调整为2021年至2022年新发生的参保失业人员。落实保障标准与物价上涨挂钩联动机制，在保障领取失业保险金人员的同时，阶段性将领取失业补助金人员纳

入保障范围。继续实施失业保险稳岗返还政策，将大型企业稳岗返还比例提高至企业及其职工上年度实际缴纳失业保险费的50%，中小微企业和参照执行单位的稳岗返还比例提高至90%。拓宽技能提升补贴覆盖范围，将申领对象拓宽至领取失业保险金期间的失业人员，将企业在职参保职工申领条件放宽至参加失业保险12个月及以上。实施一次性留工培训补助政策，在符合条件的统筹地区，对因新冠肺炎疫情严重影响暂时无法正常生产经营的参保单位按500元/人标准发放一次性留工培训补助。实施一次性扩岗补助政策，鼓励企业吸纳毕业年度普通高校毕业生、离校两年内未就业普通高校毕业生和登记失业的16～24岁青年，按1 500元/人的标准，发放一次性扩岗补助。

（三）工伤保险。

2022年，山东省工伤保险参保人数2 020.8万人，较上年底增加99万人，增长5.1%，全省工伤认定7.84万人。期末阶段性降低工伤保险费率政策延续实施一年，执行期限至2023年4月30日。制定出台基层快递网点优先参加工伤保险政策，实现快递业从业人员工伤保险制度全覆盖。持续深入推进按建设项目优先参加工伤保险，全省按建设项目参加工伤保险费率统一为0.9‰。统一完善全省公务员参保政策，不断提升制度公平性。全面推进工伤预防工作，开展危化品企业工伤预防能力提升培训工程。调整一级至四级工伤职工伤残津贴、生活护理费和工亡职工供养亲属抚恤金标准，月人均分别增加152.8元、146.4元、49.3元，连续18年提高工伤保险定期待遇水平。加强省级调剂金管理，积极推进工伤保险跨省异地就医直接结算。着力抓好工伤认定环节风险防控，开展工伤认定案卷评查活动。持续开展劳动能力“现场鉴定+远程视频+上门鉴定”等多模式服务，完成劳动能力鉴定5.68万人次。协商医保部门推进伤病情联网核验以及医保目录共享比对工作，做好工伤和医保政策的衔接，确保基金安全规范。全面加强工伤保险协议管理，规范协议机构医疗服务，保障工伤职工合法权益。

（四）社会保险经办。

2022年，山东省第一批接入全国统筹信息系统，在全国率先开展企业养老保险待遇项目整理工作，累计确认企业养老保险待遇项目4 710个，归并为208个大项。提前一年启动失业保险省级统筹，全省社保待遇发放业务实现社银直连全覆盖，制定31项待遇发放业务社银直连省标基本规范，全面取消社银人工报盘。2022年，全省社会保险基金总收入4 339.52亿元，同比增长2.9%；总支出4 240.58亿元，同比增长3.6%；当期结余98.94亿元；累计结余3 258.95亿元，较上年底增长3.1%。创新“免申即享”模式，简化审核流程、提高发放频次，实现阶段性降低失业、工伤保险费率和稳岗返还政策直达市场主体。发放稳岗返还资金23.2亿元，惠及企业19.6万户，稳定岗位514.1万个；向4.7万户参保企业发放一次性留工培训补助6.2亿元，惠及岗位124.3万个；向0.9万户参保企业发放一次性扩岗补助0.75亿元。延续实施失业保险保障扩围政策，审核并发放失业保险金52.5亿元、失业补助金3.2亿元，惠及失业人员127.6万人次。向22.4万人次发放职业技能提升补贴3.62亿元。全面实施居民养老保险业务经办全省一体化先行先试，推进经办服务质效提升。打造业务关联事项全链条闭环办理机制，实现业务财务一体化、业务档案一体化建设。规范统一全省养老保险关系转移接续业务流程，实现全程线上办理，全省全年业务办结率达到94.03%。全面取消省内企业职工基本养老保险关系转移接续，实施全省企业职工养老保险业务归集，由社保经办机构为临退休职工办理归集业务。2022年，全省社保经办机构共申请财政经费1.35亿元，为100.71万名困难群体代缴居民养老保险费，有力保障了130.42万名困难群体居民养老保险待遇和2.54万名重度残疾人提前5年领取待遇。探索开展静默认证与基层党建“双向赋能、双促双融”，全面深化业务与党建融合，创新实践得到主流媒体持续关注，被新华社内参刊发。

（五）信息化建设。

2022年，山东省推进省级集中业务系统建设，完成省集中社保系统与企业职工基本养老保险全国统筹系统对接。推进金保二期全国统一软件省级部署，完成省级软硬件环境搭建。开发建设省社保公共服务平台，落实“无证明之省”建设，社保、就业、人才等领域86项“用证”事项推广应用电子证照。依托“爱山东”App、微信小程序提供“全省通查”“全省通办”“跨省通办”等38项服务。推进与部全国一体化在线政务服务平台、国家社保公共服务平台对接，累计开通“一网通办”服务功能36项。优化12333服务品牌，全省咨询服务总量达1 651万个。开通远程居家办公服务，实现7×24小时服务“不打烊”，12333智能外呼系统实现政策找人，发挥政策最大效应。加快社会保障“一卡通”建设，全省社保卡累计持卡人数9 571万人；电子社保卡签发4 885万人，覆盖率超46%。全省开通即时补换卡网点3 330个，密码重置网点6 825个，补换卡立等可取。深化社保卡跨部门应用，实现电子社保卡移动支付及公交扫码出行，试点“社会保障卡爱心直通车”项目，拓展教育助学补贴、财政惠民惠农资金等入卡应用，社保卡申领、补换、临时挂失、密码重置等业务实现“全省通办”。对外提供人社数据共享服务和加强外部门数据共享应用，实现与公安、民政、市场监管等部门的数据共享应用。开发利用人社大数据，完成省级社保待遇领取资格认证分析系统和全省就业失业监测预警系统开发上线，为数字政府建设提供有力支撑。

三、加力引育创新，人才集聚势头持续巩固

（一）人才队伍建设。

2022年，山东省加大人才引育创新力度，以高层次人才和青年人才引育为重点，组织实施人才工作创新发展12项专项行动。承办第二届山东人才创新发展大会暨第十二届中国·山东海内外高端人才交流项目洽谈会，累计引进国家级省级领军人才1 400余人，签订高层次人才合作项目4 000余个。山东省人力资源和社会保障厅印发《关于推进“四链”融合发展工作若干措施》，推动全省人才链、教育链、产业链、创新链有机衔接、融合发展；修订出台《山东省博士后工作管理办法》，进一步规范博士后管理、服务各环节，健全完善博士后培养和常态化考核评价机制，将博士后群体纳入省级高层次人才绿色通道服务范围；印发《山东博士后科学基金管理办法》，设立山东博士后科学基金，充分发挥博士后制度引育高层次创新型青年人才优势作用。举办中国·山东博士后创新创业大赛，吸引1 230位海内外博士后报名参赛，落地项目86个。稳步扩大博士后创新资助规模，支持200余人入选国家、省级创新项目资助。开展“万名博士、十万硕士、百万大学生创业齐鲁计划”，持续加强活动招引和政策支持，衔接推进“青年人才集聚齐鲁行动计划”，全年吸引集聚青年人才80余万人，其中博士近8 900人，同比增长13.6%。全省共招收博士后1 700余人，同比增长17.4%。全省在站博士后近6 000人，累计招收博士后1.5万余人。新增博士后科研工作站42家，省博士后创新实践基地86家，同比增长47.1%。实施“海归英才汇聚计划”，征集留学人才岗位需求24 890个，并依托海外“双百渠道”进行常态化推介，引进留学人才数量大幅增长。印发《山东省推进人才服务质效提升专项行动方案》，精准开展“送政策上门”活动，扩大“政策找人”“无形认证”实施范围，依托各市政务中心建立“一站式”人才服务工作站。印发《关于建立全省重点产业人才精准联系服务机制的通知》，以省市人才卡为载体，将山东省优秀企业家表彰人选、“十强”产业集群领军企业、“四链”融合机制重点实施企业的主要经营管理人才和技术负责人分级纳入山东省绿色通道

服务范围，由各市和省高层次人才服务联盟建立常态化精准联系服务机制。全面建立覆盖省、市的高层次人才绿色通道服务体系，将“山东惠才卡”范围扩大到省外高层次人才，提供交通出行、就医诊疗、金融信贷等12项绿色通道服务。打造以专家服务基地为载体的基层柔性引才平台，围绕基层产业发展技术需求，新建省级专家服务基地64家，在全省布局“产业+人才”“平台+生态”“技术+赋能”引才集群，全年共柔性开发各类专家人才13 600余人。聚焦服务黄河流域生态保护和高质量发展重大战略，会同黄河流域9省区邀请1 000余位高端专家组建专家库，在省内沿黄9市开展11场“省级专家服务黄河流域生态保护和高质量发展基层行”活动，解决生态保护、产业发展技术难题400余个。

（二）专业技术人员管理。

2022年，山东省围绕新一代信息技术、现代高效农业等“十强”优势产业链，加大新职业、新职称设置力度，打造“一链一策”专属职称，全省已先后增设安全工程、网络安全工程、物流工程、饲料兽药工程、卫生管理研究等6个新职业职称并开展新职业职称评价工作。山东省人力资源和社会保障厅联合省工业和信息化厅印发《创新专精特新中小企业和制造业单项冠军企业职称评审机制若干措施》，在全国率先探索实行企业职称申报董事长“举荐制”，具有突出技术创新能力、取得原创性科技成果以及为企业作出重大贡献的优秀人才，经董事长署名举荐，可一步到位直接申报高级职称。围绕提升职称评价科学性，动态调整评价标准条件，先后修订了建设工程等17个系列（专业）职称评价标准。推行代表性成果制度，明确不同系列职称评审所考察的代表作类型，将多种指标维度纳入评价标准，不断提升评价标准的科学性、实用性。依托山东省专业技术人员管理服务平台，不断优化升级职称申报评审系统，分系列、分专业、定制化开发职称评审系统拓展功能，提升职称评审的精准性、科学性。印发《山东省专业技术人才知识更新工程（2022—2030年）实施方案》，启动新一轮专业技术人才知识更新工程。立足特色优势产业、战略性新兴产业，组织实施国家级高级研修项目7个、省级高级研修项目98个。

（三）事业单位人事管理。

2022年，山东省人力资源和社会保障厅会同山东省委组织部印发《事业单位公开招聘人员实施办法》，明确招聘工作职责分工，优化组织形式，严肃工作纪律，提高公开招聘科学化、规范化水平。指导调度各地积极稳妥开展县以下事业单位管理岗位职员等级晋升工作，全面打通事业单位管理岗位人员的晋升通道，全省共晋升职员6 410人。积极支持省属各高等院校、科研院所采取线上线下多种方式积极引进高层次人才。正式启用事业单位工作人员“一件事”数字化应用，聚焦事业单位工作人员职业生涯全周期管理，围绕人员“进管出”重点环节，实现业务事项跨人社、医保、机构编制等部门集中快捷联动办理。开发完善线上奖励备案模块，线上自动筛选考核优秀人员、自动生成奖励备案表、公开招聘备案表格电子签章等服务功能，实现省属事业单位奖励和招聘备案业务全流程网上办理。

（四）职业能力建设。

2022年，山东省实施“技能兴鲁”百万工匠人才培育行动，全省新增高技能人才21.8万人，技师以上3.6万人，高技能人才总量突破370万人。实施万名技能领军人才培育行动。开展齐鲁首席技师和山东省技术技能大师选拔认定工作，认定齐鲁首席技师146名，认定山东省技术技能大师99名，认定山东省技术能手545人。推动技工教育集团化发展，组建5家技工教育集团（联盟）。技工院校全日制招生16.4万人，在校生突破45万人。推进企业技能人才自主评价扩容提质，备案企业达到5 916家。山东省人力资源和社会保障厅会同省财政厅印发《关于实施技工教育优质学校及优质专业建设工程的通知》，遴选建设技工教育优质校7个，优质专业16个，分别给予500万、200万建设补助资金。

（五）工资福利。

2022年，山东省人力资源和社会保障厅贯彻国家改革要求，经山东省人民政府同意，印发《山东省公立医院薪酬制度改革实施方案》，从合理确定医院薪酬水平、完善医院内部薪酬管理体系、建立负责人薪酬激励约束机制、健全以公益性为导向的考核评价机制、完善以增加知识价值为导向的薪酬激励机制等方面提出贯彻落实意见。加强义务教育教师待遇落实，确保义务教育教师待遇不低于当地公务员平均水平。在坚持将党委政府人才工作部门认定的高层次人才作为实施范围、继续开展人才政策创新试点和三级疾控中心改革试点的政策基础上，会同相关部门分别印发《关于支持省属高水平大学、科研院所自主确定高层次人才收入分配激励范围的通知》《关于加强省属公立医院高层次人才薪酬激励工作的通知》，确定15所高水平大学、12家高水平科研院所以及所有省属公立医院，可在正式聘用的编制内工作人员一定比例内，结合自身实际，自主确定高层次人才激励范围，对高层次人才实行绩效工资倾斜、年薪制、协议工资制等激励方式。按照国家统一部署，调整事业单位工作人员基本工资标准，指导各市各部门按时足额兑现工作人员增资补发额。发挥信息化支撑和规范作用，完善2022年绩效工资总量核定流程和高层次人才薪酬情况统计，率先实现运动员工资管理全程网办，协同优化基本工资标准调整和住房补贴封定业务，跟进建立基础绩效奖核定流程，通过工资管理信息化、标准化不断促进工资管理规范化。

（六）表彰奖励。

2022年，山东省严格评比达标表彰和创建示范活动管理，积极发挥表彰奖励和创建示范的正向激励、典型带动作用。进一步优化完善省级评比达标表彰项目目录，经中央批准，新设立“山东省‘人民满意的公务员’和‘人民满意的公务员集体’”省级表彰项目，进一步激励全省广大公务员新时代新担当新作为；增加“山东省科学技术奖”表彰数量，同时增设“山东省科学技术青年奖”子项，加大对青年科技人才发现、培养和激励力度；增加“山东省专利奖”中“优秀发明家”的表彰数量，进一步激发科技创新活力。全省开展省级表彰项目8个、省级工作部门表彰项目20个、市县级党委政府表彰项目196个。表彰活动组织实施过程中严格评选程序、严把资格条件，坚持面向基层和一线，全省共表彰先进集体11 231个、先进个人21 961名，向中央机关和国家部委推荐表彰先进集体70个、先进个人135名。贯彻落实《创建示范活动管理办法（试行）》，建立省级以下创建示范活动目录450项，实现创建示范活动的目录管理、动态调整。

四、提升治理效能，劳动关系保持总体和谐稳定

（一）劳动关系。

2022年，山东省以劳动关系“和谐同行”能力提升三年行动计划为抓手，深入开展和谐劳动关系创建示范活动，大力加强劳动关系治理体系和治理能力建设，坚决防范化解劳动关系领域重大风险。山东省19家企业、2个工业园区获评全国和谐劳动关系创建示范企业、工业园区。山东省协调劳动关系三方在16市选取60多家企业开展和谐企业定点培育，印发《关于公布全省2021年金银铜牌劳动关系协调员选树名单的通报》，选树并公布山东省450名金银铜牌劳动关系协调员。修订《山东省企业薪酬调查制度》，对全省18个行业门类、1.23万户企业、203.6万名职工薪酬情况进行调查，印发《关于发布2021年人力资源市场工资价位的通知》，发布2021年人力资源市场工资价位。印发《关于进一步做好技能人才薪酬分配指引工作的通知》，引导企业完善薪酬体系，合理确定和提高职工工资水平。印发《关于公布2021年省管企业负责人基本年薪基数的通知》，公布2021年省管企业负责人基本年薪基数。开展维护新就业形态劳动者

劳动保障权益专项行动，组织召开新就业形态领域劳动用工行政指导会20余次，指导建立新就业形态劳动争议调解组织111个，开展新就业形态技能提升和就业促进项目试点，制定出台基层快递网点优先参加工伤保险政策。山东省人力资源和社会保障厅等八部门联合印发《关于进一步加强新就业形态劳动者劳动权益保障十二条措施的通知》。作为创建示范活动两个先进省份之一，山东省在全国会上做经验交流发言。山东省和谐劳动关系创建经验在人力资源社会保障部、中华全国总工会等官网多次发布推广。印发《关于开展2022年新就业形态劳动者劳动报酬调查工作的通知》，指导各市有序开展新就业形态劳动者薪酬调查。在全省16市有序推广电子劳动合同，签订电子劳动合同100余万份，覆盖企业3万余户。

（二）劳动保障监察。

2022年，山东省人力资源和社会保障厅等多部门联合印发《山东省工程建设领域农民工工资专用账户管理实施细则》《山东省工程建设领域农民工工资保证金管理实施办法》，进一步构筑根治欠薪制度防线。制定《山东省〈保障农民工工资支付条例〉法律责任条款行政执法指引》，对相关行政执法部门予以明确和统一，推动依法履职尽责，高效维护农民工合法权益。开展集中整治拖欠农民工工资问题专项行动，以工程建设领域、加工制造业、新就业形态等欠薪问题易发多发的行业企业为重点，组织大排查、大处置、大督导、大整改。专项行动期间，共排查用人单位3.57万户，涉及职工183.1万人（含农民工113.1万人）。在全省范围内集中开展清理整顿人力资源市场秩序专项行动，共检查4 699户次，查处各类违法行为72件，责令改正51件。印发《山东省就业和农民工工作领导小组办公室关于进一步规范督办案件办理工作有关事项的通知》，进一步规范拖欠农民工工资督办案件办理及报送工作，稳步提升案件办理质效。印发《山东省“全国根治欠薪线索反映平台”线索核处指南（试行）》，对欠薪线索的接收、核处、督办、反馈、审核等工作进行全面系统规范。省级共审核全国根治欠薪线索反映平台线索151 974件，为44 651人解决欠薪49 624.86万元。全面畅通维权渠道，落实“首问责任制”“一次性告知制”，持续提高窗口服务效率和群众满意率。

（三）劳动人事争议调解仲裁。

2022年，山东省人力资源和社会保障厅印发《山东省用人单位劳动人事争议内部申诉和协商回应参考指引（试行）》，强化调解组织、仲裁机构协商引导工作，推动用人单位完善协商规则、建立内部申诉和协商回应制度。深化劳动人事争议源头治理，探索在公共就业服务进校园活动中加载劳动人事争议预防内容。组织全省调解仲裁机构开展“送法进企业”活动1 984次，涉及企业8 235家，惠及18.32万人。以打造金牌劳动人事争议调解组织为抓手，全面夯实调解工作基础，认定公布全省首批30家、第二批40家标准化调解组织，6家调解组织入选全国第二批金牌调解组织。加强新就业形态劳动争议调解组织规范化、专业性建设，全省累计建立新就业形态劳动争议调解组织147个。加大“互联网+调解”服务平台推广使用力度，引导当事人调解解决争议，全年平台受理争议案件1.02万件。总结推广仲裁要素式办案方式，仲裁审限、庭审时长、文书篇幅分别缩短18.82%、35.38%、31.05%。完善拖欠农民工工资争议速裁工作机制，实现拖欠农民工工资争议案件“快立、快调、快审、快结”常态化，全年通过速裁庭审结5 060件，涉及农民工5 283人，涉案金额6 403万元。加强仲裁办案指导，印发《关于进一步规范确认劳动关系争议案件办理工作的通知》，编印《劳动人事争议调解案例选编》。线上线下结合方式培训仲裁员840人，开展“模拟仲裁庭”练兵活动，评出优秀作品22个和优秀组织奖5个。全省各级调解仲裁机构受理劳动人事争议案件17.81万件，涉及劳动者18.74万人，涉案金额37.24亿元。劳动人事争议调解成功率和仲裁结案率分别达 76.72%、99.32%。

五、提升服务质效，行风建设扎实推进

2022 年，山东省组织召开全省人社系统行风建设暨“一次办好”改革总结推进视频会，全面总结全省人社系统行风建设三年专项行动取得的成绩，分析形势任务，研究部署下一步重点工作。印发《关于印发〈全省人社系统行风建设提升行动工作方案〉的通知》，从持续增加人社服务有效供给、推进“人社服务快办行动”、加大标准化信息化工作力度、加强全方位监督、提升人社干部服务能力和业务水平、弘扬人社行风文化六个方面，明确“十四五”期间 23 项行风建设具体任务。连续第 4 年组织开展全省练兵比武活动，在全省人社系统营造了“学政策、钻业务、强技能、优服务”的浓厚氛围，切实增强了全省人社干部职工为民服务的能力水平。印发《关于印发〈2022 年持续开展“人社干部走流程”工作实施方案〉的通知》，组织全省各级人社部门聚焦重点工作、人社服务高频事项和新出台政策措施，紧盯从政策供给到服务落地，持续开展“人社干部走流程”。省本级政务服务大厅全面落实疫情防控措施，加强政务大厅软硬件建设，努力提高政务服务水平，取得显著成效。全年共办理省级政务服务事项 21 860 件，其中 12345 热线转办 12 489 件，政务网 9 207 件，企业“接诉即办”164 件，评价满意率 90.66%。

山东省人力资源和社会保障厅

济　南　市

2022年，济南市人力资源社会保障部门坚持以习近平新时代中国特色社会主义思想为指引，紧紧围绕迎接党的二十大和学习宣传贯彻党的二十大精神这一主线，扎实落实人力资源社会保障部、山东省人力资源和社会保障厅部署，紧紧围绕市委、市政府有关要求，坚持以人民为中心的发展思想，坚持稳字当头、稳中求进，担当作为、真抓实干，全市就业形势稳中向好，社会保障网更密更牢，人才活力进一步释放，劳动关系和谐稳定，在实施“十四五”规划的关键之年，交出了一份厚重而温暖的民生答卷。

一、就业创业

（一）促进重点群体就业。

全年实现城镇新增就业17.4万人，全市就业形势持续稳定。大力实施离校未就业高校毕业生服务攻坚行动、“选择济南·共赢未来”系列招聘会、“公共就业服务进校园”等专项活动，开发就业见习岗位2.2万余个，拓展高校毕业生发展空间。2022届离校未就业高校毕业生登记率和服务率均达到100%，就业率达到94.2%。为1.46万人次高校毕业生落实小微企业招用高校毕业生社保补贴等五项补贴5 727万元，为2 304人落实新增高校毕业生一次性扩岗补助345.6万元。深入推进城乡公益性岗位扩容提质行动，制定出台实施方案及系列配套政策措施，创设岗位五大类型150余种。加快推进零工市场规范化建设和零工公寓建设，出台济南市零工市场和零工公寓两项标准化建设实施意见，为零工人员找活、住宿提出了一揽子、系统化、全面性解决方案。广泛举办就业援助月、残疾人云招聘、暖心行动等活动，不间断送政策、送岗位、送服务。为5.23万名就业困难人员发放社保和岗位补贴3.69亿元，零就业家庭保持动态清零。积极推进脱贫攻坚和乡村振兴有效衔接，大力开展“情系农民工”“春风行动”“春暖行动”等系列活动，促进农村劳动力就地就近转移就业。积极开展黄河滩区迁建和易地扶贫搬迁安置区就业帮扶工作，帮助2.26万名安置区居民实现就业。

（二）鼓励创业带动就业。

建立创业担保贷款“创贷+商贷”新模式，扶持群体扩大到14类人群，推出“阶梯式”创业补贴办法，创业扶持政策实现迭代升级。全年发放创业担保贷款4.6亿元，落实一次性创业补贴4 054.5万元，扶持市场主体6 379家。开发并上线创业指导服务线上平台，打造“创业导师+线上线下平台”服务模式，累计为4 362名创业者提供服务。指导起步区建设黄河流域大学生创业孵化基地，完善市级创业孵化载体认定及管理办法，新认定市级创业孵化基地14家，复审合格20家，全市市级及以上创业孵化基地达到69家，在孵企业达1.08万户，带动就业10万人以上。创新举办市级创业大赛，推荐13个优秀项目参加省创业大赛，荣获1个特等奖、1个一等奖等7个奖项，占全省获奖项目的十分之一，并有2个项目进入全国总决赛。开展“十大创业之星”评选活动，推荐1名农民工成功入选山东省“十大返乡创业农民工”。

（三）扎实做好职业培训。

针对三年职业技能提升行动期间各类职业培训、以工代训等资金支出情况，采取自查复核和第三方监测等方式，加强补贴资金复审复核，全面摸清风险隐患并抓好整改落实。组织4.2万人次城乡公益性岗位安置对象开展岗位适应能力和岗位专业技能培训。突出企业培训主体地位，鼓励部分企业结合自身实际灵活开展职工岗前培训0.37万人次，发放补贴2 561.4万元。全市遴选50家培训机构纳入创业培训机构目录清单，建设并更新4大类共48套创业培训考试题库，培训选拔90名讲师充实到创业培训讲师队伍，全年完成创业培训1.8万人次。遴选出覆盖100余个专业（工种）的A类线上培训平台10家，并完善线上培训流程，全年开展线上培训4.22万人次。围绕济南市急需紧缺的高技能人才，面向社会广泛征集10大类164个项目制培训项目，深入推进“一区（县）一项目”工作。

（四）保障重点企业用工。

深入实施企业用工保障专项行动，分级建立企业诉求快速响应机制，搭建线上线下两个招聘平台，摸准缺工企业、人力资源供给、用工服务专员“三张清单”，实施跨区劳务协作、院校顶岗实习、人力资源机构助企“三大行动”，组织人社用工服务专员进企帮包，“一企一策”动态保障企业用工。充分发挥济南市在省会经济圈中的牵头作用，先后5次与德州、聊城、菏泽等周边地市开展对接调研，组织比亚迪举办跨区招聘会、联合招聘会、专场招聘会232场，为比亚迪解决用工1.91万人，为全市重点企业重点项目保障用工4.1万人。调查并发布了2 301家规模以上工业企业急需紧缺职业（工种）目录，引导供给侧与需求侧精准对接。推进“智慧就业”全天候服务大厅建设，上线运行就业智能问答，大力推广“招蓝天下”等“互联网+零工服务”新模式，研究规划数字就业平台，上线“泉城就业码”，实现扫码登记掌上就业，为企业和办事群众提供“零跑腿”的就业服务。创新实施“直播带岗”“云探厂”等招聘方式，线上线下累计举办“泉城春暖”、重点企业用工保障、民营企业招聘月、大中城市联合招聘高校毕业生、百日千企网络招聘专项行动、送岗促就业等专项招聘活动473场，提供岗位41.9万个，达成就业意向7.8万人次。落实失业保险稳岗返还政策，采取“免申即享”的方式，为8.1万家符合条件的企业发放稳岗返还资金6.03亿元，稳定岗位135万个。

二、社会保险

（一）推进全民参保登记。

按照“兜底线、织密网、建机制”的要求，努力构建覆盖全民、城乡统筹、权责清晰、保障适度、可持续的多层次社会保障体系。积极开展全民参保登记工作，重点做好农民工、被征地农民、新就业形态从业人员、灵活就业人员等群体的保险保障工作，全市城镇职工基本养老保险、城乡居民基本养老保险、工伤保险、失业保险参保人数分别达到488.62万人、307.37万人、314.9万人、235.43万人，社保覆盖面持续扩大。

（二）推进社保待遇调整。

在确保各项社保待遇按时足额发放基础上，持续提高离退休人员基本养老金待遇，沿用定额调整、挂钩调整和适当倾斜“三结合”办法，实现了企业和机关事业单位挂钩调整因素和挂钩调整标准“双统一”，惠及全市76.1万退休人员。提高城乡居民基本养老保险基础养老金标准，每人每月由160元提高到170元，惠及106.1万按月领取待遇参保居民。工伤保险费根据行业类别确定基准费率八个档次，稳步提高工伤职工伙食补贴和1～4级工伤定期待遇。继续执行阶段性降低工伤保险、失业保险费率政策，用人单位工伤保险费率下调20%，失业保险单位缴费比例为0.7%，个人缴费比例为0.3%。

（三）推进社保数智平台建设。

持续深化“社银合作”服务模式，用心打造社保便民服务圈，实现社保业务“就近能办、多点可及”，全市社保卡持卡人数达845万人，电子社保卡累计签发401万，设立602家社保卡即时制卡网点和101家社银合作便捷服务网点，布设370台社保自助服务终端。持续完善社保待遇静默认证平台，以省会经济圈建设为突破口持续推进跨地市协同，已覆盖全市186.5万社保待遇领取人，静默认证率达到99.75%。完善基于区块链的“社银直连”社保待遇发放平台，推动部门间数据共享应用，各项待遇补贴利用社保卡信息实现精准发放，线上协同数据校验，减少证明材料，推进社保数据在教育、住建、行政审批等多个民生领域的共享应用。升级社保热线专席，创新打造集AI客服、语音应答、智能外呼、人工辅助为一体的全维度社保智能导服矩阵，将“云呼叫咨询服务平台”升级为问办一体的社保智能服务“云窗口”。

（四）扎实推进社保基金监管。

深入开展社保基金管理提升年专项行动，上线运行社保风险防控系统，一体推进“四防”体系建设。规范企业职工特殊工种提前退休管理，全面实行特殊工种岗位人员信息备案制度。深化社保基金管理问题专项整治，开展疑点数据和服刑人员违规领取养老待遇问题核实核查，确保基金安全。

三、人才工作

（一）落实人才扶持政策。

做好补贴常态化申报审核，为1.88万人发放高层次人才生活和租房补贴2.33亿元，为657名博士后发放留济和生活住房补贴4 954.4万元，为1 314名TOP 200海外高校留学人才发放补贴2 216.2万元。累计发放泉城人才服务金卡30 120张，为24名B类以上人才配备家庭医生。

（二）搭建人才发展载体。

实施专家服务基层计划，新增市级乡村振兴专家服务基地12家、省级（乡村振兴）专家服务基地4家、省级专家服务基层示范项目2个。成立全省首个乡村振兴专家服务团，全年开展活动711次。强化博士后平台支持力度，全年新增省博士后创新实践基地6家，新备案省博士后创新实践基地17家，为7家新设立博士后工作站（基地）拨付资金270万元，为13家博士后工作站（基地）科研项目拨付资助94万元。建成国家级技能人才培养载体重点项目13个，省级技能人才培养载体重点项目31个，数量居全省第一。4个留学人员项目入选人力资源社会保障部重点资助项目，资助数量位居全省第一；6家企业入选济南市留学人员来济创业启动支持计划。

（三）大力开展招才引智。

开展“才聚泉城”名校行、省会经济圈云端引才等活动，与98所高校建立战略合作，正式签约1.1万人。112名人才（团队）入选“海右名家”产业领军人才，35名“泉城学者”全部通过期满评估。新增技能人才3.5万人，2家企业入选齐鲁技能大师特色工作站；获评齐鲁首席技师9名、山东省技术技能大师6名；运用“互联网+技能人才选拔”模式，选拔产生57名第三批泉城首席技师。各类人才净流入15.8万，全市人才总量达263.6万，“近悦远来”的人才生态加速形成。济南市获评2022年度最佳引才城市、入选外国专家眼中最具吸引力的城市。

（四）加快推进产业发展。

出台《关于加快推进新时代人力资源和人力资本服务业高质量发展的实施意见》，全市经营性人力资源服务机构达1 500家，全年营业收入超过350亿元。人力资源服务产业园规模效应和集聚效应不断显现，入驻知名人力资源服务机构98家。探索发展人力资本服务产业，大力培育“人才有价”市场主体，人才授信5.8亿元，发放“身价贷”4.6亿元。

（五）深化人才服务改革。

全国首创“全要素数据采集、全流程成长记录，多维度价值评估、多场景服务应用”济南人才电子信用档案，被《学习时报》（2022年11月16日08版）刊文报道。坚持人才链与产业链相融合，依托“数聚才智”

平台绘制了济南产业人才地图，“产业人才地图”精准引才模式作为自贸区制度成果在全省推广。

四、人事管理

（一）探索灵活分配制度。

制定市属事业单位绩效奖金标准，根据岗位类别，统筹考虑义务教育教师、事业单位离休人员等特定群体，分别制定了30项基础绩效奖标准和年度考核奖标准。深化公立医院薪酬制度改革，对不同层级不同性质公立医院实行薪酬总额管理，下放公立医院内部分配与高层次人才认定自主权，实施以增加知识价值为导向的绩效工资分配政策，为38名实行年薪制的高层次人才兑现待遇1 332万元，为94名实行协议工资制的高层次人才兑现待遇2 779万元，为146名实行项目工资制的高层次人才兑现待遇2 986万元。为109名一线医务人员核增一次性绩效工资197万元，人均发放1.8万元。为4 167名一线人员审核临时性工作补助1 418万元，最高每人每天300元。

（二）规范评比达标表彰。

配合市总工会、市国资委等部门开展“济南市劳动模范和先进工作者”“济南市优秀企业和优秀企业家”2个市级表彰活动，督促做好“莱芜区经济社会发展跨越赶超先进集体和先进个人”等15个区县评选表彰工作。全年表彰市级劳模200名、济南市优秀企业50家、济南市级优秀企业家100名，推荐上报国家级和省部级先进集体122个、先进个人187名。对全市创建示范活动实行目录管理，集中开展省级以下创建示范项目申报工作，全年申报创建示范活动29项。

（三）深化职称制度改革。

新增高级职称6 000人、中级职称1.23万人，200余名高层次人才通过“直通车”获评高级职称。进一步放宽非公经济组织工程技术职务的申报条件，取消理工类专业限制，激发人才职称申报热情。实施高技能人才与专业技术人才贯通评价。在工程技术、农业技术、工艺美术、文物博物等8大领域打通了两类人才之间的职业发展通道，促进了技术技能人才融合发展。探索开展专精特新中小企业和制造业单项冠军企业职称申报举荐制。开展专业技术二级、三级岗位评聘，聘用22名行业领军人才为二级岗位专家，在教育、卫生领域评审三级岗位专家91人。

（四）创新事业单位进人方式。

组织济南实验高中、济南市中心医院等事业单位赴北京师范大学、吉林大学、山东大学等知名高校现场宣讲引才政策，招聘清华大学、北京大学等名校博士、硕士研究生100余人。在济南市中心医院采用“团队招聘”方式引进人才，成功引进高层次人才团队3个。探索长期招聘新模式，济南市社会科学院、济南市中心医院、济南工程职业技术学院、济南幼儿高等专科学校、莱芜职业技术学院、钢城区人民医院6家单位发布高层次人才长期引进计划161人。

（五）安全组织人事考试。

坚持把安全考试、公平考试放在第一位，全年完成40余项人事考试任务，服务考生近50万人，承担考生任务数量全省第一。加强试题命制专业性、科学性、安全性建设，全年为省内外命制试题200余套。开发证书邮寄系统，2万人自愿选择邮寄领取全国专业技术人员职业资格证书。

五、劳动关系

（一）规范劳动用工管理。

推广应用电子劳动合同平台，注册规模企业847家，签署电子劳动合同4万份。5家企业获评“山东省劳动关系和谐企业”，2个园区获评“山东省劳动关系和谐工业园区”，2家企业获评“全国和谐劳动关系创建示范企业”。

（二）提升劳动监察效能。

受理劳动监察咨询投诉1.8万人次，立案查处406起，到期结案率100%。在工程建设领域开展劳动保障守法诚信等级评价工作，评出A级企业355家、B级企业48家、C级企业31家。市和区（县）两级工会组织、人社部门联合设立劳动法律监督工作站，提供法律咨询服务4 955人次，成功调解劳动纠纷1 240起。

（三）依法处理劳动人事争议。

推广要素式办案模式，全面优化办案程序，完善“调裁审援”一体化工作机制，统一仲裁与诉讼标准。全市劳动人事争议立案1.41万件，仲裁结案率97.56%，调解结案8 915件，调解成功率达77.92%。

六、公共服务

（一）加强基层平台建设。

深入推行综合柜员制，推广“不打烊”服务模式，有效解决群众“上班时间没空办、周末时间没处办”的问题。开展“创一流服务”主题活动，全面提升人社基层平台服务质效。梳理惠企政策大礼包，成立了14个工作指导组，把人社政策送上门、讲到位，把企业遇到的问题分析透、解决好。

（二）深化“智慧人社”建设。

获取国家和省部门数据88项，打通与医保、教育、民政、公安等20多个部门数据通道，实现人社领域数据全覆盖。140余项业务实现“全程网办”，43项业务实现“秒批秒办”，54项业务实现“全省通办”和“跨省通办”。

（三）系统推进行风建设。

组织召开全市人社系统行风建设座谈会，开展人社公共服务建设观摩活动，推动学习槐荫等区县先进经验，并召开专题会议调度推动基层平台建设、综合柜员制改革、练兵比武、党风政风行风评议，以及“揭榜挂帅”改革创新试点项目等工作。

（四）组织练兵比武活动。

印发窗口单位业务技能练兵比武活动方案，将练兵比武与年度考核和基层平台考核挂钩，激发参与积极性。在组织全员参与的基础上，确定129名重点参赛选手。组织开展练兵比武市级赛。通过市级赛，从全市人社系统选拔22名优秀选手进行集训，在省级赛中荣获二等奖，13名选手被评为山东“练兵比武能手”。

七、乡村人才振兴

（一）壮大乡村产业人才队伍。

加强高素质农民培训，培训高素质农民2 673人，培训农业劳动力专业技能3.6万人次。培育农村创业创新带头人，3名创业创新带头人列入全国农村创业创新优秀带头人典型案例。针对五类农村实用人才开展2022年农村实用人才调查，全市农村实用人才总数突破20万。开设跨境电商、手工编织等专题培训100余场次。组织360余名学员参加全市基层骨干创作培训班，指导19个非遗项目参加“山东手造优选100”评选。

（二）壮大农业科技人才队伍。

培养农业科技领军人才。推荐2名现代高效农业领域人才入选泰山产业领军人才工程创新领军人才项目（平台类）。支持15支十大农业特色产业科创团队开展项目，团队专家102人，副高级职称以上占比75%，形成了“首席专家+岗位专家+农业科技创新中心”的运作体系。组成108人的专家团队开展“济南市乡村振兴专家服务行动”，完成农业专业技术培训指导456场，直接受益群众9 912人。特聘15名专家加入全省首个济南乡村振兴专家服务团。开展基层服务活动711次，技术转换及项目落地988个，培训1.72万人次。

（三）壮大乡村公共服务人才队伍。

深化校长教师交流轮岗的政策导向，深入推进中小学教师“县管校聘”管理体制改革，已有2.4万余名教师参加交流轮岗。率先在全省实施“以教龄突破岗位比例”的职称申报制度，已有369名教师晋升中小学正高级教师职称，8名教师聘用在专业技术二级岗位，50名教师迈入“三级教授”行列，385名乡村中小学教师取得基层中小学正高级、副高级职称。加强乡村医生培训，完成2021年度基层卫生系列高级职称评审，通过基层系列正高职称 11 人、副高职称 85 人。强化基层医疗卫生人才储备，为加强疫情防控，计划招聘人员 4 177 人，完成招聘 2 362 人，到岗 2 232 人。提高乡村医生待遇水平，对在职在岗乡村医生参加基本养老保险予以每人每月 600 元补助。

（四）深化人才政策激励。

用编进人计划向农村中小学教学一线和基层农业技术人才、农村医学领域倾斜，全年用于基层农业技术人才、农村医学领域及街镇的计划共计 1 368 名。招募 159 名“三支一扶”工作人员，安置 152 名省公费师范生到乡镇学校任教，安排 777 名学生到乡村学校实习支教。开展新型职业农民职称评定工作，将农民职称资格级别扩大到副高级，2022 年评审通过新型职业农民高级职称 59 人、中级职称 86 人。深入实施“定向评价、定向使用”基层职称制度，102 人取得正高职称，609 人取得副高职称。加大乡村振兴人才先进推选力度，61 人入选第九届“齐鲁乡村之星”，全市“齐鲁乡村之星”累计 201 名。出台“海右名士”专业人才乡村之星支持政策实施细则，组织第十批“海右”乡村之星评选，8 人获评“齐鲁巾帼科技创新之星”。

济南市人力资源和社会保障局

青 岛 市

2022年，青岛市人力资源社会保障系统坚持以习近平新时代中国特色社会主义思想为指导，贯彻落实中央、省委、市委有关工作部署和国家、省人力资源社会保障工作要求，紧紧围绕迎接党的二十大、学习贯彻党的二十大精神这一主题，树牢以人民为中心的发展思想，锚定“走在前列、全面开创”“三个走在前”的总遵循、总定位、总航标，完整准确全面贯彻新发展理念，主动服务和融入新发展格局，全力推进就业创业，健全多层次社会保障体系，强化人才引育创新，深化人事制度改革，构建和谐劳动关系，推动人社业务区域一体化发展，提升公共服务能力，深化队伍作风建设，扎实兜牢民生底线，防范化解重大风险，用心用情用力践行凡事讲政治、谋事为群众、干事重实效、成事争一流，以实干实绩推进全市人社事业高质量发展，为青岛加快建设社会主义现代化国际大都市做出了积极贡献。

一、就业创业

面对疫情反复影响和经济下行压力加大，坚决扛牢稳就业保就业政治责任，创新举措、精准发力，确保全市就业局势稳中提质。全年城镇新增就业36.5万人，失业再就业6.3万人，城镇登记失业人数4.5万人，是五年来最低水平。

（一）健全就业优先政策体系。

围绕推动经济发展促进就业、加强重点群体就业支持、激发创业带动就业活力，出台新一轮强化就业优先18条新政、促进高校毕业生等青年群体就业15条举措、提高居民可支配收入52条措施，发布助力实体经济振兴发展20条措施，打出减负、稳岗、扩就业政策组合拳，构建适应疫情常态化、城乡一体化的就业优先政策体系。全国政协经济委员会调研组对青岛市加快落实稳就业保就业政策经验做法给予充分肯定。

（二）稳定重点群体就业。

实施城乡公益性岗位扩容提质行动，开发岗位近5万个，安置城乡就业困难人员4.97万人，有关情况被《山东政务信息》专报采纳。开展“青聚英才”专项行动，实施离校未就业高校毕业生服务攻坚和就业见习万岗募集计划，发布见习岗位1.7万个，组织青年见习5 751人。密集开展“局长代言招聘”“就业服务进校园”“‘就’在青岛·共赢未来”等活动，面向176所高校宣传推介青岛，提供岗位22.8万个。开展人社帮扶专项行动，建立推动公共就业服务下沉提效制度，组织就业援助“暖心行动”“招聘夜市”“职业指导周”等系列活动。发放灵活就业人员社保补贴3.8亿元，零就业家庭保持动态清零。相关促进高校毕业生、农民工等重点群体就业做法和成效受到国务院督导组充分肯定，被《光明日报》《工人日报》等主流媒体报道。

（三）助力企业复工复产。

落实青岛市激发市场活力稳定经济增长措施，为27.6万户市场主体减免社保费14.6亿元，对餐饮等22个受疫情影响严重行业和生产经营困难中小微企业缓缴社保费7.4亿元，为2.8万家企业发放社保、岗位补贴4.8亿元，稳定岗位6.5万个。组织“春风行动”

“民营企业招聘月”“百日千万网络招聘”等活动560场，提供岗位37.1万个，服务企业8 000余家。推动东西部劳务协作，点对点输转务工人员1 681人。完善重点企业用工常态化服务机制，开展“重点企业用工保障行动”，为5 000余家企业发布岗位需求21万个，解决企业难题2 100多个。

（四）放大创业带动就业效应。

推进创业总部建设，实施创业能力提升“五大攻坚行动”（创业启航、创业护航、创业领航、创业远航、创业引航），发布扶持激励新文艺群体创业创新发展10条措施。高质量举办2022年中国（青岛）国际菁英创业创新大赛，承办第五届“中国创翼”大赛全国选拔赛和总决赛。开办“创业第一课”公益培训讲堂，举办创业沙龙、产业对接、投融资对接等活动，惠及创业者238万余人次。组建创业者联盟，选树“了不起的创业者”等100余个创业典型。政策性扶持创业3.4万人，发放创业扶持资金4.6亿元，创业带动就业6.9万人。

二、社会保障

积极适应人口老龄化趋势，坚持深化改革、健全机制、优化服务，不断织密扎牢社会保障安全网。全市基本养老、失业、工伤保险参保人数分别达到812万人、281.4万人、329.9万人，比2021年底增加29.1万人、10万人、14.9万人。

（一）创新推进全民参保计划。

开展“政策找人”专项行动，创建“政企直通”“社银直连”“三口合一”扩面模式，跨部门实施企业设立、开户、参保“一链办理”，将10.9万人纳入脱贫攻坚保障。扩大工伤保险覆盖，在全省率先出台政策将基层快递网点灵活用工快递员纳入工伤保险范围，强化建筑业按项目参保，全市1 003个新建项目全部纳入工伤保险范围。为全市117万名企业和机关事业单位退休人员、104万名符合条件居民调整补发养老待遇11.9亿元。连续18年提高1~4级工伤职工三项定期待遇，惠及职工4 639人。

（二）稳步推进社保改革任务。

根据国家、省统一部署，按期上线运行全国企业职工基本养老保险统筹信息系统。实施企业职工基本养老保险省级统收统支制度，稳妥衔接落实部分特殊群体领取待遇政策及经费支出、补助渠道。在省人力资源社会保障厅、省财政厅企业职工基本养老保险省级统筹工作评价中，青岛市获得综合评价等次和扩面征缴单项评价等次“双一等”优异成绩，省政府给予320万元资金奖励。在全省率先探索企业人才年金办法，青岛市获批个人养老金全国先行试点城市。试行“补充工伤保险+伤养服务”相结合的新型工伤保障制度，帮扶企业纾困解难，促进民营经济稳步发展，助力中国特色适老服务体系建设。

（三）加速推进“智慧社保”建设。

推出“青岛视联社保”平台、特殊工种档案电子备案等数字化举措19项，开发“青岛社保电子地图”，试点建设“云社保”网上服务平台，打造“社银适老服务示范点”，拓展社保卡多领域应用，持续打造工伤保险大数据智能服务平台。优化大数据养老待遇领取资格静默认证，认证通过率提升至96%，出台《养老保险待遇领取资格大数据认证服务规范》，为国家该领域工作提供“青岛样板”，“智慧社保”建设经验入选《中国社会保险管理服务发展报告》。实施胶东五市“就业社保便捷行动”，推进胶东经济圈待遇资格互认。

（四）强力推进基金资金安全管理。

加强基金资金管理，开展社保基金管理提升年、社保基金安全警示教育月、基金资金管理大排查大规范大提升等整治行动，健全政策、经办、信息、监督“四位一体”基金资金风险防控体系，推动业务经办风险防控规程和办法落地落实。在全省首创建立企业注销前欠费部门联动核查机制，对31项重点业务、48个风险点提出防控措施90个。深化人社基金资金大数据监管平台建设，提升非现场监管效能。建立社保基金财务智能审核预警平台，深化人防、制防、技防、群防“四防”协同。加强企业年金基金计划备案后监管。制定实施《青岛市社会保险经办岗位权限管理办法》，扎牢社保基金安全笼子。

三、人才人事

深入贯彻“人才强青”战略，多措并举强化人才培养、引进、激励和服务，大力加强现代化建设人才支撑，全年引进集聚各类人才25.7万人，新增中高级专业技术人才1.7万人、高技能人才1.6万人，开展补贴性职业技能培训10.7万人次，农村转移劳动者职业培训5.7万人次。青岛连续四年获评中国最佳引才城市、连续11次入选外籍人才眼中最具吸引力的中国城市十强榜单（居全国第5位），有关推进产才融合发展做法在省《改革与制度创新》、市《青岛改革》刊发。

（一）发挥平台引才聚才作用。

创新实施人才攻坚十大行动，优化升级17项人才政策，建立起集普惠性、培优性、市场性、服务性为一体的政策体系。聚焦24条重点产业链，创新构建实习引入、项目驱动、定制培育的产才融合发展机制，首批认定100个市级重点招才引智项目，开展“人力资源+”专项对接活动800余场，招引人才6.6万余人。推出“引才直通车”服务模式，覆盖全市587家重点单位。组织“名校师生青岛行”“青雁归巢”“青岛学子暑假行”等系列活动，靶向推送人才需求3万余个，成功举办“蓝洽会”、中国·山东博士后创新创业大赛。

（二）加强技术技能人才队伍建设。

发布促进博士后聚青创新创业细则21条，新增国家、省博士后科研工作站（实践基地）17家，7人获评全国创新创业优秀博士后，39人入选国家、省“博新计划”。进一步下放职称评审权限，新增14家企业取得工程技术中级职称评审权。支持“专精特新”中小企业、制造业单项冠军企业以及“链主”企业专业技术人才申报职称，实行“专精特新”企业技术人才职称评审举荐制，138人通过该方式取得副高级工程师职称，释放和激发全市专业技术人才创新创造创业活力。聚焦24条产业链，在全省率先出台企业新型学徒制、金蓝领等培训政策，确定142个急需紧缺职业（工种）目录，对口培育高技能人才4 120人。加大技能领军人才选树，36人获评全国技术能手、2人获评泰山产业领军人物、13人获评齐鲁首席技师、6人获评山东省技术技能大师。新增技能人才自主评价企业202家，累计557家，开展认定3万余人次，新获批社会培训评价组织15家。推进工学一体化技工教育教学改革，新招技校生1.5万人。构建“双元三地”人才培养新模式，引进德资企业参与共建跨企业技能人才培训体系，该模式入选山东省自贸试验区最佳实践案例。青岛技师学院入选“十四五”教育强国推进工程储备院校清单。实施“新八级工”制度，评聘首批特级技师42名。

（三）深化人事制度改革。

坚持破除“四唯”，以实干实绩和群众公论为评价标准，修订事业单位工作人员竞聘上岗办法和全市事业单位人员调配意见。在全省率先发布事业单位紧缺急需人才目录、修订完善事业单位紧缺急需专业目录，创新事业单位高等级岗位人才评价机制，二、三级岗位人才达到523人，总量全省第一。实施向抗疫一线医务人员招聘倾斜政策，开发定向一线医务人员防疫岗位58个。扎实推动县以下事业单位管理岗位职员等级晋升制度改革。推进公立医院薪酬制度改革，在全省率先出台科研人员职务科技成果转化现金奖励实施细则，市本级事业单位核增科技成果转化现金奖励绩效工资632.9万元，涉及24个项目、72名科研人员。稳慎推进机关事业单位工资津贴补贴清理规范，制定市直事业单位绩效奖金政策和标准，严格落实基本工资标准调整和发放工作。

（四）促进人力资源服务业发展。

出台加快人力资源服务业高质量发展措

施，青岛国际人力资源服务产业园入选首批12家全国人力资源服务出口基地，为全省唯一。实施市级人力资源产业园建设计划，新增人力资源产业园4个，产业园总数量达到7个，居15个副省级城市第三位。建立规模以上企业纳统和营收指标调度常态化机制，落实规模以上企业年度定期统计报表制度，全年人力资源服务业营收突破400亿元，全市人力资源服务机构达到2 612家，其中规模以上企业329家。

（五）优化人才发展生态。

出台《关于加强人才服务体系建设的实施意见》《青岛市高层次人才绿色通道服务实施办法》，发布新一轮高层次人才分类总目录。落实高层次人才服务专窗专员制度，发放人才服务绿卡462张。升级更新人才政策词典，建立留学人员来青服务协调机制，推广人才服务“一式四化”（一站式，市场化、无感化、定制化、国际化）模式。全年为青岛市博士后设站（基地）单位以及博士后研究人员发放各类资助1.9亿元，为5.5万名高校毕业生等青年人才发放住房补贴、一次性安家费6.8亿元，发放高校毕业生小微企业就业补贴7 749万元。

四、劳动关系

坚持标本兼治、综合施策，加强源头治理、依法治理，着力防范风险、化解矛盾，不断织密劳动关系“防护网”。全市受理各类劳动人事争议23 341起，调解成功率69.5%，查处各类违法案件5 472件，按期结案率100%，为劳动者追回经济损失4.5亿元。

（一）推动劳动关系协调发展。

完善劳动关系三方协调机制，实施“和谐同行”企业培育共同行动，全年获评国家、省、市级劳动关系和谐企业323家。出台新就业形态劳动者劳动权益保障16条措施，组织15期胶东经济圈劳动关系政策宣讲。规范电子劳动合同发展，全市签订电子劳动合同28.1万份，签订电子集体合同职工1.8万人，《青岛市创新电子劳动合同模式》入选省优化营商环境创新案例。推进实施企业薪酬指引计划，指导企业建立体现技能价值导向的薪酬分配制度。

（二）推动劳动人事争议多元化解。

创新建立劳动争议大数据监测预警和联动处置机制，配套出台《青岛市劳动争议监测预警与联动处置工作办法》。制定行业性、区域性劳动争议预防调解联盟建设指导意见，高标准建设1家金融业、5家楼宇经济体劳动争议预防调解联盟，全市行业性、区域性预防调解联盟达到25家。打造市级金牌调解组织33家，获评国家级金牌调解组织1家、省级标准化调解组织3家。优化“在线庭审”系统，全省首创“仲裁员法官同堂培训”，仲裁监察联动机制和要素式办案模式改革在全省推广。

（三）推动劳动保障监察执法效能提升。

持续开展根治欠薪攻坚行动，创新实施欠薪维权“一码受理”，在全省率先成立保障农民工工资支付施工总承包单位协作联盟，上线农民工工资权益“一件事”平台。《中国人民政协报》《工人日报》《中国劳动保障报》等媒体对青岛市成立联盟根治欠薪工作进行报道。建立全国根治欠薪线索反映平台案件承办“日调度、周通报”制度，规范平台反映线索的接受、分办、核查、结案、审核闭环办理。组织保障农民工工资支付制度专项检查，实施工资保证金制度，全市累计纳入省农民工工资支付监管平台监管项目3 416个，累计为528.6万人次农民工代发工资319.1亿元。强化劳动违法失信惩戒，全年向社会公布重大劳动保障违法行为33起。

五、行风建设

围绕打造有温度的人社服务品牌，以深入开展“作风能力提升年”活动为牵引，转作风强能力，优服务简流程，提供“亲民爱民、有求必应、高效便捷”人社服务，不断增强人民群众获得感满意度，政务服务好评率在市直部门中位居前列。

（一）优化政务服务效能。

围绕“放、减、优、快、防”，持续开展“人社干部走流程”，解决各类问题327项。组织窗口单位业务技能练兵比武活动，选树18名“人社服务标兵”和8名“最美人社人”。落实人社服务“好差评”制度，梳理形成“事要解决”实事项目28项。组建“人社抗疫先锋队”，赴即墨、胶州等一线参加疫情防控。打造人社便民利企15分钟服务圈，在全市10个区（市）、133个街道（镇）、2 083个社区（村）建成服务平台，三级服务平台实现一体化同城通办。实施人社数字转型升级行动，推动创业、人事工资、退休等“一件事”集成办。深入推进政务公开，建立人社热点动态发布机制，及时回应社会关切。创新建立人社政策“月月讲、周周问”宣传解读平台，90多万人次观看直播，“青岛人社”公众号关注人数超过110万，人社政策直达服务对象更加便捷高效。推进12333民生服务热线建设，全面提升热线服务能力，全年接听办理群众来电237万件。

（二）强化各类风险防控。

压紧压实党风廉政责任，制定落实青岛市人社干部“十不准”，开展群众身边不正之风专项整治。抓实信访安全，坚持资源整合、领导包案、属地管理、排查预警一体推进，妥善解决历史遗留问题18个、信访积案23件，人社领域安保维稳、安全生产等工作平稳有序。加强政策出台前的论证和征求意见，针对敏感度较高的职称评审、人才选拔等工作制定规范性制度性措施，堵塞政策漏洞，化解潜在风险。

（三）推进营商环境协同改革。

牵头烟台、潍坊、威海、日照四市人力资源和社会保障局，紧抓省人力资源社会保障厅优化营商环境“揭榜挂帅”活动契机，积极推动胶东经济圈人社领域优化营商环境跨地区“一体化”协同改革试点落地，坚持全域统筹、多维发力，制定6个板块30项改革试点任务清单，实施全方位、多层次、宽领域改革攻坚行动，相关工作经验获省人力资源社会保障厅全省推广。

青岛市人力资源和社会保障局

河　南　省

2022年，河南省人力资源社会保障系统在省委省政府的坚强领导和人力资源社会保障部的有力指导下，以习近平新时代中国特色社会主义思想为指导，紧紧围绕迎接党的二十大和学习宣传贯彻党的二十大精神这一主线，统筹疫情防控和经济社会发展，尽锐出战、攻坚克难，圆满完成各项目标任务，为实现“两个确保”、服务“十大战略”做出了积极贡献。

一、坚决扛稳政治责任，就业局势保持了总体稳定

落实就业优先战略，持续完善就业优先政策，扎实开展稳就业保就业“百日攻坚”和“打赢稳就业收官战”专项行动，全年实现城镇新增就业117.2万人。

（一）抓市场主体稳就业。

出台稳就业若干政策措施等一系列举措，延续调整优化减负稳岗扩就业政策，针对受疫情影响较大的旅游、餐饮等行业企业，研究采取更加精准的帮扶举措，为市场主体减征失业保险费42.5亿元、工伤保险费1.3亿元，为困难企业缓缴社保费24.8亿元，失业保险稳岗返还20.7亿元，惠及企业15.9万户，以市场主体稳保就业岗位稳。

（二）抓重点群体保就业。

实施高校毕业生就业促进计划，提供实名帮扶服务，高校毕业生落实就业去向80.4万人。深入开展“豫见·省外”系列劳务对接活动，引导帮助47.7万名农村劳动力转移就业。加强就业困难群体兜底帮扶，城镇失业人员再就业36.6万人，就业困难人员实现就业12.5万人，零就业家庭动态清零。

（三）抓创新创业带就业。

签署第二轮省部共同推进农村劳动力就业创业促进乡村振兴合作备忘录，出台推动豫商豫才返乡创业22项具体措施，打造返乡入乡创业高质量发展先行区，新增返乡创业18.7万人，带动就业93.4万人。对个人创业担保贷款实行财政全额贴息，新增发放创业担保贷款156.3亿元，扶持8.5万人自主创业，带动和吸纳27.9万人就业。

（四）抓就业服务促就业。

出台《河南省人力资源市场条例》，进一步规范人力资源市场活动，加强人力资源市场培育，推动人力资源合理流动和优化配置，更好促进就业创业。全面实施提升公共就业服务质量工程，大力开展“就业援助月”“百日千万网络招聘”等公共就业服务活动，创新“云”上宣讲、“招聘夜市”等形式，不断完善就业服务。各级公共就业服务机构通过各类招聘提供岗位119万个，达成意向17万人。加强零工市场建设，发布186个零工市场名录，促进多渠道灵活就业。

二、牢牢兜住民生底线，社会保险实现了平稳运行

实施全民参保计划攻坚行动，健全灵活就业人员社会保险制度，截至2022年底，基本养老保险、失业保险、工伤保险参保人数分别达7 780.9万人、1 092.7万人、1 068.1万人。企业职工基本养老保险全国统筹稳步推

进，如期实现失业保险基金省级统收统支。

（一）稳步调整社会保险待遇。

企业退休人员基本养老金提高到 2 969 元；城乡居民月人均养老金提高到 134 元，丧葬补助标准提高到 1 356 元；失业保险金标准分地区提高到每月 1 600 元、1 440 元、1 280 元；工伤保险伤残津贴、护理费、供养亲属抚恤金月人均提高到 3 292. 3 元、2 216. 9 元、1 602. 8 元。

（二）有力维护社保基金安全。

组织开展人社系统社会保险基金管理提升年活动，配合做好省委社保基金管理问题专项巡视、省纪委监委社保管理领域腐败和作风问题专项整治，全面排查问题隐患、优化流程规程、健全体制机制、堵塞风险漏洞，全力守好人民群众的“养老钱”“保命钱”。

（三）全面优化社保经办服务。

在全国率先实现全部 530 项社保业务“全省通办”。创新推广“零跑腿、零感知、零打扰”智能模式，1 830. 6 万人实现社会保险待遇领取免认证，15. 9 万户企业失业保险稳岗返还实现“免申即享”。进一步完善 1 750 个社会保险便民服务合作网点功能，实现“就近办”。

三、强化人才人事服务，创新创造活力得到了有效激发

完善引进、培育、评价、使用人才人事服务体系，打造引得进、留得住、用得好的良好生态，人才活力竞相迸发，为经济社会发展提供坚实人才和人力资源支撑。

（一）深入推进“人人持证、技能河南”建设。

创新实施“月月评”“季讲评”，推动开展各类职业技能培训 432. 3 万人次，新增技能人才 403. 2 万人，其中高技能人才 140. 8 万人。在 2022 年世界技能大赛特别赛上获 2 金 1 铜，实现世界技能大赛奖牌数量和本土金牌选手培养新突破。成功举办河南省第一届职业技能大赛，形成了更加完备的技能竞赛体系。出台人力资源品牌建设的实施意见，统筹推进 10 个省级、100 个区域人力资源品牌建设，做到市市有招牌、县县有品牌。

（二）积极引进集聚各类英才。

参与制定河南省“1+20”一揽子人才引进政策措施（省人力资源社会保障厅牵头 6 项），人才发展环境持续优化。成功承办第五届中国 · 河南招才引智创新发展大会，引进人才 4. 9 万人，签约高质量人才合作项目 200 个，引起海内外广泛关注。

（三）大力培育选拔高层次专业技术人才。

实施专业技术人员知识更新工程，培训各类专业技术人员 148. 7 万人。新评选省职业教育教学专家 80 名，遴选中原英才计划基础研究领军人才 10 名、青年博士后创新人才 30 名，选拔第五批享受省政府特殊津贴人员 150 名，认定河南省高层次人才 204 人。新增博士后科研工作站 16 家，改革创新博士后创新实践基地设立办法，实行“自主申报+备案动态管理”制度，新增创新实践基地 135 家，招引培育博士后 2 003 人。成功举办河南省第一届博士后创新创业大赛，引导博士后等青年人才投身经济建设主战场。

（四）不断深化人才评价服务和事业单位岗位管理制度改革。

制定出台职称评审管理暂行办法，为职称评审工作打造“新标尺”。先后修订出台卫生、中小学等系列职称评价标准，职称分类评价标准修订任务基本完成。规范开展中、高级职称评审工作，评审通过高级职称 4 万余人。全面落实县以下事业单位管理岗位职员等级晋升制度，集中批复 191 个县（市、区）、功能区晋升实施方案，配合做好省直事业单位重塑性改革，新评选专业技术二级岗位人员 316 名，进一步激发事业单位人才活力。调整事业单位工作人员基本工资标准，制定出台公立医院薪酬制度改革实施方案，工资收入分配更加合理。

四、着眼维护公平正义，劳动者合法权益保障形成了良好氛围

统筹维护劳动者权益和企业发展，健全协商协调、争议处理、监察执法机制，努力让劳动者工作更加体面、更有尊严，劳动者权益得到充分维护。

（一）积极构建和谐劳动关系。

加强企业工资宏观调控，推动最低工资标准落实，调整高温津贴标准，发布2022年企业工资指导线，推进国有企业工资分配制度改革。组织开展新就业形态劳动者权益保护专项行动，督促平台企业依法合规用工。持续实施劳动关系“和谐同行”能力提升三年行动计划，对95家“千户培育”企业、216家新注册企业和79家重点企业进行指导服务，12家企业获评“全国和谐劳动关系创建示范企业”。

（二）不断提升调解仲裁效能。

劳动人事争议调解仲裁机构共受理争议案件6.4万件，涉及劳动者7.8万人，金额16.5亿元，仲裁结案率达99.5%，调解成功率达70.9%。创新争议多元化解模式，深入开展金牌调解组织选树培育工作，有9家基层调解中心被人力资源社会保障部、中华全国总工会等四部门通报表扬。

（三）深入推进治欠保支。

推广应用农民工工资支付监管系统，纳入监管项目2 514个，应用率99%。向社会公布重大欠薪行为45件，将70家用人单位列入失信联合惩戒名单，实施部门联合惩戒。全年查处各类违法案件3.2万件，为17.6万名劳动者追发工资等待遇14.4亿元。在国务院2021年度保障农民工工资支付工作考核中排名第13位，连续三年位次前移。

五、围绕中心服务大局，人社部门自身建设有了新进展

按照省委“能力作风建设年”活动要求，扎实开展大学习、大培训、大练兵、人提升，人社干部宗旨意识、干事创业精气神、能力作风显著增强，群众满意度不断提高，人社政务服务好评率达99.99%。

（一）机关党的建设持续加强。

深学细悟习近平新时代中国特色社会主义思想，引导广大干部职工深刻领会“两个确立”的决定性意义，自觉忠诚核心、维护核心。巩固党史学习教育成果，高质量开好以案促改专题民主生活会、巡视专题民主生活会、弘扬红旗渠精神专题组织生活会，营造风清气正的政治生态。坚持管党治党严的主基调，深入推进党风廉政建设和反腐败工作。主动接受纪委监委和派驻机构的监督检查，全力支持派驻机构聚焦主责主业、开展监督执纪问责，筑牢廉政风险“防火墙”。

（二）服务大局能力持续提升。

深入推进“万人助万企”活动，省人力资源社会保障厅服务包联鹤壁市供需两端发力破解“就业难”“用工缺”典型经验，受到国务院第九次大督查通报表扬。特别是疫情期间，全省人社系统近千名党员干部，冒着被感染风险，深入一线，驰援保障重点企业用工，得到省领导高度肯定。巩固拓展脱贫攻坚成果与乡村振兴有效衔接，投入各类资金4.13亿元，帮助231.59万脱贫劳动力外出务工，“坚持稳岗就业保增收，巩固脱贫成果促振兴”经验做法被国家乡村振兴局在全国推广。提请省政府任免国家工作人员391人次，批复年度省级和省级以下表彰项目226个，从严管理创建示范活动，任免表彰奖励工作实现“零差错”。圆满完成定点帮扶，厅年度定点帮扶工作获得“好”等次。争取各类项目资金2 198万元，帮扶内黄县快速实现灾后重建。组织哈密市499名中、高级技能人才来豫技能培训，配合完成第十批233名援疆干部人才考核任务。

（三）系统行风政风持续改善。

聚焦促进县域经济发展，分两批下放人力资源服务许可等7项经济社会管理权限。推动32个事项实现“跨省通办”，90个审批服务

事项进驻省级行政服务大厅集中办理，为企业和群众提供“一门”“一站式”服务。开展包容审慎监管和柔性执法，制定并公布行政执法“四张清单”，规范8种不予处罚、3种从轻处罚和3种减轻处罚情形。动员各级人社干部“全员走流程”，发现并解决人社惠民惠企政策知晓度低、个别政务服务流程烦琐、网上业务系统不稳定等方面1 800余个具体问题。常态化开展练兵比武，5.9万人社干部参与学习，培树一大批“人社知识通”“业务一口清”，服务形象进一步提升。

（四）防范风险能力持续增强。

严格落实意识形态工作责任制，强化阵地建设，加强正面宣传引领，人社领域意识形态安全稳定。开展高质量就业领域专项整治，有力打击套取培训资金、虚报冒领公益性岗位补贴等行为。集中开展人社领域重复信访积案专项治理，化解省委交办积案3 868件，化解率达97.1%，排名省定三个重点领域第一。积极开展内部审计，发现并整改内控制度执行不到位、资产管理不规范、招投标程序不严谨等问题，规范经济活动运行。安全开展各类人事考试，完成公务员招考、事业单位招聘、职业资格考试等34项，服务考生93万人。

（五）综合基础工作扎实开展。

坚持依法行政，普法工作受到全国普法办表彰，在全省依法行政考核中连续13年获得“优秀”等次。积极构建更高水平的平安人社，连续3年考核为“优秀”等次。开展文明单位创建，再次荣获“河南省文明单位（标兵）”称号。持续加强数据统计分析，为各级各部门制定政策、科学决策提供统计依据。充分发挥老干部“银发”力量，为事业发展建言献策。

河南省人力资源和社会保障厅

湖 北 省

2022年，湖北省人力资源社会保障系统坚持以习近平新时代中国特色社会主义思想为指导，紧紧围绕学习宣传贯彻党的二十大精神这一主线，认真贯彻落实党中央、国务院决策部署和省委、省政府工作要求，坚持正确政治方向和舆论导向，立足人力资源社会保障部门主责主业，落实“疫情要防住、经济要稳住、发展要安全”的要求，积极援企稳岗促就业、不断织密社会保障网、加强人才队伍建设、推进行风建设和政务服务改革等工作，取得较好成效。

一、就业创业工作稳中有进

2022年，湖北省全年实现城镇新增就业人数91.7万人，完成率居全国第一，失业人员实现再就业46万人，就业困难人员实现就业30万人。

（一）强政策，着力援企稳岗保就业。

积极落实中央稳住经济一揽子政策和接续政策，及时提请出台援企稳岗促就业10条，打出“降、缓、返、扩、补、保”政策组合拳，落实国家政策，结合湖北省实际提出将餐饮等五个特困行业企业失业保险稳岗返还比例提至90%等创新性政策。定期调度惠企政策落实进展情况，积极推进失业保险稳岗返还和一次性扩岗补助“免申即享”、社保费缓缴“即申即享”、企业吸纳就业社保补贴“直补快办”，通过稳市场主体稳增长保就业。全省拨付稳岗返还资金18.59亿元，惠及企业17.16万家。开展保用工促就业专项行动，设立人社服务专员，帮助3 560个重点企业、重点项目解决用工29.81万人。

（二）拓渠道，着力促进重点群体就业。

深入实施“才聚荆楚”工程，提请省就业工作领导小组印发《关于深入实施“才聚荆楚”工程全力做好高校毕业生等青年就业创业工作的通知》，进一步提出做好高校毕业生等青年就业创业工作17条措施；会同省市场监管局、省教育厅印发《关于开展支持大学生创业“育苗”行动的通知》，鼓励、引导、服务大学生自主创业。2022年，全省新增高校毕业生就业创业42.4万人。全力推进农村劳动力转移就业，开展“春风行动暨保用工促就业行动”，加强劳务协作对接，新签订省内外劳务协作协议227个，提供岗位64.3万个。兜住困难群体民生底线，组织就业援助“暖心活动”，确保零就业家庭动态清零。升级拓展零工驿站功能，规范建成零工驿站427家。推进退捕渔民安置保障工作，强化就业精准帮扶，全省需转产安置的22 805名退捕渔民全部转产就业。千方百计保持脱贫人口务工规模稳定，截至2022年底，全省已外出务工脱贫人口（含防返贫监测对象）216.1万人，完成目标任务的103.7%。

（三）增活力，着力推进创业带动就业。

修订《湖北省大学生创业扶持资金使用管理办法》，提高创业扶持资金，鼓励引导全省大学生踊跃参与，676个项目获得无偿扶持。深入推进“我兴楚乡·创在湖北”返乡创业行动，实施重点群体创业推进行动，办好“创业青年说”“创立方”等活动，新增返乡创业5万人以上。加大创业担保贷款发放力度，全面推广电子化审批模式，让申请便捷高效、贷款直达快享，全省发放创业担保贷款249.37亿元，贷款规模位居全国第一。加强创业宣传引导，成功举办“才聚荆楚·创业湖北”2022年湖北省大学生创业大赛。

（四）优环境，着力推动人力资源服务业发展。

人力资源市场环境更加优化，《湖北省人力资源市场条例》贯彻实施得到省人大常委会肯定。进一步规范实施人力资源服务许可告知承诺制，“职业中介开办一件事”作为省政府2022年“一事联办”事项在全省推广。全省148家流动人员人事档案管理服务机构与全国联网，实现“跨省通办”。认定省级诚信示范机构126家，相关数据对接省社会信用信息平台，树立守信激励的良好导向。全省各类人力资源服务机构达到4 206家，服务用人单位110万家次，帮助1 033万人次实现就业和流动，全省人力资源服务业总营业收入达到1 080亿元。“三支一扶”计划成效显著，服务项目拓展到10个，省级补助标准提高，支持有条件的市州自主招募，共招募2 196人到岗服务，扎根基层、奉献基层。

（五）兜底线，着力防范化解风险隐患。

加强就业形势监测预警，组织开展虚构劳动关系骗取失业保险待遇及失业保险基金超范围支出等问题专项整治。加强就业补助资金监管，加快推进失业保险省级统筹，实现均衡省内基金负担，增强互助共济能力。

二、社会保障体系建设取得新突破

全省基本养老、失业、工伤保险分别净增参保112.6万人、37万人、44.6万人，城乡居民基本养老保险基础养老金省级标准提至每月125元，工伤保险定期待遇增长10%以上，全年基金收支规模超过5 900亿元。

（一）企业职工养老保险顺利实现全省全国统筹“两连跳”。

研究发布湖北省2022年社会保险缴费基数标准和湖北省2022年企业职工基本养老保险基本养老金计发基数标准。制定出台湖北省缓缴社会保险费政策，全省10 932家单位缓缴社会保险费30.3亿元。建成省集中基金财务核算平台，接入全国基金“一本账”；加强业务财务一体化建设，全面做实基金对账。顺利实现国省统筹信息系统对接，扎实做好待遇项目清理、不符合条件补缴人员排查清理、特殊工种信息库录入工作。

（二）机关事业单位养老保险制度改革不断深化。

完善配套政策，跟进工资津补贴政策调整，及时调整机关事业单位养老保险缴费基数政策。进一步明确“中人”改革前企业职工养老保险缴费及个人账户衔接办法，出台县以下事业单位管理岗位职员等级晋升养老保险配套政策。会同省委组织部等相关部门，研究制定事业单位引进海外人才参加机关事业单位基本养老保险相关政策。完成全省老机关事业单位基本养老保险与企业职工基本养老保险衔接工作。落实机关（参公）单位统筹待遇代发工作，2022年4月省直启动代发工作，2022年10月市州启动代发工作。

（三）补充养老保险工作进一步发展。

推动个人养老金制度先行试点工作，成功申报武汉市作为全国个人养老金先行城市，指导武汉市统筹安排好先行试点工作。2022年底，省直及武汉市已有64.7万人开设个人养老金账户，先行试点工作势头良好。完成职业年金投资运营合同期衔接，组织开展受托人首个合同期考核，完成第二个合同期合同签订、投资管理人增选等工作。

（四）退休人员保障水平大幅提高。

印发《关于2022年调整全省退休人员基本养老金的通知》，惠及全省近620万企业和机关事业单位退休（退职）人员。湖北省城乡居民基本养老保险基础养老金标准增加10元，实现了“两连调”，惠及全省838.8万城乡居民基本养老保险领取待遇人员。首次按新办法确定城乡居民基本养老保险个人账户记账利率，将基金委托投资收益纳入个人账户记账利率计算，增加个人账户积累，维护参保人合法权益。

（五）工伤保障得到加强。

持续完善工伤保险省级统筹，为工伤保险基金省级统筹向统收统支模式过渡夯实基础。稳步扩大工伤保险覆盖范围，持续抓好工程建设项目、尘肺病重点行业参保工作，全面推进基层快递网点优先参加工伤保险。经省政府常务会议审议通过，印发《湖北省公务员工伤保险统筹实施办法》，工伤保险职业人群制度全覆盖的步伐进一步加快。延续实施阶段性降低工伤保险费率政策，推进缓缴政策落地实施，积极助力市场主体纾困解难。截至2022年底，阶段性降费总额92 258.3万元，惠企323 498家。完善工伤预防制度建设，将工伤事故发生率下降情况纳入年度考核。印发全省统一的工伤医疗、康复、辅助器具配置及待遇发放协议机构服务范本，联网结算和跨省异地就医直接结算加快推进。成立湖北省人力资源社会保障厅属公益一类事业单位湖北省劳动能力鉴定中心。

（六）“互联网+社保”服务更为高效。

完善社保系统建设，上线人社大数据应用支撑平台，平台内连7个省级业务系统，外连省共享平台，上连部协同平台，下连各市州，实现了数据的互联互通。提请省政府办公厅印发《关于加快推进社会保障卡“一卡通”服务管理工作的通知》，全省社会保障卡持卡人数5 987万人，电子社会保障卡人口覆盖率达到52.4%。构建以“一卡通”为载体的服务管理模式，指导十堰市完成一卡通管理服务条例地方立法，推动武汉、黄石、鄂州等7个地区实现持社会保障卡乘坐公共交通。落实社会保障卡12个高频服务事项下沉街道、乡镇办理。

（七）基金管理风险防控加强。

组织全系统开展社保基金管理提升年行动，加强经办管理风险防控。在全省开展侵占挪用养老保险基金、骗取养老保险待遇问题专项整治，发现和查实各类问题1 594个，收回或追回养老保险基金1.1亿元。省、市、县三级出台基金风险防控制度文件583个，制防、人防、技防、群防“四道防线”进一步筑牢。

三、人才人事工作取得新成效

（一）强化高层次人才队伍建设。

出台制度文件，构建顺畅有序的人才流动机制。深入实施博士后人才倍增计划，举办“博聚楚天·扬帆湖北”系列线上引博活动，共收集162家（次）设站单位招聘信息2 896条，全省新进站博士后1 050人，留鄂创新创业450人。举办“博聚楚天·共话荆彩”博士后学术交流活动，为博士后搭建学习交流平台。启动首届湖北省博士后创新创业大赛，在资金奖励、职称评审等方面制定一系列扶持政策。加大博士后产学研融合力度，举办“博聚楚天·共享荆彩”博士后科技服务团活动。

（二）深化人事制度改革。

完成县以下事业单位管理岗位职员等级晋升制度入轨。会同省委组织部开展全省事业单位人事管理工作调研，研究形成《关于优化全省事业单位岗位设置管理的若干意见》和三类岗位人员转岗聘任、调整专业技术岗位结构比例等政策储备。优化工作机制，努力改善人才创新创业环境，修订完善事业单位专业技术二级岗位竞聘条件。配合湖北省纪委监委研究出台《湖北省党纪政纪处分决定执行工作办法》，指导各地落实《关于创新县乡事业单位人事管理助力乡村振兴的若干意见》，以国务院大督查及相关改革为契机，开展人事管理执法检查。

（三）深入推动职称制度改革。

完善职称评价标准。会同有关省级行业主管部门修订发布卫生、经济、工艺美术、艺术、文物博物、运动防护师、知识产权、医药等8个系列（专业）评价标准。提升职称信息化服务水平，建成湖北职称评审管理信息系统，全面实施职称电子证书。全年共有约13万人通过网上实现职称申报、推荐、审核、评审，已制发职称电子证书48 806张。加快推进专业技术人才知识更新工程，印发《湖北省专业技术人才知识更新工程实施方案》。

（四）技能人才培养更有实效。

以省政府办公厅名义印发《实施“技兴荆楚”工程服务现代产业高质量发展若干措施》，为技能人才培养、使用、评价、激励提供了政策保障。举办全省第一届职业技能大赛暨第三届“湖北工匠”表彰大会系列活动。规范有序开展职业技能培训，优化升级职业培训信息管理系统，完善补贴性培训工作机制，全省共完成补贴性技能培训98.6万人次。深化技能人才评价制度改革，探索建立培训、评价、发证闭环式监管体系，推进职业技能等级认定工作，共有823家单位开展职业技能等级认定工作，34.2万人次获得了职业技能等级证书。

（五）事业单位工资收入分配制度更完善。

深入推进公立医院薪酬制度改革，联合省财政厅、省卫健委、省医保局印发《关于深化公立医院薪酬制度改革的实施意见》，完善并提出15条政策措施。全省调资工作任务顺利完成。落实县以下事业单位管理岗位职员等级晋升人员工资待遇，指导各地做好等级晋升工资兑现。进一步完善工资管理信息系统，指导督促更多事业单位通过线上申报办理业务，审核工作更加规范，服务质效大幅提升。

（六）优化人才服务保障。

建立健全院士专家服务企业长效机制，344位选派专家累计帮助企业解决技术难题530余项，为360余家企业培训9 000人次以上，专家与企业达成项目协议216个。开展2022“智慧之光”湖北专家创新创业成果转化对接活动，引导专家为湖北省高质量发展服务。正式启动实施“楚才卡”服务制度，依托社会保障卡加载“楚才卡”服务功能，为包括国内外院士、海外高层次人才引进计划入选人、国家杰出青年科学基金和国务院政府特殊津贴获得者等各类高层次人才，提供落户、住房、医疗、出行、金融等27项优质服务。

（七）人事管理服务更高效。

提请省委召开省功勋荣誉表彰工作领导小组第一次全体会议。印发《湖北省社会组织评比达标表彰活动管理实施细则》，对社会组织开展评比达标表彰活动作出全面规定；印发《关于贯彻落实〈创建示范活动管理办法（试行）〉的通知》，进一步加强全省创建示范活动规范管理。高标准完成全国和湖北省“人民满意的公务员”和“人民满意的公务员集体”推荐和表彰工作。严格项目审核（批），评比达标表彰和创建示范管理更加规范。完成45项人事考试，安全、规范地组织完成了全年考试任务。省人事考试监控指挥中心建成并通过评审验收，实现了考场可视化、监控实时化、指挥一体化的部分功能。

四、劳动关系保持总体稳定

（一）深化劳动关系和谐创建工作。

落实“保稳定、促和谐”预防化解劳动关系风险专项工作要求，认真组织开展风险矛盾“大走访、大排查”专项行动。建立协调劳动关系执行会议机制并常态化运行，在全省组织开展和谐创建“四进”活动。印发维护新就业形态劳动者权益若干措施，举办“金秋送爽、和谐同行，关心关爱新就业形态劳动者”政策指导服务活动。实施企业薪酬指引计划，认真落实《技能人才薪酬分配指引》，全面完成2022年企业薪酬调查和制造业人工成本监测工作。

（二）大力维护劳动者合法权益。

出台《湖北省拖欠农民工工资约谈实施办法（试行）》，压实各级各部门主体责任。印发《湖北省工程建设领域劳动用工规范化管理手册（第一版）》和《关于开展“标准化安薪项目”选树活动的通知》，为实现工程建设领域“无欠薪”目标夯实基础。组织开展集中整治拖欠农民工工资问题专项行动，加大惩治力度。湖北省2021年度保障农民工工资支付工作国家考核位列全国第六，国务院根治拖欠农民工工资工作领导小组办公室通报表扬。依托湖北省根治欠薪信息监管系统组织开展全省2021年度守法诚信等级评价工作。推进信用联合激励惩戒，依法依规开展重大违法行为社会公布和失信联合惩戒对象管理。创新开展首批湖北省劳动保障守法诚信红名单认定工作，将434户用人单位列入红名单。组织开展清理整顿人力资源市场秩序及超时加班集中排查整治专项行动。

（三）加强劳动人事争议调解仲裁工作。

推进劳动争议快调速裁改革，将“劳动争议速裁”列入全省创建优化营商环境先行示范改革事项清单，指导6个省级试点、14个自行试点县（市、区）开展先行区示范创建工作，其中11个已被省营商办确定为先行示范区。各地在劳动维权“一窗办理”“点单服务”“关联事项通办”和压缩案件处理时限上积极探索，“预防在先、调解为主、速裁支撑”的争议治理新模式基本建成，案件办理普遍提速30%以上。

（四）抓好“为农民工办实事”活动。

以“为农民工办实事”活动项目为抓手，做好全省农民工服务保障工作，全年共“为农民工办实事”63件，解决了一些农民工就业创业、技能提升、子女上学、权益维护等急难愁盼问题。会同省公安厅、省民政厅、省交通运输厅、省卫健委、省乡村振兴局、省总工会、中铁武汉局联合开展2022年春节期间“春暖农民工”服务行动。发布《给广大农民工朋友的一封信》。全国农民工工作督察组对湖北省2022年农民工工作进展和相关政策落实情况进行实地全面督察，给予了充分肯定。

五、公共服务及基础综合性工作成效显著

全力推进“十四五”规划落实，先后印发人社规划实施方案、省国民经济纲要分工方案细化分解方案，统筹推进人社领域各项重点工作。扎实推动标准化试点工作，聚焦社银合作、零工市场、调解仲裁等公共服务成功立项22项省级标准。人社服务便利化提升，2项服务的15个具体办理事项下沉到乡镇（街道）“就近办”，省本级253个服务事项的办理时限压缩比由69%提高到77%，113个事项实现“即办”，全程网办比例提升15%。推进4个主题服务“一事联办”，上线鄂汇办的22个高频服务事项全部实现“掌上办”、2个事项“跨省通办”。持续推动“厅（局）处长走流程”活动，全省系统政务服务好评率均达99.9%以上。

深入开展全省人社系统行风建设提升行动，持续完善系统行风建设。常态化推进全省人社系统窗口单位业务技能练兵比武活动，强化“日日学、周周练、月月比”岗位练兵，成功举办省赛，组织参加全国赛。开展“学标兵　当能手　创一流服务”主题活动，建立省市县人社系统能手库，进一步激发全省人社系统干部职工对标先进、学习典型、争当标兵的工作热情。定期组织全省窗口单位明察暗访，深入排查、持续整改行风突出问题。对窗口单位“23℃人社服务”标准落实情况进行量化评估，全面总结成效和问题，持续擦亮环境舒心、服务贴心、办事省心、群众放心的湖北“23℃人社服务”品牌。

湖北省人力资源和社会保障厅

武 汉 市

2022年，武汉市人力资源社会保障系统坚持以习近平新时代中国特色社会主义思想为指导，深入贯彻落实党的二十大精神和习近平总书记系列重要讲话、指示批示精神，按照党中央、国务院决策部署和人力资源社会保障部、省人力资源社会保障厅工作要求，紧紧围绕中心工作，突出保障和改善民生，不断推进全市人社事业高质量发展，为奋力谱写全面建设社会主义现代化国家武汉篇章作出积极贡献。

一、落实就业优先战略，全力以赴保障最基本的民生

（一）积极落实就业优先政策。

组织“就业政策宣传年”活动，开展就业政策进企业、进工地、进校园、进社区“一讲四进”活动800余场，提升政策知晓率。实施社会保险“降、缓、返、补”等惠企纾困政策，推进稳经济一揽子政策措施应享尽享、直达快享，为企业减负51.2亿元，惠及市场主体54万家次。发放各类就业补助资金14.8亿元，同比增长10%，帮助企业稳住就业岗位、增强发展韧性。全市城镇新增就业29.97万人，创历史新高。

（二）深入实施“学子留汉”工程。

实施新一轮高校毕业生留汉就业创业政策，推行先落户后就业等“一站式”服务。组织招聘活动近800场，筹集“高薪优岗”22.7万个，不断畅通人岗对接渠道。遴选设立武汉大学生就业见习基地152家，发布见习岗位10 365个，落实发放实习实训和就业见习补贴1 815.3万元，帮助高校毕业生积累工作经验、锻炼实践能力，及早实现就业。启动第二届“英雄杯”创新创业大赛，做实做优高校“创业学院”，举办创业培训活动950余场，培训13.9万人次，帮助大学生、青年创业者提高创新创业能力。2022年，大学生留汉就业创业31.7万人。

（三）大力促进困难群体就业。

开展“乐业无忧”就业援助专项行动，通过公益性岗位安置、企业吸纳、灵活就业、自主创业等渠道，帮助7.52万名失业人员实现再就业，促进4.41万名就业困难人员实现就业，全市建档立卡退捕渔民实现就业安置和养老保险全覆盖，牢牢兜住就业底线。为132.5万名武汉户籍外出务工农民购买人身意外伤害保险636万元，让他们就业多一份保障、添一份安心。

（四）高效精准服务企业用工。

积极缓解企业用工难题，持续推进联企拓岗等活动，为2万余家企业解决用工需求10万余人，特别是在疫情防控最关键时刻，一周内为武汉明德生物有限公司解决用工2 000余人，受到各方好评。强化“武鄂黄黄”都市圈劳务协作，成立武汉都市圈劳务协作用工联盟，举办“武汉都市圈·乐业同城”系列网络招聘会，累计向恩施、五峰等劳务协作地区发送武汉企业用工信息5万余个次，帮助企业拓宽用工渠道。

（五）着力推进人力资源服务业发展。

国家级人力资源服务产业园“一园三区”建设加速推进，园区面积达9万平方米，年度

营业收入突破246亿元。成功创建首批国家级人力资源服务领域特色出口基地，服务范围涵盖39个国家和地区，为武汉市打造全国现代服务业基地、加快服务业转型升级提供了有力支撑。充分发挥人力资源服务促就业作用，全市规模以上人力资源服务机构举办招聘会474场，提供招聘岗位近20万个，进一步拓宽了就业渠道。2022年，全市人力资源服务业营业收入达809亿元。

二、健全社会保障体系，不断实现人民对美好生活的向往

（一）深化社会保险制度改革。

完整、准确、全面贯彻新发展理念，坚持创新驱动发展，顺利实现企业职工基本养老保险全国统筹，人社工作体制机制改革不断深入。全面梳理养老保险制度改革相关政策，平稳衔接11项重大政策规则，妥善解决一批历史遗留问题，全市151万企业退休人员养老待遇全部纳入国省系统发放，武汉市30多年社保改革成果顺利转换为国家统一制度安排。

（二）推进社会保险扩面。

优化改进灵活就业人员参保缴费工作，进一步拓宽线上线下参保缴费渠道，推动应保尽保。出台机关事业单位离职人员职业年金补记办法，落实待遇补记政策。全市新开工建设项目工伤保险参保率98.7%，超过年度目标6.5个百分点。2022年，全市社会保险扩面新增50.32万人，完成年度目标的167.74%，其中养老保险17.14万人、失业保险16.69万人、工伤保险16.49万人。社会保险综合覆盖率98.97%，覆盖范围进一步扩大。

（三）确保社保待遇落实。

落实企业职工基本养老保险全国统筹制度，规范重构每月社发待遇项目，基金共济保障能力持续增强。落实工伤保险市级统筹目标，实现和省级统筹接轨。根据国家和湖北省统一部署，实现151万余名企业退休人员基本养老金“十八连调”。为8.7万名失业人员发放失业保险金等待遇9.3亿元，各项社会保险待遇按时足额发放。

（四）加强基金监督管理。

实施“社保基金管理提升年”行动，健全“四位一体”风险防控机制。组织开展侵占挪用养老保险基金、骗取养老保险待遇、虚构劳动关系骗取失业保险待遇及失业保险基金超范围支出等问题专项整治。在纠正问题基础上深挖根源，从政策、经办、内部控制、信息系统控制等方面推动源头整治，完成274项基金管理提升任务，基金监管工作合力不断增强。

三、坚持人才引领驱动，持续塑造发展新动能新优势

（一）健全人才引进机制。

修订事业单位专业技术三级岗位管理办法，完善高层次专业人才选聘机制。组织市、区831家事业单位面向社会公开招聘工作人员3 006名，报名10.7万人，创历史新高。开展专项招聘20批次，满足事业单位多样化引才需求。首次启动特殊人才引进目录征集工作，征集特殊人才引进计划50个，事业单位人才引进工作机制进一步健全。

（二）建强人才培育平台。

实施“千企万人”支持计划，1 004家企业入选支持计划名录，激励企业引进培育高层次人才。举办首届“武汉工匠杯”职业技能大赛，新增高技能人才10 613人，努力培养造就更多大国工匠。完善职业技能提升专账资金管理办法，组织开展技能培训33万人。进一步规范管理，促进全市38所技工院校稳健发展，招生人数同比增长20%。全市专业技术人才、技能人才总量分别达到179万人、131万人，人才活力持续迸发。

（三）完善人才评价机制。

出台专业技术人才与技能人才“双贯通”实施办法，搭建两类人才职业发展“立交桥”。制定乡村农业技术人才职称评审办法，打造“懂技术、会经营、有热情”的乡村农业技术人才队伍。聚焦专精特新企业需求开展

职称专场评审，适当放宽学历、资历等条件，着重考量创新能力与实际贡献。严格规范评审程序，全年共评定中高级职称1.2万人，人才评价服务更加精准。

四、完善权益保障机制，积极构建和谐稳定的劳动关系

（一）持续推进“和谐同行”行动。

开展和谐劳动关系企业选树活动，远大医药有限公司和华中科技大学科技园获评2022年全国和谐劳动关系创建示范单位，和谐劳动关系引领作用更加凸显。出台新就业形态劳动者权益保障制度，建立全过程、全方位保障体系，着力帮助网约车司机、快递员、外卖配送员等群体维护劳动权益。开展第11轮餐饮行业集体协商，签订工资集体合同16 739份，覆盖职工118.23万人，进一步规范行业用工行为。

（二）切实加强风险监测预警。

健全全市劳动关系风险监测预警工作机制，进一步压实各区、各单位责任。组织实施“保稳定、促和谐”预防化解劳动关系风险专项行动，从源头预防、集中排查、突发事件处置等方面入手，落实劳动关系风险三级预警报告处置制度。配合市教育局开展校外培训机构劳动用工行为治理，避免因“双减”引发劳动关系事件。

（三）大力推进根治欠薪。

实施“安薪工程”，分类开展春、夏专项整治行动和岁末年初攻坚行动，创新实施建设领域欠薪案件“一案三查”（查欠薪问题、查制度落实、查责任落地），对拖欠农民工工资问题“冬病夏治”“重病重治”，为3.5万名劳动者追发工资、补缴社保，欠薪突出问题化解清零。为13.3万户用人单位建立“一户一档”诚信档案，在建工程项目落实实名制管理等制度覆盖率达到90%以上，违法案件法定期限内结案率100%，劳动者权益保障更加有力。

（四）妥善化解劳动争议纠纷。

推行仲裁案件快立快调快审快结行动，全市劳动人事争议调解成功率73.84%、仲裁结案率97.81%，有力维护了全市劳动关系的和谐稳定。推进基层调解扩面，指导新增调解组织203家，累计1 028家，全覆盖建设区、街调解中心，充分发挥基层调解第一道防线作用。开展“百名仲裁员服务千企”活动，联系服务企业1 700家，形成服务企业长效机制。开展流动仲裁庭进园区行动，推动零距离化解劳动争议，开庭560次，为企业和劳动者提供更优质、高效、便捷的调解仲裁服务。

五、加强机关自身建设，努力提升人社公共服务能力

（一）发挥党组织战斗堡垒作用。

推进基层党组织标准化规范化建设，争创“新时代英雄城市先锋队”，着力培育武汉人社党建品牌。推动党史学习教育常态化长效化，扎实开展“下基层察民情解民忧暖民心”实践活动，局领导班子带头深入一线、深入基层、深入群众，开展蹲点式、沉浸式调研，帮助企业化解难题。拓展“局（处）长走流程”活动，发现问题191个，制定整改措施222条，有效解决基层和企业群众“急难愁盼”问题。

（二）推进高效办成“一件事”。

聚焦规范事项管理、拓宽通办范围、深化一事联办、推行减证便民、建设数字人社等重点内容，全面推进“高效办成一件事”改革。完善社保高频事项“就近办”，16个事项下沉街道（社区）办理，拓展实现186个事项“全市通办”“跨市通办”“跨省通办”，人社政务服务好评率达99.97%。实施社会保障卡“一卡通”三年攻坚行动，应用项目达111项，持卡人数达1 110.7万人，群众办事更加便捷。

（三）拓宽人社便民“服务圈”。

深入推进“资源服务平台”下沉，全市14个区173个街道均完成社会保障卡服务

12个事项的认领和发布工作，就业困难人员社会保险补贴申领等服务全部下沉至街道社区办理。将个人参保证明、灵活就业人员社会保险暂停等38项社保高频政务服务事项推广至全市195家建设银行网点办理，并向汉口银行15个区级支行延伸覆盖，打通服务群众的“最后一公里”。

（四）营造干事创业良好氛围。

深化模范机关创建，举办“听习总书记的话”和“奋进新征程、建功新时代”演讲活动，进一步推动党的二十大精神走深走实、入脑入心。突出政治标准选人用人，干部队伍结构明显改善。积极选树先进典型，1家局属单位获评“全国人力资源社会保障系统先进集体”，武汉市人力资源和社会保障局在全市绩效目标年度考评中，被评为立功单位，2022年度局领导班子被市委、市政府评为“好班子”，充分展示了人社部门良好形象。

六、巩固脱贫攻坚成果，扎实推进乡村振兴工作

（一）开展关爱农民工活动。

开发建设武汉市农民工就业服务信息化平台，将脱贫户、易致贫边缘户、因病因灾致贫户等列为平台优先服务对象，靠前推荐就业，全市脱贫劳动力外出务工23 701人。农村劳动力转移就业规模保持在90万人以上，有意愿外出务工农民工全部实现就业，有效帮助农民通过就业增收致富。

（二）大力支持返乡创业。

深入推进返乡创业行动，打造“我兴楚乡·创在武汉”返乡创业品牌，引导农民工、大学生等各类群体返乡创业，带动更多人就近就地就业。落实返乡入乡创业补贴、创业担保贷款等政策，发放创业扶持资金近亿元。2022年，全市新增返乡创业5 309人，为服务乡村振兴注入了新动能。

（三）挖掘乡村技术人才。

会同武汉市农业农村局出台《乡村农业技术人才职称评审办法》，突出实干导向，不唯学历、不唯资历、不唯论文，为“土专家”“田秀才”开展职称评审，激发乡土人才干事创业活力，首批68人获评职称，为建设技术高超、素质优良、带动力强的乡土人才队伍提供有力支持。

武汉市人力资源和社会保障局

湖　南　省

2022年是党和国家历史上极为重要的一年。面对严峻复杂的经济形势和艰巨繁重的工作任务，湖南省人力资源社会保障系统坚持以党的二十大精神和习近平新时代中国特色社会主义思想为根本遵循，坚决贯彻党中央、国务院和人力资源社会保障部有关决策部署，全面落实“三高四新”战略定位和使命任务，积极履职尽责，主动担当作为，圆满完成了各项工作任务，主要指标实现了稳中有进、稳中向好。

一、就业创业

（一）就业局势保持总体稳定。

全面强化减负、稳岗、扩就业、保民生措施，制定出台《稳岗位提技能保就业十六条措施》，精准帮扶高校毕业生、退捕渔民、退役军人等重点群体就业。2022年全省城镇新增就业73.65万人，完成年度任务的105.2%；城镇调查失业率平均值5.5%，为中部地区最低最好。“促创业保用工强服务用心用情做实家门口就业”被国务院第九次大督查列为典型经验做法，湖南省政府在全国稳就业工作会上做典型发言，湖南连续两年荣获国务院真抓实干表扬激励，相关经验被推介。

（二）落实稳经济一揽子政策。

贯彻落实全国稳住经济大盘电视电话会议精神，配套出台落实国务院稳经济一揽子政策的实施办法，不断加大惠企纾困力度，全面提振市场信心。2022年，全省共减征社保费46.31亿元，其中失业保险33.06亿元、工伤保险13.25亿元；发放失业保险稳岗返还资金12.68亿元，惠及12.43万家企业；为4 833家企业累计缓缴三项社保费25.9亿元，其中养老保险24.25亿元、工伤保险1.05亿元、失业保险0.6亿元。

（三）就业创业服务成效明显。

深入开展“创响三湘”“稳企业保就业”等专项行动，强化全方位公共就业服务。2022年，省内转移就业农村劳动力635.69万人，同比增加18.74万人。推动长株潭三市与51个脱贫县深化协作，建成帮扶车间、基地等就业载体7 841个，吸纳10.24万名脱贫劳动力家门口就业。支持建设和认定“湖南铸造工匠”“电力湘军”等劳务品牌35个，带动从业130万人，产生经济效益近3 000亿元。全省新发放创业担保贷款44.56亿元，扶持创业超1.35万人，新增带动就业近9.74万人。全省开展职业技能培训68万人次，其中农村转移就业劳动者补贴性职业培训35.58万人次。“迎老乡、回故乡、创三湘”活动，达成意向投资项目1 410个，资金累计579.92亿元。

（四）职业技能大赛实现突破。

高标准举办湖南省首届职业技能大赛，大赛以“技行三湘、能创未来”为主题，共设集中比赛项目55个，全省市州、行业部门共有35个代表团参赛，1 087名选手同台竞技，直接带动超50万名企业职工和院校师生参与，达到了以赛促学、以赛促训、以赛促产、以赛促业的良好效果。湖南省本土培养的2名选手在2022年世界技能大赛特别赛上分别荣获时装技术、砌筑项目金牌，刷新了历史最好成绩。

二、社会保障

（一）参保扩面有序推进。

深入实施全民参保计划，截至2022年底，全省基本养老保险参保5 314万人、工伤保险参保894万人、失业保险参保724万人。社保体系覆盖范围持续扩大。

（二）待遇水平稳步上升。

2022年基金收入2 355亿元，同比增长7.9%；基金支出2 259亿元，同比增长7.4%；基金可支撑能力比较稳定。城乡居民基本养老保险基础养老金实现8次提标，企业退休人员基本养老金实现“18连调”。机关事业单位退休人员养老金与企业退休人员养老金连续第7次同步调整，全省退休职工月人均基本养老金增长116元。落实城乡居民基础养老金调标政策，基础养老金最低标准从113元提高到118元。

（三）保障能力不断提升。

充分发挥民生保障“安全网”、经济运行“减震器”作用。2022年，为116万困难群体代缴城乡居民基本养老保险费，为14.35万享受工伤保险待遇人员支付工伤保险费50.37亿元，为14.82万名失业人员发放失业保险金12.76亿元，为2 000名农民工发放一次性生活补助金1 200万元，为9.98万名不符合领取失业保险金条件的参保失业人员发放失业补助金2.35亿元。

（四）监管质效持续提高。

企业职工基本养老保险全国统筹、工伤保险及失业保险省级统筹有序推进。省委办公厅、省政府办公厅出台了《关于切实加强社会保险基金监管工作的意见》，在此基础上，省直部门配套出台了死亡人员信息申报、数据共享比对、经办内控管理等67个实施办法，逐步形成了具有湖南特色的社保基金监管“1+N”制度体系。《湖南省社会保险基金监管条例》已纳入省人大2023年立法计划。社保基金监管工作首次纳入了巡视、真抓实干督查、纪检监督、绩效考核、审计等工作范围。

三、人才人事

（一）创新技术技能人才评价。

深化专业技术人才职称评审改革，出台深化职称制度改革的实施意见，推进高校、科研院所和国有企业职称自主评审，设置高级职称评审委员会236个，着力构建全省“1（实施意见）+4（监管办法）+30（系列标准）+N（配套政策）”职称制度新体系。全国首创开展网络文学专场评审和农艺专业职称评审，获得社会一致好评。健全职业技能人才评价激励，引导企业健全基于岗位价值、能力素质和业绩贡献的技能人才薪酬分配制度，实现多劳者多得、技高者多得；发布技能等级工资指导价位信息，建立高技能人才技能职务津贴和特殊岗位津贴制度。开展企业职业技能等级认定试点工作，支持大型企业、重点企业开展技能人才自主评价。截至2022年底，全省备案自主评价企业66家、自主评价院校124家、社会评价组织200家、专项职业能力考核站83家。

（二）强化高层次人才选拔培养。

聚焦“三高四新”战略定位和使命任务，创新事业单位专业技术二级岗位和国务院、省政府特殊津贴人员选拔（评审），一大批青年科技创新人才和先进制造业人才脱颖而出。截至2022年底，全省共评聘专业技术二级岗位1 519人，全省获批享受国务院特殊津贴专家2 393名、享受省政府特殊津贴人员500名。博士后科研站点建设稳步推进，12个高校一级学科博士点获批国家级博士后科研工作站，50家企业获批设立国家级博士后科研工作站和省级博士后创新创业实践基地。

（三）深化事业单位人事管理。

稳步实施县以下事业单位管理岗位职员等级晋升制度，截至2022年底，全省40 222人晋升职员等级。持续推进“放管服”改革，进一步落实高校、科研院所用人自主权，在湖南农业大学开展人事综合管理改革试点；进一步深化公立医院薪酬制度改革，出台《湖南省深化公立医院薪酬制度改革实施方案》；开展省直属事业单位高层次人才绩效工资单列政策试点，落实以增加知识价值为导向的收入分配政策；完成事业单位工作人员基本工资调标工作，月人均增资300元。在全国率先部署开展事业单位工作人员培训，截至2022年底，参加培训人数达103.7万，参训率77%，《中国事业单位发展报告》和《中国组织人事报》相继推介湖南培训工作经验。

（四）人力资源服务产业蓬勃发展。

截至2022年底，全省共有各类人力资源服务机构2 324家，从业人员2.75万人，行业收入469.5亿元，为573.9万人次提供求职和流动服务，为67万家次用人单位提供专业服务。

四、劳动关系

（一）收入分配调控更加合理。

从2022年4月1日起，全省最低工资标准分别提高到1 550元/月、1 740元/月、1 930元/月三个档次，小时工资提高到15元/小时、17元/小时、19元/小时。制定发布2022年度企业工资指导线，基准线为职工货币工资平均增长6%，上线为10%，下线为1%。2021年度城镇非私营单位在岗职工平均工资达到88 874元（月均7 406元），同比增长7.91%。组织开展工资集体协商“春季要约行动”，覆盖职工257万人。

（二）根治欠薪更加有力。

全力打造实施“用心用情·湘薪湘护”品牌行动，常态化、长效化、标准化推进全省根治欠薪工作，维护和保障好农民工的劳动报酬权益。2022年为9.65万名劳动者追回工资待遇11.34亿元。在国务院2021年度根治欠薪工作考核中，湖南省获评A级，排名全国第八。

（三）品牌创建更有特色。

印发《关于对劳动关系和谐企业（园区）联合实施正向激励的意见》，积极推动和谐劳动关系创建示范。湖南省劳动关系和谐企业（工业园区）公共服务标准化试点，成功获批国家标准委第八批社会管理和公共服务综合标准化试点项目，是全国首个获批建设的和谐劳动关系公共服务标准化试点项目。

（四）调解仲裁更有质效。

全省劳动人事争议调解组织和仲裁机构共处理争议案件54 611件，涉及劳动者60 241人，涉案金额15.7亿元。劳动人事争议仲裁结案率保持在90%以上，调解成功率保持在60%以上。仲裁结案率和调解成功率均超过部、省目标。

（五）农民工工作更有温度。

打造65个省级市民化融合样板街道、园区、社区，推动形成农民工“本人融入企业、子女融入学校、家庭融入社区、群体融入城镇”的良好格局；全省128家“湘融湘爱”农民工服务保障社会协作单位助推农民工服务保障高质量发展，“三湘邮情”等一批以“湘融湘爱”为主题的协作品牌成为亮点特色，“湘融湘爱·春运邮情”“湘融湘爱·春暖农民工”系列活动反响良好；建立农民工权益监测点127个，在长三角、珠三角等地建立“农民工服务站”；多措并举推动家政服务劳务对接行动，促进就业5万人次，新增197家员工制家政服务企业，带动脱贫劳动力就业6 600人，就近就地就业1.71万人次。

五、民生实事

2022年由省人力资源社会保障厅牵头的全省10件重点民生实事22个指标全部完成，一大批群众“急难愁盼”问题得到集中解决，进一步擦亮具有湖南特色的民生实事招牌，人民群众叫好，社会各界点赞。其中，农村水源保障及灌溉能力提升项目在全省抗旱保灌稳产方面发挥了重要作用；普通门诊费用跨省直接结算让“湖湘儿女异乡不愁医”的愿景变成实景；农村“三路”建设典型经验获全国推广。

（一）教育发展持续加快。

2022年，全省累计完成投资137.36亿元，新增公办义务教育学位 44.06 万个，完成年度目标任务的 117.1%，公办义务教育在校生占比提高至 95.8%；14 所楚怡公办中职学校全部启动改扩建；完成建设联网中小学幼儿园周边等重点部位安防设备 10.35 万个，完成年度目标任务的 103.5%。

（二）困难群体兜底保障。

2022 年，全省累计支出 80.75 亿元，用于城市低保、农村低保、困难残疾人生活补贴，重度残疾人护理补贴等。城市低保、农村低保累计保障分别达 398.53 万人次、1 576.36 万人次，人均标准分别达 619 元/月、5 593 元/年；困难残疾人生活补贴、重度残疾人护理补贴人均标准分别达 85.6 元/月、79.3 元/月。全省各县（市、区）城乡低保和残疾人“两项补贴”提标均已达到或超过年度目标。

（三）城乡基础设施全面提质。

2022 年，全省开工改造 1 500 个城镇老旧小区；1 000 个农村千人以上集中饮用水水源地突出环境问题得到整治；提质改造农村旅游路、资源路、产业路 6 995.65 千米，建设农村公路安防设施 8 031.65 千米；新增蓄水能力 4 794.53 万立方米，恢复和改善灌溉面积近 5 万公顷。

（四）医疗服务水平持续提升。

2022 年，全省对 33.93 万孕产妇和 33.35 万新生儿开展产前和先天性心脏病免费筛查；为农村适龄妇女及城镇低保适龄妇女“两癌”免费检查 103.26 万人；122 个县（市、区）和省本级已有 1 010 家医疗机构实现普通门诊医疗费用跨省直接结算，14 个统筹区 458 家医疗机构实现 5 个门诊慢特病治疗费用跨省直接结算。

（五）服务救助能力不断提高。

2022 年，全省完成 20 058 户困难老年人家庭适老化改造，养老机构新增 5 004 个护理型床位；对 13 337 户困难残疾人家庭进行无障碍改造，康复救助残疾儿童 17 517 人，分别完成年度目标任务的 111.1%和 159.2%。

六、行风建设

（一）改进机关作风。

以“五型双一流”机关建设为载体，扎实推进“三表率一模范机关”建设。2022 年，在全省机关党的工作会议上，人力资源社会保障厅做经验交流发言，厅机关获评“省文明标兵单位”。坚持全面从严治党，梳理完善全厅“三重一大”项目制度安排，出台《加强作风建设“十严禁”》，围绕思想作风、组织作风、学风、工作作风等方面，明确红线、底线、高压线。

（二）优化系统行风。

全面开展行风建设提升行动，围绕政策制度供给“最先一公里”和政策服务落地“最后一公里”两头发力，系统行风建设由阶段性向常态化长效化转变。深入实施“快办行动”，人社服务“打包办”“提速办”“简便办”“跨省办”、特殊情况“上门办”等做法获得一致好评。全面推行“一门办”“一窗办”，打造人社便民服务圈，政务服务实现“就近可办”“多点可办”。深入开展“厅局长走流程”，2022 年全省人社系统累计开展“走流程”1 322 人次。湖南省获 2022 年度全国人社系统窗口单位业务技能练兵比武“团体二等奖”，3 名选手获得全国“岗位练兵明星”称号。

（三）推进信息化建设。

金保二期项目核心系统功能开发已基本完成，企业养老保险全国统筹信息系统、全省企业养老保险信息系统于 2022 年 6 月 30 日正式上线运行。系统共精简 48 项办事环节和四分之一的证明材料；非即办业务承诺办结时限平均减少 4.5 天，网上可受办业务超过 85%；27 项业务免申即办，9 项业务全国通办，5 项业务省内通办，极大地提高了便企惠民服务水平。

（四）落实依法行政。

贯彻落实习近平法治思想，全面推进法治政府建设各项工作。将习近平法治思想纳入党组中心组学习及人社系统学法考法重要内容，厅党组成员带头学、处室单位共同学，全厅干部学法率、考法率、通过率均为100%。人力资源社会保障厅获评省直机关“谁执法谁普法”优秀单位。依法办理行政争议案件，2022年厅行政机关负责人出庭率达到100%，相关经验做法得到人力资源社会保障部、省委依法治省办的高度肯定，并在全省做经验介绍。

（五）打造过硬队伍。

抓紧抓实思想淬炼及政治历练，项目化、清单化推进学习培训。组织全厅215名干部，深入到全省14个市州196个村（社区）开展百人百村（双百）调研督导活动，组织49名35岁以下青年干部赴怀化开展“三进三同三问”实践培训，选派25名干部参加省委组织部调训，选派23名干部参加万名干部联万企、省政府大督查等工作。厅机关1名同志获评全国人社系统先进工作者。全面加强党的二十大主题宣传，制作推出了一批接地气、有温度的宣传产品，“湖南人社这十年”线上成果展及《躬耕民生总关情》专题报道反响热烈。拍摄警示教育片《红线不容逾越》，组织全省系统集中观看；将每年10月定为全省社保基金安全警示教育月，常态化落实专题教育。制定出台《关于推进清廉人社建设的实施意见》，坚持严的主基调不放松，对违法违纪现象发现一起、查处一起。

湖南省人力资源和社会保障厅

广 东 省

2022年，广东省人力资源社会保障系统坚持以习近平新时代中国特色社会主义思想为指导，紧紧围绕迎接党的二十大和学习宣传贯彻党的二十大精神这一主线，坚持党建引领、改进作风，加强基层党组织建设和干部队伍建设，加强党风廉政建设，坚决整治形式主义、官僚主义，以行风建设提质量，坚决落实“疫情要防住、经济要稳住、发展要安全”的重要要求，统筹疫情防控和人社事业高质量发展，统筹发展和安全，各项工作取得新进展、新突破、新成效。

一、服务大局

（一）推进粤港澳大湾区建设。

落实人力资源社会保障部和广东省政府战略合作联席会议精神，部省“两协议一清单”180项政策创新点已落地147项，起草部省支持南沙建设政策措施清单，建设“1+12+N”港澳青年创新创业孵化体系。深入实施《广东省人力资源和社会保障厅粤港澳大湾区（内地）事业单位公开招聘港澳居民管理办法》，累计超过1 500人次港澳居民报考大湾区事业单位。建设大湾区劳动争议联合调解中心，逐步扩大聘任港澳籍仲裁员试点范围。出台支持港澳青年就业创业实施细则。推进职称评价和职业资格认可，推动职业技能“一试三证”，超3 000名港澳专业人士获得内地执业资格，累计3 335人获得技能证书。签署“粤澳社保一窗通”备忘录，港澳居民在粤参保超30万人次。

（二）立足人社职能助力乡村振兴。

持续巩固拓展脱贫攻坚成果，健全防止返贫动态监测和帮扶机制，帮扶就业困难人员实现就业10.51万人。扩大政府代缴的困难群体范围，将防止返贫“三类监测对象”（含脱贫不稳定户、边缘易致贫户、突发严重困难户）纳入政府代缴城乡居民基本养老保险费的困难群体范围。2022年共为低保对象、特困人员、重度残疾人、精神智力残疾人和防止返贫“三类监测对象”等125.37万名困难群体代缴养老保险费2.23亿元，基本实现应保尽保。派遣3 279名高校毕业生到基层从事支教、支医、支农和帮扶乡村振兴工作，举办4期国家级“三支一扶”示范培训班，选派1 295名“三支一扶”人员到12个市901个镇参与驻镇帮镇扶村。在全国先行先试期满考核证书电子化，完成2 421人期满考核工作，宣传各地“三支一扶”经验做法和最美高校毕业生先进事迹。深入实施“农村电商”工程，培训电商人才4.99万人次，扶持建设17个农村电商产业园、5个培训和创业就业基地。推动社保“镇村通”工程，实现服务“不出村、全覆盖”。

（三）推进城乡区域协调发展。

贯彻落实广东省委省政府关于推动产业有序转移促进区域协调发展的政策措施，印发N系列配套文件《关于加快提升粤东粤西粤北地区劳动力素质的实施方案》。深入落实支持老区苏区振兴发展和民族地区高质量发展行动方案，为汕头经济特区发展、支持梅州加快振兴发展提供政策措施支持。健全省际劳务协作和对口帮扶机制，帮助桂黔两省区14.2万名农村劳动力来粤就业。打造援藏援疆特色品牌，西藏高校毕业生在粤稳岗率居全国首位。与新疆维吾尔自治区和新疆生产建设兵团分别签署“社保服务跨省通”合作协议，推进与云南等15个中西部省份社保协作对接。

二、就业创业

（一）着力健全就业促进机制。

2022年，广东省城镇新增就业132.06万人，完成年度目标的120.1%，调查失业率全年平均5.3%，控制在5.5%目标范围内，低于全国平均水平，就业工作连续4年（2018—2021年）获国务院督查激励。广东省开展年度就业目标责任制考核，建立问题反馈机制，压实各地级以上市政府促进就业主体责任。佛山市入围全国公共就业服务能力提升示范项目，推荐广州、深圳等10个市参加全国公共就业示范城市建设，提升地方政府公共就业服务建设积极性。

（二）落实纾困政策。

省市县三级人社部门联动开展以“助企纾困、人社给力”为主题的送政策、送资金、送服务活动。落实广东省稳经济一揽子政策，打出“降、缓、返、扩、补、促”政策组合拳，累计为368万家企业纾困减负超830亿元，其中，就业补助资金支出53.48亿元。

（三）突出重点群体就业。

出台高校毕业生就业创业十大行动等政策文件，开发政策性岗位28.3万个，年底高校毕业生去向落实率超90%，有就业意愿的困难毕业生实现100%就业。制定《广东省高校毕业生基层公共就业创业服务岗位招募管理办法》，开展2022年度1 000名基层公共就业创业服务岗位招募工作。2 300万外省农民工特别是412万脱贫人口就业基本稳定，零就业家庭实现动态清零。

（四）拓展就业创业空间。

培育灵活就业新模式，推动零工市场建设，“广东省深圳市大力发展零工市场服务灵活就业人员”工作受到国务院督查通报表扬。实施创业担保贷款担保基金和贴息资金管理办法，建立担保基金动态调整机制，发放创业担保贷款95.63亿元、贴息资金2.91亿元。截至2022年底，广东省各地人社部门建设认定各类创业孵化基地694家，各级人社部门共促进创业15.34万人，完成全年任务的153.4%。

（五）提质公共就业服务。

深入开展“春暖农民工”“南粤春暖”系列服务行动，促进农民工春节前后有序返乡返岗，加强农民工就业服务和暖心关爱。组织广州、深圳参加“国聘行动”走进国家级人力资源服务产业园活动，发动各类人力资源服务机构，通过各种方式持续开展联合招聘、网络招聘宣讲、重点企业用工支持、重点群体就业服务等工作。“全省重点企业云招聘”专栏共发布重点企业招聘岗位信息18.4万多个，开展“千名就业服务专员助万家重点企业”活动，服务重点用工企业4 300多家次，帮助其招聘13.5万多人次。推进求职招聘服务，积极推广“直播带岗”等新招聘模式，强化数据归集，全年共归集发布求职信息37.74万条、招聘岗位信息183.43万个。

三、社会保障

（一）稳步提升社会保障水平。

2022年，全省养老、工伤、失业保险累计参保1.58亿人次，基金累计结余1.66万亿元。继续调整企业退休人员基本养老金。城乡居民基本养老保险参保人数2 764.32万人，领取待遇869.49万人，基金累计结余579.41亿元。城乡居民基本养老保险基础养老金全省最低标准提至每人每月190元。

（二）持续健全养老保险制度体系。

创新灵活就业人员参加社会保险办法，383万灵活就业人员参加企业养老保险。落实企业养老保险全国统筹改革，上解全国统筹调剂资金1 158.14亿元。深化机关事业单位养老保险制度改革。制定企业年金高质量发展若干措施，出台职业年金投资运营管理系列制度。完成职业年金实账积累297.63亿元。职业年金投资规模 2 278.75 亿元，累计投资收益率 7.21%。推进个人养老金在广州、深圳和省直先行实施工作，11 月 25 日启动至 12 月底开户数即超 200 万户，居全国第一。持续巩固城乡居民基本养老保险全覆盖，提高基础养老金全省最低标准。切实保障被征地农民养老权益，全省累计落实留存资金分配金额 125.1 亿元，惠及约 964.2 万被征地农民。加大养老基金委托投资运营工作力度，养老基金委托投资运营规模总量保持全国首位。

（三）持续改革完善工伤保险制度。

截至 2022 年底，工伤保险参保人数 4 083.39 万人，参保规模居全国第一。深入推进灵活就业特定人员单项工伤保险办法，全省特定人员参保 167.88 万人。完善公务员参保缴费和待遇衔接机制。率先实施新业态人员职业伤害保障试点，截至 2022 年底，全省试点平台从业人员登记参保约 152 万人，完成 4 276 件职业伤害确认，位居全国首位。强化预防、补偿、康复“三位一体”功能。持续提高工伤保险待遇标准，一次性工亡补助金提至 94.82 万元，提高工伤保险长期待遇标准，2022 年调整后的伤残津贴、生活护理费、供养亲属抚恤金人均约 5 146.3 元、4 498.89 元、2 005.3 元，位居全国前列。助力企业稳岗纾困，全年降低企业缴费成本约 41.85 亿元，缓缴工伤保险费约 2.12 亿元。

（四）持续推动失业保险参保扩面工作。

截至 2022 年底，失业保险参保人数 3 751.12 万人，居全国第一位。发放失业保险金 73.14 亿元，失业保险金领取人数 83.31 万人，发放失业补助金 49.44 亿元。灵活就业人员参加失业保险试点市增加到 10 个。完成失业保险省级统筹工作。推进失业保险助企纾困政策落实，共发放失业保险稳岗返还约 58.63 亿元，惠及企业约 232.14 万户，惠企户数全国第一，发放总额居全国前列；共发放一次性留工培训补助 151.69 亿元，惠及企业 317.86 万户，两项指标均居全国第一。落实延续阶段性降低失业保险费率政策和社保费缓缴政策。做好失业保险支持职业技能培训工作，拓宽失业保险技能提升补贴受益范围，按比例提取 21.94 亿元基金至职业技能提升行动专账资金中，全年共发放失业保险技能提升补贴 3.80 亿元，惠及 25.93 万人次。

（五）全面提升管理服务水平。

推进“湾区社保通”和“社保服务跨省通”，截至 2022 年底，港澳居民在粤参保总人数 30.37 万人，港澳享受待遇 3.36 万人，在珠三角城市开设“湾区专窗”189 个，在港澳境内开设 70 余个“跨境办”网点，53 项广东社保高频事项入驻湾区网上专区。实施城乡居民基本养老保险“镇村通”工程，建立“社保电子地图”，打造 15 分钟社保服务圈。推进社保经办数字化转型，上线“粤省事”43 项、“粤商通”7 项，全省网上办理业务量居全国前列，推动社保事项上线“粤智助”、银行自助终端，建成电子档案数字资源库管理系统。开展“暖心贴心社保服务窗口”主题活动，培育社银一体化示范网点，提升社保公共服务供给。实现资格认证“无形办”，全年共实施 20 次信息比对业务经办操作，为全省领取待遇人员提供约 1 500 万人次认证服务，人均服务 2.5 次，省本级综合认证率 98%，全年粤澳双方共完成 173 名澳门人员和 247 名粤方人员的协查认证业务。

（六）加强社保基金监督。

持续完善社保基金监管体系，创新建立各地履行社保基金监督职责年度报告制度、常态化社保基金管理问题风险防控机制、常态化社保基金反欺诈教育机制，印发《广东省社会保险基金监督举报奖励实施办法》。开展社保基金管理提升年行动，116 项任务顺利推进并取得实质性进展，查处基金要情 102 件，追回 2021 年来要情基金损失 1.48 亿元，43 名违法人员被追究刑事责任，32 名违规人员被追究党纪政纪责任。持续开展社保“清数”“筑墙”行动，清理疑点数据 1.28 亿条，完善制度机制、措施等 671 项（含县、区）。加大违法违规问题查处力度，下发订单和要情管理双结合，全年下发125份基金监督检查订单，陆续发现44件基金要情，全年向省、市两级相关单位发出基金督办建议提醒26份。对代理人开展职业年金基金管理情况调研检查，加强年金监管。发挥审计职能，持续做好审计监督。

（七）加强人社信息化建设。

完成首席数据官制度试点，创新建立业务链长、数据专员等工作机制。省本级及20个地市上线养老保险全国统筹系统。优化完善省集中式人社一体化信息系统，完成社保费缓缴、政策性退费等194项功能改造，建成职业伤害保障、“南粤家政”、电子劳动合同等子系统。完成信息化便民服务创新提升行动，全面推进“全数据共享”“全服务上网”“全业务用卡”。

（八）推进社会保障卡居民服务“一卡通”。

完成国务院办公厅、人力资源社会保障部部署的社会保障卡居民服务“一卡通”试点任务。截至2022年底，全省社会保障卡常住人口持卡人数超1.2亿，持卡率约95%，电子社保卡签发人数超7 143万，实体卡、电子卡持卡人数均居全国第一。社会保障卡应用逐步拓展到政务服务、就医购药、惠民惠农、文化旅游、交通出行等民生领域。

四、人才人事

（一）统筹抓好专业技术人才和技能人才队伍建设。

截至2022年底，全省专业技术人才和技能人才总量分别达891万人和1 850万人，其中高层次人才和高技能人才分别达88万人和631万人。享受政府特殊津贴专家5 010人，百千万人才工程国家级人选169人。全省现有博士后科研流动站177家、博士后科研工作站（分站）647家、博士后创新实践基地425家、博士工作站1 083家，全年新增博士后约4 500人，在站博士后约12 000人，各项指标均居全国前列。

（二）推动“粤菜师傅”“广东技工”“南粤家政”三项工程从“惠及面越来越广”到“实效性越来越好”。

“粤菜师傅”“广东技工”“南粤家政”三项工程当年累计培训138.2万人次，带动就业创业67.2万人次。推动“粤菜师傅”与粤菜产业协同发展。推动出台省粤菜发展促进条例，打造粤菜名店名品名厨，出台“预制菜十条”，推出乡村旅游粤菜美食点587个，认定五星级、四星级“粤菜师傅”110名（其中五星级30名），评定“粤菜师傅”烹饪专业正高级职称人才38名。加快“广东技工”与广东制造共同成长。实现“南粤家政”与家政服务业相互促进，开展母婴、居家、养老、医护4大服务项目培训，评选“南粤家政”星级企业136家、服务人员400名，升级“南粤家政”服务地图，构建15分钟家政服务圈，累计建设基层服务站1 000余家。

（三）加强技能人才培养。

将技工院校招生纳入广东省十件民生实事。2022年，全省140所招生技工院校共招生22.28万人，在校生65万人；应届毕业生17.3万人，就业率保持在98%以上。招生数和在校生数连续七年稳居全国首位。加强品牌专业建设，安排8 500万元扶持建设50个省级重点专业和10个省级特色专业。强化校企深度合作，会同省发改委、省教育厅等部门评审认定第二批共880多家企业为建设培育产教融合型企业，高水平建设广东省高技能人才培养联盟成员单位达到117个。2022年世界技能大赛特别赛，中国代表团广东选手共获得7金1银1铜和2个优胜奖，金牌数及奖牌数均占全国1/3。做好教研教改工作，有46所技工院校纳入全国技工院校工学一体化第一阶段建设院校及建设专业名单，位居全国第一。助推乡村振兴取得新成果，全省技工院校共有约42万名学生免学费接受技工教育，约2.5万名学生享受国家助学金。深入实施创业培训“马兰花”计划，持续提供高质量免费线上培训服务。着力构建共建共评共治共享的职业技能等级制度，大力支持企业自主开展职业技能等级认定，统一标准推进院校职业技能等级认定，培育支持社会培训评价组织开展职业技能等级认定。2022 年，新增取得职业资格证书或职业技能等级证书 73.88 万人次，其中高级工以上 20.98 万人次，技师、高级技师 1.64 万人次。全省共备案职业技能等级评价机构 2 423 家，其中企业 1 852 家、院校 283 家、社会培训评价组织 288 家。

（四）深化人才发展体制机制改革。

全面完成广东省 27 个系列职称制度改革。组织实施“乡村工匠”、高技能人才贯通评价两项重点评审，全省共 2 541 名高技能人才参加职称评审取得专业技术职称。积极拓展新职业、新业态职称评价。实施 2022 年专家服务基层示范团项目，新增设立 1 个国家级专家服务基地。

（五）加强事业单位人事管理。

贯彻落实中央部署，成立“广东省县以下事业单位管理岗位职员等级晋升工作领导小组”，稳妥有序推进职员等级晋升工作，全省各地于 2022 年 9 月全部完成首批职员等级晋升工作，至 12 月共有 8 262 人晋升职员等级。制定实施《关于印发〈广东省事业单位公开招聘专业参考目录（技工院校）〉的通知》，建立技工院校毕业生平等入编事业单位新机制。组织开展 2022 年全省事业单位集中公开招聘高校毕业生工作，发布岗位 1.4 万余个，报名考生超过 46.9 万人，创历史新高。组织开展 2022 年度事业单位工作人员岗前公共科目培训，并首次代训了 957 名全省重点老区苏区事业单位新聘用工作人员。落实国家有关工资政策调整部署，调整事业单位工作人员基本工资标准，增加离休人员离休费。落实国家“双减”政策、义务教育教师工资待遇“两个不低于”政策及兑现县以下事业单位管理岗位职员等级晋升人员工资待遇套改。配合做好清理规范公务员工资津贴补贴工作，同步统筹规范事业单位工作人员和机关事业单位离退休人员有关待遇。平稳完成 2021 年度省直事业单位绩效考核工作。落实关心关爱政策，持续向新冠肺炎疫情防控一线医务防治工作人员核发临时性工作补助。进一步规范和顺畅事业单位工作人员交流，2022 年办理省直事业单位工作人员调配 1 988 人次。

（六）做好人事考试工作。

抓实抓细考试疫情防控，动态更新考试防疫操作指引，全力做好防疫保障，妥善应对突发疫情，全年顺利组织考试 71 项，服务考生 315 万人次，新增取得专业技术人员职业资格证书人数 29.9 万人。加强能力建设，持续推进考试科学化。创新命审题模式，首次实施在线分散式命审题。创新考试科目，在全省公务员考试中首次设置《行政执法专业测试》笔试科目，首次开设《“三支一扶”基本能力测验》笔试科目。

五、劳动关系

（一）构建和谐劳动关系。

全面部署落实构建和谐劳动关系“十四五”规划。开展基层劳资纠纷排查化解专项行动和“保稳定促和谐、喜迎二十大”稳定劳动关系专项工作，开展覆盖全省的专项督导检查。构建广州、佛山、江门、清远、汕尾、肇庆 6 个市级电子劳动合同平台，启动省电子劳动合同平台建设，落实推进电子劳动合同百城行动。出台维护新就业形态劳动者劳动保障权益实施意见，开展维护新就业形态劳动者权益专项行动。推进劳务派遣规范用工，推行劳务派遣许可告知承诺制，在汕头、东莞等市探索劳务派遣管理新模式。深入实施“和谐同行”能力提升三年行动，推进“三个金牌”“四个计划”，实施劳动关系协调员“百千万”培育工程。大力开展和谐劳动关系创建示范活动，全省获评全国和谐劳动关系创建示范企业 20 家、示范工业园区 3 个。在广州市海珠区、清远市高新区等创建新一轮 2.0 版和谐劳动关系综合试验区。创新实施特殊工时管理制度改革试点。

（二）优化薪酬分配体系。

完善企业薪酬调查、信息发布和人工成本监测分析制度，完成人力资源社会保障部和广东省企业薪酬调查工作。继续扎实开展“粤菜师傅”“广东技工”“南粤家政”三项工程、战略性产业集群专项薪酬调查，把国有企业薪酬调查从省属企业向市属企业覆盖延伸。完善国企薪酬分配体系。深化国有企业工资决定机制改革和负责人薪酬制度改革，完善国有企业科技人才薪酬分配指引和重大科技创新薪酬激励机制，开展省属企业工资分配改革调研和工资内外收入监督检查。完善技能人才薪酬指引。

（三）坚持创新劳动人事争议处理方式。

2022 年，受理劳动人事争议案件 70.8 万件，涉及劳动者 103 万人，其中，仲裁立案受理 25.7 万件，涉及劳动者 33.5 万人。办结劳动人事争议案件 66.3 万件，调解成功率达到 78.4%，仲裁结案率达到 96.7%，其中省本级仲裁结案率达到 98.8%。加强争议源头治理，推进调解仲裁进企业和小微企业劳动关系事务托管服务。打造“争议预防+多元治理”模式，推行“调解仲裁+就业帮扶”延伸服务。创新调解服务模式，落实“总对总”在线诉调对接工作机制，组织 1 909 家基层调解组织和 4 203 名调解员入驻人民法院调解平台。全面开展三方联调，不断加强立案前调解。以政府购买服务方式，对在线调解案件集中运营，全年办理在线调解申请 7.4 万件，群众满意度达到 97%。培育金牌调解组织候选单位 104 家，其中 9 家获评全国金牌调解组织。在广州、深圳、佛山开展培育新业态劳动争议调解组织试点。深入推进办案方式改革，加强办案指导，统一法律政策适用标准。加强“互联网+调解仲裁”服务水平，实行“同步审理”和“异步庭审”等新办案模式。以“调援裁诉”一体化改革，助推法律援助、调解、仲裁、诉讼有序紧密衔接。粤港澳大湾区劳动争议联合调解中心入驻粤港澳大湾区（广东）人才港，珠海（横琴）、广州（琶洲）、深圳（前海）速调快裁服务站全部揭牌运营，“一中心三站点”服务格局搭建完成。逐步扩大聘任港澳籍仲裁员试点范围，全省共有在聘港澳籍调解员 22 名、仲裁员 29 名。

（四）加强劳动保障监察专项治理和根治欠薪。

2022 年，广东加强劳动关系领域涉稳问题专项治理，共办结立案处理劳动保障监察违法案件 7 899 件；协调处理案件 135 099 件，共为 36.1 万名劳动者追发工资等待遇 38.67 亿元（含为 19.32 万名农民工追发工资 25.92 亿元），其中为 8.24 万名劳动者追发工资等待遇 13.7 亿元（立案处理），为 27.86 万名劳动者追发工资等待遇 24.97 亿元（协调处理）。深入推进根治欠薪，开展欠薪集中专项整治，检查用人单位 5.28 万户，涉及劳动者 334.41 万人，解决欠薪问题 35 254 件，为 14.36 万名劳动者追回工资待遇 13.14 亿元。强化工资支付工作考核。开展落实《保障农民工工资支付条例》专项行动，加强欠薪治理源头预防，联合开展清理整顿人力资源市场秩序专项行动，用好法规赋予的执法手段和惩戒措施，对恶意欠薪“零容忍”。遴选佛山市、广州市荔湾区、肇庆市德庆县开展创建“零欠薪城市”试点。

（五）做好人社信访工作。

2022 年，广东省人社系统接待处理群众信访 348 202 批次 434 773 人次，同比下降 1.7%、上升 1.5%，其中妥善处理集体访 2 326 批次 31 091 人次，同比下降 0.3%、上升 10.6%，全省人社信访形势平稳有序。圆满完成党的二十大人社系统信访安全保障工作。持续开展治理重复信访、化解信访积案专项行动，按期 100%化解中央交办第二批 167 宗重复信访事项无倒流。网上信访持续发挥群众信访主渠道作用，全年省本级办理网上信函 18 010 件，占省本级信访总量 93%，平均办结天数 0.6 天，群众体验感和满意度双提升。连续四年在全省信访工作考核中获评优秀等次。

六、行风建设

严格执行“两个维护”十项制度机制、政治要件闭环落实机制。严格落实意识形态工作责任制，强化厅机关、技工院校、人社网络等意识形态主阵地管理。坚决整治形式主义、官僚主义。支持驻厅纪检监察组强化监督执纪问责。全力支持配合省委巡视工作。实现厅属单位政治巡察全覆盖。落实审计反馈问题整改38项。推进“人社服务快办”等工作，压减办理环节56.8%、精简办事材料59.8%、压缩办理时限59.3%，32个服务事项实现“跨省通办”，人社政务服务好评率超99.9%，社保服务超九成业务实现“不见面”办理。梳理确认广东省人社系统实施的9项行政许可事项，创新推进与港澳地区社保服务“跨境通办”，开展“厅局长走流程”和“知识通代办走流程”等活动，了解各级人社政务服务存在的问题，及时整改完善。加强法治人社建设。印发全省人社系统法治建设实施方案（2021—2025年），明确30余项“十四五”期间法治人社建设重点任务，着力提升全省人社系统法治思维和法治能力。印发全省人社系统法治宣传教育第八个五年规划（2021—2025年），全面提升人社领域“谁执法谁普法”普法责任制落实质量，持续提升人社系统工作人员和用人单位、劳动者法治素养。出台广东省人力资源和社会保障厅普法责任清单和领导干部应知应会法律法规清单。完成全国人社系统法治人社示范创建推荐工作。组织全省人社系统市县法治建设自查工作，开展执法案卷评查。

广东省人力资源和社会保障厅

广　州　市

一、就业创业

（一）实施就业优先政策。

坚持就业优先战略，就业形势持续保持稳定，提前超额完成各项就业工作目标任务。全市城镇新增就业人数 30.55 万人，帮助 13.24 万名城镇登记失业人员实现再就业，帮扶 5.63 万名就业困难人员再就业。出台贯彻落实“十四五”就业促进规划若干措施，落实国家、省、市稳经济一揽子政策措施，聚焦“降、缓、返、补、扩、促”方面落实保主体稳就业扶持政策，2022 年发放就业补助资金约 29.85 亿元，惠及约 130.68 万人次。完善创业担保贷款机制，1—12 月发放创业担保贷款 359 笔共 8.87 亿元。

（二）公共就业服务。

全市共有创业孵化基地 128 家，累计带动就业 17.97 万人。加强重点企业用工调度保障，对重点企业实施“一对一”用工服务，开展“千名就业服务专员助万家重点企业”和送政策、送资金、送服务“三送”服务，制定 21 条保障重点产业链用工方案，搭建供需对接平台，开展用工余缺调剂，为 123 家重点企业落实用工 2.57 万人。搭建线上服务平台提供 24 小时就业服务，推出“摇一摇，附近职位随心找”线上招聘服务。全市公共就业服务机构共举办线上线下招聘会 1 298 场次，参会企业 3.21 万家次，提供岗位 82.27 万个，进场求职者 107.78 万人次。做好受疫情影响重点人群的就业服务，不间断提供就业公共服务，保障复工复产企业用工需求。加强新就业形态人员就业和岗位信息采集、发布和引导，全年举办灵活用工专场招聘会 192 场次，累计发布用工岗位 11.43 万个。设立全国首个灵活就业和新就业形态就业法律援助工作站，推动建设灵活就业和零工市场，落实灵活就业人员参加失业保险和住房公积金制度。

（三）重点群体就业。

实施“赢在广州”高校毕业生就业创业十大行动，建设 47 所高校就业创业 e 站，举办“阳光就业”高校毕业生专场招聘会 1 695 场，累计提供招聘岗位 105.1 万个。省（市、区）机关单位、事业单位、国企招录超 2 万名应届毕业生。鼓励用人单位招用毕业 2 年内高校毕业生，发放一次性扩岗补助 2.07 亿元，助力企业招用 13.78 万人。鼓励港澳青年来穗就业创业，率先落实省“大湾区青年就业计划生活补助”政策；率先联合评聘 36 名港澳籍“大湾区职场导师”；率先在南沙引进港澳机构提供公共就业服务；创新开展港澳青年在穗就业创业公共服务“走流程”活动，港澳人员在穗参加养老、失业、工伤保险累计 3.67 万人次；率先全省推动青年创新创业立法。组织“零距离”就业招聘会 350 场，提供岗位 12.20 万个，全市零就业家庭实现动态清零管理。建设 24 个“山海心连之家”服务站，帮扶毕节、黔南、安顺实现就业 13.59 万人（转移广东就业 4.55 万人）。帮助 14.73 万就业在册脱贫人口实现稳在企业、稳在岗位、稳在广州。

二、社会保障

（一）养老保险。

健全基本养老保险待遇调整机制，企业退休人员人均养老金提高到 3 929 元/月，城乡居民基本养老保险基础养老金标准提高到 247 元/月。统筹疫情防控与经济社会发展，阶段性缓缴养老保险费累计 18.76 亿元，惠及单位 1.96 万家、职工 52.21 万人。研究提出的探索完善灵活就业人员的社保政策建议被国务院办公厅刊登。经积极主动争取，广州市被纳入全国首批个人养老金先行城市，在全国启动会议上作为先行城市代表发言，相关做法被人力资源社会保障部推广，全市已有 83 万人开设个人养老金账户，缴费资金 8.2 亿元。在广东省政府公布的 2021 年度省人社工作综合考核中，广州市企业职工养老保险省级统筹考核与被征地农民养老保障留存资金分配考核均获 A（优秀）等次。截至 2022 年底，广州市基本养老保险参保人数 1 023.42 万人（含领取养老金 193.91 万人），其中企业职工参保 845.52 万人（含领取养老金 121.41 万人）。

（二）工伤保险。

提高工伤残疾退休人员的退休待遇，人均伤残津贴为 6 204.01 元/月，一次性工亡补助金标准 94.82 万元（不含供养亲属抚恤金）。实施阶段性下调工伤保险费率政策为企业减负 15.96 亿元。推进开展新就业形态从业人员职业伤害试点工作，发动特定人员参加工伤保险。2022 年 7 月 1 日启动新就业形态就业人员职业伤害保障试点工作。特定人员参加工伤保险人数为 42.2 万人，保障特定人员工伤保险待遇权益。扎实推进广州市工伤预防五年行动，确定 15 个工伤预防项目纳入 2023 年广州市工伤预防项目。健全“早期介入”和“先康复后评残”的工伤康复机制，规范工伤康复费用支出。截至 2022 年底，广州市工伤保险参保人数 732.26 万人。

（三）失业保险。

对上年度不裁员、少裁员的企业，按上年缴纳的失业保险费的一定比例返还，大型企业返还比例由 30% 提高至 50%，中小微企业返还比例由 60% 提高至 90%，社会团体、基金会、社会服务机构、律师事务所、会计师事务所和以单位形式参保的个体经济组织参照实施。全流程实现“免申即享”，提高失业保险稳岗返还发放经办效率。全年全市累计发放失业保险稳岗返还 15.99 亿元，惠及 52.07 万家企业。发放一次性留工培训补助，因新冠肺炎疫情严重影响暂时无法正常生产经营的中小微企业及大型企业，按每名参保职工 500 元标准发放，企业无需申请。截至 2022 年 12 月底，一次性留工培训补助发放单位 66.24 万家，金额 28.93 亿元。完善失业保险保障体系，探索灵活就业人员参加失业保险办法。继续实施失业补助金政策，全年累计发放失业补助金 30.28 万人，发放金额 11.87 亿元。继续执行失业保险降费率和浮动费率政策，为企业减负 55.51 亿元。失业保险金标准 2 070 元/月。截至 2022 年底，广州市失业保险参保缴费人数 714.83 万人。

三、人才人事

（一）人才引进。

修订印发《广州市引进人才入户管理办法实施细则》，放宽各类人才的社保年限要求，学历类、职称类的人才社保要求从 6 个月降低到 1 个月。优化简化引进人才入户流程，取消用人单位审核环节，规定审核时长压减 5 个工作日。做好年度全市重点产业、重点单位、交通行业、临空产业使用总量控制类入户指标引进紧缺急需人才的工作。2022 年，广州市、区人力资源社会保障部门共办理引进在职人才入户 7.57 万人。

（二）事业单位人事管理。

完成事业单位人事管理改革任务，全市 11 个区完成首批县以下事业单位管理岗位职员等级晋升 635 人，指导市属 6 所重点中学自主开展事业单位公开招聘试点改革。建立高层次急需紧缺专业人才引进机制，印发规范事业单位引进高层次急需紧缺专业人才的文件，全年引进高层次人才 46 人、紧缺专业人才 10 人。推进事业单位工作人员培训工作，率先推出试运行“事业单位工作人员培训管理系统”和“事业单位工作人员网络学习平台”，这是全省首个，也是全国首个副省级城市事业单位工作人员培训管理系统和网上学习平台。统一开展 2022 年广州市卫生健康系统校园招聘“优才计划”，组织 78 个城市建设、规划设计、道路交通、生态文明、园林绿化等行业事业单位开展专项招聘。

（三）专业技术人才管理。

继续深化职称制度改革，指导广州实验室、生物岛实验室、广药集团等单位开展主体人才职称自主评审，3 881 名专业技术人才通过自主评审获评职称。启动卫生健康专业技术人才职称改革，2 166 人通过职称评审。加强高技能人才和专业技术人才职业发展贯通，高技能人才参加职称评审的领域扩大为工程、农业、工艺美术、文物博物、实验技术、艺术、体育、技工院校教师等职称系列，555 名高技能人才通过贯通评价获得职称。优化港澳专业人才职称评价，指导南沙区面向全市组织开展建筑、交通工程领域港澳人才职称评审，该项改革入选广东自由贸易试验区 2021 年最佳制度创新案例。推动境外人才在穗便利执业，会同相关部门联合印发广州市境外职业资格便利执业认可清单，持有清单内 10 个领域 57 项境外职业资格的人员可按照相关实施办法在广州市全域或特定区域内执业。稳步推进博士后工作，新增获批设立博士后工作站 4 个、博士后工作站分站 8 个、省博士工作站 22 个。聚焦博士博士后人才创新创业，指导广东省博士博士后创新（中新广州知识城）示范中心、粤港澳大湾区博士后科技创新（南沙）公共研究中心开展博士博士后人才交流、项目对接、专题培训活动。

（四）技能人才培养。

深入实施职业技能培训“十项专项行动”，健全技能人才培养、使用、评价、激励制度，全年开展补贴性职业技能培训 20.59 万人次，新增企业新型学徒制备案 1.44 万人，新增职业技能等级认定机构备案 469 家，全市全年参加技能等级认定 14 万余人次，取得证书 11.7 万人次。截至 2022 年底，广州市技能人才总量达 364.9 万人，高技能人才 127.75 万人，高技能人才占比 35.01%。推进技工教育高质量发展，广州市有技工院校 26 所，其中，技师学院 7 所、高级技工学校 3 所，全日制在校生 11.03 万人，毕业生就业率 98% 以上，年社会职业培训 12.62 万人次。各技工院校深化产教融合、校企合作，新增冠名班、订单班 165 个，学生 6 513 人。广州市技师学院、广州市机电技师学院被人力资源社会保障部公布为首批技工教育联盟（集团）建设院校，广州是全国首批 32 所院校中唯一有 2 所院校的城市。持续与香港机电工程署、香港职业训练局、中华电力有限公司合作交流，累计为香港培训机电等高技能人才 336 人次。全力备战 2022 年世界技能大赛特别赛，选派 3 名选手参加 3 个项目的比赛，获得 1 金 1 铜 1 优胜奖，获奖率 100%，其中广州市工贸技师学院 1 名选手摘得本次大赛新增项目移动应用开发金牌，被人力资源社会保障部授予“国家最佳奖”荣誉称号。参加广东省第二届“南粤家政”技能大赛获 1 个二等奖、3 个三等奖、12 个优胜奖。举办 2022 年广州市广府风味小吃职业技能竞赛暨第三届“青年粤菜师傅”创新创业竞赛，2 名一等奖选手获颁“羊城工匠杯”金奖。开展第九届产业人员职业技能竞赛暨第三届“鲲鹏应用开发”竞技大赛。参加第三届马兰花全国创业培训讲师大赛全国总决赛，广州市获得一、二、三等奖各 1 个。参加广东省马兰花创业培训讲师微课赛，广州市在 SYB 赛道中获 1 个一等奖、3 个二等奖、1 个三等奖，在网络创业赛道中获 1 个一等奖、1 个二等奖、2 个三等奖，在 IYB 赛道中获 1 个三等奖。

（五）人力资源服务。

2022 年，广州市共有人力资源服务机构

2 398 家，其中民营机构 2 287 家，占 95%；人力资源服务机构全年营业收入 1 477 亿元，比上年增长 7.5%。中国广州人力资源服务产业园 7 个园区均已开园运营，产业园建设全面铺开，产业园建筑面积 9.53 万平方米，入驻机构 112 家，同比增长 10.89%，营业收入 436.79 亿元，同比增长 21.42%，提供就业岗位 78.27 万个，帮助实现就业和流动 161.49 万人次。举办首届“琶洲论剑”——人工智能与数字经济人才猎头大赛，共吸引 30 家猎头机构报名参赛。

四、劳动关系

（一）构建和谐劳动关系。

做好疫情防控下构建和谐劳动关系工作，出台相关政策措施，开展以“万企稳就业促发展保权益构和谐”为主题的构建和谐劳动关系宣传月活动，指导餐饮企业推进特殊工时审批，防范化解疫情下劳动关系纠纷。加强劳动关系领域风险防范化解，围绕服务党的二十大胜利召开开展劳动关系领域基层劳动关系纠纷排查化解专项行动，印发加强防范大规模失业风险跟踪监测服务工作方案，健全劳动关系形势研判、风险监测预警和舆情跟踪应对机制。优化营商环境劳动力市场监管，建成全国首家优化营商环境劳动力市场监管政策宣传基地，做好广东省营商环境评价工作，广州市获全省第二名。开展劳动关系和谐创建活动，广州塔旅游文化发展股份有限公司、广州白云电器设备股份有限公司等 4 家企业获评“全国和谐劳动关系创建示范企业”，广州市花都（国际）汽车产业基地获评“全国和谐劳动关系创建示范工业园区”；南沙优化特殊工时协同监督机制经验入选中国（广东）自由贸易区广州南沙新区片区第六批改革创新经验案例。探索劳动关系治理新模式，在越秀、海珠、萝岗、南沙、增城五个区开展全国特殊工时管理改革试点，探索适应新技术、新业态、新产业、新模式发展需要的特殊工时管理制度。指导海珠区人力资源和社会保障局开展小微企业劳动关系事务托管试点，累计托管 1 825 家小微企业，覆盖劳动者 2.89 万人，该项目被纳入广州市深改委工作要点、广州市法治创新培育项目，并被省人力资源社会保障厅向人力资源社会保障部提请申报为国家构建和谐劳动关系创新项目。

（二）劳动工资。

开展 2022 年企业薪酬调查及企业人工成本监测工作，进一步完善提升薪酬调查数据分析水平，向企业提供多维度、多层次的工资价位指导信息服务。聚焦重点行业群体，提升薪酬指引服务质量，有针对性的部署开展“粤菜师傅”“广东技工”“南粤家政”三项工程专项薪酬水平调查。围绕广州市重点产业发展开展全国首家产业链薪酬调查，《广州改革》等市委、市政府简报信息三次刊用。

（三）劳动保障监察。

加大根治欠薪工作力度，强化源头治理，推进治欠保支各项制度机制落实落地。加快对各类渠道欠薪线索的分类核实处置进度，对重大欠薪违法案件及时督办，对疑难案件现场督导、联动处置，协调解决案件难点问题，推动欠薪案件依法快速解决。发挥劳动保障监察网格化作用，加大对房地产、加工制造、餐饮服务和新就业形态等行业领域欠薪隐患问题排查化解，定期分析研判人社领域劳动关系纠纷形势，防范化解重大劳动关系风险。加强劳动保障监察日常巡查，组织开展全市范围内针对性的专项执法检查，消除劳动关系纠纷隐患，引导规范企业用工，依法查处各类违反劳动保障法律法规行为，切实维护劳动者合法权益。截至 2022 年底，全市劳动保障监察机构为 11.34 万名劳动者追回工资 9.97 亿元。

（四）劳动人事争议仲裁。

全市劳动争议调解仲裁立案 19.17 万件，其中全市三方联调中心调处案件 1.3 万件。全市仲裁结案率 96.61%、调解成功率 79.10%、仲裁终结率 78.38%。互联网远程劳动仲裁庭审线上调处争议案件 21 711 件。推进新业态调解组织培育试点，荔湾区打造全省首个新业态劳动人事争议调解中心，海珠区打造全省首个新业态用工保障联盟，天河区开展新业态劳动争议调解组织培育试点，增城区成立新业态劳动争议调解联盟中心。

五、人社帮扶

扎实推进东西部协作工作，助推贵州省毕节市、黔南州、安顺市巩固拓展脱贫攻坚成果，全面推进乡村振兴。全年帮助毕节市、黔南州、安顺市农村劳动力实现就业 135 937 人（转移广东就业 45 467 人），脱贫人口实现就业 91 154 人（转移广东就业 19 937 人）。春节前为超过 600 名在穗务工人员组织提供错峰返乡专列服务，春节后组织专车专列 23 批次共 2 958 名务工人员返穗返岗，打通贵州协作地区务工人员返岗绿色通道。累计向三地筛选并推送管理规范、技能文化门槛较低、待遇较好的就业岗位超过 11.4 万个；累计组织 1 898 家次企业采取现场和网络方式开展招聘活动 97 场次，提供招聘就业岗位 5.7 万个。与协作地区组织开展就业技能培训 596 场次、26 044 人次（脱贫人口 17 220 人次）。全市 24 个“山海心连之家”服务站已摸查建立贵州籍务工人员台账 20 605 人，各区依托“山海心连之家”服务站积极开展政策宣传、技能培训、就业推荐、劳动维权、老乡关怀等服务活动共 217 次。通过“请过来”“送上门”“线上教”等方式组织开办师资技能培训班，开办“三项工程”师资培训班 10 期，培训三地师资共 512 人。组织对三地参加贵州省第一届职业技能大赛 28 个项目的选手进行线上集训和辅导，帮助三地获得 2 金 4 银 2 铜 19 优胜的成绩，其中黔南州、安顺市分别位居市州奖牌榜第三名和第五名。

六、行风建设

坚持以群众满意为标准，将行风建设持续作为“一号工程”抓实抓细抓常，推进行风建设工作常态化、长效化。市级保留的依申请类政务服务事项 134 项，100%实现可网办、可单点登录和“最多跑一次”。其中，131 项业务实现可“全流程网办”，3 项业务需 1 次到现场，全流程网办率达到 97.8%，不断提升群众办理人社业务的满足感和幸福感。在全国人社领域先行先试“云窗口”建设，在市级服务大厅和各区局服务大厅铺设“政务晓屋”，实现企业和群众办理进驻业务时享受“云服务”。率先在全国人社领域开发全部依申请业务智能咨询平台，以思维导图形式展现，用树型图模式指引群众根据自身情况分类引流，快速、准确找到自己想要办理的事项，提供智能化办事指引。印发《广州市人社系统 2022 年度“走流程”活动方案》，聚焦企业群众政策“懂不懂”、流程“通不通”、体验“好不好”问题，由市局和各区局领导、市局处级领导干部及全市人社系统“知识通”以办事群众的身份体验服务流程，查找短板问题，了解群众真实需求，持续深入解决企业群众急难愁盼问题，以更高标准、更高要求，推进服务群众“最后一公里”更顺畅，持续开创群众满意的人社服务新局面。持续推进练兵比武、第三方明察暗访、事中事后监督管理等工作，政务服务事项好评率稳定在 99%以上。

广州市人力资源和社会保障局

深　圳　市

2022年，深圳市人力资源社会保障系统坚持以习近平新时代中国特色社会主义思想为指导，全面系统深入学习贯彻党的二十大精神，深入学习贯彻习近平总书记对广东、深圳系列重要讲话和重要指示精神，始终聚焦重大国家战略，紧密围绕国家、省人社工作部署，深入贯彻落实深圳市委、市政府工作安排，全面推进深圳人社“1+2+5”工作体系，持续稳就业保民生、减负担保企业、防风险保稳定、促创新谋发展，推动深圳人社事业发展迈上新台阶、跑出加速度。

一、坚持和加强党的全面领导，党建引领力更全面、更坚强

（一）理论学习持续深化。

坚持把学习好宣传好贯彻好党的二十大精神作为首要政治任务，组织开展第一议题学习35次、中心组理论学习11次，编发学习简报50期，切实增强忠诚拥护“两个确立”、坚决做到“两个维护”的思想自觉、政治自觉、行动自觉。

（二）党的建设持续细化。

围绕新时代党的建设总要求，压紧压实管党治党政治责任，创新开展“党建+业务”综合考评，设置党建和业务2大板块11项考核指标，把“党建引领”贯穿人社工作的各领域、全过程。推动党组织“三会一课”高质量开展，制定迎接党的二十大胜利召开50条任务清单。选派514名干部脱产参加疫情防控专项工作，动员5 000人次干部参与社区防疫，充分发挥战斗堡垒和先锋模范作用。开展“争创模范机关、争建五星支部、争做五星党员”行动。荣获深圳市模范机关创建工作先进单位，1名同志荣获全国人社系统先进个人称号，12名同志荣获深圳市“两红两优”表彰。

（三）党风廉政持续优化。

做好省委专项巡视深圳、市委落实“两个维护”十项机制专项巡察整改工作。梳理汇总廉政风险隐患，落实台账式管理。以“现场答辩、红脸出汗”形式创新开展述责述廉，获市纪委监委充分肯定，推动全面从严治党主体责任落地落实。

（四）干部队伍持续强化。

坚持抓班子带队伍打基础，为深圳人社高素质干部队伍增动力添活力。深入优化7个内设机构职能设置和人员配置，增设调研宣传部门、技工教育管理部门，调整设立技能人才评价管理部门，分别将工伤保险和劳动能力鉴定部门、执法和信访部门合二为一，更好服务改革创新、破解发展难题、汇聚发展动力。推进内审、外审制度规范化建设，编制调研课题管理办法，重构信访受、转、办运行机制，开设“局长信箱”接诉即办，完善安全生产责任制，健全档案保密管理制度，制定人社政务新媒体管理办法，获评深圳市政务新媒体10强，以制度改革小切口推动工作质效大提升。实施“雏鹰计划”，建立“2+3+4”公务员培养长效机制，健全公务员全周期培养路径，把好选人用人政治关、廉洁关、能力关，做好职级晋升、干部交流，推动人岗相适、人事相宜。

二、坚持抓创新强服务暖民心，人社政务服务提速度、添温度

（一）数字赋能更加智慧。

围绕全生命周期政务服务，积极推进“数字人社”“数据挖掘”工程，切实增强企业和群众的获得感和满意度。完善信息化统筹工作机制，统筹编制小型电子政务项目建设方案，启动人社一体化经办服务体系和人力资源生态服务平台建设，“数字人社”一阶段建设成效显著。顺利上线“数字驾驶舱”一期，初步形成数据辅助决策的智慧支撑。试点实施首席数据官制度，印发数据安全管理办法，向各单位共享数据超20亿条，完善网络和数据安全制度体系。

（二）政务服务更加高效。

建立深圳市社保卡居民服务“一卡通”专项工作机制，累计发放社保卡2 378万张，签发电子社保卡1 503万人，落实广东省人社领域156项应用“一卡通”。深入推进“免证办”，完成208个“电子证照”开发；实现201个依申请事项100%全流程网办，198项“不见面审批”，131项“移动办”，93项“马上办”，80项“秒批（办）”，53项“无感申办”，社保业务事项33项“跨省通办”、43项“省内通办”。

（三）创新改革更加便民。

创新升级“人社5G视频办”，市民可直接通过手机享受人社全领域201项业务咨询，受理全流程线上服务。创建6个基于CIM平台的人社领域落图应用场景，推动5个人社系统接入“深智慧”平台。推进场景式服务，梳理整合“我要用工、我要参保、我要创业、我要入户、我要领补贴”等12个场景，获得用户高频访问。推进“主动兑现”提质扩容，以主动兑现方式发放补贴约27.9亿元，惠及约99.4万家企业、15.9万群众，相关经验被国务院办公厅刊物刊载。

三、坚持实施就业优先战略和积极的就业政策，更加充分、更高质量就业取得新突破

（一）就业局势保持总体稳定。

2022年深圳市城镇新增就业18.21万人，就业规模达1 234.8万人，异地务工人员在深就业达977.4万人，其中脱贫人口在深稳定就业30万人。大力发展零工市场服务灵活就业人员，获国务院第九次大督查通报表扬，市民从“好就业”向“就好业”迈进。

（二）就业优先政策不断完善。

完成就业工作目标责任制考核，获评广东省A等次，广东省政府予以通报表扬。修订完善就业援助、就业和失业登记管理规定、脱贫人口就业补贴、创业培训管理办法等系列政策，加强异地务工人员流动及企业用工监测，推进更加充分更高质量就业。

（三）重点群体就业兜紧兜牢。

落实“大湾区青年就业计划”，全力支持港澳青年来深就业。落实百万就业见习岗位募集计划，实施高校毕业生就业创业十大行动，发放各类高校毕业生就业创业补贴6.8亿元，惠及企业5.7万余家、毕业生近35.5万人，深圳市高校毕业生就业去向落实率达93.4%。加强困难群体就业兜底帮扶，向就业困难人员、脱贫人口及企业发放各类补贴1.2亿元，兜牢困难群体就业民生底线。

（四）创业带动就业活力迸发。

举办中国深圳创新创业大赛第六届国际赛、“逐梦杯”大学生创新创业大赛，厚植创新创业沃土。优化“1+10+N”港澳青年创新创业基地空间布局，累计认定7家市级港澳青年创新创业基地。加强创业孵化基地运营管理，遴选创业培训机构，充实创业导师服务团队。加大初创企业帮扶力度，发放创业担保贷款43.8亿元，创业担保贷款贴息7 481.5万元。

（五）人力资源服务作用凸显。

完善“一园四区、多点支撑”人力资源服务产业园体系建设，推动前海人才港成功开

园。“一对一”安排106名就业服务专员服务重点企业500家次，解决用工缺口近万人；推广“直播带岗”“隔空带岗”“视频面试”等模式，开展春风行动、国聘行动、民营企业招聘月、百日千万网络招聘等招聘活动共1 196场，服务企业2.8万家次，提供岗位约82万个，有效缓解就业难、招工难问题。

四、坚持政策靠前发力和工作提速加力，多层次、多支柱社会保险体系建设取得新突破

（一）社保事业持续发展。

2022年深圳市养老、失业、工伤三险总参保3 892.4万人次，同比增长0.5%，基金历年滚存结余5 941.3亿元，参保覆盖面持续扩大，基金运行总体平稳。

（二）政策制度落实有力。

推进上线广东省集中式社保系统，落实省级统筹统收统支工作，上解三险省级统筹资金1 770.7亿元，向广东省归集职业年金69.5亿元。用心用情用力深入企业开展送政策、送资金、送服务“三送”活动，通过“点对点”推送、“一对一”服务、“免报直发”“免申即享”等措施，推动社保真金白银助企纾困，为企业减负137.7亿元，缓解企业现金流超100亿元。落实养老保险全国统筹以及失业、工伤保险省级统筹，广东省考核获A等次，广东省政府予以通报表扬。

（三）参保扩面稳步推进。

推动个人养老金先行示范，开户总数居全国前列。健全新就业形态劳动者、灵活就业人员等重点群体参保机制，全市灵活就业人员参加养老保险56.4万人，快递小哥等8类特定人员参加工伤保险21.9万人；7家平台企业及从业人员参加职业伤害保障试点达5.1亿单、领取待遇696.5万元。

（四）待遇水平不断提高。

深圳市企业退休人员基本养老金18年连涨至人均4 076元/月，工伤保险伤残津贴人均5 368元/月，失业保险金2 124元/月，均居全国前列。50.6万人新申领失业补助金21.2亿元，发放人数、金额居全省前列。

（五）基金运行安全平稳。

开展社保基金管理提升年行动，落实“清数”“筑墙”行动。组织开展打击骗取失业保险待遇问题、违规参保补缴问题专项行动，守好人民群众的“养老钱”“保命钱”。

五、坚持破立并举和放管结合，人事管理、薪酬制度改革取得新突破

（一）事业单位人事管理制度持续完善。

建立深圳市事业单位绩效考核制度。推进深圳市各区落实街道以下事业单位管理岗位职员等级晋升制度，制定配套工资政策。组织指导事业单位开展招聘工作。稳慎推进卫生健康专业技术人才和中小学教师职称制度改革。会同深圳市教育部门推动义务教育学校校长教师交流轮岗、公办中小学集团化办学。

（二）事业单位收入分配秩序更趋规范。

严格落实事业单位基本工资标准调整工作，稳妥实施事业单位统筹规范工作。下放退休审批权限，发挥主管部门主体责任。赋予高校收入分配“三个自主”，激发高校人才队伍活力。关心关爱抗疫医务人员，审核深圳市疫情防控一线医务人员临时性工作补助3 064万元。

（三）组织人事考试安全顺利。

完成广东省选调生和考录公务员深圳考区面试工作，确保全年119项人事考试总体安全、平稳，组织考试超131万科次，服务考生60.3万人次，实现考务和防疫零事故，发挥人事考试稳就业、揽人才、促发展作用。深圳市考试院被人力资源社会保障部人事考试中心评定为2022年度优秀等次考试机构。

六、坚持强化人才支撑和智力支持，世界重要人才中心和创新高地建设取得新突破

（一）人才队伍建设迈上新台阶。

2022年深圳市新引进人才落户13万人，全市专技人才总量228.3万人、技能人才总量400.8万人；累计认定海内外高层次人才2.2

万人，引进留学归国人员超19万人。

（二）人才政策体系加快完善。

落实深圳市人才新政及相关配套工作，优化引才伯乐奖、杰出人才培养对象选拔、高层次人才奖励补贴发放及任期评估办法、新引进博士人才生活补贴、产业发展与创新人才奖等系列政策，修订超龄急需紧缺人才引进入户业务规范，修订留学回国人员创业扶持政策，会同科技部门制定深圳市外籍“急需紧缺”人才岗位目录并上报科技部、人力资源社会保障部印发实施，为建设高水平人才高地蓄力蓄能。

（三）人才服务机制加快优化。

紧盯产业布局及发展需求，编制“人才地图”。立足“鹏城优才一站式”平台，建立全新人才服务保障体系，初步实现人才服务一体办理。开展领导干部联系服务专家活动，优化落实“人才优粤卡”“鹏城优才卡”“X9联盟优才卡”等人才服务，举办“第24届人才高交会”“高层次人才创新创业沙龙”“青年博士人才高地行”等人才活动，实现政策引才向环境、文化聚才转变。

（四）专业人才队伍加快聚集。

持续推动境外专业人才执业便利化，613名港澳专业人才来深圳市执业。将29项国际职业资格纳入视同认可范围，创建国际专业人才职称评审“绿色通道”。率先在技术经纪、品牌工程等新兴领域开展职称评审，发挥用人单位自主评价作用。首次向欧美地区发布1 378个博士后岗位招聘计划，深圳市博士后在站人数达5 136人。推动中国科学院深圳先进技术研究院与香港理工大学试点联合招收培养博士后，积极探索境内外博士后衔接制度。

（五）技能人才队伍加快壮大。

深圳市3名选手代表国家参加2022年世界技能大赛特别赛并荣获2金1优胜，实现深圳市金牌零的突破，实现中国代表队在云计算和3D数字游戏项目金牌零的突破。出台健全终身职业技能培训工作方案，获评深圳市优秀改革案例。开展各类技能培训23.7万人次，发放补贴2.7亿元。全市158家评价主体开展技能评价13万人次，核发职业技能等级证书超10万本。探索境外职业技能证书直接采认，便利港澳青年来深圳市就业创业。探索职称评审和职业技能等级认定融合评定。联合企业申报获批“数字化解决方案设计师”新职业。开展“技能菁英”“鹏城工匠”评选，举办深圳技能大赛和第二届“深圳工匠活动周”。全市技工院校与374家龙头企业、64家世界500强企业开展校企合作，毕业生就业率达98%，实现技能人才培养与企业用人无缝衔接、与经济发展同频共振。

七、坚持统筹发展和安全，和谐劳动关系创建、劳动者权益保障取得新突破

（一）劳动关系保持总体和谐稳定。

2022年成功调解劳动争议案件11.2万件，成功率达76.6%。按时办结全国根治欠薪线索反映平台线索8.1万条。办结劳动争议仲裁案件6.9万件，累计结案率达96.9%。“劳动力市场监管”指标在全省营商环境评价中排名第一。

（二）劳动关系协调机制不断完备。

总结推广盐田区、坪山区部省和谐劳动关系综合配套改革试点经验。稳慎处置重点企业劳动关系纠纷，确保风险总体可控、工资足额支付。推动54家平台企业（园区）设立劳动争议调解组织，3家企业获评“全国和谐劳动关系创建示范企业”，1家产业园区获评“全国和谐劳动关系创建示范工业园区”，平湖街道劳动争议调解中心获评“国家级金牌调解组织”。

（三）工资收入分配制度不断深化。

对4 881家企业、61.6万名员工开展专项薪酬调查。研究制定全国首个重点产业行业技能人才薪酬分配指引。完成全市人工成本分析报告。上调深圳市全日制就业劳动者月最低工资标准至2 360元。

（四）调解仲裁效能不断提高。

探索“调援裁诉”一体化改革。优化整

合“E仲裁服务平台”“E仲裁信息系统”和“深圳劳动人事争议微仲裁”等平台功能，建设一站式仲裁线上服务平台，实现欠薪案件快立快调快审快结。

（五）劳动者权益保障不断增强。

建立健全信访矛盾攻坚化解机制。完成特殊工时管理改革试点任务，制定新就业形态劳动者综合保障工作方案和新型用工关系协议示范文本，灵活就业和新就业形态劳动者权益保障更加全面。打好根治欠薪攻坚战，办理欠薪案件4 400件，为9 700名农民工追回工资2亿元，依法使用欠薪保障基金为4 350名员工垫付欠薪5 849.7万元，确保投诉有门、维权有道、解决有方。

八、坚持持续推动人社系统行风建设，正行风树新风、持续打造群众满意的人社服务取得新突破

（一）抓政风促行风优服务成效突出。

扎实开展“局长走流程”活动，在72个政务服务事项中发现104个问题并全面整改完善。推动56名领导干部到基层掌握实际困难、排查风险漏洞、理顺经办流程。在2022年度全国人社窗口单位业务技能练兵比武统一在线比试中，2名同志分别荣获全国“人社知识通”“岗位练兵明星”称号。

（二）人社经办服务能力不断提升。

拓展服务能力，设立7家人才服务工作站，建成以深圳人才园服务大厅为中心、多家工作站为辐射点的“一园多点”新服务格局。制定电话通工作方案和窗口服务规范标准，推行“线上办”、短信告知，开通疫情期间“居家”咨询热线，畅通民生诉求渠道，为企业群众提供良好办事环境。专门邀请第三方机构以线上培训方式为窗口工作人员开展专业培训，提高窗口服务人员业务技能。

（三）人社公共服务更加精准规范。

推行适老化自助终端机，为老年人提供贴心优质服务。建立社保首席服务专员制度，抽调业务骨干为企业“点对点”提供专属服务，累计服务近1 000次。密切对接人才需求，制定“社保尊才”行动方案，为45家重点人才企业配置客服专员。在社保业务“同城通办”基础上，公开发布《社会保险经办服务规范》系列地方标准，进一步提升社保领域基本公共服务均等化水平。

九、坚持全面推进乡村振兴战略，巩固拓展脱贫攻坚成果、助力乡村振兴取得新突破

（一）全力帮扶助就业。

建立就业服务专员制度，将吸纳50人以上脱贫人口的企业作为重点服务对象，跟踪61 945名停保脱贫人口。联合帮扶地举办线上线下招聘50余场次，提供岗位6万余个。畅通返岗务工通道，做好“点对点”免费包车等服务，设立帮扶地“驻深劳务协作工作站”“乡之家”等服务机构，与结对帮扶地互设农村劳动力转移就业工作站和培训基地。每年评选一次深圳市市级就业帮扶基地，获评后给予每个基地一次性20万元奖补。将企业社保补贴招用对象扩大至深圳市全部对口协作地区脱贫人口，社保补贴和岗位补贴最长可享受3年。

（二）社保扶贫暖民心。

提高居民基本养老保险基础养老金标准，自2022年1月起，对具有深圳市户籍不满8周年的退休人员，基础养老金由原来每月322元提高至342元；自其具有本市户籍满8周年的次月起，基础养老金由原来每月483元提高至513元。将低保对象、特困人员、重度残疾人和精神智力残疾人等困难群体纳入深圳市居民基本养老保险保障范围，由市、区财政按最低缴费标准代缴全额养老保险费。

（三）“造血”帮扶提质量。

成立“粤桂高质量职教就业联盟”，定向开展针对性技能培训，免费培训1 277人，提供可持续“造血式”帮扶。与帮扶地共享线上公益实训平台，提供16大类1 743个在线实训课程，实现“送教上门”。实施“深桂雨露直通车”帮扶工程，对帮扶地建档立卡脱

贫户家庭“两后生”实行入读“零收费”，累计招收全日制学生 1 781 人。将乡村工匠相关职业（工种）纳入深圳市职业技能培训补贴范围，开展“粤菜师傅”培训取证 3 745 人次，“广东技工”补贴性培训 16.75 万人次，“南粤家政”培训 6.27 万人次，以“三项工程”助力乡村工匠和高素质农民培育培养。

深圳市人力资源和社会保障局

广西壮族自治区

2022年，广西壮族自治区人力资源社会保障系统坚持以习近平新时代中国特色社会主义思想为指导，全面贯彻党的二十大精神，认真学习贯彻习近平总书记对广西“五个更大”重要要求，深入贯彻落实习近平总书记视察广西“4·27”重要讲话和对广西工作的系列重要指示精神，按照人力资源社会保障部和自治区党委、自治区人民政府的部署要求，聚焦就业重点、突出社会保障、推进人才人事制度改革、疏通劳动关系堵点、助力乡村振兴、狠抓行风建设，全力应对疫情冲击，圆满完成全年各项任务目标，为促进广西经济社会发展、维护社会稳定做出了积极贡献。

一、就业形势保持总体平稳

始终坚持把稳就业保就业作为最重要的工作来抓，实施就业优先战略，加大服务指导力度，打好打赢“稳就业保民生攻坚战”，高校毕业生、农民工、脱贫人口等重点群体就业保持总体稳定。全区2022届广西离校未就业高校毕业生已实现就业（含升学、出国、入伍）12.53万人，就业率96.22%。全面落实“降、缓、返、补、扩”政策，支持企业降低成本77.51亿元，其中，减征两项社会保险费39.69亿元，为9 631家用人单位缓缴三项社会保险费20.18亿元，为13.53万家用人单位发放稳岗返还资金13.38亿元，发放一次性留工培训补助4.06亿元，帮助企业留工81.29万人。深化“八桂系列”劳务品牌建设，开展示范创建、技能提升、就业创业扶持、宣传推广、权益保障五大行动，开展劳务品牌相关培训16.28万人次，带动就业创业20.18万人次，荣获首届劳务品牌工作全国赛“全面推进奖”。全区城镇新增就业38.42万人，失业人员实现再就业12.84万人，就业困难人员就业4.84万人，分别完成人力资源社会保障部下达全年目标任务的128.06%、142.61%、138.26%。

开展“技能广西行动”，以自治区人民政府办公厅名义印发《开展“技能广西行动”加强新时代技能人才队伍建设实施方案》，人力资源社会保障部职业能力建设司全文转发方案，要求各省（区、市）学习借鉴广西做法。成功举办第二届广西技能大赛、第七届广西农民工技能大赛。开展加强产业工人队伍建设支持企业用工专项行动，选择平乐县、北流市等6地作为试点，以点带面、点面结合、边试边行，培养更多适合广西产业发展需求的产业工人。广西补齐就业技能短板助推农民工转型产业工人经验做法获国务院农民工工作领导小组肯定和推广。推动14个市、72个县建立区内劳务协作机制，开展企业职工各类培训12.5万人次，为1.51万家企业解决用工22.37万人，有效缓解广西企业招工难问题。开展技能强百企稳岗促就业专项活动，支持制造业企业开展补贴性职业技能培训3.23万人次。开展技工院校结对乡村振兴重点县、参照县、大型易地搬迁安置区技能帮扶行动，加强脱贫劳动力等劳动者职业技能培训，促进技能型就业。2022年7月25日，广西“数智人社”系统就业板块核心业务正式上线，首次实现全区就业信息系统由“多张网”整合为“一张网”，首次实现全区就业信息系统“自治区—市县”上下贯通。

二、社会保障体系不断完善

压实地方政府主体责任，深入实施全民参保计划，社会保险参保率进一步提高，全区职工基本养老、失业、工伤保险参保人数分别为1 032.60万人、509.43万人、601.26万人，完成人力资源社会保障部下达全年目标任务的104.83%、103.54%、108.53%。全区城乡居民基本养老保险参保人数为2 671.83万人。企业职工基本养老保险全国统筹工作顺利推进，政策执行、待遇项目、信息系统等实现与全国统一；工伤保险自治区级统筹持续巩固，失业保险自治区级统筹正式实施。强化社会保险基金监管，推进社会保险基金管理提升年行动，深入开展管理问题专项整治，提升人防、制防、技防和群防“四防”水平，社会保险基金总体安全平稳。各项社保待遇按时足额发放。2022年7月25日，广西“数智人社”系统社保板块核心业务正式上线，首次实现全区社保信息系统由“多张网”整合为“一张网”，首次实现全区社保信息系统“人力资源社会保障部—自治区—市县”上下贯通。顺利接入人力资源社会保障部企业职工基本养老保险全国统筹信息系统，为全面实现企业职工基本养老保险全国统筹提供了有力支撑。在信息系统的支持下，按时完成企业和机关事业单位退休人员、城乡居民养老金待遇标准调整这一民生工程和政治任务；推动各项社保待遇正常发放。

三、人才发展环境持续优化

通过完善人才政策、创新引才方式、加强高层次人才平台建设等一系列措施，广西高层次人才队伍建设工作取得新进展，2022年新设立5家博士后科研工作站，新增18家博士后创新实践基地，新增11个自治区级专家服务基地。高技能人才队伍建设取得突破，自治区人民政府印发《开展“技能广西行动” 加强新时代技能人才队伍建设实施方案》，从高技能人才培养、使用、评价、激励等方面不断加强高技能人才队伍建设。成功举办第二届广西技能大赛，共设28个比赛项目、619名选手报名参赛，引领带动技能人才培养。发挥高技能人才培育平台功能，新建自治区级高技能人才培训基地10个、自治区级技能大赛工作室9个、自治区级世界技能大赛项目集训基地5个。深化技工院校改革，毕业生就业率达95%，高技能人才队伍建设工作再上新台阶。2022年，新增取得高级工以上职业资格证书或职业技能等级证书人数和新增取得技师、高级技师职业资格证书或职业技能等级证书人数完成比例分别排名全国第2、第3、第2。开展特级技师评聘试点工作，2022年底共有42名高技能人才评聘为特级技师，打破高技能人才成长“天花板”。推动《广西高技能人才与专业技术人才职业发展贯通实施办法》落实工作，将两类人才职业发展贯通领域从工程系列扩大为工程、工艺美术、农业等8个职称系列，推动两类人才进一步融合发展。推进《广西壮族自治区人力资源市场条例》立法工作，2022年5月1日起施行。推进自治区级人力资源服务产业园建设，2022年10月，批复认定1家自治区级人力资源服务产业园——广西（南宁）人力资源服务产业园。开展2022年广西重点领域急需紧缺高层次人才招聘活动，组织优势企事业单位306家，征集岗位7 766个，线下赴区外人才密集区举办招聘活动，共接待人才2 578人次，达成意向917人；线上依托八桂英才网开展招聘活动，累计提供岗位9 284个，收到人才简历11 102份，线上线下累计达成意向1 580人次，招聘活动引才成效显著。完善事业单位专业技术二级岗位管理办法，二级岗位申报条件更加科学合理、制度更加完善规范。稳妥推进县以下事业单位管理岗位职员等级晋升制度改革，全区纳入实施范围的县（市、区）已全部完成首次职员等级晋升。在部分高校、科研院所开展事业单位岗位结构比例自主设置试点，推动试点单位建立完善内部考核奖惩激励约束机制和能上能下动态用人机制。全面实施公立医院薪酬制度改革，进一步深化高校、科研院所薪酬制度改革试点，依法保障义务教育教师工资，积极做好艰苦边远地区津贴、乡镇工作补贴调整工作。

截至2022年底，全区专业技术人才总量达到280.4万人，其中高级职称人数39.6万人（正高2.3万人，副高37.3万人）；全区技能人才总量达到789.12万人，其中高技能人才176.41万人；国家“百千万”人才工程人选50名，享受国务院政府特殊津贴1 634人；自治区特聘专家158人，广西“十百千”人才工程人选650人，自治区已认定高层次人才335人。博士后科研流动站25家，博士后科研工作站53家，国家级专业技术人员继续教育基地5家，国家级专家服务基地4家；广西人才小高地76个，博士后创新实践基地74家，自治区级专业技术人员继续教育基地33家，自治区级专家服务基地21家。

四、劳动关系保持和谐稳定

严格落实源头治理措施，深入实施劳动关系“和谐同行”能力提升三年行动计划，加强企业依法规范用工指导，全区8家企业和1家工业园区获评全国和谐劳动关系创建示范企业和园区，全区没有发生因规模性裁员引发的群体性事件。召开全区劳动人事争议多元化解经验交流会，创新构建“一中心、多工作室、多站点”多元调解平台体系，正式启用广西劳动人事争议调解仲裁办案系统。开展根治欠薪“雷霆行动”，共为2.6万名劳动者追发工资等待遇3.5亿元，劳动保障监察举报投诉案件结案率100%，拖欠农民工工资举报投诉案件结案率100%，全区未出现因欠薪引发的重大群体性事件或恶性极端事件。在全国保障农民工工资支付工作考核中，广西连续三年获得A级等次。2022年8月，广西壮族自治区人力资源社会保障厅劳动保障监察局被中共中央、国务院授予全国“人民满意的公务员集体”称号。

五、助力乡村振兴成效显著

2022年底广西农民工规模总量达1 314万人，同比增长0.9%；全区脱贫人口外出务工289.07万人，完成国家要求不低于2020年268.21万人任务的107.78%；有劳动能力且有就业意愿的搬迁户已实现一户至少一人就业，共就业15.86万户、34.1万人。开发乡村公益性岗位安置脱贫人口就业26.36万人，是2020年24.51万人的107.55%。加强就业帮扶车间建设，实有就业帮扶车间4 261家，是2020年底3 754家规模的113.5%；吸纳脱贫人口就业5.99万人，是2020年底4.66万人规模的128.54%，车间数量和吸纳脱贫人口就业人数均处于全国前列。为134.66万名特困人员、重度残疾人、低保对象等缴费困难群体代缴部分或全部最低标准的城乡居民基本养老保险费。实施乡村振兴村级协理员专项计划，招用4 868名高校毕业生到乡村振兴重点帮扶县行政村工作；招募“三支一扶”广西高校毕业生1 502名，为乡村振兴提供人才支撑。扎实做好定点帮扶工作，对口帮扶的伏兴村和里民村被评为四星级党组织，新华村和安善村被评为三星级党组织。人力资源社会保障厅被自治区评为2021年度中区直单位定点帮扶工作考核“好”等次；人力资源社会保障厅定点帮扶县（马山县）被自治区党委、政府评为2021年度市县巩固脱贫成果后评估综合评价结果“好”等次、全区实施乡村振兴战略实绩考核优秀。

六、系统行风建设行稳致远

以习近平新时代中国特色社会主义思想为指导，认真贯彻落实人力资源社会保障部及厅党组工作部署要求，主动作为，多措并举推进全区人社系统行风建设。2022年，全区人社政务服务“好评率”达99.99%，全年全区共为16.8万人提供打包办服务，办理业务28.63万笔，减少企业群众跑腿11.83万次；

完善人社政务服务电子地图，全年新增人社服务地图网点100多个，向自治区大数据局推送全区人社政务服务电子地图网点数据18 000多条，并将该批数据接入国家级政务服务电子地图“天地图”系统，为群众办事提供就近的导航服务。选定“加强产业工人队伍建设 支持企业用工”等44项重点政策点和便民措施，推进区、市、县同步“厅局长走流程”，全区人力资源社会保障部门累计8 734人次通过线上体验、线下窗口调研等方式开展“走流程”。

广西壮族自治区人力资源和社会保障厅

海　南　省

2022年，海南省人力资源社会保障系统坚持以习近平新时代中国特色社会主义思想为指导，全面落实党的二十大和党的十九届历次全会精神，贯彻落实习近平总书记关于海南工作的系列重要讲话和指示批示精神，紧紧围绕海南自由贸易港建设赋予人社部门的职责使命，积极发挥服务保障民生、促进经济发展和社会稳定的重要作用，全省人社工作呈现稳中有进、稳中有为的良好态势。

一、强化就业优先政策，夯实经济基本盘

全省各级人社部门坚决贯彻党中央“六稳”“六保”决策部署，把稳就业作为重大政治任务和头等大事，高位推动、多管齐下。全省城镇新增就业16.37万人，完成年度目标任务的109.16%；失业人员实现再就业4.27万人，完成年度目标任务的142.49%；就业困难人员实现就业1.43万人，完成年度目标任务的142.63%；农村劳动力转移就业11.24万人，完成年度目标任务的124.93%。2022届高校毕业生毕业去向落实率达到91.51%，超过预期目标。年末全省城镇调查失业率为4.9%，控制在5.5%的年度目标以内。

（一）落实落细助企纾困政策。

推行缓缴社会保险费“即申即享”、失业保险稳岗返还“免申即享”、就业补贴政策“直补快办”等便利措施，及时释放政策红利。4 040家企业缓缴三项社保费10.39亿元；减收用人单位工伤、失业保险费8.58亿元；为6.73万户参保单位发放失业保险稳岗返还资金4.1亿元；支出就业补助资金6.97亿元，对企业和重点群体给予职业技能培训补贴、社会保险补贴、吸纳就业补贴等多项就业优惠政策支持；发放创业担保贷款10.2亿元，带动上万人就业；发放一次性留工培训补助2.8亿元，发放一次性扩岗补助1 511.7万元。

（二）保障重点群体、困难群体就业。

深入实施促进高校毕业生就业创业行动，在全省高校设立21个青年人才就业服务站。开展离校未就业高校毕业生服务攻坚行动，支持高校面向应届未就业毕业生开设1 000个公共服务管理岗位，落实2022年“三支一扶”计划，招募400名高校毕业生到基层服务；全省为2.16万名应届离校未就业高校毕业生累计提供就业服务6.7万人次，向全省23所院校12 527名2023届困难毕业生发放求职创业补贴1 879.05万元；启动“百万就业见习岗位募集”计划，全省吸纳就业见习10 339人。联合海南省国资委、教育厅等部门印发《2022年海南省国有企业招用高校毕业生专项行动工作方案》，鼓励和引导中央驻琼企业、省属企业及其他国有企业积极扩大人才需求。联合海南省教育厅等部门印发《关于促进海南高校毕业生等青年就业创业工作的若干政策措施》，明确2022年开发高校公共服务岗位不少于1 000个、国有企事业单位招用应届毕业生不低于30%。

组织开展农民工高质量就业专项行动，持续开展春暖农民工、春风行动、就业援助“暖心活动”等服务活动，认真做好返乡返岗“点对点”服务保障工作。采取“一县一品”模式，扩大劳务品牌就业规模和产业容量，其

中“儋州月嫂”“定安护工”“三亚船长”等品牌影响力和知名度加快提升。指导市县挖掘和培育农村劳务带头人、致富能人、乡村工匠等“三支队伍”，截至2022年底，全省各市县登记造册“三支队伍”3 569人，带动就业57 240人。

印发《关于实施“百日攻坚稳就业”专项行动的通知》等文件，有效落实“四个一批”（跨区域输出一批、就地就近安排一批、政府工程项目吸纳一批、公益岗位保障一批）务工渠道，帮助有劳动能力和就业意愿的脱贫人口实现就业，2022年脱贫人口及防返贫监测对象务工总量达31.5万人，完成年度目标任务的112.46%。印发《关于开发乡村疫情防控公益岗位有关问题的通知》等政策，对就业困难人员实行实名动态管理和分类帮扶，确保零就业家庭、最低生活保障家庭、残疾人等困难家庭至少有一人就业。2022年乡村公益性岗位安置35 345人，较2021年增加4 114人，增幅13.17%。

（三）深入实施大众创业万众创新。

举办第五届“中国创翼”大赛海南选拔赛暨2022年海南自贸港创业大赛，面向省内在校大学生、城乡创业青年、省外优秀创业者等群体，为参赛项目提供创业培训、项目对接、项目扶持等服务，累计收到5 912个项目报名参赛，评选出54个获奖项目，推选出10个优秀项目给予资助扶持。新增认定5家海南（青年）公共创业孵化基地，支持8家创业孵化基地（创业园区）开展创业服务活动。做好创业担保贷款工作，2022年全省共发放创业担保贷款10.2亿元，是2021年总量的4.66倍，带动就业13 944人。

（四）完善公共就业服务。

深入开展公共就业服务标准化试点，对7个主项22个子项试点事项工作流程进行梳理规范，印发《公共就业服务标准化试点事项运行方案》《公共就业服务评价跟踪问效制度》《公共就业服务标准化试点事项办事指南》，开展公共就业服务标准化培训。大力推进就业驿站（零工市场）建设，截至2022年12月底，全省建成运行就业驿站163家，覆盖三沙市以外的所有市县。全省各驿站累计走访劳动者83 144人次，走访用人单位18 805家，接待求职者41 307人次，发布岗位56 615个，帮助88 540人次劳动者实现就业（灵活就业86 642人次）。推进海南省“智慧就业”信息系统升级改造，实现就业数据精准监测、供需信息精准对接、公共服务精准推送。打造“就业有我365”公益招聘活动品牌，2022年全省累计开展线上线下招聘会632场，参会单位2.25万家，提供就业岗位58.96万个。组建百人职业导师团队，为海南广大求职者提供职业规划、职业咨询、职业指导。

（五）大力发展人力资源服务业。

加快推进国家级人力资源服务产业园和旅游人才市场建设，截至2022年底，产业园共入驻企业117家，成功引进薪宝科技、国投人力、普华永道、人瑞人才、58同城等知名企业入驻。通过“国聘行动”走进中国（海南）人力资源服务产业园、进驻人力资源服务产业园的就业驿站以及“人才招聘夜市”大型公益招聘活动，积极开展招聘、宣讲、用工、就业服务等工作，全年累计举办各类招聘会和直播送岗50余场，累计参与企业超1 000家次，累计提供岗位超过2万个。建立并实施人力资源服务机构诚信等级评定制度，全面规范人力资源市场管理，保护劳动者和用人单位合法权益。部署开展2021年度人力资源服务机构诚信评价工作，342家人力资源服务机构参评，其中208家机构被评为A级诚信人力资源机构。

二、积极稳妥推进社会保障体系建设，织密民生保障网

（一）深入实施全民参保计划。

以海南省政府办公厅名义印发推进城乡居民基本养老保险参保扩面专项工作实施方案，2022年度参保扩面人数17.98万人，圆满完

成任务目标。印发2022年退休人员基本养老金调整方案，月人均增加125元。提高城乡居民基础养老金标准，月人均增加5元；为低保对象、特困人员、返贫致贫人员等11类困难群体代缴全部最低缴费档次城乡居民基本养老保险费，截至2022年底，全省代缴困难群体人数14.6万人。2022年7月1日，海南省新就业形态就业人员职业伤害保障试点正式启动运行，全省美团、饿了么等7家互联网平台企业所有新就业形态就业人员全部纳入职业伤害保障范围。印发《关于做好基层快递网点优先参加工伤保险工作的通知》，自2022年4月1日起在全省施行基层快递网点优先参加工伤保险工作。截至2022年底，全省基本养老保险参保690.42万人，参保率达92.57%；工伤保险参保194.51万人，提前超额完成“十四五”参保任务。

（二）深化社保体制改革。

贯彻落实企业职工基本养老保险全国统筹有关要求，按程序废止《海南省城镇从业人员基本养老保险条例》《海南省城镇从业人员基本养老保险条例实施细则》，出台《海南省企业职工基本养老保险若干规定》。会同海南省财政厅修订海南省职业年金基金管理实施方案，完善职业年金计划设置和资金分配等工作。印发《海南省工伤保险基金统收统支实施方案》，自2022年4月1日起实施工伤保险基金统一收支管理；印发《海南省失业保险基金统收统支实施方案》，自2022年7月1日起实施失业保险基金全省范围内统收统支。

（三）推动社保经办规范化便利化智能化。

深化一件事集成办，已完成退休一件事、公民身后一件事等7项一件事的聚合上线，实现27个单事项一件事一次办。大力推进免申即办，建成社保待遇领取资格无感认证平台，帮助153万群众完成无感认证。全面落实“减证便民”行动，同步直接取消12个证明事项涉及的11类证明材料；持续落实证明事项告知承诺制改革，8项社保业务实行告知承诺制。推动职工社保关系转移改革全面提速，经办时间缩减90%以上，该成果被评为第二届“海南省改革和制度创新奖”三等奖。将34项高频事项下沉下放至全省服务网点，努力打通服务群众最后一公里。在全国率先实现职工社保“一体经办、一网通办、全省通办”，入选海南自由贸易港第十二批制度创新案例。

（四）加强社保基金监督管理。

2022年3月，印发《海南省社会保险基金管理提升年行动方案》，在人力资源社会保障部下发工作清单基础上，增加持续推进暂停领取待遇人员清理和开展挤占挪用社保基金专项清理2项工作内容。对省本级及18个市县开展社保基金管理提升年行动督导检查，检查率100%。印发《海南省“社会保险基金安全警示教育月”活动方案》，全省共有3 000多名社保工作人员参加“警示教育月”活动，发放宣传资料1.42万余份，参加理论学习598人次，开展教育培训822人次。制定《海南省社会保险基金行政监督重点事项实施清单》，共列出34个具体业务事项、26个风险点，对应64项重点检查事项，对各级人社行政部门开展基金监督工作实行“清单式”管理。

三、持续优化人才人事工作机制，推动人才队伍提质增量

（一）推动事业单位人事管理和工资福利制度改革。

首次参加全国事业单位统一公开招聘考试，为推行全省统一招聘模式奠定基础。联合省委组织部印发《关于进一步规范事业单位公开招聘管理的工作方案》，对事业单位公开招聘乱象予以纠正。实施县级以下事业单位管理岗位职员等级晋升制度，指导市县做好调研摸底、资金测算和财政预算安排工作。组织评审认定享受2021年度个人所得税优惠政策高端紧缺人才，进一步释放15%个人所得税优惠政策效应。修改完善《事业单位专业技术二级岗位管理办法》，采取直聘加竞聘的“双

轮”驱动方式，充分发挥专业技术二级岗位对高层次人才的引领和带动作用。制定出台《海南省深化公立医院薪酬制度改革实施方案》，合理确定公立医院薪酬水平，落实内部分配自主权，建立符合医疗卫生行业特点的薪酬制度。联合海南省委人才发展局印发《深化基层教育卫生专业技术人才激励机制改革的若干措施》，建立健全基层人才“招得来、留得住、用得好”的长效管理机制。联合海南省卫健委制定印发《全面推广基层医疗卫生专业技术人才激励机制改革相关举措的通知》，加快基层教育卫生专业技术人才队伍建设步伐。

（二）加强技能人才队伍建设。

大规模开展高质量职业技能培训，2022年全省共开展各类职业技能培训13.27万人次，其中农村转移劳动者培训7.32万人次，脱贫人口培训1.76万人次，超额完成10万人次的培训目标任务。指导市县开发完成佛珠制作、婴幼儿早期指导、椰城快剪等45个专项职业能力考核项目。指导开展省级重点职业技能项目示范性培训，第一期遴选出15个培训项目。推进职业技能培训和技能人才评价市场化改革，支持符合条件的企业、院校、民办职业技能培训机构、第三方评价机构开展技能培训和社会化评价，截至2022年底，全省已有37家龙头企业、143家培训评价机构自主开展技能人才评价，可开展评价的职业（工种）144个。鼓励支持各行各业办赛，通过职业技能竞赛培养选拔人才，2022年全省通过技能竞赛培养技能人才2 526人，其中高技能人才1 631人。组织参加第二届全国人工智能应用技术技能大赛、第二届全国工业设计职业技能大赛等全国行业职业技能竞赛，2名选手获得金牌并被授予“全国技术能手”，4名选手获得优胜奖。会同海南省总工会、残联等部门联合举办海南省职工职业技能竞赛、第七届海南省残疾人职业技能竞赛、海南省热带农业职业技能竞赛、海南省航空技能全国邀请赛、海南省职业院校职业技能大赛等5个省级行业职业技能竞赛项目，涉及194个竞赛职业（工种），参赛人数超过1万人。2022年全省新增技能人才4.95万人，其中高技能人才8 845人，超额完成全年目标任务。

（三）大力发展技工教育。

指导技工院校科学设置专业，做好招生计划编制工作，2022年全省技工院校共招生1.12万人，在校生3.37万人。将新东方烹饪技工学校升格为高级技工学校，指导儋州市申报建设海南西部技师学院。试行民办普通技工学校设立审批告知承诺制，鼓励有实力的企业设立技工学校。加强技工院校师资队伍建设，开展一体化教师培训。印发《海南省技工院校教师系列职称评审条件》《关于进一步明确技工院校教师系列职称评审有关事项的通知》，制定技工院校教师职称评审条件，将中级、初级职称评审权下放到有关市县和技师学院。加强校企合作，推进产教融合，与有关部门联合组织评选7家第三批产教融合型企业。

四、稳固和谐劳动关系基础，维护劳动者合法权益

（一）完善机制体制建设。

联合省外事办等部门印发《关于做好涉外劳动争议处理工作的意见》，着力解决涉外劳动用工存在的企业管理不规范、调解机制不健全等问题。联合省司法厅等部门印发《海南省劳动人事争议联合调解中心工作方案》，成立海南省劳动人事争议联合调解中心、海南省新业态劳动争议联合调解中心、海南船员劳动争议联合调解中心，建立司法调解、仲裁调解、行政调解、行业调解、人民调解“五调联动”劳动纠纷一站式化解渠道。2022年11月25日，电子劳动合同平台正式上线，助力企业降低用工管理成本、提高用工管理效率。印发《关于规范设立海南省工程建设领域施工现场农民工维权信息告示牌的通知》，进一步规范施工现场设立农民工维权信息告示牌，畅通投诉举报渠道。

（二）强化执法检查和仲裁调解。

加大劳动保障监察执法力度，对全省1 318个在建工程项目落实八项制度、欠薪案件办理、诚信体系建设等情况进行通报，并督促相关市县进行整改。按照人力资源社会保障部统一部署，2022年3月20日至5月20日在全省开展工时和休息休假权益维护专项整治工作，检查各类企业628家，涉及劳动者27 708人。联合海南省市场监督管理局开展2022年清理整顿人力资源市场秩序专项行动。在全省组织开展集中整治拖欠农民工工资问题专项行动，对所有在建项目开展地毯式排查，对拖欠农民工工资问题实施集中整治。组织22个专项督导组下沉欠薪问题突出的市县对疑难欠薪案件逐项指导化解，圆满完成春节前欠薪案件动态清零目标任务。全年向社会公布7件重大案件，将11个符合条件的企业或个人列入拖欠农民工工资失信联合惩戒对象名单。选树海口市龙华区劳动人事争议调解中心等10家调解组织为海南省第二批10家金牌劳动人事争议调解组织。其中，海口市龙华区劳动人事争议调解中心、文昌市龙楼镇劳动人事争议调解中心、琼中县湾岭镇劳动人事争议调解中心作为全国2022年度工作突出基层劳动人事争议调解组织，受到人力资源社会保障部、中华全国总工会、全国工商联、中国企联通报表扬。开展2022年集体协商“百日要约”行动，举办海南省第三届集体协商竞赛。深入实施劳动关系“和谐同行”能力提升三年行动计划，印发《关于开展2022年“和谐同行”千户企业培育共同行动的通知》，新增培育57家企业，开展“点对点”指导。

五、坚持为民服务保障意识，加强行风建设

（一）深入开展行风建设专项行动。

海口、三亚、儋州全部完成“人社服务快办行动”10个一件事打包和20个高频事项提速办，同时将推动快办行动在地市经验基础上进一步向县区延伸。持续开展信息化便民提升行动，打造15分钟便民服务生态圈，进一步拓展“社银双入驻”和便民“就业驿站”，“社银双入驻”合作站点和基层平台共计325个。组织开展“厅局长走流程”活动，各级人社“一把手”118次走流程、搞调研、破难题，发现各类问题133条，梳理出有代表性的堵点难点问题16条，通过立行立改已全部解决。组织开展2022年人社系统业务技能练兵比武，“日日学、周周练、月月比”线上练兵上线学习约4万人次。全年人社领域办件评价总量为9 662件，其中非常满意9 596件、满意32件，人社服务好评率为99.65%，差评共计14件，整改率为100%。

（二）深入实施“放管服”改革。

持续下放行政审批事项，将5个省级人社部门实施的政务服务事项下放至企业住所（营业场所）所在地办理。制定省直事业单位人事管理3个公共服务事项的工作规程；制定新建技工院校设立审批告知承诺制办事指南，修改14个事项的办事指南；完成15项政务服务事项精益化梳理的审核上线和15项泛珠三角区域首批“跨省通办”高频事项的审核确认。统筹推动上线运行省内跨部门的“一件事一次办”事项14项。清理规范实行告知承诺制证明事项，确认保留证明事项4项。积极推进政务服务“零跑动”改革，实际实现“零跑动”30项，其中省政务服务平台公布两批共23项，可办率为69.69%，使用率为85.71%。

（三）推行社会保障卡一卡通。

持续做好社会保障卡发放工作，全省社会保障卡持卡人数达993.68万人（其中第三代社会保障卡694万人），覆盖全省常住人口97.37%。电子社保卡签发828万张，覆盖全省常住人口81%。建成省级社会保障卡一卡通服务管理平台，上线运行23个子系统，与省政务服务平台实现互通互认，与75个单位133个系统实现协同共享，有力支撑“一卡通用”“一网通办”。全省设立523家社会保障卡服务网点，实现制卡“立等可取”“同号换卡”，全部服务事项实现“就近办理”“全省

通办”。整合财政惠民一卡通、城镇职工养老保险银行卡等12种卡证的应用功能，37个部门514项一卡通应用“从无到有、由浅入深”逐项实施，落地持卡办理酒店住宿、户籍登记、免税购物等全国首创应用，取得显著成效。2022年海南社会保障卡“一卡通用”制度创新案例得到国家发展改革委、商务部等部门采纳，并在全国复制推广。

海南省人力资源和社会保障厅

重　庆　市

一、就业创业

2022年，重庆市人力资源社会保障部门坚决落实党中央、国务院决策部署和市委、市政府工作要求，全面统筹疫情防控和就业服务，千方百计稳定和扩大就业，落实落细稳就业举措，全力维护了就业局势稳定。全年全市城镇新增就业70.67万人，完成目标任务的117.8%；城镇调查失业率平均值为5.4%，低于控制目标0.1个百分点，低于全国平均0.2个百分点。

（一）全面落实就业政策。

一是减负稳岗惠企。严格执行失业保险费率降低和阶段性缓缴政策，为28.9万户企业及其职工减少失业保险费支出29.8亿元，1.2万户企业缓缴失业保险费1.4亿元。实施失业保险稳岗返还“免申即享”，向14.7万户企业发放资金12.7亿元，稳定岗位388.7万人。二是精准施策惠民。上调失业保险金标准，加大失业人员基本生活保障，向15.9万名失业人员发放失业保险金16.6亿元。三是金融扶持扩岗。全面取消创业担保贷款户籍限制，降低企业创业担保贷款准入门槛，发放创业担保贷款56.9亿元，直接扶持创业3万余人。联合中国人民银行重庆营管部实施“金融助力援企稳岗”行动，创新开发“援企稳岗贷”产品，全市41家银行为近7 000家中小微企业的存量贷款降低贷款利息3.1亿元，助力企业稳岗24万人。

（二）重点群体有效保障。

一是促进高校毕业生就业。实施离校未就业高校毕业生就业服务攻坚行动，开展“一区两群”高校毕业生就业结对帮扶，组织近千场专场招聘活动，促进7.59万名重庆籍2022届离校未就业高校毕业生实现就业，就业率91.9%；帮扶6 489名困难高校毕业生实现就业，就业率99.4%。二是保障脱贫人口就业。深化乡村振兴就业帮扶，多措并举、精准施策，开展“春风行动”，拓宽就地就近就业渠道；开设“点对点”专车，稳定外出务工规模，实现脱贫人口就业79.93万人，其中市外就业36.34万人，市内就业43.59万人，公益性岗位安置10.5万人。三是帮扶困难人员就业。落实各项扶持政策，面向低保人员、残疾人、脱贫家庭人员、长期失业人员和大龄失业人员等困难人员开展就业帮扶专项行动和就业援助暖心活动，帮扶14万名就业困难人员就业，零就业家庭实现动态清零。10 489名建档立卡退捕渔民中7 538名需转产就业渔民应就业尽就业，10 414名符合参保条件的渔民应保尽保。

（三）有力推进重点工作。

一是创业带动就业成效显著。开展市级创业孵化基地（园区）认定和绩效评估，促进基地均衡发展，113家市级基地新增在孵企业2 047户，带动就业1.92万人。聚焦乡村振兴重点帮扶乡镇，开展创业导师服务团活动20余场，提供服务2.15万人次；有效整合资源，落地重点帮扶乡镇创业项目10个，帮助培育“乡创客”300余名。围绕乡村振兴、“专精特新”和软信服务业等，实施创业加速计划和大学生创业启航计划，帮扶优质创业项目114

个，累计实现营业额20亿元，带动就业8 151人。二是职业技能培训提质增效。聚焦急需紧缺职业（工种），开展补贴性职业技能培训28.5万人次，与重点产业、新兴产业对接率达81%，培训就业占比达60.4%。加大培训服务力度，发布培训信息1 000余条，提供线上课程资源2 000余个，发放职业培训券22万张，推进培训补贴“免申即享”。开展鲁渝劳务协作培训和“一区两群”协同培训，培训农村劳动力、脱贫人口13.2万人次。加强创业培训师资队伍选拔培养，三名选手获第三届马兰花全国创业培训讲师大赛三等奖。三是公共就业服务持续优化。开展“百日千万网络招聘专项行动”“民营企业招聘月”“金秋招聘月”等专项活动，提供岗位98.5万个；举办50场“重庆英才·职等您来”网络直播招聘，累计观看1 370万人次，促进1.23万人实现就业。培育就业创业指导队伍3 593人，提供职业指导、职业介绍服务100万人次。

（四）不断创新工作机制。

一是“一库四联盟”凝聚合力。紧盯人力资源和市场主体，围绕供需两端整合数据资源，建成覆盖全劳动年龄段的人力资源信息库，并以“一库”统筹就业联盟、创业联盟、培训联盟、人力资本联盟开展就业服务，全年就业政策落实、就业服务享受人数分别达到433.7万人次、110.2万人次。二是“免申即享”主动作为。通过汇聚服务产生的数据和部门间共享的数据，实现失业保险稳岗返还、职业培训补贴、脱贫人口外出务工交通补贴、脱贫人口生活费（含交通费）补贴、鲁渝脱贫人口以工代训补贴5项政策“免申即享”，主动为87.5万政策享受对象发放补贴17.22亿元。三是服务品牌引领示范。以“渝创渝新”品牌为引领，举办创业创新大赛，重点帮扶创业项目30个，深度服务创业项目717个，帮助创业项目获得意向融资1.76亿元；选拔优质创业项目参加第五届“中国创翼”创业创新大赛，斩获二等奖1个、三等奖4个、优胜奖3个，获奖数量全国排名第四，直辖市第一。实施劳务品牌发现培育、发展提升、壮大升级行动，重庆云阳面工、巴渝大嫂被评为“全国我最关注的劳务品牌”，重庆在劳务品牌工作全国赛中荣获品牌培育奖。加强就业创业服务专业队伍建设，提升公共就业创业服务品牌形象，在第二届公共就业服务专项业务竞赛中，3个项目、2名选手荣获全国奖项，其中由重庆市就业服务管理局创建的“职引未来”线上线下一体化职业指导服务荣获优秀就业服务项目一等奖。

二、社会保障

2022年，重庆市人力资源社会保障部门紧紧围绕迎接党的二十大和学习宣传贯彻党的二十大精神这一主线，在市委、市政府坚强领导下，始终坚持把党的全面领导贯穿社保工作各领域全过程，坚决落实“疫情要防住、经济要稳住、发展要安全”的要求，以坚定信心、坚强意志、坚决行动，主动作为、克难奋进，各项工作取得新成效、展现新气象。全市城乡养老保险参保人数2 572万人，工伤保险参保人数753万人，完成全年参保扩面任务。城乡养老待遇领取人数783万人，工伤保险待遇领取人数6.3万人。城乡养老、工伤保险基金收入1 815亿元，基金支出1 604亿元，基金累计结余1 737亿元。职业年金当年划拨投资94亿元，累计划拨投资504亿元。作为国家新就业形态就业人员职业伤害保障7个试点省市之一，7月1日正式启动试点工作，截至12月，职业伤害保障资金收入1 718万元，支出151万元，结余1 567万元。

（一）数字赋能，精准扩面稳中有进。

开展扩面提质专项行动，以数据交互推动精准扩面，全市城乡养老、工伤保险参保人数达到2 572万人、753万人，完成全年任务的104%、105%。城镇职工与城乡居民参保结构优化为56：44，城乡养老保险参保率达到97%。全市135.27万困难群体中符合参保条件的困难人员已基本实现应保尽保，参保率99.9%，为36.32万困难群体代缴城乡居民基本养老保险费3 050.26万元。圆满完成443万名退休人员调待、780万名退休人员领待工作。平稳推进职业伤害保障试点，覆盖7家平台企业22.5万新就业形态从业人员。助力企业纾困解难，积极落实阶段性缓缴社会保险费政策，共为1.3万户企业缓缴社保费40亿元。

（二）深度协同，智慧建设高效推进。

整合系统“一盘棋”。养老保险全国统筹顺利落地，经办服务数字化转型成效初显，6个模块系统顺利上线，职业年金监管系统全国首发，实现工伤协议医疗机构联网结算，完成业务财务一体化建设。盘活数据“一池水”。建成一数一源、一源多用“数据池”，内部畅通社保与就业、人才等协同事项，外部接入部级、市级数据共享目录，实现跨业务、跨层级、跨地区数据共享协同。织密安全“一张网”。构建业务、财务、银行多向闭环的支付体系；推动227条校验规则嵌入经办全流程、各环节；实施五大行动、建立五项机制，全力守护好每一分“养老钱”“保命钱”。

（三）惠民可及，服务模式不断优化。

推进服务“均等化”。统筹城乡经办服务能力建设，合理布局18个市级社会保险公共服务标准化基地。深入开展川渝人社公共服务，实现28个社保事项通办、11个事项无差异办理。推进服务“便利化”。大力推行推进“不见面”“无接触”服务模式，全年大数据认证养老待遇资格717.5万人，无感认证占比92.3%，“渝快办”“重庆人社”等平台线上服务6 400万次。推进服务“品牌化”。“渝保渝快”服务品牌矩阵初步形成，推进“渝保宝直通车”建设，实现经办受理端进园区、企业、高校、银行，27项业务便捷办理，11种情况主动提醒，3个事项压减办结时限20个工作日以上。

（四）从严监管，风控能力实现提升。

组织工伤保险经办管理问题专项检查，从参保、待遇、财务、系统、内控等5个方面确定6类68项检查指标，提取疑点数据，按照区县自查、交叉检查、市级抽查的方式，对全市42个社保经办机构开展检查。聚焦补缴业务经办主要风险点，从5个方面提取数据12.2万条，组织全市社保经办机构对2021年补缴业务进行回头看式的“体检”。组织全市各级社保经办机构深入开展重复领取待遇、服刑人员违规领取待遇、死亡冒领等疑点数据核查，大力消减风险存量，清理整治违规领待问题，积极追回违规资金。组织全市3 000家人力资源服务企业召开警示教育大会，通报违法典型案例，教育引导市场主体守法经营、合规参保。

（五）树立典型，持续打造宣传品牌。

开展第二届“最美社保人”评选活动，成功入选市委宣传部、市文明办2022年“最美人物”学习宣传活动中13个“最美人物”之一。开展第二届重庆社保“三进三送”活动，与企业、群众面对面宣传社保政策，助企纾困、精细化落实，共完成513场落地活动，其中进企业212场，进乡村142场，进社区159场。重庆社保视频号7月创号，发布视频27条，获得粉丝关注超1万人次，视频播放量超40万次，转发量超1万次，点赞数超6 000个，在短时间内取得了良好的社会反响和群众关注度。

三、人才人事

2022年，重庆市人力资源社会保障部门深入贯彻党的二十大精神和中央、市委人才工作会议精神，紧扣全市经济社会高质量发展重点需求，充分发挥人社部门人才工作牵头职能，推动全市引才工作取得明显成效。全市高层次人才累计入选9 644人次，增长13.6%；新引进紧缺人才6.2万人，同比增长5.5%；新增来（留）渝就业创业大学生21.7万人，位居《2022城市人才吸引力报告》吸引青年人才城市第5位；全市综合科技创新水平指数连续4年保持全国第7位、西部第1位。

（一）坚持服务支撑大局，人才作用发挥更加突出。

一是以人才开放助力城市对外开放。首次

发布外籍“高精尖缺”人才地方认定标准，制定外国人来华工作许可计点积分地方鼓励性加分政策，成功纳入科技部、人力资源社会保障部试点。首次发布87项境外职业资格证书认可清单，制定境外人才40项专业技术类职业资格考试目录、外籍“急需紧缺”人才岗位目录。二是以人才协同发展促进区域协调发展。紧扣唱好“双城记”、共建“经济圈”，推动人才政策协同、资源共享、平台共建、活动联办。川渝两地联合举办双城经济圈紧缺优秀人才云上洽谈，联合发布急需紧缺人才目录。“重庆英才服务卡”与“天府英才卡”实现7 488名高层次人才互认。三是以建强人才链赋能产业链、激活创新链。聚焦33条产业链，绘制高层次人才图谱，入库市内外各类人才28万人。深化实施大数据智能化产业人才发展政策，加速集聚全产业链人才，全市数字人才超80万人。四是以人才振兴引领乡村振兴。累计选派199个专家团队、1 546名专家下沉区县开展技术服务。选派（招募）“西部之光”“三峡之光”访问学者、“三支一扶”高校毕业生751名，助力提升乡村发展水平。

（二）坚持引才育才并重，科技创新主力军更加壮大。

一是出台《关于进一步加强海外引才工作的若干措施》，做好国家级人才计划推荐工作，申报425人、入选62人，其中万人计划入选人数增长20%。建立高层次人才免申即享机制，认定市级高层次人才499人。二是深化推进博士后倍增工作，开展“博汇巴渝·智创未来”全球招引，博士后招收在2020年实现倍增、2021年突破千人的基础上再攀新高，达1 066人，博士后出站留渝率88%，创历史最好成绩。实施百万大学生筑梦工程，全市新增来（留）渝就业创业高校毕业生21.7万人。三是卓越工程师引育系统推进。出台《重庆市卓越工程师培养集聚行动方案》，集聚海内外工程师800余名。率先开展全国数字技术工程师评价考核，培训数字技术工程师6 189人次。创办全国首个卓越工程师大赛，24位“两院”院士寄语，发布项目638个，吸引市内外469个工程师团队揭榜、参赛，引导社会资本投入44.82亿元。四是高技能人才大幅提升。加快推动“智能+技能”数字技能人才培养试验区建设，新建“智能+技能”人才创新创业孵化空间10个、高技能人才培训基地19个、技能大师工作室50个，数字技能人才增至66万人。全力备战世界技能大赛，2名选手在2022年世界技能大赛特别赛上实现我国在光电技术、美容项目上金牌零的突破。入选中华技能大奖1人、全国技术能手15人。

（三）坚持做优做实品牌，“重庆英才”影响力更加凸显。

一是“重庆英才”大会集聚力进一步提升。持续深化部市共办、川渝联办机制，聚焦“人才交流、智慧碰撞、项目对接”，采取线上线下、集中和分散相结合的方式，举办博士、博士后全球招收，成渝双城经济圈云上招聘，“英才杯”创新创业大赛等专项活动，引进急需紧缺人才4 359名、项目410个，超七成分布在制造业、软件、双碳经济等重点领域。二是“百万英才兴重庆”引才活动辐射力进一步提升。设置“一带一路”沿线国家海外引才专场，新增海智工作站12家，累计建成64家，聘请6名海外人才为重庆海智大使。开展全国重点高校巡回专场系列引才活动257场，投放岗位6.17万个，完成招聘1.31万人，同比增长48.9%。全市累计引进各类紧缺人才6.3万名，同比增长6.8%。

（四）坚持深化改革创新，人才发展生态更加优化。

一是人才管理机制持续完善。率先实现公立医院编制内外“同工、同酬、同保障”，推动37家医院试点落地见效，累计新增人员总量3.33万名。向29所高校投放周转编制3 630名。在两江新区、西部科学城重庆高新区试点开展市属高校与新型研发机构共建共育高端人才，使用高校编制引进优秀青年人才12名。二是人才评价机制持续完善。推进基层教师、农技人员职称“定向评价、定向使用”，59 个职称专业申报条件修订审核，602 人通过职称绿色通道评审。开展特级技师评聘试点，14 名企业高技能人才晋升特级技师，480 名专技人才获得高技能人才等级证书，人才评价改革入选全国干部教育培训好课程。三是人才服务保障持续完善。在全国省级层面率先推出高层次人才免费乘坐公共交通服务，累计服务 2.9 万人次。做好 608 名高层次人才和国防科工一线骨干子女入学工作，同比增长 61%。累计开设英才金融服务卡 1 200 张，发放“人才贷”2 392 万元。开展全国首批海外人才用汇便利化试点，11 家银行为 307 名海外人才办理便利化业务 1 506.9 万美元。升级重庆英才“渝快办”，加快建设“重庆英才服务港”，推进人才服务“一码集成、一网通办、一次落实”，全年提供“一站式”服务 26.3 万人次，服务好评率 99.7%。在 2022 年重庆市“我最喜欢的 10 项改革”评选中，重庆人才服务机制改革位居首位。

四、劳动关系

2022 年，在疫情和经济下行交织影响下，重庆市人力资源社会保障部门迎难而上，建制度、强执法、创和谐，劳动管理工作成效明显。全年面向 15 447 户企业开展劳动保障守法诚信等级评价。共处理 1 061 件农民工欠薪案件，涉及人数 1.19 万人，涉及金额 1.57 亿元。全市劳动关系和谐稳定，营商环境不断优化，未发生聚集性突发事件和群体事件。

（一）劳动保障监察有力有效。

一是制度建设卓有成效。出台重庆市《工程建设领域农民工工资保证金实施办法》和《工程建设领域农民工工资专用账户管理实施细则》。与 13 家银行签订合作协议，全市 596 个工程项目缴存保证金 3.1 亿元。制定《重庆市人力社保部门办理拒不支付劳动报酬案件证据及法规政策指引》，强化与刑事司法机关衔接。修订《重庆市劳动保障监察条例》《重庆市职工权益保障条例》。二是执法工作扎实推进。开展企业 2021 年度劳动保障守法诚信等级评价，评价企业 15 447 户，同比增长 34%，信用监管基础不断夯实。落实“双随机、一公开”监管机制，对 334 户市属直管用人单位开展巡视检查和书面审查，指导帮助 11 户用人单位规范用工行为。三是加强机构队伍建设，提升能力。组织开展案卷评查、案例研讨、专项工作培训等活动，不断提升全市劳动保障监察执法人员的业务能力。加强人员管理和激励，严格执法资格，审核 193 名专职监察员资格并核发证件，制定《重庆市劳动保障监察机构队伍建设强基计划》，全面夯实执法能力根基。四是举报投诉办理及时高效。认真落实 24 小时值班制度，确保举报投诉渠道畅通。确保网上信访及时回复，确保平台欠薪线索高效处理，“全国根治欠薪线索反映平台”在重庆市运行平稳，线索处理及时，平台接收线索数量 39 511 条，办结 37 437 条，共为 15 495 名劳动者追讨工资 17 437.64 万元。

（二）劳动关系和谐稳定。

一是和谐劳动关系创建活动蓬勃开展。2022 年全市新增“和谐同行”培育企业 100 户，新评定 AAA 级和谐劳动关系企业 133 户。获评全国和谐劳动关系示范企业 14 户、示范园区 2 个，位列西部省市第一。二是企业工资宏观调控扩面提质。从 2022 年 4 月 1 日起，将月最低工资调整至 2 100 元/月，首次实现川渝协同一致，受到社会好评。狠抓企业薪酬调查数据质量，全年共调查 5 700 余户企业，涉及职工 70 余万人。科学计算分析调查数据，在探索数据应用、开展制造业人工成本监测等方面走在全国前列。三是改革试点经验成为全国创新案例。九龙坡区完成国家级和谐劳动关系综合配套改革试点，成为全国首个劳动关系示范镇。重庆市和谐劳动关系综合试验区、综合配套改革试点、劳动关系专项改革试点经验，在国家协调劳动关系三方工作信息上交流推广。

五、乡村振兴

2022年，重庆市脱贫人口就业79.93万人，超过上年2.8个百分点，就业规模保持稳定；开展农村劳动力培训9.27万人次，其中脱贫人口3.47万人次；招募656名高校毕业生从事“三支一扶”服务，人才振兴支持力度不断加大；135.27万低保、特困、重残等困难群体中符合养老保险参保条件的基本养老保险参保率在99%以上，为36.32万困难群体代缴养老保险费3 050.26万元，应保尽保成果持续巩固。

（一）促进稳岗增收，就业帮扶进一步增强。

一是完善政策体系。出台《关于做好2022年脱贫人口稳岗就业工作的通知》《促进脱贫人口稳岗就业十三条政策措施》等政策文件，细化政策举措，稳定帮扶力度。二是助推就近就业。优化车间扶持政策，全市516个就业帮扶车间吸纳脱贫人口就业4 521人。加大乡村公益性岗位开发管理力度，通过公益性岗位安置10.5万名市场渠道难以就业的脱贫人口。三是深化劳务协作。健全鲁渝劳务协作机制，实施春风送岗、“点对点”输出、劳务品牌培育、创业引领、技能提升五大行动，进一步提高组织化输出程度。2022年山东帮扶重庆脱贫人口转移就业1.4万人，完成目标任务的237%。四是结合“一库四联盟”数字化建设，推行数字化服务精准到人，推动跨区域交通补助等就业政策“直补快办”“免申即享”。实施脱贫人口就业帮扶攻坚行动，优先组织外出、优先稳定岗位、优先提供服务、优先给予安置，进一步稳定务工规模。

（二）激发内生动力，技能培训进一步提升。

一是开展专项行动。实施农民工稳就业职业技能培训计划、乡村振兴重点帮扶区县职业技能提升工程，开展农村劳动力、脱贫人口职业技能培训。二是创新服务平台。探索建设108个“巴渝工匠”乡村驿站，打造助力农业全面升级、农村全面进步、农民全面发展的职业技能服务乡村综合平台，进一步推动“技能就业、技能创业、技能增收、技能致富”。三是推进人才培养。支持符合条件的机构备案相关职业（工种）30余个，累计开发155个专项职业能力考核项目，帮助农村劳动力参加技能人才评价考核。招收2.8万名农村地区学生技工院校就读，就近就地培育乡村技能人才。

（三）加大智力支撑，人才振兴进一步发力。

一是强化政策导向。引导人力资源服务机构助力乡村振兴。推行“县聘乡用”制度，完善乡村基层卫生健康人才激励机制，落实职称晋升，给予倾斜政策，有关做法被中央广电总台《焦点访谈》报道。二是加强薪酬激励。结合实际创新重庆市乡村人才振兴薪酬激励措施，明确国贫县“摘帽”后继续执行高定工资政策5年不变，确保政策有效衔接。配合医共体建设，创新绩效工资核定办法，破解基层医疗卫生机构“人才荒”难题，典型做法被《中国事业单位发展报告》收录。三是集聚乡村人才。实施“三支一扶”大学生招募，扩大招募规模，助推基层人才振兴，较上年增加54人。组织“最美基层高校毕业生”评选活动，引导广大高校毕业生到基层就业创业。四是开展专家服务。累计选派98个专家团队847名专家下沉38个区县基层一线提供产业技术支持、培养本土专业人才、推广转化科研成果等“常态化”帮扶。做大做强“成渝地区双城经济圈”专家团活动品牌，组织开展服务活动8场，提供技术指导106次，解决“难点”“堵点”问题137个，2万余名基层干部群众从中受益。

重庆市人力资源和社会保障局

四　川　省

2022年，四川省人力资源社会保障系统坚定以习近平新时代中国特色社会主义思想和习近平总书记对四川工作系列重要指示精神为指导，深入学习贯彻党的二十大精神，认真落实省委十二届二次全会和中央、省委经济工作会议决策部署，切实履行最大民生部门和经济发展重要助推部门职责，统筹抓好疫情防控和人社事业发展，主动担当作为、努力克难奋进，各项工作有力有序、依法有效推进，为推动治蜀兴川再上新台阶作出了积极贡献。

一、千方百计保就业，夯实经济发展压舱石

面对疫情、旱情、灾情和异常严峻的经济下行压力，坚决扛起稳就业保就业政治责任，以超常举措稳定全省就业形势，全省城镇新增就业99.6万人。

（一）全面强化就业优先政策。

坚持早预判、早谋划、早部署，在全国率先报请省政府出台“稳定就业十五条”政策措施，提供政策性岗位超50万个。全面落实“降、缓、返、补”社保费系列政策，全力保市场主体稳就业，累计减征缓征社保费超100亿元，发放稳岗返还资金26.50亿元，惠及企业37.29万户、职工643.66万人。

（二）狠抓高校毕业生就业。

制定出台促进高校毕业生等青年就业创业十三条政策措施，通过统筹扩大机关事业单位招录、增加国有企业招工等措施，为高校毕业生提供政策性岗位21.5万个。2022届高校毕业生去向落实47.98万人，落实率位居全国第一方阵。全年帮助2022届离校未就业高校毕业生实现就业创业13.03万人，就业创业比例达96%。

（三）统筹抓好农民工服务保障。

深入实施农民工工作战略性工程，持续开展农民工服务保障十大专项行动，积极培育“川字号”特色劳务品牌。全省农民工务工规模稳定在2 600万人以上，其中省外转移达1 117.2万人，占全国跨省务工农民工总量的1/7，居全国第一，“农民工经济”超过1.4万亿元。全国首家省级农民工博物馆正式开馆。

（四）做好困难人员就业帮扶。

出台关于加强乡村振兴重点帮扶县人力资源社会保障帮扶工作实施意见，实施21项人社帮扶政策措施。持续深化东西部劳务协作和省内对口帮扶，大力促进脱贫人口、易地扶贫搬迁群众稳定就业，帮助232.22万名脱贫人口外出务工就业，实现零就业家庭动态清零。

（五）加快人力资源服务业发展。

出台支持新时代人力资源服务业高质量发展若干措施，全省人力资源服务业市场主体1.5万余户，建有1个国家级、8个省级人力资源服务产业园，累计帮助实现就业、择业和流动5 207万人次，全年营收近2 000亿元。

二、织密织牢社保安全网，有序推进社会保障体系建设

始终把社保体系建设作为治国安邦的大事来抓，不断推进社会保障体系建设，全省基本养老、失业、工伤保险参保人数分别达

6 498.47 万人、1 178.99 万人、1 544.80 万人。

（一）稳慎推进社保制度改革。

研究四川对接全国统筹待遇项目衔接办法，完善城乡居民基本养老保险制度，统筹推进多层次、多支柱养老保险体系建设。持续推进失业保险、工伤保险省级统筹，在全国率先推动工伤保险服务提升行动。

（二）深入实施全民参保计划。

持续推进灵活就业人员、农民工等群体参保缴费。继续实施工伤预防五年行动，实现全省全域覆盖，位居全国前列。推动落实公务员和快递小哥等群体参加工伤保险。

（三）稳步提高待遇水平。

统一规范全省参保缴费基数和养老金计发基数，完成全省 990 万名退休人员基本养老金调整工作，实现企业退休人员基本养老金“18 连涨”。新增财政支出 12.8 亿元，将城乡居民基础养老金最低标准从每人每月 105 元提高至 110 元。

（四）加强社保基金监督管理。

大力实施社保基金管理提升年行动，持续推进社保基金管理问题专项整治，健全完善政策、经办、信息、监督“四位一体”的风险防控体系，确保社保基金安全。持续扩大社保基金委托投资运营规模，社保基金投入 1 230 亿元，资金规模全国第三；职业年金投入 1 070 亿元，资金规模全国第六。

三、聚焦聚力动力之源，深入推进人才人事制度改革

深入实施人才强省战略，持续深化人才人事体制机制改革，贯通技术技能人才发展通道，激发人才创新创造活力。

（一）专业技术人才有效强化。

深入推进职称制度改革和人才分类评价机制改革，修订完成四川学术和技术带头人及后备人选评定管理办法，出台加快博士后工作创新发展九条措施，扎实推进技术技能人才融合贯通发展，培养造就高层次创新型人才。

（二）技能人才加快发展。

以实施“技能四川”行动为牵引，持续深化技能人才领域改革，大规模多层次开展职业技能培训，大力发展技工教育，创新推进平台项目建设，不断完善四川特色职业体系，打造四川技能大赛品牌。健全技能人才培养、评价、使用、激励制度，技能人才服务保障有效强化。

（三）事业单位人事制度改革提质增效。

全面推进县以下事业单位管理岗位职员等级晋升工作，调整优化高校、科研院所等高级专业技术岗位设置。出台完善省属事业单位绩效工资政策，高质量完成基本工资调标工作，省本级事业单位工作人员工资收入水平总体得到提高。

（四）表彰奖励工作成效显著。

出台全省省级以下创建示范活动集中申报文件，规范全省创建示范活动。做好泸定地震抗震救灾表彰和表彰奖励获得者待遇落实工作，切实增强先进模范的荣誉感、获得感和归属感。

四、探索创新体制机制，积极构建和谐劳动关系

始终坚持把解决广大劳动者最关心、最直接、最现实的问题，作为人社工作的根本出发点和落脚点，全力促进劳动关系和谐稳定。

（一）巩固根治欠薪成果。

全省立案处理 296 件欠薪案件，为 7 177 名农民工追发工资待遇 1.2 亿元，案件数、涉及人数分别同比下降 36%、12%；协调处理 9 946 件欠薪案件，为 4.5 万名劳动者追发工资待遇 5.3 亿元，有力维护了农民工合法权益和社会稳定。四川省在国务院保障农民工工资支付工作考核中名列 A 级、全国第 5，连续两年位居全国“第一方阵”，受到国务院通报表扬。根治欠薪工作的相关经验做法多次被《人民日报》、新华社、中央广电总台等主流媒体宣传报道。

（二）强化新就业形态劳动者权益保障。

出台维护新就业形态劳动者劳动保障权益实施意见，形成“1+N”政策支持体系。扎实推进新就业形态劳动者职业伤害保障试点，率先完成全国首笔新就业形态人员职业伤害保障待遇给付。全省参保人数52.89万人，总接单量超6亿，待遇给付申请1 829笔，支付待遇639.22万元，职业伤害确认支付率全国第二。

（三）深化和谐劳动关系“春风行动”。

实施企业职工协商协调等6大行动，推进“和谐同行”能力提升行动，全面完成成都市新都区国家级改革试点任务，推广10余项改革经验。强化企业工资宏观调控，加强国有企业工资监督管理，巩固国有企业薪酬制度改革成果。

（四）大力提升劳动人事争议处理效能。

共处理劳动人事争议案件14.14万件，涉及劳动者15.85万人，涉案金额33.49亿元，仲裁结案率93.93%。

五、深入推进“温暖人社”建设，持续深化人社区域合作

持续深化“放管服”改革，扎实推进“一网通办”前提下的“最多跑一次”改革，打造“温暖人社”。

（一）川渝合作实现突破。

坚持相向而行、紧密协作，推动川渝人社合作84项重点任务落地落实，设立川渝通办服务网点1 248个，40项服务事项实现“川渝通办”。出台支持高竹新区改革创新发展若干政策措施实施方案，开通“一卡通”“一码通”试点，实现23项功能互认互通、协同共享。

（二）区域合作持续深化。

加快推进成德眉资同城化、川南人社事业一体化发展，强化川东北经济区、攀西经济区和川西北生态区在人力资源协作、劳务输出等方面的比较优势，不断增强人社区域协同发展的内生动力和整体竞争力。聚焦151项综合试点事项和32项区域协同试点事项，深入推进人社领域基本公共服务试点。

（三）人社服务创新发展。

持续深化“一网通办”前提下的“最多跑一次”改革，按照“应进必进、应上尽上”原则，大力整合人社、公安、民政等政务数据，形成116项、537亿条人社数据汇聚库，实现数据跨部门交换1.7亿次。持续拓展社保卡在资金发放、文旅、公交等方面的居民服务“一卡通”应用，大力推进惠民惠农财政补贴资金、农保赔付、高校奖助学金等通过社保卡发放，合计发放金额超1 750亿元。

四川省人力资源和社会保障厅

成　都　市

2022年，成都市人力资源社会保障系统认真贯彻落实党中央、国务院以及省委、省政府和市委、市政府系列部署要求，结合实际确立了“树立就业工作发展导向、做经济发展促进者，树立社会保障幸福导向、做美好生活奉献者，树立人才工作赋能导向、做创新驱动实干者，树立人事工作活力导向、做人事改革推动者，树立劳动关系治理导向、做社会和谐维护者，树立公共服务满意导向、做营商环境建设者，努力实现要素供给高效、民生保障有力、人民群众满意”的全市人社“1663”事业发展思路，扎实推进惠民生、促发展、防风险工作，各项事业取得新的进展和成效。

一、就业创业

（一）出台系列稳就业政策措施。

制定印发《贯彻落实就业工作“发展”导向实施方案》，制定《全市稳就业保就业总体工作方案》《促进高校毕业生等青年就业创业行动方案》《企业用工保障服务行动方案》《困难群体就业帮扶行动方案》及《全市稳就业保就业工作任务清单（125条）》，形成“1+3+125”的稳就业保就业工作推进实施方案。扩大政策受益面和支持力度，相继出台困难行业稳岗补贴、吸纳失业人员就业补贴、一次性扩岗补助等实施细则，创新免申即享、即申即享、直补快办、上门服务等模式，让政策红利快速直达企业。成都市“1+3+125”稳就业政策组合拳、“赢在成都”双创品牌、2.0版就业创业训练院、“宜业成都”数字人岗对接平台等4项举措入选“2022年中国地方就业创新事件”。

（二）构建供需精准对接机制。

编制发布《人力资源服务产品清单》《人力资源服务需求清单》，促进供需精准对接。充分发挥政府引领搭台作用，整合全市资源打造集用工、求职、服务于一体的“宜业成都”总平台，为企业和求职者提供信息互通、精准对接的高效通道。平台已吸引1 197家企业入驻、115.6万人次在线求职。依托线上线下平台开展各类招聘活动3 581场，为10.7万家企业发布岗位272.4万个。充分发挥市场主导配置作用，联合中智四川、58同城、实习僧等优质人力资源服务机构举办“百日万企”系列招聘活动1 802场次，为2.27万家企业发布岗位91.7万个；与智联招聘合作开展的“2022年成都就业大型网络系列招聘活动”，发布岗位57.2万个，点击量超20万人次。

（三）加大职业技能培训力度。

实施就业培训扩容提质行动，以脱贫劳动力、高校毕业生、就业困难人员等群体为重点，大力开展技能培训，2022年开展补贴性职业技能培训26.5万人次，依托网络学院平台开展线上培训超千万人次。支持文旅企业纾困发展，会同成都市文化广电旅游局研究制定政策措施，制定《文旅行业重点企业职工项目制培训实施细则》，开辟政策宣讲、补贴申报、项目实施等业务指导绿色通道，推动文旅行业重点企业开展从业人员培训。健全按需施培制度，新开发培训需求调查小程序，实现培训需求实时掌握、培训信息动态发布，全年发布培训计划4期，涉及开班信息1 227个，涉及工种71个。

（四）加强高校毕业生就业创业工作。

完善高校毕业生就业创业政策，印发《贯彻落实习近平总书记来川视察对推进高校毕业生就业创业重要要求具体措施分工方案》《关于进一步落实高校毕业生等青年就业创业政策的通知》等政策文件，出台促进高校毕业生等青年就业创业22条政策措施，细化58项具体任务，全力推进高校毕业生就业创业。推动创业服务多点延伸，新认定锦江区喜树路社区等5家示范性社区创业指导中心、西南交通大学等10家示范性高校创业指导工作室。组织公共就业服务进高校和“百日万企”招聘活动2 504场，提供市场化岗位114.6万个。开展离校未就业高校毕业生就业服务攻坚行动，实现有就业意愿的离校未就业高校毕业生就业率99.5%、困难高校毕业生就业率100%。落实2023届困难高校毕业生一次性求职创业补贴5 134.4万元，涉及毕业生3.4万人。成都市高校毕业生就业促进工作被四川省人民政府“两稳一保”工作督查组给予充分肯定，中央广电总台《新闻联播》予以宣传报道。

二、社会保障

（一）持续推进全民参保计划。

截至2022年底，成都市城镇职工基本养老保险参保人数达1 386.2万人，较上年期末增加176.4万人，参保规模在副省级城市位列第二；基本养老保险参保单位户数首次突破50万户，达50.3万户，企保抚养比首次突破5∶1，达5.2∶1，位居副省级城市第六，抚养比高于全国、全省平均水平。城乡居民基本养老保险参保人数达312.8万人，参保率突破96%。助力全面实施乡村振兴战略，按照每人919.3元标准为全市64 155名符合代缴条件的低保对象、特困人员、返贫致贫人口、重度残疾人等缴费困难群体全额代缴2022年城乡居民基本养老保险费，代缴完成率达100%，使用资金5 897.9万元。按时足额发放350万人的养老待遇，企业退休人员、城乡居民基本养老保险参保缴费享受待遇人员月人均养老金分别同比增长3.4%和5.8%。2022年11月25日，成都市成功获批国家首批、全省唯一个人养老金先行城市。稳妥有序推进先行试点工作，截至2022年底，成都市个人养老金账户88.7万户，缴费金额超5.5亿元，位居全国36个先行地区前列。

（二）实施失业保险稳岗返还“免申即享”。

在四川省内率先推行稳岗返还“免申即享”服务模式，利用大数据技术和信息化手段，实现发放对象的智能审核和精准直发，企业全程“免申报、零材料、零跑腿”即可快捷享受失业保险稳岗返还政策，实现“企业找政策”到“政策、资金、服务找企业”的转变，有力解决“线上不会办”“线下跑麻烦”等问题。2022年，成都市共发放一般性稳岗返还13.8亿元，发放企业31.1万户，惠及职工683.8万人。充分发挥失业保险保生活作用，做好失业人员兜底帮扶，发放失业保险金和价格临时补贴30.1亿元，保障86.6万人次基本生活。

（三）不断扩大工伤保险覆盖面。

大力推动工程建设施工企业、尘肺病重点行业参加工伤保险，积极推动超龄等非标准劳动关系就业人员、基层工伤快递网点快递员优先参加工伤保险，参保覆盖面不断扩大。开展新就业形态就业人员职业伤害保障国家试点，将出行、外卖、及时配送、同城货运四类行业的部分平台企业纳入试点范围，构建从业人员职业伤害“保障网”，分散平台企业职业伤害风险，支持平台经济和新就业形态规范健康发展。截至2022年底，成都市工伤保险参保人数达766.3万人（含按项目参保建筑业农民工73.3万人），较上年期末增加21.4万人。

（四）提升社保经办服务效能。

推进线下“一窗办”，成都市率先在全省实现社保经办大厅服务即时办结、个体业务同城通办，窗口业务办理平均提速67%。推动成渝和成德眉资同城化基本公共服务互联互通，推动实现62项业务跨区域“数据共享、服务协同、结果互认”，成渝基本养老保险转移业务效率提升90%。推进全程网办，实现190项业务“网上办”、60项高频业务“掌上办”、34项业务“自助办”。成都市37.4万户参保单位开通网上经办，20人以上企业开通率99.6%，线上服务量占比达87%。创新构建智慧社保“一舱三图”应用场景，实现参保登记、待遇领取、基金运行、经办服务和风险防控等核心数据实时联动、关键指标实时预警、重点业务实时调度。营造温馨服务场景，丰富完善专窗专柜办、午间延时办、周末帮代办等暖心服务举措，构建形成“五位一体”认证服务模式，实现311万人次“无感”领取养老金、106万人次家中“露脸”领待遇、4.3万名特殊群体享受上门认证。优化完善网络理政信件办理机制，提升“两率一周期”效率，在月均接件超200件的情况下办件周期提速44%。提升社保经办温度，创建机关事业单位退休人员“一封书信、一条短信”、企业退休人员“档案预审、预约办理、提醒办理”、局领导接待岗和处级干部流动服务岗等精细化、个性化服务机制，社保经办服务满意度达99.5%。2022年，成都市社会保险事业管理局荣获“全国人社系统先进集体”、获评“年度全国社保宣传工作先进单位”，社保服务荣获天府市民云“十佳”口碑民生服务第二名。

三、人才人事

（一）加强事业单位人事管理。

稳妥推进县以下事业单位管理岗位职员等级晋升，截至2022年底，全市23个县（市、区）均细化职员等级晋升方案措施，规范操作流程，明确晋升条件，为符合条件的基层事业单位人员晋升职员等级，4 479名县以下事业单位人员实现晋升职员等级。平稳有序开展事业单位公开招聘。2022年，全市事业单位公开招聘工作严格按照“4+2+3”组织开展，即按季度实施4批次事业单位公开招聘，上下半年各2次批中小学教师考试公开招聘，组织3批次事业单位赴外地高校公开招聘教育、卫生、高层次人才，统筹8 001个岗位招引急需紧缺事业人才。组织开展事业单位基层党组织负责同志党员教育示范培训、人事干部业务提能培训和新招聘人员公共能力岗前培训，参训人员近1 000人，强化事业单位领导人员职责担当，提高新聘人员适应单位和岗位的能力素养。

（二）完善人才工作体制机制。

一是创新人才信息发布制度。编制《成都市人才开发指引（2022）》（人才白皮书）、《成都市重点项目人才开发指引》，发布92个重点项目695类人才需求，引导人才向重点产业和企业聚集。2022年，成都市专业技术人才达227.5万人、技能人才达275.2万人，两支队伍总量同比增加29万人，高技能人才占比达到30.6%。成都市人力资源和社会保障局被人力资源社会保障部表彰为“国家技能人才培育工作突出贡献单位”，为全国副省级城市唯一获表彰的单位。二是优化升级专业技术人才引育政策。会同成都市委组织部（成都市人才办）出台《成都市创建吸引和集聚人才平台激发人才创新创造活力的若干政策措施》（“成都人才新政3.0版”），出台《成都市鼓励企业引进急需紧缺专业技术人才实施办法》《成都市鼓励引进培育博士后人才实施办法》，鼓励高层次人才和急需紧缺人才向重点产业、重点行业流动，激发人才创新创业活力。出台《成都市进一步发挥猎头机构引才引智作用精准引进海内外人才的若干措施》，支持猎头机构引进海内外重点产业高端人才1 408人。三是优化人才评价体制机制。健全完善职称评审、职业资格评价、职业技能等级认定、专项职业能力考核等人才评价制度体系，拓宽各类人才职业发展空间。紧跟产业发展需求，增设区块链、技术经纪人等职称专业。在全国率先实施职称评价与企业人才评价开放融通试点，首批93名企业人才获评高级工程师职称。推进多元化职业技能评价体系建设，向企业、技工院校、培训机构下放技能人才评价权限，17.2万人通过评价，4.5万人被认定为高技能人才。四是提升人才服务保障水平。出台新设站资助、生活资助、博新项目资助三项博士后政策，省、区、市三级政策叠加最高奖励分别可达90万元、80万元、66万元。成都市博士后“两站一基地”达272家，在站博士后3 668人，居西部第一。出台《成都市人力资源和社会保障局等四部门关于完善市属事业单位绩效工资管理的意见》，对科技成果转化、科技服务实施现金奖励，2022年核增科技成果转化绩效工资总量1 289万元。

（三）开展专家智力帮扶活动。

大力推荐“天府学者”特聘专家、四川省学术和技术带头人及后备人选，以及二级正高级职称专业技术人员。首次开展“天府学者”特聘专家年度考核工作，2名专家成功获评第三批四川省“天府学者”特聘专家。入选第十四批四川省学术和技术带头人10人、后备人选8人。推荐11个留学人员项目入选国家和省回国创业启动支持计划。推动四川省首个博士后创新创业园区在四川天府新区正式挂牌。成功举办“2022年四川省海内外高层次人才服务团产业发展示范活动”，促进专家资源与产业发展精准合作对接。组织在蓉专家参加“专家智力服务基层成都温江活动”，持续发挥专家智力服务基层作用。

（四）加强专业技能人才培养。

一是提质技工教育。加强技工院校教育管理，大力推行工学一体化技能人才培养模式，引导11所院校紧跟产业人才需求调整22个专业。在全国率先出台技工院校思政教育工作评估管理办法，组建研修基地和网络教育平台，着力培育德技兼修、知行合一的高素质技能人才。全市42所技工院校现有在校学生9万人，年均输送本土产业技能人才2.4万人。二是整合力量资源。支持企业、院校、培训机构协同构建“技能人才培养联盟”，量身定制“企业订制班”1 081个、“区县品牌班”114个、“建圈强链”项目639个，2022年开展培训26万人次，发放补贴2.9亿元。成都市网络培训学院新设市州、企业、院校分院381家，总数达983家，年均培训超500万人次。新建高技能人才培训基地、技能大师工作室、企业首席技师工作室48家，涉及企业37家、院校11个，涵盖专业或职业（工种）105个（其中先进制造业60个、现代服务业33个、乡村振兴领域12个），突出企业主体作用，体现高技能人才培育产业导向。三是开展技能竞赛。印发《成都市职业技能竞赛奖励管理办法》，鼓励支持开展技能竞赛活动，2022年组织近万名技能人才参加“工匠杯”职业技能大赛、技工院校职业技能大赛等活动50余场，发放奖励357.4万元。成功举办“技能成都建设发展论坛”，建成市级职业技能竞赛集训基地40个，发放补贴2 000万元，尊重人才、崇尚技能的社会氛围更加浓厚。

四、劳动关系

（一）推进和谐劳动关系构建。

持续推进“构建和谐劳动关系宣传月”和“五级联动争创模范劳动关系和谐单位”长效推动机制，健全完善构建和谐劳动关系“1319”（1个国家级、3个省级综合配套改革试点区带动其他19个区市县）创新推动模式。2022年共开展各类宣传活动600余场，发放宣传资料19万份，惠及3.5万户企业和20万职工；3 584个单位成功创建A级至5A级模范劳动关系和谐单位。成都市2户企业和1个工业园区分别获评“全国和谐劳动关系创建示范企业”和“全国和谐劳动关系创建示范工业园区”。

（二）实施劳动关系多元治理。

创建劳动纠纷一站式多元化解联动处置中心标准化建设体系，印发《成都市劳动纠纷一站式多元化解联动处置中心标准化建设工作实施方案》，实现全市各级联处中心制度化、标准化、规范化管理。成都市已建成覆盖市区两级的24个实体联处中心和24个劳动争议人民调解组织，培育1 194名专兼职调解员。

2022 年全市联处中心累计接待群众 19.2 万人次，提供法律咨询 10.4 万人次，受理法律援助案件 2 686 件，受理登记案件 7.3 万件，接收调解案件 3.7 万件，调解涉及金额 2.22 亿元，调解成功 1.3 万件。开通在线调解、在线置换仲裁文书等功能，实现“调解—仲裁审查—置换仲裁调解书”全过程零跑腿，2022 年市本级组织开展远程调解 3 000 余场，在线置换仲裁文书 2 000 余件。探索试行“四川掌上仲裁”在线庭审，2022 年市本级累计开展网络庭审 200 余场，审理案件 300 余件。组织开展劳动争议仲裁“百日攻坚、压减积案”专项行动，2022 年全市受理劳动争议仲裁案件 6.4 万件，审结 6.2 万件，仲裁结案率达 93%。

（三）加强根治欠薪专项治理。

加大欠薪案件办理力度，培育 100 个“无欠薪示范项目”。2022 年成都市劳动保障监察机构共受理欠薪举报投诉 15.3 万件（其中建设领域 4.6 万件、非建设领域 10.7 万件），通过立案和协调处理办结 15.1 万件，为 10.1 万名劳动者追发工资等待遇 10.4 亿元（含工程款）。成都市连续三年在全省保障农民工工资支付工作考核中被评为 A 级。开展“双随机、一公开”监管，对劳务派遣机构用工情况、人力资源服务机构用工情况、各类用人单位工资支付情况抽查检查，2022 年共抽查检查用人单位 941 户，抽查检查事项 52 项；开展本部门“双随机、一公开”抽查检查，共抽查检查用人单位 161 户，抽查检查事项 27 项。

五、行风建设

（一）积极开展练兵比武活动。

建立人员全覆盖、业务全囊括、线上线下有机结合的常态练兵机制，依托全国人社业务在线学习平台，持续开展“日日学、周周练、月月比”线上比拼活动，定期通报岗位练兵情况，引导全市各级人社部门全员参与，掀起“学政策、钻业务、强技能、优服务”的热潮。成功举办 2022 年度成都市人社系统窗口单位业务技能练兵比武选拔赛；成都市选派的 7 名参赛队员位列全国前 50 强，荣获全国“人社知识通”称号；成都市人力资源和社会保障局荣获“全省总决赛团体特等奖”和“全省练兵比武工作优秀组织奖”。

（二）开展重点行业领域排查整治。

强力推进“净窗”专项行动，严肃整治“窗口腐败”，推进“社保基金管理提升年”行动计划，提升基金管理水平。以 36 个一级风险点为重点，持续开展系统岗位廉政风险动态排查管控。大力开展借培训名义搞公款旅游问题排查整治，成立 12 人复核专班，共排查 163 个班次、961 人次，无重大问题或线索。开展群众身边十大领域“可视”“有感”腐败和作风问题专项治理，围绕六大业务板块自查问题 52 个，印发“问题、责任、整改”三张清单促进整改落实。针对“成都面对面·阳光三问看作为”广播电视台节目中群众反映成都市就业培训领域点位少、专业少等问题，成立专项督导组，约谈 13 人次，及时完成问题整治。坚持在就业招工、社保参保扩面、人才引育留用、和谐劳动关系创建和基金安全防控等工作中同步开展整治形式主义为基层减负活动，不断加强和改进工作作风，回应基层期盼。

（三）深入推进系统行风建设。

常态化推进“领导干部走流程”“局长进大厅”活动，深入基层查摆问题，着力为企业群众破除“急难愁盼”问题。印发《成都市人力资源和社会保障局窗口工作人员服务规范》，细化纪律规范、行为规范、用语规范、场所规范和行业规范共 21 条具体服务规范，优化人员服务态度，提升窗口服务质效。持续推进温暖人社建设，全力延伸服务链条，开设“老弱病残孕”绿色通道、“办不成事”反映窗口等，配备咨询帮办代办人员，推行延时服务、上门服务、提醒服务等便民举措，营造优质便民办事环境，彰显人社温度。开展“好差评”管理，畅通评价渠道，实现政务服务从“政府自评”到“大众点评”，确保差评核实到位、整改到位、反馈到位，倒逼政务服务提效能、窗口服务转作风。

六、乡村振兴

聚焦乡村振兴战略实施人才需求，深化“一县一品”“一县多品”特色劳务品牌建设，培树首批“蓉字号”特色劳务品牌29个，“金堂焊工”“道明竹编”等“川字号”劳务品牌荣登中央广电总台《振兴路上》栏目。成功举办人力资源社会保障部海外赤子为国服务行动计划2022年助力阿坝、凉山州乡村振兴暨项目对接活动，为乡村振兴提供人才技术支撑。开展“创业+专业技能”培训，壮大创业服务专家团和导师队伍，提供专业指导服务。利用驻外农民工服务管理综合党委、农民工服务工作站引导外出务工人员返乡创业，让农民工返乡创业“有奔头、有助手”“有人来、有平台”。2022年，成都市开展春风行动等就业活动，实现农村劳动力转移就业214.6万人，开展农民工返乡创业培训9 853人、劳务品牌培训18 742人，发放返乡农民工创业补贴255.5万元，建成30个市级乡村振兴就业创业基地，评选100名市级返乡创业明星，引导返乡创业5 184人。

成都市人力资源和社会保障局

贵 州 省

2022年，贵州省人力资源社会保障系统始终坚持以习近平新时代中国特色社会主义思想为指引，深入学习贯彻党的二十大精神，坚持围绕中心、服务大局，全面贯彻落实党中央、国务院决策部署，认真落实省委、省政府各项要求，积极抢抓《国务院关于支持贵州在新时代西部大开发上闯新路的意见》（以下简称国发〔2022〕2号文）重大政策机遇，聚焦围绕“四新”主攻“四化”主战略、“四区一高地”主定位，紧盯人社工作主责主业，统筹推进就业创业、技能培训、社会保障、人才人事、根治欠薪等各项工作，扎实落实“六稳”“六保”工作任务。

一、抢抓历史机遇，积极争取支持

积极抢抓国发〔2022〕2号文赋予贵州的重大政策机遇，制定《省人力资源社会保障厅贯彻落实〈国务院关于支持贵州在新时代西部大开发上闯新路的意见〉和〈部省合作协议〉的实施方案》，具体化、项目化、清单化推进国发〔2022〕2号文和《部省合作协议》贯彻落实。加大力度，积极争取人力资源社会保障部在政策、资金、项目等方面全面支持贵州人社事业高质量发展，《人力资源社会保障部办公厅关于印发贯彻落实〈国务院关于支持贵州在新时代西部大开发上创新路的意见〉进一步推进部省合作协议实施的工作方案的函》，通过28条具体支持措施全方位支持贵州人社事业发展。《人力资源和社会保障部社会保险事业管理中心关于支持贵州社会保险经办管理服务工作的函》，有针对性的支持贵州社会保险事业发展。2022年，获中央补助资金220.84亿元，同比增长6.5%。支持项目6个，其中，黔西南州入选“全国公共就业服务能力提升示范项目”，获奖补资金1亿元。

二、坚持就业优先导向，促进高质量充分就业

全省实现城镇新增就业60.92万人，促进失业人员再就业15.16万人，促进就业困难人员就业7.49万人，分别完成全年目标任务的101.53%、116.62%、107.00%，就业形势保持总体稳定，被国务院办公厅通报为全国“落实就业优先政策、推动就业扩容提质、促进重点群体就业创业等任务完成好的地方”五个省份之一，予以激励。

（一）全面落实纾困稳岗政策。

全面落实党中央和贵州省委、省政府稳住经济一揽子政策，顶格实施“降、缓、返、补、扩、提”援企稳岗助企纾困政策，全力保市场主体、稳就业形势，继续执行阶段性降低失业保险费率政策为全省参保单位减负29.60亿元，阶段性实施缓缴政策为参保企业缓缴社会保险费19.95亿元，向8.15万户企业拨付稳岗返还资金9.84亿元。

（二）加大政策供给力度。

坚持就业优先战略，实施更加积极的就业优先政策，制定印发《关于做好当前形势下就业工作的通知》《关于加强国家乡村振兴重点帮扶县人力资源社会保障帮扶工作的实施意见》《贵州省零工市场建设实施方案》《关于劳务品牌建设的实施意见》等文件，不断加大政策供

给和支持力度。下达中央和省就业补助资金25.17亿元（中央23.62亿元、省1.55亿元），培育了“正安吉他工匠”“都匀毛尖”等有一定知名度和影响力的劳务品牌，积极推动各项政策落实，全力确保全省就业局势稳定。

（三）全力稳住外出务工就业基本盘。

深化东西部协作机制，省市县人社部门主要领导带队，积极争取广东、浙江、福建、江苏等务工集中地支持，通过签署稳岗协议、发现和培育一批劳务品牌、着力提升劳务输出组织化程度等措施，千方百计把农村劳动力稳在当地、稳在岗位、稳住收入。截至2022年底，全省农村劳动力外出务工933.89万人，其中，跨省外出务工578.53万人，以县为单位农村劳动力外出务工组织化程度为73.07%。全省脱贫人口外出务工343.96万人，完成目标任务的107.63%；20个重点县脱贫劳动力外出务工135万人，完成目标任务的107.18%；易地搬迁家庭41.3万户100.2万人中已就业94.56万人，实现“一户一人”以上就业目标。

（四）多措并举促进高校毕业生就业。

出台《促进2022年高校毕业生就业创业二十条措施》《全省商贸流通和开放型经济领域支持高校毕业生就业创业八条措施》，启动重点招商企业和中小企业招聘高校毕业生专项行动等，全力做好高校毕业生就业工作。摄制26集高校毕业生就业创业政策系列宣传短视频《小曼就业季》在微视频、抖音、bilibili等媒体全线推出，受到高校毕业生等青年群体广泛关注。2022年，全省应届高校毕业生27.3万人初次毕业去向落实率为83.66%，实名登记离校未就业高校毕业生12.43万人，已促进就业11.48万人。

（五）扎实做好困难群体就业帮扶。

强化返贫人员就业帮扶，对存在返贫风险的3.87万人及时组织开展有针对性的就业服务。完善公益性岗位开发管理，建立公益性岗位开发管理调度机制。做好退捕渔民安置保障，兜牢就业民生保障底线。截至2022年底，全省城镇公益性岗位在岗4.52万人、乡村公益性岗位在岗45.43万人，长江流域全域劳动年龄段内渔民转产就业1 975人、重点水域转产就业1 101人。

（六）扎实做好就业公共服务。

积极搭建供需平台，组织开展就业援助百日攻坚行动、就业援助暖心活动等专项活动，开展直播带岗292场，首次联合黔籍外出务工人员集中的广东、浙江、江苏和福建共同举办全国直播带岗活动，全力拓宽就业渠道。持续为宁德时代、恒力（贵州）等重点企业提供常态化用工服务保障，2022年，全省累计录入重点企业用工常态化调度系统重点企业425户，保障用工3.07万人。全面推进公共就业服务均等化、智慧化、精准化、多元化、标准化“五化建设”，推动公共就业服务向乡村、社区延伸。推广运用全省劳务就业大数据平台，动态更新全员劳动力就业信息状态和跟踪服务，完成全省2 978.56万劳动年龄人口就业信息核查，其中有效掌握2 929.08万劳动力就业信息，占总劳动年龄人口的98.34%。推动人力资源服务产业发展，2022年全省人力资源服务机构2 143家，中国贵阳人力资源服务产业园揭牌开园运营，入驻人力资源服务机构72家，提供就业岗位57.09万余个。

三、实施“技能贵州”行动，大规模开展技能人才培养

将职业技能培训纳入省政府2022年“十件民生实事”，全省累计开展职业技能培训63万人次，完成60万人次目标任务的105%。

（一）大力实施“技能贵州”行动。

印发《2022年度“技能贵州”行动实施方案》，围绕新型工业化、新型城镇化、农业现代化、旅游产业化以及重点招商企业需求，打造“酒都酱人”“遵茶技师”“毕节苗绣”“毕节带岗主播”“安顺康养”等“贵州技工”培训品牌27个，“贵州技工”培训品牌开展职业技能培训8.39万人次。支持酱香白酒、磷化工和新材料、茶叶加工、大数据等重点行业企业开展企业职工培训16.24万人次，

企业新型学徒制培训 0.17 万人次。深化东西部协作培训，强化校校合作、校企合作，开展“广东技工”“南粤家政”“粤菜师傅”培训 2.62 万余人。

（二）全面做好技工院校招生工作。

全省 58 家正常招生技工院校招生 4.04 万人，完成人力资源社会保障部下达招生任务的 115.63%。中央财政拨付贵州技工院校学生资助补助资金 19 457 万元、现代职业教育质量提升计划资金 8 934 万元，省人力资源社会保障厅拨付技工院校学生资助补助省级资金 2 743.39 万元、贵州省巩固拓展脱贫攻坚成果专项学生资助资金 1 595.68 万元。

（三）推动职业教育和技工教育融合发展。

人社、教育部门联合制定印发《关于全面推进职业院校技能等级认定工作的通知》，开展职业院校学生学历证书+技能证书“双证书”行动，推进职业院校（含技工院校）技能等级认定工作全覆盖，将全省 159 家中高职院校纳入“双证书”行动备案管理，20.03 万名毕业学生参加等级认定，15.88 万名学生获得技能等级证书，其中，6.53 万名学生获得高级工等级证书。全省新增高技能人才 7.78 万人，完成贵州省高技能人才倍增计划 7.5 万人的 103.7%。新增技师、高级技师 0.36 万人，完成人力资源社会保障部下达任务 0.33 万人的 109.1%。

（四）积极举办和参加职业技能大赛。

2022 年 7 月，在贵州交通技师学院等 18 个赛区同步举办贵州省第一届职业技能大赛，全省 12 支代表队 1 510 名选手参加了 75 个项目的竞赛。组团参加第二届全国人工智能应用技术技能大赛决赛，获一等奖 1 个、二等奖 1 个、三个奖 2 个和优秀教练 1 名，贵州省代表队获优秀组织单位。

四、不断增进民生福祉，稳步推进社会保险制度改革

（一）全面推进全民参保计划。

以农民工、灵活就业人员、新业态就业人员等群体为重点，加大政策宣传力度，不断扩大参保覆盖面，截至 2022 年底，全省城镇职工基本养老保险、城乡居民基本养老保险、失业保险、工伤保险参保人数分别为 770.07 万人、1 935.53 万人、338.7 万人、593.84 万人，分别完成目标任务的 101.1%、100.3%、101.1%、109%，新开工工程建设项目工伤保险参保率达 99%。全省基本养老、工伤、失业三项社会保险基金及职业年金总收入 1 139.37 亿元。

（二）持续推进社保制度改革。

印发《贵州省实施企业职工基本养老保险全国统筹工作方案》，企业职工基本养老保险全国统筹取得实质性进展，信息系统按要求接入全国统筹系统。在贵阳市启动个人养老金试点工作。制定《贵州省推进失业保险基金省级统筹工作方案》《关于进一步规范全省失业保险政策的若干意见》，推动失业保险基金省级统筹顺利进行。印发《关于做好基层快递网点优先参加工伤保险工作的通知》，推进全省用工灵活、流动性大的基层快递网点优先办理参加工伤保险。

（三）稳步提高社保待遇。

按照国家统一部署，完成全省 164.89 万退休人员基本养老金调整和补发工作，月人均增加 127 元。城乡居民基本养老保险基础养老金从每人每月 98 元提高至每人每月 118 元。对工伤保险伤残津贴、供养亲属抚恤金标准进行调整。

（四）加强基金风险防控。

部署开展“社会保险基金管理提升年行动”，围绕 6 个方面 16 项重点任务提出 49 项针对性措施，进一步加强整治、建强队伍、完善机制，确保社保基金安全平稳运行，管好用好老百姓“养老钱”“保命钱”。

五、全面实施新时代人才强省战略，统筹推进人才人事工作

大力实施引、育、用、留“四大工程”，不断盘活人才存量、扩大人才增量、做大人才

总量。

（一）加大人才引进力度。

举办第十届线上线下贵州人才博览会，4 477 家用人单位携 5.2 万余个人才需求在人博会官网引才，向 402 所省外高校发送人才（项目）需求，引进紧缺急需人才 5 500 余人，其中博士（正高）329 人，硕士（副高）2 300 余人。深入实施“百千万人才引进计划”，6 人入选第八批“百千人才”。全省新招收博士后 106 人，完成全年计划的 353.3%。印发《贵州省招才引智工作站管理办法（试行)》，充分调动各方招才引智的积极性，建立多元化、常态化招才引智工作机制。

（二）做好人才自主培养。

积极推进职称制度改革和分类评价，完成 22 个职称系列评审条件的修订工作。推进专业技术人员职称网络评审，实现专业技术人员职称全程“云上评”。获批新建国家级专家服务基地 1 个、新建博士后科研工作站 13 个。开展“全国博士后揭榜领题”，全省共 10 家单位、12 个项目获人力资源社会保障部审核批准，面向全国发榜，涉及项目资金总投入 2 900 万元。加强专业技术人才能力培养，获人力资源社会保障部批准国家级高级研修项目 4 个，其中财政资助项目 3 个、自筹资金项目 1 个，培养培训中、高级专业技术人员 250 人。

（三）全力做好人才服务工作。

落实高层次人才引才政策，2022 年发放和换发“优才卡”22 张（累计持卡 240 人），“高层次人才服务绿卡”1 195 张（累计持卡 7 982 人）。持续开展“人才服务日”活动，用好“省人才之家”“96567 人才服务热线”，举办人才活动 405 场，受理与高层次人才相关来电 7 500 余个，均全部办结。开展春节慰问、专家人才代表休假疗养等人才服务活动。制定省级高层次人才满意度评价方案，通过电话回访、问卷调查等方式对人才服务进行评价。

（四）扎实做好人事管理服务工作。

做好事业单位公开招聘和人事考试工作，完成各类人事考试 180 余万人次。落实事业单位基本工资正常调整机制，全面推开公立医院薪酬制度改革，完善事业单位绩效工资政策，保障义务教育教师工资待遇。规范推进人员调配，为 286 家省直事业单位办理 498 人调动手续。规范做好事业单位改革人员划转工作，办理省级涉及机构改革事业单位 23 家 2 379 人划转手续。开展县以下事业单位管理岗位职员等级晋升，全省 4 万余人实现首次晋升职级，首批受益面达 63.8%。

（五）严格规范管理评比达标表彰活动。

配合完成全国“人民满意的公务员”和“人民满意的公务员集体”等表彰推荐评选工作。调整新设“贵州省综合改革示范奖”“贵州省名中医”“贵州省工艺美术大师”等省级以下表彰项目。以省委、省政府名义印发《贵州省功勋荣誉表彰奖励获得者待遇实施细则（试行)》《贵州省生活困难表彰奖励获得者帮扶实施细则（试行)》，进一步规范功勋荣誉表彰奖励获得者待遇及帮扶措施。全面落实“七一勋章”获得者黄大发等先进模范荣誉津贴、医疗保健、休假疗养等各项待遇。

六、健全完善权益保障制度，扎实推进和谐劳动关系建设

（一）强化根治欠薪专项治理。

认真贯彻落实习近平总书记关于根治欠薪重要指示精神，组织开展扶贫项目欠薪问题排查，对政府投资项目“两拖欠”情况进行排查清理，开展根治欠薪问题专项整治。强化欠薪舆情收集转办和风险防控，开展保障工时和休息休假权益集中排查整治，“双随机、一公开”开展随机抽查 1 271 次，随机检查用人单位 6 186 户次，向公安机关移送涉嫌拒不支付劳动报酬犯罪案件 139 件。

（二）完善根治欠薪制度体系。

印发贵州省工程建设领域农民工工资保证金管理暂行办法、农民工实名制管理暂行办法

等政策文件，加强对根治欠薪问题源头治理。制定印发《贵州省处置欠薪突发性公共事件应急预案》，实施“双交办”机制，压实行业主管部门和属地政府责任。加强贵州省劳动用工大数据综合服务平台推广运用，纳入大数据平台监管项目3 617个，全省在建工程项目农民工实名制管理“六项制度”落实综合达标率为90.68%。

（三）推进企业收入分配制度改革。

深化国有企业工资决定机制改革，督促省管国有企业按时完成企业工资分配情况备案和信息披露工作。巩固国有企业负责人薪酬制度改革成果，将省管国有企业促进高质量发展绩效考核结果与国企负责人薪酬兑现挂钩。调整发布最低工资标准，提高低收入群体工资性收入标准。

（四）开展和谐劳动关系示范创建。

深入推进劳动关系“和谐同行”能力提升三年行动。命名57家企业为“贵州省劳动关系和谐企业”。贵州省航电开发投资有限公司等5家企业获评“全国和谐劳动关系创建示范企业”，贵州金沙经济开发区获评“全国和谐劳动关系创建示范工业园区”。

（五）规范企业用工行为。

印发《贵州省劳务派遣和灵活用工安全管理办法》，明确劳务派遣和灵活用工行业主管部门和用工单位安全生产管理主体责任，切实加强劳务派遣和灵活用工安全管理工作。推进电子劳动合同订立平台建设，劳动合同签订更加规范。完成767户企业28.6万人次劳动用工备案，45户企业112份企业集体合同审查。

（六）提升劳动人事争议仲裁效能。

持续深化“互联网+调解”服务，全省劳动人事争议调解、仲裁立案5.29万件，涉及劳动者5.77万人，涉案金额13.83亿元，案件全部在法定审限内结案，结案率达99.8%，排全国第一，调解成功率为74.81%，仲裁终结率为82.18%。

七、持续加强作风行风建设，着力提升人社服务质量

（一）加强作风改进。

按照贵州省委、省政府关于开展“作风革命”和“改进作风、狠抓落实”年工作部署要求，印发“改进作风、狠抓落实”年工作实施方案，提出20条具体措施，大力整治“慢作为、不作为、乱作为、文山会海、官僚作风、弄虚作假”6个方面问题。通过深入开展自查自纠，对自查发现的13个问题，制定整改措施，逐一进行整改。围绕政策“懂不懂”、流程“通不通”、体验“好不好”，组织开展领导干部“走流程”活动219次，查摆并整改问题200余个，收集意见建议127个。编印《贵州人社涉企优惠政策》，部署开展贵州人社系统“政策找企业”活动，主动上门宣传服务，企业和群众对人社服务获得感、满意度大幅提升，全省人社政务服务好评率达到99.99%。

（二）推进人社服务快办行动。

深入实施“放管服”改革，推进“一件事一次办”，持续推进“清事项、减材料、压时限”，23个高频事项提速办，总体提速54.4%，即时办结事项达到40%以上，政务服务全程网办事项占比达到72%，135个事项实现“全省通办”、32个事项实现“跨省通办”。积极推进基层优质服务窗口试点创建，窗口服务标准化体系建立推广。

（三）强化数字赋能。

优化“互联网+人社”公共服务平台，建成全省统一的人社网上办事服务大厅。加快推进社保经办数字化转型，建成涵盖基本养老、失业、工伤保险“三险合一”的信息系统，并顺利接入国家平台。全面拓展社保卡“一卡通”应用范围，不断延伸服务触角，将居民服务、涉农补贴、公园门票、图书借阅等纳入社保卡服务，全省社保卡期末持卡人数3 680万人，申领电子社保卡人口覆盖率达到50.8%。

贵州省人力资源和社会保障厅

云 南 省

2022年，云南省人力资源社会保障系统深入学习贯彻习近平新时代中国特色社会主义思想和习近平总书记关于人社工作的重要指示批示精神，全面落实党中央、国务院决策部署和人力资源社会保障部、省委、省政府工作要求，紧紧围绕迎接党的二十大和学习宣传贯彻党的二十大精神主线，突出重点、统筹兼顾、主动作为，39项人社事业发展计划指标全部完成，35项可比指标中有16项实现同比增长，民生保障有力有效。

一、就业工作

坚决贯彻党中央、国务院和省委、省政府关于“稳就业”“保就业”的决策部署，坚持稳字当头、稳中求进工作总基调，继续坚持就业优先战略，以实现更加充分更高质量就业为目标，按照国家“三稳定、三促进、两兜牢”工作要求，落实落细就业优先政策，更好发挥市场化背景下政府促就业作用，着力扩大容量、保障重点、强化培训、提升服务、守住底线，确保了就业局势总体稳定，稳中有进。

（一）积极应对经济下行压力，全省就业局势稳中向好。

把稳就业保就业作为重大政治任务，实施“降、缓、返、补、扩、提”系列助企纾困政策，推行“免申即享”“快申快享”模式。截至2022年12月底，累计为企业缓缴养老保险费3 037户、25.64亿元，缓缴工伤保险费2 520户、0.57亿元，缓缴失业保险费1 027户、0.58亿元；累计为全省参保缴费单位和个人减轻失业保险缴费负担23.3亿元；失业保险稳岗返还“免申即享”发放单位6.79万户，发放资金8.35亿元，惠及职工179.36万人；发放一次性留工培训补助9 130户、1.14亿元；发放一次性扩岗补助5 890户、2.45万人、3 682.05万元；发放失业保险参保职工技能提升培训补贴4.82万人、0.8亿元，助力保市场主体稳岗位。落实各项稳就业措施，全省实现城镇新增就业52.2万人，城镇失业人员再就业17.93万人，帮助就业困难人员就业13.48万人，全年共开发城镇公益性岗位3.71万个，帮助1 062户零就业家庭至少一人就业，实现零就业家庭动态清零，年度城镇调查失业率低于全国平均水平。强化创业带动，发放创业担保贷款7.48万笔、131亿元，带动就业21.35万人。

加强重点群体就业保障，开展“云岭大学生就业护航行动”；实施农村劳动力转移就业“百日行动”“收入增百计划”，实现农村劳动力转移就业1 569.27万人，完成省政府下达的1 500万人以上年度目标的104.62%。其中，省外转移就业388.17万人，完成年度目标的102.15%；脱贫劳动力转移就业323.70万人，完成年度目标的101.16%；脱贫劳动力省外转移就业104.05万人，完成年度目标的103.02%；易地扶贫搬迁劳动力转移就业60.51万人，完成年度目标的108.05%。

（二）技能培训提升劳动者就业能力。

紧紧围绕“提技能、稳就业、促增收”的目标，深入实施“技能云南”行动，加大农村转移劳动力、脱贫人口等重点群体培训力度，培养适合各领域发展的多层次技能人才。2022年，全省共开展补贴性技能培训88.05万人次，完成年度培训60万目标的146.75%，发放培训补贴6.1亿元。成功举办第三届“创翼云南”创业大赛，参加第五届“中国创翼”创业创新大赛获得主体赛服务组一等奖。

（三）劳务品牌建设持续推进。

成立云南省人力资源社会保障厅劳务品牌建设工作专班，印发《云南省劳务品牌建设三年行动方案》，坚持市场化运作、规范化培育、技能化开发、规模化输出、品牌化推广、产业化发展，打造一批云南米线、云南特色小吃、云南生态咖啡、云南生态茶叶等特色区域劳务品牌，塑造劳务品牌特色文化，扩大劳务品牌就业规模和产业容量，推出“丘北纺织工”“鹤庆银匠”等劳务品牌131个，其中国家级劳务品牌6个，省级劳务品牌30个，州市级劳务品牌95个，吸纳从业人员约215万人，年收入约1 230亿元，成为云南省重要的“就业名片”和“质量认证”。

（四）公共就业服务体系不断优化。

健全就业失业登记制度，提升就业服务精准性和招聘匹配岗位供给量，推广使用电子《就业创业证》，实现免申即办、即需即取，推进“创业担保贷款”政策经办上线省中小企业融资综合信用服务平台，对就业创业和失业保险业务经办等公共服务事项优化简化流程和条件，提高办事效率，不断提升群众满意度。

2022年，成功举办各类公共就业服务专项招聘活动，共组织开展“百日千万网络招聘”“金秋招聘月”等招聘会7 289场次，为失业人员等求职者提供岗位信息452.16万个。为72 678名2022届离校未就业高校毕业生提供职业指导、就业信息咨询、岗位推荐等服务29.14万人次，人均服务次数4.01次，服务率、联系率均达到100%。

（五）技能人才评价扎实推进。

2022年，全省新增取得高级工以上职业资格证书或职业技能等级证书13.63万人次，完成年度指标10万人次的136.31%；新增取得技师、高级技师职业资格证书或职业技能等级证书1.22万人次，完成年度指标1万人次的122.21%。2022年4月，印发《云南省人力资源和社会保障厅关于规范职业技能等级评价机构备案事项办理的通知》，进一步规范云南省职业技能等级评价机构备案事项的申请和办理。截至2022年底，全省共遴选备案职业技能等级认定机构333家（其中用人单位132家、社会培训评价组织201家），涵盖561个职业（工种）。

二、社会保障

着力破解制度性障碍、结构性矛盾，稳步推进社保制度改革，顺利实施养老保险全国统筹，启动社保费统征模式和个人养老金制度试点，建立城乡居民基本养老保险最低缴费档次常态化调整机制，提高被征地农民参加企业职工养老保险补贴标准，填补基层快递网点参加工伤保险政策空白，建成企业职工基本养老保险全国统筹省级信息系统，社保制度体系进一步健全。

（一）推动社会保险扩面增效。

按照《云南省人民政府办公厅关于实施基本养老保险扩面增效专项行动的意见》部署，在全省范围内实施基本养老保险扩面增效专项行动。以未参保市场主体、被征地农民、新就业形态劳动者等“八类群体”为重点对象，采取优化补贴政策、典型示范带动、精准宣传动员等“六个一批”扩面措施，建立数据比对、挂钩包保等“四个机制”，强化智慧社保支撑力、公共服务供给力等“四种能力”，在促进基本养老保险应保尽保、实现人人老有所养的同时，突出优化参保结构，将更多人员纳入更高保障水平的职工基本养老保险制度。2022年，全省职工基本养老保险参保净增61.3万人，同比增长14.54%，完成年度扩面目标任务的122.6%。

印发《云南省人力资源和社会保障厅　云南省财政厅　国家税务总局云南省税务局关

于统一城乡劳动者失业保险政策的通知》，2022年7月1日起，统一全省城乡劳动者失业保险政策，农民合同制工人与城镇职工同等缴纳失业保险费，同等享受失业保险待遇。依托云南公共就业服务平台，实现失业保险稳岗返还和大型企业一次性扩岗补助“免申即享”；全面取消证明材料、申领时限、捆绑条件和附加义务。实现失业保险待遇“免跑即领”“免证即办”“免登即发”的“三免”经办模式。

印发《云南省人力资源和社会保障厅 云南省邮政管理局关于做好基层快递网点优先参加工伤保险工作的通知》，明确快递企业及具有用工主体资格的基层快递网点与快递员应依法签订劳动合同并参加各项社会保险；快递企业使用劳务派遣方式用工的，应督促劳务派遣公司依法参加社会保险；用工灵活、流动性大的基层快递网点可优先办理参加工伤保险，为维护全省快递员的工伤保险权益提供了制度保障。

（二）阶段性缓缴社会保险费政策扩围延期。

印发《关于印发云南省阶段性缓缴社会保险费政策扩围延期实施办法的通知》，缓缴范围从餐饮、零售、旅游、民航、公路水路铁路运输等5个特困行业扩大到受疫情影响较大、生产经营困难的农副食品加工业等17个行业，养老保险费缓缴实施期限为2022年5月至2022年12月，失业保险、工伤保险缓缴实施期限为2022年5月至2023年4月。

印发《关于转发进一步实施阶段性缓缴社会保险费政策文件的通知》，缓缴范围扩大到全省所有受疫情影响生产经营困难的中小微企业、以单位方式参保的个体工商户、参加企业职工基本养老保险的事业单位及各类社会组织。2022年全省累计缓缴养老、工伤、失业保险费26.79亿元。

（三）社会保险基金管理提升年行动。

在专项治理和社会保险基金管理问题专项整治行动取得阶段性成效的基础上，2022年，根据人力资源社会保障部部署安排，开展社会保险基金管理提升年行动。研究制定实施项目清单，明确了7项主要任务、25项工作项目、50项具体责任，开展挂图作战，逐项抓好落实，“人防、制防、技防、群防”四防协同提升社会保险基金管理水平。全年共开展企业职工提前退休、基金财务管理、社会保险基金监督、虚构劳动关系骗取失业保险待遇问题、劳动能力鉴定、被征地农民享受基本养老保险参保缴费补助、社保卡发放管理等8个专项检查。人力资源社会保障部督导调研组对云南省在提升年行动中采取的做法给予了充分肯定，学习强国及《中国劳动保障报》报道了2022年以来云南省社会保险基金监管工作的主要做法和取得的成绩。

（四）强化基金风险防控。

加强数据共享，建立疑点数据派发、核查、审核、反馈机制，定期开展疑点数据筛查比对。完善经办内控，修订印发《云南省社会保险经办机构内部控制管理办法》。优化系统风控功能，以“四库三清单”（稽核规则库、风险归集库、数据比对库、风险阈值库和岗位权限清单、中风险清单、高风险清单）为核心，推进风险防控措施“进系统、进流程”，出台系统岗位权限清单2.0版，对全省232个社保经办机构、2 999名工作人员岗位权限进行优化调整，累计扩充39条稽核规则，对超450项业务环节设定风险阈值，建设云南省社保智慧化决策分析指挥平台和社保稽核风控指挥中心。

（五）社会保障卡“一卡通”应用持续推进。

云南省于2014年发放第一张加载金融功能的社会保障卡，2018年签发第一张电子社会保障卡。社会保障卡具有身份凭证、参保及待遇信息记录、参保及待遇信息自助查询、社保待遇及惠民惠农财政补贴发放、本地及异地就医实时结算以及现金存取、转账、消费等功能。2022年，按照省委省政府的工作部署，升级完善社会保障卡卡务管理系统，以社会保障卡为载体有力支撑了全省71项惠民惠农财政补贴资金发放工作，云南省成为全国少数采用社会保障卡发放全省惠民惠农“一卡通”财政补贴资金的省份之一。截至2022年底，全省社会保障卡持卡人数4 882万人，签发电子社保卡1 633万张。

（六）深入实施社保服务“康乃馨”行动。

印发《云南省人力资源和社会保障厅关于实施云南社保服务“康乃馨”行动的意见》和《云南省人力资源和社会保障厅办公室关于推进基本养老保险扩面增效深化社保服务“康乃馨”行动的通知》，突出基本养老保险扩面增效、“适老化”关爱两个重点，铸牢“社保服务进家门，权益落实到个人”的工作理念，开展“三出三进三深入”（走出机关、走出窗口、走出柜台，走进社区、走进厂舍、走进家门，深入基层、深入一线、深入群众）常态化服务，主动上门宣传社保政策、经办社保业务。全省组建146支社保服务先锋队，吸纳先锋队员5 000余人，累计走进2万多家企事业单位（厂舍）、3万多个社区（村组）、10多万个家庭，为200多万人次开展社保服务。“康乃馨”行动被人力资源社会保障部、省效能办、中央广电总台《焦点访谈》和《云南日报》等宣传报道，被“云南这十年”作风革命效能革命专场发布会作为典型案例宣介。

三、人才人事

深入贯彻中央和省委人才工作会议精神，人才人事工作持续深化。召开全省人社系统人才工作会议，对照中央和省委工作部署，分解推进188项任务，深化人才评价机制改革，健全激励机制，加强人才引进培养，加快形成具有吸引力的人才制度。

（一）深化评价机制改革，着力壮大“两支队伍”。

围绕人才评价需要，坚持“破四唯立新标”，会同相关行业主管部门制定出台25个系列（专业）职称评价标准条件。2022年，新取得专业技术职业资格9.7万人次，新取得专业技术职称资格9.1万人（高级职称2.6万人），有效增加了云南省高层次人才供给。

为适应产业发展需要，新增4项评审专业，细化100多项子专业，对不同领域、不同类别人才，实行分类评价。畅通特殊人才评价绿色通道，针对特殊人才实行特殊评价，共有396名人才通过特殊评审取得高级职称。对艰苦边远地区实行“定向评价，定向使用”，共有991人通过“双定向”取得高级职称；对基层一线人才职称评审给予政策倾斜，3.2万名基层人才取得高一级职称；畅通民营企业等人才评价渠道，进一步打破户籍、地域、身份、档案等制约，近2.2万名人才取得高一级职称。

印发《关于贯彻落实深化技工院校改革大力发展技工教育的实施意见》《关于推动“十四五”职业能力建设高质量发展的实施意见》等政策文件，加强技能人才队伍建设，新增高技能人才13.4万人，其中技师和高级技师1.22万人次，开展技能培训68.67万人次，技工院校招生5.8万人，新取得技能类职业资格（含技能等级）证书65.40万人次。贯通高技能人才与专业技术人才职业发展通道，96名高技能人才通过评审取得职称资格。

印发《云南省职业技能竞赛管理办法（试行）》，举办2022年云南省职业技能大赛，对接世赛、国赛标准，规范设置24个竞赛项目，带动1.13万人参加选拔赛，244名选手荣获奖项，通过竞赛晋升职业技能等级768人次，涵盖60余个职业（工种）。

（二）健全激励机制，不断激发人才创新创业活力。

修订《云南省事业单位领导人员管理办法》，开展《事业单位领导人员规定》政策系列宣讲活动，平稳推进县以下事业单位职员等级晋升制度实施工作。2022年，全省共有6 919人晋升职员等级，月人均增资285元。云南省人力资源社会保障厅联合省委组织部、省委编办印发《关于规范事业单位“双肩挑”

人员管理工作的通知》，进一步完善事业单位岗位设置管理制度，规范事业单位“双肩挑”人员管理。落实扩大用人自主权试点政策，向扩大用人自主权试点单位下放人员招聘、岗位管理等人事管理权限，实行备案承诺。2022年，18家试点单位拟公开招聘人员1 424人，已招聘886人，其中博士552人。

出台《关于进一步促进高校毕业生等青年就业创业若干措施的通知》《关于进一步引导高校毕业生服务乡村振兴的通知》《关于进一步做好云南籍在外人才暖心回流服务工作的通知》等文件，做好高校毕业生等人才留（来）滇就业创业工作。2022年，共发放基层就业奖补、吸纳就业补贴、促进乡村振兴补贴等经费1.42亿元，惠及毕业生6 000余人；兑付11.4万名特殊困难毕业生求职创业补贴1.14亿元；开发公布就业见习岗位2.4万余个，组织1.39万余名毕业生等青年参加就业见习，拨付见习补贴资金5 650万元，全省2022届高校毕业生就业去向落实率为92.78%。

（三）突出“高精尖缺”，加强人才引进培养。

深入实施“兴滇英才支持计划”，制定出台首席技师、青年人才实施细则，78名首席技师83个项目、780名青年人才507个项目入选培养支持计划；开展高层次人才选拔，推荐119名有突出贡献专业技术人才、100名享受省政府特殊津贴人才、21名高层次人才享受省政府购房补贴和工作经费资助。

加强人才自主培养。出台《云南省涉藏州县少数民族专业技术人才特殊培养选拔管理办法》，选派40名优秀少数民族专业技术人才到发达省市进行为期一年的特殊培养和实践学习。实施27个沪滇合作和省院省校人才培训项目，培训2 500名党政人才和企业经营管理人才。实施专业技术人才知识更新工程高级研修项目，举办69期培训，1.5万名专业技术人才参加培训。

加强人才招引。举办“云南人才周”“广聚贤才·共创滇峰”系列引才活动，提供岗位7 180余个，达成高层次人才落地意向137人，向用人单位推荐427名未录用选调生，39人达成意向，安置留学回国人员33名。建立急需紧缺人才需求征集发布机制，编制并公布2022年云南省海内外高层次人才引进需求信息638个，柔性引进需求信息373个，柔性引进23名国内外知名医疗专家，建立长期合作机制。采取“一人一策”方式，精准引进高层次专家6名、团队1个到云南省工作。

（四）强化平台建设，促进人才与产业链、创新链融合。

出台《云南省专家基层科研工作站管理办法》，鼓励和引导高层次专家到基层围绕产业发展、人才培养、乡村振兴开展服务，设立387个专家基层科研工作站，涵盖高原特色农业、新材料等13个重点领域和产业，为乡村人才振兴提供高端智力支持。落实部省合作机制，与中全人才服务中心公司联合成立全国第一个省级人力资源协同发展合作中心——“中全—云南人力资源协同发展合作中心”。在北京、上海、广州、深圳、成都、哈尔滨6个城市设立“云南省招才引智工作站”，在英国剑桥启迪科技园建立第一个海外招才引智工作站——“伦敦站”。

印发《云南省推进新时代人力资源服务业高质量规范发展的十条措施》，认定昆明市五华区、昆明市官渡区、玉溪市红塔区人力资源服务产业园为首批3家省级人力资源服务产业园。全省人力资源服务机构达2 949家，增长21.2%，营业收入达到241.3亿元，增长18.4%，从业人数达到3.76万人。研究制定《云南省园区人才服务工作站服务宗旨》《云南省园区人才服务工作站服务内容》《云南省园区人才服务工作站建设方案》，推进全省园区人才服务工作站规范化、标准化建设。

（五）加强对外交流，推进面向南亚东南亚人才新高地和区域性人才中心建设。

加强国际人才交流合作。依托博士后站，吸引缅甸、印度、巴基斯坦、德国等9个国家

15名外籍青年博士来滇开展研究工作。参与举办第六届云南国际人才交流会，邀请有关部门领导，国际劳工组织和老挝、缅甸、柬埔寨、马来西亚驻昆明总领馆、外籍人才、留学回国人员、博士后、企业代表共250人线上线下参加活动。完成开幕式授牌、人才引进项目签约、人才专题展、人才招聘和“一带一路”框架下人才协作专场活动，签约人才引进项目17个；举办“引才入滇”海内外人才招聘会，提供引才岗位450个，27家单位与300余名求职者面对面对接；促成4家人力资源服务机构和4家职业技工院校分别与老挝、柬埔寨、泰国对口单位签订合作协议。

推进技工教育对外合作。拓展与南亚东南亚国家在职业技能培训、技工教育等方面的交流合作，云南技师学院正式签约澜湄职业教育联盟；云南技师学院和老挝劳动社会福利部技能开发学院、云南省电子信息高级技工学校和老挝—德国技术学院签约建立合作关系，联合开展职业技工教育师资和技能人才培养、课程开发、技能等级认定等方面合作；举办“2022年老挝技能开发学院师资研修班”，开展为期10周，累计80课时的线上培训，为老挝10名教师颁发“电子商务师”职业技能等级三级（高级工）证书。

（六）提升服务效能，积极构建宜业宜居人才生态。

做好“兴滇惠才卡”服务。制定《省级高层次人才服务窗口服务人员行为规范》，建立“首问负责制”“全程负责制”“服务跟踪制”和“10小时人才热线”服务工作机制，提升服务人才标准化、规范化水平。编制“兴滇惠才卡”社会保险服务指南和操作手册，为人才及其配偶、子女的参保缴费、社保关系转续衔接、待遇享受等提供便利服务。

开展人才服务活动。组织12批170余名专家赴东川、镇雄等16个县（市、区）开展医疗、农业、文化旅游等领域技术服务，举办各类讲座100多场，培训专业技术人才8 000余人；现场义诊200多次，惠及当地群众2 000余人；解决技术难题200余项，达成意向合作项目60余个。实施“三支一扶”计划，坚持基层紧缺人才需求导向，争取国家指标500名，开发基层岗位523个，招募508名“三支一扶”人员到基层服务。

开展“云南人才服务月”活动。以人才助力云南高质量发展为主题，开展百名高层次人才进云南、百名专家进乡村、百名技师进产业、百名青年人才进园区、百名人社服务专员进企业“五个一百”活动，举办服务活动960场，2 600名人才到6 200家单位开展服务，8万余人受益。其中，1 700余名专家进入一线帮扶指导140个乡镇，320名技师走进410家重点企业开展技能服务，550名青年人才走进22个园区、480家单位开展技术指导，1 630余人次人社服务专员到2 420家企业宣讲政策，努力营造“近悦远来”“宜业宜居”的良好人才生态。

四、劳动关系

把根治欠薪作为民生保障的重点任务，同步拓展电子劳动合同试点范围，积极推动新就业形态劳动者权益保障政策落实，调整最低工资标准，推进和谐劳动关系创建活动，劳动关系治理能力进一步提升。

（一）调整最低工资标准。

2022年8月，印发《云南省人力资源和社会保障厅关于调整最低工资标准的通知》，将云南省一、二、三类地区月最低工资标准从1 670元、1 500元、1 350元分别调整为1 900元、1 750元、1 600元，一、二、三类地区小时最低工资标准从15元、14元、13元分别调整为18元、17元、16元，调整后的最低工资标准从2022年10月1日起执行。

（二）推行电子劳动合同应用。

将推行电子劳动合同应用列为“对标先进、争创一流”十项主题实践活动任务目标之一，制定印发了《关于开展电子劳动合同试点工作的通知》，在保山市、普洱市、临沧市、楚雄州、文山州、大理州推广电子劳动合同应用。截至2022年底，云南省共有400家企业成功推广电子劳动合同应用，签订电子劳动合同6.3万份，所有流程“全程网办”。

（三）开展维护新就业形态劳动者劳动保障权益专项行动。

2022年1月，云南省人力资源社会保障厅办公室印发《云南省维护新就业形态劳动者劳动保障权益专项行动工作方案》和《新就业形态劳动用工规范指引》，明确16项工作任务，全省累计开展相关工作调研295次，对新就业形态企业累计开展行政指导428次，深入平台企业开展人社政策宣传宣讲活动401场，指导建立涉及新就业形态领域的行业协会10个，将专项行动开展情况纳入年度构建和谐劳动关系综合考评。

（四）加强劳动人事争议调解仲裁工作。

2022年云南省劳动人事争议调解仲裁机构共受理劳动人事争议案件46 656件，同比上升32.94%，涉及劳动者48 319人，同比上升35.24%。当期结案46 580件，涉案金额11.59亿元，同比上升14.53%，仲裁结案率98.12%，调解成功率76.95%。

（五）强化根治欠薪工作。

认真贯彻落实党中央、国务院和省委、省政府决策部署，全面贯彻《保障农民工工资支付条例》，坚持源头治理、过程监管、结果导向，狠抓责任落实、制度落实、惩戒落实，通过考核、督查、督导、督办、通报、约谈、线索移交、提请问责等方式全面推动各级政府、有关部门认真落实根治欠薪属地责任和监管责任，全省各级劳动保障监察机构立案查处欠薪违法案件978件，为4.14万名劳动者追发工资等待遇5.14亿元。

五、行风建设

以习近平新时代中国特色社会主义思想为指导，深入学习贯彻党的二十大精神，不断完善政策制度供给，常态化开展练兵比武活动，着力打造优质服务“样板间”；深入开展“厅局长走流程”，全面提升信息化便民服务水平；持续深化“一件事”集成改革，扎实推动政策服务全面落地，圆满完成公共服务标准化试点任务。

（一）持续打造业务清、技能强、服务优的人社服务队伍。

印发《关于开展行风建设提升行动持续优化政务服务的实施意见》《2022年度行风建设工作要点》。依托全国人社练兵比武平台，常态化开展“日日学、周周练、月月比”业务技能练兵比武活动，调整充实云南省练兵选手库、师资库和题库，组织全省练兵比武总决赛及7场全省模拟练习赛；向全省人社干部职工发出“学标兵、当能手、创一流服务”倡议书，开展练兵比武优秀选手事迹宣讲活动；举办云南省人社系统基本公共服务标准化建设能力提升线上培训班，全系统2 236人完整观看了全部课件。

（二）着力打造云南人社优质服务“样板间”。

选取昆明市官渡区和呈贡区为试点打造人社优质服务“样板间”。呈贡区依托“智慧人社”服务平台设置“前台综合受理、后台分类审批、统一窗口出件”综合柜员制经办模式，实现了企业群众办事线上“一次登录、全网通办”，线下“只进一扇门、最多跑一次”。官渡区优化部门间流转程序、简化并联审批环节，让企业群众办理同一领域相关事项只跑“一个窗口”即可办理，构成一个事项集成化、办事区域化、受理全科化、审批高效化的政务服务格局。

（三）深入开展“厅局长走流程”活动、“好差评”工作。

以10个重点、高频事项为基础，各级领导干部紧盯企业群众“急难愁盼”问题，从基层经办和群众办事两个角度出发，通过看政策“懂不懂”，查流程“通不通”，享体验“好不好”，及时发现问题、解决问题。通过“走流程”，全省收集意见建议2 000条，立行立改1 007条，其他合理化建议积极推进解决；转办行风投诉55件，让企业群众从一个个具体问题的解决中增加获得感、幸福感。印发《进一步提升政务服务好评率工作方案》《政务服务投诉处理工作规程》，规范政务服务投诉处理流程，公布投诉方式和渠道，建立投诉处理回访机制和工作台账，政务服务好评率99.97%，差评整改率100%。

（四）深化“人社服务快办行动”。

印发技工学校办学许可、人力资源服务许可、劳务派遣经营许可、企业实行不定时工作制及综合计算工时工作制4项审批事项申请表，实现“一表申请”。牵头推进企业员工录用、灵活就业、企业职工退休、省内社保医保关系转移接续4项政务服务“一件事一次办”，云南人社服务首次实现跨部门的线上线下“打包办”。推动工伤认定、劳务派遣经营许可等12项事项实现申报材料可容缺受理。推动“全服务上网，全数据共享”，已实现99%网上可办，95%可全程网办，74%的申请材料支持电子化，城镇职工基本养老保险个人权益记录等6项证照数据实现了实时推送，96个证照类材料通过调用省电子证照库证照核验方式免于办事人提交。

（五）积极推进人社基本公共服务标准化建设。

积极抢抓全国人社领域基本公共服务标准化试点工作的机遇，高位推动试点工作，全面梳理人社领域各类事项，将涵盖公共服务、行政权力和工作管理的248个具体业务事项，编制成169个标准规范，其中42项标准规范已获批列入省级地方标准立项计划。线上线下并行发力、联动推进标准贯彻落实，以标准为依据设置业务信息系统功能模块，将标准内容固化在业务系统中，让业务经办的过程自然成为服务标准贯彻实施的过程。

六、乡村振兴

以国家乡村振兴重点帮扶县、省级重点帮扶县和易地搬迁大型安置区为重点，统筹用好就业、技能、社保、人才人事四个方面政策，实施重点帮扶县及易地搬迁大型安置区就业帮扶专项行动、脱贫人口稳岗就业动态监测行动、脱贫人口外出务工关爱行动、技能提升攻坚行动等十项专项行动，实现脱贫劳动力外出务工规模320万人以上，培训脱贫劳动力70万人以上，困难群体基本养老保险参保率达到99%，人才服务乡村振兴作用更加明显，符合条件的脱贫人口、防止返贫监测对象享受人社帮扶政策全覆盖。

（一）政策体系继续完善。

陆续制定出台《关于加强就业帮扶巩固拓展脱贫攻坚成果助力乡村振兴工作的通知》《云南省促进乡村振兴乡村公益性岗位管理办法（试行）》等一系列政策，2022年制定出台《关于做好2022年脱贫人口稳岗就业工作的通知》，将脱贫人口（含防返贫监测对象，下同）全部纳入就业、培训帮扶政策范围。在2022年中央就业补助资金分配中，对巩固拓展脱贫攻坚成果同乡村振兴有效衔接倾斜分配23 759万元，其中向易地搬迁集中安置点补助4 880万元，向27个国家级乡村振兴重点帮扶县（区）专项补助10 800万元，向30个省级乡村振兴重点帮扶县（区）专项补助4 500万元，向“三区三州”地区特殊补助3 579万元。

（二）继续实施转移就业百日行动。

围绕农村劳动力转移就业“稳存量、保增量、调结构、促增收”目标，按照“在外的稳在当地、返回的精准帮扶、春节后及早输出”思路，采取“日更新、周调度、月通报、季分析”等措施，有序推动全省农村劳动力转移就业，就业形势总体稳定。

（三）大力实施技能培训专项行动。

聚焦巩固脱贫攻坚成果同乡村振兴有效衔接，加强统筹全省技能培训的资金和资源，做实培训监管保障机制，加大资金激励支持力度，大规模开展职业技能培训，以提升技能、增加收入为目标，对有培训意愿的农村劳动者开展实用技术培训、技能培训，助农村劳动者提升外出务工的就业技能，为乡村振兴培养技能人才。2022年全年共开展脱贫劳动力培训

142万人次，完成年度70万人次脱贫劳动力培训计划的202.8%。

（四）强化实施育才扶智专项行动。

立足乡村振兴所需、人事人才所能，实施专业技术人才服务乡村振兴行动。深入开展专业技术人才服务基层和大力推进“三支一扶”招募等工作，为乡村振兴送才；积极推进专家人才服务基层和专家基层科研工作站建设等工作，为乡村振兴送智。2022年累计组织11个专家服务团100余名专家服务11个区（县），累计招募508名卫生、教育等领域的“三支一扶”人才，征集和发布乡镇基层企事业单位专业技术人才需求6 628人，建设387个专家基层科研工作站（其中事业单位165个、国有企业17个、民营企业205个），为全面推进乡村振兴、加快农业农村现代化提供人才和智力支持。

（五）稳步开展基本养老保险强基行动。

2022年7月，云南省人力资源和社会保障厅、云南省财政厅、云南省残疾人联合会、国家税务总局云南省税务局印发《关于完善城乡居民基本养老保险参保困难群体帮扶政策措施的通知》，明确规定：严格落实人力资源社会保障部等六部门《关于巩固拓展社会保险扶贫成果助力全面实施乡村振兴战略的通知》精神，对参加城乡居民基本养老保险的低保对象、特困人员、返贫致贫人口等缴费困难群体，由州市和县级人民政府按规定标准为其全额缴纳基本养老保险费；对参加城乡居民基本养老保险的低保对象、特困人员、返贫致贫人口等缴费困难群体，在提高最低缴费档次标准时，可保留现行最低缴费档次标准。截至2022年底，地方政府为云南省137.08万参加城乡居民基本养老保险的低保对象、特困人员、返贫致贫人口、重度残疾人等缴费困难群体100%代缴基本养老保险费；应享受城乡居民养老保险待遇的贫困人员100%享受养老保险待遇。

云南省人力资源和社会保障厅

西藏自治区

2022 年，西藏自治区人力资源社会保障系统在西藏自治区党委、政府的坚强领导和人力资源社会保障部的精心指导下，坚决扛牢稳就业、强保障、聚人才、促和谐重大民生职责，守正创新、破解困局，克服疫情不利影响，人社领域年度各项主要指标全部超额完成。2022 年，西藏自治区城镇新增就业 5.1 万人，城镇调查失业率低于全国平均水平，应届高校毕业生就业率达 95.6%，农牧民劳务收入稳定增长，牢牢稳住了就业基本盘。各类社会保险参保达到 319 万人次，社保卡持卡人数达 337 万人。“育、引、用、留”人才政策体系和工作体系不断完善，首次开展 1 112 名县以下事业单位管理岗位职员等级晋升工作，职称制度改革基本完成，西藏技师学院第一批毕业学员 100%实现就业。深入实施劳动关系“和谐同行”行动，区管国有企业负责人薪酬制度和国有企业工资决定机制改革取得重要阶段性成效，劳动人事争议案件处理及时、高效推进，线上智慧仲裁平台建设初显成效，欠薪案件持续动态清零，劳动关系持续和谐稳定。在应对疫情中担当民生重任，积极参与出台稳经济一揽子政策和若干临时性措施，及时兑现稳岗返还、一次性留工补助、一次性扩岗补助、创业补贴等政策资金 3.1 亿元，缓缴降低社会保险费 5.54 亿元，稳定就业岗位 12 万个以上，以强有力的政策为经济大盘减震赋能。人社工作保民生、助发展、兜底线的职能作用充分显现。

一、就业创业

受疫情影响，2022 年为近 5 年来就业难度最大、压力最大、挑战最大的一年。西藏自治区就业服务部门在非常时期以非常之策推进就业工作，城镇新增就业 5.1 万人，城镇调查失业率低于全国平均水平，应届高校毕业生就业率达 95.6%，农牧民劳务收入稳定增长，牢牢稳住了就业基本盘。针对高校毕业生开展“云招聘”“云考试”“云对接”，提供更加精准的线上“云服务”，公职岗位考录通过“云平台”顺利完成线上笔试面试，西藏自治区、地市线上招聘系统实现“联网”共享，以“开放式”的方式线上线下同步举办招聘会 397 场次，提供岗位 7.2 万多个，市场化就业率达 70%；开发“组团式”市场就业岗位 2 380 个，建设区外“组团式”就业基地 11 个，区外就业率达到 10%。依托工程项目、劳务品牌等就业载体，劳动群众实现就近就便就业增收。

二、社会保障

西藏自治区各类社会保险参保达到 319 万人次，社保卡持卡人数达 337 万人。持续深入实施全民参保计划，基本养老保险参保覆盖保持在 96%以上，实现制度层面应保尽保。为快递员等新业态群体参加工伤保险开辟绿色通道，新开工工程建设项目工伤保险参保率达 100%。深化养老保险制度改革，企业职工基本养老保险实现全国统筹；稳步提高企业和机关事业单位退休人员养老保险待遇水平，年内 2 次调整城乡居民基本养老保险基础养老金标准，月人均水平达到 220 元。

三、人才人事

深入实施人才强区战略，大力推进“育、引、用、留”四大工程，持续完善前瞻性育才、精准性引才、创造性用才、长效性留才机制。基本完成职称制度改革，出台21个职称系列39个行业领域职称评价标准，推进职称“定向评价、定向使用”工作，对基层给予特殊优惠政策，强化了“人往基层走”的导向；依托专技人才知识更新工程、专家服务和“送教下乡”等活动，培训乡村振兴等重点领域基层专技人才，筑牢了“事在基层干”的根基。围绕“三个倾斜”，大规模培养技能人才，全年职业技能培训10.3万人以上；西藏技师学院第一批毕业学员100%实现就业，林芝市高级技工学校被人力资源社会保障部评为全国50所工学一体化教师培训基地之一，“1+6”技工教育体系逐步形成，技能人才培养向更加实用、更加规范、更加专业方向迈进。

四、劳动关系

深入实施劳动关系“和谐同行”行动，西藏高驰、华润雪花西藏有限公司获评全国和谐劳动关系创建示范企业。区管国有企业负责人薪酬制度和国有企业工资决定机制改革取得阶段性成效。持续保持欠薪案件动态清零，全年共处理欠薪案件1 038件，为5 768名农民工解决拖欠工资1.1亿元；加大源头治理，落实实名制管理项目2 615个，实名制登记28.61万人次，专用账户拨付资金85.04亿元，代发工资68.69亿元；强化联合惩戒，推送拖欠工资失信联合惩戒对象名单16个、社会公布重大劳动保障违法行为55个，连续7年实现“零群体性事件”“零极端事件”“零重大舆情事件”，国务院第九次大督查将西藏自治区根治欠薪长效治理体系作为典型经验做法予以通报表扬。

五、行风建设

始终将改进作风、狠抓落实作为人社系统党的建设、自身建设的首要抓手。以作风带行风，坚持以作风建设永远在路上的决心强化自身建设，常态化开展人社系统行风建设，深入开展“四查四问”，逐项整改落实，累计建立完善各类长效工作制度102项，区本级115个政务服务事项在自治区政务服务网100%实现“一网通办”，实现社保业务“西南五省跨省通办”。开展“厅局长走流程”活动，持续深化“一件事”集成改革，推出了一批免审即办、一批全程代办、一批无证明办、一批再提速办的事项，8项行政审批事项时间压缩50%，2022年西藏自治区人社政务服务好评率首次达100%。着力办好城乡居民基本养老保险基础养老金提标、职业技能培训进军营和进社区活动等“十五项民生实事”，有效解决群众急难愁盼问题。加强对基金经办、技能培训、项目建设等重点领域、重点环节的管理，推动实施社保基金管理提升年行动和专项整治“回头看”工作，推动实施人社领域“大数据+风险防控”建设项目，打造人社全业务、全流程、全端点、全要素的信息化监测网络，进一步扎紧扎牢制度“笼子”，确保人社领域始终风清气正。

西藏自治区人力资源和社会保障厅

陕 西 省

2022年，陕西省人力资源社会保障系统坚持以习近平新时代中国特色社会主义思想为指导，全面学习贯彻党的二十大精神和习近平总书记来陕考察重要讲话重要指示精神，按照党中央“疫情要防住、经济要稳住、发展要安全”的总体要求，坚持稳中求进工作总基调，完整、准确、全面贯彻新发展理念，突出做好稳就业、惠民生、保权益各项工作。

一、全力以赴稳就业，就业创业质量不断提升

（一）全面强化就业优先政策。

强化稳就业责任担当，充分发挥陕西省就业工作领导小组牵头部门作用，会同各成员单位同频共振、同向发力。统筹实施稳就业23条政策、11条强化措施、6条新措施、做好高校毕业生青年就业创业12条等，细化实施“降、返、缓、补、服、保、贷”等7方面减负稳岗扩就业支持举措，扎实开展稳就业促就业“9+1”专项行动，会同省财政下达就业补助资金24.89亿元，推行“直补快办”服务，落实各项就业补贴。加强就业失业监测分析，充分发挥民营企业、中小微企业、个体工商户就业主渠道作用，坚持周调度、月通报，推动政策、服务、活动多重效应持续显现。全省城镇新增就业42.92万人，完成年度任务的107.3%；12月城镇调查失业率5.1%，低于5.5%的控制目标，就业局势保持总体稳定。

（二）创业带动就业势头强劲。

创业带动就业效应持续显现。从2022年下半年起，实施创业担保贷款个人承担利息由省级财政全额贴息政策。持续推进创贷业务线上服务平台与财政、经办银行有效衔接，“一网快办”。全年新增发放创业担保贷款65.68亿元，直接扶持3.01万人创业，带动9.08万人就业。认定10个省级创业孵化示范基地和4个省级返乡创业示范园区。组织开展创业专家基层行活动，《陕西日报》以《专家送来创业“金点子”》为题进行报道。积极参加第三届马兰花创业培训讲师大赛、第二届公共就业服务专项业务竞赛和第五届“中国创翼”创业创新大赛，参赛选手（项目）共获得二等奖1个、三等奖5个、优秀奖1个，16个项目荣获“创翼之星”称号，陕西省人力资源社会保障厅在第五届“中国创翼”创业创新大赛中荣获优秀组织奖。

（三）重点群体就业稳中有增。

千方百计促进大学生就业，深入开展“公共就业服务进校园”等活动，全省累计开展专项活动1 037场，参加招聘单位4.2万家次，提供岗位信息161万个，服务求职者121万人次。支持农民工和脱贫人口稳定就业，畅通农民工外出务工和就近就业渠道，深化苏陕劳务协作，开展“春暖农民工”服务行动和“春风行动”专项活动，农村劳动力转移就业743.8万人，同比增加39.5万人。扎实开展离校未就业毕业生服务攻坚行动，全省登记2022届离校未就业高校毕业生10.22万人，为有就业意愿的毕业生提供“131”服务（提供1次职业指导、3次岗位推荐、1次技能培训或就业见习机会），对困难毕业生优先提供就业服务，帮扶实现就业和参加就业见习近8

万人，占有就业意愿毕业生的96.08%。开展就业援助月、就业援助“暖心活动”等专项活动，帮扶失业人员实现再就业14.24万人，帮助4.27万名就业困难人员就业，分别完成11.45万人和3.53万人年度任务的124.4%和121.0%。

（四）扎实落实援企稳岗政策。

认真落实党中央、国务院各项纾困减负政策，三项社会保险费累计减轻企业负担83.99亿元，其中缓缴24.19亿元，降低失业、工伤保险费率减少企业成本44.91亿元，发放稳岗返还14.89亿元，涉及9.59万户企业、373.3万人，其中，中小微企业、个体工商户稳岗返还7.75亿元，占比52%。实施失业保险保障扩围政策，全年为9.17万人发放失业保险金8.9亿元，为9 244人发放一次性生活补助5 069.5万元，为12.93万人发放失业补助金5.95亿元，为1 381名农民工发放临时生活补助189.66万元，及时有力支持了民营企业、中小微企业、个体工商户稳定发展。

（五）充分发挥动态就业服务系统作用。

用好动态精准就业服务系统，不断提升公共就业服务质量和水平。线上线下公共就业服务效能不断提升。陕西省动态精准就业服务系统工作平台、服务平台、数据平台、分析平台作用持续发挥，面向劳动者、用人单位提供9方面、66类政策清单、119个服务事项，累计提供服务6 130万人次。系统常态化用工供需对接作用日益显现，注册个人用户1 251万人、市场主体7.9万户，举办招聘会5 188场，促进就业30万人，为及时研判分析就业形势、精准服务和科学决策提供了数据支撑。动态精准就业服务系统代表陕西省参展第五届数字中国建设成果展览会。

二、织密社保“安全网”，多层次社会保障体系不断健全

（一）社保制度改革不断深化。

陕西省企业职工基本养老保险顺利接入全国统筹信息系统，出台陕西省失业保险省级统筹暂行办法、工伤保险省级统筹实施方案，积极推进全省统一的失业、工伤保险信息系统建设。启动个人养老金试点，西安市作为全国首批先行城市，截至2022年底，个人养老金资金账户开设74.48万个，居全国第8位。开展涉军人员转移接续“回头看”，全年办理养老保险关系跨省转移12.05万人，转移基金40.44亿元。全国率先完成企业职工基本养老保险退休人员养老金调整工作。

（二）社保待遇水平稳步提高。

陕西省养老、失业、工伤保险参保人数分别为3 103.45万人、492.51万人、652.45万人，比上年度分别增加78.89万人、23.61万人、22.84万人。同步调整企业和机关事业单位退休人员基本养老金水平。城乡居民基本养老保险全国基础养老金最低标准提高5元，月人均待遇水平达到163元。失业保险金月人均水平1 751.72元，工伤保险1~4级月人均伤残津贴3 983.67元。

（三）社保基金安全有效维护。

扎实开展社会保险基金管理提升年行动，围绕6大方面、15项具体任务，全面组织开展现场监督和非现场监督，社会保险政策、经办、信息、监督“四位一体”的风险防控体系进一步健全。持续稳慎推进陕西省基本养老保险基金投资运营，截至2022年底，陕西省基本养老保险基金委托投资共400.12亿元，累计记账收益额合计84.63亿元。截至2022年底，陕西省共核查数据840.28万条，完善各项社会保险管理制度15项，修订规范基金财务风险文件20余份，对5个社会保险类信息系统的10个方面、215项功能进行风险排查，完成人力资源社会保障部81项信息系统技防功能嵌入任务。

三、筑好人才“蓄水池”，多层次人才队伍不断强健

（一）人才发展体制机制更趋完善。

深入推进职称制度改革，突出重品德、重能力、重业绩的评价导向，全面完成涉及陕西

省25个主体系列职称制度改革任务，着力构建设置合理、评价科学、管理规范、服务全面的职称制度体系。技术转移转化专业职称工作列入陕西省科技成果转化“三项改革”，截至2022年底，陕西省技术转移转化领域共有302人取得职称，其中1人为正高级职称。持续扩大单位用人自主权，探索在三级医院试点开展卫生系列高级职称自主评审。加大事业单位统一公开招聘力度，对国家和省级乡村振兴重点帮扶县、脱贫县、艰苦边远地区的乡镇事业单位招聘工作人员，落实“三放宽一允许”倾斜政策，全年事业单位共招聘工作人员2.65万名。

（二）人才引育平台不断拓展延伸。

在秦创原建成首家“陕西省博士后创新创业园”，为博士后创新创业提供政策咨询、创业孵化、成果转化、融资对接等全链条、全方位服务。新设博士后科研工作站9个、省博士后创新基地15家，陕西省博士后科研流动站、工作站、创新基地已达418个，数量位居全国前列，全年新进站博士后1 126人。举办陕西省首届博士后创新创业大赛，64个项目团队获奖。全面推进企业新型学徒制培训，全年培训8 085人次。实施陕西技工品牌培育行动，确定15所技工院校、19个专业开展工学一体化建设，补助资金1 575万元。新建秦创原创新促进中心等省级高技能人才培训基地40家，评选40名“陕西省首席技师”，陕西省技能人才总量达到538.5万人，其中高技能人才159.6万人。

（三）人才服务效能持续提升。

加强高校、科研院所等事业单位自主招聘支持力度，简化高层次和紧缺特殊专业人才招聘程序，为省属高校、科研院所自主招聘的910名工作人员办理相关手续。围绕事业单位工作人员“进管出”重点环节，将公开招聘、调入调出、岗位变动、解除聘用等涉及人社领域服务事项整合成“一件事”，为事业单位提供更快更优的人社服务。技能人才队伍不断优化，将职业技能培训与企业转型升级、乡村振兴、县域经济发展有机结合，对各类重点就业群体、企业职工和脱贫人口广泛开展技能培训，全年培训45.2万人次，完成年度目标任务的150.67%。

四、打造社会“稳定器”，和谐劳动关系建设扎实有力

（一）劳动关系和谐稳定。

加强重点企业用工指导。对297户重点企业开展用工指导，选树金牌劳动关系协调组织23家、金牌劳动关系协调员289人，组织命名36家省级劳动关系和谐企业、4个劳动关系和谐园区。开展“保稳定、促和谐”专项行动，全面排查劳动关系领域风险隐患，严格落实“春节”“两会”“党的二十大”“省十四次党代会”等重点时节日报告、重大问题随时报告制度。实施疫情防控期间稳定劳动关系9条举措，引导企业与职工共担责任、共克时艰、共渡难关。制定《维护新就业形态劳动者劳动保障权益实施办法》，着力解决新就业形态劳动者劳动权益保障难点堵点问题。

（二）工资调控科学规范。

收入分配制度改革持续深化。根据陕西省经济社会发展和就业人员工资状况，确定2022年度企业工资指导线，基准线为6.5%，下线为2.5%；发布劳动力市场工资价位，提标准促增收。加强省属企业工资分配宏观指导调控，支持国有航空运输企业做好工资分配工作，持续推进国有企业负责人薪酬制度改革和工资决定机制改革。深化公立医院薪酬制度改革，落实“两个允许”要求，以增加知识价值为导向，促进适应医疗行业特点的公立医院薪酬制度加速建立。

（三）权益保障常抓不懈。

健全劳动人事争议多元处理机制。开展第二批“打造金牌劳动人事争议调解组织活动”，优选的4家金牌调解组织受到人力资源社会保障部通报表扬。推进阳光仲裁，推广使用“互联网+调解”服务平台，提高办案质效，降低仲裁成本。全年共受理案件6.58万

件，仲裁结案率、调解成功率分别达到98.6%和64.7%，超过90%和60%的年度目标。持续加大劳动保障监察执法力度，畅通劳动者举报投诉渠道。2022年陕西省各级劳动保障监察机构共主动检查用工单位1.29万户，依法立案查处各类违法案件4 871件。开展清理整顿人力资源市场秩序、集中整治拖欠农民工工资等专项行动，严厉打击拖欠工资、就业歧视、非法职介等侵害劳动者权益的违法行为。陕西省人力资源和社会保障厅劳动保障监察局被评为“全国清理整顿人力资源市场秩序专项行动先进单位”。

五、打好乡村振兴“组合拳”，人社帮扶成效显著

（一）就业帮扶增收入。

全面制定人社乡村振兴7类42项重点任务，6次强化就业帮扶政策措施，实施“百日提升”陕西省脱贫人口稳岗就业提升行动。全省脱贫人口务工规模达219.4万人，完成目标任务的104%，超过上年水平。稳定外出务工，充分发挥苏陕劳务协作和省内劳务协作机制作用，搭建用工信息对接平台，脱贫人口县外务工人数114.5万人，较上年增加12万人。

（二）技能帮扶强素质。

加强技能培训，以技能稳就业、促增收，线上线下培训脱贫群众8.16万人次。持续实施全省家庭服务人员职业技能提升行动，输出家政服务人员1.08万人，完成补贴性家政培训2.66万人。

（三）岗位帮扶促发展。

针对无法离乡、无业可扶、无稳定家庭收入的脱贫未就业劳动力，加大人社、乡村振兴、林业等6部门乡村公益性岗位统筹使用力度，托底安置21.4万人。促进就近就业，推动社区工厂、就业帮扶基地提质增效，陕西省社区工厂、就业帮扶基地总量分别达到1 958家、1 245家，共吸纳脱贫劳动力4.1万人，较上年增加0.6万人。

六、擦亮人社“金字招牌”，行风建设持续推进

（一）妥善化解矛盾问题。

建立日常接访、重点群体信访、专项工作交办“三本台账”，推动信访积案和重复信访动态清零，国家和陕西省信访局交办的治理重复信访、化解信访积案三年攻关行动计划两批次38件信访件，均按时办结。常态化开展作风监督，累计开展4次覆盖全省人社系统的明察暗访。

（二）服务效能不断提升。

动态调整人社系统政务服务清单办事指南。全面完成与人力资源社会保障部、省政府数据共享平台对接，提供跨层级、跨部门数据共享146项。依托全国性服务平台，实现79项业务“一网通办”、35项业务“跨省通办”，完成人力资源社会保障部全部既定任务。分批次将79项人社高频服务事项上线“秦务员”App，在全省429个建设银行服务网点1 580台自助柜员机上线74项服务事项，累计办理123.96万件次。升级优化全省人社服务电子地图，使用量突破65万次。

（三）行风建设持续深化。

以“正行风、树新风，打造群众满意的人社服务”为主题，连续四年开展行风建设专项行动，全面实施“人社服务快办行动”。聚焦重大政策实施、行风重点任务及群众“急难愁盼”，组织开展“厅局长走流程”活动，累计1 118人次，解决了一批基层和群众反映集中的问题，《中国劳动保障报》《中国组织人事报》给予专题报道。

七、当好党建“排头兵”，自身建设持续加强

（一）持续加强党的创新理论武装。

把学习宣传贯彻党的二十大精神作为首要政治任务，印发实施学习宣传贯彻工作方案，举办宣讲报告会，开展“喜迎党的二十大、人社干部有话说”活动，真正把思想统一到

党的二十大精神上来，把力量凝聚到实现党的二十大确定的各项任务上来。厅党组理论学习中心组领学促学，开展集中学习和研讨交流，厅主要领导在《红旗文稿》《中国劳动保障报》等刊物登载学习体会3篇。各基层党支部通过“三会一课”，推动理论学习走深走实。积极扩大陕西人社“好声音”，全年在中省主流媒体刊发稿件1 869篇，其中“学习强国”23篇，人力资源社会保障部矩阵35篇。

（二）切实加强法治思维和法治能力建设。

认真学习领会习近平法治思想，加强宪法法律学习教育，全面系统梳理执法依据，整理形成《人力资源社会保障法律法规规章汇编》。积极履行推进法治建设第一责任人职责，全面推进依法行政，将述法点评列入年终目标责任考核体系，明确工作责任，推动法治建设工作落实落细。加强规范性文件管理，探索实施规范性文件制发环节“七审联动、并联快审”，定期清理公布失效文件，及时向陕西省司法厅报备规范性文件13件，确保规范性文件的质量和公信力。全年办理人大代表建议、政协委员提案60件，被省政协评为提案办理工作先进承办单位。

（三）深入加强机关党风建设。

印发实施推进清廉人社机关建设工作方案，从政治建设、规范权力、干部管理、机关效能、廉洁文化5方面深入推进清廉人社建设。开展模范机关创建活动，细化4方面14项创建任务，推动建设讲政治、守纪律、负责任、有效率的模范机关。强化党内监督，落实机关党委专职副书记、纪委书记列席厅党组会、领导干部民主生活会制度。加强廉洁文化建设，扎实开展纪律教育宣传月“四个一”活动和“德润三秦”家风建设主题活动。开展新一轮廉政风险点排查，共梳理廉政风险点138个，制定措施179条，汇编形成《廉政风险点防控手册》，加固“不能腐”的堤坝。

陕西省人力资源和社会保障厅

西　安　市

2022年，西安市人力资源社会保障系统在西安市委、市政府的坚强领导下，以迎接党的二十大召开、学习贯彻党的二十大精神为主线，认真贯彻习近平总书记来陕考察重要讲话重要指示精神，全面落实“疫情要防住、经济要稳住、发展要安全”的总体要求，高效统筹疫情防控和人社事业发展，围绕西安市“六个打造”目标和九个方面重点工作，迎难而上、难中求成，127项年度任务有力推进，人社事业高质量发展迈出新步伐，为西安市经济社会平稳健康发展作出积极贡献。

一、就业创业工作取得新成效

始终把“稳就业”作为重大政治责任，深入实施就业优先政策，坚持经济发展就业导向，多措并举稳就业保就业。积极发挥市稳就业工作专班等议事协调机构牵头抓总作用，用好关中平原城市群等区域就业联盟和西渭融合、西咸一体化发展平台“引擎”，注重政策引领、产业带动，出台《强化稳就业扩就业若干措施》《关于进一步支持大学生创新创业若干措施的通知》等一系列政策举措，启动省市协同的就业一体化信息平台建设。西安市城镇新增就业16.52万人，完成省考目标任务的118%、市考目标任务的114%；失业人员实现再就业36 082人，完成目标任务的120%；就业困难人员实现就业5 786人，完成目标任务的116%；开展职业技能培训18.3万人次，完成目标任务的135.56%。突出高校毕业生就业这一重点，组织各类公共招聘活动430场，提供就业岗位90万个；新增就业见习基地477家，发布见习岗位2.87万个，组织上岗见习9 491人。成功举办“不负韶华·国聘行动”——西安创新驱动专场招聘助力高校毕业生就业，提供优质岗位5.1万个，被中央广电总台等媒体宣传报道。协助34.1万名农民工有序返岗复工。妥善解决104名随军家属和100余名未就业家属就业问题。新认定市级孵化基地10家，发放创业担保贷款9.25亿元，以创新创业带动就业超过9.7万人。为比亚迪、隆基绿能等重点企业提供用工保障服务，累计输送3.8万人次。

二、社会保障体系建设取得新突破

始终高度重视民生改善和社会保障，全面推动社保水平稳步提升、社保覆盖面持续扩增。全力推进全民参保计划，西安市基本养老保险、失业保险、工伤保险参保人数分别达到921.23万人、275.55万人和313.95万人，较“十三五”期末分别提高了19.79%、14.45%和12.04%，西安市被列为个人养老金制度全国先行城市。扎实推进多层次社会保障体系建设，申请年金备案的企业数突破170家。稳步提高社会保障水平，西安市城乡居民基本养老保险基础养老金标准提高至每人每月188元。精准落实养老、失业、工伤三项社会保险费“降、返、缓、扩”等政策，西安市阶段性降低失业、工伤保险费29.66亿元，发放失业保险稳岗返还资金10.09亿元，发放失业保险金、补助金10.72亿元，发放农民工一次性生活补助、临时生活补助5 075.32万元。严抓社保基金安全管理，及时排解风险隐患，先后核查疑点数据87.84万条，追回基金1 573.38万元，全力守护好人民群众每一分“养老钱”“保命钱”。

三、人才人事工作迈上新台阶

始终把人才作为第一资源，支持秦创原创新驱动平台建设，全方位做好人才“引育用留”工作，努力为西安高质量发展提供人才支撑。制定《优秀人才和实用储备人才分类评价确认办法》，创新打造“西安青年人才驿站”并吸引入站23 933人，硕博人才池累计入池2 673人，新增专技人才4.6万人、技能人才3.38万人、市级博士后创新基地10家。与华为签订战略合作协议，强化数字技能人才队伍共建共促。聚焦九个方面重点工作，招聘中小学、幼儿园教师7 015人，超额完成年度招聘计划；招聘医疗卫生人才1 420人，创历年新高；完成564名县以下事业单位管理岗位职员等级晋升工作，落实定期奖励，嘉奖人员762名，进一步优化事业单位绩效工资总量管理，落实义务教育教师工资待遇联动调整机制。保障市级2个、区县13个表彰项目顺利开展，参与中央和省市表彰活动23批次，西安市86个集体、165名个人获得各级表彰奖励；承办市政府系统干部任免19批次248人。

四、劳动关系构建呈现新局面

始终树牢忧患意识和底线思维，积极构建和谐劳动关系，妥善处理涉企涉疫劳动合同、工资待遇问题，强化劳动关系跟踪研判和风险防范，及时化解倾向性、苗头性风险隐患。发挥协调劳动关系三方机制作用，扎实开展劳动关系“和谐同行”能力提升三年行动，选树金牌劳动关系协调员126人，打造金牌劳动人事争议调解组织30家；4家企业和1家工业园区获评全国和谐劳动关系创建示范企业和示范工业园区。大力开展根治欠薪行动，主动检查用工单位8 200余家次，巡查在建项目1 295次，约谈企业423户次，向社会公布2批次8起典型欠薪案件，向公安机关移送涉嫌拒不支付劳动报酬罪案件28起，累计为3.87万名农民工兑付工资4.96亿元。处理劳动人事争议仲裁案件3.49万件，仲裁结案率98.75%，调解成功率64.41%。西安市未发生因讨薪引发的50人以上群体性事件或极端事件。

五、行风建设工作得到新提高

坚持以人民为中心的发展思想，以优化营商环境为牵引，以优质服务推进高效能治理。扎实推进政务服务改革，实现238项事项在西安市一体化政务服务平台“应上尽上”，220项事项在西安市政务大厅“应进必进”，“好差评”好评率达到99.88%。积极推进社保卡居民服务“一卡通”建设，西安市常住人口持卡人数达1 297.77万人，应用场景持续拓展。远程协助12345热线应对疫情期间话务量高峰，帮助1.5万人次解决“急难愁盼”问题。处理12345热线工单6 169件次，办结率100%。

（一）“一件事”集成改革。

深度创新服务模式，开发建设“打包办一体化平台”和“打包办受理平台”系统，统一规范西安市人社政务服务事项清单和办事指南，上线并正常运行11个“打包办”事项，制定公布了办事流程及办事指南，并保持持续动态更新，推动办事流程“化繁为简”，平台累计办件量3.9万件；为拓宽线上办理渠道，在局官网、西安市人社通App、微信公众号等平台设置“打包办”专区，为企业、群众提供更加优质便利的服务。积极推进西安市自建“打包一件事”平台与陕西省人社系统“打包一件事”应用平台互联互通工作，受理端已打通。西安市打包办工作在西安市层面实行市级平台统一受理，鼓励区县探索新的“打包办”事项，开设区县打包办专区，各区县按照属地原则办理相关事项。深度创新提升“打包办”质效，进一步提升西安市事业单位人事管理网办服务，将人员增减、调配、考核奖惩、工资、培训等由三个处室分别办理的业务，通过整合资源、共享信息、优化流程、统一平台等整合为新的业务经办流程，用人单位进入一个系统即可办理全部业务，进一步优化流程、提高效率。积极开展人社服务“一门综窗”改造，将“打包办”列入西安市人力资源和社会保障大厦“一门综窗”改造的重要功能组成部分，规划预留“打包办”专区，设置专用窗口6个，推动线下“打包办”事项实现“一窗综办”；规划开设业务办理绿色通道、“潮汐窗口”等便民通道，进一步优化线下服务。推进“机关事业单位入职一件事一次办”“机关事业单位退休一件事一次办”集成审批，严扣减环节、减时间、减材料、减跑动的“四减”目标，将原来需在人社、医保、卫健、公积金等部门分别办理的业务，依托陕西政务一体化平台，实现线上并联审批，由西安市人力资源和社会保障局作为事项的统一发起人和办结人，全程配合督办各部门办理时效，集中受理群众咨询，一次性向办事群众告知办理情况，切实实现了“一个平台受理，多部门并联审批”的改革模式。截至2022年底，西安市人力资源和社会保障局驻西安市政务中心窗口共办理“机关事业单位入职一件事一次办”“机关事业单位退休一件事一次办”1 687件。

（二）打造人社便民服务圈。

依托各级人社政务服务网点，发布“人社政务服务电子地图”，共采集人社政务服务办事地点441个，并向社会公布人社服务机构办事信息，为企业和群众提供办事指引。不断完善市、区县（开发区）各服务网点办理事项、咨询和监督电话等相关信息，涉及社保信息查询、城乡居民基本养老保险、社保卡服务等243项业务录入，其中社保卡服务实现省市通办，人社服务实现就近办，让企业群众对人社业务更加“易懂、易索、易办、易得”。大力推进“社银合作”服务，西安市本级及各区县、开发区人社部门已同步开设27个社保卡服务窗口；与中国银行、农业银行等13家银行开展合作，共开设1 000余个服务窗口，办理社保卡制卡、激活、密码修改与重置、自助挂失与解挂等业务，全面实现社保卡业务全城、跨行通办，并积极探索开展部分人社事项向银行网点延伸工作。下放事权实现更多事项就近办，西安市各区县、开发区依托行政审批局牵头建设的“15分钟政务服务圈”，利用区、街道、社区三级便民服务平台，将人社业务下沉基层，实现人社服务高频事项就近办理，将人社服务送到“家门口”。多措并举着力提供优质服务，加大政策及业务培训力度，通过集中培训、分级培训、点对点培训等方式，提升基层工作人员政策解答和业务办理水平，为群众提供接待、答疑、受理、办理、反馈的“一站式”服务，真正打通服务群众的“最后一公里”。通过设立“潮汐窗口”，提供延时服务、人社服务“周末不打烊”等服务，切实为办事群众提供便利。关注特殊群体开展个性化服务，在提供规范化、标准化服务的同时，兼顾人性化、个性化服务需求。聚焦老年人使用智能设备难这一突出问题，多措并举拓展“适老化”服务新模式，全面完善老年人服务设施建设，确保无障碍通道畅通，配备敬老爱心座椅、老花眼镜等设施设备，免费提供急救必备的医疗药品；在养老保险和医疗保险代收代缴等工作中，始终坚持电子支付与传统现金支付方式并行。西安市各级人社部门采取设置退休服务专窗，开辟绿色通道、爱心窗口，建立困难人员服务台账，提供预约上门、全程代办、亲友代办认证等服务措施，全力保障老年人、军人及病残孕等特殊群体快捷办理。

六、乡村振兴工作绘就新图景

严格落实“四个不摘”要求，扎实开展脱贫劳动力就业帮扶，不断巩固拓展脱贫成果，坚决守牢不发生规模性返贫底线。持续深化劳务协作，西安市脱贫劳动力外出务工122 837人；通过苏陕协作渠道帮扶农村劳动力实现就业2 264人。积极落实扶持政策，降低返乡入乡创业融资门槛，鼓励返乡入乡创业人员创办社区工厂吸纳就业，发放返乡农民工、脱贫劳动力创业补贴122.5万元，带动就业842人，发放农村自主创业农民创业担保贷款785笔1.21亿元。认定17家社区工厂，吸纳脱贫劳动力148人；认定就业帮扶基地26家，吸纳脱贫劳动力213人。开发涉及就地就近就业的保洁员、护林员、护河员等公益性岗位5 812个。西安市58 420户脱贫劳动力家庭至少一人就业创业，已实现“一户一人就业”目标。

西安市人力资源和社会保障局

甘 肃 省

2022年，甘肃省人力资源社会保障系统全面学习贯彻党的二十大精神，在甘肃省委、省政府坚强领导下，坚持以人民为中心的发展思想，矢志不渝保障改善民生和服务经济社会发展，认真落实人社工作会议“五大任务”“六大行动”部署要求，提高站位、锐意进取、强化落实，全力以赴对冲疫情延宕反复和经济下行压力影响，较好完成了年度重点目标任务，甘肃省人社工作可圈可点，有影响、有特色、有口碑。

一、实施非常举措，就业局势保持总体稳定

甘肃省委、省政府高度重视就业工作，主要领导多次作出批示，及时召开会议调度就业工作，全国第二家以省政府名义制定出台了关于进一步稳定和扩大就业的若干措施。持续为各类市场主体纾困稳岗，累计“降、缓、返、补”35.75亿元，涉及企业20.96万户（次）。省市县三级同频共振，合力攻坚，全力对冲疫情对就业工作的影响，创新开展人社部门“援企稳岗·服务千企”、“百名人社局长”直播带岗、高校毕业生等青年群体“百日攻坚”、“陇原惠岗贷”等系列就业服务和援助活动。职业技能培训深入推进，深化“津甘技工”“鲁甘人力”合作，持续做优“西部海员”职业技能培训品牌，加大甘肃省海上务工就业人员培训输转力度。创业带动就业成效明显，纵深推动“百千万”创业引领工程，累计评选“创业达人”142名、“创业新秀”926名、“新锐创客”7 340名；全省新增发放创业担保贷款45.69亿元，吸纳带动就业6.01万人。重点群体就业有序推进，全面提前完成“1万名未就业普通高校毕业生到基层就业”为民实事项目和7 080名各类基层服务项目招募工作，募集就业见习岗位1.3万个，应届高校毕业生就业率达到90%以上。全省实现城镇新增就业32万人，开展政府补贴性职业技能培训50.85万人次，累计输转城乡富余劳动力527.3万人，创劳务收入1 483.3亿元，均超额完成年度目标任务。全省城镇调查失业率年平均值保持在合理区间。

二、持续深化改革，社会保障体系不断健全

社保统筹层次不断提升，顺利完成企业职工基本养老保险全国统筹，在全国较早实现信息系统部省对接。印发《甘肃省失业保险省级统筹实施方案》，工伤保险省级统筹正在稳步推进。社保覆盖范围不断扩大，全省基本养老、失业、工伤保险参保人数分别达到1 904.8万人（次）、202.76万人（次）、287.49万人（次）。社保待遇水平稳步提高，全面完成2022年度企业、机关事业单位退休人员基本养老保险待遇调整及发放工作，惠及168万人；全省城乡居民基本养老保险基础养老金最低标准达到每人每月118元；失业、工伤保险待遇水平稳步提升，失业保险金平均标准达到1 571元/月。推荐上报第三支柱养老保险试点城市，放开灵活就业人员参保限制。扎实开展社保基金管理问题专项整治，守牢基金风险防控底线。基金累计结余767.95亿元，基金运行总体平稳。全省社保卡持卡人数2 607万人，实现全省常住人口全覆盖；签发

电子社保卡 2 319 万张。

三、突出激励导向，人才人事管理服务不断优化

修订甘肃省高层次专业技术人才津贴管理办法，修订省属高校、科研院所和医疗卫生机构等单位急需紧缺专业目录。首次选拔培养 260 名陇原青年英才，完成 149 名聘满 3 年省领军人才考核工作。首次为符合条件的 252 名博士后发放进站博士后补贴 7 545 万元，首次向设站单位拨付 152 名博士后日常经费 228 万元，新设国家级博士后科研工作站 9 个、省级博士后创新实践基地 15 个，2022 年招收博士后 213 名，完成招收计划的 142%。深入推进职称制度改革，在全国率先出齐了 26 个职称系列、52 个全省有效和 10 个基层有效职称评价条件标准；创新开展行业协会和民营企业职称社会化评价改革试点，在自然科学研究系列建立“代表作”清单制度。有序推进事业单位人事制度改革，县以下事业单位管理岗位职员等级晋升工作基本完成，涉及全省 24 088 名事业单位管理人员，月人均增资 359 元。建成全省专业技术人员继续教育公务服务平台，将 71 家省级专业技术人员继续教育基地统一纳入管理。积极推进“人人持证”，进一步完善技能评价体系，已备案 50 家企业、121 家社会培训评价组织，职业技能等级评价工作有序开展。创新建立全国首家省级技能大师之家，新建 26 个省级技能大师工作室、4 个省级高技能人才培训基地。

四、巩固扶贫成果，推动与乡村振兴有效衔接

会同交通、卫健等部门，扎实组织开展“春风行动”“就业援助月”“春暖农民工”等专项行动，全省通过包车包专列包机等方式，“点对点”输转务工人员 11 万人。扎实推进全省东西部劳务协作，天津、山东帮助全省 58 个受援县 15.9 万名农村劳动力实现转移就业，超目标任务的 5 倍之多。统筹用好各类乡村公益性岗位，全省人社系统牵头开发乡村公益性岗位安置 8.98 万人，市县额外自主开发安置 5.12 万人。因地制宜转型认定乡村就业工厂（帮扶车间）2 541 个，共吸纳就业 9.76 万人，其中脱贫劳动力 3.74 万人，央视《新闻联播》报道了甘肃省乡村就业工厂发展建设工作和经验。加大“兰州拉面师”“静宁果农”“庆阳香包绣女”“礼贤妹”等著名劳务品牌宣传推介力度，甘肃省推荐的 21 个劳务品牌代言人上榜“全国劳务品牌形象代言人”。疫情发生后，加大返乡人员就业援助和托底安置力度，特别是针对河西地区新能源、装备制造等产业存在较大用工缺口的实际，组织举办省内东西部劳务协作招聘活动，破解河西部分地区“用工荒”难题。全省累计输转脱贫劳动力 200.3 万人，创劳务收入 552.1 亿元，培训脱贫劳动力 9.31 万人次，均超额完成国家下达目标任务。

五、强化监管引导，劳动关系保持和谐稳定

持续深化根治欠薪行动，制定印发工程建设领域农民工工资保证金规定实施办法，升级完善“陇明公”平台功能模块，建立全省工程建设领域精准化监管网络体系，先后组织 14 次包保督查和实地检查，及时排查处置欠薪问题隐患。全省立案查处涉及农民工欠薪案件 572 件，共为 1.25 万名农民工追回工资 9 962.4 万元，公布重大劳动保障违法行为 121 起，将 34 家企业和 4 名个人依规列入拖欠农民工工资失信联合惩戒名单。积极创建和谐劳动关系，甘肃省 4 家企业获评全国和谐劳动关系创建示范企业，1 个工业园区获评全国和谐劳动关系创建示范工业园区；在全省组织开展劳动关系领域矛盾风险防范化解专项行动，组织对全省 6 400 余户企业开展薪酬抽样调查。在全国较早出台《关于维护新就业形态劳动者劳动保障权益的实施意见》，多方联动开展维护新就业形态劳动者权益“十大暖心行动”，实现全省 2.5 万名基层快递网点从业人员参加工伤保险全覆盖，培训快递从业人员6 950人次，1 989名快递从业人员获评职称，《中国劳动保障报》予以报道。调解仲裁处理效能不断提升，全省各级仲裁机构和调解组织共立案受理劳动人事争议案件9 849件，审结9 726件，结案率98.8%。

六、改进工作作风，全面加强行风建设

在全系统深入推进“六个转变”，持续锻造“强本领、树形象，抓落实、争一流”部门理念，建立厅级领导每季度联系包抓市县机制，通过“人社甘快答”、微信订阅号、微博、抖音等服务平台，持续加大惠民政策宣传解读力度。在全国首创建设省市县三级人社为民服务“直通车”，办理业务21.2万件，解决“急难愁盼”问题1 056件，收到锦旗116面、感谢信77封，在全国人社工作会议上作了经验交流。2022年5月31日，新华社《甘肃领导专供（第26期）》刊发了人社系统推动“六个转变”的成效，省政府主要领导批示各地各部门参阅，人力资源社会保障部予以肯定并在政务信息刊登宣传。扎实推进信息化建设，下功夫补短板、强弱项、固底板，甘肃省人社“大就业”、“大社保”、职称评审、劳动关系等业务系统已建成使用，企业职工基本养老保险与人力资源社会保障部系统对接运行。12333热线共受理来电93.7万次。在甘肃省政府办公厅对2022年度省直部门数字政府服务能力提升情况通报中，省人力资源社会保障厅在服务成效度方面综合排名省直第一。

七、坚持党建引领，全面加强政治机关建设

坚持党建引领，始终坚持厅党组会对习近平总书记重要指示批示和讲话精神“首题必学”。第一时间传达学习党的二十大精神和中央决策部署及省委、省政府部署要求，研究制定贯彻落实方案，召开甘肃省人社系统学习贯彻党的二十大精神暨重点工作调度推进视频会议，自觉用党的二十大精神统一思想、统一意志、统一行动，深刻领悟“两个确立”的决定性意义，切实增强“四个意识”、坚定“四个自信”、做到“两个维护”。加强对党建工作的研究谋划，组织召开甘肃省人社系统2022年党的建设暨党风廉政建设工作座谈会，对甘肃省人社系统党建工作进行全面安排部署，切实形成抓系统、系统抓的良性工作格局。在支部建设中夯实工作基础，严格党建考核，建立结对共建机制，创新开展“读好书、深调研、创亮点、勇争先”主题活动，增强基层党支部组织力，全力推动党建与业务工作“两促进、双提升”。7月，面对严峻复杂的疫情形势迅速行动、主动作为，制定印发《关于迅速落实服务甘肃省疫情防控工作八项措施的通知》，着力稳就业、防风险、保民生，以实际行动为甘肃省疫情防控和经济社会发展大局贡献人社力量。在此基础上，积极响应省委省政府部署要求，第一时间选派精干力量组成疫情防控志愿服务队，驰援全市23个街道37个社区开展疫情防控工作，生动展现了人社系统党员干部“坚持就是胜利，坚持才能胜利”的强大信念与“战必来，来必胜”的坚定决心，受到了有关领导和相关部门的高度肯定。

甘肃省人力资源和社会保障厅

青　海　省

2022年，青海省人力资源社会保障系统坚持以习近平新时代中国特色社会主义思想为指导，全面落实习近平总书记关于青海工作重要讲话和对人社工作重要指示批示精神，聚焦迎接党的二十大、学习宣传贯彻党的二十大精神这条主线，全面落实“疫情要防住、经济要稳住、发展要安全”的重大要求，坚持稳字当头、稳中求进，统筹推进疫情防控和人社事业高质量发展，认真落实各项利民惠民政策，坚持目标导向、改革导向、问题导向，主动作为、攻坚克难，全省就业创业形势总体平稳，社会保障能力进一步提升，人事人才工作有序推进，劳动关系总体向好，民生保障精准化精细化程度不断提升，圆满完成年度各项目标任务。

一、就业创业

（一）深入落实就业优先政策。

统筹疫情防控与就业工作，全面强化就业优先政策，大力实施就业创业提质增效工程“九大行动”，2022年全省城镇新增就业6.2万人，完成目标任务的103%；农牧区劳动力转移就业108万人次，完成目标任务的103%；城镇登记失业率1.5%，控制在3.5%的目标以内；实名登记高校毕业生就业率89.1%，较目标任务高4.1个百分点，全省就业局势总体保持稳定。

（二）全面落实助企纾困政策。

坚决贯彻落实党中央“六稳”“六保”决策部署，全面落实“降、返、缓、补、扩”一揽子政策和接续政策，采取“免跑即办”“免申即享”“精准发放”经办模式，全年累计为企业减负20.38亿元，失业保险参保计划完成比例、稳岗返还受益率、技能提升补贴受益率等指标走在全国前列。

（三）突出重点群体就业。

坚持精准施策，按照“稳存量、扩增量、提质量”要求，全力推进重点群体就业。帮助有劳动能力和就业意愿的脱贫人口实现务工就业，确保零就业家庭动态清零；保持脱贫人口务工规模稳定，全省脱贫人口实现务工就业21.6万人，完成目标任务的108%。全力保障大学生就业，强化政策支持，拓宽就业空间，鼓励各类企业吸纳高校毕业生就业；大力实施就业见习岗位募集计划，持续实施“三支一扶”计划，全力促进高校毕业生实现就业。

（四）全力打造特色劳务品牌。

不断健全劳务品牌培育、发展机制，《抢抓发展机遇　注重落实落地　全力支持全省劳务品牌发展壮大》的经验做法获得劳务品牌工作全国赛“带动就业”奖，海东市化隆牛肉拉面师韩玉龙被评为全国劳务品牌形象代言人，“互助土族盘绣”劳务品牌被“千行百品就业行”劳务品牌大型媒体推介活动在全国范围重点展示推介。依托“海西枸杞采摘”劳务品牌，累计组织7.24万名城乡劳动力到海西采摘枸杞，人均工资收入达到7 700元以上。

（五）持续强化东西部协作。

跟进落实省部合作协议，主动加强东西部协作和援青省市对接交流，在人力资源社会保障部大力支持下，有效推动省人力资源社会保障厅、六州政府与对口支援六省市人力资源社会保障厅局三方会签《“十四五”时期对口支援六州人力资源和社会保障工作协议书》，通过就业服务互助、岗位信息互通、人力资源互补等务实举措，搭建劳务输出“直通车”，促进农牧区劳动力跨省有组织转移就业。

二、社会保障

（一）持续扩大参保覆盖面。

积极引导灵活就业人员和新就业群体参保，落实放开灵活就业人员参加企业职工基本养老保险户籍限制政策，重点推进中小微企业依法参保，社会保险覆盖人数和基金规模持续扩大，截至 2022 年底，全省基本养老保险、失业保险、工伤保险参保人数分别达到 438.86 万人、63.4 万人、111.7 万人，均超额完成年度目标任务。

（二）不断健全多层次社保体系。

稳步推进企业职工基本养老保险全国统筹制度，统一农民工和城镇职工失业保险参保缴费办法，推进“快递小哥”参加工伤保险全覆盖，西宁市成为全国个人养老金先行试点城市。机关事业单位基本养老保险省级统筹、职业年金虚账做实工作得到人力资源社会保障部肯定。

（三）按时足额发放社保待遇。

启动疫情防控等不可抗力因素影响期间社保待遇按时足额发放应急处置预案，建立起省、市、县三级快速响应机制，采取就近办理、委托代发等方式，协调争取中央财政补助资金 54.69 亿元，发放各项社保待遇 300.26 亿元，调整提高退休人员基本养老金、城乡居民基础养老金和工伤保险待遇，确保各项社保待遇按时足额发放。

（四）持续强化经办风险防控。

不断健全“四位一体”防控体系，召开社保基金安全警示教育大会，开展基金管理提升年行动，常态化开展“三项指标”核查，加强风险防控信息化建设，严厉打击社保基金违法行为。

（五）着力提升社保服务质效。

对社保领域高频事项经办服务进行提速快办，10 个高频事项及 53 项重点社保经办业务在规定办理时限基础上提速 50%以上，实现 7 项社保服务事项“就近办”，14 项社保服务事项“跨省通办”，52 项社保服务事项可通过“青海人社通”App 办理，牵头制定 3 个“一件事一次办”事项实施方案及办事指南，最大程度实现“数据多跑路、群众少跑腿”。

三、人才人事

（一）不断加强人才队伍建设。

申请获批 3 个新领域博士后科研工作站，选拔青海省优秀专家 30 名。启动少数民族专业技术人才特殊培养计划，首批 40 名少数民族骨干到省外进行为期 1 年的专门培养。深入实施技术技能人才工程，技术技能人才分别达到 18.25 万人、9.66 万人。全面完成 2022 年事业单位公开招聘，招聘到岗 3 175 人。

（二）持续推进人事制度改革。

进一步破除人才体制机制壁垒，全面完成新一轮职称制度改革主体任务，出台 25 个系列职称改革方案和 43 个评价标准。启动农牧民职称评定工作，开展手工藏毯编织、皮绣、盘绣制作等 6 个职业能力考核试点。印发《青海省职称评审管理办法》，持续优化“阳光评审”的良好环境。制定《青海省事业单位工作人员竞聘上岗暂行办法》，推行“岗位能上能下”。在青海民族大学开展职称评聘制度改革试点，让“使用人的评价人、评价人的用好人”。以落实保障待遇为重点，全面完成全省首轮 45 个县以下事业单位 1 923 人晋升县以下事业单位管理岗位职员等级。

（三）大力实施职业技能提升行动。

制定《“技能中国行动”青海实施方案》，鼓励青年一代技能成才，2 人荣获中华技能大奖和全国技术能手，实现青海省中华技能大奖零的突破。全面推行职业技能等级认定制度，在全省开展专项职业能力考核试点工作，推行专项职业能力证书，精心做好职业技能等级认定机构的评审和备案管理。大力实施“技能提升”行动、“技能强企”行动、“技能激励”行动，指导各地加强职业技能培训工作。全年组织开展职业技能培训 10.5 万人次，完成年度目标 10 万人次的 105%，其中农牧民职业技能培训 6.73 万人次，完成年度目标 6.5 万人次的 103.5%。

（四）创新优化人才服务环境。

省委、省政府给予 2 名同志记大功奖励，并举行颁授仪式颁发证书和奖章。以创新人才流动机制为突破口，首次建立 9 个省级专家服务基地，精准对接 64 名专家。以专家服务项目、“校园引才”、公开招聘等方式，引进 31 名专家学者、82 名博士。分类优化公立医院岗位结构比例，各级公立医院正高、副高岗位数分别增加 735 个、1 217 个。建成“人事人才”信息系统，专技、事业等 4 个业务板块实现“无纸化”和“一网通办”。

四、劳动关系

（一）进一步加大劳动监察力度。

持续强化劳动监察工作力度，出台专用账户管理细则和保证金实施办法，开展“制度全覆盖”夏季专项行动，推进青海省工资支付监控预警平台建设，认真落实“双随机、一公开”跨部门联合执法检查，保障新业态从业人员合法权益，主要指标超额完成。全年累计为 2.83 万名劳动者追回工资 3.44 亿元。

（二）开展和谐劳动关系创建活动。

深入实施青海省劳动关系“和谐同行”能力提升三年行动计划，会同省三方评选推荐 2022 年全国和谐劳动关系创建示范企业和工业园区，青海省 4 户企业和 1 家工业园区获评。在全省范围内开展“防风险　促和谐”专项行动，新增“和谐同行”企业 30 户。开展全省劳动关系领域安全生产风险隐患大排查，全面摸排各市州各类生产经营单位劳务派遣人员、灵活用工人员基本情况，督促劳务派遣单位完善劳动合同管理台账。通过“互联网+劳动关系”信息系统，做好劳动用工备案、集体合同审查、劳务派遣跨省备案等行政事项的网上受理经办工作。全面推广电子劳动合同信息化应用，在西宁市机关事业单位、社会团体、企业、个体经济组织中率先推广使用电子劳动合同。

（三）持续提升劳动仲裁质效。

积极应对疫情影响，依法及时稳慎处理劳动人事争议纠纷，加强案件处理中简易程序适用，通过在线庭审、上门服务等方式提升争议处理效率。强化全省各级调解仲裁队伍建设，对 80 余名专职调解员进行专项培训。全年处理劳动人事争议案件 2 900 余件，为劳动者挽回经济损失超过 1 亿元，青海省劳动关系总体和谐稳定。

五、乡村振兴

（一）坚持就业创业帮扶。

完善就业帮扶政策措施，会同乡村振兴等部门印发《关于做好 2022 年度脱贫人口稳岗就业工作的通知》，突出做好脱贫人口稳岗就业帮扶。开展“春暖农民工”就业帮扶活动，启动实施农民工返岗复工“点对点”服务保障，累计协调组织 15 万名农民工返岗复工。组织召开苏青两省劳务协作对接交流，帮助 1 679 名农牧区劳动力实现就业。加强易地扶贫搬迁人员就业帮扶，在全省 24 个大中型易地扶贫搬迁安置区设立公共就业服务站或窗口，提供“一站式”就业服务。全年组织农牧区劳动力转移就业 108.6 万人次，农牧民职业技能培训 6.73 万人次。

（二）强化技能提升帮扶。

实施乡村振兴重点帮扶地区职业技能提升工程，在易地扶贫搬迁 800 人以上大中型集中安置区开发各类优质职业培训资源，全面提升乡村振兴重点帮扶地区劳动力发展生产和务工经商所需的基本技能。严格落实脱贫劳动力职业技能培训补贴、生活费补贴和企业以工代训等政策。对有就读技工院校意愿的脱贫家庭子女，优先落实免学费、助学金、奖学金等政策，优先安排实习、推荐就业。

（三）做好社保托底帮扶。

落实困难群体基本养老保险参保代缴政策，与省乡村振兴局、省民政厅、省残疾人联合会建立数据共享机制，为 23.23 万名低保、特困和重度残疾人员代缴城乡居民基本养老保险费 3 093.01 万元。落实城乡居民基本养老保险个人账户优惠利率，扩大农民工等群体参加失业保险范围，继续以工程建筑项目、尘肺病重点行业、小微企业等参加工伤保险为扩面重点，积极推进企业为农民工、困难人员优先参保。

六、行风建设

深入开展“互联网+人社服务”，推进人社服务快办、就近办、跨省通办、一件事一次办，全省人社行政审批和公共服务事项实现100%“一网通办”。开发推广“青海人社通”App 等网上办事渠道，实现 182 项公共服务事项和 8 项行政审批事项即时办理。对接“青松办”App，实现清单内事项在省一体化平台移动端无差别受理、同标准办理，完成与人力资源社会保障部 60 个数据共享接口对接。开展“青海人社通”App 适老化改造，满足老年人高质量无障碍操作。组织开展“人社干部走流程”活动，对人社行政审批（许可）、公共政务服务等 99 条事项逐项逐条进行“走流程”，解决企业和群众办事难题。开展全省人社系统人员大培训、岗位大练兵活动，组织干部职工 3 500 余人依托全国在线学习平台参与“日日学、周周练、月月比”活动。持续推进人社政务服务事项“好差评”工作，好评率始终保持在 99%以上。

七、自身建设

落实省委弘扬优良作风若干措施，以“七个坚持”推进“转作风　勇争先”行动，开展“人社干部走流程”，严格落实中央八项规定精神和省委省政府若干措施，坚决整治形式主义、官僚主义，持续为基层减负，再度压减“三公经费”。深入贯彻新时代好干部标准，制定实施干部能力素质提升“十五项”措施，评选推荐全国人社系统先进集体和先进工作者，持续锻造高素质专业化干部队伍。严格落实基层党建工作责任制，发挥基层党组织战斗堡垒作用，加强和规范党内政治生活，推动基层党组织建设全面进步全面过硬。关心关爱生活困难党员、老党员、老干部，传递党组织的关怀与温暖。贯彻落实党内法规，审核清理报备厅系统党内规范性文件，修订厅党组工作规则，健全干部谈话、考核制度，持续规范权力运行。加强机关纪委建设，一体推进“三不腐”，深化以案促改，开展警示教育，坚决整治群众身边腐败和不正之风。

青海省人力资源和社会保障厅

宁夏回族自治区

2022年，宁夏回族自治区人力资源社会保障系统坚持以习近平新时代中国特色社会主义思想为指导，认真学习贯彻党的二十大精神和习近平总书记视察宁夏重要讲话指示批示精神及自治区第十三次党代会精神，高效统筹疫情防控和人社事业发展，就业局势保持总体稳定，社会保障、人才人事、劳动关系等改革扎实推进，重点工作任务圆满完成。

一、就业创业

（一）就业政策供给。

落实就业优先政策，出台做好高校毕业生等青年就业创业“20条”、稳岗位扩就业提技能防失业“12条”、促进新时代人力资源服务业高质量发展“15条”、特困行业阶段性缓缴企业社会保险费“6条”、就业再攻坚“12条”等政策措施。全区城镇新增就业7.95万人，完成年度任务的106%。年末城镇调查失业率5.3%。

（二）助企纾困。

建立包抓重点工业园区、重点企业工作机制，综合运用“降、缓、返、补”组合措施，累计为参保企业减缴、缓缴社保费78.3亿元，使用失业保险基金发放稳岗返还、失业保险金、技能提升补贴、失业补助金和临时生活补助、一次性扩岗（留工）补助等8.05亿元，惠及5.7万家企业，稳定122.3万个岗位。

（三）重点群体就业。

实施公共就业服务提前进校园活动，开展离校未就业高校毕业生服务攻坚，离校未就业高校毕业生帮扶就业率、困难高校毕业生帮扶就业率分别达到92.3%、94.6%。深化闽宁等劳务协作，实施劳务品牌促就业行动，农村劳动力转移就业82.3万人，完成全年任务的109.7%。加强就业困难群体帮扶，实施就业援助“暖心行动”，开发购买城乡公益性岗位1.67万个，就业困难人员实现就业1.16万人，失业人员实现再就业6.15万人，零就业家庭动态清零。

（四）创业带动就业。

实施创业孵化提升工程，加大“创业培训+创业贷款+创业服务”一体化帮扶力度，新认定创业孵化示范基地5个，发放创业担保贷款18.85亿元，新培育创业实体1.48万家，创造新岗位2.3万个，创业带动就业5.85万人。

（五）就业公共服务。

优化公共就业服务，开展“就业援助月”“春风行动”、就业政策“三送五进”集中宣讲、抖音直播“送政策”等“10+N”公共就业服务活动，政企联动举办直播带岗等线上线下招聘会1 000多场次，提供岗位38.85万个。组织补贴性职业技能培训8.1万人次，完成全年任务的135%，培训后实现就业5.56万人。

二、社会保障

（一）社会保险政策。

出台贯彻落实企业职工基本养老保险全国统筹工作方案、企业职工基本养老保险工作考核奖惩办法，推动银川市开展个人养老金先行先试工作。加强公务员工伤保险管理，完善工程建设项目参加工伤保险工作机制，开展基层快递网点优先参加工伤保险工作，工伤保障制度体系更加完善。

（二）扩面提待。

巩固拓展全民参保成果，养老、失业、工伤保险参保达到519.68万人、117.43万人、147.33万人，分别完成全年任务的107.59%、105.79%、100.91%。落实城乡居民基本养老保险待遇确定和基础养老金正常调整机制，城乡居民每人每月调增基础养老金10元，调整后人均养老金达247元。调整机关企事业单位退休人员基本养老金，70.4万退休职工养老金平均增长4%。

（三）社保基金监管。

开展社保基金管理提升年行动，出台社保基金监督举报奖励暂行办法，多频次进行现场监管和非现场监管，常态化开展警示教育，稳慎推动基本养老保险基金委托投资，联合纪检、法院、公安等部门做好退回违法违规领取骗取社保待遇、行政事业单位退休人员服刑和死亡信息报送工作，扎实开展社保基金疑点数据核查，擦亮基金监管“利剑”。追回违规领取社保基金948.31万元、少缴社保费539.75万元，坚决守护好老百姓的“养老钱”“保命钱”。

三、人才人事

（一）专业技术人才队伍建设。

坚持人才是第一资源，实施人才培养、引进、活力、暖心“四大工程”，释放人才创新动能。修订完善政府特殊津贴、博士后分级管理、青年拔尖人才培养等系列政策制度。实施重大人才工程，选拔青年拔尖人才108名，选送42名中青年人才赴区外研修。创新专业技术人才知识更新工程，举办高级研修、急需紧缺和岗位骨干培训班65期，培训5 000余人。搭建人才平台载体，遴选建设博士后科研工作站、人才小高地、院士工作站等载体22个。深化职称制度改革，出台职称评审专家管理办法，开设网信安全、科学传播等新业态职称评审专业，全面推行高素质农民职称评审，拓展基层职称“定向评价、定向使用”，2 207名基层人才获评高级职称。

（二）高技能人才队伍建设。

制定“十四五”职业技能培训规划，累计出台162个职业（工种）职业技能培训学校设置标准，民办职业技能培训学校“告知承诺制”改革得到人力资源社会保障部肯定。遴选建设国家和自治区级高技能人才培训基地5个、技能大师工作室8个、技工院校急需特色专业2个。开展特级技师和首席技师评聘试点，2名高技能人才获评“全国技术能手”，培养技能人才8.1万人，新增高技能人才5 625人。

（三）事业单位人事制度改革。

出台事业单位工作人员培训、交流、招聘面试细则，实施事业单位人事薪酬制度、县以下职员等级晋升、人员总量管理改革，完善备案人员与事业编制人员职称、岗位、薪酬、交流、培训、考核奖惩等“一体化”人事管理政策。推进中小学教师“县管校聘”改革，扩大县级教育部门选人用人自主权；县域医共体“县聘乡用”改革实现招聘、岗位、聘用、薪酬、调配使用“五统一”。

（四）人事服务管理。

加强人事考试全过程管理和监督，安全组织各类人事考试31项，服务考生28.6万人。实行项目化规范表彰活动、台账化清理创建示范、动态化调整管理，重新审批厅、市、县级表彰项目62个，表彰工作“指挥棒”“信号源”“激励器”作用进一步发挥。

四、劳动关系

（一）和谐劳动关系。

牵头组建黄河流域和谐劳动关系联盟，创新推广“全要素+全流程”和谐劳动关系联动治理新模式，建立全区劳动关系三级风险预警监测、重大风险协同化解、突发性事件应急处置与督导考核机制，出台完善新业态劳动者维权“1+4+6”政策体系，开展首届“塞上江南最美骑士”选树活动，全面实行电子简易劳动合同。

（二）根治欠薪。

坚持预防为主、综合治理，开展根治欠薪专项行动，加大劳动保障监察执法力度，切实维护劳动者合法权益。发挥领导小组牵头作用，联合行业主管部门开展根治欠薪制度全覆盖、人力资源市场整顿等专项行动，全面推广宁夏农民工工资支付监控预警平台，实现省级集中“四位一体”监控，为3.7万劳动者追发工资2.8亿元。

（三）劳动人事争议。

完善“四位一体”多元化解机制，持续打造金牌调解组织，14家单位获评首批国家级和自治区级金牌调解组织。推行案件繁简分流、开庭快审、简案速裁办案机制。开通“云间仲裁”、速裁快审“绿色通道”，组织仲裁超审限案件清理专项行动。累计受理争议案件1.8万件，劳动人事争议调解成功率、仲裁结案率分别达68.3%、95.9%，同比均增长1.9个百分点。

五、居民收入

（一）收入提升行动。

加强统筹调度，推动出台《居民收入提升行动实施方案（2022—2027年）》，召开全区居民收入提升行动领导小组会、稳就业促增收电视电话会、收入提升工作专题会，高位推动落实。定期召开增收因素分析会，督促落实助企纾困、促进消费、扩大投资、稳保就业等重点任务，全区城乡居民人均可支配收入29 599元，增长6.1%。

（二）收入分配制度改革。

出台公立医院薪酬制度改革实施意见和义务教育阶段学校课后服务绩效工资核定意见，提高公立医院工作人员、义务教育教师待遇。稳妥开展县以下事业单位管理岗位职员等级晋升，核定管理岗位职员职数7 883个，招聘事业单位工作人员6 614名。调整机关事业单位工作人员基本工资标准，兑现义务教育学校教师课后服务绩效工资，扩大机关事业单位养老金、住房公积金、职业年金等缴费基数。发布企业工资指导线和人力资源市场指导价位，加大企业工资集体协商，提高一线劳动者工资收入。

（三）知识价值导向分配政策。

对高校、科研院所、公立医院给予适当倾斜，4家单位高层次人才绩效工资总量予以单列。落实技能人才薪酬分配指引，畅通技能人才发展通道，建立健全符合技能人才特点的工资分配制度。

六、行风建设

（一）“放管服”改革。

积极践行人社服务为人民工作理念，持续强化惠企便民服务制度机制建设，301项人社服务事项288项不见面办理、135项即来即办、62项“跨省通办”、25个事项46项证明材料实行告知承诺制、19项公共服务赋权乡镇（街道）。持续推进失业保险稳岗返还和留工补助“免申即享”、缓缴社保费“即申即享”、就业补贴政策“直补快办”，在“我的宁夏”开通线上申领职业资格电子证书。深入开展“厅局长走流程”、青年干部暗访调研和行风建设提升年行动。

（二）“法治人社”建设。

制定自治区人力资源社会保障厅权责清单、人力资源社会保障系统权力清单指导目录和政务服务事项目录清单，出台“八五”普法规划、会前学法制度、重大决策社会稳定风险评估专家管理办法等政策文件，开展全国“法治人社”示范创建和自治区法治政府建设示范创建活动，建立自治区人力资源社会保障厅重大决策社会稳定风险评估专家库，首批聘任专家124人。2022年共开展合法性审查政策文件、重大决策30余个，厅本级行政诉讼案件胜诉率100%。

（三）信息化建设。

深入实施人社信息化便民服务创新提升行动，建成自治区人力资源社会保障一体化和公共服务系统，开展“区块链+人社”特色领域创新应用试点，推动人社管理数字化转型升级。

七、乡村振兴

就业、培训、社保、人才和定点帮扶扎实推进，举办闽宁专场招聘会97场次，30万脱贫人口实现稳定就业，组织1.32万人次脱贫劳动力参加职业技能培训，为13.13万缴费困难群众代缴养老保险费，安排700万元专项支持乡村振兴重点帮扶县。

宁夏回族自治区人力资源和社会保障厅

新疆维吾尔自治区

2022年，新疆维吾尔自治区人力资源社会保障系统以习近平新时代中国特色社会主义思想为指导，认真学习贯彻党的二十大精神，完整准确贯彻新时代党的治疆方略，深入践行以人民为中心的发展思想，统筹推进疫情防控和人社事业高质量发展，认真落实“疫情要防住、经济要稳住、发展要安全”的要求，把握稳中求进总基调，迅速制定出台一系列超常规稳就业、保就业政策措施，稳住了市场主体，稳定了就业大局，保障了基本民生，社会保险、人才人事、劳动关系等各领域工作稳步推进，各项工作取得显著成效。

一、实施就业优先战略，千方百计稳就业保就业

坚持实施就业优先战略，强化就业优先政策，完善就业工作机制，加强公共就业服务，突出抓好重点群体就业。全年实现城镇新增就业46.15万人，完成年度目标任务的100.33%。

（一）制定落实稳就业政策措施。

制定印发6个方面15条稳就业保就业政策措施，建立月度就业重点工作调度机制，突出重点群体、重点区域，紧盯弱项和短板，加快推进就业补贴政策“直补快办”、落实落地。全年为企业和个人落实一次性吸纳就业补贴、社会保险补贴22.26亿元，惠及150.16万人。

（二）助企纾困稳岗就业。

实施“降、缓、返、补、扩”组合式援企稳岗、助企纾困政策，靠前发力、直达基层、直惠企业。全年共计为企业和群众落实降费、缓缴、补助等助企惠民政策性资金88.87亿元。

（三）抓好重点群体就业。

坚持法治化、市场化就业导向，坚持就近就地就业和外出务工相结合，多渠道促进农村劳动力外出务工，稳定脱贫人口务工规模，农村劳动力外出务工303.24万人次，脱贫人口务工规模108.7万人。加强毕业生离校前后服务衔接，实施未就业毕业生服务攻坚行动，对困难毕业生实施“131”专项帮扶机制。区属应届普通高校毕业生（不含兵团）落实毕业去向11.55万人，去向落实率91.78%。畅通线上线下失业登记渠道和服务，对就业困难人员和零就业家庭成员实行实名动态管理和分类帮扶，实现失业人员就业20.71万人、困难人员就业3.31万人，城镇零就业家庭保持动态清零。

（四）推动创业带动就业。

落实创业扶持政策，实施系列创业服务专项行动，支持创业带动就业。全年累计发放创业担保贷款1 892笔、3.29亿元，新增创业8.83万人，带动就业14.02万人。接续开展就业援助月、春风行动等24项贯穿全年的线上线下就业服务活动，累计举办线上线下招聘活动3 025场次，提供岗位91.4万个，“直播带岗”“职在新疆”成为广受欢迎的线上公共服务品牌。

（五）扎实开展职业技能培训。

以技工院校为主阵地，深入实施职业技能提升行动，分层分类开展职业技能培训。全区

共开展各类职业技能培训216.8万人次，全区技工院校全年招生4.3万人。加强高技能人才队伍建设，建立“新八级”职业技能等级制度，开展特级技师评聘试点。全区发放职业资格证书或职业技能等级证书38.4万人次，实施“新疆工匠”培养项目，新建自治区级高技能人才培训基地和技能大师工作室16个，成功申报国家级高技能人才培训基地和技能大师工作室10个。

二、持续扩大社会保险覆盖面，社会保障制度更加完善

深入学习贯彻习近平总书记“促进我国社会保障事业高质量发展、可持续发展”重要论述，积极健全覆盖全民、统筹城乡、公平统一、安全规范、可持续的多层次社会保障体系。

（一）稳妥推进社保制度改革。

制定印发《自治区落实企业职工基本养老保险全国统筹制度工作方案》，推动企业职工基本养老保险全国统筹在新疆顺利实施。完成失业保险省级统筹，完善工伤保险省级统筹，推动工伤医疗费直接结算和工伤异地就医直接结算全面落地。个人养老金制度在乌鲁木齐市先行实施。

（二）扩大社保覆盖范围。

有序推进全民参保计划，全区基本养老保险、失业保险、工伤保险三项社会保险参保2 082.36万人次，同比增加62.57万人次。全面落实公务员和参照公务员法管理事业单位工作人员参加工伤保险。持续落实政府代缴政策，累计为54.01万困难群体代缴城乡居民基本养老保险费3 925.53万元。

（三）提高社保待遇水平。

调整提高职工基本养老保险待遇水平，月人均提高177元，惠及155.84万名退休人员。提高城乡居民基本养老保险基础养老金最低标准，调整后全区城乡居民基本养老保险月人均待遇水平增长至193.19元。提高工伤（亡）职工工伤保险待遇，全区共有7 848名工伤职工受益。

（四）加强社保基金监管。

深入开展社保基金管理提升年行动，推进“四位一体”基金风险防控体系，依法严厉打击欺诈骗保、套保和挪用贪占各类社保基金的违法行为，守护好人民群众每一分“养老钱”“保命钱”。

（五）提高社保经办服务水平。

优化业务经办流程，全面推行“一网通办”“跨省通办”，深入推进“打包办”“简便办”“提速办”和“不见面办”，坚持传统服务和智能服务并行，满足群众多样化办事需求。社保卡持卡人达到2 193万人，申领电子社保卡人口覆盖率达到55.9%。

三、优化人才政策环境，扎实推进人才队伍建设

深化人才发展体制机制改革，加强人才队伍建设，激发人才创新创造活力。

（一）推进重点人才项目。

启动实施新一轮专业技术人才知识更新工程，举办高级研修项目45个，培训中高级专业技术人才5 000余人。实施2022年度新疆少数民族科技骨干特殊培养项目，培养科技骨干403名。实施“天池英才”引进计划，面向国内外引进746名高层次急需紧缺人才。稳步扩大博士后设站规模，新设立2个博士后科研工作站、7个自治区博士后创新实践基地，引进博士后146名，同比增长19.7%。

（二）加强职称评审管理。

坚持“破四唯”与“立新标”并举，修订21个专业职称评审条件，制定印发自治区职称评审管理办法、特殊人才认定高级职称办法，健全以创新能力、质量、实效、贡献为导向的人才评价体系。指导落实疫情防控一线卫生专业技术人员职称评审倾斜政策。开展县以下基层事业单位中小学（含幼儿园）教师、农业技术人员、卫生专业技术人员职称“定向评价、定向使用”工作。改进职称评价服务，14.37万人申报职称，签发职称电子证书

29.7 万份。

（三）加快人力资源服务业发展。

研究制定《自治区关于推进人力资源服务业高质量发展的若干措施》，不断完善人力资源服务体系，增强内生动力，提升服务效能。持续开展企业招聘引才服务活动，为各类企业引才招聘 2.8 万人。

（四）不断激发人才创新活力。

印发《事业单位工作人员考核办法（试行）》，进一步加大基层一线倾斜力度，突出业绩贡献导向。提请自治区党委办公厅、人民政府办公厅印发《县以下事业单位管理岗位职员等级晋升制度实施方案》，打破基层事业单位管理岗位人员晋升“天花板”，实施事业单位绩效奖金政策，事业单位工作人员工资收入明显增加。指导实施事业单位科技创新激励措施，落实高层次人才薪酬在绩效工资总量内单列政策。印发《自治区深化公立医院薪酬制度改革实施方案》，全面推进公立医院薪酬制度改革，建立完善符合事业单位特点的薪酬制度。

四、有效化解矛盾纠纷，积极构建和谐劳动关系

积极做好涉疫情劳动关系政策、新就业形态劳动者劳动权益保障政策的宣传解读和落实落地，指导企业规范用工和妥善处理劳动关系，减少矛盾纠纷。

（一）加大劳动关系协调力度。

实行劳动关系日、周、月报告制度，全面排查劳动关系领域风险矛盾，动态掌握全区劳动关系运行情况，积极防范化解劳动关系领域重大风险。开展和谐劳动关系创建活动和“和谐同行”千户企业培育共同行动，5 家企业和 1 个工业园区获评全国和谐劳动关系创建示范企业（工业园区）。制定《自治区关于维护新就业形态劳动者劳动保障权益的实施意见》，维护新就业形态劳动者合法权益。调查发布劳动力市场工资指导价位，为企业工资集体协商提供科学依据。

（二）突出抓好根治欠薪。

健全完善根治欠薪长效机制，持续深化欠薪源头治理、综合治理、依法治理。全年共受理全国根治欠薪线索反映平台问题线索 8.82 万件，为 10.19 万名劳动者追发工资 13.35 亿元。推广运行新疆农民工工资支付监控预警平台、劳动保障智慧监察系统，全区共有 4 754 个在建工程项目、40.57 万余名农民工纳入平台监管。

（三）高效处理劳动人事争议案件。

实行重大劳动人事争议事项 24 小时报告制度，加大“互联网+调解”服务力度，提高劳动人事争议调解仲裁效能，全区各级调解仲裁机构受理争议案件 18 286 件，结案率为 95.8%。

（四）认真开展人社信访维稳工作。

扎实开展“治重化积”专项工作，中央和自治区交办的 2 批 241 件案件均审核化解，且未出现反弹回流。

（五）加大劳动者权益保障力度。

集中开展清理整顿人力资源市场秩序专项行动，重拳治理人力资源市场环境，依法查处招聘中的虚假欺诈现象，严厉打击就业歧视、非法中介等行为。推动落实带薪年休假制度，依法查处欠薪欠保、超时加班等违法违规行为，保护劳动者合法权益。

五、抓好行风建设，提升人社公共服务能力

以法治人社建设为抓手，持续深化“放管服”改革，优化营商环境，不断提升人社服务法治化、规范化、信息化水平。

（一）加强法治人社建设。

制定出台《法治建设实施方案（2021—2025 年）》和普法依法治理年度工作要点，落实主要负责人法治建设责任，完善法治工作机制，细化工作任务，明确措施清单，系统谋划、整体推进法治人社建设。依法规范开展规范性文件审核报备和行政复议、行政应诉工作。

（二）推进“放管服”改革，优化营商环境。

编制完成《自治区人社系统权责清单指导目录》，明确人社系统权责清单100项，推动权责清单制度“三级四同”标准化建设。编制完成新疆人社行政许可事项清单和人社系统市场准入负面清单（2022年版），坚决防止违法审批。

（三）提高服务效能。

以信息化建设、“书记、厅（局）长走流程”、窗口单位练兵比武、12333电话咨询等为抓手，不断改进和加强人社公共服务。利用网上办、掌上办等“不见面”办理方式和数据比对筛选，实现助企纾困政策“免申即享”“即申即享”“直补快办”，精准快速落实。疫情期间，各级人社部门利用线上业务平台开展工作，公共就业服务、社保经办服务、人才人事服务持续不间断，保障了企业和群众基本需求。新疆12333热线电话持续开展政策咨询服务，接听电话超过150万个，与群众保持有效沟通。

新疆维吾尔自治区人力资源和社会保障厅

新疆生产建设兵团

一、就业创业

全力稳住就业基本盘。坚持就业是最大民生，全力以赴落实“六稳”“六保”任务，就业优先导向更加鲜明，就业政策体系更加完善。印发《兵团“十四五”就业促进规划》，出台《关于进一步做好援企稳岗促就业工作的通知》《关于应对新冠肺炎疫情冲击强化稳就业举措的通知》等文件，加力落实国务院和兵团稳住经济一揽子政策和接续政策，实施“降、缓、返、补、扩、提”稳岗助企纾困政策，建立“旬调度、月通报”工作机制，入企送政策实现全覆盖，19.0 亿元减负红利迅速直达企业和劳动者，抵住了疫情严重冲击，实现城镇新增就业 8.3 万人，完成年度计划任务的 103.8%，城镇登记失业率 2.7%，低于 5%的控制目标。

重点群体保障更加有力。全力拓宽就业渠道，吸引 1.4 万名高校毕业生到兵团就业创业，较上年增长 2.2%。组织 206 家用人单位接收 5 073 名高校毕业生等青年群体见习。搭建求职平台，帮助 3.4 万名失业人员再就业，较上年增长 4.3%。采取在建项目调剂、临时性公益性岗位安置等措施，帮助 4 713 名农民工在疫情期间实现务工就业。落实“一对一”帮扶和零就业家庭动态清零工作机制，援助 9 340 名就业困难人员就业。发挥就业补助资金作用，落实吸纳就业补贴、见习补贴、社保补贴等政策，支出就业补助资金（含师市配套资金）10.5 亿元。加大创业担保贷款政策宣传，持续优化创业担保贷款申请审批流程，为 376 家小微企业、个体工商户、劳动者发放创业担保贷款 0.8 亿元。兵团帮扶就业困难人员就业、二师开发公益性岗位安置残疾人就业的典型做法，在《人民日报》上刊登。

就业服务供给更加充足。深入实施职业技能提升行动，开展补贴性培训 12.2 万人次，完成年度计划任务的 122.2%，实际拨付职业培训补贴 4 942.9 万元。开展技能等级培训 6.5 万人次，专项职业能力培训 4.2 万人次，创业培训 1.7 万人次，高技能人才以上培训 1.0 万人次，开展新型学徒制培训 2 234 人次。截至年底，兵团技能人才总量达 57.0 万人，占就业人员总量的 37.7%。优化创业服务。实施提升就业服务质量工程，接续开展“10+N”公共就业服务活动，全年就业服务不打烊，网上招聘不停歇，开展各类招聘会 743 场，3.4 万劳动者达成就业意向，帮助 18 家重点企业解决用工需求 3 533 人。新认定 3 家兵团级创业孵化示范基地。

二、社会保障

发挥社会保障“安全网”作用，织密网、兜底线、建机制，不断提高保障能力和水平。制度建设系统性显著增强。落实企业职工基本养老保险全国统筹制度，统一政策和全面规范基金收支管理。完善公务员纳入工伤保险制度和快递员群体工伤保障政策，维护其合法权益。实施“我为群众办实事”社保扩面工程，截至 2022 年底，兵团基本养老保险、失业保险、工伤保险参保人数分别达到 215.0 万人、75.1 万人、90.8 万人，分别完成国家下达计划的102.4%、101.5%、103.2%。

印发《关于2022年调整退休人员基本养老金有关问题的通知》，共惠及退休人员74.15万人，月人均增加养老金187元。自2022年7月1日起，将兵团城乡居民基础养老金最低标准由每人每月150元提高至155元。14个师市在兵团城乡居民基础养老金最低标准的基础上均提高了本师市的基础养老金标准。其中，最高为第十一、第十二师的365元。

印发《关于做好失业保险稳岗位提技能防失业工作的通知》，实施“降、缓、返、补、扩”政策，即阶段性降费率、缓缴三项社会保险费、失业保险稳岗返还、技能提升补贴、一次性留工培训补助、一次性扩岗补助、延续失业保险保障扩围等，切实为企业纾困解难，保障失业人员基本生活。2022年，兵团社会保险助企纾困政策共释放政策红利10.1亿元。其中，阶段性降费率减轻企业负担5.5亿元，为837家企业阶段性缓缴社会保险费7 088万元，为9 620家企业发放稳岗返还9 860万元，为9 925家企业发放一次性留工培训补助8 630万元，为1 029家企业发放一次性扩岗补助757万元，为2.7万名企业职工发放技能提升补贴3 496万元，从失业保险基金中提取5 290万元用于职业技能培训，为8 912名失业人员发放失业保险金6 545万元，为1.2万名失业人员发放失业补助金4 689万元。失业保险疑点数据核查工作两次全国通报排名第一，落实启动实施失业保险一次性扩岗补助政策全国排名第二。

印发《新疆生产建设兵团落实〈公务员工伤保险管理办法〉实施细则》，保障因工作遭受事故伤害或患职业病的公务员的工伤保险权益。印发《关于调整2021年兵团工伤（亡）职工工伤保险待遇的通知》，从2021年1月1日起调整工伤（亡）职工工伤保险待遇，惠及工伤（亡）职工及供养亲属3 823人。加强工伤预防工作，2022年兵团工伤预防费支出257.1万元，兵团工伤认定案件2 052件，较上年下降17.26%。

基金运行可持续性显著增强。明确落实领导责任，实行“三个一”工作机制；突出压实主体责任，健全“五项机制”；强化一体监督责任，推进“四个结合”工作机制。继续深入开展社会保险基金安全警示教育月活动。截至2022年底，兵团城乡居民基本养老保险基金累计投资7.7亿元。

2022年，兵团累计完成劳动能力鉴定1 713人，切实加强劳动能力鉴定领域风险防控，提升劳动能力鉴定管理水平，对鉴定为伤残和完全丧失劳动能力人员档案资料进行抽查，抽查率80.29%，对发现的疑点及问题及时推送各师市，督促查实补正。

三、人才人事

持续深化人才发展体制机制改革，不断激发和释放人才创新创业活力。人才发展环境持续优化。出台团场事业单位人事管理工作指导意见，开展县以下事业单位管理岗位职员等级晋升工作，强化岗位管理考核，落实绩效奖金、调整基本工资，形成较为健全的事业单位人事管理体制。

人才引进培养持续发力。通过校园招聘、网络招聘等方式，招聘事业单位工作人员5 877人。新设2家博士后科研工作站，持续开展“天池英才”引进计划、少数民族科技骨干特殊培养项目、专业技术人员知识更新工程，专业技术人才总量和素质得到提升。健全产教融合、校企合作机制，技工院校招生任务超额完成。推进实施“技能兵团”建设，开展新型学徒制等培训活动，累计培训高技能人才1.05万人次，较上年增加0.03万人次。开展“新疆工匠”培养项目工作，兵团25名高技能人才入选“新疆工匠”项目。组织实施了3个国家级和兵团级高级研修项目，投入经费16.6万元，培训兵团和自治区专业技术人才205人。

人才评价机制持续完善。修订完善职称评审条件，稳妥下放中小学教师、卫生健康高级职称评审权，9 682 名专业技术人员通过评审取得高一级职称。合理确定职业技能等级认定和专项职业能力考核机构。印发《关于健全完善新时代技能人才职业技能等级制度的实施意见（试行）》，畅通技能人才职业发展通道，鼓励企业自主评价，落实“新八级工”制度，首次认定八师 3 名高技能人才为特级技师。2022 年获全国技术能手 1 名、国家技能人才培育突出贡献个人 1 名和国家技能人才培育突出贡献单位 1 家，增强技能人才的职业荣誉感和社会认同感。

印发《关于加强团场事业单位人事管理工作的指导意见》，进一步深化团场综合配套改革，健全完善团场事业单位人事管理工作体制机制。利用新媒体开展宣传、依托专业人力资源服务机构开展招募，完成人力资源社会保障部下达的 900 名“三支一扶”人员招募计划。指导企业完善科技人才和技能人才薪酬分配制度，加大薪酬分配激励力度，不断提高劳动报酬在初次分配中的比重。

向党中央、国务院申报新设立 3 个兵团级表彰项目；报请兵团党委审批 2022 年 5 个兵团级和 36 个兵团级以下表彰计划。抓好《创建示范活动管理办法（试行）》贯彻落实，逐步规范兵团各级各类创建示范活动。全力推进“七一勋章”获得者口述史采集工作。

四、劳动关系

出台《兵团关于维护新就业形态劳动者劳动保障权益的实施意见》和《关于 2022 年推进维护新就业形态劳动者劳动保障权益工作的通知》，进一步规范企业用工，明确新就业形态劳动者权益保障责任，着力解决新就业形态劳动者权益保障面临的突出问题。加强劳务派遣监督管理，组织开展劳务派遣核验核查，督促用工单位落实安全生产责任，维护劳务派遣人员权益。做好高温、严寒等极端天气期间劳动者权益保障，指导企业合理安排工作时间，保障劳动者劳动报酬权益，督促企业履行劳动保护主体责任。加大劳动关系领域风险排查力度，依法妥善解决各类矛盾纠纷，切实维护企业和劳动者合法权益。

和谐劳动关系创建有力实施。加大和谐劳动关系培育力度，深入实施劳动关系“和谐同行”能力提升三年行动计划，组织开展 2021 年企业培育行动验收，32 家培育企业中的 23 家达到验收标准，继续选取 32 家企业进行“点对点”培育指导服务。组织 1 042 人参加劳动关系协调员培训，将劳动关系治理触角进一步向企业延伸。培育选树出 87 名金牌劳动关系协调员和 1 家金牌协调劳动关系社会组织，充分发挥先进典型示范引领作用。组织开展和谐劳动关系创建示范活动，命名 19 家“兵团和谐劳动关系创建示范企业”和 2 个“兵团和谐劳动关系创建示范工业园区”，新疆伊力特实业股份有限公司、新疆北新路桥集团股份有限公司获评“全国和谐劳动关系创建示范企业”，石河子经济技术开发区获评“全国和谐劳动关系创建示范工业园区”。积极参加全国和谐劳动关系创建系列征集活动，共有 7 家企业的 9 件作品获奖。

完善根治欠薪长效机制，出台十二条措施，推进工资支付监控平台建设，深入开展工程建设领域根治欠薪源头治理专项行动和集中整治拖欠农民工工资问题专项行动，为 2.5 万名劳动者追发工资待遇 3.3 亿元。

推进基层调解组织规范化建设，培育选树出 26 家金牌劳动人事争议调解组织，其中 4 家调解组织被国家协调劳动关系三方通报表扬为“工作突出基层劳动人事争议调解组织”。加强调解仲裁队伍建设，现有劳动人事争议调解组织 329 个、调解员 1 698 人、劳动人事争议仲裁员 106 人。

五、乡村振兴

强化政策保障。持续落实《关于切实加强就业帮扶巩固拓展脱贫攻坚成果助力乡村振兴的实施意见（2021—2025 年）》，印发《2022 年实施“兵团人社帮扶专项行动”巩固拓展脱贫攻坚成果助力推进乡村振兴重点任务及分工》等政策措施，实施人社帮扶专项行动。

抓好兜底帮扶。对脱贫劳动力及边缘易致贫人口动态监测，及时掌握就业状态、就业意愿和就业需求，按规定落实社会保险补贴、就业援助金等政策，统筹企业吸纳、公益性岗位安置等，支持4 759名脱贫劳动力稳岗就业。制定《关于进一步促进南疆团场集体所有制连队群众增收致富的实施方案》，扩大社会保险覆盖面，促进集体所有制连队群众增收致富。2.48万名困难人员养老保险参保率100%，其中为1.72万名困难人员代缴城乡居民养老保险费172万元，代缴率100%。

做好定点帮扶。印发《2022年乡村振兴帮扶第五师双河市90团工作实施方案》，在90团组织开展三期专项职业能力培训班，培训职工群众152人次。在90团设立“新疆兵团第五师双河市棉花、果蔬专家服务基地”，邀请5名专家进行葡萄、棉花技术培训。通过专题研究、实地走访、对接座谈，指导师团人社部门落实帮扶措施，面向职工群众开展政策宣讲、技能培训、专家服务基层等活动，先后举办了农村电商运营、农家乐运营专项职业能力培训班，为职工群众就近就地就业创造有利条件。

六、行风建设

聚焦职工群众“急难愁盼”问题，加强系统服务能力建设，政务服务好评率达到99.96%。

“放管服”改革纵深推进。推动高频事项“跨省通办”，惠民政策“免申即享”，人社服务“就近办”“一件事一次办”。出台“证照分离”改革方案，减证便民，全面实行告知承诺制，人社服务更加便捷。

信息化支撑全面加强。深入实施信息化便民服务创新提升行动，持续推进工伤保险省级统筹、劳动用工备案、兵团12333系统升级改造等项目建设。社保卡持卡人数达到280.2万人，完成全年任务的101.88%，其中三代卡11.06万张。累计领用电子社保卡174.4万人，人口覆盖率达到53.7%，年度领用人数增加38.7万人。24项惠民补贴资金实现社保卡发放，应用场景更加广泛。

行风建设扎实有效。积极开展“人社服务快办行动”“局处长走流程”“好差评”工作，统筹推进窗口单位业务技能练兵比武和“学标兵、当能手，创一流服务”主题活动，选树20名“人社知识通”、43名“岗位练兵明星”。除了人力资源社会保障部表彰的同志外，十三师红星二场社保所1名同志荣获“全国人民满意的公务员”称号，六师社保中心1名同志、十二师人力资源和社会保障局1名同志荣获“兵团人民满意的公务员”称号，人社系统先进典型示范引领作用更加明显，创一流服务氛围日益浓厚。组队参加2022年度全国人社窗口单位业务技能练兵比武统一在线笔试，以总分第13名的成绩荣获团体二等奖，3名同志荣获全国“岗位练兵明星”。

新疆生产建设兵团人力资源和社会保障局

工作卷

人力资源和社会保障
统计资料

（一）综　　合

表 1-1　　国内生产总值增长及构成

年份	国内生产总值	第一产业	第二产业	第三产业
一、绝对数（亿元）				
2001	110 863	15 503	49 661	45 700
2002	121 717	16 190	54 106	51 422
2003	137 422	16 970	62 697	57 754
2004	161 840	20 904	74 287	66 649
2005	187 319	21 807	88 084	77 428
2006	219 439	23 317	104 362	91 760
2007	270 092	27 674	126 631	115 788
2008	319 245	32 464	149 953	136 828
2009	348 518	33 584	160 169	154 765
2010	412 119	38 431	191 627	182 062
2011	487 940	44 781	227 035	216 124
2012	538 580	49 085	244 639	244 856
2013	592 963	53 028	261 952	277 984
2014	643 563	55 626	277 283	310 654
2015	688 858	57 775	281 339	349 745
2016	746 395	60 139	295 428	390 828
2017	832 036	62 100	331 580	438 356
2018	919 281	64 745	364 835	489 701
2019	986 515	70 474	380 671	535 371
2020	1 013 567	78 031	383 562	551 974
2021	1 149 237	83 217	451 544	614 476
2022	1 210 207	88 345	483 165	638 698
二、比上年增长（%）				
2001	8. 3	2. 6	8. 5	10. 3
2002	9. 1	2. 7	9. 9	10. 5
2003	10. 0	2. 4	12. 7	9. 5
2004	10. 1	6. 1	11. 1	10. 1
2005	11. 4	5. 1	12. 1	12. 4
2006	12. 7	4. 8	13. 5	14. 1
2007	14. 2	3. 5	15. 1	16. 1
2008	9. 7	5. 2	9. 8	10. 5
2009	9. 4	4. 0	10. 3	9. 6
2010	10. 6	4. 3	12. 7	9. 7

续表

年份	国内生产总值	第一产业	第二产业	第三产业
2011	9.6	4.2	10.7	9.5
2012	7.9	4.5	8.4	8.0
2013	7.8	3.8	8.0	8.3
2014	7.4	4.1	7.2	8.3
2015	7.0	3.9	5.9	8.8
2016	6.8	3.3	6.0	8.1
2017	6.9	4.0	5.9	8.3
2018	6.7	3.5	5.8	8.0
2019	6.0	3.1	4.9	7.2
2020	2.2	3.1	2.5	1.9
2021	8.1	7.1	8.2	8.2
2022	3.0	4.1	3.8	2.3
三、构成（%）				
2001	100.0	14.0	44.8	41.2
2002	100.0	13.3	44.5	42.2
2003	100.0	12.3	45.6	42.0
2004	100.0	12.9	45.9	41.2
2005	100.0	11.6	47.0	41.3
2006	100.0	10.6	47.6	41.8
2007	100.0	10.2	46.9	42.9
2008	100.0	10.2	47.0	42.9
2009	100.0	9.6	46.0	44.4
2010	100.0	9.3	46.5	44.2
2011	100.0	9.2	46.5	44.3
2012	100.0	9.1	45.4	45.5
2013	100.0	8.9	44.2	46.9
2014	100.0	8.6	43.1	48.3
2015	100.0	8.4	40.8	50.8
2016	100.0	8.1	39.6	52.4
2017	100.0	7.5	39.9	52.7
2018	100.0	7.0	39.7	53.3
2019	100.0	7.1	38.6	54.3
2020	100.0	7.7	37.8	54.5
2021	100.0	7.2	39.3	53.5
2022	100.0	7.3	39.9	52.8

注：按第四次经济普查数据，对2007年及以后的数据进行了修订。

表 1-2　全国分城乡就业人员年末人数及构成　单位：万人

年份	就业人数			构成（%）		
	合计	城镇	乡村	合计	城镇	乡村
1999	71 394	22 412	48 982	100	31.4	68.6
2000	72 085	23 151	48 934	100	32.1	67.9
2001	72 797	24 123	48 674	100	33.1	66.9
2002	73 280	25 159	48 121	100	34.3	65.7
2003	73 736	26 230	47 506	100	35.6	64.4
2004	74 264	27 293	46 971	100	36.8	63.2
2005	74 647	28 389	46 258	100	38.0	62.0
2006	74 978	29 630	45 348	100	39.5	60.5
2007	75 321	30 953	44 368	100	41.1	58.9
2008	75 564	32 103	43 461	100	42.5	57.5
2009	75 828	33 322	42 506	100	43.9	56.1
2010	76 105	34 687	41 418	100	45.6	54.4
2011	76 196	36 003	40 193	100	47.3	52.7
2012	76 254	37 287	38 967	100	48.9	51.1
2013	76 301	38 527	37 774	100	50.5	49.5
2014	76 349	39 703	36 646	100	52.0	48.0
2015	76 320	40 916	35 404	100	53.6	46.4
2016	76 245	42 051	34 194	100	55.2	44.8
2017	76 058	43 208	32 850	100	56.8	43.2
2018	75 782	44 292	31 490	100	58.4	41.6
2019	75 447	45 249	30 198	100	60.0	40.0
2020	75 064	46 271	28 793	100	61.6	38.4
2021	74 652	46 773	27 879	100	62.7	37.3
2022	73 351	45 931	27 420	100	62.6	37.4

注：1990 年及以后的数据根据劳动力调查、人口普查推算，2011—2019 年数据是根据第七次人口普查的修订数（下表同）。

表 1-3　　全国分产业就业人员年末人数及构成　　单位：万人

年份	就业人数				构成（%）			
	合计	第一产业	第二产业	第三产业	合计	第一产业	第二产业	第三产业
1999	71 394	35 768	16 421	19 205	100	50. 1	23. 0	26. 9
2000	72 085	36 043	16 219	19 823	100	50. 0	22. 5	27. 5
2001	72 797	36 399	16 234	20 165	100	50. 0	22. 3	27. 7
2002	73 280	36 640	15 682	20 958	100	50. 0	21. 4	28. 6
2003	73 736	36 204	15 927	21 605	100	49. 1	21. 6	29. 3
2004	74 264	34 830	16 709	22 725	100	46. 9	22. 5	30. 6
2005	74 647	33 442	17 766	23 439	100	44. 8	23. 8	31. 4
2006	74 978	31 941	18 894	24 143	100	42. 6	25. 2	32. 2
2007	75 321	30 731	20 186	24 404	100	40. 8	26. 8	32. 4
2008	75 564	29 923	20 553	25 087	100	39. 6	27. 2	33. 2
2009	75 828	28 890	21 080	25 857	100	38. 1	27. 8	34. 1
2010	76 105	27 931	21 842	26 332	100	36. 7	28. 7	34. 6
2011	76 196	26 472	22 539	27 185	100	34. 7	29. 6	35. 7
2012	76 254	25 535	23 226	27 493	100	33. 5	30. 4	36. 1
2013	76 301	23 838	23 142	29 321	100	31. 3	30. 3	38. 4
2014	76 349	22 372	23 057	30 920	100	29. 3	30. 2	40. 5
2015	76 320	21 418	22 644	32 258	100	28. 0	29. 7	42. 3
2016	76 245	20 908	22 295	33 042	100	27. 4	29. 3	43. 3
2017	76 058	20 295	21 762	34 001	100	26. 7	28. 6	44. 7
2018	75 782	19 515	21 356	34 911	100	25. 7	28. 2	46. 1
2019	75 447	18 652	21 234	35 561	100	24. 7	28. 2	47. 1
2020	75 064	17 715	21 543	35 806	100	23. 6	28. 7	47. 7
2021	74 652	17 072	21 712	35 868	100	22. 9	29. 1	48. 0
2022	73 351	17 663	21 105	34 583	100	24. 1	28. 8	47. 1

表 1-4　　分登记注册类型城镇单位就业人员构成　　单位：万人

年份	合计	国有单位	集体单位	股份合作单位
1999	22 412	8 572	1 712	144
2000	23 151	8 102	1 499	155
2001	24 123	7 640	1 291	153
2002	25 159	7 163	1 122	161
2003	26 230	6 876	1 000	173
2004	27 293	6 710	897	192
2005	28 389	6 488	810	188
2006	29 630	6 430	764	178
2007	30 953	6 424	718	170
2008	32 103	6 447	662	164
2009	33 322	6 420	618	160
2010	34 687	6 516	597	156
2011	35 914	6 704	603	149
2012	37 102	6 839	590	149
2013	38 240	6 365	566	108
2014	39 310	6 312	537	103
2015	40 410	6 208	481	92
2016	41 428	6 170	453	86
2017	42 462	6 064	406	77
2018	43 419	5 740	347	66
2019	44 247	5 473	296	60
2020	46 271	5 563	271	69
2021	46 773	5 633	262	62
2022	45 931	5 612	235	58

续表

年份	联营单位	有限责任公司	股份有限公司	港澳台商投资单位
1999	46	603	420	306
2000	42	687	457	310
2001	45	841	483	326
2002	45	1 083	538	367
2003	44	1 261	592	409
2004	44	1 436	625	470
2005	45	1 750	699	557
2006	45	1 920	741	611
2007	43	2 075	788	680
2008	43	2 194	840	679
2009	37	2 433	956	721
2010	36	2 613	1 024	770
2011	37	3 269	1 183	932
2012	39	3 787	1 243	969
2013	25	6 069	1 721	1 397
2014	22	6 315	1 751	1 393
2015	20	6 389	1 798	1 344
2016	18	6 381	1 824	1 305
2017	13	6 367	1 846	1 290
2018	12	6 570	1 875	1 153
2019	12	6 608	1 879	1 157
2020	25	6 542	1 837	1 159
2021	22	6 526	1 789	1 175
2022	19	6 506	1 684	1 114

续表

年份	外商投资单位	私营个体及其他		
		私营企业	个体	其他
1999	306	1 053	2 414	6 817
2000	332	1 268	2 136	8 134
2001	345	1 527	2 131	9 299
2002	391	1 999	2 269	9 907
2003	454	2 545	2 377	10 338
2004	563	2 994	2 521	10 680
2005	688	3 458	2 778	10 749
2006	796	3 954	3 012	10 950
2007	903	4 581	3 310	11 038
2008	943	5 124	3 609	11 177
2009	978	5 544	4 245	10 960
2010	1 053	6 071	4 467	11 097
2011	1 217	6 912	5 227	9 362
2012	1 246	7 557	5 643	8 666
2013	1 566	8 242	6 142	5 747
2014	1 562	9 857	7 009	4 167
2015	1 446	11 180	7 800	3 368
2016	1 361	12 083	8 627	2 830
2017	1 291	13 327	9 348	2 143
2018	1 212	13 952	10 440	1 754
2019	1 203	14 567	11 692	827
2020	1 216		29 232	
2021	1 220		29 758	
2022	1 164		29 230	

注：自 2020 年起，国家市场监督管理总局不再单独统计私营个体就业人员数据。

表 1–5　分登记注册类型城镇单位就业人员年末人数　单位：万人

年份	合计		国有单位	
		在岗职工		在岗职工
1999	12 130	11 773	8 572	8 336
2000	11 612	11 259	8 102	7 878
2001	11 166	10 792	7 640	7 409
2002	10 985	10 558	7 163	6 924
2003	10 970	10 492	6 876	6 621
2004	11 099	10 576	6 710	6 438
2005	11 404	10 850	6 488	6 232
2006	11 713	11 160	6 430	6 170
2007	12 024	11 427	6 424	6 148
2008	12 193	11 515	6 447	6 126
2009	12 573	11 824	6 420	6 078
2010	13 052	12 251	6 516	6 145
2011	14 413	13 681	6 704	6 362
2012	15 236	14 403	6 839	6 467
2013	18 108	17 057	6 365	6 012
2014	18 278	17 212	6 312	5 956
2015	18 062	16 977	6 208	5 856
2016	17 888	16 768	6 170	5 811
2017	17 644	16 508	6 064	5 708
2018	17 258	16 070	5 740	5 389
2019	17 162	15 938	5 473	5 146
2020	17 039	15 887	5 563	5 282
2021	17 015	15 970	5 633	5 359
2022	16 701	15 780	5 612	5 359

续表

年份	城镇集体单位		其他单位	
		在岗职工		在岗职工
1999	1 712	1 652	1 846	1 785
2000	1 499	1 447	2 011	1 935
2001	1 291	1 241	2 235	2 142
2002	1 122	1 071	2 700	2 563
2003	1 000	951	3 094	2 920
2004	897	851	3 492	3 287
2005	810	769	4 106	3 849
2006	764	726	4 519	4 264
2007	718	684	4 882	4 595
2008	662	623	5 084	4 766
2009	618	578	5 535	5 168
2010	597	558	5 938	5 548
2011	603	562	7 106	6 757
2012	590	549	7 808	7 387
2013	566	522	11 177	10 523
2014	537	494	11 429	10 762
2015	481	444	11 373	10 677
2016	453	418	11 265	10 539
2017	406	374	11 174	10 426
2018	347	318	11 171	10 363
2019	296	270	11 393	10 522
2020	271	250	11 205	10 355
2021	262	242	11 120	10 368
2022	235	218	10 853	10 203

注：本表 2010 年及以后在岗职工人数包含单位使用的劳务派遣人员数。

表 1-6　　分行业城镇单位在岗职工年末人数（1995—2002 年）　　单位：万人

年份	合计	农、林、牧、渔业	采掘业	制造业	电力、煤气及水的生产和供应业	建筑业	地质勘查业、水利管理业	交通运输、仓储及邮电通信业
1995	14 908	660	914	5 439	257	1 053	134	824
1996	14 845	617	886	5 293	272	1 035	128	830
1997	14 668	612	851	5 083	282	1 004	128	824
1998	12 337	546	702	3 769	281	846	115	701
1999	11 773	519	650	3 496	283	778	110	682
2000	11 259	494	581	3 240	282	744	109	659
2001	10 792	458	544	3 010	284	733	104	629
2002	10 558	430	537	2 907	285	756	96	613

年份	批发和零售贸易、餐饮业	金融、保险业	房地产业	社会服务业	卫生、体育和社会福利业	教育、文化艺术和广播电影电视业	科学研究和综合技术服务业	国家机关、政党机关和社会团体	其他
1995	1 828	273	77	449	438	1 291	178	1 027	66
1996	1 807	288	82	458	451	1 345	176	1 075	103
1997	1 774	298	84	480	464	1 403	179	1 080	125
1998	1 256	301	89	451	469	1 451	168	1 084	108
1999	1 110	300	90	453	473	1 480	165	1 088	96
2000	977	294	93	457	476	1 500	164	1 091	99
2001	840	292	97	463	481	1 512	154	1 088	104
2002	733	287	107	483	480	1 517	151	1 056	120

表 1-7　分行业城镇单位在岗职工年末人数（2003—2011 年）　单位：万人

年份	合计	农、林、牧、渔业	采矿业	制造业	电力、燃气及水的生产和供应业	建筑业	交通运输、仓储和邮政业	信息传输、计算机服务和软件业	批发和零售业	住宿和餐饮业
2003	10 492	460	481	2 899	292	774	610	104	592	159
2004	10 576	438	491	2 960	294	778	598	111	551	163
2005	10 850	414	498	3 096	294	854	579	117	508	167
2006	11 161	402	518	3 250	296	910	579	125	486	170
2007	11 427	386	524	3 358	298	962	584	137	479	172
2008	11 515	362	526	3 329	297	971	583	144	487	178
2009	11 824	328	539	3 380	297	1 050	589	158	493	185
2010	12 251	328	546	3 519	299	1 133	582	168	506	191
2011	13 681	311	600	4 022	324	1 519	642	208	622	228

年份	金融业	房地产业	租赁和商务服务业	科学研究、技术服务和地质勘查业	水利、环境和公共设施管理业	居民服务和其他服务业	教育	卫生、社会保障和社会福利业	文化、体育和娱乐业	公共管理和社会组织
2003	286	108	168	206	164	47	1 402	472	122	1 146
2004	287	120	176	208	165	47	1 425	477	118	1 170
2005	295	133	199	213	170	47	1 445	491	117	1 213
2006	300	140	215	220	176	50	1 466	506	117	1 235
2007	311	151	223	228	181	51	1 484	522	119	1 260
2008	326	157	247	240	179	50	1 491	536	119	1 292
2009	347	175	263	255	184	55	1 502	564	122	1 337
2010	370	195	281	273	193	56	1 527	595	124	1 365
2011	417	233	273	282	203	57	1 563	644	128	1 406

表 1-8　　分行业城镇单位在岗职工年末人数（2012—2022 年）　　单位：万人

年份	合计	农、林、牧、渔业	采矿业	制造业	电力、热力、燃气及水生产和供应业	建筑业	批发和零售业	交通运输、仓储和邮政业	住宿和餐饮业	信息传输、软件和信息技术服务业
2012	14 403	291	618	4 192	334	1 739	683	648	246	218
2013	17 057	256	622	5 166	389	2 513	854	816	282	319
2014	17 212	252	583	5 152	389	2 518	850	830	268	327
2015	16 977	240	534	4 980	382	2 416	843	823	256	340
2016	16 768	230	477	4 805	377	2 354	834	819	250	355
2017	16 508	219	443	4 553	367	2 284	805	812	240	385
2018	16 070	159	404	4 104	358	2 338	783	792	234	412
2019	15 938	118	359	3 765	363	1 952	794	791	228	437
2020	15 887	77	344	3 743	371	1 875	759	792	223	473
2021	15 970	79	338	3 773	373	1 732	771	782	228	505
2022	15 780	72	335	3 690	368	1 623	763	760	219	516

年份	金融业	房地产业	租赁和商务服务业	科学研究和技术服务业	水利、环境和公共设施管理业	居民服务、修理和其他服务业	教育	卫生和社会工作	文化、体育和娱乐业	公共管理、社会保障和社会组织
2012	441	258	278	313	213	59	131	1 594	1 467	681
2013	447	352	399	368	226	69	138	1 623	1 491	727
2014	467	379	426	386	232	72	137	1 657	1 518	765
2015	478	394	450	389	233	70	140	1 665	1 550	794
2016	498	407	463	398	229	71	142	1 657	1 584	819
2017	501	419	495	400	230	73	143	1 656	1 632	850
2018	494	441	492	391	224	72	1 658	865	137	1 713
2019	539	486	618	414	212	81	1 822	955	142	1 864
2020	526	502	601	413	218	78	1 874	1 002	142	1 874
2021	541	507	640	433	224	81	1 887	1 044	144	1 888
2022	529	492	688	440	226	85	1 874	1 066	140	1 895

表 1-9　分登记注册类型单位在岗职工平均工资及增长情况　　单位：元

年份	平均工资				比上年增长（%）
	合计	国有单位	城镇集体单位	其他单位	
2001	10 870	11 178	6 867	12 140	16.0
2002	12 422	12 869	7 667	13 212	14.3
2003	14 040	14 577	8 678	14 574	13.0
2004	16 024	16 729	9 814	16 259	14.1
2005	18 364	19 313	11 283	18 244	14.6
2006	21 001	22 112	13 014	20 755	14.4
2007	24 932	26 620	15 595	24 058	18.7
2008	29 229	31 005	18 338	28 387	17.2
2009	32 736	35 053	20 958	31 319	12.0
2010	37 147	39 471	24 430	35 843	13.5
2011	42 452	44 695	29 261	41 449	14.3
2012	47 593	49 750	34 431	46 682	12.1
2013	52 388	54 225	39 669	51 972	10.1
2014	57 361	58 992	43 631	57 092	9.5
2015	63 241	67 415	47 638	61 611	10.3
2016	68 993	74 990	51 708	66 371	9.1
2017	76 121	84 043	56 762	72 459	10.3
2018	84 744	92 988	62 501	81 139	11.3
2019	93 383	102 709	64 499	89 570	10.2
2020	100 512	111 587	70 439	95 568	7.6
2021	110 221	119 139	76 440	106 401	9.7
2022	117 177	127 175	79 964	112 760	6.3

表 1-10　　城镇非私营单位在岗职工平均工资　　单位：元

年份	合计	企业				政府					
		小计	国有	集体	其他	小计		国有		集体	
						事业	机关	事业	机关	事业	机关
2001	10 870	10 453	10 619	6 667	12 136	11 491	12 125	11 640	12 136	8 518	8 960
2002	12 422	11 873	12 109	7 426	13 206	13 246	14 005	13 438	14 020	9 399	9 302
2003	14 040	13 578	14 028	8 401	14 575	14 564	15 736	14 770	15 757	10 448	9 742
2004	16 024	15 559	16 336	9 513	16 255	16 489	17 869	16 690	17 887	11 773	12 101
2005	18 364	17 853	19 069	10 909	18 242	18 720	20 828	18 926	20 840	13 602	15 365
2006	21 001	20 555	22 246	12 547	20 756	21 259	23 360	21 466	23 370	15 887	17 897
2007	24 932	24 046	26 284	14 882	24 053	25 805	28 763	26 029	28 773	19 828	21 803
2008	29 229	28 359	30 780	17 616	28 388	29 758	33 869	30 004	33 878	22 682	25 298
2009	32 736	31 622	34 778	20 041	31 362	34 053	37 397	34 276	37 410	26 900	30 394
2010	37 147	36 256	39 938	23 338	35 891	38 411	40 512	38 626	40 561	31 260	31 338
2011	42 452	42 020	46 288	28 115	41 550	43 254	44 303	43 522	44 388	36 378	39 612
2012	47 593	47 284	51 698	33 274	46 780	48 426	48 513	48 683	48 608	41 400	39 608
2013	52 388	52 270	56 962	38 322	52 032	53 291	51 894	53 463	51 905	47 439	41 020
2014	57 361	57 359	62 236	42 036	57 164	58 125	55 939	58 304	55 962	52 246	41 702
2015	63 241	61 904	67 303	45 857	61 655	67 828	65 829	68 197	65 853	56 629	49 879
2016	68 993	66 580	71 533	49 100	66 437	76 216	75 124	76 655	75 172	63 818	52 920
2017	76 121	72 703	78 275	53 267	72 525	85 450	85 304	86 016	85 358	70 894	59 609
2018	84 744	81 065	85 237	57 188	81 209	94 688	94 259	95 019	94 329	81 606	67 804
2019	93 383	89 505	91 670	53 667	90 032	105 845	101 554	106 148	101 608	98 185	84 178
2020	100 512	95 840	102 066	56 481	96 060	113 196		113 227		106 620	
2021	110 221	106 770	113 388	61 283	106 984	120 174		120 267		112 768	
2022	117 177	113 152	119 334	63 624	113 381	128 497		128 630		118 239	

续表

年份	政府		民间非营利组织				其他			
	事业	机关								
	其他		小计	国有	集体	其他	小计	国有	集体	其他
2001	14 628									
2002	15 568									
2003	15 147									
2004	17 335									
2005	18 621									
2006	20 668									
2007	25 048									
2008	28 205									
2009	31 924	26 434	29 529	49 985	24 868	26 439	24 249	38 003	16 991	21 532
2010	36 661	26 214	33 750	54 207	27 953	30 867	26 264	37 897	18 222	24 708
2011	37 218	30 197	37 015	57 700	29 235	34 741	30 663	42 019	24 550	28 505
2012	43 097	29 971	42 887	67 214	39 755	40 635	35 421	46 635	29 206	33 225
2013	51 914	47 424	46 849	67 401	43 004	44 792	44 167	58 328	35 120	38 828
2014	56 344	42 494	49 530	69 474	45 816	47 834	53 341	72 950	39 144	43 661
2015	60 720	50 654	53 477	60 775	53 823	52 414	58 923	64 220	43 570	57 340
2016	66 278	48 145	57 995	66 405	60 678	56 662	63 333	76 424	52 067	56 227
2017	69 895	53 159	71 802	101 446	59 121	70 038	69 569	86 467	52 717	59 385
2018	92 998	68 532	70 270	105 366	67 247	66 193	75 671	98 450	57 901	62 833
2019	102 744	94 519	58 917	77 024	58 231	57 647	86 761	117 646	50 805	65 863
2020	119 182		60 713	71 729	56 553	59 419	98 790	120 520	61 427	78 993
2021	122 882		67 700	76 278	62 206	66 845	112 280	149 704	71 502	81 761
2022	130 085		70 286	77 200	65 784	69 673	125 172	168 176	70 932	91 224

注：从 2009 年起新增列民间非营利组织和其他两个分类，以前年度民间非营利组织和其他单位按照登记注册情况并入了机关、事业和企业单位。自 2020 年起，机关和事业合并为政府。

表 1-11　　分行业城镇单位在岗职工平均工资（1995—2002 年）　　单位：元

年份	合计	农、林、牧、渔业	采掘业	制造业	电力、煤气及水的生产和供应业	建筑业	地质勘查业、水利管理业	交通运输、仓储及邮电通信业
1995	5 500	3 522	5 757	5 169	7 843	5 785	5 962	6 948
1996	6 210	4 050	6 482	5 642	8 816	6 249	6 581	7 870
1997	6 470	4 311	6 833	5 933	9 649	6 655	7 160	8 600
1998	7 479	4 528	7 242	7 064	10 478	7 456	7 951	9 808
1999	8 346	4 832	7 521	7 794	11 513	7 982	8 821	10 991
2000	9 371	5 184	8 340	8 750	12 830	8 735	9 622	12 319
2001	10 870	5 741	9 586	9 774	14 590	9 484	10 957	14 167
2002	12 422	6 398	11 017	11 001	16 440	10 279	12 303	16 044

年份	批发和零售贸易、餐饮业	金融、保险业	房地产业	社会服务业	卫生、体育和社会福利业	教育、文化艺术和广播电影电视业	科学研究和综合技术服务业	国家机关、政党机关和社会团体	其他
1995	4 248	7 376	7 330	5 982	5 860	5 435	6 846	5 526	6 295
1996	4 661	8 406	8 337	6 778	6 790	6 144	8 048	6 340	7 184
1997	4 845	9 734	9 190	7 553	7 599	6 759	9 049	6 981	6 838
1998	5 865	10 633	10 302	8 333	8 493	7 474	10 241	7 773	8 481
1999	6 417	12 046	11 505	9 263	9 664	8 510	11 601	8 978	10 068
2000	7 190	13 478	12 616	10 339	10 930	9 482	13 620	10 043	11 098
2001	8 192	16 277	14 096	11 869	12 933	11 452	16 437	12 142	12 590
2002	9 398	19 135	15 501	13 499	14 795	13 290	19 113	13 975	14 215

注：本表和表 1-12、表 1-13 为城镇非私营单位在岗职工平均工资。

表 1-12　　分行业城镇单位在岗职工平均工资（2003—2011 年）　　单位：元

年份	合计	农、林、牧、渔业	采矿业	制造业	电力、燃气及水的生产和供应业	建筑业	交通运输、仓储和邮政业	信息传输、计算机服务和软件业	批发和零售业	住宿和餐饮业
2003	14 040	6 969	13 682	12 496	18 752	11 478	15 973	32 244	10 939	11 083
2004	16 024	7 611	16 874	14 033	21 805	12 770	18 381	34 988	12 923	12 535
2005	18 364	8 309	20 626	15 757	25 073	14 338	21 352	40 558	15 241	13 857
2006	21 001	9 430	24 335	17 966	28 765	16 406	24 623	44 763	17 736	15 206
2007	24 932	11 086	28 377	20 884	33 809	18 758	28 434	49 225	20 888	17 041
2008	29 229	12 958	34 405	24 192	39 204	21 527	32 796	56 642	25 538	19 481
2009	32 736	14 911	38 224	26 599	42 668	24 625	36 224	59 919	29 031	21 193
2010	37 147	17 345	44 496	30 700	48 323	28 127	41 536	66 598	33 520	23 812
2011	42 452	20 393	52 569	36 494	53 723	32 657	47 646	70 619	40 295	27 847

年份	金融业	房地产业	租赁和商务服务业	科学研究、技术服务和地质勘查业	水利、环境和公共设施管理业	居民服务和其他服务业	教育	卫生、社会保障和社会福利业	文化、体育和娱乐业	公共管理和社会组织
2003	22 457	17 182	16 501	20 636	12 095	12 900	14 399	16 352	17 268	15 533
2004	26 982	18 712	18 131	23 593	13 336	14 152	16 277	18 617	20 730	17 609
2005	32 228	20 581	20 992	27 434	14 753	16 642	18 470	21 048	22 885	20 505
2006	39 280	22 578	23 648	31 909	16 140	18 935	21 134	23 898	26 126	22 883
2007	49 435	26 425	26 965	38 879	19 064	21 550	26 162	28 258	30 662	28 171
2008	61 841	30 327	31 735	46 003	22 182	23 801	30 185	32 714	34 494	32 955
2009	70 265	32 591	34 318	50 866	24 551	25 704	35 042	36 380	38 319	36 268
2010	80 772	36 392	38 502	57 316	27 229	28 665	39 624	41 132	42 245	39 329
2011	91 364	43 345	45 900	65 238	30 750	33 713	43 907	47 258	48 711	43 214

表 1-13　　分行业城镇单位在岗职工平均工资（2012—2022 年）　　单位：元

年份	合计	农、林、牧、渔业	采矿业	制造业	电力、热力、燃气及水生产和供应业	建筑业	批发和零售业	交通运输、仓储和邮政业	住宿和餐饮业	信息传输、软件和信息技术服务业
2012	47 593	23 419	57 471	41 483	59 215	37 284	46 165	53 923	31 898	80 402
2013	52 388	26 557	60 787	46 290	68 552	42 839	50 264	58 869	34 990	91 404
2014	57 361	29 058	62 172	51 225	74 893	46 661	55 870	64 376	38 232	101 434
2015	63 241	32 971	59 920	55 192	80 528	49 767	60 449	69 772	41 773	112 935
2016	68 993	34 746	61 229	59 346	85 260	52 805	65 381	74 638	44 306	123 447
2017	76 121	38 139	70 300	64 402	91 749	56 384	71 640	81 332	47 456	134 278
2018	84 744	38 392	82 371	72 081	101 869	61 498	81 204	89 568	51 751	149 440
2019	93 383	40 877	92 300	78 114	109 480	66 794	89 649	98 131	54 664	164 621
2020	100 512	50 900	97 875	82 784	118 341	71 390	96 862	101 684	53 057	180 062
2021	110 221	56 226	109 745	92 510	127 054	77 518	108 160	110 861	58 873	204 789
2022	117 177	61 649	122 746	97 593	134 573	80 242	115 823	116 553	59 728	223 928

年份	金融业	房地产业	租赁和商务服务业	科学研究和技术服务业	水利、环境和公共设施管理业	居民服务、修理和其他服务业	教育	卫生和社会工作	文化、体育和娱乐业	公共管理、社会保障和社会组织
2012	100 690	47 327	52 315	70 441	34 584	35 586	48 566	53 753	54 414	47 471
2013	112 330	51 887	62 260	77 921	38 595	38 888	52 882	59 371	60 486	50 723
2014	122 049	56 543	66 421	83 671	42 001	42 266	57 709	64 804	65 646	54 745
2015	132 788	61 381	71 410	90 786	47 046	45 524	68 090	73 444	74 301	64 431
2016	140 421	66 736	76 123	98 153	51 950	48 206	76 242	82 031	81 187	73 403
2017	150 426	70 608	80 925	109 595	56 698	51 464	85 472	91 838	88 974	83 321
2018	162 897	76 841	85 682	125 740	61 212	56 781	94 819	100 583	99 635	91 363
2019	176 083	81 750	88 830	135 604	66 340	61 435	100 343	111 564	108 542	98 500
2020	189 694	85 413	94 241	141 935	68 425	61 816	109 209	118 104	112 909	108 053
2021	210 205	92 857	103 769	154 201	70 632	66 270	114 223	129 661	119 498	115 069
2022	223 608	91 851	108 407	165 718	73 058	66 442	123 275	138 070	123 947	121 097

表 1-14　　分地区城镇单位就业人员在岗职工平均工资

(2022 年)

单位：元

地区	合计	企业	政府	民间非营利组织	其他
全国	**117 177**	**113 152**	**128 497**	**70 286**	**125 172**
北京	215 143	212 427	234 191	113 336	167 831
天津	133 691	127 912	158 202	66 736	234 292
河北	93 366	91 132	96 925	54 643	44 640
山西	92 882	95 979	88 849	42 845	58 883
内蒙古	103 804	107 063	100 541	54 707	52 041
辽宁	94 911	89 735	106 465	47 289	76 902
吉林	90 070	92 862	87 173	55 556	118 514
黑龙江	92 212	90 687	94 966	56 588	127 837
上海	217 363	215 914	261 841	93 911	248 061
江苏	124 175	111 674	175 964	82 163	100 087
浙江	131 951	118 053	186 214	90 128	155 216
安徽	101 999	91 413	129 998	63 338	84 031
福建	106 977	95 780	142 009	65 472	105 720
江西	90 397	79 302	111 219	60 218	64 959
山东	105 264	95 394	128 934	60 909	71 010
河南	78 903	75 190	86 473	49 979	85 537
湖北	104 318	95 881	124 921	59 609	73 532
湖南	94 590	88 110	107 015	52 868	83 977
广东	126 925	117 098	174 488	76 124	152 711
广西	94 766	88 500	103 455	51 122	62 528
海南	107 795	106 407	114 302	59 994	79 497
重庆	111 424	99 841	138 412	85 229	64 432
四川	105 002	96 945	122 252	65 857	138 549
贵州	99 598	97 596	102 194	69 891	75 880
云南	108 739	96 730	121 209	74 655	74 691
西藏	161 914	125 576	190 527	161 882	62 426
陕西	102 041	105 603	97 687	57 615	92 292
甘肃	94 231	86 778	103 591	48 089	57 018
青海	118 768	109 493	129 962	58 741	115 218
宁夏	118 614	115 963	123 220	58 695	105 563
新疆	104 811	105 610	104 726	48 471	89 143

注：本表为城镇非私营单位在岗职工平均工资。

表 1-15　　居民消费价格指数和商品零售价格指数

（以上年为 100）

年份	全国居民消费价格指数	城市	商品零售价格指数	城市
1998	99. 2	99. 4	97. 4	97. 4
1999	98. 6	98. 7	97. 0	97. 0
2000	100. 4	100. 8	98. 5	98. 5
2001	100. 7	100. 7	99. 2	98. 9
2002	99. 2	99. 0	98. 7	98. 5
2003	101. 2	100. 9	99. 9	99. 6
2004	103. 9	103. 3	102. 8	102. 1
2005	101. 8	101. 6	100. 8	100. 5
2006	101. 5	101. 5	101. 0	100. 9
2007	104. 8	104. 5	103. 8	103. 3
2008	105. 9	105. 6	105. 9	105. 5
2009	99. 3	99. 1	98. 8	98. 7
2010	103. 3	103. 2	103. 1	102. 8
2011	105. 4	105. 3	104. 9	104. 7
2012	102. 6	102. 7	102. 0	101. 9
2013	102. 6	102. 6	101. 4	101. 3
2014	102. 0	102. 1	101. 0	101. 0
2015	101. 4	101. 5	100. 1	100. 0
2016	102. 0	102. 1	100. 7	100. 7
2017	101. 6	101. 7	101. 1	101. 1
2018	102. 1	102. 1	101. 9	101. 9
2019	102. 9	102. 8	102. 0	101. 9
2020	102. 5	102. 3	101. 4	101. 3
2021	100. 9	101. 0	101. 6	101. 7
2022	102. 0	102. 0	102. 7	102. 7

表 1-16　　城乡居民收入及增长情况　　单位：元

年份	城镇居民人均可支配收入	农村居民人均纯收入	扣除物价因素比上年实际增长（%）	
			城镇居民人均可支配收入	农村居民人均纯收入
1998	5 425		5. 8	
1999	5 854		9. 3	
2000	6 280		6. 4	
2001	6 860		8. 2	
2002	7 703		13. 4	
2003	8 472		9. 0	
2004	9 422		7. 7	
2005	10 493		9. 6	
2006	11 760		10. 4	
2007	13 786		12. 2	
2008	15 781		8. 4	
2009	17 175		9. 8	
2010	19 109		7. 8	
2011	21 810		8. 4	
2012	24 565		9. 6	
2013	26 467	9 430	7. 0	
2014	28 844	10 489	6. 8	9. 2
2015	31 195	11 422	6. 6	7. 5
2016	33 616	12 363	5. 6	6. 2
2017	36 396	13 432	6. 5	7. 3
2018	39 251	14 617	5. 6	6. 6
2019	42 359	16 021	5. 0	6. 2
2020	43 834	17 131	1. 2	3. 8
2021	47 412	18 931	7. 1	9. 7
2022	49 283	20 133	1. 9	4. 2

注：从 2013 年起，国家统计局开展了城乡一体化住户收支与生活状况调查，2013 年及以后年份的数据来源于此调查，与 2013 年前的分城镇和农村住户调查的调查范围、调查方法、指标口径有所不同。

（二）就业与失业

表 2-1　　分地区城镇非私营单位就业人员年末人数

（2022 年）

单位：万人

地区	合计	企业	政府	民间非营利组织	其他
全国	**16 700.7**	**11 574.6**	**4 914.3**	**204.2**	**7.6**
北京	747.1	608.1	130.3	8.6	0.2
天津	243.3	189.8	50.6	2.8	0.2
河北	561.1	321.4	235.8	3.9	0.1
山西	438.3	287.4	144.4	6.4	0.03
内蒙古	265.5	144.7	119.3	1.6	0.03
辽宁	443.7	287.4	150.9	5.3	0.1
吉林	242.3	140.1	98.7	3.3	0.3
黑龙江	297.9	173.5	122.0	2.2	0.2
上海	672.3	573.9	76.1	22.2	0.1
江苏	1 283.0	1 014.5	255.9	12.5	0.2
浙江	1 041.4	810.7	216.5	14.0	0.2
安徽	576.8	412.6	157.4	6.5	0.3
福建	559.2	416.3	138.3	4.6	0.05
江西	436.9	285.3	148.6	2.9	0.2
山东	1 081.5	743.0	324.8	13.5	0.1
河南	873.9	567.8	299.2	6.4	0.5
湖北	639.8	436.3	194.0	9.4	0.1
湖南	589.9	366.0	213.9	9.8	0.2
广东	2 066.6	1 655.7	378.1	30.3	2.6
广西	395.8	211.3	178.6	5.9	0.1
海南	109.2	70.4	35.9	2.9	0.05
重庆	345.2	242.5	101.4	1.3	0.03
四川	881.4	585.5	285.9	9.2	0.8
贵州	327.3	170.9	154.6	1.7	0.06
云南	355.3	173.2	178.7	3.3	0.1
西藏	42.6	18.2	24.2	0.1	0.1
陕西	471.6	307.7	154.8	8.7	0.3
甘肃	257.5	137.5	117.7	2.2	0.1
青海	65.8	34.6	30.9	0.3	0.01
宁夏	71.2	40.3	30.4	0.5	0.005
新疆	317.1	148.3	166.6	2.1	0.2

表 2-2　　分地区城镇非私营单位在岗职工年末人数

（2022 年）

单位：万人

地区	合计	企业	政府	民间非营利组织	其他
全国	**15 779.6**	**10 881.2**	**4 697.7**	**193.4**	**7.3**
北京	704.3	572.5	124.3	7.4	0.2
天津	228.8	177.3	48.8	2.5	0.2
河北	526.5	295.6	227.2	3.7	0.1
山西	418.4	273.1	139.1	6.1	0.04
内蒙古	253.7	137.1	115.0	1.5	0.03
辽宁	423.2	273.2	144.9	5.0	0.1
吉林	228.1	130.3	94.4	3.1	0.3
黑龙江	278.4	161.2	115.0	2.1	0.2
上海	633.7	540.4	73.5	19.7	0.1
江苏	1 218.3	963.9	242.4	11.8	0.2
浙江	990.3	768.6	208.2	13.3	0.2
安徽	535.0	377.7	150.8	6.3	0.3
福建	519.8	385.9	129.4	4.4	0.05
江西	404.3	259.5	141.8	2.8	0.2
山东	1 022.7	694.2	315.3	13.1	0.1
河南	839.4	541.7	291.0	6.3	0.5
湖北	601.8	407.3	185.5	8.9	0.1
湖南	550.5	334.8	206.0	9.5	0.2
广东	1 993.6	1 593.4	368.4	29.5	2.5
广西	375.1	197.9	171.5	5.6	0.1
海南	103.8	66.5	34.5	2.8	0.05
重庆	321.7	222.7	97.7	1.2	0.03
四川	825.9	542.8	273.4	8.9	0.8
贵州	303.1	160.1	141.3	1.6	0.1
云南	326.0	160.3	162.6	3.1	0.1
西藏	39.8	17.2	22.4	0.1	0.1
陕西	444.5	287.7	148.0	8.5	0.3
甘肃	239.0	125.5	111.2	2.1	0.1
青海	63.3	33.6	29.4	0.3	0.01
宁夏	67.4	38.7	28.2	0.5	0.005
新疆	299.2	140.9	156.3	1.8	0.2

表 2-3　历年全国城镇登记失业人数及登记失业率　单位：万人

年份	城镇登记失业人数	城镇登记失业率（%）
1998	571	3. 1
1999	575	3. 1
2000	595	3. 1
2001	681	3. 6
2002	770	4. 0
2003	800	4. 3
2004	827	4. 2
2005	839	4. 2
2006	847	4. 1
2007	830	4. 0
2008	886	4. 2
2009	921	4. 3
2010	908	4. 1
2011	922	4. 1
2012	917	4. 1
2013	926	4. 1
2014	952	4. 1
2015	966	4. 1
2016	982	4. 0
2017	972	3. 9
2018	974	3. 8
2019	945	3. 6
2020	1 160	4. 2
2021	1 040	4. 0
2022	1 203	

注：从 2022 年起不再统计城镇登记失业率，调整为参考调查失业率数据。

表 2-4 分地区城镇登记失业人数

（2022 年） 单位：万人

地区	城镇登记失业人数
北京	31.7
天津	39.1
河北	50.1
山西	21.2
内蒙古	39.0
辽宁	53.0
吉林	19.0
黑龙江	31.4
上海	65.6
江苏	119.1
浙江	32.6
安徽	16.7
福建	20.6
江西	31.4
山东	21.2
河南	58.1
湖北	47.1
湖南	25.2
广东	108.8
广西	30.2
海南	10.5
重庆	56.8
四川	76.9
贵州	43.1
云南	46.8
西藏	0.5
陕西	23.1
甘肃	32.9
青海	5.9
宁夏	17.4
新疆	20.0
新疆兵团	7.4

表 2-5　　公共就业服务工作情况

（2022 年）

单位：人，人次

项目	本期单位登记招聘人数	本期登记求职人数			本期接受职业指导人次		本期接受创业服务人次
			女性	应届高校毕业生		女性	
总计	**60 863 001**	**36 483 579**	**14 746 187**	**7 976 228**	**28 073 992**	**10 413 592**	**5 872 027**
市（地、州）及以上公共就业人才服务机构	21 614 927	12 834 971	4 923 873	4 424 239	6 836 052	1 932 181	1 865 693
区（县）公共就业人才服务机构	31 061 304	18 837 857	7 821 428	2 967 218	16 413 961	6 605 109	3 107 792
街道（乡镇）公共就业和人才服务平台	6 242 912	3 661 755	1 536 587	455 254	3 441 299	1 346 171	708 481
社区（行政村）公共就业服务窗口	1 943 858	1 148 996	464 299	129 517	1 382 680	530 131	190 061

表 2-6　分地区公共就业服务工作情况

(2022 年)

单位：人，人次

地区	本期单位登记招聘人数	本期登记求职人数	女性	应届高校毕业生	农村劳动者	本期接受职业指导人次	女性	本期接受创业服务人数
总计	**60 863 001**	**36 483 579**	**14 746 187**	**7 976 228**	**10 032 928**	**28 073 992**	**10 413 592**	**5 872 027**
北京	630 018	245 330	99 076	5 121	54 659	1 003 468	52 511	152 988
天津	1 196 902	1 875 512	969 258	1 231 640	164 119	253 569	122 513	82 719
河北	2 561 032	1 583 356	393 746	376 424	508 858	1 249 710	526 027	134 411
山西	1 410 104	2 015 738	984 460	836 774	207 138	591 225	177 313	32 065
内蒙古	1 164 969	665 739	169 533	178 492	120 296	172 585	49 460	19 650
辽宁	1 678 753	997 399	410 925	60 913	116 360	263 927	115 509	98 630
吉林	827 307	341 073	141 975	71 170	39 394	150 161	62 289	28 876
黑龙江	1 492 170	1 290 706	600 192	148 634	424 848	3 635 703	1 609 207	125 871
上海	771 195	803 222	270 229	191 247		24 465	9 985	89 940
江苏	5 069 742	3 849 643	1 649 044	638 884	1 055 658	2 999 006	689 032	1 076 483
浙江	4 708 454	1 627 324	693 372	226 745	481 397	599 605	262 254	225 250
安徽	3 320 912	1 967 863	841 451	171 650	679 314	959 426	284 770	221 358
福建	1 219 068	932 732	334 088	58 971	295 294	284 027	106 556	15 269
江西	1 481 507	946 819	440 092	138 123	499 300	669 416	285 129	197 328
山东	3 952 815	2 970 782	1 215 418	491 509	904 679	5 061 147	2 053 534	830 822
河南	3 052 634	1 881 648	653 781	442 377	545 929	896 305	355 957	437 251
湖北	2 039 477	1 075 583	447 650	108 830	456 381	912 352	383 829	306 443
湖南	3 443 519	1 896 509	826 828	246 105	646 353	1 500 578	606 602	410 970
广东	5 001 628	2 450 514	1 126 938	643 233	447 011	1 021 225	419 626	271 204
广西	2 317 388	802 575	127 119	420 167	80 480	681 885	286 912	164 006
海南	428 933	269 171	57 854	15 926	82 751	66 628	16 166	10 471
重庆	1 269 493	530 989	183 395	29 751	140 339	909 338	328 772	2 729
四川	2 750 343	1 118 412	466 268	119 630	480 000	765 369	316 744	237 366
贵州	2 378 378	1 111 729	464 114	264 899	314 317	855 735	339 366	194 959
云南	2 016 872	656 542	254 397	93 987	352 308	1 148 797	441 903	165 495
西藏	46 199	41 430	13 610	15 410	5 165	21 770	10 695	921
陕西	2 423 620	1 149 478	362 652	520 226	266 046	369 478	107 391	63 733
甘肃	782 404	498 893	162 909	109 168	173 804	251 504	73 667	82 092
青海	210 802	218 980	76 181	14 833	150 525	172 748	69 614	8 453
宁夏	299 318	64 100	28 094	15 759	23 955	58 722	26 036	79 066
新疆	858 942	502 885	230 110	80 773	282 388	498 937	210 725	103 765
新疆兵团	58 103	100 903	51 428	8 857	33 862	25 181	13 498	1 443

（三）技工教育与职业资格评价

表 3-1 **历年技工院校综合情况** 单位：万人

年份	技工院校个数（个）	招生人数	在校学生人数	毕业生人数	在职教职工人数
一、绝对数					
1999	4 098	51.5	156.1	66.2	26.9
2000	3 792	50.4	140.1	64.6	24.0
2001	3 470	55.1	134.7	47.7	22.0
2002	3 075	73.3	153.0	45.4	20.3
2003	2 970	91.6	193.1	45.3	20.2
2004	2 884	109.7	234.4	53.5	20.4
2005	2 855	118.4	275.3	69.0	20.4
2006	2 880	134.8	320.8	86.4	21.5
2007	2 995	158.5	367.1	99.7	24.0
2008	3 075	161.4	397.5	109.0	24.7
2009	3 064	156.4	414.3	115.2	25.8
2010	2 998	158.6	421.0	121.3	26.5
2011	2 914	163.5	429.4	118.9	26.5
2012	2 892	156.8	422.8	120.2	26.7
2013	2 882	133.5	386.6	116.9	26.9
2014	2 818	124.4	339.0	106.8	26.5
2015	2 545	121.4	321.5	94.6	26.0
2016	2 526	127.2	323.2	93.1	26.5
2017	2 490	130.9	338.2	90.5	26.9
2018	2 379	128.5	341.6	90.3	26.7
2019	2 392	143.0	360.3	98.4	27.2
2020	2 423	160.1	395.5	101.4	27.9
2021	2 492	167.2	426.7	108.7	29.8
2022	2 551	166.0	445.4	120.0	31.3
二、比上年增长（%）					
1998	-0.8	-19.0	-6.1	-0.7	-6.5
1999	-6.1	-13.3	-13.9	-4.6	-7.1
2000	-7.5	-2.3	-10.2	-2.5	-11.0
2001	-8.5	9.4	-3.8	-26.1	-8.3
2002	-11.4	33.0	13.6	-4.9	-7.4
2003	-3.4	24.9	26.2	-0.2	-0.7
2004	-2.9	19.8	21.4	18.1	1.0

续表

年份	技工院校个数（个）	招生人数	在校学生人数	毕业生人数	在职教职工人数
2005	-1.0	7.9	17.4	29.0	0.0
2006	0.9	13.9	16.5	25.2	5.4
2007	4.0	17.6	14.4	15.4	11.6
2008	2.7	1.8	8.3	9.3	2.9
2009	-0.4	-3.1	4.2	5.7	4.6
2010	-2.2	1.4	1.6	5.4	2.6
2011	-2.8	3.1	2.0	-2.0	0.0
2012	-0.8	-4.1	-1.5	1.1	0.8
2013	-0.3	-14.8	-8.6	-2.8	0.9
2014	-2.2	-6.8	-12.3	-8.6	-1.6
2015	-9.7	-2.4	-5.2	-11.4	-1.8
2016	-0.7	4.7	0.5	-1.6	1.8
2017	-1.4	2.9	4.7	-2.8	1.3
2018	-3.9	8.4	6.1	8.1	1.2
2019	0.5	11.2	5.5	9.0	1.9
2020	1.3	12.0	9.8	3.0	2.8
2021	5.3	3.7	12.6	18.3	11.9
2022	2.4	-0.7	4.4	10.4	4.8

年份			兼职教师人数	培训社会人员人次数（万人次）	培训社会人员结业人数
	文化技术理论课教师	生产实习指导教师			
一、绝对数					
1999	11.2	3.8	2.9	149.1	144.6
2000	10.5	3.5	2.7	158.5	156.7
2001	10.0	3.4	2.6	151.7	163.9
2002	9.5	3.2	2.6	208.6	196.9
2003	9.6	3.4	3.0	226.9	223.7
2004	9.6	3.8	2.9	265.6	257.5
2005	9.7	3.8	3.2	273.3	270.1
2006	10.4	4.2	3.6	337.7	330.2
2007	11.2	5.0	3.8	380.7	369.8
2008	12.2	5.4	4.1	400.0	389.8
2009	12.5	6.0	4.3	484.1	382.9
2010	12.7	6.3	4.4	468.4	371.3
2011	12.9	6.3	4.3	527.5	416.1

续表

年份			兼职教师人数	培训社会人员人次数（万人次）	培训社会人员结业人数
	文化技术理论课教师	生产实习指导教师			
2012	13.0	6.6	4.3	551.3	441.6
2013	13.4	6.5	4.1	525.3	397.1
2014	13.2	6.2	4.2	508.5	372.3
2015	13.2	6.0	4.1	476.6	378.9
2016	13.7	6.0	4.3	451.6	349.9
2017	14.0	5.9	4.4	456.4	326.1
2018	14.2	5.6	4.4	420.6	301.6
2019	14.4	5.7	4.4	432.3	308.8
2020	15.3	5.6	4.5	485.8	345.8
2021	16.6	5.7	5.1	600.7	467.9
2022	17.6	6.0	5.0	616.0	451.7
二、比上年增长（%）					
1999	1.9	-0.1	9.5	-9.7	16.5
2000	-6.9	-6.7	-6.3	6.3	8.4
2001	-4.9	-3.7	-4.1	-4.3	4.6
2002	-5.0	-6.8	-2.4	37.6	20.2
2003	1.5	7.3	17.4	37.6	20.2
2004	0.0	11.8	-3.3	17.1	15.1
2005	1.0	0.0	10.3	2.9	4.9
2006	7.2	10.5	12.5	23.6	22.3
2007	7.7	19.0	5.6	12.7	12.0
2008	8.9	8.0	7.9	5.1	5.4
2009	2.8	11.6	5.2	21.0	-1.8
2010	1.2	4.3	1.0	-3.2	-3.0
2011	1.8	-0.4	-1.7	12.6	12.1
2012	0.3	6.1	0.6	4.5	6.1
2013	3.4	-2.1	-5.7	-4.7	-10.1
2014	-1.3	-4.3	2.8	-3.2	-6.2
2015	-0.3	-4.2	-2.5	-6.3	1.8
2016	3.5	0.3	5.7	-5.2	-7.6
2017	2.6	-1.9	2.6	1.1	-6.8
2018	1.2	-4.1	-0.6	-7.9	-7.5
2019	1.3	1.5	-0.02	2.8	2.4
2020	6.6	-2.6	2.91	12.4	12.0
2021	8.7	3.2	12.1	23.7	35.3
2022	5.9	4.4	-1.9	2.6	-3.5

表 3-2 分地区技工院校综合情况

（2022 年） 单位：个，人

地区	技工院校个数	在职教职工人数	女性	文化技术理论课教师	高级讲师	讲师	助理讲师
全国	**2 551**	**312 655**	**158 185**	**176 242**	**40 670**	**55 647**	**41 473**
北京	25	3 103	1 619	1 289	341	386	264
天津	17	2 353	1 221	1 241	381	520	247
河北	215	17 095	9 387	9 432	2 795	3 223	1 517
山西	75	9 215	5 055	4 406	979	1 443	972
内蒙古	70	8 345	4 210	5 380	1 563	1 690	783
辽宁	109	8 505	4 333	4 532	1 095	1 366	592
吉林	67	4 222	2 384	2 372	544	726	620
黑龙江	105	7 957	4 046	4 757	1 717	1 507	910
上海							
江苏	112	20 635	10 530	12 309	3 442	4 112	2 498
浙江	108	16 876	8 708	10 281	3 144	3 445	2 308
安徽	86	11 954	5 775	7 453	1 842	2 035	1 965
福建	68	6 288	3 261	3 178	641	654	686
江西	134	16 556	8 544	9 535	1 528	2 586	2 546
山东	207	33 658	16 871	21 350	5 037	7 362	4 979
河南	90	13 596	6 694	7 059	1 352	2 206	2 692
湖北	116	10 871	5 175	6 445	1 605	2 187	1 744
湖南	146	11 153	5 702	6 351	1 139	1 765	1 540
广东	145	34 099	16 875	18 248	3 488	6 074	4 455
广西	38	7 127	3 527	3 822	666	1 388	850
海南	10	1 808	808	1 135	287	392	213
重庆	50	5 575	2 915	2 718	583	751	742
四川	100	13 413	6 938	7 724	1 573	2 408	2 076
贵州	62	7 231	3 598	4 199	664	1 006	1 109
云南	34	5 866	2 585	3 799	1 229	1 282	1 022
西藏	6	261	113	124	13	23	17
陕西	136	11 909	5 851	5 222	991	1 657	1 497
甘肃	43	3 435	1 534	1 915	404	692	470
青海	15	1 216	600	791	239	232	191
宁夏	14	1 662	999	916	194	201	269
新疆	148	16 671	8 327	8 259	1 194	2 328	1 699

续表

地区	生产实习指导教师	高级实习指导教师	一级实习指导教师	二级实习指导教师	三级实习指导教师	技师、高级技师	一体化教师	兼职教师人数
全国	**59 896**	**7 528**	**10 297**	**7 665**	**4 647**	**17 735**	**94 934**	**49 657**
北京	570	120	107	79	11	149	968	301
天津	368	107	153	60	10	25	859	141
河北	3 010	395	531	351	192	923	5 079	2 478
山西	1 822	196	278	178	171	572	2 206	1 188
内蒙古	1 089	159	216	138	139	319	2 612	1 103
辽宁	1 393	197	223	179	78	268	1 523	1 426
吉林	739	80	88	63	76	241	1 361	948
黑龙江	855	94	77	60	96	310	2 012	1 166
上海								
江苏	4 121	640	829	552	178	1 249	8 051	3 144
浙江	3 104	384	528	449	175	1 167	5 717	2 302
安徽	2 527	278	324	287	198	640	4 033	2 598
福建	1 627	160	241	233	232	184	1 766	1 221
江西	3 084	374	431	375	428	894	4 283	2 313
山东	5 443	934	1 010	639	380	1 449	12 479	4 455
河南	3 221	513	694	693	159	937	4 488	2 453
湖北	2 103	387	358	301	214	507	2 535	1 794
湖南	2 013	274	412	259	91	609	3 556	1 656
广东	8 068	716	1 503	1 060	548	2 892	12 613	3 549
广西	1 777	181	363	163	27	465	1 291	474
海南	350	39	60	39	3	115	581	163
重庆	1 131	122	181	148	58	376	1 718	908
四川	2 656	233	397	278	315	942	3 705	1 947
贵州	1 606	110	175	183	121	637	1 814	1 406
云南	951	193	193	197	36	163	1 790	1 615
西藏	61	4	2	1	0	18	77	27
陕西	2 729	289	506	440	374	775	2 594	2 424
甘肃	575	70	52	84	80	153	666	613
青海	195	26	38	26	9	56	220	275
宁夏	338	20	14	32	65	77	519	258
新疆	2 370	233	313	118	183	623	3 818	5 311

续表

地区	招生人数	高级班学生	农业户口学生	在校学生人数	女生	高级班学生	毕业生人数	获得中级工/四级	获得高级工/三级
全国	**1 659 948**	**462 221**	**1 323 640**	**4 454 467**	**1 503 182**	**1 288 497**	**1 199 690**	**541 024**	**212 064**
北京	11 188	1 786	5 171	28 191	8 728	3 555	8 105	4 722	1 755
天津	9 976	1 915	6 936	24 543	5 499	4 447	6 710	4 828	1 708
河北	64 555	5 495	56 496	178 357	56 940	11 526	50 873	22 961	3 084
山西	34 510	3 163	25 593	92 376	30 300	15 451	31 601	18 146	4 823
内蒙古	10 005	770	6 897	25 361	7 018	3 416	4 700	2 347	739
辽宁	29 383	1 361	21 022	74 667	24 267	5 241	20 746	5 384	912
吉林	25 078	7 419	16 469	62 373	18 612	12 093	23 220	4 948	407
黑龙江	28 083	6 045	16 156	91 571	32 606	21 829	32 436	8 972	2 281
上海									
江苏	102 467	40 592	60 488	276 222	96 203	106 450	72 446	46 511	22 533
浙江	73 451	30 532	52 916	197 880	62 693	85 306	37 792	19 628	12 599
安徽	89 939	23 560	78 011	241 693	97 584	75 310	47 595	25 436	7 936
福建	52 840	7 936	36 989	128 181	46 611	15 372	36 403	27 213	6 816
江西	101 060	29 842	83 376	246 848	99 288	52 032	52 389	26 267	2 628
山东	172 380	28 328	145 731	455 069	165 453	68 750	127 154	46 803	22 819
河南	129 592	52 269	113 920	333 074	106 257	137 894	101 113	41 782	32 029
湖北	46 250	2 911	34 505	113 507	40 259	6 222	29 433	15 995	1 846
湖南	63 122	16 463	55 754	166 169	48 288	56 023	46 503	11 951	2 106
广东	222 783	100 832	176 661	650 102	212 086	306 525	173 341	62 217	32 028
广西	60 061	15 234	54 273	142 789	41 710	27 731	43 012	28 991	7 104
海南	11 190	2 291	8 588	34 677	9 857	9 342	6 157	4 397	101
重庆	39 005	11 922	28 989	108 046	38 319	38 466	27 959	17 445	6 900
四川	67 101	9 998	55 772	174 717	68 474	25 306	44 998	19 155	3 301
贵州	40 413	952	35 598	99 925	35 673	1 967	23 290	7 680	383
云南	56 083	31 897	50 209	158 829	45 901	93 980	50 692	18 342	16 530
西藏	1 416	1 369	1 357	3 476	1 459	3 289	476	115	361
陕西	50 476	16 746	40 627	177 084	51 002	73 339	54 684	27 114	15 805
甘肃	15 967	985	12 582	38 984	10 525	3 462	14 027	9 172	387
青海	915	339	594	1 750	367	413	1 056	766	49
宁夏	5 158	878	3 862	11 464	5 177	1 287	2 835	1 640	3
新疆	45 501	8 391	38 098	116 542	36 026	22 473	27 944	10 096	2 091

注：新疆数据含新疆兵团。

表 3-3　　分地区技工院校培训情况

（2022 年）

单位：人

地区	招生院校数（个）	培训社会人员数（人次）	按培训对象分组				就业人数	
			失业人员	劳动预备制人员	在职职工	农村劳动者		高级班学生
全国	**2 057**	**6 160 232**	**245 130**	**169 852**	**3 497 476**	**1 388 041**	**1 153 671**	**326 258**
北京	16	191 766	1 083	704	180 027	8 902	8 068	1 744
天津	11	17 155	0	0	14 038	150	6 640	1 702
河北	123	137 833	8 230	1 770	74 622	28 367	50 486	4 050
山西	58	133 953	840	288	122 075	3 727	30 668	8 709
内蒙古	44	103 053	2 760	338	70 171	10 880	4 302	1 114
辽宁	67	63 520	2 696	1 324	43 293	7 862	20 085	2 071
吉林	57	68 779	3 222	377	49 430	7 692	21 318	7 262
黑龙江	96	163 183	5 838	1 753	131 638	13 630	31 796	6 748
上海								
江苏	99	459 476	14 452	26 591	332 500	29 665	71 559	22 413
浙江	98	616 663	19 291	21 203	442 236	59 131	37 552	13 785
安徽	86	309 718	20 221	7 112	173 846	74 525	46 881	9 789
福建	49	83 181	7 589	2 840	40 155	17 124	35 745	7 513
江西	113	177 640	1 842	1 998	139 010	7 884	51 264	7 835
山东	196	478 303	12 079	13 366	344 930	51 933	124 272	36 757
河南	85	239 930	10 196	8 138	137 556	44 043	97 102	39 306
湖北	95	190 444	7 425	5 813	98 810	32 110	27 475	2 717
湖南	81	263 998	4 935	7 178	177 755	20 326	43 304	3 701
广东	140	207 028	6 792	10 596	139 881	18 130	161 958	66 701
广西	37	111 020	1 550	1 434	72 682	11 497	40 164	9 843
海南	10	17 207	1 301	493	11 132	1 666	5 765	186
重庆	34	114 251	4 252	4 351	61 771	14 825	27 786	9 484
四川	81	166 878	4 465	7 300	101 693	16 052	44 380	8 978
贵州	58	112 050	5 147	2 356	40 111	27 760	21 241	773
云南	34	212 473	23 473	15 183	63 689	59 040	48 214	25 272
西藏	4	4 456	518	42	655	1 979	450	361
陕西	123	286 794	1 663	5 746	244 414	18 100	51 104	21 879
甘肃	43	48 689	1 306	1 029	35 214	6 751	13 447	713
青海	8	22 936	1 120	100	14 497	5 240	1 051	49
宁夏	14	8 946	354	10	5 661	1 731	2 801	726
新疆	97	1 148 909	70 490	20 419	133 984	787 319	26 793	4 077

续表

地区	培训社会人员结业人数	按获取证书分组			
		初级工五级	中级工四级	高级工三级	技师（二级）和高级技师（一级）
全国	**4 516 992**	**1 023 969**	**583 900**	**250 429**	**85 041**
北京	187 722	4 935	8 022	10 242	11 330
天津	15 112	2 842	9 361	2 743	166
河北	86 002	20 396	8 089	1 275	1 329
山西	130 736	15 744	11 585	2 941	2 414
内蒙古	56 774	7 714	14 784	4 596	1 344
辽宁	12 606	1 840	1 677	2 103	0
吉林	60 784	2 483	18 695	3 826	597
黑龙江	83 335	4 641	520	448	0
上海					
江苏	274 241	67 125	91 672	23 871	4 229
浙江	498 067	80 714	55 758	45 602	9 850
安徽	291 653	60 531	29 145	17 401	1 966
福建	59 573	2 404	19 730	3 277	685
江西	156 703	29 265	10 703	7 010	654
山东	259 424	22 914	20 954	23 114	5 390
河南	187 576	46 968	40 178	21 964	2 288
湖北	123 853	8 251	24 751	5 198	982
湖南	78 926	14 330	31 683	5 524	1 468
广东	132 453	18 615	25 360	7 217	970
广西	93 160	20 202	28 999	6 793	3 295
海南	14 498	2 071	1 822	244	76
重庆	108 598	44 044	24 070	7 402	1 886
四川	78 280	10 229	16 236	7 001	3 876
贵州	60 325	18 656	5 331	2 651	447
云南	186 146	62 237	33 562	24 727	22 520
西藏	4 171	3 295	425	451	0
陕西	281 239	74 193	30 648	8 279	788
甘肃	26 567	2 589	5 758	1 150	195
青海	12 181	3 386	3 128	8	78
宁夏	7 406	398	1 932	407	391
新疆	948 881	370 957	9 322	2 964	5 827

表 3-4　　分地区就业训练中心综合情况

（2022 年）

单位：人

地区	就业训练中心个数（个）	在职教职工总人数	教师	兼职教师人数	培训人次数（人次）	取得证书人数	就业人数
全国	**623**	**11 521**	**4 923**	**4 690**	**829 160**	**707 399**	**389 752**
北京	4	176	62	25	2 309	1 951	1 008
天津							
河北	34	262	146	96	27 347	7 823	14 167
山西	35	628	97	246	23 700	39 716	4 854
内蒙古	6	57	27	28	2 760	3 405	1 117
辽宁	12	330	235	77	19 905	9 350	14 923
吉林	4	56	25	14	2 772	2 684	123
黑龙江	8	290	187	27	1 535	472	1 006
上海							
江苏	10	129	15	45	18 115	13 687	10 554
浙江	8	1 025	310	539	59 628	44 075	10 001
安徽	3	15	7	7	876	819	670
福建	1	0	0	0	1 970	1 970	1 182
江西	32	338	102	148	10 874	9 287	3 222
山东	7	145	69	47	5 136	3 421	2 663
河南	86	1 835	689	845	161 601	133 598	67 313
湖北	93	1 882	606	1 116	299 852	272 680	145 920
湖南	55	580	185	313	32 826	31 162	19 685
广东	41	1 402	957	346	92 848	79 261	56 123
广西	6	168	93	33	4 520	2 954	2 205
海南							
重庆	9	74	19	35	4 489	4 420	2 533
四川	42	336	144	121	7 828	7 534	3 230
贵州							
云南							
西藏							
陕西	93	1 255	620	390	38 522	29 815	20 219
甘肃	27	345	243	102	6 881	6 272	4 248
青海							
宁夏	2	89	78	5	2 770	947	2 690
新疆	5	104	7	85	96	96	96

注：天津、上海、海南、贵州、云南、西藏、青海、新疆兵团无就业训练中心。

表 3-5　　分地区民办职业培训机构综合情况

（2022 年）

单位：人

地区	职业培训机构个数（个）	在职教职工人数	教师	兼职教师人数	培训人次数（人次）	取得证书人次数（人次）	就业人数
全国	**31 765**	**434 369**	**190 903**	**200 172**	**16 269 092**	**11 761 793**	**7 771 364**
北京	443	4 371	2 011	1 739	166 533	119 464	53 667
天津	700	7 865	2 187	4 798	92 935	76 894	9 993
河北	1 639	20 315	9 467	8 908	449 562	267 220	123 201
山西	768	11 638	5 605	4 946	258 191	304 248	54 427
内蒙古	695	10 530	4 678	5 524	271 131	214 715	148 941
辽宁	1 073	11 195	5 034	5 385	243 513	152 831	48 099
吉林	879	10 463	4 104	5 849	249 885	202 370	39 044
黑龙江	1 011	8 939	4 364	4 078	193 826	139 397	112 797
上海	550	8 158	1 301	1 889	1 643 133	279 032	1 637 087
江苏	1 679	18 868	8 201	9 569	820 603	639 633	353 263
浙江	1 431	23 707	7 477	9 605	996 578	760 572	231 706
安徽	1 569	17 424	7 807	8 136	489 701	380 035	166 443
福建	621	6 883	2 780	3 578	263 428	187 342	118 123
江西	1 459	16 079	8 013	6 715	616 516	513 458	283 925
山东	2 442	22 438	11 412	8 896	764 704	501 944	417 429
河南	2 072	32 608	17 546	12 113	1 182 057	1 025 526	607 982
湖北	1 205	17 165	8 537	6 490	643 894	490 064	260 335
湖南	1 229	17 563	8 257	8 228	486 703	462 117	266 052
广东	1 614	17 126	7 772	6 914	1 034 818	484 165	423 429
广西	820	11 961	5 900	5 232	213 087	131 278	229 547
海南	334	8 611	2 399	6 212	132 633	122 849	7 569
重庆	741	16 389	4 398	7 769	1 443 318	1 387 558	478 199
四川	1 497	21 484	10 811	9 638	779 625	611 413	389 922
贵州	558	9 529	4 516	4 399	299 268	233 718	173 501
云南	1 045	26 469	11 201	14 318	996 024	818 061	359 698
西藏	201	2 898	1 636	1 090	105 085	68 171	30 713
陕西	972	9 775	4 856	4 046	338 296	263 288	100 361
甘肃	1 149	18 476	8 678	9 798	490 655	450 551	257 637
青海	246	3 714	1 814	1 630	100 178	90 371	71 067
宁夏	448	5 555	2 495	2 501	161 699	124 208	88 720
新疆	675	16 173	5 646	10 179	341 513	259 300	228 487

注：新疆数据含新疆兵团。

表 3-6　　分地区职业资格评价情况

（2022 年）

单位：人次

地区	考核鉴定机构数（个）	考评人员（质量督导员）人数（人）		
		考评人员	内部质量督导员	外部质量督导员
全国	**6 314**	**77 680**	**4 910**	**3 633**
行业合计	1 775	37 740	0	0
地方合计	4 539	39 940	4 910	3 633
北京	24	250	546	0
天津	130	1 114	0	323
河北	47	72	0	185
山西	2	126	0	29
内蒙古	618	325	111	0
辽宁	239	424	61	44
吉林	42	215		207
黑龙江	36	521	104	65
上海	6	36	0	152
江苏	37	304	0	0
浙江	125	90	0	0
安徽	53	158	0	0
福建	107	224	0	78
江西	114	3 709	380	1 022
山东	75	691	27	0
河南	666	488	75	
湖北	220	1 336	336	118
湖南	326	2 151	116	0
广东	104	0	0	0
广西	117	2 393	146	0
海南	136	3 066	219	224
重庆	122	103	0	0
四川	547	15 848	0	1 122
贵州	52	614	68	0
云南	33	330	0	54
西藏	33	100	49	10
陕西	195	138	319	0
甘肃	33	327	0	0
青海	83	126	0	0
宁夏	108	242	0	0
新疆	98	4 342	2 353	0
新疆兵团	11	77	0	0

续表

地区	参加考核鉴定人次数	初级工	中级工	高级工
全国	**1 103 922**	**512 862**	**498 879**	**67 641**
行业合计	880 240	409 002	413 397	42 976
地方合计	223 682	103 860	85 482	24 665
北京	363	0	28	6
天津	213	3	0	0
河北	37 402	21 556	10 408	4 973
山西	7 269	3 659	3 113	446
内蒙古	6 228	1 837	3 854	386
辽宁	8 273	4 330	3 180	671
吉林	747	336	357	37
黑龙江	2 426	648	1 460	141
上海	423	111	176	5
江苏	2 748	772	1 364	512
浙江	14 451	1 763	3 529	7 395
安徽	3 838	437	2 970	372
福建	9 247	1 139	7 867	99
江西	148	1	90	55
山东	9 154	982	4 079	1 587
河南	20 159	6 975	8 959	3 752
湖北	2 392	506	1 308	290
湖南	9 394	4 872	3 846	557
广东	4 682	120	4 260	288
广西	3 309	638	1 938	132
海南	20	3	12	2
重庆	881	421	355	57
四川	5 639	2 453	2 216	199
贵州	2 626	2 186	270	64
云南	16 106	10 091	4 161	1 436
西藏	0	0	0	0
陕西	455	44	133	160
甘肃	21 079	14 326	6 351	143
青海	1 497	1 483	5	5
宁夏	14 030	5 643	7 658	525
新疆	18 002	16 063	1 523	363
新疆兵团	481	462	12	7

续表

地区	技师	高级技师	获证人次数	初级工
全国	**17 941**	**6 599**	**664 192**	**333 972**
行业合计	10 612	4 253	468 939	240 939
地方合计	7 329	2 346	195 253	93 033
北京	329	0	346	0
天津	181	29	152	3
河北	383	82	34 282	19 770
山西	48	3	6 180	3 096
内蒙古	113	38	5 783	1 688
辽宁	83	9	6 174	3 372
吉林	15	2	576	237
黑龙江	134	43	2 147	562
上海	104	27	239	107
江苏	77	23	1 476	357
浙江	1 499	265	12 036	1 365
安徽	51	8	3 544	398
福建	108	34	8 037	993
江西	0	2	136	1
山东	1 836	670	6 552	717
河南	443	30	19 027	6 490
湖北	152	136	2 244	485
湖南	79	40	8 034	4 099
广东	12	2	3 440	26
广西	568	33	2 439	584
海南	3	0	15	3
重庆	41	7	665	281
四川	212	559	4 098	2 257
贵州	64	42	2 237	1 933
云南	272	146	14 533	9 082
西藏	0	0	0	0
陕西	94	24	257	25
甘肃	220	39	19 278	12 997
青海	1	3	1 331	1 324
宁夏	167	37	12 702	5 278
新疆	40	13	16 849	15 075
新疆兵团	0	0	444	428

续表

地区	中级工	高级工	技师	高级技师
全国	**266 957**	**47 853**	**11 243**	**4 167**
行业合计	193 157	26 175	5 869	2 799
地方合计	73 800	21 678	5 374	1 368
北京	26	5	315	0
天津	0	0	129	20
河北	9 726	4 599	159	28
山西	2 717	331	33	3
内蒙古	3 604	352	103	36
辽宁	2 246	521	31	4
吉林	302	20	15	2
黑龙江	1 309	130	110	36
上海	57	2	52	21
江苏	629	405	67	18
浙江	3 010	6 393	1 129	139
安徽	2 793	302	43	8
福建	6 863	97	62	22
江西	79	54	0	2
山东	2 734	1 320	1 368	413
河南	8 410	3 682	415	30
湖北	1 242	280	133	104
湖南	3 383	459	62	31
广东	3 148	260	5	1
广西	1 344	109	370	32
海南	9	2	1	0
重庆	303	35	39	7
四川	1 443	99	104	195
贵州	186	25	54	39
云南	3 813	1 292	238	108
西藏	0	0	0	0
陕西	81	94	46	11
甘肃	6 005	125	132	19
青海	2	1	1	3
宁夏	6 910	360	129	25
新疆	1 415	319	29	11
新疆兵团	11	5	0	0

表 3-7　　分地区职业技能等级认定情况

（2022 年）

单位：人次

地区	考评机构数（个）	考评人员人数（人）	本年认定人次数	
				初级
全国	**30 253**	**566 397**	**13 560 734**	**3 713 066**
北京	150	17 407	62 359	25 522
天津	78	12 936	79 148	9 628
河北	353	19 965	395 147	187 163
山西	718	21 162	709 323	148 509
内蒙古	331	14 445	268 934	53 105
辽宁	301	4 816	112 896	37 285
吉林	108	9 197	115 776	11 826
黑龙江	98	14 843	66 075	8 047
上海	118	15 759	88 669	20 571
江苏	3 426	51 693	1 106 995	340 985
浙江	6 492	4 611	1 181 774	198 175
安徽	758	20 981	606 826	174 897
福建	219	6 564	200 234	24 638
江西	223	6 005	118 693	11 389
山东	6 189	15 593	484 626	56 085
河南	4 840	83 170	3 430 457	776 183
湖北	766	24 863	383 787	61 944
湖南	352	12 224	315 323	80 516
广东	2 367	89 244	909 877	214 234
广西	299	11 164	344 216	153 324
海南	35	3 066	55 962	22 507
重庆	317	13 484	289 125	97 817
四川	274	15 848	285 908	55 699
贵州	276	16 739	296 077	112 788
云南	137	3 074	723 865	323 488
西藏	32	200	26 295	10 844
陕西	331	21 290	267 906	117 223
甘肃	143	6 084	75 355	12 972
青海	30	2 675	26 658	10 037
宁夏	100	1 637	70 386	12 608
新疆	302	21 270	413 291	316 767
新疆兵团	90	4 388	48 771	26 290

续表

地区				
	中级	高级	技师	高级技师
全国	**5 252 242**	**4 148 885**	**355 551**	**90 990**
北京	21 274	10 725	4 088	750
天津	53 017	14 280	1 714	509
河北	122 758	81 472	2 686	1 068
山西	263 409	282 765	12 077	2 563
内蒙古	148 269	51 797	10 682	5 081
辽宁	39 843	33 498	1 288	982
吉林	71 863	26 074	3 285	2 728
黑龙江	26 513	26 173	3 938	1 404
上海	26 295	34 487	5 887	1 429
江苏	465 734	277 095	20 431	2 750
浙江	395 732	524 285	58 570	5 012
安徽	281 710	140 944	7 714	1 561
福建	104 627	62 868	5 845	2 256
江西	63 782	40 715	2 066	741
山东	179 999	207 063	31 368	10 111
河南	1 196 051	1 371 002	64 667	22 554
湖北	157 792	151 825	8 769	3 457
湖南	196 386	31 181	6 525	715
广东	415 508	245 869	29 888	4 378
广西	143 229	39 928	5 997	1 738
海南	22 783	9 601	648	423
重庆	105 889	73 642	9 186	2 591
四川	158 194	56 821	12 186	3 008
贵州	80 016	96 728	5 804	741
云南	243 934	142 627	13 069	747
西藏	6 740	5 354	2 534	823
陕西	89 373	52 664	6 880	1 766
甘肃	45 034	13 147	3 324	878
青海	12 655	2 710	1 094	162
宁夏	50 659	6 155	830	134
新疆	47 760	29 205	11 685	7 874
新疆兵团	15 414	6 185	826	56

续表

地区	本年获取证书人次数	初级	中级	高级	技师	高级技师
全国	**11 678 534**	**3 255 228**	**4 482 213**	**3 601 001**	**267 953**	**72 139**
北京	60 532	25 192	20 506	10 271	3 895	668
天津	68 838	7 804	47 403	12 203	1 090	338
河北	347 567	166 333	108 293	70 536	1 722	683
山西	575 700	123 034	213 723	228 809	8 324	1 810
内蒙古	224 645	43 289	126 084	43 745	7 628	3 899
辽宁	112 896	37 285	39 843	33 498	1 288	982
吉林	86 404	7 578	53 973	20 668	2 066	2 119
黑龙江	44 575	5 750	17 817	18 142	2 006	860
上海	66 894	16 649	19 149	26 407	3 619	1 070
江苏	940 107	294 065	397 293	229 787	16 702	2 260
浙江	951 417	163 230	311 955	427 015	45 609	3 608
安徽	532 699	156 738	248 385	120 683	5 607	1 286
福建	144 789	20 019	81 404	38 498	3 361	1 507
江西	97 092	9 432	52 984	33 082	1 141	453
山东	415 535	47 166	152 685	180 598	27 255	7 831
河南	3 235 718	704 107	1 105 151	1 341 349	62 827	22 284
湖北	340 270	55 315	141 275	133 581	7 090	3 009
湖南	265 595	70 577	168 282	22 267	3 918	551
广东	735 327	187 968	337 859	193 071	13 778	2 651
广西	300 318	139 499	123 067	31 804	4 503	1 445
海南	49 151	20 973	19 453	7 888	500	337
重庆	249 246	88 782	89 998	61 547	6 556	2 363
四川	210 105	43 747	115 833	40 942	7 632	1 951
贵州	231 711	92 440	61 567	74 163	3 020	521
云南	639 444	287 620	217 204	122 803	11 187	630
西藏	14 841	7 762	3 393	2 252	1 215	219
陕西	196 446	90 677	66 668	33 678	4 204	1 219
甘肃	54 027	8 095	35 550	8 334	1 525	523
青海	18 455	7 772	8 838	1 356	419	70
宁夏	59 363	10 526	43 726	4 406	606	99
新疆	367 947	293 720	39 876	22 367	7 127	4 857
新疆兵团	40 880	22 084	12 976	5 251	533	36

（四）劳动关系与监察

表 4-1　　历年劳动人事争议仲裁案件处理情况　　单位：件

项目	1998 年	1999 年	2000 年	2001 年	2002 年
上期末结案件数	3 475	3 840	6 374	8 739	12 472
案件受理情况					
当期案件受理数	93 649	120 191	135 206	154 621	184 116
集体劳动争议案件数	6 767	9 043	8 247	9 847	11 024
劳动者申诉案件数	84 829	114 152	120 043	146 781	172 253
劳动者当事人数（人）	358 531	473 957	422 617	467 150	608 396
集体劳动争议劳动者当事人数	251 268	319 445	259 445	286 680	374 956
争议原因					
劳动报酬				45 172	59 144
社会保险				31 158	56 558
变更劳动合同	2 840	3 469	3 829	4 254	3 765
解除劳动合同	13 069	18 108	21 149	29 038	30 940
终止劳动合同	4 752	8 031	10 816	10 298	12 908
其他	9 515	8 626	12 549		
案件处理情况					
结案数	92 288	121 289	130 688	150 279	178 744
处理方式					
仲裁调解	31 483	39 550	41 877	42 933	50 925
仲裁裁决	25 389	34 712	54 142	77 250	77 340
其他方式	35 155	47 027	34 669	35 096	50 479
处理结果					
用人单位胜诉	11 937	15 674	13 699	31 544	27 017
劳动者胜诉	48 650	63 030	70 544	71 739	84 432
双方部分胜诉及其他	27 365	37 459	37 247	46 996	67 295
案外调解案件数				63 939	77 342

续表

项目	2003 年	2004 年	2005 年	2006 年	2007 年
上期未结案件数	16 276	17 117	17 829	22 165	25 424
案件受理情况					
当期案件受理数	226 391	260 471	313 773	317 162	350 182
集体劳动争议案件数	10 823	19 241	16 217	13 977	12 784
劳动者申诉案件数	215 512	249 335	293 710	301 233	325 590
劳动者当事人数（人）	801 042	764 981	744 195	679 312	653 472
集体劳动争议劳动者当事人数	514 573	477 992	409 819	348 714	271 777
争议原因					
劳动报酬	76 774	85 132	103 183	103 887	108 953
社会保险	76 181	88 119	97 519	100 342	97 731
变更劳动合同	5 494	4 465	7 567	3 456	4 695
解除劳动合同	40 017	42 881	54 858	55 502	67 565
终止劳动合同	12 043	14 140	14 015	12 366	12 696
其他					
案件处理情况					
结案数	223 503	258 678	306 027	310 780	340 030
处理方式					
仲裁调解	67 765	83 400	104 308	104 435	119 436
仲裁裁决	95 774	110 708	131 745	141 465	149 013
其他方式	59 954	64 550	69 974	64 880	71 581
处理结果					
用人单位胜诉	34 272	35 679	39 401	39 251	49 211
劳动者胜诉	109 556	123 268	145 352	146 028	156 955
双方部分胜诉及其他	79 475	94 041	121 274	125 501	133 864
案外调解案件数	58 451	70 840	93 561	130 321	151 902

续表

项目	2008 年	2009 年	2010 年	2011 年	2012 年
上期未结案件数	33 084	83 709	77 926	42 308	36 151
案件受理情况					
当期案件受理数	693 465	684 379	600 865	589 244	641 202
集体劳动争议案件数	21 880	13 779	9 314	6 592	7 252
劳动者申诉案件数	650 077	627 530	558 853	568 768	620 849
劳动者当事人数（人）	1 214 328	1 016 922	815 121	779 490	882 487
集体劳动争议劳动者当事人数	502 713	299 601	211 755	174 785	231 894
争议原因					
劳动报酬	225 061	247 330	209 968	200 550	225 981
社会保险				149 944	159 649
解除、终止劳动合同	139 702	43 876	31 915	118 684	129 108
案件处理情况					
结案数	622 719	689 714	634 041	592 823	643 292
处理方式					
仲裁调解	221 284	251 463	250 131	278 873	302 552
仲裁裁决	274 543	290 971	266 506	244 942	268 530
其他方式	126 892	147 280	117 404	69 008	72 210
处理结果					
用人单位胜诉	80 462	95 470	85 028	74 189	79 187
劳动者胜诉	276 793	255 119	229 448	195 680	213 453
双方部分胜诉及其他	265 464	339 125	319 565	322 954	350 652
案外调解案件数	237 283	185 598	163 997	194 338	212 937

续表

项目	2013 年	2014 年	2015 年	2016 年	2017 年
上期未结案件数	34 478	31 796	39 580	37 977	38 545
案件受理情况					
当期案件受理数	665 760	715 163	813 859	828 410	785 323
集体劳动争议案件数	6 783	8 041	10 466	9 745	7 513
劳动者申诉案件数	641 932	690 418	784 229	801 190	762 572
劳动者当事人数（人）	888 430	997 807	1 159 687	1 112 408	979 016
集体劳动争议劳动者当事人数	218 521	267 165	341 588	289 924	203 963
争议原因					
劳动报酬	223 351	258 716	321 179	345 685	331 463
社会保险	165 665	160 961	158 002	145 671	135 211
解除、终止劳动合同	147 977	155 870	182 396	188 642	169 456
案件处理情况					
结案数	669 062	711 044	812 461	827 717	790 448
处理方式					
仲裁调解	311 806	321 598	362 814	389 109	390 278
仲裁裁决	283 341	313 175	368 409	366 742	336 073
其他方式	73 915	76 271	81 238	71 866	64 097
处理结果					
用人单位胜诉	82 519	82 541	90 785	92 405	89 928
劳动者胜诉	217 551	250 284	287 544	285 824	259 898
双方部分胜诉及其他	368 992	378 219	434 132	369 429	440 622
案外调解案件数	215 595	227 447	258 114	240 101	208 491

续表

项目	2018 年	2019 年	2020 年	2021 年	2022 年
上期未结案件数	35 506	48 661	49 723	43 525	40 745
案件受理情况					
当期案件受理数	894 053	1 069 638	1 094 788	1 252 045	1 473 145
集体劳动争议案件数	8 699	9 235	8 321	7 446	8 148
劳动者申诉案件数	869 421	1 021 334	1 041 567	1 199 847	1 421 670
劳动者当事人数（人）	1 110 175	1 274 124	1 283 491	1 404 754	1 636 418
集体劳动争议劳动者当事人数	234 943	220 174	200 824	159 898	177 821
争议原因					
劳动报酬	380 751	446 572	462 729	524 473	593 024
社会保险	144 533	149 966	136 496	164 102	187 186
解除、终止劳动合同	195 063	259 550	280 058	293 924	382 297
案件处理情况					
结案数	884 223	1 068 413	1 100 681	1 256 162	1 466 857
处理方式					
仲裁调解	458 353	552 584	599 797	703 373	847 132
仲裁裁决	357 666	430 309	430 863	471 819	542 709
其他方式	68 204	85 520	70 021	80 970	77 016
处理结果					
用人单位胜诉	93 823	112 747	112 053	127 910	150 606
劳动者胜诉	276 642	314 097	310 819	341 245	370 243
双方部分胜诉及其他	513 758	641 569	677 809	787 007	946 008
案外调解案件数	214 288	242 479	255 328	320 621	381 693

注：从 2011 年起，将解除劳动合同和终止劳动合同两项合并统计。

表 4-2　　分地区劳动人事争议仲裁案件处理情况

（2022 年）

单位：件，人

地区	上期未结案件数	案件受理情况				
		当期案件受理数	集体劳动争议案件	劳动者申诉案件	劳动者当事人数	集体劳动争议劳动者当事人数
全国	**40 745**	**1 473 145**	**8 148**	**1 421 670**	**1 636 418**	**177 821**
北京	4 450	130 266	574	128 734	130 266	12 305
天津	927	29 440	65	28 181	30 513	1 171
河北	280	32 195	74	29 502	33 963	1 508
山西	111	14 148	32	13 566	15 589	895
内蒙古	625	21 092	46	20 194	22 431	1 400
辽宁	1 049	36 532	185	34 638	39 729	4 258
吉林	326	8 370	25	7 530	10 900	1 524
黑龙江	199	22 290	29	22 203	23 166	678
上海	3 838	59 705	218	58 919	65 037	3 982
江苏	2 515	107 078	643	106 474	114 359	13 014
浙江	5 392	93 612	344	93 119	105 407	8 343
安徽	755	43 496	87	40 756	47 405	2 280
福建	1 669	42 560	499	41 074	55 842	10 897
江西	229	21 028	52	18 952	22 670	1 187
山东	1 679	112 635	97	111 961	119 450	2 168
河南	650	35 126	73	32 925	36 883	1 603
湖北	1 241	49 283	161	48 172	51 248	3 507
湖南	862	38 850	97	37 845	41 440	1 961
广东	6 404	256 919	3 665	249 067	335 121	80 595
广西	567	36 428	104	35 059	38 099	3 444
海南	789	12 377	68	11 494	12 671	1 548
重庆	502	38 451	89	34 591	39 554	1 659
四川	3 330	91 170	456	85 231	94 300	7 701
贵州	352	32 623	49	32 062	34 465	1 349
云南	401	25 002	163	24 421	26 402	3 363
西藏	9	1 074	18	945	1 430	334
陕西	487	45 452	92	39 943	47 075	1 882
甘肃	112	9 409	14	9 251	9 964	314
青海	53	2 332	13	2 288	3 332	585
宁夏	517	10 229	76	9 846	12 507	1 639
新疆	371	12 232	34	11 293	13 307	663
新疆兵团	54	1 741	6	1 434	1 893	64

续表

地区	案件受理情况			
	按争议类型分			
	劳动报酬	社会保险待遇	其中：工伤保险	解除、终止劳动合同
全国	**593 024**	**187 186**	**154 158**	**382 297**
北京	67 501	2 535	1 476	31 114
天津	13 725	1 179	1 070	4 963
河北	8 876	5 291	2 639	9 099
山西	4 714	2 787	2 542	3 628
内蒙古	9 662	3 267	1 675	3 906
辽宁	19 256	3 182	2 166	5 854
吉林	3 573	770	553	1 625
黑龙江	11 828	2 849	2 421	416
上海	20 721	2 913	2 661	24 256
江苏	47 847	17 974	17 483	24 629
浙江	36 932	21 535	18 702	16 630
安徽	17 505	9 918	8 628	8 688
福建	16 258	7 574	7 062	8 186
江西	6 603	4 650	4 329	6 295
山东	50 309	9 571	8 838	31 026
河南	16 946	3 751	2 316	7 531
湖北	17 185	5 418	4 056	16 852
湖南	10 212	9 516	8 147	12 457
广东	81 023	24 597	23 644	95 933
广西	19 389	2 429	1 757	9 783
海南	5 164	322	241	1 205
重庆	15 536	8 318	7 252	7 393
四川	38 696	9 100	8 326	20 805
贵州	13 797	7 345	6 432	4 829
云南	8 565	4 424	2 976	5 290
西藏	583	113	111	164
陕西	16 098	10 594	2 589	12 775
甘肃	3 786	1 230	918	2 037
青海	953	362	348	893
宁夏	3 139	1 920	1 297	2 471
新疆	5 867	1 405	1 264	1 513
新疆兵团	775	347	239	51

续表

地区	案件处理情况							案外调解案件数
	结案数	处理方式			处理结果			
		仲裁调解	仲裁裁决	其他方式	用人单位胜诉	劳动者胜诉	双方部分胜诉及其他	
全国	**1 466 857**	**847 132**	**542 709**	**77 016**	**150 606**	**370 243**	**946 008**	**381 693**
北京	127 466	71 644	49 210	6 612	21 906	18 407	87 153	19 619
天津	29 280	16 874	12 406		3 231	4 980	21 069	1 203
河北	32 328	20 158	10 849	1 321	3 641	15 123	13 564	8 475
山西	14 052	9 093	4 549	410	1 313	7 110	5 629	8 547
内蒙古	21 436	12 863	7 800	773	1 892	7 731	11 813	8 095
辽宁	36 617	20 154	15 622	841	4 108	16 799	15 710	10 464
吉林	8 267	4 084	3 616	567	717	3 624	3 926	3 897
黑龙江	22 116	12 469	9 090	557	2 361	4 879	14 876	3 288
上海	59 778	31 316	25 928	2 534	13 310	4 825	41 643	11 098
江苏	106 793	64 425	29 724	12 644	7 479	26 319	72 995	57 169
浙江	93 262	63 661	18 083	11 518	4 924	16 032	72 306	1 824
安徽	43 559	30 745	12 152	662	3 437	17 139	22 983	6 964
福建	42 497	25 583	15 001	1 913	3 170	9 972	29 355	3 970
江西	21 116	15 468	5 074	574	1 928	8 723	10 465	14 907
山东	113 535	73 247	38 318	1 970	10 402	27 811	75 322	26 022
河南	35 609	22 492	11 959	1 158	2 862	14 174	18 573	9 964
湖北	49 752	30 440	18 827	485	3 124	12 311	34 317	21 782
湖南	38 863	23 410	14 201	1 252	2 652	19 998	16 213	9 168
广东	254 628	124 563	117 287	12 778	24 856	42 665	187 107	64 311
广西	36 568	17 402	18 682	484	3 604	8 801	24 163	17 937
海南	12 073	3 617	7 193	1 263	1 354	3 836	6 883	5 478
重庆	38 455	23 919	10 020	4 516	2 787	4 849	30 819	2 644
四川	88 764	50 812	31 448	6 504	9 300	27 083	52 381	19 307
贵州	32 908	20 277	12 410	221	3 799	7 055	22 054	13 690
云南	24 926	14 331	9 690	905	2 579	8 141	14 206	12 672
西藏	1 049	692	314	43	53	609	387	176
陕西	45 310	24 317	18 905	2 088	6 048	14 766	24 496	10 997
甘肃	9 410	5 812	3 455	143	1 164	4 775	3 471	2 393
青海	2 304	1 399	811	94	258	849	1 197	285
宁夏	10 305	5 189	3 706	1 410	980	4 135	5 190	2 737
新疆	12 071	5 857	5 564	650	1 243	5 896	4 932	2 132
新疆兵团	1 760	819	815	126	124	826	810	478

表 4-3　　**劳动保障监察情况**

（2022 年）

监察案件情况（件）	2022 年	监察执法效果情况	2022 年
结案数	115 185	**主动监察**	
案件分类		检查单位数（万户）	70. 2
内部劳动保障规章制度	653	涉及劳动者人数（万人）	3 219. 2
订立和解除劳动合同	3 894	投诉结案数（万件）	9. 4
女职工特殊劳动保护	177	举报结案数（万件）	2. 7
未成年工特殊劳动保护	146	审查用人单位报送的书面材料涉及用人单位数（万户）	84. 8
工作时间和休息休假	3 966	补签劳动合同（万人）	37. 2
支付工资和最低工资标准	70 228	**追发劳动者工资等待遇**	
参加社会保险和缴纳社会保险费	13 096	涉及劳动者人数（万人）	84. 5
职业介绍	245	金额（亿元）	95. 4
职业技能培训和职业技能考核	79	**督促缴纳社会保险费**	
其他	26 716	单位数（万户）	1. 2
案件处理情况		金额（亿元）	2. 2
责令限期改正	38 798	督促社会保险登记单位数（万户）	0. 7
行政处理决定	5 547	取缔非法职业中介机构（户）	1 009
警告	361	清退风险抵押金金额（万元）	191. 7
罚款	4 495	审查用人单位规章数（万件）	24. 6
其他行政处罚	153	纠正用人单位违法规章数（万件）	1. 2
		单独随机抽查（万户）	12. 4

（五）社会保障

表 5-1　　历年全国社会保险基金收支及累计结余　　单位：亿元

年份	合计	基本养老保险	失业保险	工伤保险	基本医疗保险	生育保险
基金收入						
2000	2 644.9	2 278.5	160.4	24.8	170.0	11.2
2001	3 101.9	2 489.0	187.3	28.3	383.6	13.7
2002	4 048.7	3 171.5	215.6	32.0	607.8	21.8
2003	4 882.9	3 680.0	249.5	37.6	890.0	25.8
2004	5 780.3	4 258.4	290.8	58.3	1 140.5	32.1
2005	6 975.2	5 093.3	340.3	92.5	1 405.3	43.8
2006	8 643.2	6 309.8	402.4	121.8	1 747.1	62.1
2007	10 812.3	7 834.2	471.7	165.6	2 257.2	83.6
2008	13 696.1	9 740.2	585.1	216.7	3 040.4	113.7
2009	16 115.6	11 490.8	580.4	240.1	3 671.9	132.4
2010	19 276.1	13 872.9	649.8	284.9	4 308.9	159.6
2011	25 153.3	18 004.8	923.1	466.4	5 539.2	219.8
2012	30 738.8	21 830.2	1 138.9	526.7	6 938.7	304.2
2013	35 252.9	24 732.6	1 288.9	614.8	8 248.3	368.4
2014	39 827.7	27 619.9	1 379.8	694.8	9 687.2	446.1
2015	46 012.1	32 195.5	1 367.8	754.2	11 192.9	501.7
2016	53 562.7	37 990.8	1 228.9	736.9	13 084.3	521.9
2017	67 154.2	46 613.8	1 112.6	853.8	17 931.6	642.5
2018	79 254.7	55 005.3	1 171.1	913.0	21 384.2	781.1
2019	83 550.4	57 025.9	1 284.2	819.4	24 420.9	
2020	75 512.5	49 228.6	951.5	486.3	24 846.1	
2021	96 936.8	65 793.3	1 459.6	951.9	28 732.0	
2022	102 504.8	68 933.2	1 596.1	1 053.3	30 922.2	
基金支出						
2000	2 385.6	2 115.5	123.4	13.8	124.5	8.3
2001	2 748.0	2 321.3	156.6	16.5	244.1	9.6
2002	3 471.5	2 842.9	186.6	19.9	409.4	12.8
2003	4 016.4	3 122.1	199.8	27.1	653.9	13.5
2004	4 627.4	3 502.1	211.3	33.3	862.2	18.8
2005	5 400.8	4 040.3	206.9	47.5	1 078.7	27.4
2006	6 477.4	4 896.7	198.0	68.5	1 276.7	37.5
2007	7 887.9	5 964.9	217.7	87.9	1 561.8	55.6
2008	9 925.1	7 389.6	253.5	126.9	2 083.6	71.5
2009	12 302.6	8 894.4	366.8	155.7	2 797.4	88.3
2010	15 018.9	10 755.3	423.3	192.4	3 538.1	109.9
2011	18 652.9	13 363.2	432.8	286.4	4 431.4	139.2

续表

年份	合计	基本养老保险	失业保险	工伤保险	基本医疗保险	生育保险
2012	23 331.3	16 711.5	450.6	406.3	5 543.6	219.3
2013	27 916.3	19 818.7	531.6	482.1	6 801.0	282.8
2014	33 002.7	23 325.8	614.7	560.5	8 133.6	368.1
2015	38 988.1	27 929.4	736.4	598.7	9 312.1	411.5
2016	46 888.4	34 004.3	976.1	610.3	10 767.1	530.6
2017	57 145.0	40 423.8	893.8	662.3	14 421.7	743.5
2018	67 792.5	47 550.4	915.3	742.0	17 822.5	762.4
2019	75 346.6	52 342.3	1 333.2	816.9	20 854.2	
2020	78 611.8	54 656.5	2 103.0	820.3	21 032.1	
2021	86 734.9	60 196.5	1 500.0	990.2	24 048.2	
2022	90 719.1	63 079.0	2 017.8	1 025.0	24 597.2	
累计结余						
2000	1 327.5	947.1	195.9	57.9	109.8	16.8
2001	1 622.8	1 054.1	226.2	68.9	253.0	20.6
2002	2 423.4	1 608.0	253.8	81.1	450.7	29.7
2003	3 313.8	2 206.5	303.5	91.2	670.6	42.0
2004	4 493.4	2 975.0	385.8	118.6	957.9	55.9
2005	6 073.7	4 041.0	519.0	163.5	1 278.1	72.1
2006	8 255.9	5 488.9	724.8	192.9	1 752.4	96.9
2007	11 236.6	7 391.4	979.1	262.6	2 476.9	126.6
2008	15 225.6	9 931.0	1 310.1	384.6	3 431.7	168.2
2009	19 006.5	12 526.1	1 523.6	468.8	4 275.9	212.1
2010	23 407.5	15 787.8	1 749.8	561.4	5 047.1	261.4
2011	30 233.1	20 727.8	2 240.2	742.6	6 180.0	342.5
2012	38 106.6	26 243.5	2 929.0	861.9	7 644.5	427.6
2013	45 588.1	31 274.8	3 685.9	996.2	9 116.5	514.7
2014	52 462.3	35 644.5	4 451.5	1 128.8	10 644.8	592.7
2015	59 532.5	39 937.1	5 083.0	1 285.3	12 542.8	684.4
2016	66 349.7	43 965.2	5 333.3	1 410.9	14 964.3	675.9
2017	77 311.6	50 202.2	5 552.4	1 606.9	19 385.6	564.5
2018	89 775.1	58 151.6	5 817.0	1 784.9	23 439.9	581.7
2019	96 977.8	62 872.6	4 625.4	1 783.2	27 696.7	
2020	94 378.7	58 075.2	3 354.1	1 449.3	31 500.0	
2021	104 872.1	63 970.0	3 312.5	1 411.2	36 178.3	
2022	116 822.0	69 851.3	2 890.8	1 440.1	42 639.9	

注：1. 从 2008 年起，工伤保险基金累计结余中含储备金。

2. 从 2010 年起，基本养老保险基金中含城乡居民社会养老保险基金。

3. 从 2019 年起，基本医疗保险基金中含生育保险基金。

表 5-2　　历年全国基本养老保险基金收支及累计结余　　单位：亿元

指标	2000 年	2001 年	2002 年	2003 年	2004 年	2005 年	2006 年	2007 年
一、基金收入	2 278.1	2 489.0	3 171.5	3 680.0	4 258.4	5 093.3	6 309.7	7 834.2
（一）城镇职工	2 278.1	2 489.0	3 171.5	3 680.0	4 258.4	5 093.3	6 309.7	7 834.2
1. 企业	2 088.3	2 235.1	2 783.6	3 209.4	3 728.5	4 491.7	5 632.5	7 010.6
2. 事业、机关	189.8	253.0	387.8	470.6	529.9	601.6	677.2	823.6
（二）城乡居民								
二、基金支出	2 115.5	2 321.3	2 842.9	3 122.1	3 502.1	4 040.3	4 896.7	5 964.9
（一）城镇职工	2 115.5	2 321.3	2 842.9	3 122.1	3 502.1	4 040.3	4 896.7	5 964.9
1. 企业	1 970.0	2 116.5	2 502.8	2 716.2	3 031.2	3 495.3	4 287.3	5 153.6
2. 事业、机关	145.4	204.4	340.1	405.9	470.9	545.0	609.4	811.3
（二）城乡居民								
三、累计结余	947.1	1 054.1	1 608.0	2 206.5	2 975.0	4 041.0	5 488.9	7 391.4
（一）城镇职工	947.1	1 054.1	1 608.0	2 206.5	2 975.0	4 041.0	5 488.9	7 391.4
1. 企业	761.0	818.6	1 243.5	1 764.8	2 499.3	3 506.7	4 869.1	6 758.2
2. 事业、机关	186.1	233.2	364.5	441.7	475.7	534.3	619.8	633.2
（二）城乡居民								

指标	2008 年	2009 年	2010 年	2011 年	2012 年	2013 年	2014 年	2015 年
一、基金收入	9 740.2	11 490.8	13 872.9	18 004.8	21 830.2	24 732.6	27 619.9	32 195.5
（一）城镇职工	9 740.2	11 490.8	13 419.5	16 894.7	20 001.0	22 680.4	25 309.7	29 340.9
1. 企业	8 800.1	10 420.6	12 218.4	15 484.8	18 363.0	20 848.7	23 305.4	26 613.2
2. 事业、机关	940.1	1 070.3	1 201.1	1 409.9	1 638.0	1 831.7	2 004.2	2 727.7
（二）城乡居民			453.4	1 110.1	1 829.2	2 052.3	2 310.2	2 854.6
二、基金支出	7 389.6	8 894.4	10 755.3	13 363.2	16 711.5	19 818.7	23 325.8	27 929.4
（一）城镇职工	7 389.6	8 894.4	10 554.9	12 764.9	15 561.8	18 470.4	21 754.7	25 812.7
1. 企业	6 507.6	7 886.6	9 409.9	11 425.7	14 008.5	16 741.5	19 847.2	23 140.9
2. 事业、机关	882.0	1 007.8	1 145.0	1 339.3	1 553.3	1 729.0	1 907.4	2 671.8
（二）城乡居民			200.4	598.3	1 149.7	1 348.3	1 571.2	2 116.7

续表

指标	2008年	2009年	2010年	2011年	2012年	2013年	2014年	2015年
三、累计结余	9 931.0	12 526.1	15 787.8	20 727.8	26 243.5	31 274.8	35 644.5	39 937.1
（一）城镇职工	9 931.0	12 526.1	15 365.3	19 496.6	23 941.3	28 269.2	31 800.0	35 344.8
1. 企业	9 241.0	11 774.3	14 547.2	18 608.1	22 968.0	27 192.3	30 626.3	34 115.2
2. 事业、机关	690.0	751.8	818.1	888.5	973.3	1 076.9	1 173.7	1 229.6
（二）城乡居民			422.5	1 231.2	2 302.2	3 005.7	3 844.6	4 592.3

指标	2016年	2017年	2018年	2019年	2020年	2021年	2022年
一、基金收入	37 990.8	46 613.8	55 005.3	57 025.9	49 228.6	65 793.3	68 933.2
（一）城镇职工	35 057.5	43 309.6	51 167.6	52 918.8	44 375.7	60 454.7	63 323.8
1. 企业	28 692.6	32 929.8	37 392.1	38 101.9	30 180.4	44 487.3	47 918.4
2. 事业、机关	6 364.9	10 379.7	13 775.5	14 816.9	14 195.3	15 967.4	15 405.4
（二）城乡居民	2 933.3	3 304.2	3 837.7	4 107.0	4 852.9	5 338.6	5 609.3
二、基金支出	34 004.3	40 423.8	47 550.4	52 342.3	54 656.5	60 196.5	63 079.0
（一）城镇职工	31 853.8	38 051.5	44 644.9	49 228.0	51 301.4	56 481.5	59 034.7
1. 企业	25 865.1	28 541.1	31 500.6	34 655.3	37 612.3	40 683.3	43 567.2
2. 事业、机关	5 988.7	9 510.4	13 144.3	14 572.8	13 689.1	15 798.2	15 467.5
（二）城乡居民	2 150.5	2 372.2	2 905.5	3 114.3	3 355.1	3 715.0	4 044.3
三、累计结余	43 965.2	50 202.2	58 151.6	62 872.6	58 075.2	63 970.0	69 851.3
（一）城镇职工	38 580.0	43 884.6	50 901.3	54 623.3	48 316.6	52 573.6	56 889.6
1. 企业	36 970.3	41 385.2	47 761.2	51 221.2	44 401.7	48 475.2	52 923.6
2. 事业、机关	1 609.8	2 499.3	3 140.0	3 402.2	3 914.9	4 098.3	3 966.0
（二）城乡居民	5 385.2	6 317.6	7 250.3	8 249.2	9 758.6	11 396.4	12 961.7

注：从2010年起，基本养老保险中含城乡居民社会养老保险。

表 5-3　历年全国参加城镇职工基本养老保险职工及离退休人数　单位：万人

年份	职工		离退休人员	
	合计	企业	合计	企业
2000	10 447.5	9 469.9	3 169.9	3 016.5
2001	10 801.9	9 733.0	3 380.6	3 171.3
2002	11 128.8	9 929.4	3 607.8	3 349.2
2003	11 646.5	10 324.5	3 860.2	3 556.9
2004	12 250.3	10 903.9	4 102.6	3 775.0
2005	13 120.4	11 710.6	4 367.5	4 005.2
2006	14 130.9	12 618.0	4 635.4	4 238.6
2007	15 183.2	13 690.6	4 953.7	4 544.0
2008	16 587.5	15 083.4	5 303.6	4 868.0
2009	17 743.0	16 219.0	5 806.9	5 348.0
2010	19 402.3	17 822.7	6 305.0	5 811.6
2011	21 565.0	19 970.0	6 826.2	6 314.0
2012	22 981.1	21 360.9	7 445.7	6 910.9
2013	24 177.3	22 564.7	8 041.0	7 484.8
2014	25 531.0	23 932.3	8 593.4	8 013.6
2015	26 219.2	24 586.8	9 141.9	8 536.5
2016	27 826.3	25 239.6	10 103.4	9 023.9
2017	29 267.6	25 856.3	11 025.7	9 460.4
2018	30 104.0	26 502.6	11 797.7	9 980.5
2019	31 177.5	27 508.7	12 310.4	10 396.3
2020	32 858.7	29 123.6	12 762.3	10 784.2
2021	34 917.1	31 101.5	13 157.0	11 126.5
2022	36 711.0	32 871.5	13 644.0	11 530.9

表 5-4　　历年全国基本养老保险待遇水平　　单位：元/月

年份	平均离退休费							
	全部离退休人员				统筹范围内离退休人员			
	合计	企业	机关	事业	合计	企业	机关	事业
2000	595	526	835	827	559	544	947	871
2001	643	548	1 018	944	576	556	940	894
2002	734	636	1 147	1 068	648	618	1 077	1 031
2003	784	663	1 277	1 173	674	640	1 124	1 091
2004	810	673	1 378	1 243	705	667	1 223	1 154
2005	889	734	1 534	1 369	758	716	1 257	1 208
2006					873	832	1 364	1 290
2007					1 002	947	1 711	1 576
2008					1 168	1 121	1 822	1 663
2009					1 294	1 246	1 959	1 816
2010					1 426	1 380	2 055	1 929
2011					1 574	1 528	2 241	2 105
2012					1 750	1 700	2 352	2 380
2013					1 917	1 869	2 587	2 544
2014					2 105	2 061	2 668	2 695
2015					2 318	2 251	3 251	3 240
2016					2 519	2 373	3 858	3 921
2017					2 719	2 500	4 204	
2018					2 936	2 607	4 796	
2019					3 115	2 729	5 198	
2020					3 248	2 858	5 370	
2021					3 396	2 995	5 577	
2022					3 496	3 072	5 801	

续表

年份	平均退休费							
	全部退休人员				统筹范围内退休人员			
	合计	企业	机关	事业	合计	企业	机关	事业
2000	655	512	788	805				
2001	689	531	964	921				
2002	706	615	1 095	1 014	627	599	1 022	1 009
2003	757	644	1 221	1 151	654	621	1 069	1 069
2004	782	653	1 328	1 220	683	646	1 162	1 129
2005	861	714	1 469	1 346	737	698	1 196	1 180
2006					853	815	1 294	1 262
2007					977	925	1 639	1 543
2008					1 145	1 100	1 740	1 628
2009					1 270	1 225	1 876	1 778
2010					1 405	1 362	1 982	1 895
2011					1 555	1 511	2 167	2 073
2012					1 733	1 686	2 271	2 347
2013					1 902	1 856	2 514	2 514
2014					2 091	2 050	2 592	2 665
2015					2 304	2 240	3 193	3 210
2016					2 508	2 362	3 846	3 911
2017					2 710	2 490	4 199	
2018					2 928	2 597	4 794	
2019					3 106	2 719	5 196	
2020					3 241	2 850	5 368	
2021					3 390	2 987	5 576	
2022					3 490	3 065	5 800	

注：2016 年各地启动机关事业单位养老保险制度，参保人群扩大，按政策规定参保人员范围重新界定，与往年略有不同。自 2017 年起，本表反映执行机关事业单位养老保险制度数据。

表 5-5　　历年分地区城镇职工基本养老保险参保人数　　单位：万人

地区	2001年		2002年		2003年		2004年		2005年	
	合计	离退休人员	合计	离退休人员	合计	离退休人员	合计	离退休人员	合计	离退休人员
全国	**14 182.5**	**3 380.6**	**14 736.6**	**3 607.8**	**15 506.7**	**3 860.2**	**16 352.9**	**4 102.6**	**17 487.9**	**4 367.5**
中央国家机关										
北京	425.9	124.3	436.2	133.2	448.5	141.5	459.7	148.6	520.0	155.2
天津	281.4	85.2	296.0	91.4	283.3	97.6	298.1	102.9	308.3	107.7
河北	641.4	145.3	643.5	154.0	665.5	163.6	683.4	172.0	707.9	184.2
山西	365.6	81.8	361.8	85.4	364.4	88.1	376.7	93.3	383.4	98.2
内蒙古	290.6	65.3	292.9	70.8	300.9	72.6	318.8	82.0	338.9	86.1
辽宁	1 022.7	288.9	1 039.2	302.2	1 070.4	315.5	1 101.0	333.8	1 193.6	360.8
吉林	389.1	99.6	397.7	104.9	427.0	115.5	439.0	123.1	455.9	131.0
黑龙江	692.5	178.5	689.8	187.4	714.3	196.0	738.1	207.3	768.9	223.2
上海	683.5	239.9	699.8	246.9	715.6	254.6	770.9	265.3	830.0	290.7
江苏	888.1	212.7	1 063.5	252.9	1 135.2	271.4	1 214.1	288.8	1 345.6	307.9
浙江	610.4	125.1	701.1	132.6	801.2	144.2	888.0	152.4	962.3	160.9
安徽	432.7	98.5	432.3	102.8	456.6	113.6	463.9	118.8	471.7	124.8
福建	242.0	58.4	285.1	61.6	364.2	79.4	377.5	83.7	409.6	88.9
江西	328.8	78.2	339.8	82.6	355.9	93.4	371.8	99.9	387.4	105.5
山东	1 022.6	191.3	1 043.0	205.3	1 135.9	219.3	1 218.7	232.2	1 302.4	248.6
河南	736.6	141.9	757.8	161.5	751.1	171.0	781.1	181.1	814.0	194.2
湖北	612.1	137.7	628.8	147.2	732.4	177.9	780.5	195.4	804.0	206.4
湖南	603.4	148.0	616.5	157.7	636.2	167.5	691.7	185.4	718.6	195.2
广东	1 370.3	187.0	1 405.4	193.5	1 482.2	203.8	1 588.8	220.4	1 796.1	231.2
广西	248.9	58.7	257.2	63.5	264.8	66.3	279.3	70.2	288.6	73.3
海南	108.2	30.5	111.2	31.9	116.7	33.6	120.0	35.2	120.9	36.5
重庆	270.3	82.3	280.3	87.8	280.0	92.4	283.9	96.8	290.2	100.5
四川	578.9	169.4	589.2	178.1	605.5	187.5	668.0	202.7	793.4	230.7
贵州	159.0	42.4	168.9	44.9	168.0	48.0	174.9	50.0	183.7	51.7
云南	243.1	69.6	252.1	74.1	257.3	77.8	255.3	79.4	258.7	81.9
西藏	7.1	2.6	7.0	2.6	7.3	2.8	7.6	3.0	7.7	3.1

续表

地区	2001年		2002年		2003年		2004年		2005年	
	合计	离退休人员	合计	离退休人员	合计	离退休人员	合计	离退休人员	合计	离退休人员
陕西	345.4	83.4	352.0	90.8	362.4	97.4	369.3	102.5	376.1	107.8
甘肃	188.4	45.3	188.0	48.1	192.0	51.2	194.5	53.5	197.3	55.1
青海	51.9	14.9	54.2	15.0	56.4	15.9	58.5	16.5	60.0	16.9
宁夏	57.9	13.2	59.0	13.7	60.7	14.3	62.5	15.2	67.5	16.1
新疆	258.4	77.6	262.1	79.6	269.3	83.0	294.8	87.3	302.1	89.0
中国人民银行	19.8	3.1	19.8	3.3	19.8	3.4	17.1	3.5	17.1	3.7
中国农业发展银行	5.4	0.2	5.5	0.3	5.6	0.4	5.8	0.4	5.7	0.5

地区	2006年		2007年		2008年		2009年		2010年	
	合计	离退休人员	合计	离退休人员	合计	离退休人员	合计	离退休人员	合计	离退休人员
全国	**18 766.3**	**4 635.4**	**20 136.9**	**4 953.7**	**21 891.1**	**5 303.6**	**23 549.9**	**5 806.9**	**25 707.3**	**6 305.0**
中央国家机关										
北京	603.6	160.9	671.0	171.2	757.2	180.1	826.7	188.2	981.3	195.5
天津	328.2	112.7	344.8	119.2	376.5	129.3	401.5	136.5	431.5	143.6
河北	747.5	196.0	795.6	210.2	862.5	222.7	919.5	238.0	988.4	259.5
山西	486.9	112.7	506.7	120.2	539.4	128.0	563.8	136.6	591.0	147.3
内蒙古	356.6	91.1	370.9	96.6	389.5	102.9	410.8	112.8	430.7	119.2
辽宁	1 248.8	383.0	1 299.7	408.1	1 406.2	429.9	1 457.4	449.4	1 496.9	472.7
吉林	480.2	138.9	501.7	147.8	525.3	155.4	554.3	171.1	599.5	206.6
黑龙江	801.0	236.5	826.8	253.0	857.8	276.0	920.3	333.7	952.2	363.0
上海	891.7	314.4	932.4	340.5	967.7	357.8	1 001.1	376.0	1 049.5	392.2

续表

地区	2006年		2007年		2008年		2009年		2010年	
	合计	离退休人员	合计	离退休人员	合计	离退休人员	合计	离退休人员	合计	离退休人员
江苏	1 469.8	328.1	1 602.3	353.3	1 751.6	378.6	1 883.1	415.4	2 033.0	449.1
浙江	1 052.6	170.9	1 167.1	182.3	1 386.9	194.8	1 527.4	209.6	1 702.2	223.6
安徽	495.2	133.8	530.3	144.8	578.4	158.1	628.2	169.5	669.5	177.5
福建	456.1	93.6	512.8	98.1	557.2	102.6	585.9	108.1	635.5	113.5
江西	415.0	111.6	475.0	118.5	550.3	128.5	581.9	135.9	607.6	145.5
山东	1 368.0	261.7	1 457.1	282.2	1 565.9	305.0	1 661.0	326.0	1 773.0	345.1
河南	863.8	208.2	912.9	224.7	972.0	239.1	1 019.1	254.5	1 079.3	270.3
湖北	850.8	220.5	886.8	235.3	932.3	252.0	982.0	273.6	1 039.8	301.6
湖南	751.6	209.9	784.0	227.3	829.1	235.3	879.1	246.1	938.9	265.4
广东	1 972.3	243.5	2 226.8	257.2	2 444.3	273.0	2 716.4	294.2	3 215.2	339.6
广西	302.7	77.1	325.5	82.2	368.1	95.0	411.3	118.0	449.3	138.1
海南	132.0	38.0	141.7	39.7	156.2	42.0	168.1	43.2	180.8	45.4
重庆	317.3	107.9	344.8	112.7	406.1	130.7	492.8	176.5	584.4	192.5
四川	842.7	244.9	917.4	269.4	1 017.9	306.7	1 176.2	393.5	1 300.9	439.0
贵州	193.2	54.1	205.9	56.5	215.9	59.3	235.6	63.5	257.3	67.0
云南	267.4	83.8	279.4	87.6	293.7	89.3	306.5	90.2	317.4	92.3
西藏	7.6	3.1	8.1	3.0	8.5	3.1	9.2	3.1	9.9	3.2
陕西	391.5	111.4	408.1	117.4	433.4	124.4	458.8	131.0	550.4	150.3
甘肃	201.2	57.7	208.4	60.6	221.0	64.0	230.9	67.5	242.5	71.3
青海	62.5	17.4	65.2	18.0	68.3	18.6	71.3	19.3	74.4	20.0
宁夏	72.3	16.7	77.0	17.7	82.6	18.8	89.4	20.0	107.8	30.5
新疆	313.3	90.9	327.7	93.7	346.3	97.6	356.9	100.6	393.8	119.2
中国人民银行	17.2	3.9	17.3	4.1	17.5	4.2	17.5	4.4	17.7	4.6
中国农业发展银行	5.6	0.5	5.6	0.6	5.6	0.7	5.6	0.7	5.7	0.8

续表

地区	2011年		2012年		2013年		2014年		2015年	
	合计	离退休人员	合计	离退休人员	合计	离退休人员	合计	离退休人员	合计	离退休人员
全国	**28 391.3**	**6 826.2**	**30 426.8**	**7 445.7**	**32 218.4**	**8 041.0**	**34 124.4**	**8 593.4**	**35 361.2**	**9 141.9**
中央国家机关										
北京	1 089.4	201.2	1 206.4	210.7	1 311.3	220.0	1 392.6	228.9	1 424.2	236.7
天津	458.7	148.8	490.3	156.9	520.7	168.4	545.4	175.3	565.2	180.9
河北	1 059.8	285.3	1 125.6	312.3	1 194.7	335.1	1 262.0	353.6	1 320.5	368.5
山西	623.8	158.9	648.7	168.9	672.4	180.5	692.0	190.9	714.3	201.4
内蒙古	452.4	136.6	471.9	153.0	496.5	172.7	524.9	192.7	579.0	208.1
辽宁	1 556.6	486.5	1 609.2	510.4	1 729.5	557.8	1 769.2	601.9	1 780.2	640.5
吉林	617.5	221.1	632.2	234.6	655.2	248.4	676.7	261.1	693.6	273.7
黑龙江	981.0	380.0	1 013.0	401.6	1 062.1	422.2	1 090.1	443.4	1 118.0	471.1
上海	1 382.7	406.5	1 416.9	423.8	1 429.9	437.5	1 457.4	452.4	1 493.8	465.4
江苏	2 223.9	483.1	2 427.5	547.0	2 582.1	594.3	2 691.9	637.6	2 779.9	681.1
浙江	1 919.2	253.4	2 183.3	347.8	2 375.4	398.9	2 548.0	468.8	2 504.3	570.3
安徽	729.3	191.5	783.8	205.4	811.3	219.1	829.2	232.3	857.5	246.7
福建	695.1	118.2	756.5	125.5	812.8	133.2	848.3	140.2	883.7	147.1
江西	653.0	168.7	707.4	189.1	754.2	207.0	783.9	221.1	823.1	235.2
山东	1 907.1	373.1	2 063.2	416.3	2 259.6	459.2	2 370.2	511.5	2 477.5	554.4
河南	1 168.4	287.9	1 270.6	306.0	1 350.0	325.6	1 431.6	342.3	1 508.7	359.8
湖北	1 113.4	341.7	1 171.4	367.3	1 219.4	395.9	1 266.2	419.2	1 315.5	440.6
湖南	988.2	277.9	1 048.0	300.4	1 091.7	329.5	1 118.9	349.0	1 160.1	369.0
广东	3 800.7	372.6	4 034.1	390.2	4 183.0	421.3	4 809.5	445.9	5 086.5	473.3
广西	483.8	151.5	512.7	163.6	538.4	172.6	557.6	180.3	576.6	186.9
海南	199.9	47.8	214.2	52.5	231.5	57.1	242.3	59.9	249.8	62.0
重庆	647.6	220.1	716.9	247.0	773.1	275.4	825.5	293.3	849.3	304.9
四川	1 494.2	495.4	1 615.4	541.7	1 720.3	596.2	1 839.7	648.1	1 939.0	688.9
贵州	282.1	71.3	309.4	77.7	337.3	82.6	361.5	87.1	392.1	94.8
云南	342.8	104.2	364.5	110.7	384.3	115.7	397.9	118.7	412.9	121.8

续表

地区	2011年		2012年		2013年		2014年		2015年	
	合计	离退休人员	合计	离退休人员	合计	离退休人员	合计	离退休人员	合计	离退休人员
西藏	11.2	3.2	13.3	3.5	14.0	3.5	15.2	3.7	16.2	3.8
陕西	588.6	155.5	643.5	177.1	685.0	191.9	716.5	200.3	751.7	207.5
甘肃	263.0	85.1	277.4	93.7	288.4	99.9	298.8	105.0	306.2	109.2
青海	81.5	25.2	86.0	26.2	90.3	27.6	94.6	28.8	100.1	30.1
宁夏	121.4	36.4	131.2	39.9	143.8	41.9	151.4	44.2	157.5	46.4
新疆	431.5	131.9	458.8	139.0	476.3	143.8	490.8	149.1	499.4	154.8
中国人民银行	17.8	4.8	17.9	5.0	18.0	5.2	18.0	5.5	18.1	5.8
中国农业发展银行	5.8	1.0	5.9	1.0	6.0	1.1	6.5	1.3	6.7	1.4

地区	2016年		2017年		2018年		2019年	
	合计	离退休人员	合计	离退休人员	合计	离退休人员	合计	离退休人员
全国	**37 929.7**	**10 103.4**	**40 293.3**	**11 025.7**	**41 901.6**	**11 797.7**	**43 487.9**	**12 310.4**
中央国家机关					55.6	24.4	59.2	26.1
北京	1 546.6	275.4	1 604.5	283.1	1 685.8	293.5	1 748.2	302.6
天津	639.0	208.6	655.0	213.8	683.2	221.0	695.6	226.3
河北	1 403.1	391.3	1 535.8	433.8	1 586.1	455.4	1 654.5	466.7
山西	760.2	216.6	798.7	243.0	837.6	262.2	871.5	273.6
内蒙古	655.0	236.5	694.3	257.1	733.5	284.6	763.4	298.8
辽宁	1 800.3	679.7	1 949.8	754.4	1 994.8	789.6	2 026.2	816.0
吉林	706.8	286.7	814.5	332.2	862.4	356.6	882.1	375.9
黑龙江	1 144.1	488.5	1 206.1	523.9	1 308.5	576.7	1 364.9	599.8
上海	1 527.1	476.3	1 548.2	489.2	1 573.4	502.0	1 589.6	511.9
江苏	2 861.5	724.2	3 034.5	796.1	3 225.6	871.2	3 417.4	918.1

续表

地区	2016年		2017年		2018年		2019年	
	合计	离退休人员	合计	离退休人员	合计	离退休人员	合计	离退休人员
浙江	2 506.9	663.9	2 712.4	747.5	2 883.4	806.8	3 031.7	856.9
安徽	892.2	257.9	1 077.0	322.9	1 141.7	342.9	1 217.0	356.7
福建	979.8	174.0	1 022.1	182.0	1 074.3	190.6	1 137.3	199.1
江西	957.3	284.6	1 005.2	307.7	1 052.8	333.1	1 096.9	348.4
山东	2 576.4	607.4	2 660.9	638.8	2 762.7	677.1	2 868.0	711.2
河南	1 848.4	450.3	1 897.6	460.0	2 006.5	486.4	2 133.8	505.6
湖北	1 355.0	458.0	1 546.6	526.1	1 601.6	554.1	1 684.8	584.3
湖南	1 186.7	362.9	1 279.3	422.7	1 402.4	454.5	1 557.8	486.0
广东	5 392.4	524.6	5 287.1	569.0	4 919.7	636.6	4 633.4	671.2
广西	751.9	240.7	777.8	251.9	825.9	260.3	869.5	268.4
海南	224.9	66.5	240.9	68.9	258.0	70.5	281.0	72.7
重庆	952.2	346.3	989.2	360.8	1 051.2	388.7	1 127.7	406.6
四川	2 157.6	777.8	2 335.1	816.0	2 543.7	881.6	2 700.3	915.7
贵州	423.6	99.6	588.2	141.3	639.8	149.7	677.5	155.8
云南	581.8	168.0	591.5	171.3	616.2	176.0	649.9	181.5
西藏	21.1	6.0	42.9	9.2	46.2	9.6	48.2	10.0
陕西	790.8	213.6	953.3	246.4	992.0	258.2	1 080.7	264.1
甘肃	315.0	114.1	429.8	141.6	454.7	155.4	469.4	159.6
青海	132.3	41.4	138.3	42.8	145.1	44.7	152.8	46.7
宁夏	189.3	57.8	205.2	60.2	216.1	63.6	226.6	66.0
新疆	625.0	196.5	646.4	204.3	695.3	211.0	744.2	219.0
中国人民银行	18.2	6.1	18.2	6.1	18.6	6.8	19.0	7.1
中国农业发展银行	6.9	1.6	6.9	1.6	7.4	2.1	7.6	2.3

续表

地区	2020年		2021年		2022年	
	合计	离退休人员	合计	离退休人员	合计	离退休人员
全国	**45 621.1**	**12 762.3**	**48 074.0**	**13 157.0**	**50 355.0**	**13 644.0**
中央国家机关	61.7	25.5	64.3	25.9	65.6	26.5
北京	1 777.8	311.4	1 826.8	319.0	1 867.8	328.2
天津	730.8	234.4	765.1	237.9	800.1	243.6
河北	1 737.9	480.1	1 805.5	491.7	1 867.7	503.3
山西	932.9	278.2	1 002.3	291.8	1 065.8	314.7
内蒙古	785.9	311.3	823.1	320.0	895.2	335.3
辽宁	2 049.0	839.7	2 084.6	857.0	2 114.4	873.9
吉林	898.2	385.8	922.0	395.4	941.1	405.8
黑龙江	1 411.4	621.0	1 446.6	634.8	1 507.3	656.2
上海	1 616.7	521.8	1 654.4	528.4	1 659.4	535.6
江苏	3 557.9	964.5	3 609.3	1 001.8	3 690.3	1 051.3
浙江	3 211.1	897.2	3 367.5	911.9	3 472.8	947.5
安徽	1 283.5	369.1	1 384.2	381.0	1 580.9	397.9
福建	1 200.6	209.0	1 330.0	219.6	1 673.8	231.4
江西	1 167.4	360.7	1 246.9	371.4	1 362.0	385.1
山东	3 046.3	754.1	3 226.7	789.0	3 333.6	822.6
河南	2 248.5	524.4	2 377.2	536.0	2 484.9	565.0
湖北	1 744.7	596.8	1 834.7	617.1	1 959.7	640.9
湖南	1 724.8	502.7	1 849.5	521.8	1 892.9	540.6
广东	4 873.1	711.1	5 079.5	752.4	5 229.2	797.3
广西	919.5	274.6	985.3	281.1	1 032.6	286.6
海南	305.3	74.3	329.0	76.1	352.8	78.8
重庆	1 203.4	421.9	1 354.2	442.7	1 431.8	451.7
四川	2 830.1	947.5	3 178.5	977.1	3 327.2	1 006.6
贵州	714.0	160.5	755.8	164.9	770.1	171.2

续表

地区	2020年		2021年		2022年	
	合计	离退休人员	合计	离退休人员	合计	离退休人员
云南	701.3	185.6	739.3	188.8	807.0	195.9
西藏	52.6	10.4	59.5	10.9	61.9	11.1
陕西	1 157.6	272.9	1 229.4	282.6	1 285.4	293.7
甘肃	484.5	164.7	502.5	168.5	517.6	174.5
青海	158.2	48.5	169.0	50.0	175.8	51.9
宁夏	240.1	68.6	252.1	70.4	283.8	73.2
新疆	767.1	224.3	791.5	229.9	816.9	235.4
中国人民银行	19.2	7.4	19.4	7.6	19.3	8.0
中国农业发展银行	8.1	2.4	8.3	2.6	8.5	2.8

注：新疆数据含新疆兵团。

表 5-6　　分地区城镇职工基本养老保险情况

（2022 年）

单位：万人，亿元

地区	参保职工年末人数	企业	参保离退休人员年末人数	基金收支情况：基金收入	基金支出	累计结余
全国	**36 711.0**	**32 871.5**	**13 644.0**	**63 323.8**	**59 034.7**	**56 889.6**
中央国家机关	39.1		26.5	277.4	290.5	90.1
北京	1 539.6	1 475.5	328.2	3 435.8	2 341.8	7 286.0
天津	556.4	510.3	243.6	1 225.0	1 257.5	355.2
河北	1 364.4	1 149.0	503.3	2 293.8	2 319.9	615.2
山西	751.2	636.8	314.7	1 413.0	1 480.9	1 525.2
内蒙古	559.8	466.1	335.3	1 248.3	1 454.1	350.1
辽宁	1 240.6	1 117.0	873.9	2 761.0	3 513.5	234.8
吉林	535.3	452.8	405.8	1 216.2	1 544.1	260.5
黑龙江	851.1	743.6	656.2	1 851.8	2 492.9	-102.1
上海	1 123.7	1 055.5	535.6	3 705.5	3 470.4	1 427.8
江苏	2 639.0	2 449.0	1 051.3	4 846.9	4 206.2	4 878.0
浙江	2 525.3	2 365.3	947.5	3 796.8	3 952.0	1 882.8
安徽	1 183.0	1 058.4	397.9	1 883.8	1 547.7	2 349.3
福建	1 442.4	1 342.8	231.4	1 220.7	1 014.8	831.9
江西	976.9	859.5	385.1	1 389.9	1 379.2	878.3
山东	2 511.0	2 238.6	822.6	3 558.8	3 662.2	1 320.8
河南	1 919.9	1 647.9	565.0	2 292.0	2 193.8	1 310.4
湖北	1 318.8	1 182.7	640.9	2 549.7	2 710.7	958.8
湖南	1 352.3	1 169.2	540.6	2 019.5	2 003.5	1 862.6
广东	4 431.9	4 194.3	797.3	6 419.7	3 649.0	15 722.7
广西	746.0	619.9	286.6	1 313.1	1 222.0	768.9
海南	274.0	249.3	78.8	428.7	332.3	381.9
重庆	980.1	904.5	451.7	1 688.2	1 495.7	1 507.3
四川	2 320.7	2 118.0	1 006.6	3 701.9	3 441.1	3 881.0
贵州	598.9	488.3	171.2	928.6	749.6	1 145.0
云南	611.1	483.0	195.9	1 153.9	939.0	1 688.7
西藏	50.8	28.7	11.1	171.5	132.9	238.5
陕西	991.7	857.3	293.7	1 696.2	1 487.0	1 001.7
甘肃	343.1	250.5	174.5	718.2	792.7	343.4
青海	124.0	103.3	51.9	291.0	318.0	22.1
宁夏	210.6	189.5	73.2	347.7	331.8	246.7
新疆	581.5	465.0	235.4	1 407.8	1 225.5	1 624.0
中国人民银行	11.3		8.0	43.3	61.9	-36.4
中国农业发展银行	5.7		2.8	27.5	20.5	37.9
中央调剂金账户				0.5		0.5

注：新疆数据含新疆兵团。

表 5-7　　历年全国养老金社会化发放人数　　单位：万人

年份	社会化发放人数	纳入社区管理的企业退休人员人数	纳入社区管理的企业退休人员比例（%）
2005	4 001.0	2 655.2	68.3
2006	4 232.0	2 832.8	68.8
2007	4 535.8	3 136.0	71.2
2008	4 829.1	3 461.0	73.2
2009	5 303.3	3 879.0	75.2
2010	5 805.8	4 344.0	76.2
2011	5 367.0	4 725.0	77.3
2012	6 865.5	5 328.0	78.3
2013	7 201.0	5 620.0	79.1
2014	8 093.2	6 038.0	80.2
2015	8 383.9	6 597.0	81.1
2016	8 620.5	7 086.0	82.0
2017	9 142.9	7 589.0	83.0
2018	9 693.2	8 045.3	83.0
2019	10 759.4	7 992.1	76.9
2020	11 325.9	8 240.1	76.5
2021	11 964.6	8 515.0	76.6
2022	12 859.6	8 665.4	75.2

注：社会化发放人数是指企业、企业化管理的事业单位及其他参保人员中的离退休人员。2019 年对该指标的释义进行了修改，指由社会保险经办机构委托社会服务机构发放、直接发放基本养老金的离退休（职）人数。

表 5-8　　分地区养老金社会化发放人数

（2022 年）

单位：万人

地区	社会化发放人数
全国	**12 859. 6**
北京	328. 2
天津	242. 3
河北	375. 8
山西	307. 4
内蒙古	334. 8
辽宁	873. 9
吉林	405. 8
黑龙江	638. 7
上海	535. 6
江苏	949. 4
浙江	947. 5
安徽	390. 9
福建	229. 5
江西	385. 1
山东	682. 6
河南	422. 8
湖北	640. 5
湖南	439. 4
广东	797. 3
广西	279. 1
海南	78. 9
重庆	451. 7
四川	992. 6
贵州	163. 7
云南	194. 5
西藏	11. 1
陕西	225. 7
甘肃	174. 5
青海	51. 9
宁夏	73. 2
新疆	159. 5
新疆兵团	75. 92

表 5-9　　历年分地区基本医疗保险参保人数　　单位：万人

地区	2001 年		2002 年		2003 年		2004 年		2005 年	
	合计	退休人员	合计	退休人员	合计	退休人员	合计	退休人员	合计	退休人员
全国	**7 285.9**	**1 815.2**	**9 401.2**	**2 475.4**	**10 901.7**	**2 926.8**	**12 403.6**	**3 359.2**	**13 782.9**	**3 761.2**
北京	240.7	89.4	321.1	113.2	436.1	134.7	483.9	141.7	574.8	155.1
天津	139.6	46.8	250.2	103.8	254.7	108.5	263.0	104.8	299.1	118.3
河北	282.5	61.5	330.4	73.0	383.2	84.7	472.5	108.9	562.1	139.6
山西	157.3	34.4	216.7	49.5	245.5	51.3	295.5	63.9	324.9	73.0
内蒙古	196.9	45.5	221.7	54.2	252.3	66.1	274.2	78.1	292.0	86.0
辽宁	313.6	90.4	619.0	188.7	697.7	217.2	783.7	247.3	864.2	280.0
吉林	124.2	27.8	176.9	39.8	230.8	55.3	270.0	67.5	283.0	73.9
黑龙江	308.3	89.2	392.8	108.2	435.2	122.1	544.1	151.7	602.9	170.4
上海	680.5	238.9	694.8	245.9	709.6	250.6	714.1	260.9	728.6	275.9
江苏	456.0	113.5	690.9	183.2	815.0	227.6	976.7	261.6	1 124.1	303.0
浙江	352.7	100.0	423.4	117.0	510.3	139.5	569.2	150.3	639.6	163.1
安徽	232.8	53.6	273.4	65.6	318.2	79.8	362.2	97.7	387.1	112.7
福建	171.0	38.3	230.0	54.7	247.8	61.8	285.9	69.5	333.0	77.2
江西	71.6	12.2	106.6	22.7	188.2	45.7	250.4	65.8	276.7	75.0
山东	490.2	86.0	625.6	119.5	691.1	138.0	771.9	153.5	861.5	176.7
河南	460.3	94.8	537.4	115.2	567.9	126.9	590.0	136.8	641.5	154.1
湖北	255.4	54.5	338.1	80.6	416.6	110.1	466.8	132.5	502.0	147.2
湖南	351.6	83.7	398.1	108.3	423.5	116.1	477.0	133.9	503.4	146.6
广东	544.8	84.4	717.7	118.8	877.0	146.4	1 034.2	168.9	1 235.3	180.3
广西	150.1	33.4	201.8	54.1	235.0	66.1	272.2	77.8	285.9	82.3
海南	40.9	8.5	52.6	11.5	63.1	15.4	78.6	22.3	87.2	24.5
重庆	36.8	9.7	58.7	18.0	121.8	41.7	206.3	76.2	237.7	91.9
四川	437.6	128.3	480.6	150.1	531.2	173.8	587.6	196.5	647.0	220.2
贵州	31.1	6.9	94.6	26.6	134.1	38.2	152.6	44.0	180.5	51.5
云南	185.7	45.6	238.4	65.0	281.5	81.4	302.3	89.6	320.7	95.5
西藏					6.0	1.8	7.1	2.8	15.2	4.8
陕西	231.4	49.4	261.8	65.1	301.0	77.4	325.6	86.8	348.8	101.3
甘肃	109.9	23.6	124.1	26.0	146.0	32.8	165.8	40.6	176.6	46.2
青海	38.3	12.6	51.1	16.3	56.4	17.8	60.2	19.5	62.0	20.4
宁夏	17.2	4.0	36.8	10.1	48.1	12.7	55.6	14.6	64.5	17.2
新疆	177.0	48.1	235.7	70.6	276.7	85.3	304.4	93.2	321.1	97.5

续表

地区	2006年		2007年		2008年		2009年		2010年	
	合计	退休人员	合计	退休人员	合计	退休人员	合计	退休人员	合计	退休人员
全国	**15 731.9**	**4 151.5**	**22 311.4**	**4 600.0**	**31 821.7**	**5 007.9**	**40 147.0**	**5 526.9**	**43 262.9**	**5 943.5**
北京	679.5	163.9	929.4	172.9	1 017.1	182.4	1 083.9	191.8	1 207.3	215.1
天津	344.2	126.0	403.8	133.2	484.5	141.8	605.3	150.6	960.9	157.5
河北	615.9	158.6	746.3	183.9	1 083.1	199.5	1 421.1	219.7	1 518.1	238.0
山西	353.8	82.2	460.6	98.3	593.9	108.8	879.0	128.5	923.5	140.0
内蒙古	316.2	93.1	451.6	103.8	612.5	108.6	805.3	117.8	886.4	124.7
辽宁	959.3	307.4	1 200.2	346.5	1 507.5	386.5	1 895.6	444.5	2 056.2	464.1
吉林	376.3	101.2	767.2	118.2	937.4	131.8	1 242.8	147.4	1 333.8	179.9
黑龙江	708.2	192.9	826.7	202.3	1 056.3	216.0	1 544.3	256.5	1 560.8	278.4
上海	1 023.3	291.0	1 096.8	306.4	1 355.2	320.9	1 583.8	372.5	1 665.2	388.8
江苏	1 274.3	338.5	2 136.6	365.4	2 837.6	390.3	3 031.0	418.6	3 249.4	443.2
浙江	730.6	172.9	946.2	185.5	1 322.6	198.3	1 784.4	211.8	1 963.8	226.8
安徽	441.2	124.7	953.3	137.1	1 323.8	148.1	1 435.8	160.4	1 529.3	169.3
福建	370.1	85.2	477.4	91.0	796.5	101.4	1 137.2	114.7	1 200.6	120.7
江西	313.3	86.5	784.7	121.6	1 207.1	149.4	1 300.4	151.6	1 326.4	166.5
山东	996.1	199.9	1 292.3	227.8	1 847.0	256.2	2 540.2	287.8	2 770.6	316.7
河南	704.1	173.3	897.7	197.4	1 549.4	220.8	1 970.1	243.7	2 043.7	258.7
湖北	565.3	166.6	870.5	196.3	1 435.7	210.9	1 811.7	236.2	1 860.0	239.8
湖南	560.5	162.4	724.5	181.9	1 321.6	206.5	1 831.9	225.6	1 894.5	236.9
广东	1 421.1	197.9	2 281.6	218.0	3 551.8	240.3	4 568.5	259.4	5 043.2	314.5
广西	302.0	88.7	361.4	99.2	568.2	103.8	850.0	110.6	935.2	123.0
海南	91.0	25.6	155.3	29.9	249.7	34.0	283.8	41.5	323.3	43.2
重庆	257.5	97.4	327.5	104.7	550.6	115.1	769.5	120.8	830.8	125.6
四川	734.5	247.8	1 020.0	270.6	1 413.8	296.7	1 912.7	317.3	2 063.1	348.3
贵州	199.2	57.8	293.8	66.1	404.3	73.0	567.0	85.1	602.5	88.2
云南	331.5	98.8	400.3	101.8	618.2	103.6	762.5	118.3	820.5	121.4
西藏	16.5	5.0	19.2	5.8	32.4	5.3	36.0	6.4	38.6	6.6
陕西	377.1	111.4	459.3	123.2	717.3	132.8	890.0	145.2	947.2	151.2
甘肃	195.8	51.7	449.5	61.6	522.2	68.8	557.4	77.7	588.8	85.9
青海	64.5	22.0	95.8	23.0	93.6	24.5	104.8	24.6	140.3	25.2
宁夏	73.1	19.9	114.0	21.4	158.7	22.7	186.0	23.8	188.3	26.4
新疆	335.8	101.2	367.9	105.1	652.1	109.0	755.0	114.7	790.5	119.0

续表

地区	2011年		2012年		2013年		2014年		2015年	
	合计	退休人员	合计	退休人员	合计	退休人员	合计	退休人员	合计	退休人员
全国	**47 343.2**	**6 278.6**	**53 641.3**	**6 624.2**	**57 072.6**	**6 941.8**	**59 746.9**	**7 254.8**	**66 581.6**	**7 531.2**
北京	1 347.8	232.8	1 431.6	239.1	1 514.9	249.8	1 604.3	260.1	1 656.6	269.5
天津	972.8	162.5	981.3	168.9	1 001.5	177.3	1 023.6	183.6	1 054.1	190.4
河北	1 562.2	248.2	1 644.4	261.5	1 674.5	275.6	1 697.5	286.3	1 663.7	300.3
山西	1 005.1	150.8	1 055.9	157.2	1 086.3	166.9	1 101.2	175.5	1 113.8	179.4
内蒙古	907.3	124.3	967.7	132.4	986.2	134.5	998.1	138.6	1 008.1	141.4
辽宁	2 120.1	494.1	2 251.9	524.8	2 333.3	546.9	2 387.2	576.7	2 396.2	597.7
吉林	1 350.6	188.2	1 370.0	194.0	1 378.6	197.5	1 380.0	197.5	1 380.6	199.7
黑龙江	1 578.0	293.6	1 580.3	309.6	1 580.4	311.6	1 586.4	324.3	1 594.8	330.1
上海	1 591.8	404.1	1 638.6	421.5	1 650.5	438.4	1 678.5	453.2	1 719.2	465.8
江苏	3 500.5	470.9	3 608.8	508.9	3 427.6	543.6	3 797.5	577.0	4 014.3	610.8
浙江	2 244.1	243.3	2 806.8	277.1	4 121.1	299.5	4 847.6	324.1	4 964.1	353.7
安徽	1 612.9	181.9	1 660.0	191.5	1 660.8	203.3	1 756.4	211.9	1 737.6	221.1
福建	1 217.2	126.2	1 262.9	130.2	1 283.8	136.4	1 293.0	143.0	1 301.2	146.8
江西	1 329.7	170.9	1 438.6	180.4	1 476.6	189.8	1 494.2	197.7	1 530.4	201.3
山东	2 947.8	337.5	3 101.2	365.6	3 647.9	391.7	3 988.0	411.4	9 235.8	439.9
河南	2 122.3	272.2	2 222.2	293.2	2 297.2	313.4	2 340.0	327.2	2 344.9	336.6
湖北	1 932.5	254.6	1 960.3	264.7	1 960.6	280.7	1 968.0	286.9	1 972.1	296.3
湖南	1 941.2	242.9	2 341.9	248.8	2 316.2	257.5	2 300.7	261.8	2 662.3	267.1
广东	6 767.1	340.5	8 421.8	362.8	9 179.8	383.8	9 804.2	420.9	10 136.0	439.7
广西	981.3	128.8	1 011.5	133.6	1 031.0	137.8	1 067.3	143.8	1 077.6	148.8
海南	352.4	45.3	378.5	47.5	406.5	50.6	386.8	53.7	389.8	55.6
重庆	1 324.8	133.1	3 219.1	147.9	3 234.8	158.9	3 256.8	167.0	3 266.3	174.0
四川	2 248.4	366.0	2 383.8	381.8	2 486.0	394.5	2 576.5	407.5	2 650.7	418.8
贵州	629.0	93.3	648.3	96.3	672.1	98.1	687.1	99.9	955.5	105.2
云南	865.8	126.6	882.4	129.5	1 118.8	133.3	1 135.9	138.6	1 140.8	140.7
西藏	43.7	6.6	50.1	7.1	54.8	7.2	58.9	7.8	61.8	8.1
陕西	1 090.4	172.8	1 118.8	175.8	1 244.3	181.7	1 246.2	184.4	1 247.3	187.4
甘肃	590.8	88.2	616.5	87.7	622.8	90.2	630.6	96.2	635.0	99.8
青海	151.6	25.9	172.3	26.7	181.3	27.6	190.4	29.1	195.2	30.4
宁夏	188.8	27.1	561.8	28.5	565.5	29.5	578.6	31.0	584.8	32.2
新疆	825.2	125.2	851.9	129.6	877.1	134.3	885.1	138.2	891.0	142.6

续表

地区	2016年		2017年		2018年		2019年	
	合计	退休人员	合计	退休人员	合计	退休人员	合计	退休人员
全国	**74 391.6**	**7 811.6**	**117 681.4**	**8 034.3**	**134 458.6**	**8 373.3**	**135 407.4**	**8 700.4**
北京	1 708.8	277.8	1 771.4	286.2	2 018.1	296.9	2 082.7	306.1
天津	1 066.8	195.4	1 088.5	201.0	1 116.7	207.5	1 137.0	212.1
河北	6 672.1	306.2	6 883.1	312.4	6 914.3	324.7	6 937.7	337.3
山西	1 121.2	185.4	3 215.3	189.2	3 266.9	207.2	3 266.4	219.7
内蒙古	1 019.8	146.1	2 161.5	148.4	2 164.4	153.6	2 178.4	170.5
辽宁	2 376.0	612.9	2 277.5	608.4	3 968.8	622.8	3 894.7	641.0
吉林	1 380.9	204.8	1 380.9	207.6	2 607.3	209.9	2 548.1	192.3
黑龙江	1 599.9	354.0	2 892.6	350.6	2 908.6	358.2	2 837.1	377.1
上海	1 806.7	477.0	1 839.8	489.7	1 866.1	502.7	1 889.1	512.4
江苏	3 984.4	641.2	7 619.1	679.8	7 721.7	723.1	7 848.8	764.5
浙江	4 993.3	383.2	5 251.6	414.5	5 368.7	446.4	5 461.5	476.5
安徽	1 621.5	231.1	2 108.1	237.7	6 105.1	247.3	6 731.5	255.3
福建	1 297.9	150.2	3 768.6	155.1	3 804.7	161.0	3 788.1	162.6
江西	1 807.0	202.8	4 762.4	191.8	4 797.5	197.3	4 782.4	207.0
山东	9 188.8	465.6	9 295.7	486.3	9 437.1	512.0	9 569.6	549.5
河南	2 360.7	344.6	10 410.7	344.4	10 435.7	361.3	10 289.8	375.1
湖北	1 981.8	300.5	5 622.2	316.2	5 586.2	321.9	5 562.6	331.4
湖南	2 646.1	272.5	6 906.3	285.4	6 838.0	292.6	6 716.1	299.0
广东	10 150.2	460.6	10 365.1	479.1	10 615.8	505.3	10 783.5	525.6
广西	1 096.4	155.0	5 173.3	160.2	5 136.7	167.5	5 207.2	176.0
海南	387.2	57.1	419.5	60.4	915.4	62.9	920.6	64.7
重庆	3 259.3	179.5	3 248.5	184.9	3 265.3	192.4	3 272.1	200.3
四川	5 056.8	439.4	7 714.8	458.4	8 637.1	481.4	8 616.9	498.7
贵州	973.6	108.3	1 001.3	111.5	4 233.6	115.7	4 186.7	119.7
云南	1 163.6	144.5	1 163.8	147.3	4 520.9	150.3	4 533.4	154.6
西藏	65.4	8.6	69.9	9.1	342.7	9.8	347.1	11.2
陕西	1 248.0	188.5	1 251.0	190.5	3 885.9	197.6	3 960.8	204.4
甘肃	643.3	106.0	2 512.2	108.0	2 546.7	110.8	2 572.9	114.1
青海	196.7	31.8	549.0	32.8	555.3	34.2	557.9	35.7
宁夏	594.0	33.0	618.2	34.6	626.2	36.3	633.7	38.0
新疆	923.2	148.0	1 039.6	152.7	2 250.9	162.7	2 293.1	168.1

续表

地区	2020年		2021年		2022年	
	合计	退休人员	合计	退休人员	合计	退休人员
全国	**136 131.1**	**9 026.3**	**136 296.7**	**9 324.4**	**134 592.5**	**9 639.1**
北京	2 139.9	315.0	1 886.9	320.5	1 900.5	331.6
天津	1 164.1	217.9	1 175.0	222.1	1 176.4	225.6
河北	6 938.8	348.3	7 091.0	366.0	7 020.3	376.1
山西	3 245.1	228.1	3 246.0	234.1	3 222.7	240.6
内蒙古	2 183.9	184.3	2 192.2	184.2	2 169.9	191.8
辽宁	3 867.5	651.1	3 808.3	668.6	3 748.6	680.9
吉林	2 461.9	200.3	2 290.3	204.2	2 262.6	209.6
黑龙江	2 827.0	391.8	2 821.1	400.6	2 767.8	409.7
上海	1 943.2	522.3	1 978.5	528.7	1 989.6	535.9
江苏	7 967.7	805.6	8 063.8	842.0	8 119.5	882.1
浙江	5 556.5	507.3	5 654.5	547.8	5 577.2	588.6
安徽	6 704.6	267.3	6 661.9	279.2	6 506.7	290.9
福建	3 840.5	171.1	3 872.1	175.6	3 863.5	183.1
江西	4 780.0	213.1	4 689.1	215.2	4 648.2	222.1
山东	9 697.8	588.0	9 732.4	624.5	9 633.1	654.7
河南	10 349.5	389.2	10 339.2	402.1	10 093.9	418.1
湖北	5 583.0	339.2	5 619.7	358.0	5 593.0	388.8
湖南	6 731.8	308.2	6 748.7	312.3	6 523.2	321.0
广东	10 991.4	547.7	11 271.9	581.3	11 153.2	574.7
广西	5 217.2	177.6	5 249.3	183.4	5 201.9	188.4
海南	934.0	66.5	938.8	66.2	920.9	68.3
重庆	3 266.7	205.8	3 261.7	209.5	3 206.6	211.7
四川	8 591.7	511.7	8 586.2	510.4	8 393.9	532.8
贵州	4 194.4	123.2	4 214.5	122.1	4 221.2	127.4
云南	4 581.3	157.7	4 521.9	161.8	4 559.8	165.3
西藏	342.8	11.1	346.0	11.3	339.6	11.3
陕西	3 899.7	209.6	3 891.6	217.0	3 668.3	220.4
甘肃	2 590.4	119.9	2 587.2	119.2	2 555.1	123.3
青海	563.3	37.2	567.0	38.1	559.6	39.5
宁夏	658.8	39.5	663.4	40.5	662.8	41.2
新疆	2 316.8	170.7	2 326.4	177.7	2 332.9	183.7

表 5-10　　分地区职工基本医疗保险参保人数

（2022 年）

单位：万人

地区	年末参保人数		
		职工	退休人员
全国	**36 243.4**	**26 604.3**	**9 639.1**
北京	1 496.2	1 164.5	331.6
天津	642.6	417.0	225.6
河北	1 238.3	862.2	376.1
山西	739.2	498.6	240.6
内蒙古	586.8	395.1	191.8
辽宁	1 580.9	899.9	680.9
吉林	545.2	335.6	209.6
黑龙江	890.2	480.5	409.7
上海	1 623.7	1 087.8	535.9
江苏	3 388.5	2 506.4	882.1
浙江	2 855.8	2 267.2	588.6
安徽	1 063.3	772.4	290.9
福建	972.2	789.1	183.1
江西	646.1	424.0	222.1
山东	2 498.3	1 843.6	654.7
河南	1 395.7	977.6	418.1
湖北	1 240.4	851.7	388.8
湖南	1 052.6	731.6	321.0
广东	4 856.0	4 281.3	574.7
广西	730.4	542.0	188.4
海南	250.5	182.3	68.3
重庆	808.5	596.8	211.7
四川	1 967.2	1 434.4	532.8
贵州	494.1	366.7	127.4
云南	584.0	418.7	165.3
西藏	55.6	44.3	11.3
陕西	720.2	499.8	220.4
甘肃	381.0	257.7	123.3
青海	116.3	76.8	39.5
宁夏	162.4	121.2	41.2
新疆	661.2	477.4	183.7

表 5-11　　分地区基本医疗保险参保人数

（2022 年）

单位：万人

地区	合计	职工	城乡居民
全国	**134 592.5**	**36 243.4**	**98 349.1**
北京	1 900.5	1 496.2	404.3
天津	1 176.4	642.6	533.8
河北	7 020.3	1 238.3	5 782.0
山西	3 222.7	739.2	2 483.5
内蒙古	2 169.9	586.8	1 583.1
辽宁	3 748.6	1 580.9	2 167.7
吉林	2 262.6	545.2	1 717.5
黑龙江	2 767.8	890.2	1 877.5
上海	1 989.6	1 623.7	365.8
江苏	8 119.5	3 388.5	4 731.0
浙江	5 577.2	2 855.8	2 721.4
安徽	6 506.7	1 063.3	5 443.4
福建	3 863.5	972.2	2 891.3
江西	4 648.2	646.1	4 002.2
山东	9 633.1	2 498.3	7 134.8
河南	10 093.9	1 395.7	8 698.2
湖北	5 593.0	1 240.4	4 352.6
湖南	6 523.2	1 052.6	5 470.6
广东	11 153.2	4 856.0	6 297.2
广西	5 201.9	730.4	4 471.5
海南	920.9	250.5	670.3
重庆	3 206.6	808.5	2 398.2
四川	8 393.9	1 967.2	6 426.7
贵州	4 221.2	494.1	3 727.2
云南	4 559.8	584.0	3 975.8
西藏	339.6	55.6	284.0
陕西	3 668.3	720.2	2 948.1
甘肃	2 555.1	381.0	2 174.2
青海	559.6	116.3	443.3
宁夏	662.8	162.4	500.4
新疆	2 332.9	661.2	1 671.7

表 5-12　　分地区基本医疗保险基金收支情况

(2022 年)

单位：亿元

地区	基金收入			基金支出			累计结余		
	合计	职工	居民	合计	职工	居民	合计	职工	居民
全国	**30 922.2**	**20 793.3**	**10 128.9**	**24 597.2**	**15 243.8**	**9 353.4**	**42 639.9**	**35 105.8**	**7 534.1**
北京	1 873.0	1 758.6	114.3	1 263.4	1 164.4	99.0	2 283.8	2 207.3	76.5
天津	479.8	424.4	55.5	405.7	335.3	70.4	541.9	463.3	78.6
河北	1 216.7	666.3	550.4	992.1	485.7	506.4	1 609.6	1 248.6	361.0
山西	592.9	354.7	238.2	477.8	274.1	203.7	785.1	587.5	197.6
内蒙古	511.2	339.4	171.7	369.3	238.0	131.3	738.4	580.9	157.5
辽宁	865.7	654.4	211.3	772.5	571.7	200.8	974.5	762.1	212.4
吉林	373.6	224.0	149.7	333.9	187.4	146.5	580.9	449.0	131.9
黑龙江	590.1	388.4	201.7	503.2	330.9	172.4	868.9	647.3	221.6
上海	1 820.3	1 719.4	100.9	1 184.1	1 089.4	94.7	4 539.5	4 506.0	33.5
江苏	2 316.0	1 760.5	555.5	1 912.3	1 362.0	550.3	3 029.4	2 747.3	282.1
浙江	2 156.0	1 657.8	498.3	1 664.6	1 198.3	466.2	3 363.9	3 070.9	293.0
安徽	969.2	463.9	505.2	793.4	315.1	478.3	1 043.3	781.2	262.1
福建	789.6	499.9	289.7	652.4	383.2	269.2	1 100.8	970.7	130.1
江西	698.2	296.8	401.4	592.4	234.9	357.5	836.7	494.4	342.3
山东	2 102.0	1 393.5	708.5	1 810.0	1 113.7	696.4	2 051.1	1 615.2	436.0
河南	1 455.9	631.0	824.9	1 293.0	497.8	795.2	1 343.9	994.1	349.8
湖北	1 107.5	685.3	422.2	906.8	513.1	393.7	1 243.4	926.5	316.9
湖南	1 073.6	536.6	537.0	873.9	398.5	475.4	1 260.2	905.5	354.7
广东	2 907.8	2 207.4	700.4	2 315.7	1 674.4	641.2	4 785.9	3 955.7	830.2
广西	785.3	365.9	419.4	702.8	290.0	412.8	996.4	589.3	407.1
海南	203.8	137.8	66.0	146.7	87.5	59.2	334.9	265.6	69.3
重庆	707.8	461.0	246.8	587.6	343.3	244.3	736.0	563.0	172.9
四川	1 714.4	1 087.4	627.0	1 328.8	736.3	592.5	2 636.0	2 100.4	535.6
贵州	649.8	287.7	362.1	535.4	222.0	313.3	761.6	445.2	316.4
云南	782.4	394.4	388.0	678.5	316.7	361.8	957.7	691.5	266.2
西藏	90.5	65.5	25.0	43.9	27.3	16.7	240.8	213.1	27.7
陕西	798.4	508.4	290.0	538.5	305.3	233.3	1 030.6	808.7	221.9
甘肃	402.1	197.9	204.2	282.7	133.5	149.2	491.1	318.2	172.9
青海	150.9	103.5	47.4	103.3	66.8	36.5	262.9	205.4	57.4
宁夏	167.6	116.3	51.3	99.5	58.1	41.4	246.4	198.9	47.5
新疆	570.2	405.2	165.0	433.2	289.1	144.1	964.2	792.6	171.6

注：基本医疗保险基金收支结余中含生育保险基金。

表 5-13　　历年分地区失业保险参保人数　　单位：万人

地区	2001 年		2002 年		2003 年		2004 年		2005 年	
	年末参保人数	年末领取失业保险金人数	年末参保人数	年末领取失业保险金人数	年末参保人数	年末领取失业保险金人数	年末参保人数	年末领取失业保险金人数	年末参保人数	年末领取失业保险金人数
全国	**10 355**	**312**	**10 182**	**440**	**10 373**	**415**	**10 584**	**419**	**10 648**	**362**
北京	287.2	5.5	299.6	4.8	306.6	5.2	308.2	3.8	357.5	3.5
天津	214.3	10.8	196.3	12.4	193.5	9.4	195.1	5.1	197.5	3.8
河北	513.2	7.3	488.6	7.2	484.2	8.3	479.0	11.0	461.2	13.3
山西	286.0	5.9	278.9	4.5	284.1	5.7	286.5	5.4	288.5	4.8
内蒙古	217.7	5.4	219.7	7.1	221.6	5.7	222.3	5.8	222.2	4.9
辽宁	656.7	20.3	591.2	82.2	622.2	67.0	616.2	81.7	607.7	46.5
吉林	283.8	13.2	284.0	15.6	292.9	16.2	282.2	12.2	199.4	7.5
黑龙江	532.6	12.5	466.0	19.6	479.0	12.6	475.8	9.7	459.6	10.3
上海	430.7	13.1	436.0	14.4	441.1	14.0	487.8	15.9	466.1	17.8
江苏	766.5	39.5	735.6	49.7	761.6	48.9	797.1	43.6	838.3	30.2
浙江	391.1	33.0	390.0	27.5	396.8	17.4	428.4	11.3	444.7	7.2
安徽	375.2	11.5	378.8	17.5	380.8	23.4	371.1	26.4	360.3	24.3
福建	239.6	9.6	249.5	11.1	266.4	10.0	266.4	9.5	266.6	8.6
江西	235.9	2.1	226.7	3.9	215.5	5.9	226.6	7.2	230.7	6.0
山东	700.2	20.5	701.2	30.1	719.1	30.1	747.5	30.6	771.1	32.2
河南	676.1	10.0	670.4	16.8	680.0	18.7	681.6	22.3	681.9	29.2
湖北	420.8	26.1	416.1	25.1	390.1	18.7	391.3	17.0	391.5	14.8
湖南	352.0	4.4	326.6	7.9	347.5	10.5	380.5	9.8	382.7	11.3
广东	819.5	21.2	890.2	26.2	954.1	25.9	1 005.8	23.4	1 099.1	20.4
广西	217.7	5.0	215.5	7.6	219.1	8.9	226.4	9.8	219.9	9.4
海南	56.1	0.7	60.2	1.7	57.7	1.8	57.9	2.1	56.7	2.0
重庆	210.0	7.7	205.3	9.1	199.5	8.1	193.4	9.2	188.2	6.4
四川	412.2	11.9	402.9	14.0	400.0	12.6	398.6	12.6	380.5	15.6
贵州	136.4	1.2	132.2	1.6	128.0	1.3	129.9	1.2	129.3	1.3
云南	190.7	3.6	183.2	4.6	183.0	6.6	173.2	10.5	180.3	9.1
西藏	6.3		7.1		7.1		6.7		6.7	
陕西	304.9	3.5	315.7	7.3	323.3	8.2	325.5	7.2	326.7	8.6
甘肃	162.7	1.1	161.0	2.7	162.1	3.8	161.0	4.3	160.0	5.4
青海	35.7	1.4	32.2	1.0	33.2	1.3	33.1	1.2	33.2	1.1
宁夏	34.7	0.7	35.7	0.8	36.3	1.0	36.4	1.2	37.2	1.2
新疆	188.2	3.9	185.2	5.7	186.5	7.4	192.4	7.7	202.4	5.6

续表

地区	2006年		2007年		2008年		2009年		2010年	
	年末参保人数	年末领取失业保险金人数	年末参保人数	年末领取失业保险金人数	年末参保人数	年末领取失业保险金人数	年末参保人数	年末领取失业保险金人数	年末参保人数	年末领取失业保险金人数
全国	**11 187**	**327**	**11 645**	**286**	**12 400**	**261**	**12 715**	**235**	**13 376**	**209**
北京	482.2	3.1	535.3	3.0	614.3	2.6	675.7	1.8	774.2	1.6
天津	216.7	3.6	221.5	3.3	232.5	3.2	239.2	3.1	246.1	3.5
河北	470.8	13.4	473.3	11.6	481.7	9.8	484.4	10.4	493.4	9.0
山西	296.0	5.2	299.0	6.0	312.2	7.3	293.3	6.1	305.7	4.6
内蒙古	223.5	5.0	223.7	4.7	225.5	3.1	229.7	2.5	230.9	2.1
辽宁	614.1	25.9	622.1	19.6	622.7	15.7	625.3	13.4	626.9	11.4
吉林	224.4	10.2	228.7	13.9	233.7	16.5	241.4	14.3	245.1	7.8
黑龙江	457.5	17.8	464.1	15.3	467.6	10.3	471.3	9.3	472.9	8.8
上海	476.4	18.5	491.5	14.9	511.8	14.0	523.5	14.6	556.2	11.6
江苏	901.1	22.7	968.5	21.2	1 052.2	21.5	1 079.1	19.7	1 153.8	19.7
浙江	504.4	6.5	584.7	6.3	731.1	6.3	784.5	5.5	875.0	5.8
安徽	362.6	17.9	364.5	14.1	373.1	12.8	377.8	10.5	384.0	7.8
福建	293.1	6.8	318.2	5.7	338.7	4.6	348.1	3.6	374.2	3.2
江西	241.0	4.9	251.5	5.3	266.3	3.4	275.5	3.4	265.3	8.2
山东	789.7	30.3	814.9	27.8	864.1	24.9	899.5	23.0	931.2	20.7
河南	682.8	28.0	682.9	21.6	683.4	18.4	690.2	16.7	696.7	14.7
湖北	395.5	12.0	405.7	8.9	422.9	7.4	440.3	7.0	469.7	6.4
湖南	386.3	10.2	389.0	8.6	390.1	8.3	392.0	8.3	399.5	6.9
广东	1 208.2	16.7	1 295.5	14.3	1 471.9	13.7	1 470.7	12.8	1 627.3	10.6
广西	222.3	8.1	223.8	7.2	234.6	8.0	237.0	7.6	238.4	6.2
海南	59.1	2.3	66.2	2.5	84.7	3.3	97.5	2.8	112.5	1.6
重庆	193.0	4.8	196.7	4.1	210.1	4.4	215.9	4.7	237.4	3.7
四川	400.0	16.3	418.2	11.3	436.9	12.2	463.5	10.0	464.7	9.1
贵州	131.1	1.5	134.5	1.4	141.4	1.3	144.6	1.1	152.5	1.2
云南	183.0	6.4	185.8	4.3	191.9	3.7	198.7	3.5	209.6	3.2
西藏	7.5		7.2	0.0	7.8	0.0	8.8	0.0	9.3	0.0
陕西	326.5	14.1	327.2	13.6	329.3	9.1	331.0	9.3	331.6	7.5
甘肃	160.5	7.5	161.8	7.1	162.6	5.6	164.1	3.7	164.2	2.4
青海	34.0	1.0	34.7	2.1	35.4	2.3	36.0	1.0	36.6	0.4
宁夏	38.3	1.2	40.1	1.5	44.4	1.4	44.9	1.1	47.6	1.0
新疆	205.4	4.8	213.6	4.7	224.8	6.1	231.8	4.9	242.9	8.3

续表

地区	2011年		2012年		2013年		2014年		2015年	
	年末参保人数	年末领取失业保险金人数	年末参保人数	年末领取失业保险金人数	年末参保人数	年末领取失业保险金人数	年末参保人数	年末领取失业保险金人数	年末参保人数	年末领取失业保险金人数
全国	**14 317**	**197**	**15 225**	**204**	**16 417**	**197**	**17 043**	**207**	**17 326**	**227**
北京	881.0	2.0	1 006.7	2.3	1 025.1	2.4	1 057.1	3.0	1 082.3	3.4
天津	258.8	2.8	268.7	2.0	278.7	2.0	287.6	2.6	295.3	7.1
河北	498.7	8.4	501.7	7.9	505.0	7.1	508.7	7.1	511.0	8.0
山西	309.4	4.3	391.0	3.8	400.7	3.1	407.7	3.0	411.3	3.1
内蒙古	232.5	2.5	232.8	2.5	233.4	2.3	236.3	2.4	242.1	2.9
辽宁	632.3	9.7	660.7	7.4	663.2	7.6	664.3	8.5	665.3	9.7
吉林	247.2	5.1	251.5	4.6	258.8	6.0	258.7	2.2	261.2	2.2
黑龙江	474.5	7.1	476.2	7.7	477.4	7.1	478.4	4.8	312.8	3.7
上海	604.2	11.2	617.4	10.9	625.7	9.9	634.1	9.8	641.8	9.5
江苏	1 238.2	29.9	1 332.2	32.7	1 389.3	29.9	1 442.7	32.1	1 490.9	34.2
浙江	980.6	7.4	1 065.6	7.0	1 144.3	7.8	1 210.3	8.2	1 260.2	9.0
安徽	397.7	6.7	402.2	6.1	409.0	6.1	422.0	6.5	436.6	7.7
福建	430.9	3.6	459.1	4.6	496.7	4.2	524.1	4.5	546.3	5.0
江西	263.5	5.4	272.2	3.3	271.1	1.5	271.8	1.3	281.5	1.4
山东	964.9	19.8	1 009.8	19.1	1 089.6	17.8	1 154.3	19.9	1 203.8	21.6
河南	701.2	13.3	724.2	11.4	741.3	10.5	773.3	10.2	783.3	8.3
湖北	498.2	5.1	508.6	4.8	511.3	5.2	519.0	5.6	528.4	6.0
湖南	415.6	7.0	449.9	6.0	461.7	6.1	509.5	6.9	521.2	6.7
广东	1 875.4	10.5	2 008.7	9.8	2 702.2	8.8	2 840.2	10.9	2 930.1	13.9
广西	240.8	5.2	243.4	5.5	253.4	5.6	259.0	6.1	273.2	6.2
海南	126.0	1.8	139.5	1.8	150.8	2.1	157.5	2.0	164.8	2.0
重庆	268.6	2.9	323.5	2.8	389.7	3.4	439.1	2.8	439.5	3.5
四川	536.8	8.1	585.5	24.5	613.5	24.1	635.8	29.8	661.0	33.2
贵州	160.5	1.1	173.5	1.0	185.2	1.3	191.9	1.5	205.3	1.7
云南	216.8	3.3	224.7	3.8	232.5	4.5	236.9	5.3	243.3	5.9
西藏	9.6	0.0	10.6		11.0	0.002	12.5	0.004	11.4	0.01
陕西	332.2	4.5	339.1	3.5	339.7	3.2	344.3	2.9	347.7	3.0
甘肃	163.8	1.5	163.6	1.2	163.1	1.0	162.4	1.0	162.8	1.0
青海	37.3	0.6	37.9	0.7	38.5	0.5	39.3	0.4	40.1	0.4
宁夏	60.0	1.2	70.5	1.1	71.3	1.1	73.5	1.3	76.6	1.3
新疆	260.2	5.0	273.7	4.2	283.9	4.8	290.2	4.7	294.9	4.9

续表

地区	2016年		2017年		2018年		2019年	
	年末参保人数	年末领取失业保险金人数	年末参保人数	年末领取失业保险金人数	年末参保人数	年末领取失业保险金人数	年末参保人数	年末领取失业保险金人数
全国	**18 089**	**230**	**18 784**	**220**	**19 643**	**223**	**20 543**	**228**
北京	1 115.0	3.7	1 170.9	3.9	1 240.7	3.8	1 294.8	4.0
天津	302.5	7.4	311.3	8.4	323.4	6.9	335.5	6.6
河北	515.9	7.9	529.7	7.2	546.0	6.8	554.1	6.7
山西	415.2	3.0	420.6	3.0	431.1	2.9	443.9	3.1
内蒙古	241.1	3.0	247.1	2.5	255.5	2.5	267.4	2.3
辽宁	665.4	10.7	679.9	10.5	679.6	11.2	668.2	12.6
吉林	262.0	2.7	263.7	2.8	269.5	2.4	273.6	2.5
黑龙江	313.2	3.9	315.1	4.1	318.0	3.5	324.0	3.3
上海	947.3	10.5	961.8	11.1	977.2	10.8	984.9	10.6
江苏	1 538.1	34.0	1 583.0	32.1	1 671.3	30.4	1 794.2	30.6
浙江	1 317.0	9.0	1 380.9	8.9	1 478.4	13.0	1 561.7	13.6
安徽	448.5	8.8	472.4	8.1	505.5	7.5	518.8	7.2
福建	575.5	5.2	612.3	4.9	570.3	5.0	610.6	5.9
江西	282.6	1.6	286.3	1.7	288.0	1.7	289.7	1.6
山东	1 222.9	22.0	1 268.3	20.1	1 318.5	18.7	1 366.0	17.7
河南	788.1	7.6	805.6	7.5	819.9	7.2	837.3	6.8
湖北	541.9	6.9	561.3	6.4	590.8	6.1	619.5	6.2
湖南	537.5	7.0	563.7	6.8	584.2	5.9	606.6	6.3
广东	3 020.1	15.4	3 163.7	14.6	3 361.7	16.2	3 498.8	17.5
广西	283.7	5.9	302.1	5.4	323.5	5.5	363.0	5.5
海南	170.2	2.2	168.1	2.2	173.4	2.3	178.6	2.6
重庆	447.1	4.2	466.3	3.9	489.8	3.4	515.0	5.6
四川	702.0	29.8	776.7	27.4	875.1	33.2	953.5	32.7
贵州	218.1	2.4	235.7	2.2	257.3	2.3	276.1	2.7
云南	251.2	5.6	259.8	5.1	273.1	4.9	289.2	5.1
西藏	15.19	0.003	15.2	0.002	17.7	0.004	25.3	0.006
陕西	352.2	2.8	356.5	2.9	372.4	2.9	426.4	3.2
甘肃	164.3	1.1	165.4	0.9	168.3	1.0	173.0	0.8
青海	40.8	0.4	41.5	0.3	42.3	0.3	43.8	0.3
宁夏	95.6	1.3	88.5	1.2	92.0	1.2	97.4	1.6
新疆	298.7	4.5	310.8	4.0	328.8	3.4	352.1	3.1

续表

地区	2020 年		2021 年		2022 年	
	年末参保人数	年末领取失业保险金人数	年末参保人数	年末领取失业保险金人数	年末参保人数	年末领取失业保险金人数
全国	**21 689**	**270**	**22 958**	**259**	**23 807**	**297**
北京	1 318. 4	9. 6	1 359. 0	8. 4	1 391. 4	16. 6
天津	349. 1	6. 6	372. 3	7. 7	392. 2	9. 3
河北	691. 5	6. 8	747. 4	7. 0	795. 4	6. 5
山西	469. 4	3. 2	504. 5	3. 7	531. 5	3. 2
内蒙古	276. 5	2. 7	290. 9	2. 9	308. 4	3. 2
辽宁	677. 0	18. 4	690. 9	19. 2	677. 9	19. 9
吉林	270. 7	2. 4	278. 0	2. 6	281. 1	3. 1
黑龙江	326. 1	3. 5	329. 5	3. 7	332. 2	3. 3
上海	987. 6	31. 5	1 021. 3	16. 6	1 014. 7	20. 3
江苏	1 887. 0	33. 2	1 967. 0	29. 2	2 027. 1	28. 3
浙江	1 687. 8	16. 9	1 793. 5	20. 0	1 850. 9	25. 9
安徽	564. 2	7. 5	616. 6	7. 4	663. 6	8. 0
福建	664. 4	6. 3	716. 7	6. 0	761. 3	6. 2
江西	291. 9	1. 8	308. 0	2. 4	357. 5	2. 6
山东	1 466. 1	19. 3	1 542. 7	23. 2	1 593. 5	24. 6
河南	885. 9	9. 4	1 004. 9	9. 4	1 092. 7	9. 1
湖北	651. 3	7. 5	698. 7	7. 1	735. 6	8. 2
湖南	640. 9	7. 8	687. 4	6. 3	723. 9	7. 3
广东	3 603. 4	26. 4	3 725. 1	25. 8	3 751. 1	32. 8
广西	410. 6	6. 7	475. 0	6. 8	509. 4	7. 3
海南	194. 6	3. 1	205. 6	2. 9	220. 4	3. 6
重庆	548. 5	6. 4	598. 3	7. 6	614. 2	8. 4
四川	1 045. 7	11. 8	1 128. 9	12. 6	1 179. 0	16. 1
贵州	297. 9	4. 2	320. 9	3. 7	338. 7	3. 9
云南	307. 4	6. 6	329. 8	6. 4	357. 5	7. 6
西藏	26. 7	0. 1	29. 6	0. 1	31. 0	0. 1
陕西	439. 9	3. 9	468. 7	3. 9	492. 5	4. 1
甘肃	187. 4	0. 8	196. 1	0. 8	202. 8	0. 8
青海	46. 5	0. 4	55. 0	0. 4	63. 4	0. 4
宁夏	102. 7	1. 5	108. 5	1. 6	117. 4	1. 6
新疆	372. 4	3. 9	387. 2	3. 5	398. 1	4. 1

表 5-14　分地区失业保险基金收支情况

（2022 年）

单位：亿元

地区	基金收入	基金支出	累计结余
全国	**1 596.1**	**2 017.8**	**2 890.8**
北京	144.6	153.6	104.9
天津	31.3	49.5	25.3
河北	49.0	67.1	123.2
山西	33.9	46.5	149.7
内蒙古	27.0	37.3	107.2
辽宁	44.4	69.6	93.0
吉林	22.2	33.1	66.9
黑龙江	23.5	23.4	109.4
上海	138.6	102.8	87.1
江苏	156.2	166.0	238.6
浙江	123.3	188.5	134.5
安徽	46.3	52.2	81.8
福建	37.6	36.7	85.5
江西	21.6	27.6	60.2
山东	108.9	104.9	182.4
河南	50.8	40.5	91.5
湖北	52.6	43.5	116.6
湖南	34.6	42.2	105.8
广东	134.8	393.6	179.9
广西	35.4	40.1	88.2
海南	11.0	17.8	14.2
重庆	32.6	35.6	38.9
四川	81.7	69.8	191.0
贵州	24.0	30.4	55.5
云南	27.1	31.8	89.7
西藏	4.3	3.1	26.5
陕西	37.4	33.6	55.7
甘肃	16.1	19.1	70.4
青海	6.0	6.1	24.7
宁夏	8.2	8.1	23.3
新疆	30.9	43.8	69.2

注：新疆数据含新疆兵团。

表 5-15　　历年分地区工伤保险基本情况　　单位：万人

地区	2001 年		2002 年		2003 年		2004 年		2005 年	
	参保人数	享受待遇人数	参保人数	享受待遇人数	参保人数	享受待遇人数	参保人数	享受待遇人数	参保人数	享受待遇人数
全国	**4 345**	**19**	**4 406**	**27**	**4 575**	**33**	**6 845**	**52**	**8 478**	**65**
北京	204.7	0.1	221.1	0.7	242.9	1.2	258.9	2.5	303.9	3.0
天津							147.2	0.1	162.9	0.9
河北	163.1	0.8	146.7	0.4	145.7	0.4	273.9	0.9	361.4	1.3
山西	71.8	0.0	46.3	0.1	48.4	0.0	104.0	0.1	151.4	0.5
内蒙古	26.7	0.5	23.8	0.2	31.8	0.3	85.0	0.5	110.2	0.7
辽宁	390.6	5.0	390.5	6.0	345.8	7.3	404.2	8.2	474.6	9.1
吉林	30.7	1.1	36.6	1.5	37.1	1.2	114.3	3.1	136.7	2.2
黑龙江	104.4	0.1	119.0	0.9	130.9	1.1	202.7	4.3	257.5	3.8
上海							488.3	0.1	523.7	0.5
江苏	473.9	0.7	480.0	1.3	503.0	1.7	577.2	2.7	680.2	3.7
浙江	219.7	0.6	226.0	1.0	287.7	1.4	360.4	2.7	453.1	4.8
安徽	73.4	0.2	69.8	0.3	68.0	0.4	102.0	0.5	148.2	1.7
福建	159.0	0.2	170.7	0.3	172.3	0.6	205.4	0.8	239.1	1.3
江西	137.8	0.2	129.3	0.2	129.7	0.3	134.7	0.4	153.6	0.8
山东	285.5	0.6	277.7	1.1	281.8	1.5	476.7	4.7	578.7	5.7
河南	196.0	0.5	218.8	0.7	210.6	0.5	324.7	1.1	404.0	1.5
湖北	182.3	1.3	183.2	1.7	189.2	1.4	187.2	1.8	230.3	1.1
湖南					8.6	0.0	203.3	0.3	228.2	0.7
广东	990.1	5.2	1 049.9	8.0	1 120.0	9.7	1 215.1	11.3	1 605.1	12.9
广西	124.1	0.1	117.3	0.2	120.3	0.3	133.5	0.7	144.4	0.8
海南	69.5	0.0	68.9	0.1	68.2	0.1	64.5	0.1	68.9	0.1
重庆	25.0	0.1	29.7	0.1	26.5	0.2	122.6	0.4	154.1	1.2
四川	179.3	0.5	167.4	0.6	161.4	1.2	195.6	1.6	270.5	2.0
贵州	1.7	0.0	1.3	0.0	1.3	0.0	1.2	0.0	65.8	0.1
云南	97.3	0.6	89.0	0.9	84.1	1.2	150.9	1.1	166.9	1.2
西藏									1.9	
陕西	24.5	0.1	25.6	0.0	35.1	0.1	115.1	0.7	149.2	1.8
甘肃	9.5	0.0	8.7	0.0	8.0	0.0	42.0	0.1	70.1	0.4
青海	7.1	0.0	6.6	0.0	6.6	0.0	15.7	0.1	20.5	0.3
宁夏	11.4	0.0	16.0	0.0	15.2	0.1	19.1	0.3	23.5	0.3
新疆	86.3	0.1	86.0	0.1	94.6	0.5	119.5	0.7	139.1	0.9

续表

地区	2006年		2007年		2008年		2009年		2010年	
	参保人数	享受待遇人数	参保人数	享受待遇人数	参保人数	享受待遇人数	参保人数	享受待遇人数	参保人数	享受待遇人数
全国	**10 268**	**78**	**12 173**	**96**	**13 787**	**118**	**14 896**	**130**	**16 161**	**147**
北京	465.3	1.5	609.2	1.6	666.5	1.8	747.1	4.1	823.8	4.4
天津	209.7	1.7	257.2	2.3	274.9	2.7	292.2	3.1	304.5	4.1
河北	402.4	2.4	481.3	6.0	520.8	5.3	559.3	6.0	594.4	7.5
山西	201.4	3.3	229.1	3.9	261.0	4.6	280.7	4.3	292.4	4.9
内蒙古	131.6	0.8	163.6	1.3	185.4	1.4	199.1	1.6	207.5	1.8
辽宁	510.0	8.5	572.3	9.1	659.6	8.5	695.8	9.0	730.0	10.0
吉林	174.7	3.0	206.8	2.6	234.9	4.1	272.2	3.0	300.5	3.7
黑龙江	303.0	3.9	351.7	4.9	390.9	4.5	401.8	5.6	415.1	6.2
上海	817.7	0.7	884.4	0.9	950.4	1.2	934.0	1.3	961.0	1.7
江苏	812.7	5.6	921.0	6.6	1 056.6	8.4	1 118.1	9.3	1 205.5	9.8
浙江	603.9	7.4	1 002.9	11.2	1 261.8	16.9	1 331.1	18.0	1 475.1	20.2
安徽	200.2	2.0	248.7	2.2	292.9	2.9	320.6	3.9	351.1	4.4
福建	261.0	1.5	294.8	1.9	346.1	2.2	379.3	2.3	417.7	2.4
江西	207.9	1.5	251.3	1.7	313.6	2.0	340.2	1.9	371.7	2.7
山东	647.3	5.8	745.0	7.0	865.0	8.8	1 064.6	9.2	1 211.2	10.2
河南	421.0	1.7	448.3	2.6	500.2	3.1	521.0	3.2	551.7	3.0
湖北	275.5	1.5	327.5	2.0	360.9	2.4	410.7	2.7	444.0	3.1
湖南	280.1	2.0	342.4	2.6	403.5	3.9	472.1	5.3	516.0	7.4
广东	1 868.2	13.5	2 113.9	13.8	2 302.3	15.2	2 435.5	15.0	2 657.8	14.7
广西	161.1	0.8	182.4	0.9	204.9	1.1	221.7	1.2	235.7	1.4
海南	71.5	0.2	78.4	0.2	86.1	0.2	90.1	0.3	95.8	0.3
重庆	165.4	1.8	181.1	1.6	208.2	4.2	226.5	4.7	266.0	5.6
四川	304.9	2.3	397.3	3.2	464.6	4.6	515.8	6.1	583.8	6.0
贵州	90.5	0.6	110.5	0.9	129.0	1.1	143.3	1.4	162.2	1.9
云南	173.8	1.1	188.5	1.6	202.5	2.3	215.1	2.4	227.4	4.6
西藏	2.3	0.0	3.7	0.0	5.9	0.0	8.3		8.8	0.0
陕西	210.3	0.7	232.0	1.0	247.6	1.4	264.9	1.4	278.6	1.6
甘肃	86.3	0.3	98.2	0.4	108.9	0.8	119.7	0.8	130.1	1.1
青海	23.1	0.4	25.3	0.4	29.9	0.5	40.1	0.5	43.2	0.5
宁夏	24.2	0.3	30.5	0.1	37.5	0.2	42.4	0.2	48.9	0.3
新疆	161.3	1.2	194.1	1.4	214.5	1.6	232.3	1.9	249.3	2.0

续表

地区	2011年		2012年		2013年		2014年		2015年	
	参保人数	享受待遇人数	参保人数	享受待遇人数	参保人数	享受待遇人数	参保人数	享受待遇人数	参保人数	享受待遇人数
全国	**17 696**	**163**	**19 010**	**191**	**19 917**	**195**	**20 639**	**198**	**21 432**	**202**
北京	862.4	4.7	897.2	4.8	920.3	4.8	961.0	5.0	1 020.1	4.7
天津	320.4	3.8	330.1	3.4	335.1	3.3	345.2	3.3	385.6	3.4
河北	640.4	8.6	694.8	9.1	737.0	10.5	778.7	10.4	809.7	9.6
山西	337.6	5.5	529.6	8.4	550.0	9.7	563.1	11.1	573.1	10.1
内蒙古	225.3	3.2	248.9	2.5	277.4	2.2	289.9	2.3	297.1	2.4
辽宁	779.1	11.3	819.1	14.0	856.7	13.2	903.1	13.2	918.6	13.8
吉林	331.6	3.3	359.4	4.2	392.1	5.3	415.6	4.6	435.6	11.3
黑龙江	450.0	8.2	470.6	6.8	493.1	7.2	505.5	6.3	512.0	6.5
上海	939.5	2.5	898.9	6.1	904.1	6.6	920.5	6.9	932.9	7.0
江苏	1 327.0	10.7	1 420.7	12.3	1 487.3	13.6	1 540.1	14.3	1 594.1	14.7
浙江	1 610.8	22.2	1 731.7	23.8	1 826.1	22.6	1 899.4	22.6	1 930.1	20.4
安徽	422.0	5.6	457.9	8.8	473.2	8.1	508.3	8.3	528.9	8.3
福建	496.9	2.8	540.9	3.4	607.5	3.5	627.3	3.9	691.0	3.9
江西	387.9	3.0	410.9	5.5	431.5	4.5	461.2	4.7	500.6	4.6
山东	1 276.1	10.8	1 339.6	11.9	1 371.9	11.2	1 421.5	11.8	1 473.5	11.1
河南	655.5	3.5	720.6	4.8	773.1	4.6	805.7	4.6	856.7	5.0
湖北	481.0	4.5	522.6	4.0	556.9	5.7	576.7	4.9	640.1	4.9
湖南	635.5	7.0	693.8	7.8	731.2	8.3	747.9	8.7	778.0	9.3
广东	2 847.8	15.4	2 962.8	16.7	3 057.3	16.7	3 092.6	17.1	3 122.7	16.8
广西	272.5	1.5	312.4	1.8	325.6	1.9	338.2	1.8	360.5	1.9
海南	104.0	0.3	119.5	0.4	123.4	0.3	126.1	0.3	131.5	0.3
重庆	337.1	6.2	374.9	8.0	406.8	8.0	426.1	8.1	428.5	7.5
四川	650.8	6.5	689.4	8.0	690.1	8.3	709.7	8.6	753.2	7.9
贵州	194.0	2.2	238.2	2.7	260.4	2.3	275.4	2.3	290.2	2.8
云南	243.4	3.6	295.3	4.0	334.3	4.4	341.7	4.0	368.1	4.3
西藏	11.8	0.0	14.2	0.1	14.8	0.0	24.3	0.1	26.9	0.1
陕西	326.8	1.9	350.4	2.2	378.1	3.0	404.0	2.9	427.3	3.0
甘肃	150.2	1.4	158.5	1.8	167.7	1.8	175.1	2.2	182.6	2.3
青海	45.6	0.5	49.2	0.6	52.3	0.6	54.7	0.6	58.0	0.5
宁夏	58.3	0.3	63.9	0.4	72.7	0.5	82.2	0.5	80.8	0.6
新疆	274.6	2.0	294.1	2.4	309.5	2.5	318.2	2.8	324.4	2.9

续表

地区	2016年		2017年		2018年		2019年	
	参保人数	享受待遇人数	参保人数	享受待遇人数	参保人数	享受待遇人数	参保人数	享受待遇人数
全国	**21 889**	**196**	**22 724**	**193**	**23 874**	**199**	**25 478**	**194**
北京	1 060.2	4.6	1 117.9	4.4	1 187.0	4.4	1 242.2	4.4
天津	388.1	3.4	395.3	3.6	398.5	3.7	400.2	4.0
河北	840.0	9.8	860.7	10.0	880.3	10.3	951.4	10.0
山西	576.0	11.4	582.6	6.3	596.6	6.8	624.2	7.4
内蒙古	303.2	2.7	307.8	2.4	325.5	2.4	338.2	2.4
辽宁	886.6	13.8	862.1	13.8	841.1	13.7	816.8	13.1
吉林	440.7	4.9	441.4	5.1	441.4	3.9	445.9	3.9
黑龙江	522.2	6.5	519.1	6.2	520.1	6.9	464.1	5.9
上海	943.5	6.5	958.1	6.4	972.9	6.5	1 084.1	6.4
江苏	1 633.9	15.1	1 690.2	14.3	1 777.5	14.8	2 016.3	15.1
浙江	1 880.7	18.7	1 977.2	19.4	2 087.8	21.6	2 257.4	22.2
安徽	544.6	8.7	565.5	10.5	603.5	11.3	639.1	7.0
福建	733.8	4.2	798.7	4.3	853.9	4.7	891.1	4.8
江西	502.1	4.5	517.1	5.1	534.6	5.2	539.4	4.2
山东	1 510.9	11.1	1 569.1	11.1	1 633.0	11.4	1 710.7	11.9
河南	877.0	4.8	900.9	5.4	926.3	5.6	966.2	4.6
湖北	651.1	7.9	656.6	6.5	675.6	5.3	717.3	5.0
湖南	773.3	11.1	782.8	11.9	793.8	13.2	807.6	13.4
广东	3 246.2	14.5	3 402.0	14.5	3 592.5	14.5	3 815.8	15.6
广西	374.1	1.8	388.8	1.6	412.6	1.7	442.2	1.8
海南	137.4	0.3	141.4	0.4	152.9	0.4	159.6	0.4
重庆	454.9	7.0	504.6	6.7	577.1	6.4	661.7	6.2
四川	799.1	7.6	876.0	7.6	1 012.6	8.2	1 177.1	8.6
贵州	305.0	2.5	332.5	2.4	355.8	2.4	408.5	2.6
云南	372.8	3.7	383.7	4.4	403.3	4.3	438.5	4.9
西藏	26.9	0.1	33.4	0.1	35.7	0.1	36.8	0.1
陕西	441.6	3.0	459.3	2.8	528.0	3.1	577.4	3.0
甘肃	188.4	2.5	198.6	1.9	219.4	2.0	244.1	1.5
青海	59.8	0.5	64.9	0.5	69.2	0.5	74.0	0.5
宁夏	83.5	0.5	90.3	0.5	93.3	0.6	119.6	0.6
新疆	331.9	2.4	345.1	2.5	372.4	2.4	410.2	2.6

续表

地区	2020年		2021年		2022年	
	参保人数	享受待遇人数	参保人数	享受待遇人数	参保人数	享受待遇人数
全国	**26 763**	**188**	**28 287**	**206**	**29 117**	**204**
北京	1 267.2	3.9	1 307.2	4.6	1 337.0	4.6
天津	405.6	3.8	408.4	4.1	410.5	4.1
河北	1 069.4	9.7	1 084.7	9.9	1 105.9	9.5
山西	629.5	7.6	640.1	8.2	664.4	8.2
内蒙古	336.0	3.3	338.2	2.5	349.9	2.3
辽宁	807.1	12.9	807.9	12.1	810.3	11.4
吉林	384.5	6.4	392.4	5.9	394.5	5.6
黑龙江	442.6	4.6	444.4	4.4	448.8	3.2
上海	1 082.2	5.7	1 097.3	6.2	1 072.0	5.3
江苏	2 130.8	14.7	2 340.6	16.4	2 401.0	18.1
浙江	2 546.1	17.2	2 741.6	19.3	2 766.7	20.3
安徽	683.9	6.8	718.0	7.4	818.1	6.9
福建	936.8	4.8	984.4	5.1	1 040.0	5.2
江西	558.0	4.7	563.5	5.1	558.0	4.8
山东	1 822.1	12.4	1 921.9	13.8	2 020.8	13.6
河南	1 000.0	4.7	1 045.4	6.9	1 068.1	6.7
湖北	745.8	4.5	828.3	5.4	872.9	5.6
湖南	820.5	12.3	853.8	15.3	895.5	14.4
广东	3 866.7	14.7	4 068.6	17.1	4 083.4	18.9
广西	485.6	2.0	551.3	2.2	601.3	2.1
海南	170.1	0.4	184.9	0.4	194.5	0.4
重庆	729.9	6.0	765.7	7.3	752.8	6.3
四川	1 320.1	7.9	1 472.1	8.9	1 544.8	8.8
贵州	463.8	3.4	529.9	4.2	593.8	3.8
云南	498.8	4.9	541.9	4.1	575.7	4.0
西藏	40.2	0.1	49.6	0.1	51.5	0.1
陕西	604.2	3.2	629.6	3.9	652.4	3.8
甘肃	264.6	1.5	278.7	1.6	287.2	1.7
青海	85.9	0.7	95.9	0.6	111.7	0.5
宁夏	132.6	0.6	143.8	0.6	147.3	1.1
新疆	432.8	2.1	456.1	2.3	485.5	2.2

注：新疆数据含新疆兵团。

表 5-16 分地区工伤保险基金情况

（2022 年）

单位：亿元

地区	基金收入	基金支出	累计结余	储备金结存
全国	**1 053.3**	**1 025.0**	**1 440.1**	**126.9**
北京	54.2	53.2	37.8	17.3
天津	15.7	13.9	14.5	0.8
河北	62.9	50.5	59.1	5.5
山西	49.5	49.4	36.4	0
内蒙古	13.4	13.2	37.8	0
辽宁	43.7	36.1	60.4	0
吉林	8.9	12.1	32.7	0.3
黑龙江	27.4	25.9	33.4	0
上海	45.6	39.2	48.8	12.4
江苏	102.8	97.5	126.3	4.8
浙江	91.9	92.7	70.2	12.4
安徽	33.1	33.6	32.3	0
福建	30.2	33.0	45.2	0
江西	17.5	20.0	51.7	0
山东	72.8	63.6	99.1	0
河南	34.9	29.4	67.4	8.1
湖北	21.2	21.8	35.3	0
湖南	47.0	50.4	83.4	11.0
广东	67.0	105.5	152.3	21.9
广西	13.4	12.2	48.9	4.9
海南	3.7	2.7	20.3	3.5
重庆	30.5	24.2	13.7	0
四川	50.4	47.4	75.9	5.1
贵州	25.3	20.6	19.0	5.4
云南	19.6	19.9	20.4	0.6
西藏	2.2	1.1	8.3	0
陕西	26.2	22.4	42.9	2.5
甘肃	13.1	8.7	22.2	0.4
青海	2.6	3.3	9.0	5.8
宁夏	5.8	5.7	9.0	0
新疆	20.8	15.9	26.2	4.2

注：工伤保险累计结余中含储备金。

表 5-17 **分地区工伤认定情况**

（2022 年）

单位：人

地区	认定工伤人数	视同工伤人数	不予认定工伤人数	当期不予受理申请人数
全国	**1 249 716**	**14 002**	**26 886**	**8 399**
北京	23 555	564	498	75
天津	21 488	250	372	72
河北	45 210	631	1 126	129
山西	26 450	482	440	109
内蒙古	11 634	310	407	165
辽宁	28 310	563	581	139
吉林	7 761	251	98	36
黑龙江	11 377	368	154	113
上海	41 209	420	1 111	203
江苏	154 757	957	2 722	1 036
浙江	190 030	799	804	426
安徽	49 831	350	683	136
福建	42 041	336	699	188
江西	30 859	228	809	367
山东	77 298	1 077	1 198	283
河南	27 355	678	860	310
湖北	32 416	365	985	181
湖南	55 936	564	1 380	188
广东	155 707	1 599	5 061	1 352
广西	17 079	315	807	166
海南	3 257	78	146	9
重庆	38 242	226	741	1 706
四川	54 015	515	1 652	294
贵州	26 247	246	663	178
云南	19 470	419	777	106
西藏	715	20	31	11
陕西	25 162	464	523	129
甘肃	8 515	211	266	67
青海	2 590	85	163	4
宁夏	8 667	98	456	48
新疆	12 533	533	673	173

注：新疆数据含新疆兵团。

表 5-18　　分地区劳动能力鉴定情况

（2022 年）

单位：人

地区	申请鉴定人数						评定伤残等级人数				存在生活自理障碍人数
	小计	初次申请	再次申请	改变结论	复查申请	改变结论	小计	一至四级	五至六级	七至十级	
全国	**810 782**	**792 502**	**15 244**	**2 984**	**3 036**	**1 533**	**740 922**	**9 375**	**9 598**	**721 949**	**4 415**
北京	15 713	15 334	97	4	282	262	13 787	329	189	13 269	99
天津	10 453	10 176	187	60	90	33	9 633	96	118	9 419	75
河北	24 245	23 814	326	59	105	55	23 066	353	381	22 332	163
山西	18 549	18 233	219	113	97	60	17 365	555	510	16 300	260
内蒙古	8 313	7 932	260	65	121	22	7 559	229	182	7 148	84
辽宁	16 095	15 607	319	45	169	62	14 247	230	215	13 802	139
吉林	5 746	5 521	192	50	33	7	5 108	94	99	4 915	65
黑龙江	10 016	9 333	310	53	373	152	9 212	492	439	8 281	107
上海	31 371	30 873	462	68	36	20	28 466	105	131	28 230	80
江苏	107 859	107 401	363	29	95	32	99 739	542	786	98 411	337
浙江	137 632	136 029	1 553	328	50	32	128 704	544	1 104	127 056	363
安徽	33 239	31 686	1 422	217	131	45	30 497	422	375	29 700	203
福建	28 862	27 521	1 184	252	157	147	23 320	689	385	22 246	147
江西	18 927	17 905	942	183	80	45	16 724	210	272	16 242	63
山东	42 178	40 853	1 066	144	259	93	38 584	790	664	37 130	376
河南	11 094	10 640	403	119	51	19	10 305	275	237	9 793	104
湖北	16 387	15 799	522	106	66	24	15 080	193	183	14 704	153
湖南	36 574	35 892	563	119	119	118	34 555	540	417	33 598	188
广东	99 620	98 022	1 411	208	187	63	88 233	628	888	86 717	387
广西	8 072	7 856	206	47	10	7	7 378	125	178	7 075	65
海南	1 050	1 024	22	5	4	2	1 027	20	29	978	7
重庆	27 800	26 784	940	140	76	23	25 661	233	226	25 202	212
四川	39 159	37 767	1 117	295	275	136	34 861	721	577	33 563	319
贵州	19 797	19 429	344	94	24	16	18 836	165	214	18 457	101
云南	9 300	9 251	35	4	14	10	8 984	165	173	8 646	74
西藏	542	518	24	7	0	0	472	8	6	458	7
陕西	12 200	11 983	190	57	27	2	11 501	267	250	10 984	107
甘肃	4 243	4 160	40	14	43	29	4 026	112	108	3 806	49
青海	1 315	1 289	22	8	4	1	1 222	23	25	1 174	8
宁夏	6 327	6 095	200	20	32	7	5 644	109	83	5 452	29
新疆	7 022	6 713	288	68	21	5	6 154	96	126	5 932	32
新疆兵团	1 082	1 062	15	3	5	4	972	15	28	929	12

表 5-19　　历年分地区生育保险基本情况　　单位：万人，万人次

地区	2001 年		2002 年		2003 年		2004 年		2005 年	
	参保人数	享受待遇人次	参保人数	享受待遇人次	参保人数	享受待遇人次	参保人数	享受待遇人次	参保人数	享受待遇人次
全国	**3 455**	**24**	**3 488**	**28**	**3 655**	**36**	**4 384**	**46**	**5 408**	**62**
北京									226.1	1.1
天津									157.4	0.6
河北	131.5	0.8	95.4	0.7	94.1	0.4	114.1	0.4	215.9	0.8
山西	108.0	0.3	84.3	0.3	84.3	0.2	93.2	0.2	95.6	0.3
内蒙古	27.9	0.3	23.4	0.1	40.3	0.2	66.7	0.4	105.8	1.5
辽宁	227.8	1.2	216.1	1.2	199.1	1.5	215.9	2.1	220.1	2.7
吉林	24.0	0.1	32.7	0.1	34.0	0.1	35.1	0.2	35.3	0.8
黑龙江	68.2	0.2	153.2	1.2	167.5	2.7	187.3	3.5	156.6	2.9
上海	443.7	0.1	452.9	3.7	461.1	4.1	505.6	4.9	539.3	5.8
江苏	483.5	4.6	486.1	4.1	504.1	7.2	552.7	9.2	630.9	11.2
浙江	187.6	1.7	193.7	1.9	215.0	2.1	239.8	3.0	284.9	3.7
安徽	23.4	0.1	23.6	0.2	23.9	0.2	37.6	0.2	53.5	0.5
福建	118.2	0.9	123.7	1.0	139.4	1.4	146.5	1.7	161.8	2.1
江西	120.2	0.8	109.4	0.7	108.7	0.6	107.6	0.5	117.8	0.8
山东	331.8	3.4	322.8	3.8	336.5	4.1	390.8	4.7	461.2	5.5
河南	196.4	1.1	205.9	1.1	199.2	1.1	201.2	1.5	228.4	1.5
湖北	182.1	1.1	182.7	0.8	182.1	0.6	179.9	0.6	175.9	0.6
湖南	3.7	0.01	3.4	0.05	3.3	0.04	212.9	0.5	250.2	3.2
广东	250.1	2.4	258.7	2.5	330.8	3.0	376.7	3.6	419.4	4.2
广西	113.5	1.2	106.8	1.1	111.1	1.2	134.8	1.6	141.4	1.9
海南	10.8	0.1	23.2	0.2	28.4	0.2	31.7	0.4	34.9	0.5
重庆	23.6	0.2	19.9	0.1	16.5	0.1	12.9	0.03		
四川	178.1	1.6	166.4	1.2	165.1	1.3	187.4	1.4	212.5	1.4
贵州	1.1	0.002	0.9	0.01	0.9	0.01	2.3	0.01	52.1	0.05
云南	96.1	1.2	86.9	1.0	82.8	1.4	142.3	2.3	156.1	2.5
西藏										
陕西	4.6	0.1	5.4	0.1	14.6	0.1	36.2	0.2	43.1	0.8
甘肃	5.0	0.03	5.1	0.04	6.8	0.04	31.0	0.1	40.0	0.3
青海	6.6	0.1	4.3	0.05	5.2	0.1	5.8	0.1	6.5	0.1
宁夏	8.7	0.1	15.0	0.2	15.1	0.2	18.4	0.2	21.6	0.2
新疆	78.9	1.0	86.4	1.0	85.7	2.0	117.4	2.5	164.1	4.7

续表

地区	2006年		2007年		2008年		2009年		2010年	
	参保人数	享受待遇人次	参保人数	享受待遇人次	参保人数	享受待遇人次	参保人数	享受待遇人次	参保人数	享受待遇人次
全国	**6 459**	**108**	**7 775**	**113**	**9 254**	**140**	**10 876**	**174**	**12 336**	**211**
北京	263.3	6.7	290.6	9.8	324.1	11.8	346.8	12.8	372.2	12.6
天津	180.1	7.7	194.0	3.9	196.5	4.7	204.6	4.8	212.0	5.6
河北	264.2	1.7	338.5	2.5	408.5	5.2	489.9	6.7	561.5	5.2
山西	98.1	0.4	104.4	0.3	148.3	0.7	185.8	0.9	211.6	1.7
内蒙古	122.1	2.1	139.1	1.7	154.6	1.6	182.9	2.0	233.9	2.2
辽宁	378.7	4.9	423.0	13.2	460.2	11.7	531.2	13.5	593.0	13.5
吉林	117.7	0.6	173.6	1.6	227.9	2.5	289.9	4.6	310.5	5.6
黑龙江	172.7	3.1	216.8	3.1	241.9	3.2	270.0	3.3	290.1	3.4
上海	555.1	16.8	592.0	7.3	609.9	7.1	625.1	6.5	657.3	7.7
江苏	711.5	12.8	794.1	14.5	907.2	19.5	962.5	23.3	1 086.4	24.4
浙江	382.7	6.9	505.0	6.1	690.0	8.1	750.7	10.4	863.7	12.4
安徽	78.6	1.0	175.6	1.9	231.0	3.5	303.6	4.6	346.9	5.0
福建	173.5	2.0	250.4	2.7	273.9	3.2	317.8	4.5	374.4	4.9
江西	123.2	1.1	137.8	0.8	156.6	0.6	163.0	0.7	170.0	1.0
山东	488.8	10.0	563.3	8.2	638.0	10.3	703.0	14.4	774.1	18.0
河南	238.4	2.0	279.1	2.2	313.4	2.8	379.8	4.0	412.9	5.3
湖北	194.5	0.8	224.6	1.1	278.0	2.9	357.1	6.5	381.8	11.0
湖南	308.5	5.2	369.3	5.6	431.5	6.2	502.4	9.0	527.1	12.1
广东	464.8	4.8	659.1	6.6	1 011.2	9.7	1 586.3	12.5	2 038.5	24.3
广西	145.2	1.9	163.5	2.3	176.5	3.0	199.0	3.2	218.5	3.6
海南	40.6	0.7	66.7	0.8	79.8	1.1	85.0	1.2	92.6	1.5
重庆	96.8	0.6	116.9	2.2	141.6	2.6	155.5	3.7	175.7	4.9
四川	274.1	1.9	323.3	3.6	373.0	4.4	426.4	5.8	484.2	5.9
贵州	72.1	0.7	89.1	1.2	135.9	1.8	152.5	1.9	164.3	2.3
云南	159.5	2.6	165.1	2.2	168.4	2.6	181.1	2.8	210.2	4.0
西藏			9.4	0.0	12.4	0.1	14.2	0.2	14.8	0.3
陕西	86.3	0.5	120.9	0.9	147.6	1.6	164.4	2.1	180.1	2.4
甘肃	47.0	0.4	53.3	0.7	59.1	0.6	71.2	0.7	82.0	1.0
青海	7.2	0.2	6.2	0.2	6.3	0.1	6.3	0.1	6.4	0.1
宁夏	18.1	0.4	19.2	0.4	25.1	0.4	30.7	0.5	39.8	0.6
新疆	195.6	7.5	211.6	5.6	225.4	6.4	236.8	6.6	249.4	8.4

续表

地区	2011年		2012年		2013年		2014年		2015年	
	参保人数	享受待遇人次	参保人数	享受待遇人次	参保人数	享受待遇人次	参保人数	享受待遇人次	参保人数	享受待遇人次
全国	**13 892**	**265**	**15 429**	**353**	**16 392**	**522**	**17 039**	**613**	**17 771**	**642**
北京	395.3	14.9	844.7	27.9	883.2	41.1	915.6	53.2	941.6	52.8
天津	234.6	6.6	242.7	8.0	249.1	24.8	260.7	22.2	269.7	19.4
河北	593.1	5.5	634.8	9.7	667.6	15.7	684.0	22.5	713.0	18.5
山西	253.7	2.1	407.6	3.1	445.6	5.2	454.2	7.4	456.5	8.0
内蒙古	263.3	4.8	274.8	4.3	285.0	6.5	293.7	8.0	302.6	7.8
辽宁	664.7	15.1	713.9	19.4	752.3	25.9	783.9	28.5	789.3	29.6
吉林	335.9	6.7	350.4	9.4	365.9	11.2	367.0	14.0	367.5	14.0
黑龙江	350.1	3.6	353.1	4.2	355.1	6.9	356.1	7.8	357.1	6.4
上海	703.1	8.8	711.5	11.7	713.9	22.0	717.5	24.0	735.4	22.9
江苏	1 199.2	44.2	1 276.2	55.5	1 355.6	78.7	1 374.6	93.6	1 471.7	95.3
浙江	979.8	14.9	1 084.8	19.4	1 173.2	39.9	1 248.9	46.1	1 285.2	51.0
安徽	400.1	6.3	430.1	9.0	458.5	10.6	482.8	13.6	499.3	15.9
福建	451.9	5.7	484.3	8.2	539.6	12.1	556.7	12.8	598.3	14.0
江西	200.1	0.8	204.2	2.0	217.8	2.5	241.1	3.3	251.3	4.7
山东	857.8	19.7	919.0	19.9	974.4	47.1	1 046.5	56.2	1 111.3	48.1
河南	460.7	6.3	520.3	12.0	569.6	13.6	590.2	15.7	609.5	16.5
湖北	420.9	13.6	452.9	18.8	465.3	18.5	480.6	19.9	500.2	22.3
湖南	538.8	15.3	546.0	14.8	536.0	14.8	537.6	17.0	544.0	20.5
广东	2 339.7	32.6	2 484.9	40.1	2 711.6	45.0	2 801.3	50.8	3 081.8	67.0
广西	243.8	3.9	254.7	5.1	270.2	7.7	280.2	8.6	307.9	9.6
海南	100.7	2.2	116.0	3.2	120.2	4.0	122.0	3.8	127.1	4.7
重庆	216.6	5.4	253.5	8.2	280.4	10.2	347.5	12.5	354.3	18.3
四川	601.7	6.8	654.4	12.5	689.1	18.0	730.4	21.7	670.3	24.8
贵州	198.1	2.6	221.6	3.1	238.7	4.4	248.8	6.4	263.6	7.5
云南	216.5	3.5	239.2	4.6	270.9	11.2	279.3	13.2	289.8	12.0
西藏	16.1	0.3	18.2	0.4	20.7	0.5	22.8	0.5	23.8	0.7
陕西	211.6	2.8	223.7	3.1	240.3	4.3	250.8	5.3	265.3	6.4
甘肃	110.1	1.7	129.5	2.5	135.1	3.2	143.7	3.9	154.1	3.5
青海	6.7	0.2	33.8	0.3	42.8	1.7	45.8	3.4	48.0	5.0
宁夏	59.3	1.0	66.4	1.9	68.4	3.7	71.3	4.9	73.7	2.6
新疆	268.1	7.0	281.6	10.3	296.1	11.1	303.0	12.7	307.9	12.4

续表

地区	2016年		2017年		2018年		2019年	
	参保人数	享受待遇人次	参保人数	享受待遇人次	参保人数	享受待遇人次	参保人数	享受待遇人次
全国	**18 451**	**914**	**19 300**	**1 113**	**20 434**	**1 089**	**21 417**	**1 136**
北京	981.0	51.9	1 035.2	68.6	1 104.0	61.4	1 164.4	61.2
天津	285.0	28.1	296.9	27.4	330.4	25.0	341.3	24.5
河北	710.3	33.8	737.8	36.3	774.2	31.4	811.0	35.5
山西	458.5	8.9	464.2	14.2	481.9	14.2	489.6	15.7
内蒙古	305.3	8.5	307.6	11.5	319.5	11.0	320.6	11.0
辽宁	790.1	31.7	782.4	44.2	777.8	40.5	789.4	43.5
吉林	367.8	17.1	370.1	17.1	370.3	15.3	326.3	22.3
黑龙江	358.0	9.4	355.1	8.9	350.2	8.4	343.5	9.1
上海	956.1	28.2	972.0	36.4	984.9	32.2	989.6	32.4
江苏	1 510.3	170.3	1 582.0	167.1	1 694.5	166.8	1 868.8	143.5
浙江	1 294.4	62.1	1 393.0	77.2	1 477.3	72.3	1 561.1	71.6
安徽	517.6	21.8	554.1	23.5	586.3	25.8	622.3	27.9
福建	625.8	20.9	634.5	27.5	651.9	24.0	621.7	21.0
江西	258.9	7.8	279.3	13.5	290.1	10.9	303.3	12.6
山东	1 139.1	73.4	1 186.6	90.9	1 235.4	81.6	1 298.8	81.2
河南	646.8	24.5	692.7	30.5	755.4	29.3	765.3	31.6
湖北	511.9	30.2	522.1	35.2	540.0	36.1	577.7	38.5
湖南	542.9	27.4	561.9	34.0	571.8	31.2	600.4	32.0
广东	3 161.9	117.8	3 300.9	169.6	3 495.3	189.3	3 669.4	217.2
广西	319.6	13.0	338.6	20.4	366.2	19.1	405.9	18.8
海南	136.5	6.0	140.3	8.8	152.6	7.0	168.8	10.7
重庆	365.7	24.3	411.3	26.6	439.5	26.9	466.9	29.4
四川	713.1	31.8	776.3	34.3	878.2	34.1	954.9	36.8
贵州	286.3	10.8	304.0	20.5	325.9	23.5	349.6	28.1
云南	295.9	16.2	307.9	22.2	339.5	17.3	356.0	18.3
西藏	24.9	0.9	29.1	1.4	32.4	2.0	34.3	3.6
陕西	283.4	9.1	328.7	12.6	401.9	14.3	454.5	16.8
甘肃	162.7	6.8	175.3	7.7	202.9	13.5	221.8	14.2
青海	49.7	3.7	50.0	3.8	58.1	4.0	61.8	4.6
宁夏	76.5	4.4	81.7	6.2	88.1	5.7	94.7	7.1
新疆	315.0	13.0	328.4	14.6	357.5	14.4	383.6	15.9

续表

地区	2020年		2021年		2022年	
	参保人数	享受待遇人次	参保人数	享受待遇人次	参保人数	基金待遇支出（亿元）
全国	**23 567**	**1 167**	**23 752**	**1 320**	**24 621**	**951**
北京	1 341.1	53.3	1 082.7	49.1	1 082.7	70.3
天津	353.5	22.0	366.1	18.1	365.2	16.7
河北	875.2	32.2	900.6	24.4	882.3	30.2
山西	476.7	16.1	379.1	12.8	480.2	12.1
内蒙古	334.8	11.8	345.4	9.6	343.3	9.9
辽宁	792.2	47.8	704.8	31.8	693.1	29.3
吉林	326.8	25.7	331.7	19.0	335.6	7.1
黑龙江	397.7	11.9	396.0	12.0	390.1	6.1
上海	1 008.8	28.0	1 084.7	29.3	1 087.8	96.9
江苏	1 987.1	127.4	2 094.9	101.9	2 156.4	86.4
浙江	2 066.8	137.9	1 810.9	152.1	2 186.5	61.9
安徽	652.9	41.2	700.9	40.2	757.1	24.1
福建	676.6	20.5	711.1	18.4	741.7	23.6
江西	372.2	12.5	380.4	12.4	405.9	12.9
山东	1 534.3	79.3	1 607.5	76.1	1 646.9	59.4
河南	872.1	25.2	889.4	29.6	922.6	36.9
湖北	645.9	35.9	710.1	36.9	748.0	24.0
湖南	633.8	30.5	652.8	29.1	723.6	23.3
广东	3 799.8	201.0	3 973.9	420.1	4 062.0	155.7
广西	477.2	16.6	523.5	17.4	508.3	14.4
海南	183.2	10.7	179.6	10.7	182.3	5.7
重庆	505.8	26.9	536.5	26.3	547.9	19.6
四川	1 129.1	35.4	1 201.7	33.2	1 216.8	35.9
贵州	383.7	33.6	341.7	36.0	348.6	16.8
云南	375.0	22.3	393.3	17.5	406.3	20.4
西藏	37.3	3.6	41.6	3.5	42.4	2.5
陕西	519.0	16.7	560.2	18.1	496.1	15.6
甘肃	234.0	14.5	250.7	9.9	256.9	7.2
青海	64.2	4.9	68.4	6.9	71.3	3.0
宁夏	105.4	6.6	111.5	5.3	114.1	6.3
新疆	405.6	14.7	420.0	12.6	419.4	17.4

表 5-20　　分地区城乡居民基本养老保险情况

（2022 年）

单位：万人，亿元

地区	参保人数	实际领取待遇人数	基金收支情况		
			基金收入	基金支出	累计结余
全国	**54 952.3**	**16 464.2**	**5 609.3**	**4 044.3**	**12 961.7**
北京	188.3	61.5	101.4	107.0	174.3
天津	171.6	84.6	47.0	52.4	317.7
河北	3 568.5	1 123.7	248.5	187.5	637.2
山西	1 628.2	422.2	159.4	81.4	396.7
内蒙古	798.7	256.3	84.6	67.6	166.0
辽宁	1 041.3	434.1	84.4	79.3	98.1
吉林	946.7	283.5	50.9	45.2	105.1
黑龙江	889.2	231.8	65.0	49.4	152.3
上海	73.1	52.2	97.5	97.2	91.8
江苏	2 340.7	1 110.0	548.8	440.0	1 002.2
浙江	1 047.3	547.5	343.7	284.7	413.4
安徽	3 465.8	962.5	389.5	183.6	932.1
福建	1 598.8	506.7	144.9	115.0	291.5
江西	2 081.0	525.7	161.3	120.5	392.4
山东	4 636.2	1 623.9	560.3	409.8	1 656.6
河南	5 296.0	1 448.4	335.6	239.2	836.0
湖北	2 600.5	796.0	293.8	166.4	653.2
湖南	3 421.5	880.0	248.8	162.9	579.3
广东	2 764.3	869.5	366.4	293.4	579.4
广西	2 671.8	592.8	145.1	109.3	312.3
海南	336.4	82.6	35.9	24.1	142.5
重庆	1 140.3	331.2	96.2	64.1	223.9
四川	3 185.3	1 065.4	390.3	243.8	932.0
贵州	1 935.5	474.8	107.8	77.2	217.9
云南	2 479.7	566.6	152.3	104.3	601.9
西藏	174.8	27.3	12.8	8.6	43.4
陕西	1 822.6	558.5	146.5	114.8	372.5
甘肃	1 386.6	331.1	95.7	59.1	334.5
青海	263.0	43.7	22.7	13.3	75.4
宁夏	235.9	45.2	20.0	13.5	57.7
新疆	762.8	124.9	52.5	29.9	172.5